Weimarer Klassik

Das große Lesebuch

Herausgegeben von
Heinz Drügh und
Christian Metz

Fischer Taschenbuch Verlag

Originalausgabe

Veröffentlicht im Fischer Taschenbuch Verlag,
einem Unternehmen der S. Fischer Verlag GmbH,
Frankfurt am Main, Oktober 2009

Für diese Ausgabe:
© S. Fischer Verlag GmbH, Frankfurt am Main 2009
Satz: MedienTeam Berger, Ellwangen
Druck und Bindung: CPI – Clausen & Bosse, Leck
Printed in Germany
ISBN 978-3-596-90202-6

Unsere Adressen im Internet:
www.fischerverlage.de
www.fischer-klassik.de

Inhalt

3. Erzähltexte

4. Dramen

5. Ästhetik, Poetik, Kunsttheorie

Vorwort –
Zur Attraktivität der Klassik

Anfang und Ende der *Weimarer Klassik* werden von zwei gleichermaßen mythischen Eckdaten markiert: den Jahren 1784 (Goethes Aufbruch zur Italienischen Reise) und 1805 (Friedrich Schillers Tod). Nach wie vor gilt diese Zeit als eminente Hochphase der deutschsprachigen Literatur, die freilich mitunter auch Unverträglichkeitsreaktionen hervorruft. Denn *einerseits* finden sich hier Texte wie beispielsweise Schillers *Lied von der Glocke*, deren quälendes Auswendiglernen und zeremoniöses Aufsagen notorisch ist und anhand derer Generationen von Pennälern Staatstragendes eingebimst wurde, und zwar in ganz unterschiedlichen politischen Regimes, von »Naziblödel[n] genauso wie von biederen verantwortungsvollen Bewältigungsblödeln«, wie der Schriftsteller Rainald Goetz anlässlich einer Marbacher Ausstellung zum Thema *Klassiker in finsteren Zeiten* poltert (und die Reihe könnte man getrost um so manch beflissene ›DDR-Blödel‹ ergänzen). ›Klassik‹ steht dabei für einen ästhetisch konservativen, sich den Zumutungen der aufkeimenden Moderne entgegenstemmenden Kunststil, für Winckelmanns vielzitierte Stilisierung der Vorbild gebenden griechischen Antike mit den Epitheta »edle Einfalt und stille Größe«, für eine stoisch-beherrschte, gesetzte Attitüde, einen Kunststil, der auf Ideales, Vorbildliches, Mustergültiges baut, durch fest umrissene Linien, Glätte, Klarheit und Harmonie der Proportion die drohende Verworrenheit der Moderne, das Ausschweifende, Groteske oder Fragmentarische zu mäßigen sucht.

Doch *andererseits* wird die Klassik eben auch durch gleichermaßen geniale wie widerständige ästhetische Reflexionen gekennzeichnet, die durchaus entscheidende Weichenstellungen zur literarischen Moderne bedeuten: etwa Winckelmanns Pochen auf die *Autopsie*, die mit eigenen Augen vorzunehmende,

9

sinnliche Wahrnehmung des Kunstwerks, die noch gesteigert wird durch Herders haptische, man hat sogar geschrieben »tätschelnde« Erkundung der Skulptur. Oder man denke an Lessings wegweisende Medienästhetik aus dem Traktat *Laokoon oder Über die Grenzen der Malerei und Poesie*, oder an das Austarieren von Sinnlichkeit und Sittlichkeit, wie es Schiller in der Auseinandersetzung mit Kant anstrebt, oder auch an Karl Philipp Moritz' wegweisende Proklamation einer Autonomie des Ästhetischen, gemäß der Kunstwerke in ihrem Eigenwert fernab aller Nützlichkeitsbestimmungen wahrzunehmen sind. Die Antike ist in all diesen Konstruktionen natürlich ein idealisierter Referenzpunkt, doch das ist den Klassikern durchweg selbst klar. Das Schillersche Naive *ist*, wie Peter Szondi gezeigt hat, je schon sentimentalisch: im Antiken-Diskurs der Weimarer Klassik webt *nolens volens* die Moderne.

Nicht zuletzt erklärt sich die kaum gebrochene Attraktivität der *Weimarer Klassik* aber auch dadurch, dass sich hier einige der sprachlich schönsten Texte der deutschen Literatur finden: man denke nur an die *ungeheuren Jamben* von Goethes *Iphigenie*, von denen Theodor W. Adorno so begeistert gewesen ist, oder an den auch vom soundsovielten medialen Aufguss nicht totzureitenden Sound des *Faust*. Man denke an Goethes großartige *Römische Elegien*, namentlich die fünfte, ein Meilenstein erotischer Literatur, an Schillers *Nänie* und deren anrührenden Auftakt: »Auch das Schöne muss sterben«, oder auch an ein zu Unrecht nicht mehr oft gelesenes, federleicht-elegantes Versepos wie Wielands *Musarion*. Auch thematisch muss ›klassisch‹ keineswegs ›entrückt‹ oder ›museal‹ bedeuten, denkt man etwa an Goethes *Torquato Tasso* als eine Reflexion über den Ort des Dichters in der Gesellschaft, an den ›Barbarenkönig‹ Thoas aus der *Iphigenie auf Tauris* und die Frage, wie mit kultureller Andersheit umzugehen ist, an Wilhelm Meister und seine Theaterleidenschaft, an Fragen der Ökonomie, wie sie im selben Roman verhandelt werden oder – ebenfalls in den *Lehrjahren* – an die Reihe unvergesslicher weiblicher Figuren, allen voran Philine oder Mignon; man denke an die *Unterhaltungen deutscher Ausgewanderten* und die Frage, welche Rolle die Kunst in revolutionären Zeiten spielt, an den *Wallenstein* und das große und in all dem Schlachtengetümmel der Zeitläufte doch wieder so kleine Individuum des Feldherren.

Auch die schlichte Tatsache, dass Sie, liebe Leserinnen und Leser, unseren Band in Händen halten, ist Beleg für die Attraktivität der *Weimarer Klassik*. Möglicherweise manifestiert sich darin auch der Wunsch, diesen Höhenkamm-Texten der deutschsprachigen Literatur endlich (wieder) einmal Lebens- als Lesezeit zu widmen. Wer so an dieses Buch herangeht, wird möglicherweise die ›Klassiker unserer Nationalliteratur‹ sogar als willkommenes Antidot für unsere schnelllebigen und von Krisen heimgesuchten Zeiten begreifen. So nachvollziehbar dies sein mag (und Wünsche wie diese sind seit jeher mit im Spiel, wenn etwas als ›klassisch‹ geadelt wird), markieren die gnomischen Häkchen doch unsere Zweifel an den damit verbundenen Kategorisierungen. Wer sich intensiver mit der Klassik beschäftigt, wird auch hier eher auf einen krisenhaften *basso continuo* stoßen denn auf ein literarisches Heilmittel für Verunsicherungen nationaler, kultureller oder politischer Art. Und mit aller Deutlichkeit ist darauf hinzuweisen, dass das titelgebende Epochenlabel »Weimarer Klassik«, so es denn auch in pragmatischer Hinsicht funktioniert, in der Sache durchaus problematisch ist.

Denn *erstens* ist *Weimarer Klassik* ein Phänomen von eigentümlicher und verräterischer Verspätung. Das, was der deutschen Literaturgeschichte als *Weimarer Klassik* gilt, ist im Konzert der europäischen Klassiken bzw. des Klassizismus ein regelrechter Nachzügler. So ist der für die frühe Aufklärung dominante französische Klassizismus eine Sache des siebzehnten und frühen achtzehnten Jahrhunderts, der klassizistische Kunstdiskurs mit dem deutschen Exponenten Winckelmann ein Phänomen der europäischen Aufklärung. Die Scheidung zwischen einem (epigonalen, europäischen) Klassizismus dort und einer substantiellen, ja originären Klassik hier (in Weimar), ist irreführend. Es gilt, die Arbeiten des Tandems Goethe und Schiller nicht als Weimarer Unikate, sondern vielmehr im Dialog mit diesem europäischen Klassizismus zu verstehen. *Zweitens* sollte man sich vor Augen halten, dass Goethe und Schiller selbst mit dem Terminus »Klassik« ausgesprochen zurückhaltend verfahren. Spitz formuliert etwa Goethe in seinem Aufsatz *Literarischer Sansculottismus*, den er für Schillers Zeitschrift *Die Horen* verfasst: »Wer mit den Worten, deren er sich im Sprechen oder Schreiben bedient, bestimmte Begriffe zu verbinden für eine unerlässliche Pflicht hält, wird Ausdrücke: *klassischer Autor, klassisches Werk*, höchst selten gebrauchen. Wann und wo entsteht ein klassischer Nationalautor?« Nach Goethes Auffassung ganz offensichtlich nicht zu seinen territorial dafür viel zu zerklüfteten, sich selbst als zu krisengeschüttelt empfindenden Zeiten: »Wir sind überzeugt, daß kein deutscher Autor sich selbst für klassisch hält«, schreibt Goethe. Es ist zwar richtig, dass Goethes und Schillers Zusammenarbeit, ihr viel beschworenes *Commercium*, ein regelrecht literaturpolitisches Unterfangen, auch eine PR-Maßnahme in eigener Sache gewesen ist, die viele andere Autoren der Zeit (und auch große Teile des Publikums) schlicht ausgeschlossen hat. Und es stimmt auch, dass in der wechselseitigen Lektüre ihrer Texte mitunter so etwas wie Klassikerverdacht aufkeimt: So berichtet Schiller Goethe nach der Beschäftigung mit *Wilhelm Meisters Lehrjahren* brieflich von einem durch die Lektüre entfachten Gefühl *geistiger und leiblicher Gesundheit*, von *Wohlsein* und *fröhlichem Leben*. Und natürlich ist Goethes und Schillers Gemeinschaftsprojekt um 1790 auch in ordnungspolitischer Hinsicht gefragt, gilt es doch, mit den Folgen der Französischen Revolution fertig zu werden; anders und allgemeiner gesagt: mit einer von Reinhart Koselleck als Sattelzeit bezeichneten Phase, in der sich hergebrachte (metaphysische) Bindungen mehr und mehr auflösen und stattdessen eine Subjektivität freigesetzt wird, die sich keineswegs durchweg autonom in die Brust zu werfen vermag, sondern sich oft genug als täuschungsanfällig, als limitiert und endlich erfährt. Zudem sieht sich dieses moderne Subjekt mit einer akzelerierten, nur schwer kontrollierbaren Entwicklung in Politik, Technik und Wissenschaft konfrontiert. Die gleichmacherische Engführung der fast idiomatisch nur in einem Atemzug zu nennenden Heroen »GoetheundSchiller« – für welche auch das die wirklichen Körpergrößenverhältnisse nivellierende Denkmal aus dem Jahr 1857 zeugt (vgl. die Cover-Abbildung des vorliegenden Bandes), im Gegensatz übrigens zu jener Karikatur von Johann Christian Reinhart aus dem Jahr 1804 – ist dennoch erst eine nachträgliche Erfindung der Litera-

Goethe und Schiller im Gespräch
Karikatur von Johann Christian Reinhart, 1804

turgeschichtsschreibung aus der Mitte des neunzehnten Jahrhunderts, ein Konstrukt, das ein drängendes Interesse an der Installierung eben jener »Nationalautoren« zur Kompensation einer sich partout nicht einstellen wollenden nationalstaatlichen Einheit markiert. Mit Hilfe der Beschwörung der Dioskuren »GoetheundSchiller« sollte das Klassische utopisch-kulturpolitische Funktion übernehmen: eine Höhe des Deutschen markieren, von der die politischen Verhältnisse in der zerspaltenen Nation um 1850 weit entfernt waren.

Wenn wir mit diesem Band das Label *Weimarer Klassik* weiterhin bedienen, dann hat dies also in erster Linie pragmatische Gründe, überkommene Werturteile unterschreiben wir damit jedoch nicht. Wer von *Weimarer Klassik* spricht, der muss sich vielmehr im Klaren darüber sein, dass einer solchen Rede oft genug sachlich unangemessene Amputationen vorausgegangen sind: die Abschneidung des aufklärerischen Erbes (von der die Rede war), aber auch die schroffe Entgegensetzung der Klassik zur zeitgleichen Romantik, die unter anderen Akzentsetzungen an vergleichbaren Problemstellungen laboriert – im angelsächsischen Kontext firmiert die Epoche zwischen etwa 1770 und 1830 auch in Bezug auf die deutschsprachige Literatur als *romanticism*, Goethe und Schiller gelten außerhalb Deutschlands selbstverständlich als ›Romantiker‹. Schließlich werden in der eine ganze Epoche auf zwei Galionsfiguren verkürzenden Rede von der *Weimarer Klassik* erstaunlicherweise sogar genuine Weimaraner wie Wieland oder Herder marginalisiert; ganz ausgebootet werden gar Solitäre wie Heinrich von Kleist, Jean Paul oder Hölderlin, die weder das eine noch das andere, weder ganz Klassiker noch Romantiker sind. Wir sind uns dessen bewusst und haben trotz des bei Textsammlungen notorisch knappen Platzes, trotz so mancher fast unstatthaften Zusammenkürzung des kanonischen Materials auch die zuletzt genannten Autoren wenn auch mit wenigen, so doch mit (hoffentlich) markanten Zeugnissen in das Lesebuch aufgenommen, stets in der Hoffnung, dass Lesebücher Ausgangspunkte des Weiterlesens sein mögen.

Gretchenfrage: Wie steht es mit dem Lesen der Klassiker in diesen Zeiten, in denen für manchen – wie jüngst im Nachrichtenmagazin *Der Spiegel* zu lesen war – eher Hitchcock und Tolkien als Klassiker gelten denn Goethe und Schiller? Auf der einen Seite scheint es geradezu der Nimbus von Klassikern zu sein, dass sie als je schon Gelesene firmieren; man sagt angesichts ihrer, wie der italienische Schriftsteller Italo Calvino bemerkt hat, eher: »Ich lese gerade wieder ...« statt bloß »Ich lese gerade ...«. Und so kann Rainald Goetz die Funktion von Klassikern mit Hits im Pop vergleichen: »je auswendiger man sie kennt, desto noch auswendiger mag man sie kennenlernen«. Dennoch beschleicht einen mitunter das Gefühl, dass ein Klassiker zu sein, immer auch die Anzeige kultureller Allverfügbarkeit und mithin Geheimnislosigkeit impliziert: ein Verarmen der Rezeption, wie es (für alles findet sich ein Klassiker-Zitat) Lessings Verse implizieren: »Wer wird nicht einen Klopstock loben? / Doch wird ihn jeder lesen? Nein. / Wir wollen weniger erhoben / und fleißiger gelesen sein«. Der Germanist Helmut Pfotenhauer hat den eigentümlichen Status von Goethe und insbesondere Schiller als Klassikern treffend so charakterisiert, dass sie nicht trotz, sondern *wegen* ihrer kulturellen Dominanz, ihrer vermeintlichen Deutlichkeit besonders schwer zu lesen sind, sofern man ›Lesen‹ als kreativen Sinnentwurf begreift, und nicht als biederes Nachbuchstabieren. Eine Möglichkeit, der stets drohenden Klassiker-Erstarrung zu wehren, wäre es demzufolge, die (Wieder-)Lektüre als Chance einer spannungsvollen Neukonstitution zu begreifen – ganz dem Sinne, wie Friedrich Schlegel in einem Essay über den Zeitgenossen und Revolutionär Georg Forster (Untertitel: *Fragment einer Charakteristik der deutschen Klassiker*) als Komplement klassischer Texte einen *klassischen Leser* entwirft, der »zu einer Schrift, die es verdient, immer von neuem zurückkehr[t], nicht um die Zeit zu töten, [...] sondern um sich den Eindruck durch diese Wiederholung schärfer zu bestimmen«. Relektüren dieser Art können immer auch in fruchtbarer Hinsicht gegen den Strich der Wirkungsgeschichte erfolgen. Wir wären froh, wenn unser Sammelband neben der Möglichkeit der zwanglosen Erstbegegnung mit den Schriften der *Weimarer Klassik* und neben der lustvollen Wieder(und Wieder)-Lektüre auch den Ausgangspunkt für die ein oder andere Überprüfung gängiger Klassik-Klischees bildete.

So soll unsere Textauswahl nicht zuletzt auch den Blick für das schärfen, was im Laboratorium Klassik, jener »Zeit der Versuche, der Unruhe, der Hoffnungen, der großen Beteuerungen, der Betriebsamkeit« (Robert Musil) an Widerständigem, an Modernepotential schlummert. Dazu abschließend nur einige Stichworte:

Da wäre zunächst das sogenannte Statuen-Dispositiv zu nennen, die Vernarrtheit der Klassizisten in antike Skulpturen, in deren idealen Proportionen Goethe in der Vorrede zu den *Propyläen* gleichsam eine Vollendung und Überwindung des Natürlichen sieht, deren glatte, marmorn-weiße Oberfläche laut Winckelmann von keinerlei Adern oder Sehnen gestört wird und die so gegen die Pertuberanzen der Moderne zum, so Herder, Inbegriff des »ungemein Sichere[n] und Veste[n]« werden können. Walter Benjamin und mit ihm eine Reihe moderner Autoren haben hierin vor allem eine ideologische Verpanzerung des Körpers gewahrt. Und Erkenntnisse wie die, dass die antiken Marmorn gar nicht weiß, sondern grellbunt gewesen sind, tun ihr Übriges, um den phantasmatischen Charakter des klassizistischen Statuen- und Körperbegriffs deutlich werden zu lassen. Interessant ist nun aber, dass den Klassikern auch das Gegenstück zur steril marmornen Perfektion, der Körper in seiner schieren Fleischlichkeit, mithin auch Endlichkeit und Gefährdung in die Augen drängt. Damit ist nicht nur der homoerotisch getönte Winckelmann'sche Sensualismus gemeint. Näher besehen, sind Winckelmanns Texte durchweg auch von tiefer Trauer ebenso über den unwiederbringlichen Verlust der Antike gekennzeichnet wie über die Hinfälligkeit des irdischen Leibes: der Torso vom Belvedere ist – wohlgemerkt in Winckelmanns eigenen Worten – zunächst einmal »nichts, als ein[] ungeformte[r]

Stein«. Da kann man aus heutiger Sicht nur zustimmen, denkt man bei einem unbefangenen Blick auf dieses Bruchstück eines Körpers doch eher an so manche Figur auf Bildern des Malers Francis Bacon als an marmorne Perfektion. Karl Philipp Moritz ist gar mit einer gewissen Obsession auf Szenarien der Körperzerstückelung fixiert. So setzt sein Text über die *Signatur des Schönen* mit einem Szenario ein, das als äußerste Stufe ästhetischer Prägnanz zugleich ein Schauplatz extremer Gewalt ist: der Vergewaltigung und Verstümmelung der mythischen Philomele. Und auch Friedrich Schiller, der sich selbst in Bezug auf die bildende Kunst – wörtlich – einen *Barbaren* schilt, markiert in seinem Text über den Mannheimer Antikensaal (*Brief eines reisenden Dänen*) mit nichts zu wünschen übriglassender Deutlichkeit, von welch dunklem Hintergrund sich die klassischen Körperphantasien herschreiben: »Der Triumph einer Menschenhand über die hartnäckige Gegenwehr der Natur überraschte mich öfters – aber das nahe wohnende Elend steckte bald meine wollüstige Verwunderung an. Eine hohläugige Hungerfigur, die mich in den blumigten Promenaden eines fürstlichen Lustgartens anbettelt – eine sturzdrohende Schindelhütte, die einem prahlerischen Palast gegenübersteht – wie schnell schlägt sie meinen auffliegenden Stolz zu Boden! [...] Meine Einbildung vollendet das Gemälde. Ich sehe jetzt die Flüche von Tausenden gleich einer gefräßigen Würmerwelt in dieser großsprechenden Verwesung wimmeln – Das Große und Reizende wird mir abscheulich. – Ich entdecke nichts mehr als einen siechen, hinschwindenden Menschenkörper, dessen Augen und Wangen von fiebrischer Röte brennen und blühendes Leben heucheln, während daß Brand und Fäulung in den röchelnden Lungen wüten. Dies, mein Bester, sind so oft meine Empfindungen bei den Merkwürdigkeiten, die man in jedem Land einem Reisenden zur Bewunderung gibt«.

Aber auch die vielbeschworene *Bildung*, das humane Ideal als Kardinalziel klassischer (Ästh-)ethik, verfährt nicht so gewaltlos, wie mitunter suggeriert wird. So ist die ethische Gesinnung

der – so Goethe selbst – geradezu »verteufelt humanen« Iphigenie vielleicht weniger Ausdruck einer schönen Seele, in der Sinnlichkeit und Sittlichkeit zwanglos zueinanderfinden, sondern
eher Anzeichen eines – so Adorno – »Zivilisationsdramas«, das
insbesondere in der Auseinandersetzung mit dem ›Barbarenkönig‹ Thoas nie ganz vergessen lässt, für was Kultur und Zivili-
sation laut der *Dialektik der Aufklärung* immer auch stehen:
nämlich für all das »Furchtbare[]«, das »die Menschheit sich
[hat] antun müssen, bis das Selbst, der identische, zweckgerich-
tete, männliche Charakter des Menschen geschaffen war«. In
eine ähnliche Richtung weist die Reflexion des Erzählers zu Beginn des zweiten Buchs von *Wilhelm Meisters Lehrjahren*, eine
Reflexion, die zwar affirmiert, dass der Narzissmus des Protago-
nisten gebrochen werden muss, dieses Unterfangen seinerseits
jedoch in – für ein vermeintlich zwangsloses Bildungskonzept –
erstaunlich gewaltsame Bilder kleidet: Demzufolge könne »man
einen Körper, solange die Verwesung dauert, nicht ganz tot nennen […], solange die Kräfte, die vergebens nach ihren alten Bestimmungen zu wirken suchen, an der Zerstörung der Teile, die
sie sonst belebten, sich abarbeiten; nur dann, wenn sich alles aneinander aufgerieben hat, wenn wir das Ganze in gleichgültigen
Staub zerlegt sehen, dann entsteht das erbärmliche, leere Gefühl
des Todes in uns, nur durch den Atem des Ewiglebenden zu erquicken.« Der Nietzsche-Herausgeber Karl Schlechta hat schon
in den 1950er Jahren zugespitzt, dass das, was die Turmgesellschaft mit Wilhelm Meister anstellt, weniger die Rede von einem
Bildungs- denn von einem Zerstörungsroman fordere, wie auch
der Germanist David Wellbery betont, dass die *Lehrjahre* durchweg von einer »Tendenz zur Durchkreuzung der eigenen The-
sen« gekennzeichnet seien. Entsprechend genervt reagiert Wilhelm gegen Ende des Romans auf die Neigung der Mitglieder
jener heimlich die Strippen ziehenden Turmgesellschaft, ihn in
seiner Verwirrung mit Sinnsprüchen zu traktieren: »Ich bitte Sie
[…], lesen Sie mir von diesen wunderlichen Worten nichts mehr!
Diese Phrasen haben mich schon verwirrt genug gemacht«.

Für eine Neigung zur Sentenz ist die Klassik freilich nicht unverdächtig. Wir kennen Nietzsches Spottrede über Schiller als den »Moraltrompeter von Säckingen« oder die genüsslich zum Besten gegebene Anekdote, derzufolge die Jenenser Frühromantiker bei der Lektüre von Schillers *Glocke* ob deren gravitätisch-altbackenem Gestus vor Lachen von den Stühlen gefallen seien. Mag dies sein, wie es will; Fakt ist aber auch, dass Schillers Affirmation des Sentenziösen immer auch ihr dunkles Gegenstück markiert – wie beim sprichwörtlichen Pfeifen im Walde des Letzteren Unheimlichkeit die Voraussetzung ist. Schillers Sentenzen sind, wie er in der Abhandlung *Über die tragische Kunst* einräumt, von einem widerrationalen Hof umgeben, durch den sich die Vernunft gefährdet, ja »unterdrückt« sieht. Gegen die vielen Anfeindungen an Schillers Adresse wegen seiner *auftrumpfenden Tiraden* (Adorno) oder seiner *angstgrundierten Überspannung* (Rainald Goetz) scheint es uns daher sympathischer, weil ergebnisoffener, der in eine ganz andere Richtung weisenden Pointierung des Tübinger Komparatisten Jürgen Wertheimer zu folgen, derzufolge Schiller »nichts weniger interessiert als jene ideologisch verordnete Botschaft von der Tugend mit ihrer plakativen Eindeutigkeit und ihrer programmatischen Unfähigkeit, Konflikte und Doppeldeutigkeiten zu ertragen. Seine Stücke sind von Anfang an Übungen in Sachen Vieldeutigkeit, sind Attacken gegen Ambivalenz-Allergiker […] und Standardisierungs-Freaks; und insofern ist es wichtig, dass wir ihn weiterdenken«. Dem können wir uns nur anschließen. Viel Freude bei der Lektüre.

Die Herausgeber

1. Weimarer Klassik
als biographische Konstellation

Johann Wolfgang Goethe

Italienische Reise

Den 3. September 1786.
Früh drei Uhr stahl ich mich aus Karlsbad, weil man mich sonst nicht fortgelassen hätte. Die Gesellschaft, die den achtundzwanzigsten August, meinen Geburtstag, auf eine sehr freundliche Weise feiern mochte, erwarb sich wohl dadurch ein Recht, mich festzuhalten; allein hier war nicht länger zu säumen. Ich warf mich ganz allein, nur einen Mantelsack und Dachsranzen aufpackend, in eine Postchaise und gelangte halb acht Uhr nach Zwota, an einem schönen stillen Nebelmorgen. Die obern Wolken streifig und wollig, die untern schwer. Mir schienen das gute Anzeichen. Ich hoffte, nach einem so schlimmen Sommer einen guten Herbst zu genießen. Um zwölf in Eger, bei heißem Sonnenschein; und nun erinnerte ich mich, daß dieser Ort dieselbe Polhöhe habe wie meine Vaterstadt, und ich freute mich, wieder einmal bei klarem Himmel unter dem funfzigsten Grade zu Mittag zu essen.

[...]

Heute schreibe ich unter dem neunundvierzigsten Grade. Er läßt sich gut an. Der Morgen war kühl, und man klagt auch hier über Nässe und Kälte des Sommers; aber es entwickelte sich ein herrlicher gelinder Tag. Die milde Luft, die ein großer Fluß mitbringt, ist ganz etwas Eigenes. Das Obst ist nicht sonderlich. Gute Birnen hab' ich gespeist; aber ich sehne mich nach Trauben und Feigen.

[...]

Città Castellana, den 28. Oktober.
[...]
Morgen abend also in Rom. Ich glaube es noch jetzt kaum, und wenn dieser Wunsch erfüllt ist, was soll ich mir nachher

wünschen? ich wüßte nichts, als daß ich mit meinem Fasanen-
kahn glücklich zu Hause landen und meine Freunde gesund,
froh und wohlwollend antreffen möge.

ROM

Rom, den 1. November 1786.
Endlich kann ich den Mund auftun und meine Freunde mit
Frohsinn begrüßen. Verziehen sei mir das Geheimnis und die
gleichsam unterirdische Reise hierher. Kaum wagte ich mir selbst
zu sagen, wohin ich ging, selbst unterwegs fürchtete ich noch,
und nur unter der Porta del Popolo war ich mir gewiß, Rom zu
haben.

Und laßt mich nun auch sagen, daß ich tausendmal, ja beständig eurer gedenke in der Nähe der Gegenstände, die ich allein zu
sehen niemals glaubte. Nur da ich jedermann mit Leib und Seele
in Norden gefesselt, alle Anmutung nach diesen Gegenden verschwunden sah, konnte ich mich entschließen, einen langen, einsamen Weg zu machen und den Mittelpunkt zu suchen, nach
dem mich ein unwiderstehliches Bedürfnis hinzog. Ja, die letzten
Jahre wurde es eine Art von Krankheit, von der mich nur der Anblick und die Gegenwart heilen konnte. Jetzt darf ich es gestehen; zuletzt durft' ich kein lateinisch Buch mehr ansehen, keine
Zeichnung einer italienischen Gegend. Die Begierde, dieses Land
zu sehen, war überreif: da sie befriedigt ist, werden mir Freunde
und Vaterland erst wieder recht aus dem Grunde lieb und die
Rückkehr wünschenswert, ja um desto wünschenswerter, da ich
mit Sicherheit empfinde, daß ich so viele Schätze nicht zu eignem
Besitz und Privatgebrauch mitbringe, sondern daß sie mir und
andern durchs ganze Leben zur Leitung und Fördernis dienen
sollen.

Rom, den 1. November 1786.

Ja, ich bin endlich in dieser Hauptstadt der Welt angelangt! Wenn ich sie in guter Begleitung, angeführt von einem recht verständigen Manne, vor funfzehn Jahren gesehen hätte, wollte ich mich glücklich preisen. Sollte ich sie aber allein, mit eignen Augen sehen und besuchen, so ist es gut, daß mir diese Freude so spät zuteil ward.

Über das Tiroler Gebirg bin ich gleichsam weggeflogen. Verona, Vicenz, Padua, Venedig habe ich gut, Ferrara, Cento, Bologna flüchtig und Florenz kaum gesehen. Die Begierde, nach Rom zu kommen, war so groß, wuchs so sehr mit jedem Augenblicke, daß kein Bleiben mehr war, und ich mich nur drei Stunden in Florenz aufhielt. Nun bin ich hier und ruhig und, wie es scheint, auf mein ganzes Leben beruhigt. Denn es geht, man darf wohl sagen, ein neues Leben an, wenn man das Ganze mit Augen sieht, das man teilweise in- und auswendig kennt. Alle Träume meiner Jugend seh' ich nun lebendig; die ersten Kupferbilder, deren ich mich erinnere (mein Vater hatte die Prospekte von Rom auf einem Vorsaale aufgehängt), seh' ich nun in Wahrheit, und alles, was ich in Gemälden und Zeichnungen, Kupfern und Holzschnitten, in Gips und Kork schon lange gekannt, steht nun beisammen vor mir; wohin ich gehe, finde ich eine Bekanntschaft in einer neuen Welt; es ist alles, wie ich mir's dachte, und alles neu. Ebenso kann ich von meinen Beobachtungen, von meinen Ideen sagen. Ich habe keinen ganz neuen Gedanken gehabt, nichts ganz fremd gefunden, aber die alten sind so bestimmt, so lebendig, so zusammenhängend geworden, daß sie für neu gelten können.

Da Pygmalions Elise, die er sich ganz nach seinen Wünschen geformt und ihr so viel Wahrheit und Dasein gegeben hatte, als der Künstler vermag, endlich auf ihn zukam und sagte: »*Ich bin's!*«, wie anders war die Lebendige als der gebildete Stein!

Wie moralisch heilsam ist mir es dann auch, unter einem ganz sinnlichen Volke zu leben, über das so viel Redens und Schreibens ist, das jeder Fremde nach dem Maßstabe beurteilt, den er mitbringt. Ich verzeihe jedem, der sie tadelt und schilt; sie stehn zu weit von uns ab, und als Fremder mit ihnen zu verkehren, ist beschwerlich und kostspielig.

[...]

Den 9. November.
Manchmal stehe ich wie einen Augenblick still und überschaue die höchsten Gipfel des schon Gewonnenen. Sehr gerne blicke ich nach Venedig zurück, auf jenes große Dasein, dem Schoße des Meeres wie Pallas aus dem Haupte Jupiters entsprossen. Hier hat mich die Rotonda, so die äußere wie die innere, zu einer freudigen Verehrung ihrer Großheit bewogen. In St. Peter habe ich begreifen lernen, wie die Kunst sowohl als die Natur alle Maßvergleichung aufheben kann. Und so hat mich Apoll von Belvedere aus der Wirklichkeit hinausgerückt. Denn wie von jenen Gebäuden die richtigsten Zeichnungen keinen Begriff geben, so ist es hier mit dem Original von Marmor gegen die Gipsabgüsse, deren ich doch sehr schöne früher gekannt habe.

Den 10. November 1786.
Ich lebe nun hier mit einer Klarheit und Ruhe, von der ich lange kein Gefühl hatte. Meine Übung, alle Dinge, wie sie sind, zu sehen und abzulesen, meine Treue, das Auge licht sein zu lassen, meine völlige Entäußerung von aller Prätention kommen mir einmal wieder recht zustatten und machen mich im stillen höchst glücklich. Alle Tage ein neuer merkwürdiger Gegenstand, täglich frische, große, seltsame Bilder und ein Ganzes, das man sich lange denkt und träumt, nie mit der Einbildungskraft erreicht.

Heute war ich bei der Pyramide des Cestius und abends auf dem Palatin, oben auf den Ruinen der Kaiserpaläste, die wie Felsenwände dastehn. Hievon läßt sich nun freilich nichts überliefern! Wahrlich, es gibt hier nichts Kleines, wenn auch wohl hier und da etwas Scheltenswertes und Abgeschmacktes; doch auch ein solches hat teil an der allgemeinen Großheit genommen.

Kehr' ich nun in mich selbst zurück, wie man doch so gern tut bei jeder Gelegenheit, so entdecke ich ein Gefühl, das mich unendlich freut, ja, das ich sogar auszusprechen wage. Wer sich mit Ernst hier umsieht und Augen hat zu sehen, muß solid werden, er muß einen Begriff von Solidität fassen, der ihm nie so lebendig ward.

Der Geist wird zur Tüchtigkeit gestempelt, gelangt zu einem Ernst ohne Trockenheit, zu einem gesetzten Wesen mit Freude. Mir wenigstens ist es, als wenn ich die Dinge dieser Welt nie so richtig geschätzt hätte als hier. Ich freue mich der gesegneten Folgen auf mein ganzes Leben.

Und so laßt mich aufraffen, wie es kommen will, die Ordnung wird sich geben. Ich bin nicht hier, um nach meiner Art zu genießen; befleißigen will ich mich der großen Gegenstände, lernen und mich ausbilden, ehe ich vierzig Jahre alt werde.

[…]

Den 18. November.

Daß ich mit Tischbein schon so lange durch Briefe in dem besten Verhältnis stehe, daß ich ihm so manchen Wunsch, sogar ohne Hoffnung, nach Italien zu kommen, mitgeteilt, machte unser Zusammentreffen sogleich fruchtbar und erfreulich. Er hatte immer an mich gedacht und für mich gesorgt. Auch was die Steine betrifft, mit welchen die Alten und Neuen gebaut, ist er vollkommen zu Hause, er hat sie recht gründlich studiert, wobei ihm sein Künstlerauge und die Künstlerlust an sinnlichen Dingen sehr zustatten kommt. […] Wie viel eine genaue Kenntnis des Materials, worin die Künste gearbeitet, zu ihrer Beurteilung hilft, fällt genugsam in die Augen.

Zum 18. November.

Nun muß ich aber auch von einem wunderbaren problematischen Bilde sprechen, das sich auf jene trefflichen Dinge noch immer gut sehen läßt.

Schon vor mehrern Jahren hielt sich hier ein Franzos auf, als Liebhaber der Kunst und Sammler bekannt. Er kommt zum Besitz eines *antiken* Gemäldes auf Kalk, niemand weiß woher; er läßt das Bild durch Mengs restaurieren und hat es als ein geschätztes Werk in seiner Sammlung. Winckelmann spricht irgendwo mit Enthusiasmus davon. Es stellt den Ganymed vor, der dem Jupiter eine Schale Wein reicht und dagegen einen Kuß empfängt. Der Franzose stirbt und hinterläßt das Bild seiner Wirtin als *antik*. Mengs stirbt und sagt auf seinem Todbette, *es sei nicht antik, er habe es gemalt*. Und nun streitet alles gegeneinander. Der eine behauptet, es sei von Mengs zum Scherz nur so leicht hingemacht, der andere Teil sagt, Mengs habe nie so etwas machen können, ja es sei beinahe für Raffael zu schön. Ich habe es gestern gesehn und muß sagen, daß ich auch nichts Schöneres kenne als die Figur Ganymeds, Kopf und Rücken, das andere ist viel restauriert. Indessen ist das Bild diskreditiert, und die arme Frau will niemand von dem Schatz erlösen.

Den 20. November 1786.

Da uns die Erfahrung genugsam belehrt, daß man zu Gedichten jeder Art Zeichnungen und Kupfer wünscht, ja der Maler selbst seine ausführlichsten Bilder der Stelle irgendeines Dichters widmet, so ist Tischbeins Gedanke höchst beifallswürdig, daß Dichter und Künstler zusammenarbeiten sollten, um gleich vom Ursprunge herauf eine Einheit zu bilden. Die Schwierigkeit würde um vieles freilich vermindert, wenn es kleine Gedichte wären, die sich leicht übersehen und fördern ließen.

Tischbein hat auch hiezu sehr angenehme idyllische Gedanken, und es ist wirklich sonderbar, daß die Gegenstände, die er auf diese Weise bearbeitet wünscht, von der Art sind, daß weder dichtende noch bildende Kunst, jede für sich, zur Darstellung hinreichend wären. Er hat mir davon auf unsern Spaziergängen erzählt, um mir Lust zu machen, daß ich mich darauf einlassen möge. Das Titelkupfer zu unserm gemeinsamen Werke ist schon entworfen; fürchtete ich mich nicht, in etwas Neues einzugehen, so könnte ich mich wohl verführen lassen.

Rom, den 22. November 1786, am Cäcilienfeste.
[...] Ich ging mit Tischbein nach dem Petersplatze, wo wir erst
auf und ab gehend und, wenn es uns zu warm wurde, im Schatten
des großen Obelisks, der eben für zwei breit genug geworfen
wird, spazierten und Trauben verzehrten, die wir in der Nähe ge-
kauft hatten. Dann gingen wir in die Sixtinische Kapelle, die wir
auch hell und heiter, die Gemälde wohlerleuchtet fanden. Das
»Jüngste Gericht« und die mannigfaltigen Gemälde der Decke,
von Michelangelo, teilten unsere Bewunderung. Ich konnte nur
sehen und anstaunen. Die innere Sicherheit und Männlichkeit
des Meisters, seine Großheit geht über allen Ausdruck. Nachdem wir alles wieder und wieder gesehen, verließen wir dieses
Heiligtum und gingen nach der Peterskirche, die von dem heitern Himmel das schönste Licht empfing und in allen Teilen hell
und klar erschien. Wir ergötzten uns als genießende Menschen
an der Größe und der Pracht, ohne durch allzu eklen und zu verständigen Geschmack uns diesmal irremachen zu lassen, und un-
terdrückten jedes schärfere Urteil. Wir erfreuten uns des Erfreulichen.
[...]

Den 1. Dezember.
Moritz ist hier, der uns durch »Anton Reiser« und die »Wande-
rungen nach England« merkwürdig geworden. Es ist ein reiner,
trefflicher Mann, an dem wir viel Freude haben.

Rom, den 2. Dezember 1786.
[...]
Am 28. November kehrten wir zur Sixtinischen Kapelle zurück, ließen die Galerie aufschließen, wo man den Plafond näher
sehen kann; man drängt sich zwar, da sie sehr eng ist, mit einiger
Beschwerlichkeit und mit anscheinender Gefahr an den eisernen
Stäben weg, deswegen auch die Schwindligen zurückbleiben:
alles wird aber durch den Anblick des größten Meisterstücks ersetzt. Und ich bin in dem Augenblicke so für Michelangelo eingenommen, daß mir nicht einmal die Natur auf ihn schmeckt, da

ich sie doch nicht mit so großen Augen wie er sehen kann. Wäre nur ein Mittel, sich solche Bilder in der Seele recht zu fixieren! Wenigstens was ich von Kupfern und Zeichnungen nach ihm erobern kann, bring' ich mit.

[...]

Goethe und Karl Philipp Moritz.
Zeichnung von Wilhelm Tischbein

Rom, den 13. Dezember.

[...]

Ich erhole mich nun hier nach und nach von meinem salto mortale und studiere mehr, als daß ich genieße. Rom ist eine Welt, und man braucht Jahre, um sich nur erst drinnen gewahr zu werden. Wie glücklich find' ich die Reisenden, die sehen und gehn.

Heute früh fielen mir Winckelmanns Briefe, die er aus Italien schrieb, in die Hand. Mit welcher Rührung hab' ich sie zu lesen angefangen! Vor einunddreißig Jahren, in derselben Jahreszeit kam er, ein noch ärmerer Narr als ich, hierher, ihm war es auch so deutsch Ernst um das Gründliche und Sichere der Altertümer und der Kunst. Wie brav und gut arbeitete er sich durch! Und was ist mir nun aber auch das Andenken dieses Mannes auf diesem Platze!

Außer den Gegenständen der Natur, die in allen ihren Teilen wahr und konsequent ist, spricht doch nichts so laut als die Spur eines guten, verständigen Mannes, als die echte Kunst, die ebenso folgerecht ist als jene. Hier in Rom kann man das recht fühlen, wo so manche Willkürlichkeit gewütet hat, wo so mancher Unsinn durch Macht und Geld verewigt worden.

Eine Stelle in Winckelmanns Brief an Franken freute mich besonders: »Man muß alle Sachen in Rom mit einem gewissen Phlegma suchen, sonst wird man für einen Franzosen gehalten. In Rom, glaub' ich, ist die hohe Schule für alle Welt, und auch ich bin geläutert und geprüft.«

Das Gesagte paßt recht auf meine Art, den Sachen hier nachzugehn, und gewiß, man hat außer Rom keinen Begriff, wie man hier geschult wird. Man muß sozusagen wiedergeboren werden, und man sieht auf seine vorigen Begriffe wie auf Kinderschuhe zurück. Der gemeinste Mensch wird hier zu etwas, wenigstens gewinnt er einen ungemeinen Begriff, wenn es auch nicht in sein Wesen übergehen kann.

Dieser Brief kommt euch zum neuen Jahre, alles Glück zum Anfange, vor Ende sehn wir uns wieder, und das wird keine geringe Freude sein. Das vergangene war das wichtigste meines Lebens; ich mag nun sterben oder noch eine Weile dauern, in beiden Fällen war es gut. […]

Den 29. Dezember.

In diesem Künstlerwesen lebt man wie in einem Spiegelzimmer, wo man auch wider Willen sich selbst und andere oft wiederholt sieht. Ich bemerkte wohl, daß Tischbein mich öfters aufmerksam betrachtete, und nun zeigt sich's, daß er mein Porträt zu malen gedenkt. Sein Entwurf ist fertig, er hat die Leinwand schon aufgespannt. Ich soll in Lebensgröße als Reisender, in einen weißen Mantel gehüllt, in freier Luft auf einem umgestürzten Obelisken sitzend, vorgestellt werden, die tief im Hintergrunde liegenden Ruinen der Campagna di Roma überschauend. Es gibt ein schönes Bild, nur zu groß für unsere nordischen Wohnungen. Ich werde wohl wieder dort unterkriechen, das Porträt aber wird keinen Platz finden.

Den 6. Januar.

Eben komme ich von Moritz, dessen geheilter Arm heute aufgebunden worden. Es steht und geht recht gut. Was ich diese vierzig Tage bei diesem Leidenden als Wärter, Beichtvater und Vertrauter, als Finanzminister und geheimer Sekretär erfahren und gelernt, mag uns in der Folge zugute kommen. Die fatalsten Leiden und die edelsten Genüsse gingen diese Zeit her immer einander zur Seite.

Zu meiner Erquickung habe ich gestern einen Ausguß des kolossalen Junokopfes, wovon das Original in der Villa Ludovisi steht, in den Saal gestellt. Es war dieses meine erste Liebschaft in Rom, und nun besitz' ich sie. Keine Worte geben eine Ahnung davon. Es ist wie ein Gesang Homers.

Ich habe aber auch für die Zukunft die Nähe einer so guten Gesellschaft wohl verdient, denn ich kann nun vermelden, daß »Iphigenia« endlich fertig geworden ist, d. h. daß sie in zwei ziemlich gleichlautenden Exemplaren vor mir auf dem Tische liegt, wovon das eine nächstens zu euch wandern soll. Nehmt es freundlich auf, denn freilich steht nicht auf dem Papiere, was ich gesollt, wohl aber kann man erraten, was ich gewollt habe.

[...]

Ebenso frevelhaft entschloß ich mich, »Iphigenien« nach Karlsbad mitzunehmen. An welchem Orte ich mich besonders mit ihr unterhalten, will ich kürzlich aufzeichnen.

Als ich den Brenner verließ, nahm ich sie aus dem größten Paket und steckte sie zu mir. Am Gardasee, als der gewaltige

Mittagswind die Wellen ans Ufer trieb, wo ich wenigstens so allein war als meine Heldin am Gestade von Tauris, zog ich die ersten Linien der neuen Bearbeitung, die ich in Verona, Vicenz, Padua, am fleißigsten aber in Venedig fortsetzte. Sodann aber geriet die Arbeit in Stocken, ja, ich ward auf eine neue Erfindung geführt, nämlich »Iphigenia auf Delphi« zu schreiben, welches ich auch sogleich getan hätte, wenn nicht die Zerstreuung und ein Pflichtsgefühl gegen das ältere Stück mich abgehalten hätte.

In Rom aber ging die Arbeit in geziemender Stetigkeit fort. Abends beim Schlafengehen bereitete ich mich aufs morgende Pensum, welches denn sogleich beim Erwachen angegriffen wurde. Mein Verfahren dabei war ganz einfach: ich schrieb das Stück ruhig ab und ließ es Zeile vor Zeile, Period vor Period regelmäßig erklingen. Was daraus entstanden ist, werdet ihr beurteilen. Ich habe dabei mehr gelernt als getan. Mit dem Stücke selbst erfolgen noch einige Bemerkungen.

Den 10. Januar.

Hier folgt denn also das Schmerzenskind, denn dieses Beiwort verdient »Iphigenia«, aus mehr als *einem* Sinne. Bei Gelegenheit, daß ich sie unsern Künstlern vorlas, strich ich verschiedene Zeilen an, von denen ich einige nach meiner Überzeugung verbesserte, die andern aber stehenlasse, ob vielleicht Herder ein paar Federzüge hineintun will. Ich habe mich daran ganz stumpf gearbeitet.

Denn warum ich die Prosa seit mehreren Jahren bei meinen Arbeiten vorzog, daran war doch eigentlich schuld, daß unsere Prosodie in der größten Unsicherheit schwebt, wie denn meine einsichtigen, gelehrten, mitarbeitenden Freunde die Entscheidung mancher Fragen dem Gefühl, dem Geschmack anheimgaben, wodurch man denn doch aller Richtschnur ermangelte.

»Iphigenia« in Jamben zu übersetzen, hätte ich nie gewagt, wäre mir in Moritzens »Prosodie« nicht ein Leitstern erschienen. Der Umgang mit dem Verfasser, besonders während seines

Krankenlagers, hat mich noch mehr darüber aufgeklärt, und ich ersuche die Freunde, darüber mit Wohlwollen nachzudenken.

Es ist auffallend, daß wir in unserer Sprache nur wenige Silben finden, die entschieden kurz oder lang sind. Mit den andern verfährt man nach Geschmack oder Willkür. Nun hat Moritz ausgeklügelt, daß es eine gewisse Rangordnung der Silben gebe, und daß die dem Sinne nach bedeutendere gegen eine weniger bedeutende lang sei und jene kurz mache, dagegen aber auch wieder kurz werden könne, wenn sie in die Nähe von einer andern gerät, welche mehr Geistesgewicht hat. Hier ist denn doch ein Anhalten, und wenn auch damit nicht alles getan wäre, so hat man doch indessen einen Leitfaden, an dem man sich hinschlingen kann. Ich habe diese Maxime öfters zu Rate gezogen und sie mit meiner Empfindung übereinstimmend getroffen.

[...]

Den 16. Februar 1787.

Die glückliche Ankunft der »Iphigenia« ward mir auf eine überraschende und angenehme Weise verkündigt. Auf dem Wege nach der Oper brachte man mir den Brief von wohlbekannter Hand, und diesmal doppelt willkommen mit dem Löwchen gesiegelt, als vorläufiges Wahrzeichen des glücklich angelangten Pakets. Ich drängte mich in das Opernhaus und suchte mir mitten unter dem fremden Volk einen Platz unter dem großen Lüster zu verschaffen. Hier fühlte ich mich nun so nah an die Meinigen gerückt, daß ich hätte aufhüpfen und sie umarmen mögen.

[...]

Man unternimmt nur zuviel. Denke ich an meine vier letzten Bände im ganzen, so möchte mir schwindelnd werden, ich muß sie einzeln angreifen, und so wird es gehn.

Hätte ich nicht besser getan, nach meinem ersten Entschluß diese Dinge fragmentarisch in die Welt zu schicken und neue Gegenstände, an denen ich frischeren Anteil nehme, mit frischem Mut und Kräften zu unternehmen? Tät' ich nicht besser, »Iphi-

genia auf Delphi« zu schreiben, als mich mit den Grillen des
»Tasso« herumzuschlagen? und doch habe ich auch dahinein
schon zuviel von meinem Eignen gelegt, als daß ich es fruchtlos
aufgeben sollte.

[...]

Glückliches Ereignis

Genoß ich die schönsten Augenblicke meines Lebens zu gleicher Zeit, als ich der Metamorphose der Pflanzen nachforschte, als mir die Stufenfolge derselben klar geworden, begeistete mir diese Vorstellung den Aufenthalt von Neapel und Sizilien, gewann ich diese Art das Pflanzenreich zu betrachten immer mehr und mehr lieb, übte ich mich unausgesetzt daran auf Wegen und Stegen; so mußten mir diese vergnüglichen Bemühungen dadurch unschätzbar werden, indem sie Anlaß gaben zu einem der höchsten Verhältnisse, die mir das Glück in spätern Jahren bereitete. Die nähere Verbindung mit Schiller bin ich diesen erfreulichen Erscheinungen schuldig, sie beseitigten die Mißverhältnisse, welche mich lange Zeit von ihm entfernt hielten.

Nach meiner Rückkunft aus Italien, wo ich mich zu größerer Bestimmtheit und Reinheit in allen Kunstfächern auszubilden gesucht hatte, unbekümmert was während der Zeit in Deutschland vorgegangen, fand ich neuere und ältere Dichterwerke in großem Ansehn, von ausgebreiteter Wirkung, leider solche, die mich äußerst anwiderten, ich nenne nur Heinses »Ardinghello« und Schillers »Räuber«. Jener war mir verhaßt, weil er Sinnlichkeit und abstruse Denkweisen durch bildende Kunst zu veredlen und aufzustutzen unternahm, dieser, weil ein kraftvolles, aber unreifes Talent gerade die ethischen und theatralischen Paradoxen, von denen ich mich zu reinigen gestrebt, recht im vollen hinreißenden Strome über das Vaterland ausgegossen hatte.

Beiden Männern von Talent verargte ich nicht, was sie unternommen und geleistet: denn der Mensch kann sich nicht versagen nach seiner Art wirken zu wollen, er versucht es erst unbewußt, ungebildet, dann auf jeder Stufe der Bildung immer bewußter; daher denn so viel Treffliches und Albernes sich über die Welt verbreitet, und Verwirrung aus Verwirrung sich entwickelt.

Das Rumoren aber, das im Vaterland dadurch erregt, der Beifall, der jenen wunderlichen Ausgeburten allgemein, so von wilden Studenten als der gebildeten Hofdame gezollt ward, der erschreckte mich, denn ich glaubte all mein Bemühen völlig verloren zu sehen; die Gegenstände zu welchen, die Art und Weise wie ich mich gebildet hatte, schienen mir beseitigt und gelähmt. Und was mich am meisten schmerzte, alle mit mir verbundenen Freunde, *Heinrich Meyer* und *Moritz*, so wie die im gleichen Sinne fortwaltenden Künstler *Tischbein* und *Bury* schienen mir gleichfalls gefährdet, ich war sehr betroffen. Die Betrachtung der bildenden Kunst, die Ausübung der Dichtkunst hätte ich gerne völlig aufgegeben, wenn es möglich gewesen wäre; denn wo war eine Aussicht, jene Produktionen von genialem Wert und wilder Form zu überbieten? Man denke sich meinen Zustand! Die reinsten Anschauungen suchte ich zu nähren und mitzuteilen, und nun fand ich mich zwischen Ardinghello und Franz Moor eingeklemmt.

Moritz, der aus Italien gleichfalls zurückkam und eine Zeitlang bei mir verweilte, bestärkte sich mit mir leidenschaftlich in diesen Gesinnungen: ich vermied Schillern, der, sich in Weimar aufhaltend, in meiner Nachbarschaft wohnte. Die Erscheinung des »Don Carlos« war nicht geeignet mich ihm näher zu führen, alle Versuche von Personen, die ihm und mir gleich nahe standen, lehnte ich ab, und so lebten wir eine Zeitlang nebeneinander fort.

Sein Aufsatz über »*Anmut und Würde*« war eben so wenig ein Mittel mich zu versöhnen. Die Kantische Philosophie, welche das Subjekt so hoch erhebt, indem sie es einzuengen scheint, hatte er mit Freuden in sich aufgenommen; sie entwickelte das Außerordentliche was die Natur in sein Wesen gelegt, und er, im höchsten Gefühl der Freiheit und Selbstbestimmung, war undankbar gegen die große Mutter, die ihn gewiß nicht stiefmütterlich behandelte. Anstatt sie selbständig, lebendig vom Tiefsten bis zum Höchsten gesetzlich hervorbringend zu betrachten, nahm er sie von der Seite einiger empirischen menschlichen Natürlichkeiten. Gewisse harte Stellen sogar konnte ich direkt auf

mich deuten, sie zeigten mein Glaubensbekenntnis in einem falschen Lichte; dabei fühlte ich, es sei noch schlimmer, wenn es
ohne Beziehung auf mich gesagt worden; denn die ungeheuere
Kluft zwischen unsern Denkweisen klaffte nur desto entschiedener.

An keine Vereinigung war zu denken. Selbst das milde Zure-
den eines Dalberg, der Schillern nach Würden zu ehren verstand,
blieb fruchtlos, ja meine Gründe, die ich jeder Vereinigung entgegen setzte, waren schwer zu widerlegen. Niemand konnte
leugnen, daß zwischen zwei Geistesantipoden mehr als ein Erd-
diameter die Scheidung mache, da sie denn beiderseits als Pole
gelten mögen, aber eben deswegen in eins nicht zusammenfallen
können. Daß aber doch ein Bezug unter ihnen stattfinde, erhellt
aus folgendem.

Schiller zog nach Jena, wo ich ihn ebenfalls nicht sah. Zu gleicher Zeit hatte Batsch durch unglaubliche Regsamkeit eine na-
turforschende Gesellschaft in Tätigkeit gesetzt, auf schöne
Sammlungen, auf bedeutenden Apparat gegründet. Ihren perio-
dischen Sitzungen wohnte ich gewöhnlich bei; einstmals fand
ich Schillern daselbst, wir gingen zufällig beide zugleich heraus,
ein Gespräch knüpfte sich an, er schien an dem Vorgetragenen
teil zu nehmen, bemerkte aber sehr verständig und einsichtig und
mir sehr willkommen, wie eine so zerstückelte Art die Natur zu
behandeln, den Laien, der sich gern darauf einließe, keineswegs
anmuten könne.

Ich erwiderte darauf: daß sie den Eingeweihten selbst vielleicht unheimlich bleibe, und daß es doch wohl noch eine andere
Weise geben könne, die Natur nicht gesondert und vereinzelt
vorzunehmen, sondern sie wirkend und lebendig, aus dem Ganzen in die Teile strebend darzustellen. Er wünschte hierüber aufgeklärt zu sein, verbarg aber seine Zweifel nicht; er konnte nicht
eingestehen, daß ein solches, wie ich behauptete, schon aus der
Erfahrung hervorgehe.

Wir gelangten zu seinem Hause, das Gespräch lockte mich
hinein; da trug ich die Metamorphose der Pflanzen lebhaft vor,

und ließ, mit manchen charakteristischen Federstrichen, eine symbolische Pflanze vor seinen Augen entstehen. Er vernahm und schaute das alles mit großer Teilnahme, mit entschiedener Fassungskraft; als ich aber geendet, schüttelte er den Kopf und sagte: »Das ist keine Erfahrung, das ist eine Idee.« Ich stutzte, verdrießlich einigermaßen: denn der Punkt, der uns trennte, war dadurch aufs strengste bezeichnet. Die Behauptung aus »Anmut und Würde« fiel mir wieder ein, der alte Groll wollte sich regen, ich nahm mich aber zusammen und versetzte: »Das kann mir sehr lieb sein, daß ich Ideen habe ohne es zu wissen, und sie sogar mit Augen sehe.«

Schiller, der viel mehr Lebensklugheit und Lebensart hatte als ich, und mich auch wegen der Horen, die er herauszugeben im Begriff stand, mehr anzuziehen als abzustoßen gedachte, erwiderte darauf als ein gebildeter Kantianer; und als aus meinem hartnäckigen Realismus mancher Anlaß zu lebhaftem Widerspruch entstand, so ward viel gekämpft und dann Stillstand gemacht; keiner von beiden konnte sich für den Sieger halten, beide hielten sich für unüberwindlich. Sätze wie folgender machten mich ganz unglücklich: »Wie kann jemals Erfahrung gegeben werden, die einer Idee angemessen sein sollte? denn darin besteht eben das Eigentümliche der letzteren, daß ihr niemals eine Erfahrung kongruieren könne.« Wenn er das für eine Idee hielt, was ich als Erfahrung aussprach, so mußte doch zwischen beiden irgend etwas Vermittelndes, Bezügliches obwalten! Der erste Schritt war jedoch getan, Schillers Anziehungskraft war groß, er hielt alle fest, die sich ihm näherten; ich nahm teil an seinen Absichten und versprach zu den »Horen« manches, was bei mir verborgen lag, herzugeben; seine Gattin, die ich, von ihrer Kindheit auf, zu lieben und zu schätzen gewohnt war, trug das Ihrige bei zu dauerndem Verständnis, alle beiderseitigen Freunde waren froh, und so besiegelten wir, durch den größten, vielleicht nie ganz zu schlichtenden Wettkampf zwischen Objekt und Subjekt, einen Bund, der ununterbrochen gedauert, und für uns und andere manches Gute gewirkt hat.

Nach diesem glücklichen Beginnen entwickelten sich, in Verfolg eines zehnjährigen Umgangs, die philosophischen Anlagen, inwiefern sie meine Natur enthielt, nach und nach; davon denke möglichst Rechenschaft zu geben, wennschon die obwaltenden Schwierigkeiten jedem Kenner sogleich ins Auge fallen müssen. Denn diejenigen, welche, von einem höheren Standpunkte die behagliche Sicherheit des Menschenverstandes überschauen, des einem gesunden Menschen angebornen Verstandes, der weder an den Gegenständen und ihrem Bezug, noch an dem eigenen Befugnis sie zu erkennen, zu begreifen, zu beurteilen, zu schätzen, zu benutzen zweifelt, solche Männer werden gewiß gerne gestehen, daß ein fast Unmögliches unternommen werde, wenn man die Übergänge in einen geläuterten, freieren, selbstbewußten Zustand, deren es tausend und aber tausend geben muß, zu schildern unternimmt. Von Bildungsstufen kann die Rede nicht sein, wohl aber von Irr-, Schleif- und Schleichwegen, und sodann von unbeabsichtigtem Sprung und belebtem Aufsprung zu einer höhern Kultur.

Und wer kann denn zuletzt sagen, daß er wissenschaftlich in der höchsten Region des Bewußtseins immer wandele, wo man das Äußere mit größter Bedächtigkeit, mit so scharfer als ruhiger Aufmerksamkeit betrachtet, wo man zugleich sein eigenes Innere, mit kluger Umsicht, mit bescheidener Vorsicht, walten läßt, in geduldiger Hoffnung eines wahrhaft reinen, harmonischen Anschauens. Trübt uns nicht die Welt, trüben wir uns nicht selbst solche Momente? Fromme Wünsche jedoch dürfen wir hegen, liebevolles Annähern an das Unerreichbare zu versuchen, ist nicht untersagt.

Was uns bei unsern Darstellungen zunächst gelingt, empfehlen wir längst verehrten Freunden, und zugleich der deutschen nach dem Guten und Rechten hinstrebenden Jugend.

Möchten wir aus ihnen frische Teilnehmer und künftige Beförderer heranlocken und erwerben.

Briefwechsel

[Schiller an Körner] Weimar, d. 12. Aug. 1787
[...]

Dieser Tage bin ich auch in *Goethens* Garten gewesen, beim Major von Knebel, seinem intimen Freund. Goethens Geist hat alle Menschen, die sich zu seinem Zirkel zählen, gemodelt. Eine stolze philosophische Verachtung aller Spekulation und Untersuchung, mit einem bis zur Affektation getriebenen Attachement an die Natur und einer Resignation in seine fünf Sinne; kurz eine gewisse kindliche Einfalt der Vernunft bezeichnet ihn und seine ganze hiesige Sekte. Da sucht man lieber Kräuter oder treibt Mineralogie, als daß man sich in leeren Demonstrationen verfinge. Die Idee kann ganz gesund und gut sein, aber man kann auch viel übertreiben. [...]

Dieser Tage habe ich in großer adliger Gesellschaft einen höchst langweiligen Spaziergang machen müssen. Das ist ein notwendiges Übel, in das mich mein Verhältnis mit Charlotten gestürzt hat – und wie viel flache Kreaturen kommen einem da vor. Die beste unter allen war *Frau v. Stein,* eine wahrhaftig eigene interessante Person, und von der ich begreife, daß Goethe sich so ganz an sie attachiert hat. Schön kann sie nie gewesen sein, aber ihr Gesicht hat einen sanften Ernst und eine ganz eigene Offenheit. Ein gesunder Verstand, Gefühl und Wahrheit liegen in ihrem Wesen. Diese Frau besitzt vielleicht über tausend Briefe von Goethe, und aus Italien hat er ihr noch jede Woche geschrieben. Man sagt, daß ihr Umgang ganz rein und untadelhaft sein soll.

Goethe (weil ich Dir doch Herders Schilderung versprochen habe), Goethe wird von sehr vielen Menschen (auch außer Herder) mit einer Art von Anbetung genannt, und mehr noch als Mensch, denn als Schriftsteller geliebt und bewundert. Herder gibt ihm einen *klaren* universalischen Verstand, das wahrste und innigste Gefühl, die größte Reinheit des Herzens! Alles, was er ist, ist er ganz, und er kann, wie Julius Caesar, vieles zugleich sein. Nach Herders Behauptung ist er rein von allem Intrigegeist, er hat wissentlich noch niemand verfolgt, noch keines anderen Glücks untergraben. Er liebt in allen Dingen Helle und Klarheit, selbst im Kleinen seiner politischen Geschäfte, und mit eben diesem Eifer haßt er Mystik, Geschraubtheit, Verworrenheit. Herder will ihn ebenso und noch mehr als Geschäftsmann, denn als Dichter bewundert wissen. Ihm ist er ein allumfassender Geist. [...]

[Schiller an Körner]   Weimar, 2. Februar 1789
    [...]
Öfters um *Goethe* zu sein, würde mich unglücklich machen: er hat auch gegen seine nächsten Freunde kein Moment der Ergießung; er ist an nichts zu fassen; ich glaube in der Tat, er ist ein Egoist in ungewöhnlichem Grade. Er besitzt das Talent, die Menschen zu fesseln, und durch kleine sowohl als große Attentionen sich verbindlich zu machen; aber sich selbst weiß er immer frei zu behalten. Er macht seine Existenz wohltätig kund, aber nur wie ein Gott, ohne sich selbst zu geben – dies scheint mir eine konsequente und planmäßige Handlungsart, die ganz auf den höchsten Genuß der Eigenliebe kalkuliert ist. Ein solches Wesen sollten die Menschen nicht um sich herum aufkommen lassen. Mir ist er dadurch verhaßt, ob ich gleich seinen Geist von ganzem Herzen liebe und groß von ihm denke. Ich betrachte ihn wie eine stolze Prüde, der man ein Kind machen muß, um sie vor der Welt zu demütigen. Eine ganz sonderbare Mischung von Haß und Liebe ist es, die er in mir erweckt hat, eine Empfindung, die derjenigen nicht ganz unähnlich ist, die Brutus und Cassius gegen Caesar gehabt haben müssen; ich könnte seinen Geist umbringen und ihn wieder von Herzen lieben. Goethe hat auch viel Einfluß darauf, daß ich mein Gedicht gern recht vollendet wünsche. An seinem Urteil liegt mir überaus viel. Die *Götter Grie-*

chenlands hat er sehr günstig beurteilt; nur zu lang hat er sie gefunden, worin er auch nicht unrecht haben mag. Sein Kopf ist reif, und sein Urteil über mich wenigstens eher *gegen* mich als *für* mich parteiisch. Weil mir nun überhaupt nur daran liegt, Wahres von mir zu hören, so ist dies gerade der Mensch unter allen die ich kenne, der mir diesen Dienst tun kann. Ich will ihn auch mit Lauschern umgeben, denn ich selbst werde ihn nie über mich befragen. […]

[Körner an Schiller]   Dresden, 9. Febr. 89

[…] Daß das Feilen und Ordnen eines solchen Gedichts keine angenehme Arbeit ist, kann ich wohl denken. Aber laß Dich immer die Mühe nicht verdrießen. Das *lyrische* Fach ist es gerade, meines Erachtens, worin Du einzig bist. Wenigstens kenne ich keinen unter den jetzt lebenden Dichtern, der es mit Dir aufnehmen könnte, wenn Du Deine ganze Kraft aufbietest. Im Dramatischen hingegen hast Du an *Goethen* einen gefährlichen Nebenbuhler. Im Lyrischen aber kann er sich weder im Schwung und Reichtum der Ideen, noch in der Versifikation mit Dir messen. *Bürger* hat viel Versifikation und Sprache, und in seinen guten Arbeiten eine gewisse Klassizität, aber seine Ideen sind selten von Gehalt. *Herder* hat mehr Originalität und Geist im Stoff, aber sein Versbau ist zu nachlässig. *Stolberg* ist arm an Ideen, und täuscht größtenteils bloß durch einen Schwall von dichterischen Phrasen. […]

Goethens Charakter, wie Du ihn beschreibst, hat allerdings viel Drückendes. Man muß seinen ganzen Stolz aufbieten, um sich vor einem solchen Menschen nicht gedemütigt zu fühlen. Doch wäre es schade, wenn dies Dir seinen Umgang verleiden sollte. Du kannst keck mit dem Gefühle: anch' io son pittore vor ihm auftreten, wenn er auch gleich durch Alter und Erfahrung in der Herrschaft über sich selbst eine gewisse Überlegenheit besitzt. Eine solche *heroische Existenz* ist die natürliche Folge, wenn ein großer Mensch eine Zeitlang fast alle Arten von Genüssen *außer sich* erschöpft hat, und ihm nichts weiter übrig bleibt, als der Genuß seines eigenen Wertes und seiner Tätigkeit. Menschen von solchem Gehalt wirst Du nicht häufig finden, und Dich mit ihm reiben zu können, ist doch gewiß ein beträchtlicher Vorteil. […]

Friedrich Schiller und
Johann Wolfgang Goethe

Briefwechsel

[Schiller an Goethe]
Hochwohlgeborner Herr,
Hochzuverehrender Herr Geheimer Rat.
Beiliegendes Blatt enthält den Wunsch einer, Sie unbegrenzt hochschätzenden, Gesellschaft, die Zeitschrift, von der die Rede ist, mit Ihren Beiträgen zu beehren, über deren Rang und Wert nur Eine Stimme unter uns sein kann. Der Entschluß Euer Hochwohlgeboren, diese Unternehmung durch Ihren Beitritt zu unterstützen, wird für den glücklichen Erfolg derselben entscheidend sein, und mit größter Bereitwilligkeit unterwerfen wir uns allen Bedingungen, unter welchen Sie uns denselben zusagen wollen.

Hier in Jena haben sich die Herren Fichte, Woltmann und von Humboldt zur Herausgabe dieser Zeitschrift mit mir vereinigt, und da, einer notwendigen Einrichtung gemäß, über alle einlaufenden Manuskripte die Urteile eines engern Ausschusses eingeholt werden sollen, so würden Ew. Hochwohlgeboren uns unendlich verpflichten, wenn Sie erlauben wollten, daß Ihnen zu Zeiten eins der eingesandten Manuskripte dürfte zur Beurteilung vorgelegt werden. Je größer und näher der Anteil ist, dessen Sie unsre Unternehmung würdigen, desto mehr wird der Wert derselben bei demjenigen Publikum steigen, dessen Beifall uns der wichtigste ist. Hochachtungsvoll verharre ich
Euer Hochwohlgeboren
gehorsamster Diener und aufrichtigster Verehrer
Jena, 13. Juni 1794.   F. Schiller.

FRIEDRICH SCHILLER

Einladung zur Mitarbeit

Die Horen

Unter diesem Titel wird mit dem Anfang des Jahrs 1795 eine Monatsschrift erscheinen, zu deren Verfertigung eine Gesellschaft bekannter Gelehrten sich vereinigt hat. Sie wird sich über alles verbreiten, was mit Geschmack und philosophischem Geiste behandelt werden kann, und also sowohl philosophischen Untersuchungen als historischen und poetischen Darstellungen offenstehen. Alles, was entweder bloß den gelehrten Leser interessieren oder was bloß den nichtgelehrten befriedigen kann, wird davon ausgeschlossen sein; vorzüglich aber und unbedingt wird sie sich alles verbieten, was sich auf Staatsreligion und politische Verfassung bezieht. Man widmet sie der *schönen* Welt zum Unterricht und zur Bildung, und der *gelehrten* zu einer freien Forschung der Wahrheit und zu einem fruchtbaren Umtausch der Ideen; und indem man bemüht sein wird, die Wissenschaft selbst, durch den innern Gehalt, zu bereichern, hofft man zugleich den Kreis der Leser durch die Form zu erweitern.

Unter der großen Menge von Zeitschriften, ähnlichen Inhalts, dürfte es vielleicht schwer sein, Gehör zu finden, und, nach so vielen verunglückten Versuchen in dieser Art, noch schwerer, sich Glauben zu verschaffen. Ob die Herausgeber der gegenwärtigen Monatsschrift gegründetere Hoffnungen haben, wird sich am besten aus den Mitteln abnehmen lassen, die man zur Errichtung jenes Zwecks eingeschlagen hat.

Nur der innere Wert einer literarischen Unternehmung ist es, der ihr ein dauerndes Glück bei dem Publikum versichern kann; auf der andern Seite aber ist es nur dieses Glück, welches ihrem Urheber den Mut und die Kräfte gibt, etwas Beträchtliches auf ihren Wert zu verwenden. Die große Schwierigkeit also ist, daß der Erfolg gewissermaßen schon realisiert sein müßte, um den Aufwand, durch den allein er zu realisieren ist, möglich zu machen. Aus diesem Zirkel ist kein anderer Ausweg, als daß ein unternehmender Mann an jenen problematischen Erfolg soviel wage, als etwa nötig sein dürfte, ihn gewiß zu machen.

Für Zeitschriften dieses Inhalts fehlt es gar nicht an einem zahlreichen Publikum, aber in dieses Publikum teilen sich zu viele einzelne Journale. Würde man die Käufer aller hieher gehörigen Journale zusammenzählen, so würde sich eine Anzahl entdecken lassen, welche hinreichend wäre, auch die kostbarste Unternehmung im Gange zu erhalten. Diese ganze Anzahl nun steht derjenigen Zeitschrift zu Gebot, die alle die Vorteile in sich vereinigt, wodurch jene Schriften im einzelnen bestehn, ohne den Kaufpreis einer einzelnen unter denselben beträchtlich zu übersteigen.

Jeder Schriftsteller von Verdienst hat in der lesenden Welt seinen eigenen Kreis, und selbst der am meisten gelesene hat nur einen größern Kreis in derselben. So weit ist es noch nicht mit der Kultur der Deutschen gekommen, daß sich das, was den Besten gefällt, in jedermanns Händen finden sollte. Treten nun die vorzüglichsten Schriftsteller der Nation in eine literarische Assoziation zusammen, so vereinigen sie eben dadurch das vorher geteilt gewesene Publikum, und das Werk, an welchem alle Anteil nehmen, wird die ganze lesende Welt zu seinem Publikum haben. Dadurch aber ist man imstande, jedem einzelnen alle die Vorteile anzubieten, die der allerweiteste Kreis der Leser und Käufer einem Autor nur immer verschaffen kann.

Ein Verleger, der diesem Unternehmen in jeder Rücksicht gewachsen ist, hat sich bereits (in dem Buchhändler Cotta von Tübingen) gefunden und ist bereit, sie ins Werk zu richten, sobald die erforderliche Anzahl von Mitarbeitern sich zusammengefunden haben wird. Jeder Schriftsteller, an den man diese Anzeige sendet, wird also zum Beitritt an dieser Sozietät eingeladen, und man hofft dafür gesorgt zu haben, daß er in keiner Gesellschaft, die seiner unwürdig wäre, vor dem Publikum auftreten soll. Da aber die ganze Unternehmung nur unter der Bedingung einer gehörigen Anzahl von Teilnehmern möglich ist, so kann man keinem der eingeladenen Schriftsteller zugestehn, seinen Beitritt bis nach Erscheinung des Journals aufzuschieben, weil man schon vorläufig wissen muß, auf wen man zu rechnen hat, um an die Ausführung auch nur denken zu können. Sobald aber die erforderliche Anzahl sich zusammengefunden hat, wird solches jedem Teilnehmer an der Zeitschrift unverzüglich bekannt gemacht werden.

Jeden Monat, ist man übereingekommen, ein Stück von 9 Bogen in Median zu liefern; der gedruckte Bogen wird mit … Ldors in Golde bezahlt. Dafür verspricht der Verfasser, von diesen einmal abgedruckten Aufsätzen drei Jahre nach ihrer Erscheinung keinen andern öffentlichen Gebrauch zu machen, es sei denn, daß beträchtliche Veränderungen damit vorgenommen worden wären.

Obgleich von denjenigen Gelehrten, deren Beiträge man sich ausbittet, nichts, was ihrer selbst und einer solchen Zeitschrift nicht ganz würdig wäre, zu befürchten ist, so hat man doch, aus leicht begreiflichen Gründen, die Verfügung getroffen, daß kein Manuskript eher dem Druck übergeben werde, als bis es einer dazu bestimmten Anzahl von Mitgliedern zur Beurteilung vorgelegt worden ist. Dieser Konvention werden sich die Herren Teilnehmer um so eher unterwerfen, als sie versichert sein können, daß höchstens nur die relative Zweckmäßigkeit ihrer Beiträge in Rücksicht auf den Plan und das Interesse des Journals zur Frage kommen kann. Eigenmächtige Abänderungen wird weder der Redakteur noch der Ausschuß sich in den Manuskripten erlauben. Sollten welche nötig sein, so versteht es sich von selbst, daß man den Verfasser ersuchen wird, sie selbst vorzunehmen. Der Abdruck der Manuskripte wird sich nach der Ordnung richten, in der sie eingesandt werden, soweit dieses mit der nötigen Mannigfaltigkeit des Inhalts in den einzelnen Monatsstücken bestehen kann. Eben diese Mannigfaltigkeit macht die Verfügung notwendig, daß kein Beitrag durch mehr als drei

Stücke fortgesetzt werde und in keinem einzelnen Stück mehr als sechzig Seiten einnehme.

Briefe und Manuskripte sendet man an den Redakteur dieser Monatsschrift, der den Herren Verfassern für ihre eingesandten Beiträge steht und bereit ist, jedem, sobald es verlangt wird, Rechnung davon abzulegen.

Daß von dieser Anzeige kein öffentlicher Gebrauch zu machen sei, wird kaum nötig sein zu erinnern.

Jena, am 13. Juni 1794.

Friedrich Schiller
Hofrat und Professor zu Jena

Briefwechsel

[Goethe an Schiller]
Ew. Wohlgeboren
eröffnen mir eine doppelt angenehme Aussicht, sowohl auf die
Zeitschrift, welche Sie herauszugeben gedenken, als auf die Teilnahme, zu der Sie mich einladen. Ich werde mit Freuden und von
ganzem Herzen von der Gesellschaft sein.

Sollte unter meinen ungedruckten Sachen sich etwas finden,
das zu einer solchen Sammlung zweckmäßig wäre, so teile ich es
gerne mit; gewiß aber wird eine nähere Verbindung mit so wak-
kern Männern, als die Unternehmer sind, manches, das bei mir
ins Stocken geraten ist, wieder in einen lebhaften Gang bringen.

Schon eine sehr interessante Unterhaltung wird es werden,
sich über die Grundsätze zu vereinigen, nach welchen man die
eingesendeten Schriften zu prüfen hat, wie über Gehalt und
Form zu wachen, um diese Zeitschrift vor andern auszuzeichnen
und sie bei ihren Vorzügen wenigstens eine Reihe von Jahren zu
erhalten.

Ich hoffe bald mündlich hierüber zu sprechen und empfehle
mich Ihnen und Ihren geschätzten Mitarbeitern aufs beste.
Weimar, den 24. Juni 1794.   Goethe.

[Goethe an Schiller]
Sie erhalten hierbei die Schocherische Abhandlung mit Danke
zurück; das, was ich davon verstehe, gefällt mir recht wohl, das
übrige wird er mit der Zeit ja wohl aufklären.

Zugleich sende Diderot und Moritz und hoffe dadurch meine
Sendung nützlich und angenehm zu machen.

Erhalten Sie mir ein freundschaftliches Andenken und sein Sie
versichert, daß ich mich auf eine öftere Auswechslung der Ideen
mit Ihnen recht lebhaft freue. Empfehlen Sie mich in Ihrem Zir-

kel. Unvermutet wird es mir zur Pflicht, mit nach Dessau zu gehen, und ich entbehre dadurch ein baldiges Wiedersehen meiner Jenaischen Freunde.
Weimar, den 25. Juli 1794.   Goethe.

[Schiller an Goethe]   Jena, den 23. August 1794
Man brachte mir gestern die angenehme Nachricht, daß Sie von Ihrer Reise wieder zurückgekommen seien. Wir haben also wieder Hoffnung, Sie vielleicht bald einmal bei uns zu sehen, welches ich an meinem Teil herzlich wünsche. Die neulichen Unterhaltungen mit Ihnen haben meine ganze Ideen-Masse in Bewegung gebracht, denn sie betrafen einen Gegenstand, der mich seit etlichen Jahren lebhaft beschäftigt. Über so manches, worüber ich mit mir selbst nicht recht einig werden konnte, hat die Anschauung Ihres Geistes (denn so muß ich den Total-Eindruck Ihrer Ideen auf mich nennen) ein unerwartetes Licht in mir angesteckt. Mir fehlte das Objekt, der Körper, zu mehreren spekulativischen Ideen, und Sie brachten mich auf die Spur davon. Ihr beobachtender Blick, der so still und rein auf den Dingen ruht, setzt Sie nie in Gefahr, auf den Abweg zu geraten, in den sowohl die Spekulation als die willkürliche und bloß sich selbst gehorchende Einbildungskraft sich so leicht verirrt. In Ihrer richtigen Intuition liegt alles und weit vollständiger, was die Analysis mühsam sucht, und nur weil es als ein Ganzes in Ihnen liegt, ist Ihnen Ihr eigener Reichtum verborgen; denn leider wissen wir nur das, was wir scheiden. Geister Ihrer Art wissen daher selten, wie weit sie gedrungen sind und wie wenig Ursache sie haben, von der Philosophie zu borgen, die nur von Ihnen lernen kann. Diese kann bloß zergliedern, was ihr gegeben wird, aber das Geben selbst ist nicht die Sache des Analytikers, sondern des Genies, welches unter dem dunkeln, aber sichern Einfluß reiner Vernunft nach objektiven Gesetzen verbindet.

Lange schon habe ich, obgleich aus ziemlicher Ferne, dem Gang Ihres Geistes zugesehen und den Weg, den Sie Sich vorgezeichnet haben, mit immer erneuerter Bewunderung bemerkt.

Sie suchen das Notwendige der Natur, aber Sie suchen es auf dem schweresten Wege, vor welchem jede schwächere Kraft sich wohl hüten wird. Sie nehmen die ganze Natur zusammen, um über das Einzelne Licht zu bekommen, in der Allheit ihrer Erscheinungsarten suchen Sie den Erklärungsgrund für das Individuum auf. Von der einfachen Organisation steigen Sie, Schritt vor Schritt, zu den mehr verwickelten hinauf, um endlich die verwickeltste von allen, den Menschen, genetisch aus den Materialien des ganzen Naturgebäudes zu erbauen. Dadurch, daß Sie ihn der Natur gleichsam nacherschaffen, suchen Sie in seine verborgene Technik einzudringen. Eine große und wahrhaft heldenmäßige Idee, die zur Genüge zeigt, wie sehr Ihr Geist das reiche Ganze seiner Vorstellungen in einer schönen Einheit zusammenhält. Sie können niemals gehofft haben, daß Ihr Leben zu einem solchen Ziele zureichen werde, aber einen solchen Weg auch nur einzuschlagen ist mehr wert als jeden andern zu endigen und Sie haben gewählt, wie Achill in der Ilias zwischen Phthia und der Unsterblichkeit. Wären Sie als ein Grieche, ja nur als ein Italiener geboren worden, und hätte schon von der Wiege an eine auserlesene Natur und eine idealisierende Kunst Sie umgeben, so wäre Ihr Weg unendlich verkürzt, vielleicht ganz überflüssig gemacht worden. Schon in die erste Anschauung der Dinge hätten Sie dann die Form des Notwendigen aufgenommen, und mit Ihren ersten Erfahrungen hätte sich der große Stil in Ihnen entwickelt. Nun, da Sie ein Deutscher geboren sind, da Ihr griechischer Geist in diese nordische Schöpfung geworfen wurde, so blieb Ihnen keine andere Wähl, als entweder selbst zum nordischen Künstler zu werden, oder Ihrer Imagination das, was ihr die Wirklichkeit vorenthielt, durch Nachhülfe der Denkkraft zu ersetzen und so gleichsam von innen heraus und auf einem rationalen Wege ein Griechenland zu gebären. In derjenigen Lebens-Epoche, wo die Seele sich aus der äußern Welt ihre innere bildet, von mangelhaften Gestalten umringt, hatten Sie schon eine wilde und nordische Natur in sich aufgenommen, als Ihr siegendes, seinem Material überlegenes Genie diesen Mangel von innen entdeckte, und von außen her durch die Bekanntschaft mit der griechischen Natur davon vergewissert wurde. Jetzt mußten Sie die alte, Ihrer Einbildungskraft schon aufgedrungene schlechtere Natur nach dem besseren Muster, das Ihr bildender Geist sich erschuf, korrigieren, und das kann nun freilich nicht anders als nach leitenden Begriffen von statten gehen. Aber diese logische Richtung, welche der Geist bei der Reflexion zu nehmen genötiget ist, verträgt sich nicht wohl mit der ästhetischen, durch welche allein er bildet. Sie hatten also eine Arbeit mehr, denn so wie Sie von der Anschauung zur Abstraktion übergingen, so mußten Sie nun rückwärts Begriffe wieder in Intuitionen umsetzen und Gedanken in Gefühle verwandeln, weil nur durch diese das Genie hervorbringen kann.

So ungefähr beurteile ich den Gang Ihres Geistes, und ob ich recht habe, werden Sie Selbst am besten wissen. Was Sie aber schwerlich wissen können (weil das Genie sich immer selbst das größte Geheimnis ist), ist die schöne Übereinstimmung Ihres philosophischen Instinktes mit den reinsten Resultaten der spekulierenden Vernunft. Beim ersten Anblicke zwar scheint es, als könnte es keine größere Opposita geben als den spekulativen Geist, der von der Einheit, und den intuitiven, der von der Mannigfaltigkeit ausgeht. Sucht aber der erste mit keuschem und treuem Sinn die Erfahrung und sucht der letzte mit selbsttätiger freier Denkkraft das Gesetz, so kann es gar nicht fehlen, daß nicht beide einander auf halbem Wege begegnen werden. Zwar hat der intuitive Geist nur mit Individuen und der spekulative nur mit Gattungen zu tun. Ist aber der intuitive genialisch und sucht er in dem Empirischen den Charakter der Notwendigkeit auf, so wird er zwar immer Individuen, aber mit dem Charakter der Gattung erzeugen; und ist der spekulative Geist genialisch, und verliert er, indem er sich darüber erhebt, die Erfahrung nicht, so wird er zwar immer nur Gattungen, aber mit der Möglichkeit des Lebens und mit gegründeter Beziehung auf wirkliche Objekte erzeugen.

Aber ich bemerke, daß ich anstatt eines Briefes eine Abhandlung zu schreiben im Begriff bin – verzeihen Sie es dem lebhaften Interesse, womit dieser Gegenstand mich erfüllt hat; und sollten Sie Ihr Bild in diesem Spiegel nicht erkennen, so bitte ich sehr, fliehen Sie ihn darum nicht.

Die kleine Schrift von Moritz, die Herr v. Humboldt sich noch auf einige Tage ausbittet, habe ich mit großem Interesse gelesen, und danke derselben einige sehr wichtige Belehrungen. Es ist eine wahre Freude, sich von einem instinktartigen Verfahren, welches auch gar leicht irre führen kann, eine deutliche Rechenschaft zu geben und so Gefühle durch Gesetze zu berichtigen. Wenn man die Moritzische Ideen verfolgt, so sieht man nach und nach in die Anarchie der Sprache eine gar schöne Ordnung kommen, und entdeckt sich bei dieser Gelegenheit gleich der Mangel und die Grenze unserer Sprache sehr, so erfährt man doch auch ihre Stärke und weiß nun, wie und wozu man sie zu brauchen hat.

Das Produkt von Diderot, besonders der erste Teil, ist sehr unterhaltend und für einen solchen Gegenstand noch mit einer recht erbaulichen Dezenz behandelt. Auch diese Schrift bitte ich noch einige Tage hier behalten zu dürfen.

Es wäre nun doch gut, wenn man das neue Journal bald in Gang bringen könnte, und da es Ihnen vielleicht gefällt, gleich das erste Stück desselben zu eröffnen, so nehme ich mir die Freiheit, bei Ihnen anzufragen, ob Sie Ihren Roman nicht nach und nach darin erscheinen lassen wollen? Ob und wie bald Sie ihn aber auch für unser Journal bestimmen, so würden Sie mir durch Mitteilung desselben eine sehr große Gunst erzeigen. Meine Freunde sowie meine Frau empfehlen sich Ihrem gütigen Andenken, und ich verharre hochachtungsvoll

Ihr gehorsamster Diener

F. Schiller.

[Goethe an Schiller]

Zu meinem Geburtstage, der mir diese Woche erscheint, hätte mir kein angenehmer Geschenk werden können als Ihr Brief, in welchem Sie, mit freundschaftlicher Hand, die Summe meiner Existenz ziehen und mich, durch Ihre Teilnahme, zu einem emsigern und lebhafteren Gebrauch meiner Kräfte aufmuntern.

Reiner Genuß und wahrer Nutzen kann nur wechselseitig sein, und ich freue mich, Ihnen gelegentlich zu entwickeln: was mir Ihre Unterhaltung gewährt hat, wie ich von jenen Tagen an auch eine Epoche rechne, und wie zufrieden ich bin, ohne sonderliche Aufmunterung, auf meinem Wege fortgegangen zu sein, da es nun scheint, als wenn wir, nach einem so unvermuteten Begegnen, miteinander fortwandern müßten. Ich habe den redlichen und so seltenen Ernst, der in allem erscheint, was Sie geschrieben und getan haben, immer zu schätzen gewußt, und ich darf nunmehr Anspruch machen, durch Sie Selbst mit dem Gange Ihres Geistes, besonders in den letzten Jahren, bekannt zu werden. Haben wir uns wechselseitig die Punkte klar gemacht, wohin wir gegenwärtig gelangt sind, so werden wir desto ununterbrochner gemeinschaftlich arbeiten können.

Alles, was an und in mir ist, werde ich mit Freuden mitteilen. Denn da ich sehr lebhaft fühle, daß mein Unternehmen das Maß der menschlichen Kräfte und ihrer irdischen Dauer weit übersteigt, so möchte ich manches bei Ihnen deponieren und dadurch nicht allein erhalten, sondern auch beleben.

Wie groß der Vorteil Ihrer Teilnehmung für mich sein wird, werden Sie bald selbst sehen, wenn Sie, bei näherer Bekanntschaft, *eine* Art Dunkelheit und Zaudern bei mir entdecken werden, über die ich nicht Herr werden kann, wenn ich mich ihrer gleich sehr deutlich bewußt bin. Doch dergleichen Phänomene finden sich mehr in unsrer Natur, von der wir uns denn doch gerne regieren lassen, wenn sie nur nicht gar zu tyrannisch ist.

Ich hoffe bald einige Zeit bei Ihnen zuzubringen, und dann wollen wir manches durchsprechen.

Leider habe ich meinen Roman, wenige Wochen vor Ihrer

Einladung, an *Unger* gegeben, und die ersten gedruckten Bogen sind schon in meinen Händen. Mehr als einmal habe ich diese Zeit gedacht, daß er für die Zeitschrift recht schicklich gewesen wäre; es ist das einzige, was ich noch habe, das Masse macht und das eine Art von problematischer Komposition ist, wie sie die guten Deutschen lieben.

Das erste Buch schicke ich, sobald die Aushängebogen beisammen sind. Die Schrift ist schon so lange geschrieben, daß ich im eigentlichsten Sinne jetzt nur der Herausgeber bin.

Wäre sonst unter meinen Ideen etwas, das zu jenem Zweck aufgestellt werden könnte, so würden wir uns leicht über die schicklichste Form vereinigen, und die Ausführung sollte uns nicht aufhalten.

Leben Sie recht wohl und gedenken mein in Ihrem Kreise.

Ettersburg, den 27. August 1794. Goethe.

[Goethe an Schiller]

Beiliegende Blätter darf ich nur einem Freunde schicken, von dem ich hoffen kann, daß er mir entgegen kommt. Indem ich sie wieder durchlese, erschein ich mir wie jener Knabe, der den Ozean in das Grübchen zu schöpfen unternahm. Indessen erlauben Sie mir künftig mehr solche Impromptüs, sie werden die Unterhaltung anreizen, beleben und ihr eine Richtung geben. Leben Sie recht wohl.

Weimar, den 30. August 1794. Goethe.

FRIEDRICH SCHILLER

Öffentliche Ankündigung

Die Horen, eine Monatsschrift, von einer Gesellschaft verfaßt
und herausgegeben von Schiller

Zu einer Zeit, wo das nahe Geräusch des Kriegs das Vaterland
ängstiget, wo der Kampf politischer Meinungen und Interessen
diesen Krieg beinahe in jedem Zirkel erneuert und nur allzuoft
Musen und Grazien daraus verscheucht, wo weder in den Gesprächen noch in den Schriften des Tages vor diesem allverfol-
genden Dämon der Staatskritik Rettung ist, möchte es ebenso
gewagt als verdienstlich sein, den so sehr zerstreuten Leser zu
einer Unterhaltung von ganz entgegengesetzter Art einzuladen.
In der Tat scheinen die Zeitumstände einer Schrift wenig Glück
zu versprechen, die sich über das Lieblingsthema des Tages ein
strenges Stillschweigen auferlegen und ihren Ruhm darin suchen
wird, durch etwas anders zu gefallen, als wodurch jetzt alles gefällt. Aber je mehr das beschränkte Interesse der Gegenwart die
Gemüter in Spannung setzt, einengt und unterjocht, desto drin-
gender wird das Bedürfnis, durch ein allgemeines und höheres
Interesse an dem, was *rein menschlich* und über allen Einfluß der
Zeiten erhaben ist, sie wieder in Freiheit zu setzen und die politisch geteilte Welt unter der Fahne der Wahrheit und Schönheit
wieder zu vereinigen.

Dies ist der Gesichtspunkt, aus welchem die Verfasser dieser
Zeitschrift dieselbe betrachtet wissen möchten. Einer heitern
und leidenschaftfreien Unterhaltung soll sie gewidmet sein und
dem Geist und Herzen des Lesers, den der Anblick der Zeitbege-
benheiten bald entrüstet, bald niederschlägt, eine fröhliche Zerstreuung gewähren. Mitten in diesem politischen Tumult soll sie
für Musen und Charitinnen einen engen vertraulichen Zirkel
schließen, aus welchem alles verbannt sein wird, was mit einem

unreinen Parteigeist gestempelt ist. Aber indem sie sich alle Beziehungen auf den *jetzigen* Weltlauf und auf die *nächsten* Erwartungen der Menschheit verbietet, wird sie über die vergangene Welt die Geschichte und über die kommende die Philosophie befragen, wird sie zu dem Ideale veredelter Menschheit, welches durch die Vernunft aufgegeben, in der Erfahrung aber so leicht aus den Augen gerückt wird, einzelne Züge sammeln und an dem stillen Bau besserer Begriffe, reinerer Grundsätze und edlerer Sitten, von dem zuletzt alle wahre Verbesserung des gesellschaftlichen Zustandes abhängt, nach Vermögen geschäftig sein. Sowohl spielend als ernsthaft wird man im Fortgange dieser Schrift dieses einzige Ziel verfolgen, und so verschieden auch die Wege sein mögen, die man dazu einschlagen wird, so werden doch alle, näher oder entfernter, dahin gerichtet sein, wahre Humanität zu befördern. Man wird streben, die Schönheit zur Vermittlerin der Wahrheit zu machen und durch die Wahrheit der Schönheit ein dauerndes Fundament und eine höhere Würde zu geben. Soweit es tunlich ist, wird man die Resultate der Wissenschaft von ihrer scholastischen Form zu befreien und in einer reizenden, wenigstens einfachen, Hülle dem Gemeinsinn verständlich zu machen suchen. Zugleich aber wird man auf dem Schauplatze der Erfahrung nach neuen Erwerbungen für die Wissenschaft ausgehen und da nach Gesetzen forschen, wo bloß der Zufall zu spielen und die Willkür zu herrschen scheint. Auf diese Art glaubt man zur Aufhebung der Scheidewand beizutragen, welche die schöne Welt von der gelehrten zum Nachteile beider trennt, gründliche Kenntnisse in das gesellschaftliche Leben, und Geschmack in die Wissenschaft einzuführen.

Man wird sich, soweit kein edlerer Zweck darunter leidet, Mannigfaltigkeit und Neuheit zum Ziele setzen, aber dem frivolen Geschmacke, der das Neue bloß um der Neuheit willen sucht, keineswegs nachgeben. Übrigens wird man sich jede Freiheit erlauben, die mit guten und schönen Sitten verträglich ist.

Wohlanständigkeit und Ordnung, Gerechtigkeit und Friede werden also der Geist und die Regel dieser Zeitschrift sein; die drei schwesterlichen Horen *Eunomia, Dike* und *Irene* werden sie regieren. In diesen Göttergestalten verehrte der Grieche die welterhaltende Ordnung, aus der alles Gute fließt und die in dem gleichförmigen Rhythmus des Sonnenlaufs ihr treffendstes Sinnbild findet. Die Fabel macht sie zu Töchtern der *Themis* und des *Zeus,* des Gesetzes und der Macht, des nämlichen Gesetzes, das in der Körperwelt über den Wechsel der Jahrszeiten waltet und die Harmonie in der Geisterwelt erhält.

Die Horen waren es, welche die neugeborene Venus bei ihrer ersten Erscheinung in Cypern empfingen, sie mit göttlichen Gewanden bekleideten und so, von ihren Händen geschmückt, in den Kreis der Unsterblichen führten: eine reizende Dichtung, durch welche angedeutet wird, daß das Schöne schon in seiner Geburt sich unter Regeln fügen muß und nur durch Gesetzmäßigkeit würdig werden kann, einen Platz im Olymp, Unsterblichkeit und einen moralischen Wert zu erhalten. In leichten Tänzen umkreisen diese Göttinnen die Welt, öffnen und schließen den Olymp und schirren die Sonnenpferde an, das belebende Licht durch die Schöpfung zu versenden. Man sieht sie im Gefolge der Huldgöttinnen und in dem Dienst der Königin des Himmels, weil Anmut und Ordnung, Wohlanständigkeit und Würde unzertrennlich sind.

Daß die gegenwärtige Zeitschrift des ehrenvollen Namens, den sie an ihrer Stirne führt, sich würdig zeigen werde, dafür glaubt der Herausgeber sich mit Zuversicht verbürgen zu können. Was ihm in seiner eignen Person nicht geziemen würde zu versichern, das erlaubt er sich als Sprecher der achtungswürdigen Gesellschaft, die zu Herausgabe dieser Schrift sich vereinigt hat. Mit patriotischem Vergnügen sieht er einen Entwurf in Erfüllung gehen, der ihn und seine Freunde schon seit Jahren beschäftigte, aber nicht eher als jetzt gegen die vielen Hindernisse, die seiner Ausführung im Wege standen, hat behauptet werden können. Endlich ist es ihm gelungen, mehrere der verdienstvollesten Schriftsteller Deutschlands zu einem fortlaufenden Werke zu verbinden, an welchem es der Nation trotz aller Versuche, die von einzelnen bisher angestellt wurden, noch immer gemangelt hat und notwendig mangeln mußte, weil gerade eine solche Anzahl und eine solche Auswahl von Teilnehmern nötig sein möchte, um bei einem Werk, das in festgesetzten Zeiten zu erscheinen bestimmt ist, Vortrefflichkeit im einzelnen mit Abwechslung im ganzen zu verbinden.

Folgende Schriftsteller werden an dieser Monatsschrift Anteil nehmen:

Herr Hauptmann VON ARCHENHOLZ in Hamburg.

Seine Erzbischöfliche Gnaden, Herr Koadjutor von Mainz, Freiherr VON DALBERG in Erfurt.

Herr Professor ENGEL aus Berlin.

Herr D. ERHARDT in Nürnberg.

Herr Professor FICHTE in Jena.

Herr VON FUNK in Dresden.

Herr Professor GARVE in Breslau.

Herr Kriegsrat GENTZ in Berlin.

Herr Kanonikus GLEIM in Halberstadt.

Herr Geheimer Rat VON GOETHE in Weimar.

Herr D. GROS in Göttingen.

Herr Vize-Konsistorial-Präsident HERDER in Weimar.

Herr HIRT in Rom.

Herr Professor HUFELAND in Jena.

Herr Legationsrat VON HUMBOLDT aus Berlin.

Herr Oberbergmeister VON HUMBOLDT in Bayreuth.

Herr Geheimer Rat JACOBI in Düsseldorf.

Herr Hofrat MATTHISSON in der Schweiz.

Herr Professor MEYER in Weimar.

Herr Hofrat PFEFFEL in Colmar.

Herr Hofrat SCHILLER in Jena.

Herr SCHLEGEL in Amsterdam.

Herr Hofrat SCHÜTZ in Jena.

Herr Hofrat SCHULZ in Mitau.

Herr Professor WOLTMANN in Jena.

Da sich übrigens die hier erwähnte Sozietät keineswegs als geschlossen betrachtet, so wird jedem deutschen Schriftsteller, der sich den notwendig gefundenen Bedingungen des Instituts zu unterwerfen geneigt ist, zu jeder Zeit die Teilnahme daran offenstehen. Auch soll jedem, der es verlangt, verstattet sein, anonym zu bleiben, weil man bei Aufnahme der Beiträge nur auf den Gehalt und nicht auf den Stempel sehen wird. Aus diesem Grunde, und um die Freiheit der Kritik zu befördern, wird man sich erlauben, von einer allgemeinen Gewohnheit abzugehen und bei den einzelnen Aufsätzen die Namen ihrer Verfasser bis zum Ablauf eines jeden Jahrgangs verschweigen, welches der Leser sich um so eher gefallen lassen kann, da ihn diese Anzeige schon im ganzen mit denselben bekannt macht.

Jena, den 10. Dezember 1794.   *Schiller*

Tag- und Jahreshefte

1795.

Die »Horen« wurden ausgegeben, »Episteln«, »Elegien«, »Unterhaltungen der Ausgewanderten« von meiner Seite beigetragen. Außerdem überlegten und berieten wir gemeinsam den ganzen Inhalt dieser neuen Zeitschrift, die Verhältnisse der Mitarbeiter und was bei dergleichen Unternehmungen sonst vorkommen mag. Hiebei lernte ich Mitlebende kennen, ich ward mit Autoren und Produktionen bekannt, die mir sonst niemals einige Aufmerksamkeit abgewonnen hätten. Schiller war überhaupt weniger ausschließend als ich, und mußte nachsichtig sein als Herausgeber ...

1796.

Die weimarische Bühne war nun schon so besetzt und befestigt, daß es in diesem Jahre keiner neuen Schauspieler bedurfte. Zum größten Vorteil derselben trat Iffland im März und April vierzehnmal auf. Außer einem solchen belehrenden, hinreißenden, unschätzbaren Beispiele wurden diese Vorstellungen bedeutender Stücke Grund eines dauerhaften Repertoriums und ein Anlaß, das Wünschenswerte näher zu kennen. Schiller, der an dem Vorhandenen immer festhielt, redigierte zu diesem Zweck den »Egmont«, der zum Schluß der Ifflandischen Gastrollen gegeben ward, ungefähr wie er noch auf deutschen Bühnen vorgestellt wird.

Überhaupt finden sich hier, rücksichtlich auf das deutsche Theater, die merkwürdigsten Anfänge. Schiller, der schon in seinem »Carlos« sich einer gewissen Mäßigkeit befliß und durch Redaktion dieses Stücks fürs Theater zu einer beschränkteren Form gewöhnte, hatte nun den Gegenstand von »Wallenstein« aufgefaßt und den grenzenlosen Stoff in der »Geschichte des

Dreißigjährigen Kriegs« dergestalt behandelt, daß er sich als Herrn dieser Masse gar wohl empfinden mochte. Aber eben durch diese Fülle ward eine strengere Behandlung peinlich, wovon ich Zeuge sein konnte, weil er sich über alles, was er dichterisch vorhatte, mit andern gern besprach und, was zu tun sein mochte, hin und wider überlegte.

Bei dem unablässigen Tun und Treiben, was zwischen uns stattfand, bei der entschiedenen Lust, das Theater kräftig zu beleben, ward ich angeregt, den »Faust« wieder hervorzunehmen; allein was ich auch tat, ich entfernte ihn mehr vom Theater, als daß ich ihn herangebracht hätte.

Die »Horen« gingen indessen fort, mein Anteil blieb derselbige; doch hatte Schillers grenzenlose Tätigkeit den Gedanken eines Musenalmanachs gefaßt, einer poetischen Sammlung, die jener meist prosaischen vorteilhaft zur Seite stehen könnte. Auch hier war ihm das Zutrauen seiner Landsleute günstig. Die guten, strebsamen Köpfe neigten sich zu ihm. Er schickte sich übrigens trefflich zu einem solchen Redakteur; den innern Wert eines Gedichts übersah er gleich, und wenn der Verfasser sich zu weitläufig ausgetan hatte oder nicht endigen konnte, wußte er das Überflüssige schnell auszusondern. Ich sah ihn wohl ein Gedicht auf ein Drittteil Strophen reduzieren, wodurch es wirklich brauchbar ward, ja bedeutend.

Ich selbst ward seiner Aufmunterung viel schuldig, wovon die »Horen« und Almanache vollgültiges Zeugnis abgeben. »Alexis und Dora«, »Braut von Korinth«, »Gott und Bajadere« wurden hier ausgeführt oder entworfen. Die »Xenien«, die aus unschuldigen, ja gleichgültigen Anfängen sich nach und nach zum Herbsten und Schärfsten hinaufsteigerten, unterhielten uns viele Monate und machten, als der Almanach erschien, noch in diesem Jahre die größte Bewegung und Erschütterung in der deutschen Literatur. Sie wurden, als höchster Mißbrauch der Preßfreiheit, von dem Publikum verdammt. Die Wirkung aber bleibt unberechenbar.

Einer höchst lieb- und werten, aber auch schwer lastenden

Bürde entledigte ich mich gegen Ende Augusts. Die Reinschrift des letzten Buches von »Wilhelm Meister« ging endlich ab an den Verleger. Seit sechs Jahren hatte ich Ernst gemacht, diese frühe Konzeption auszubilden, zurechtzustellen und dem Drucke nach und nach zu übergeben. Es bleibt daher dieses eine der inkalkulabelsten Produktionen, man mag sie im ganzen oder in ihren Teilen betrachten; ja um sie zu beurteilen, fehlt mir beinahe selbst der Maßstab.

Kaum aber hatte ich mich durch sukzessive Herausgabe davon befreit, als ich mir eine neue Last auflegte, die jedoch leichter zu tragen, oder vielmehr keine Last war, weil sie gewisse Vorstellungen, Gefühle, Begriffe der Zeit auszusprechen Gelegenheit gab. Der Plan von »Hermann und Dorothea« war gleichzeitig mit den Tagesläuften ausgedacht und entwickelt, die Ausführung ward während des Septembers begonnen und vollbracht, so daß sie Freunden schon produziert werden konnte. Mit Leichtigkeit und Behagen war das Gedicht geschrieben, und es teilte diese Empfindungen mit. Mich selbst hatte Gegenstand und Ausführung dergestalt durchdrungen, daß ich das Gedicht niemals ohne große Rührung vorlesen konnte, und dieselbe Wirkung ist mir seit so viel Jahren noch immer geblieben.

Freund Meyer schrieb fleißig aus Italien gewichtige Blätter. Meine Vorbereitung, ihm zu folgen, nötigte mich zu mannigfaltigen Studien, deren Aktenstücke mir noch gegenwärtig vielen Nutzen bringen. Als ich mich in die Kunstgeschichte von Florenz einarbeitete, ward mir Cellini wichtig, und ich faßte, um mich dort recht einzubürgern, gern den Entschluß, seine Selbstbiographie zu übersetzen, besonders weil sie Schillern zu den »Horen« brauchbar schien …

1797.

… Schon in den ersten Monaten des Jahrs erfreute sich das Theater an dem Beitritt von Karoline Jagemann als einer neuen Zierde … Schiller, der nunmehr ein wirkliches Theater in der Nähe und vor Augen hatte, dachte ernstlich darauf, seine Stücke spielbarer zu machen, und als ihm hierin die große Breite, wie er »Wallenstein« schon gedacht, abermals hinderlich war, entschloß er sich, den Gegenstand in 20 mehreren Abteilungen zu behandeln. Dies gab in Abwesenheit der Gesellschaft den ganzen Sommer über reichliche Belehrung und Unterhaltung. Schon war der Prolog geschrieben, »Wallensteins Lager« wuchs heran.

Auch ich blieb meinerseits in vollkommener Tätigkeit: »Hermann und Dorothea« erschien als Taschenbuch, und ein neues episch-romantisches Gedicht wurde gleich darauf entworfen. Der Plan war in allen seinen Teilen durchgedacht, den ich unglücklicherweise meinen Freunden nicht verhehlte. Sie rieten mir ab, und es betrübt mich noch, daß ich ihnen Folge leistete: denn der Dichter allein kann wissen, was in einem Gegenstande liegt und was er für Reiz und Anmut bei der Ausführung daraus entwickeln könne. Ich schrieb den »Neuen Pausias« und die »Metamorphose der Pflanzen« in elegischer Form, Schiller wetteiferte, indem er seinen »Taucher« gab. Im eigentlichen Sinne hielten wir Tag und Nacht keine Ruhe; Schillern besuchte der Schlaf erst gegen Morgen; Leidenschaften aller Art waren in Bewegung; durch die »Xenien« hatten wir ganz Deutschland aufgeregt, jedermann schalt und lachte zugleich. Die Verletzten suchten uns auch etwas Unangenehmes zu erweisen, alle unsere Gegenwirkung bestand in unermüdet fortgesetzter Tätigkeit …

Eine unwiderstehliche Lust nach dem Land- und Gartenleben hatte damals die Menschen ergriffen. Schiller kaufte einen Garten bei Jena und zog hinaus; Wieland hatte sich in Oßmannstedt angesiedelt. Eine Stunde davon, am rechten Ufer der Ilm, ward in Oberroßla ein kleines Gut verkäuflich, ich hatte Absichten darauf …

Das Theater war schon so gut bestellt, daß die kurrenten Stücke ohne Anstoß und Rivalität sich besetzen ließen …

Auch gereichte zu unserm größten Vorteil, daß wir nur vor einem kleinen, genugsam gebildeten Publikum zu spielen hatten, dessen Geschmack wir befriedigen und uns doch dabei unabhängig erhalten konnten; ja wir durften manches versuchen, uns selbst und unsere Zuschauer in einem höheren Sinne auszubilden.

Hier kam uns nun Schiller vorzüglich zu Hülfe; er stand im Begriff, sich zu beschränken, dem Rohen, Übertriebenen, Gigantischen zu entsagen; schon gelang ihm das wahrhaft Große und dessen natürlicher Ausdruck. Wir verlebten keinen Tag in der Nähe, ohne uns mündlich, keine Woche in der Nachbarschaft, ohne uns schriftlich zu unterhalten.

1798.

So arbeiteten wir unermüdet dem Besuche Ifflands vor, welcher uns im April durch acht seiner Vorstellungen anfrischen sollte. Groß war der Einfluß seiner Gegenwart: denn jeder Mitspielende mußte sich an ihm prüfen, indem er mit ihm wetteiferte, und die nächste Folge davon war, daß auch diesmal unsere Gesellschaft gar löblich ausgestattet nach Lauchstädt zog.

Kaum war sie abgegangen, als der alte Wunsch sich regte, in Weimar ein besseres Lokal für die Bühne einzurichten. Schauspieler und Publikum fühlten sich eines anständigem Raumes würdig; die Notwendigkeit einer solchen Veränderung ward von jedermann anerkannt, und es bedurfte nur eines geistreichen Anstoßes, um die Ausführung zu bestimmen und zu beschleunigen.

Baumeister Thouret war von Stuttgart berufen, um den neuen Schloßbau weiter zu fördern; als Nebenzweck gab er einen sogleich beifällig aufgenommenen erfreulichen Plan zu einer neuen Einrichtung des vorhandenen Theaterlokals, nach welchem sich zu richten er die größte Gewandtheit bewies. Und so ward auch an uns die alte Bemerkung wahr, daß Gegenwart eines Baumeisters Baulust errege. Mit Fleiß und Hast betrieb man die Arbeit, so daß mit dem 12. Oktober Hof und Publikum zu Eröffnung des neuen Hauses eingeladen werden konnten. Ein Prolog von Schiller und »Wallensteins Lager« gaben dieser Feierlichkeit Wert und Würde ...

... Die Memoiren der Stephanie von Bourbon Conti erregen in mir die Konzeption der »Natürlichen Tochter«. In dem Plane bereitete ich mir ein Gefäß, worin ich alles, was ich so manches Jahr über die Französische Revolution und deren Folgen geschrieben und gedacht, mit geziemendem Ernste niederzulegen hoffte ...

Die »Propyläen« wurden fortgesetzt. Im September hielten wir die erste Ausstellung der Preisbilder; die Aufgabe war »Paris und Helena«. Hartmann in Stuttgart erreichte den Preis.

Erwarben nun auf diese Weise die Weimarischen Kunstfreunde sich einiges Zutrauen der Außenwelt, so war auch Schiller aufgeregt, unablässig die Betrachtung über Natur, Kunst und Sitten gemeinschaftlich anzustellen. Hier fühlten wir immer mehr die Notwendigkeit von tabellarischer und symbolischer Behandlung. Wir zeichneten zusammen jene Temperamentenrose wiederholt, auch der nützliche und schädliche Einfluß des Dilettantismus auf alle Künste ward tabellarisch weiter ausgearbeitet, wovon die Blätter beidhändig noch vorliegen. Überhaupt wurden solche methodische Entwürfe durch Schillers philosophischen Ordnungsgeist, zu welchem ich mich symbolisierend hinneigte, zur angenehmsten Unterhaltung. [...]

Johann Wolfgang Goethe

Literarischer Sansculottismus

In dem »Berlinischen Archiv der Zeit und ihres Geschmacks«, und zwar im Märzstücke dieses Jahres, findet sich ein Aufsatz »Über Prosa und Beredsamkeit der Deutschen«, den die Herausgeber, wie sie selbst bekennen, nicht ohne Bedenken einrückten. Wir, unsrerseits, tadeln sie nicht, daß sie dieses unreife Produkt aufnahmen: denn wenn ein Archiv Zeugnisse von der Art eines Zeitalters aufbehalten soll, so ist es zugleich seine Pflicht, auch dessen *Unarten* zu verewigen. Zwar ist der entscheidende Ton und die Manier, womit man sich das Ansehn eines umfassenden Geistes zu geben denkt, in dem Kreise unserer Kritik nichts weniger als neu; aber auch die Rückfälle einzelner Menschen in ein roheres Zeitalter sind zu bemerken, da man sie nicht hindern kann; und so mögen denn die »Horen« dagegen in demjenigen, was wir zu sagen haben, ob es gleich auch schon oft und vielleicht besser gesagt ist, ein Zeugnis aufbewahren, daß neben jenen unbilligen und übertriebenen Forderungen an unsre Schriftsteller auch noch billige und dankbare Gesinnungen gegen diese verhältnismäßig zu ihren Bemühungen wenig belohnten Männer im stillen walten.

Der Verfasser bedauert *die Armseligkeit der Deutschen an vortrefflich klassisch prosaischen Werken* und hebt alsdann seinen Fuß hoch auf, um mit einem Riesenschritte über beinahe ein Dutzend unserer besten Autoren hinwegzuschreiten, die er nicht nennt und mit mäßigem Lob und mit strengem Tadel so charakterisiert, daß man sie wohl schwerlich aus seinen Karikaturen herausfinden möchte.

Wir sind überzeugt, daß kein deutscher Autor sich selbst für klassisch hält, und daß die Forderungen eines jeden an sich selbst strenger sind als die verworrnen Prätensionen eines Thersiten, der gegen eine ehrwürdige Gesellschaft aufsteht, die keineswegs verlangt, daß man ihre Bemühungen unbedingt bewundere, die aber erwarten kann, daß man sie zu schätzen wisse.

Ferne sei es von uns, den übelgedachten und übelgeschriebenen Text, den wir vor uns haben, zu kommentieren; nicht ohne Unwillen werden unsre Leser jene Blätter am angezeigten Orte durchlaufen und die ungebildete Anmaßung, womit man sich in einen Kreis von Bessern zu drängen, ja Bessere zu verdrängen und sich an ihre Stelle zu setzen denkt, diesen eigentlichen Sansculottismus zu beurteilen und zu bestrafen wissen. Nur weniges werde dieser rohen Zudringlichkeit entgegengestellt.

Wer mit den Worten, deren er sich im Sprechen oder Schreiben bedient, bestimmte Begriffe zu verbinden für eine unerläßliche Pflicht hält, wird die Ausdrücke: *klassischer Autor, klassisches Werk* höchst selten gebrauchen. Wann und wo entsteht ein klassischer Nationalautor? Wenn er in der Geschichte seiner Nation große Begebenheiten und ihre Folgen in einer glücklichen und bedeutenden Einheit vorfindet; wenn er in den Gesinnungen seiner Landsleute Größe, in ihren Empfindungen Tiefe und in ihren Handlungen Stärke und Konsequenz nicht vermißt; wenn er selbst, vom Nationalgeiste durchdrungen, durch ein einwohnendes Genie sich fähig fühlt, mit dem Vergangnen wie mit dem Gegenwärtigen zu sympathisieren; wenn er seine Nation auf einem hohen Grade der Kultur findet, so daß ihm seine eigene Bildung leicht wird; wenn er viele Materialien gesammelt, vollkommene oder unvollkommene Versuche seiner Vorgänger vor sich sieht und so viel äußere und innere Umstände zusammentreffen, daß er kein schweres Lehrgeld zu zahlen braucht, daß er in den besten Jahren seines Lebens ein großes Werk zu übersehen, zu ordnen und in *einem* Sinne auszuführen fähig ist.

Man halte diese Bedingungen, unter denen allein ein klassischer Schriftsteller, besonders ein prosaischer, möglich wird, gegen die Umstände, unter denen die besten Deutschen dieses Jahrhunderts gearbeitet haben, so wird, wer klar sieht und billig denkt, dasjenige, was ihnen gelungen ist, mit Ehrfurcht bewundern und das, was ihnen mißlang, anständig bedauern.

Eine bedeutende Schrift ist, wie eine bedeutende Rede, nur Folge des Lebens; der Schriftsteller so wenig als der handelnde Mensch bildet die Umstände, unter denen er geboren wird und unter denen er wirkt. Jeder, auch das größte Genie, leidet von seinem Jahrhundert in einigen Stücken, wie er von andern Vorteil zieht, und einen vortrefflichen Nationalschriftsteller kann man nur von der Nation fordern.

Aber auch der deutschen Nation darf es nicht zum Vorwurfe gereichen, daß ihre geographische Lage sie eng zusammenhält, indem ihre politische sie zerstückelt. Wir wollen die Umwälzungen nicht wünschen, die in Deutschland klassische Werke vorbereiten könnten.

Und so ist der ungerechteste Tadel derjenige, der den Gesichtspunkt verrückt. Man sehe unsere Lage wie sie war und ist; man betrachte die individuellen Verhältnisse, in denen sich deutsche Schriftsteller bildeten, so wird man auch den Standpunkt, aus dem sie zu beurteilen sind, leicht finden. Nirgends in Deutschland ist ein Mittelpunkt gesellschaftlicher Lebensbildung, wo sich Schriftsteller zusammenfänden und nach *einer* Art, in *einem* Sinne, jeder in seinem Fache sich ausbilden könnten. Zerstreut geboren, höchst verschieden erzogen, meist nur sich selbst und den Eindrücken ganz verschiedener Verhältnisse überlassen; von der Vorliebe für dieses oder jenes Beispiel einheimischer oder fremder Literatur hingerissen; zu allerlei Versuchen, ja Pfuschereien genötigt, um ohne Anleitung seine eigenen Kräfte zu prüfen; erst nach und nach durch Nachdenken von dem überzeugt, was man machen soll; durch Praktik unterrichtet, was man machen kann; immer wieder irre gemacht durch ein großes Publikum ohne Geschmack, das das Schlechte nach dem Guten mit eben demselben Vergnügen verschlingt; dann wieder ermuntert durch Bekanntschaft mit der gebildeten, aber durch alle Teile des großen Reichs zerstreuten Menge; gestärkt durch mitarbeitende, mitstrebende Zeitgenossen – so findet sich der deutsche Schriftsteller endlich in dem männlichen Alter, wo ihn Sorge für seinen Unterhalt, Sorge für eine Familie sich nach außen umzusehen zwingt, und wo er oft mit dem traurigsten Gefühl durch Arbeiten, die er selbst nicht achtet, sich die Mittel verschaffen muß, dasjenige hervorbringen zu dürfen, womit sein ausgebildeter Geist sich allein zu beschäftigen strebt. Welcher deutsche geschätzte Schriftsteller wird sich nicht in diesem Bilde erkennen, und welcher wird nicht mit bescheidener Trauer gestehen, daß er oft genug nach Gelegenheit geseufzt habe, früher die Eigenheiten seines originellen Genius einer allgemeinen Nationalkultur, die er leider nicht vorfand, zu unterwerfen? Denn die Bildung der höheren Klassen durch fremde Sitten und ausländische Literatur, so viel Vorteil sie uns auch gebracht hat, hinderte doch den Deutschen, als Deutschen sich früher zu entwickeln.

Und nun betrachte man die Arbeiten deutscher Poeten und Prosaisten von entschiednem Namen! Mit welcher Sorgfalt, mit welcher Religion folgten sie auf ihrer Bahn einer aufgeklärten Überzeugung! So ist es zum Beispiel nicht zu viel gesagt, wenn wir behaupten, daß ein verständiger, fleißiger Literator durch Vergleichung der sämtlichen Ausgaben unsres Wielands, eines Mannes, dessen wir uns trotz dem Knurren aller Smelfungen mit stolzer Freude rühmen dürfen, allein aus den stufenweisen Korrekturen dieses unermüdet zum Bessern arbeitenden Schriftstellers die ganze Lehre des Geschmacks würde entwickeln können. Jeder aufmerksame Bibliothekar sorge, daß eine solche Sammlung aufgestellt werde, die jetzt noch möglich ist, und das folgende Jahrhundert wird einen dankbaren Gebrauch davon zu machen wissen.

Vielleicht wagen wir in der Folge, die Geschichte der Ausbildung unsrer vorzüglichsten Schriftsteller, wie sie sich in ihren Werken zeigt, dem Publikum vorzulegen. Wollten sie selbst, so wenig wir an Konfessionen Ansprüche machen, uns nach ihrem Gefallen nur diejenigen Momente mitteilen, die zu ihrer Bildung am meisten beigetragen haben, und dasjenige, was ihr am stärksten entgegengestanden, bekannt machen, so würde der Nutzen, den sie gestiftet, noch ausgebreiteter werden.

Denn worauf ungeschickte Tadler am wenigsten merken, das Glück, das junge Männer von Talent jetzt genießen, indem sie sich früher ausbilden, eher zu einem reinen, dem Gegenstande angemessenen Stil gelangen können, wem sind sie es schuldig als ihren Vorgängern, die in der letzten Hälfte dieses Jahrhunderts mit einem unablässigen Bestreben, unter mancherlei Hindernissen sich jeder auf seine eigene Weise ausgebildet haben? Dadurch ist eine Art von unsichtbarer Schule entstanden, und der junge Mann, der jetzt hineintritt, kommt in einen viel größeren und lichteren Kreis als der frühere Schriftsteller, der ihn erst selbst beim Dämmerschein durchirren mußte, um ihn nach und nach, gleichsam nur zufällig, erweitern zu helfen. Viel zu spät kommt der Halbkritiker, der uns mit seinem Lämpchen vorleuchten will; der Tag ist angebrochen, und wir werden die Läden nicht wieder zumachen.

Üble Laune läßt man in guter Gesellschaft nicht aus, und der muß sehr üble Laune haben, der in dem Augenblicke Deutschland vortreffliche Schriftsteller abspricht, da fast jedermann *gut* schreibt. Man braucht nicht weit zu suchen, um einen artigen Roman, eine glückliche Erzählung, einen reinen Aufsatz über diesen oder jenen Gegenstand zu finden. Unsre kritischen Blätter, Journale und Kompendien, welchen Beweis geben sie nicht oft eines übereinstimmenden guten Stils! Die Sachkenntnis erweitert sich beim Deutschen mehr und mehr, und die Übersicht wird klarer. Eine würdige Philosophie macht ihn, trotz allem Widerstand schwankender Meinungen, mit seinen Geisteskräften immer bekannter und erleichtert ihm die Anwendung derselben. Die vielen Beispiele des Stils, die Vorarbeiten und Bemühungen so mancher Männer setzen den Jüngling früher instand, das, was er von außen aufgenommen und in sich ausgebildet hat, dem Gegenstande gemäß mit Klarheit und Anmut darzustellen. So sieht ein heitrer, billiger Deutscher die Schriftsteller seiner Nation auf einer schönen Stufe und ist überzeugt, daß sich auch das Publikum nicht durch einen mißlaunischen Krittler werde irre machen lassen. Man entferne ihn aus der Gesellschaft, aus

der man jeden ausschließen sollte, dessen vernichtende Bemühungen nur die Handelnden mißmutig, die Teilnehmenden lässig und die Zuschauer mißtrauisch und gleichgültig machen
könnten.

JOHANN WOLFGANG GOETHE

Zu Schillers und Ifflands Andenken

Weimar, den 10. Mai 1815

In diesen letzten Wochen erinnerte man sich allgemein zweier abgeschiedenen vortrefflichen Männer, welchen das deutsche Theater unendlich viel verdankt, deren bedeutende Verdienste noch dadurch erhöht werden, daß sie von Jugend auf in dem besten Vernehmen eine Kunst gefördert, zu der sie geboren waren. Bemerklich ist hierbei, daß der Geburtstag des einen nicht weit von dem Todestag des andern falle, welcher Umstand zu jener gemeinsamen Erinnerung Anlaß gab.

Iffland war am 26. April geboren, welchen Tag das deutsche Theater würdig gefeiert hat; *Schiller* hingegen entzog sich am 9. Mai der Welt und seinen Freunden. An Einem Tage daher ward auf dem Großherzoglichen Weimarischen Theater das Andenken beider Männer dramatisch erneuert, und zwar geschah es folgendermaßen.

Die beiden letzten Acte der *Hagestolzen* wurden aufgeführt; sie können gar wohl als ein Ganzes für sich angesehen, als eins der schönsten Erzeugnisse Ifflands betrachtet werden, und man durfte um so eher diese Wahl treffen, als das ganze Stück, vollkommen gut besetzt und sorgfältig dargestellt, immerfort bei uns einer besondern Gunst genießt.

Der Schluß des letzten Actes ging unmittelbar in ein *Nachspiel* über, welches, in Versen gesprochen, sogleich den Ton etwas höher nehmen durfte, obgleich die Zusammenspielenden nicht eigentlich aus ihrem Charakter heraustraten. Die in dem Stücke selbst obwaltenden Mißverhältnisse kamen auf eine läßliche Weise wieder zur Sprache und wurden freundlich beschwichtigt, so daß zuletzt *Margareta*, ihre Persönlichkeit nicht ganz verläugnend, in einen Epilog höhern Stils übergehen konnte, welcher, den Zweck des Ganzen näher bezeichnend, die Verdienste jenes vortrefflichen Mannes mit würdiger Erhebung einigermaßen aussprach.

Hierauf ward Schillers *Glocke* nach der schon früher beliebten Einrichtung vorgestellt. Man hatte nämlich diesem trefflichen Werke, welches, auf eine bewunderungswürdige Weise, sich zwischen poetischer Lyrik und handwerksgemäßer Prosa hin und wider bewegt und so die ganze Sphäre theatralischer Darstellung durchwandert, ihm hatte man, ohne die mindeste Veränderung, ein vollkommen dramatisches Leben mitzutheilen gesucht, indem die mannichfaltigen einzelnen Stellen unter die sämmtliche Gesellschaft nach Maßgabe des Alters, des Geschlechts, der Persönlichkeit und sonstigen Bestimmungen vertheilt waren, wodurch dem Meister und seinen Gesellen, herandringenden Neugierigen und Theilnehmenden sich eine Art von Individualität verleihen ließ.

Auch der mechanische Theil des Stücks that eine gute Wirkung. Die ernste Werkstatt, der glühende Ofen, die Rinne, worin der feurige Bach herabrollt, das Verschwinden desselben in die Form, das Aufdecken von dieser, das Hervorziehen der Glocke, welche sogleich mit Kränzen, die durch alle Hände laufen, geschmückt erscheint, das alles zusammen gibt dem Auge eine angenehme Unterhaltung.

Die Glocke schwebt so hoch, daß die Muse anständig unter ihr hervortreten kann, worauf denn der bekannte Epilog revidirt und mit verändertem Schlusse, vorgetragen und dadurch auch dieser Vorstellung zu dem ewig werthen Verfasser eine unmittelbare Beziehung gegeben ward. Madame *Wolff* recitirte diese Schlußrede zur allgemeinsten Bewunderung, so wie Madame *Lortzing* in jenem Nachspiel sich den verdientesten Beifall erwarb. Man hat die Absicht, beide genannte Stücke zwischen jenen bezeichneten Tagen jährlich aufzuführen.

JOHANN WOLFGANG GOETHE

Schillers Reliquien

Im ernsten Beinhaus war's, wo ich beschaute,
   Wie Schädel Schädeln angeordnet paßten;
   Die alte Zeit gedacht ich, die ergraute.
Sie stehn in Reih' geklemmt, die sonst sich haßten,
   Und derbe Knochen, die sich tödlich schlugen,   5
   Sie liegen kreuzweis zahm allhier zu rasten.
Entrenkte Schulterblätter! was sie trugen,
   Fragt niemand mehr, und zierlich-tät'ge Glieder,
   Die Hand, der Fuß, zerstreut aus Lebensfugen.
Ihr Müden also lagt vergebens nieder,   10
   Nicht Ruh' im Grabe ließ man euch, vertrieben
   Seid ihr herauf zum lichten Tage wieder,
Und niemand kann die dürre Schale lieben,
   Welch herrlich edlen Kern sie auch bewahrte.
   Doch mir Adepten war die Schrift geschrieben,   15
Die heil'gen Sinn nicht jedem offenbarte,
   Als ich inmitten solcher starren Menge
   Unschätzbar herrlich ein Gebild gewahrte,
Daß in des Raumes Moderkält' und Enge
   Ich frei und wärmefühlend mich erquickte,   20
   Als ob ein Lebensquell dem Tod entspränge.
Wie mich geheimnisvoll die Form entzückte!
   Die gottgedachte Spur, die sich erhalten!
   Ein Blick, der mich an jenes Meer entrückte,
Das flutend strömt gesteigerte Gestalten.   25
   Geheim Gefäß! Orakelsprüche spendend,
   Wie bin ich wert, dich in der Hand zu halten,
Dich höchsten Schatz aus Moder fromm entwendend
   Und in die freie Luft zu freiem Sinnen,
   Zum Sonnenlicht andächtig hin mich wendend.   30

Was kann der Mensch im Leben mehr gewinnen,
    Als daß sich Gott-Natur ihm offenbare?
    Wie sie das Feste läßt zu Geist verrinnen,
    Wie sie das Geisterzeugte fest bewahre.

2. Lyrik

Friedrich Hölderlin

Dichterberuf

Des Ganges Ufer hörten des Freudengotts
  Triumph, als alleroberund vom Indus her
    Der junge Bacchus kam, mit heilgem
      Weine vom Schlafe die Völker weckend.

Und du, des Tages Engel! erweckst sie nicht,   5
  Die jetzt noch schlafen? gib die Gesetze, gib
    Uns Leben, siege, Meister, du nur
      Hast der Eroberung Recht, wie Bacchus.

Nicht, was wohl sonst des Menschen Geschick und Sorg
  Im Haus und unter offenem Himmel ist,   10
    Wenn edler, denn das Wild, der Mann sich
      Wehret und nährt! denn es gilt ein anders,

Zu Sorg und Dienst den Dichtenden anvertraut!
  Der Höchste, der ists, dem wir geeignet sind,
    Daß näher, immerneu besungen   15
      Ihn die befreundete Brust vernehme.

Und dennoch, o ihr Himmlischen all, und all
  Ihr Quellen und ihr Ufer und Hain' und Höhn,
    Wo wunderbar zuerst, als du die
      Locken ergriffen, und unvergeßlich   20

Der unverhoffte Genius über uns
  Der schöpferische, göttliche kam, daß stumm
    Der Sinn uns ward und, wie vom
      Strahle gerührt, das Gebein erbebte,

Ihr ruhelosen Taten in weiter Welt!   25
   Ihr Schicksalstag', ihr reißenden, wenn der Gott
      Stillsinnend lenkt, wohin zorntrunken
         Ihn die gigantischen Rosse bringen,

Euch sollten wir verschweigen, und wenn in uns
   Vom stetigstillen Jahre der Wohllaut tönt,   30
      So sollt es klingen, gleich als hätte
         Mutig und müßig ein Kind des Meisters

Geweihte, reine Saiten im Scherz gerührt?
   Und darum hast du, Dichter! des Orients
      Propheten und den Griechensang und   35
         Neulich die Donner gehört, damit du

Den Geist zu Diensten brauchst und die Gegenwart
   Des Guten übereilest, in Spott, und den Albernen
      Verleugnest, herzlos, und zum Spiele
         Feil, wie gefangenes Wild, ihn treibest?   40

Bis aufgereizt vom Stachel im Grimme der
   Des Ursprungs sich erinnert und ruft, daß selbst
      Der Meister kommt, dann unter heißen
         Todesgeschossen entseelt dich lässet.

Zu lang ist alles Göttliche dienstbar schon   45
   Und alle Himmelskräfte verscherzt, verbraucht
      Die Gütigen, zur Lust, danklos, ein
         Schlaues Geschlecht und zu kennen wähnt es,

Wenn ihnen der Erhabne den Acker baut,   50
   Das Tagslicht und den Donnerer, und es späht
      Das Sehrohr wohl sie all und zählt und
         Nennet mit Namen des Himmels Sterne.

Der Vater aber decket mit heilger Nacht,
    Damit wir bleiben mögen, die Augen zu.   55
        Nicht liebt er Wildes! Doch es zwinget
            Nimmer die weite Gewalt den Himmel.

Noch ists auch gut, zu weise zu sein. Ihn kennt
    Der Dank. Doch nicht behält er es leicht allein,
        Und gern gesellt, damit verstehn sie   60
            Helfen, zu anderen sich ein Dichter.

Furchtlos bleibt aber, so er es muß, der Mann
    Einsam vor Gott, es schützet die Einfalt ihn,
        Und keiner Waffen brauchts und keiner
            Listen, so lange, bis Gottes Fehl hilft.   65

Friedrich Hölderlin

Die Götter

Du stiller Aether! immer bewahrst du schön
  Die Seele mir im Schmerz, und es adelt sich
    Zur Tapferkeit vor deinen Strahlen,
      Helios! oft die empörte Brust mir.

Ihr guten Götter! arm ist, wer euch nicht kennt,   5
  Im rohen Busen ruhet der Zwist ihm nie,
    Und Nacht ist ihm die Welt und keine
      Freude gedeihet und kein Gesang ihm.

Nur ihr, mit eurer ewigen Jugend, nährt
  In Herzen, die euch lieben, den Kindersinn,   10
    Und laßt in Sorgen und in Irren
      Nimmer den Genius sich vertrauern.

FRIEDRICH SCHILLER

Über Bürgers Gedichte

Die Gleichgültigkeit, mit der unser philosophierendes Zeitalter
auf die Spiele der Musen herabzusehen anfängt, scheint keine
Gattung der Poesie empfindlicher zu treffen als die *lyrische*. Der
dramatischen Dichtkunst dient doch wenigstens die Einrichtung
des gesellschaftlichen Lebens zu einigem Schutze, und der *er-
zählenden* erlaubt ihre freiere Form, sich dem Weltton mehr an-
zuschmiegen und den Geist der Zeit in sich aufzunehmen. Aber
die jährlichen Almanache, die Gesellschaftsgesänge, die Musik-
liebhaberei unsrer Damen sind nur ein schwacher Damm gegen
den Verfall der lyrischen Dichtkunst. Und doch wäre es für den
Freund des Schönen ein sehr niederschlagender Gedanke, wenn
diese jugendlichen Blüten des Geists in der Fruchtzeit absterben,
wenn die reifere Kultur auch nur mit einem einzigen Schönheits-
genuß erkauft werden sollte. Vielmehr ließe sich auch in unsern
so unpoetischen Tagen, wie für die Dichtkunst überhaupt, also
auch für die lyrische, eine sehr würdige Bestimmung entdecken;
es ließe sich vielleicht dartun, daß, wenn sie von einer Seite höhern Geistesbeschäftigungen nachstehen muß, sie von einer andern nur desto notwendiger geworden ist. Bei der Vereinzelung
und getrennten Wirksamkeit unsrer Geisteskräfte, die der erweiterte Kreis des Wissens und die Absonderung der Berufsge-
schäfte notwendig macht, ist es die Dichtkunst beinahe allein,
welche die getrennten Kräfte der Seele wieder in Vereinigung
bringt, welche Kopf und Herz, Scharfsinn und Witz, Vernunft
und Einbildungskraft in harmonischem Bunde beschäftigt, welche gleichsam den *ganzen Menschen* in uns wieder herstellt. Sie
allein kann das Schicksal abwenden, das traurigste, das dem philosophierenden Verstande widerfahren kann, über dem Fleiß des
Forschens den Preis seiner Anstrengungen zu verlieren und in einer abgezogenen Vernunftwelt für die Freuden der wirklichen

zu ersterben. Aus noch so divergierenden Bahnen würde sich der Geist bei der Dichtkunst wieder zurechtfinden und in ihrem verjüngenden Licht der Erstarrung eines frühzeitigen Alters entgehen. Sie wäre die jugendlichblühende Hebe, welche in Jovis Saal die unsterblichen Götter bedient.

Dazu aber würde erfordert, daß sie selbst mit dem Zeitalter fortschritte, dem sie diesen wichtigen Dienst leisten soll; daß sie sich alle Vorzüge und Erwerbungen desselben zu eigen machte. Was Erfahrung und Vernunft an Schätzen für die Menschheit aufhäuften, müßte Leben und Fruchtbarkeit gewinnen und in Anmut sich kleiden in ihrer schöpferischen Hand. Die Sitten, den Charakter, die ganze Weisheit ihrer Zeit müßte sie, geläutert und veredelt, in ihrem Spiegel sammeln und mit idealisierender Kunst aus dem Jahrhundert selbst ein Muster für das Jahrhundert erschaffen. Dies aber setzte voraus, daß sie selbst in keine andre als *reife* und *gebildete* Hände fiele. Solange dies *nicht* ist, solange zwischen dem sittlich ausgebildeten, vorurteilfreien Kopf und dem Dichter ein andrer Unterschied stattfindet, als daß letzterer zu den Vorzügen des erstern das Talent der Dichtung noch als Zugabe besitzt, solange dürfte die Dichtkunst ihren veredelnden Einfluß auf das Jahrhundert verfehlen, und jeder Fortschritt wissenschaftlicher Kultur wird nur die Zahl ihrer Bewunderer vermindern. Unmöglich kann der gebildete Mann Erquickung für Geist und Herz bei einem unreifen Jüngling suchen, unmöglich in Gedichten die Vorurteile, die gemeinen Sitten, die Geistesleerheit wieder finden wollen, die ihn im wirklichen Leben verscheuchen. Mit Recht verlangt er von dem Dichter, der ihm, wie dem Römer sein Horaz, ein teurer Begleiter durch das Leben sein soll, daß er im Intellektuellen und Sittlichen auf *einer* Stufe mit ihm stehe, weil er auch in Stunden des Genusses nicht unter sich sinken will. Es ist also nicht genug, Empfindung mit erhöhten Farben zu schildern; man muß auch erhöht empfinden. Begeisterung *allein* ist nicht genug; man fordert die Begeisterung eines gebildeten Geistes. Alles, was der Dichter uns geben kann, ist seine *Individualität*. Diese muß es also wert sein, vor Welt und Nachwelt ausgestellt zu werden. Diese seine Individualität so sehr als möglich zu veredeln, zur reinsten herrlichsten Menschheit hinaufzuläutern, ist sein erstes und wichtigstes Geschäft, ehe er es unternehmen darf, die Vortrefflichen zu rühren. Der höchste Wert seines Gedichtes kann kein andrer sein, als daß es der reine vollendete Abdruck einer interessanten Gemütslage eines interessanten vollendeten Geistes ist. Nur ein solcher Geist soll sich uns in Kunstwerken ausprägen; er wird uns in seiner kleinsten Äußerung kenntlich sein, und umsonst wird, der es *nicht* ist, diesen wesentlichen Mangel durch Kunst zu verstecken suchen. Vom Ästhetischen gilt eben das, was vom Sittlichen; wie es hier der moralisch vortreffliche Charakter eines Menschen allein ist, der einer seiner einzelnen Handlungen den Stempel moralischer Güte aufdrücken kann, so ist es dort nur der reife, der vollkommene Geist, von dem das Reife, das Vollkommene ausfließt. Kein noch so großes Talent kann dem einzelnen Kunstwerk verleihen, was dem Schöpfer desselben gebricht, und Mängel, die aus dieser Quelle entspringen, kann selbst die Feile nicht wegnehmen.

Wir würden nicht wenig verlegen sein, wenn uns aufgelegt würde, diesen Maßstab in der Hand, den gegenwärtigen deutschen Musenberg zu durchwandern. Aber die Erfahrung, deucht uns, müßte es ja lehren, wieviel der größere Teil unsrer, nicht ungepriesenen, lyrischen Dichter auf den bessern des Publikums wirkt; auch trifft es sich zuweilen, daß uns einer oder der andre, wenn wir es auch seinen Gedichten nicht angemerkt hätten, mit seinen Bekenntnissen überrascht oder uns Proben von seinen Sitten liefert. […]

Die Götter Griechenlands

Da ihr noch die schöne Welt regieret,
An der Freude leichtem Gängelband
Selige Geschlechter noch geführet,
Schöne Wesen aus dem Fabelland –
Ach, da euer Wonnedienst noch glänzte,   5
Wie ganz anders, anders war es da!
Da man deine Tempel noch bekränzte,
Venus Amathusia!

Da der Dichtung zauberische Hülle
Sich noch lieblich um die Wahrheit wand,   10
Durch die Schöpfung floß da Lebensfülle,
Und was nie empfinden wird, empfand.
An der Liebe Busen sie zu drücken,
Gab man höhern Adel der Natur,
Alles wies den eingeweihten Blicken,   15
Alles eines Gottes Spur.

Wo jetzt jetzt nur, wie unsre Weisen sagen,
Seelenlos ein Feuerball sich dreht,
Lenkte damals seinen goldnen Wagen
Helios in stiller Majestät.   20
Diese Höhen füllten Oreaden,
Eine Dryas lebt’ in jenem Baum,
Aus den Urnen lieblicher Najaden
Sprang der Ströme Silberschaum.

Jener Lorbeer wand sich einst um Hilfe,   25
Tantals Tochter schweigt in diesem Stein,
Syrinx’ Klage tönt’ aus jenem Schilfe,

Philomelas Schmerz aus diesem Hain.
Jener Bach empfing Demeters Zähre,
Die sie um Persephonen geweint,   30
Und von diesem Hügel rief Cythere,
Ach umsonst! dem schönen Freund.

Zu Deukalions Geschlechte stiegen
Damals noch die Himmlischen herab,
Pyrrhas schöne Töchter zu besiegen,   35
Nahm der Leto Sohn den Hirtenstab.
Zwischen Menschen, Göttern und Heroen
Knüpfte Amor einen schönen Bund,
Sterbliche mit Göttern und Heroen
Huldigten in Amathunt.   40

Finstrer Ernst und trauriges Entsagen
War aus eurem heitern Dienst verbannt,
Glücklich sollten alle Herzen schlagen,
Denn euch war der Glückliche verwandt.
Damals war nichts heilig als das Schöne,   45
Keiner Freude schämte sich der Gott,
Wo die keusch errötende Kamöne,
Wo die Grazie gebot.

Eure Tempel lachten gleich Palästen,
Euch verherrlichte das Heldenspiel   50
An des Isthmus kronenreichen Festen,
Und die Wagen donnerten zum Ziel.
Schön geschlungne seelenvolle Tänze
Kreisten um den prangenden Altar,
Eure Schläfe schmückten Siegeskränze,   55
Kronen euer duftend Haar.

Das Evoe muntrer Thyrsusschwinger
Und der Panther prächtiges Gespann

Meldeten den großen Freudebringer,
Faun und Satyr taumeln ihm voran,
Um ihn springen rasende Mänaden,
Ihre Tänze loben seinen Wein,
Und des Wirtes braune Wangen laden
Lustig zu dem Becher ein.

Damals trat kein gräßliches Gerippe
Vor das Bett des Sterbenden. Ein Kuß
Nahm das letzte Leben von der Lippe,
Seine Fackel senkt' ein Genius.
Selbst des Orkus strenge Richterwaage
Hielt der Enkel einer Sterblichen,
Und des Thrakers seelenvolle Klage
Rühret die Erinnyen.

Seine Freuden traf der frohe Schatten
In Elysiens Hainen wieder an,
Treue Liebe fand den treuen Gatten
Und der Wagenlenker seine Bahn;
Linus' Spiel tönt die gewohnten Lieder,
In Alkestens Arme sinkt Admet,
Seinen Freund erkennt Orestes wieder,
Seine Pfeile Philoktet.

Höhre Preise stärkten da den Ringer
Auf der Tugend arbeitvoller Bahn,
Großer Taten herrliche Vollbringer
Klimmten zu den Seligen hinan.
Vor dem Wiederforderer der Toten
Neigte sich der Götter stille Schar,
Durch die Fluten leuchtet dem Piloten
Vom Olymp das Zwillingspaar.

Schöne Welt, wo bist du? Kehre wieder,
Holdes Blütenalter der Natur! 90
Ach, nur in dem Feenland der Lieder
Lebt noch deine fabelhafte Spur.
Ausgestorben trauert das Gefilde,
Keine Gottheit zeigt sich meinem Blick,
Ach, von jenem lebenwarmen Bilde 95
Blieb der Schatten nur zurück.

Alle jene Blüten sind gefallen
Von des Nordes schauerlichem Wehn,
Einen zu bereichern unter allen,
Mußte diese Götterwelt vergehn. 100
Traurig such ich an dem Sternenbogen,
Dich, Selene, find ich dort nicht mehr;
Durch die Wälder ruf ich, durch die Wogen,
Ach! sie widerhallen leer!

Unbewußt der Freuden, die sie schenket, 105
Nie entzückt von ihrer Herrlichkeit,
Nie gewahr des Geistes, der sie lenket,
Selger nie durch meine Seligkeit,
Fühllos selbst für ihres Künstlers Ehre,
Gleich dem toten Schlag der Pendeluhr, 110
Dient sie knechtisch dem Gesetz der Schwere,
Die entgötterte Natur.

Morgen wieder neu sich zu entbinden,
Wühlt sie heute sich ihr eignes Grab,
Und an ewig gleicher Spindel winden 115
Sich von selbst die Monde auf und ab.
Müßig kehrten zu dem Dichterlande
Heim die Götter, unnütz einer Welt,
Die, entwachsen ihrem Gängelbande,
Sich durch eignes Schweben hält. 120

91

Ja, sie kehrten heim, und alles Schöne,
Alles Hohe nahmen sie mit fort,
Alle Farben, alle Lebenstöne,
Und uns blieb nur das entseelte Wort.
Aus der Zeitflut weggerissen, schweben
Sie gerettet auf des Pindus Höhn:
Was unsterblich im Gesang soll leben,
Muß im Leben untergehn.

Friedrich Schiller

An die Freunde

Lieben Freunde, es gab schönre Zeiten
Als die unsern! – das ist nicht zu streiten!
Und ein edler Volk hat einst gelebt.
Könnte die Geschichte davon schweigen,
Tausend Steine würden redend zeugen, 5
Die man aus dem Schoß der Erde gräbt.
    Doch es ist dahin, es ist verschwunden,
    Dieses hochbegünstigte Geschlecht.
    Wir, wir *leben*! Unser sind die Stunden,
    Und der Lebende hat recht. 10

Freunde, es gibt glücklichere Zonen
Als das Land, worin wir leidlich wohnen,
Wie der weitgereiste Wandrer spricht.
Aber hat *Natur* uns viel entzogen,
War die *Kunst* uns freundlich doch gewogen, 15
Unser Herz erwarmt an *ihrem* Licht.
    Will der Lorbeer hier sich nicht gewöhnen,
    Wird die Myrte unsers Winters Raub,
    Grünet doch, die Schläfe zu bekrönen,
    Uns der Rebe muntres Laub. 20

Wohl von größerm Leben mag es rauschen,
Wo vier Welten ihre Schätze tauschen,
An der Themse, auf dem Markt der Welt.
Tausend Schiffe landen an und gehen,
Da ist jedes Köstliche zu sehen, 25
Und es herrscht der Erde Gott, das Geld.
    Aber nicht im trüben Schlamm der Bäche,
    Der von wilden Regengüssen schwillt,

Auf des stillen Baches ebner Fläche
Spiegelt sich das Sonnenbild.   30

Prächtiger als wir in unserm Norden
Wohnt der Bettler an der Engelspforten,
Denn er sieht das ewig einzge Rom!
Ihn umgibt der Schönheit Glanzgewimmel,
Und ein zweiter Himmel in den Himmel   35
Steigt Sankt Peters wunderbarer Dom.
    Aber Rom in allem seinem Glanze
    Ist ein Grab nur der Vergangenheit;
    Leben duftet nur die frische Pflanze,
    Die die grüne Stunde streut.   40

Größres mag sich anderswo begeben
Als bei uns in unserm kleinen Leben,
Neues – hat die Sonne nie gesehn.
Sehn wir doch das Große *aller* Zeiten
Auf den Brettern, die die Welt bedeuten,   45
Sinnvoll, still an uns vorübergehn.
    Alles wiederholt sich nur im Leben,
    Ewig jung ist nur die Phantasie:
    Was sich nie und nirgends hat begeben,
    Das allein veraltet nie!   50

Nänie

Auch das Schöne muß sterben! Das Menschen und Götter
                        bezwinget,
  Nicht die eherne Brust rührt es des stygischen Zeus.
Einmal nur erweichte die Liebe den Schattenbeherrscher.
  Und an der Schwelle noch, streng, rief er zurück sein
                        Geschenk.
Nicht stillt Aphrodite dem schönen Knaben die Wunde,   5
  Die in den zierlichen Leib grausam der Eber geritzt.
Nicht errettet den göttlichen Held die unsterbliche Mutter,
  Wann er, am skäischen Tor fallend, sein Schicksal erfüllt.
Aber sie steigt aus dem Meer mit allen Töchtern des Nereus,
  Und die Klage hebt an um den verherrlichten Sohn.   10
Siehe! Da weinen die Götter, es weinen die Göttinnen alle,
  Daß das Schöne vergeht, daß das Vollkommene stirbt.
Auch ein Klaglied zu sein im Mund der Geliebten, ist herrlich,
  Denn das Gemeine geht klanglos zum Orkus hinab.

Friedrich Schiller

Der Spaziergang

Sei mir gegrüßt, mein Berg mit dem rötlich strahlenden Gipfel
Sei mir, Sonne, gegrüßt, die ihn so lieblich bescheint!
Dich auch grüß ich, belebte Flur, euch, säuselnde Linden,
    Und den fröhlichen Chor, der auf den Ästen sich wiegt,
Ruhige Bläue, dich auch, die unermeßlich sich ausgießt   5
    Um das braune Gebirg, über den grünenden Wald,
Auch um mich, der, endlich entflohn des Zimmers Gefängnis
    Und dem engen Gespräch, freudig sich rettet zu dir.
Deiner Lüfte balsamischer Strom durchrinnt mich erquickend,
    Und den durstigen Blick labt das energische Licht.   10
Kräftig auf blühender Au erglänzen die wechselnden Farben,
    Aber der reizende Streit löset in Anmut sich auf.
Frei empfängt mich die Wiese mit weithin verbreitetem Teppich,
    Durch ihr freundliches Grün schlingt sich der ländliche Pfad,
Um mich summt die geschäftige Bien', mit zweifelndem Flügel   15
    Wiegt der Schmetterling sich über dem rötlichen Klee,
Glühend trifft mich der Sonne Pfeil, still liegen die Weste,
    Nur der Lerche Gesang wirbelt in heiterer Luft.
Doch jetzt braust's aus dem nahen Gebüsch, tief neigen der Erlen
    Kronen sich, und im Wind wogt das versilberte Gras.   20
Mich umfängt ambrosische Nacht: in duftende Kühlung
    Nimmt ein prächtiges Dach schattender Buchen mich ein,
In des Waldes Geheimnis entflieht mir auf einmal die Landschaft,
    Und ein schlängelnder Pfad leitet mich steigend empor.
Nur verstohlen durchdringt der Zweige laubigtes Gitter   25
    Sparsames Licht, und es blickt lachend das Blaue herein.
Aber plötzlich zerreißt der Flor. Der geöffnete Wald gibt
    Überraschend des Tags blendendem Glanz mich zurück.
Unabsehbar ergießt sich vor meinen Blicken die Ferne,
    Und ein blaues Gebirg endigt im Dufte die Welt.   30

Tief an des Berges Fuß, der gählings unter mir abstürzt,
    Wallet des grünlichten Stroms fließender Spiegel vorbei.
Endlos unter mir seh ich den Äther, über mir endlos,
    Blicke mit Schwindeln hinauf, blicke mit Schaudern hinab;
Aber zwischen der ewigen Höh und der ewigen Tiefe   35
    Trägt ein geländerter Steig sicher den Wandrer dahin
Lachend fliehen an mir die reichen Ufer vorüber,
    Und den fröhlichen Fleiß rühmet das prangende Tal.
Jene Linien, sieh! die des Landmanns Eigentum scheiden,
    In den Teppich der Flur hat sie Demeter gewirkt.   40
Freundliche Schrift des Gesetzes, des menschenerhaltenden
                    Gottes,
    Seit aus der ehernen Welt fliehend die Liebe verschwand!
Aber in freieren Schlangen durchkreuzt die geregelten Felder,
    Jetzt verschlungen vom Wald, jetzt an den Bergen hinauf
Klimmend, ein schimmernder Streif, die länderverknüpfende   45
                    Straße,
    Auf dem ebenen Strom gleiten die Flöße dahin.
Vielfach ertönt der Herden Geläut im belebten Gefilde,
    Und den Widerhall weckt einsam des Hirten Gesang,
Muntre Dörfer bekränzen den Strom, in Gebüschen
                    verschwinden
    Andre, vom Rücken des Bergs stürzen sie gäh dort herab.   50
Nachbarlich wohnet der Mensch noch mit dem Acker
                    zusammen,
    Seine Felder umruhn friedlich sein ländliches Dach,
Traulich rankt sich die Reb empor an dem niedrigen Fenster,
    Einen umarmenden Zweig schlingt um die Hütte der Baum.
Glückliches Volk der Gefilde! Noch nicht zur Freiheit erwachet, 55
    Teilst du mit deiner Flur fröhlich das enge Gesetz.
Deine Wünsche beschränkt der Ernten ruhiger Kreislauf,
    Wie dein Tagewerk, gleich, windet dein Leben sich ab!
Aber wer raubt mir auf einmal den lieblichen Anblick?
    Ein fremder Geist verbreitet sich schnell über die   60
                    fremdere Flur.

Spröde sondert sich ab, was kaum noch liebend sich mischte,
    Und das gleiche nur ist's, was an das gleiche sich reiht.
Stände seh ich gebildet, der Pappeln stolze Geschlechter
    Ziehn in geordnetem Pomp vornehm und prächtig daher.
Regel wird alles, und alles wird Wahl, und alles Bedeutung,   65
    Dieses Dienergefolg meldet den Herrscher mir an.
Prangend verkündigen ihn von fern die beleuchteten Kuppeln,
    Aus dem felsigten Kern hebt sich die türmende Stadt.
In die Wildnis hinaus sind des Waldes Faunen verstoßen,
    Aber die Andacht leiht höheres Leben dem Stein.   70
Näher gerückt ist der Mensch an den Menschen. Enger wird
                                                um ihn,
    Reger erwacht, es umwälzt rascher sich in ihm die Welt.
Sieh, da entbrennen in feurigem Kampf die eifernden Kräfte,
    Großes wirket ihr Streit, Größeres wirket ihr Bund.
Tausend Hände belebt *ein* Geist, hoch schläget in tausend   75
    Brüsten, von *einem* Gefühl glühend, ein einziges Herz,
Schlägt für das Vaterland und glüht für der Ahnen Gesetze,
    Hier auf dem teuren Grund ruht ihr verehrtes Gebein.
Nieder steigen vom Himmel die seligen Götter und nehmen
    In dem geweihten Bezirk festliche Wohnungen ein.   80
Herrliche Gaben bescherend erscheinen sie: Ceres vor allen
    Bringet des Pfluges Geschenk, Hermes den Anker herbei,
Bacchus die Traube, Minerva des Ölbaums grünende Reiser,
    Auch das kriegrische Roß führet Poseidon heran,
Mutter Kybele spannt an des Wagens Deichsel die Löwen,   85
    In das gastliche Tor zieht sie als Bürgerin ein.
Heilige Steine! Aus euch ergossen sich Pflanzer der Menschheit,
    Fernen Inseln des Meers sandtet ihr Sitten und Kunst,
Weise sprachen das Recht an diesen geselligen Toren,
    Helden stürzten zum Kampf für die Penaten heraus.   90
Auf den Mauern erschienen, den Säugling im Arme, die Mütter,
    Blickten dem Heerzug nach, bis ihn die Ferne verschlang.
Betend stürzten sie dann vor der Götter Altären sich nieder,
    Flehten um Ruhm und Sieg, flehten um Rückkehr für euch.

Ehre ward euch und Sieg, doch der Ruhm nur kehrte zurücke,   95
    Eurer Taten Verdienst meldet der rührende Stein:
»Wanderer, kommst du nach Sparta, verkündige dorten,
                      du habest
Uns hier liegen gesehn, wie das Gesetz es befahl.«
Ruhet sanft, ihr Geliebten! Von eurem Blute begossen,
    Grünet der Ölbaum, es keimt lustig die köstliche Saat.   100
Munter entbrennt, des Eigentums froh, das freie Gewerbe,
    Aus dem Schilfe des Stroms winket der bläulichte Gott.
Zischend fliegt in den Baum die Axt, es erseufzt die Dryade,
    Hoch von des Berges Haupt stürzt sich die donnernde Last.
Aus dem Felsbruch wiegt sich der Stein, vom Hebel beflügelt;   105
    In der Gebirge Schlucht taucht sich der Bergmann hinab.
Mulcibers Amboß tönt von dem Takt geschwungener Hämmer,
    Unter der nervigten Faust spritzen die Funken des Stahls.
Glänzend umwindet der goldne Lein die tanzende Spindel,
    Durch die Saiten des Garns sauset das webende Schiff.   110
Fern auf der Reede ruft der Pilot, es warten die Flotten,
    Die in der Fremdlinge Land tragen den heimischen Fleiß;
Andre ziehn frohlockend dort ein, mit den Gaben der Ferne,
    Hoch von dem ragenden Mast wehet der festliche Kranz.
Siehe, da wimmeln die Märkte, der Kran von fröhlichem Leben,   115
    Seltsamer Sprachen Gewirr braust in das wundernde Ohr.
Auf den Stapel schüttet die Ernten der Erde der Kaufmann,
    Was dem glühenden Strahl Afrikas Boden gebiert,
Was Arabien kocht, was die äußerste Thule bereitet,
    Hoch mit erfreuendem Gut füllt Amalthea das Horn.   120
Da gebieret das Glück dem Talente die göttlichen Kinder,
    Von der Freiheit gesäugt, wachsen die Künste der Lust.
Mit nachahmendem Leben erfreuet der Bildner die Augen,
    Und vom Meißel beseelt, redet der fühlende Stein.
Künstliche Himmel ruhn auf schlanken jonischen Säulen,   125
    Und den ganzen Olymp schließet ein Pantheon ein.
Leicht wie der Iris Sprung durch die Luft, wie der Pfeil
                      von der Senne,

Hüpfet der Brücke Joch über den brausenden Strom.
Aber im stillen Gemach entwirft bedeutende Zirkel
Sinnend der Weise, beschleicht forschend den schaffenden   130
Geist,
Prüft der Stoffe Gewalt, der Magnete Hassen und Lieben,
Folgt durch die Lüfte dem Klang, folgt durch den
Äther dem Strahl,
Sucht das vertraute Gesetz in des Zufalls grausenden Wundern,
Sucht den ruhenden Pol in der Erscheinungen Flucht.
Körper und Stimme leiht die Schrift dem stummen Gedanken,   135
Durch der Jahrhunderte Strom trägt ihn das redende Blatt.
Da zerrinnt vor dem wundernden Blick der Nebel des Wahnes,
Und die Gebilde der Nacht weichen dem tagenden Licht.
Seine Fesseln zerbricht der Mensch. Der Beglückte!
Zerriss' er
Mit den Fesseln der Furcht nur nicht den Zügel der Scham!   140
Freiheit ruft die Vernunft, Freiheit die wilde Begierde.
Von der heil'gen Natur ringen sie lüstern sich los.
Ach, da reißen im Sturm die Anker, die an dem Ufer
Warnend ihn hielten, ihn faßt mächtig der flutende Strom,
Ins Unendliche reißt er ihn hin, die Küste verschwindet,   145
Hoch auf der Fluten Gebirg wiegt sich entmastet der Kahn;
Hinter Wolken erlöschen des Wagens beharrliche Sterne,
Bleibend ist nichts mehr, es irrt selbst in dem Busen der Gott.
Aus dem Gespräche verschwindet die Wahrheit, Glauben
und Treue
Aus dem Leben, es lügt selbst auf der Lippe der Schwur.   150
In der Herzen vertraulichsten Bund, in der Liebe Geheimnis
Drängt sich der Sykophant, reißt von dem Freunde den
Freund,
Auf die Unschuld schielt der Verrat mit verschlingendem Blicke,
Mit vergiftendem Biß tötet des Lästerers Zahn.
Feil ist in der geschändeten Brust der Gedanke, die Liebe   155
Wirft des freien Gefühls göttlichen Adel hinweg.
Deiner heiligen Zeichen, o Wahrheit, hat der Betrug sich

Angemaßt, der Natur köstlichste Stimmen entweiht,
Die das bedürftige Herz in der Freude Drang sich erfindet;
    Kaum gibt wahres Gefühl noch durch Verstummen sich kund. 160
Auf der Tribüne prahlet das Recht, in der Hütte die Eintracht,
    Des Gesetzes Gespenst steht an der Könige Thron.
Jahrelang mag, jahrhundertelang die Mumie dauern,
    Mag das trügende Bild lebender Fülle bestehn,
Bis die Natur erwacht, und mit schweren ehernen Händen 165
    An das hohle Gebäu rühret die Not und die Zeit.
Einer Tigerin gleich, die das eiserne Gitter durchbrochen
    Und des numidischen Walds plötzlich und schrecklich
                                    gedenkt,
Aufsteht mit des Verbrechens Wut und des Elends die
                                    Menschheit
    Und in der Asche der Stadt sucht die verlorne Natur. 170
Oh, so öffnet euch, Mauern, und gebt den Gefangenen ledig!
    Zu der verlassenen Flur kehr er gerettet zurück!
Aber wo bin ich? Es birgt sich der Pfad. Abschüssige Gründe
    Hemmen mit gähnender Kluft hinter mir, vor mir den Schritt.
Hinter mir blieb der Gärten, der Hecken vertraute Begleitung, 175
    Hinter mir jegliche Spur menschlicher Hände zurück.
Nur die Stoffe seh ich getürmt, aus welchen das Leben
    Keimet, der rohe Basalt hofft auf die bildende Hand.
Brausend stürzt der Gießbach herab durch die Rinne des Felsens,
    Unter den Wurzeln des Baums bricht er entrüstet sich Bahn. 180
Wild ist es hier und schauerlich öd. Im einsamen Luftraum
    Hängt nur der Adler und knüpft an das Gewölke die Welt.
Hoch herauf bis zu mir trägt keines Windes Gefieder
    Den verlorenen Schall menschlicher Mühen und Lust.
Bin ich wirklich allein? In deinen Armen, an deinem 185
    Herzen wieder, Natur, ach! und es war nur ein Traum,
Der mich schaudernd ergriff mit des Lebens furchtbarem Bilde;
    Mit dem stürzenden Tal stürzte der finstre hinab.
Reiner nehm ich mein Leben von deinem reinen Altare,
    Nehme den fröhlichen Mut hoffender Jugend zurück! 190

Ewig wechselt der Wille den Zweck und die Regel, in ewig
　　Wiederholter Gestalt wälzen die Taten sich um;
Aber jugendlich immer, in immer veränderter Schöne
　　Ehrst du, fromme Natur, züchtig das alte Gesetz.
Immer dieselbe, bewahrst du in treuen Händen dem Manne,　　195
　　Was dir das gaukelnde Kind, was dir der Jüngling vertraut,
Nährest an gleicher Brust die vielfach wechselnden Alter:
　　Unter demselben Blau, über dem nämlichen Grün
Wandeln die nahen und wandeln vereint die fernen Geschlechter,
　　Und die Sonne Homers, siehe! sie lächelt auch uns.　　200

Friedrich Schiller

Der Tanz

Siehe, wie schwebenden Schritts im Wellenschwung sich
die Paare
Drehen, den Boden berührt kaum der geflügelte Fuß.
Seh ich flüchtige Schatten, befreit von der Schwere des Leibes?
Schlingen im Mondlicht dort Elfen den luftigen Reihn?
Wie, vom Zephyr gewiegt, der leichte Rauch in die Luft fließt,   5
Wie sich leise der Kahn schaukelt auf silberner Flut,
Hüpft der gelehrige Fuß auf des Takts melodischer Woge,
Säuselndes Saitengetön hebt den ätherischen Leib.
Jetzt, als wollt es mit Macht durchreißen die Kette des Tanzes,
Schwingt sich ein mutiges Paar dort in den dichtesten Reihn.   10
Schnell vor ihm her entsteht ihm die Bahn, die hinter ihm
schwindet,
Wie durch magische Hand öffnet und schließt sich der Weg.
Sieh! Jetzt schwand es dem Blick, in wildem Gewirr
durcheinander
Stürzt der zierliche Bau dieser beweglichen Welt.
Nein, dort schwebt es frohlockend herauf, der Knoten
entwirrt sich,   15
Nur mit verändertem Reiz stellet die Regel sich her.
Ewig zerstört, es erzeugt sich ewig die drehende Schöpfung,
Und ein stilles Gesetz lenkt der Verwandlungen Spiel.
Sprich, wie geschieht's, daß rastlos erneut die Bildungen
schwanken
Und die Ruhe besteht in der bewegten Gestalt,   20
Jeder ein Herrscher, frei, nur dem eigenen Herzen gehorchet
Und im eilenden Lauf findet die einzige Bahn?
Willst du es wissen? Es ist des Wohllauts mächtige Gottheit,
Die zum geselligen Tanz ordnet den tobenden Sprung,
Die, der Nemesis gleich, an des Rhythmus goldenem Zügel   25

Lenkt die brausende Lust und die verwilderte zähmt.
Und dir rauschen umsonst die Harmonien des Weltalls,
　Dich ergreift nicht der Strom dieses erhabnen Gesangs,
Nicht der begeisternde Takt, den alle Wesen dir schlagen,
　Nicht der wirbelnde Tanz, der durch den ewigen Raum　　30
Leuchtende Sonnen schwingt in kühn gewundenen Bahnen?
　Das du im Spiele doch ehrst, fliehst du im Handeln, das Maß.

FRIEDRICH SCHILLER

Die Kraniche des Ibykus

Zum Kampf der Wagen und Gesänge,
Der auf Korinthus' Landesenge
Der Griechen Stämme froh vereint,
Zog Ibykus, der Götterfreund.
Ihm schenkte des Gesanges Gabe,   5
Der Lieder süßen Mund Apoll;
So wandert' er, an leichtem Stabe,
Aus Rhegium, des Gottes voll.

Schon winkt auf hohem Bergesrücken
Akrokorinth des Wandrers Blicken,   10
Und in Poseidons Fichtenhain
Tritt er mit frommem Schauder ein.
Nichts regt sich um ihn her, nur Schwärme
Von Kranichen begleiten ihn,
Die fernhin nach des Südens Wärme   15
In graulichtem Geschwader ziehn.

»Seid mir gegrüßt, befreundte Scharen,
Die mir zur See Begleiter waren!
Zum guten Zeichen nehm ich euch,
Mein Los, es ist dem euren gleich: 20
Von fern her kommen wir gezogen
Und flehen um ein wirtlich Dach.
Sei uns der Gastliche gewogen,
Der von dem Fremdling wehrt die Schmach!«

Und munter fördert er die Schritte   25
Und sieht sich in des Waldes Mitte –
Da sperren, auf gedrangem Steg,

Zwei Mörder plötzlich seinen Weg.
Zum Kampfe muß er sich bereiten,
Doch bald ermattet sinkt die Hand,   30
Sie hat der Leier zarte Saiten,
Doch nie des Bogens Kraft gespannt.

Er ruft die Menschen an, die Götter,
Sein Flehen dringt zu keinem Retter,
Wie weit er auch die Stimme schickt,   35
Nichts Lebendes wird hier erblickt.
»So muß ich hier verlassen sterben,
Auf fremdem Boden, unbeweint,
Durch böser Buben Hand verderben,
Wo auch kein Rächer mir erscheint!«   40

Und schwer getroffen sinkt er nieder,
Da rauscht der Kraniche Gefieder,
Er hört, schon kann er nicht mehr sehn,
Die nahen Stimmen furchtbar krähn.
»Von euch, ihr Kraniche dort oben,   45
Wenn keine andre Stimme spricht,
Sei meines Mordes Klag erhoben!«
Er ruft es, und sein Auge bricht.

Der nackte Leichnam wird gefunden,
Und bald, obgleich entstellt von Wunden,   50
Erkennt der Gastfreund in Korinth
Die Züge, die ihm teuer sind.
»Und muß ich so dich wiederfinden,
Und hoffte mit der Fichte Kranz
Des Sängers Schläfe zu umwinden,   55
Bestrahlt von seines Ruhmes Glanz!«

Und jammernd hören's alle Gäste,
Versammelt bei Poseidons Feste,

Ganz Griechenland ergreift der Schmerz,
Verloren hat ihn jedes Herz; 60
Und stürmend drängt sich zum Prytanen
Das Volk, es fordert seine Wut,
Zu rächen des Erschlagnen Manen,
Zu sühnen mit des Mörders Blut.

   Doch wo die Spur, die aus der Menge, 65
Der Völker flutendem Gedränge,
Gelocket von der Spiele Pracht,
Den schwarzen Täter kenntlich macht?
Sind's Räuber, die ihn feig erschlagen?
Tat's neidisch ein verborgner Feind? 70
Nur Helios vermag's zu sagen,
Der alles Irdische bescheint.

   Er geht vielleicht mit frechem Schritte
Jetzt eben durch der Griechen Mitte,
Und während ihn die Rache sucht, 75
Genießt er seines Frevels Frucht;
Auf ihres eignen Tempels Schwelle
Trotzt er vielleicht den Göttern, mengt
Sich dreist in jene Menschenwelle,
Die dort sich zum Theater drängt. 80

   Denn Bank an Bank gedränget sitzen,
Es brechen fast der Bühne Stützen,
Herbeigeströmt von fern und nah,
Der Griechen Völker wartend da;
Dumpfbrausend wie des Meeres Wogen, 85
Von Menschen wimmelnd, wächst der Bau
In weiter stets geschweiftem Bogen
Hinauf bis in des Himmels Blau.

Wer zählt die Völker, nennt die Namen,
Die gastlich hier zusammenkamen?   90
Von Kekrops' Stadt, von Aulis' Strand,
Von Phokis, vom Spartanerland,
Von Asiens entlegner Küste,
Von allen Inseln kamen sie
Und horchen von dem Schaugerüste   95
Des Chores grauser Melodie,

Der streng und ernst, nach alter Sitte,
Mit langsam abgemeßnem Schritte
Hervortritt aus dem Hintergrund,
Umwandelnd des Theaters Rund.   100
So schreiten keine irdschen Weiber,
Die zeugete kein sterblich Haus!
Es steigt das Riesenmaß der Leiber
Hoch über menschliches hinaus.

Ein schwarzer Mantel schlägt die Lenden,   105
Sie schwingen in entfleischten Händen
Der Fackel düsterrote Glut,
In ihren Wangen fließt kein Blut;
Und wo die Haare lieblich flattern,
Um Menschenstirnen freundlich wehn,   110
Da sieht man Schlangen hier und Nattern
Die giftgeschwollnen Bäuche blähn.

Und schauerlich gedreht im Kreise
Beginnen sie des Hymnus Weise,
Der durch das Herz zerreißend dringt,   115
Die Bande um den Frevler schlingt.
Besinnungraubend, herzbetörend
Schallt der Erinnyen Gesang,
Er schallt, des Hörers Mark verzehrend,
Und duldet nicht der Leier Klang: 120

»Wohl dem, der frei von Schuld und Fehle
Bewahrt die kindlich reine Seele!
Ihm dürfen wir nicht rächend nahn,
Er wandelt frei des Lebens Bahn.
Doch wehe, wehe, wer verstohlen   125
Des Mordes schwere Tat vollbracht!
Wir heften uns an seine Sohlen,
Das furchtbare Geschlecht der Nacht.

    Und glaubt er fliehend zu entspringen,
Geflügelt sind wir da, die Schlingen   130
Ihm werfend um den flüchtgen Fuß,
Daß er zu Boden fallen muß.
So jagen wir ihn, ohn Ermatten,
Versöhnen kann uns keine Reu,
Ihn fort und fort bis zu den Schatten,   135
Und geben ihn auch dort nicht frei.«

    So singend tanzen sie den Reigen,
Und Stille wie des Todes Schweigen
Liegt überm ganzen Hause schwer,
Als ob die Gottheit nahe wär.   140
Und feierlich, nach alter Sitte,
Umwandelnd des Theaters Rund,
Mit langsam abgemeßnem Schritte
Verschwinden sie im Hintergrund.

    Und zwischen Trug und Wahrheit schwebet   145
Noch zweifelnd jede Brust und bebet,
Und huldiget der furchtbarn Macht,
Die richtend im Verborgnen wacht,
Die unerforschlich, unergründet
Des Schicksals dunkeln Knäuel flicht,   150
Dem tiefen Herzen sich verkündet,
Doch fliehet vor dem Sonnenlicht.

Da hört man auf den höchsten Stufen
Auf einmal eine Stimme rufen:
»Sieh da! Sieh da, Timotheus,   155
Die Kraniche des Ibykus!« –
Und finster plötzlich wird der Himmel,
Und über dem Theater hin
Sieht man, in schwärzlichtem Gewimmel,
Ein Kranichheer vorüberziehn.   160

»Des Ibykus!« – Der teure Name
Rührt jede Brust mit neuem Grame,
Und wie im Meere Well auf Well,
So läuft's von Mund zu Munde schnell:
»Des Ibykus, den wir beweinen,   165
Den eine Mörderhand erschlug!
Was ist's mit dem? Was kann er meinen?
Was ist's mit diesem Kranichzug?«

Und lauter immer wird die Frage,
Und ahnend fliegt's mit Blitzesschlage   170
Durch alle Herzen: »Gebet acht,
Das ist der Eumeniden Macht!
Der fromme Dichter wird gerochen,
Der Mörder bietet selbst sich dar!
Ergreift ihn, der das Wort gesprochen,   175
Und ihn, an den's gerichtet war!«

Doch dem war kaum das Wort entfahren,
Möcht er's im Busen gern bewahren;
Umsonst! der schreckenbleiche Mund
Macht schnell die Schuldbewußten kund.   180
Man reißt und schleppt sie vor den Richter,
Die Szene wird zum Tribunal,
Und es gestehn die Bösewichter,
Getroffen von der Rache Strahl.

Friedrich Schiller

Ritter Toggenburg

»Ritter, treue Schwesterliebe
   Widmet Euch dies Herz,
Fordert keine andre Liebe,
   Denn es macht mir Schmerz.
Ruhig mag ich Euch erscheinen,   5
   Ruhig gehen sehn;
Eurer Augen stilles Weinen
   Kann ich nicht verstehn.«

Und er hört's mit stummem Harme,
   Reißt sich blutend los,   10
Preßt sie heftig in die Arme,
   Schwingt sich auf sein Roß,
Schickt zu seinen Mannen allen
   In dem Lande Schweiz;
Nach dem heilgen Grab sie wallen,   15
   Auf der Brust das Kreuz.

Große Taten dort geschehen
   Durch der Helden Arm,
Ihres Helmes Büsche wehen
   In der Feinde Schwarm,   20
Und des Toggenburgers Name
   Schreckt den Muselmann;
Doch das Herz von seinem Grame
   Nicht genesen kann.

Und ein Jahr hat er's getragen,   25
   Trägt's nicht länger mehr,
Ruhe kann er nicht erjagen

Und verläßt das Heer,
Sieht ein Schiff an Joppes Strande,
   Das die Segel bläht,   30
Schiffet heim zum teuren Lande,
   Wo ihr Atem weht.

Und an ihres Schlosses Pforte
   Klopft der Pilger an,
Ach! und mit dem Donnerworte   35
   Wird sie aufgetan:
»Die Ihr suchet, trägt den Schleier,
   Ist des Himmels Braut,
Gestern war des Tages Feier,
   Der sie Gott getraut.«   40

Da verlässet er auf immer
   Seiner Väter Schloß,
Seine Waffen sieht er nimmer
   Noch sein treues Roß,
Von der Toggenburg hernieder   45
   Steigt er unbekannt,
Denn es deckt die edeln Glieder
   Härenes Gewand.

Und erbaut sich eine Hütte
   Jener Gegend nah,   50
Wo das Kloster aus der Mitte
   Düstrer Linden sah;
Harrend von des Morgens Lichte
   Bis zu Abends Schein,
Stille Hoffnung im Gesichte,   55
   Saß er da allein.

Blickte nach dem Kloster drüben,
   Blickte stundenlang

Nach dem Fenster seiner Lieben,
　Bis das Fenster klang, 60
Bis die Liebliche sich zeigte,
　Bis das teure Bild
Sich ins Tal herunterneigte,
　Ruhig, engelmild.

Und dann legt' er froh sich nieder, 65
　Schlief getröstet ein,
Still sich freuend, wenn es wieder
　Morgen würde sein.
Und so saß er viele Tage,
　Saß viel Jahre lang,
Harrend ohne Schmerz und Klage, 70
　Bis das Fenster klang,

Bis die Liebliche sich zeigte,
　Bis das teure Bild
Sich ins Tal herunterneigte,
　Ruhig, engelmild. 75
Und so saß er, eine Leiche,
　Eines Morgens da,
Nach dem Fenster noch das bleiche
　Stille Antlitz sah.

Der Taucher

»Wer wagt es, Rittersmann oder Knapp,
Zu tauchen in diesen Schlund?
Einen goldnen Becher werf ich hinab,
Verschlungen schon hat ihn der schwarze Mund.
Wer mir den Becher kann wieder zeigen,   5
Er mag ihn behalten, er ist sein eigen.«

Der König spricht es und wirft von der Höh
Der Klippe, die schroff und steil
Hinaushängt in die unendliche See,
Den Becher in der Charybde Geheul.   10
»Wer ist der Beherzte, ich frage wieder,
Zu tauchen in diese Tiefe nieder?«

Und die Ritter, die Knappen um ihn her
Vernehmen's und schweigen still,
Sehen hinab in das wilde Meer,   15
Und keiner den Becher gewinnen will.
Und der König zum drittenmal wieder fraget:
»Ist keiner, der sich hinunter waget?«

Doch alles noch stumm bleibt wie zuvor,
Und ein Edelknecht, sanft und keck,   20
Tritt aus der Knappen zagendem Chor,
Und den Gürtel wirft er, den Mantel weg,
Und alle die Männer umher und Frauen
Auf den herrlichen Jüngling verwundert schauen.

Und wie er tritt an des Felsen Hang   25
Und blickt in den Schlund hinab,

Die Wasser, die sie hinunterschlang,
Die Charybde jetzt brüllend wiedergab,
Und wie mit des fernen Donners Getose
Entstürzen sie schäumend dem finstern Schoße.   30

    Und es wallet und siedet und brauset und zischt,
Wie wenn Wasser mit Feuer sich mengt,
Bis zum Himmel spritzet der dampfende Gischt,
Und Flut auf Flut sich ohn Ende drängt,
Und will sich nimmer erschöpfen und leeren,   35
Als wollte das Meer noch ein Meer gebären.

    Doch endlich, da legt sich die wilde Gewalt,
Und schwarz aus dem weißen Schaum
Klafft hinunter ein gähnender Spalt,
Grundlos, als ging's in den Höllenraum,   40
Und reißend sieht man die brandenden Wogen
Hinab in den strudelnden Trichter gezogen.

    Jetzt schnell, eh die Brandung wiederkehrt,
Der Jüngling sich Gott befiehlt,
Und – ein Schrei des Entsetzens wird rings gehört,   45
Und schon hat ihn der Wirbel hinweggespült,
Und geheimnisvoll über dem kühnen Schwimmer
Schließt sich der Rachen, er zeigt sich nimmer.

    Und stille wird's über dem Wasserschlund,
In der Tiefe nur brauset es hohl,   50
Und bebend hört man von Mund zu Mund:
»Hochherziger Jüngling, fahre wohl!«
Und hohler und hohler hört man's heulen,
Und es harrt noch mit bangem, mit schrecklichem Weilen.

    Und wärfst du die Krone selber hinein   55
Und sprächst: wer mir bringet die Kron,

Er soll sie tragen und König sein –
Mich gelüstete nicht nach dem teuren Lohn.
Was die heulende Tiefe da unten verhehle,
Das erzählt keine lebende glückliche Seele.   60

Wohl manches Fahrzeug, vom Strudel gefaßt,
Schoß gäh in die Tiefe hinab,
Doch zerschmettert nur rangen sich Kiel und Mast
Hervor aus dem alles verschlingenden Grab. –
Und heller und heller, wie Sturmes Sausen,   65
Hört man's näher und immer näher brausen.

Und es wallet und siedet und brauset und zischt,
Wie wenn Wasser mit Feuer sich mengt,
Bis zum Himmel spritzet der dampfende Gischt,
Und Well auf Well sich ohn Ende drängt,   70
Und wie mit des fernen Donners Getose
Entstürzt es brüllend dem finstern Schoße.

Und sieh! aus dem finster flutenden Schoß
Da hebet sich's schwanenweiß,
Und ein Arm und ein glänzender Nacken wird bloß,   75
Und es rudert mit Kraft und mit emsigem Fleiß,
Und er ist's, und hoch in seiner Linken
Schwingt er den Becher mit freudigem Winken.

Und atmete lang und atmete tief
Und begrüßte das himmlische Licht.   80
Mit Frohlocken es einer dem andern rief:
»Er lebt! Er ist da! Es behielt ihn nicht!
Aus dem Grab, aus der strudelnden Wasserhöhle
Hat der Brave gerettet die lebende Seele.«

Und er kommt, es umringt ihn die jubelnde Schar,   85
des Königs Füßen er sinkt,

Den Becher reicht er ihm kniend dar,
Und der König der lieblichen Tochter winkt,
Die füllt ihn mit funkelndem Wein bis zum Rande,
Und der Jüngling sich also zum König wandte: 90

»Lang lebe der König! Es freue sich,
Wer da atmet im rosigten Licht!
Da unten aber ist's fürchterlich,
Und der Mensch versuche die Götter nicht
Und begehre nimmer und nimmer zu schauen,   95
Was sie gnädig bedecken mit Nacht und Grauen.

Es riß mich hinunter blitzesschnell –
Da stürzt mir aus felsigtem Schacht
Wildflutend entgegen ein reißender Quell:
Mich packte des Doppelstroms wütende Macht,   100
Und wie einen Kreisel mit schwindelndem Drehen
Trieb mich's um, ich konnte nicht widerstehen.

Da zeigte mir Gott, zu dem ich rief
In der höchsten schrecklichen Not,
Aus der Tiefe ragend ein Felsenriff,   105
Das erfaßt ich behend und entrann dem Tod –
Und da hing auch der Becher an spitzen Korallen,
Sonst wär er ins Bodenlose gefallen.

Denn unter mir lag's noch, bergetief,
In purpurner Finsternis da,   110
Und ob's hier dem Ohre gleich ewig schlief,
Das Auge mit Schaudern hinuntersah,
Wie's von Salamandern und Molchen und Drachen
Sich regt' in dem furchtbaren Höllenrachen.

Schwarz wimmelten da, in grausem Gemisch,   115
Zu scheußlichen Klumpen geballt,

117

Der stachlige Roche, der Klippenfisch,
Des Hammers greuliche Ungestalt,
Und dräuend wies mir die grimmigen Zähne
Der entsetzliche Hai, des Meeres Hyäne.   120

    Und da hing ich und war's mir mit Grausen bewußt,
Von der menschlichen Hilfe so weit,
Unter Larven die einzige fühlende Brust,
Allein in der gräßlichen Einsamkeit,
Tief unter dem Schall der menschlichen Rede   125
Bei den Ungeheuern der traurigen Öde.

    Und schaudernd dacht ich's, da kroch's heran,
Regte hundert Gelenke zugleich,
Will schnappen nach mir – in des Schreckens Wahn
Laß ich los der Koralle umklammerten Zweig;   130
Gleich faßt mich der Strudel mit rasendem Toben,
Doch es war mir zum Heil, er riß mich nach oben.«

    Der König darob sich verwundert schier
Und spricht: »Der Becher ist dein,
Und diesen Ring noch bestimm ich dir,   135
Geschmückt mit dem köstlichsten Edelgestein,
Versuchst du's noch einmal und bringst mir Kunde,
Was du sahst auf des Meers tiefunterstem Grunde.«

    Das hörte die Tochter mit weichem Gefühl,
Und mit schmeichelndem Munde sie fleht: 140
»Laßt, Vater, genug sein das grausame Spiel!
Er hat Euch bestanden, was keiner besteht,
Und könnt Ihr des Herzens Gelüsten nicht zähmen,
So mögen die Ritter den Knappen beschämen.«

    Drauf der König greift nach dem Becher schnell,   145
In den Strudel ihn schleudert hinein:

»Und schaffst du den Becher mir wieder zur Stell,
So sollst du der trefflichste Ritter mir sein
Und sollst sie als Ehgemahl heut noch umarmen,
Die jetzt für dich bittet mit zartem Erbarmen.«   150

Da ergreift's ihm die Seele mit Himmelsgewalt,
Und es blitzt aus den Augen ihm kühn,
Und er siehet erröten die schöne Gestalt
Und sieht sie erbleichen und sinken hin –
Da treibt's ihn, den köstlichen Preis zu erwerben,   155
Und stürzt hinunter auf Leben und Sterben.

Wohl hört man die Brandung, wohl kehrt sie zurück,
Sie verkündigt der donnernde Schall –
Da bückt sich's hinunter mit liebendem Blick:
Es kommen, es kommen die Wasser all,   160
Sie rauschen herauf, sie rauschen nieder,
Den Jüngling bringt keines wieder.

Friedrich Schiller

Das Lied von der Glocke

Vivos voco. Mortuos plango. Fulgura frango.

Fest gemauert in der Erden
Steht die Form, aus Lehm gebrannt.
Heute muß die Glocke werden!
Frisch, Gesellen, seid zur Hand!
  Von der Stirne heiß   5
  Rinnen muß der Schweiß,
Soll das Werk den Meister loben;
Doch der Segen kommt von oben.

  Zum Werke, das wir ernst bereiten,
Geziemt sich wohl ein ernstes Wort;   10
Wenn gute Reden sie begleiten,
Dann fließt die Arbeit munter fort.
So laßt uns jetzt mit Fleiß betrachten,
Was durch die schwache Kraft entspringt:
Den schlechten Mann muß man verachten,   15
Der nie bedacht, was er vollbringt.
Das ist's ja, was den Menschen zieret,
Und dazu ward ihm der Verstand,
Daß er im innern Herzen spüret,
Was er erschafft mit seiner Hand.   20

  Nehmet Holz vom Fichtenstamme,
Doch recht trocken laßt es sein,
Daß die eingepreßte Flamme
Schlage zu dem Schwalch hinein!
  Kocht des Kupfers Brei,   25
  Schnell das Zinn herbei!

Daß die zähe Glockenspeise
Fließe nach der rechten Weise!

Was in des Dammes tiefer Grube
Die Hand mit Feuers Hilfe baut,   30
Hoch auf des Turmes Glockenstube,
Da wird es von uns zeugen laut.
Noch dauern wird's in späten Tagen
Und rühren vieler Menschen Ohr
Und wird mit dem Betrübten klagen   35
Und stimmen zu der Andacht Chor.
Was unten tief dem Erdensohne
Das wechselnde Verhängnis bringt,
Das schlägt an die metallne Krone,
Die es erbaulich weiter klingt.   40

Weiße Blasen seh ich springen,
Wohl! die Massen sind im Fluß.
Laßt's mit Aschensalz durchdringen,
Das befördert schnell den Guß.
    Auch von Schaume rein   45
    Muß die Mischung sein,
Daß vom reinlichen Metalle
Rein und voll die Stimme schalle,

Denn mit der Freude Feierklange
Begrüßt sie das geliebte Kind   50
Auf seines Lebens erstem Gange,
Den es in Schlafes Arm beginnt;
Ihm ruhen noch im Zeitenschoße
Die schwarzen und die heitern Lose,
Der Mutterliebe zarte Sorgen   55
Bewachen seinen goldnen Morgen. –
Die Jahre fliehen pfeilgeschwind.
Vom Mädchen reißt sich stolz der Knabe,

Er stürmt ins Leben wild hinaus,
Durchmißt die Welt am Wanderstabe.
Fremd kehrt er heim ins Vaterhaus,
Und herrlich, in der Jugend Prangen,
Wie ein Gebild aus Himmels Höhn,
Mit züchtigen, verschämten Wangen
Sieht er die Jungfrau vor sich stehn.
Da faßt ein namenloses Sehnen
Des Jünglings Herz, er irrt allein,
Aus seinen Augen brechen Tränen,
Er flieht der Brüder wilden Reihn.
Errötend folgt er ihren Spuren
Und ist von ihrem Gruß beglückt,
Das Schönste sucht er auf den Fluren,
Womit er seine Liebe schmückt.
O zarte Sehnsucht, süßes Hoffen,
Der ersten Liebe goldne Zeit!
Das Auge sieht den Himmel offen,
Es schwelgt das Herz in Seligkeit –
O daß sie ewig grünen bliebe,
Die schöne Zeit der jungen Liebe!

Wie sich schon die Pfeifen bräunen!
Dieses Stäbchen tauch ich ein:
Sehn wir's überglast erscheinen,
Wird's zum Gusse zeitig sein.
Jetzt, Gesellen, frisch!
Prüft mir das Gemisch,
Ob das Spröde mit dem Weichen
Sich vereint zum guten Zeichen.

Denn wo das Strenge mit dem Zarten,
Wo Starkes sich und Mildes paarten,
Da gibt es einen guten Klang.
Drum prüfe, wer sich ewig bindet,

Ob sich das Herz zum Herzen findet!
Der Wahn ist kurz, die Reu ist lang. –
Lieblich in der Bräute Locken
Spielt der jungfräuliche Kranz,   95
Wenn die hellen Kirchenglocken
Laden zu des Festes Glanz.
Ach! des Lebens schönste Feier
Endigt auch den Lebensmai,
Mit dem Gürtel, mit dem Schleier   100
Reißt der schöne Wahn entzwei.
Die Leidenschaft flieht,
Die Liebe muß bleiben;
Die Blume verblüht,
Die Frucht muß treiben.   105
Der Mann muß hinaus
Ins feindliche Leben,
Muß wirken und streben
Und pflanzen und schaffen,
Erlisten, erraffen,   110
Muß wetten und wagen,
Das Glück zu erjagen.
Da strömet herbei die unendliche Gabe,
Es füllt sich der Speicher mit köstlicher Habe,
Die Räume wachsen, es dehnt sich das Haus.   115
Und drinnen waltet
Die züchtige Hausfrau,
Die Mutter der Kinder,
Und herrschet weise
Im häuslichen Kreise,   120
Und lehret die Mädchen
Und wehret den Knaben,
Und reget ohn Ende
Die fleißigen Hände,
Und mehrt den Gewinn   125
Mit ordnendem Sinn,

Und füllet mit Schätzen die duftenden Laden,
Und dreht um die schnurrende Spindel den Faden,
Und sammelt im reinlich geglätteten Schrein
Die schimmernde Wolle, den schneeigten Lein,   130
Und füget zum Guten den Glanz und den
                              Schimmer,
Und ruhet nimmer.

   Und der Vater mit frohem Blick
Von des Hauses weitschauendem Giebel
Überzählet sein blühend Glück,   135
Siehet der Pfosten ragende Bäume
Und der Scheunen gefüllte Räume
Und die Speicher, vom Segen gebogen,
Und des Kornes bewegte Wogen,
Rühmt sich mit stolzem Mund: 140
Fest, wie der Erde Grund,
Gegen des Unglücks Macht
Steht mir des Hauses Pracht! –
Doch mit des Geschickes Mächten
Ist kein ewger Bund zu flechten,   145
Und das Unglück schreitet schnell.

   Wohl! nun kann der Guß beginnen,
   Schön gezacket ist der Bruch.
   Doch, bevor wir's lassen rinnen,
   Betet einen frommen Spruch.
      Stoßt den Zapfen aus!   150
      Gott bewahr' das Haus!
   Rauchend in des Henkels Bogen
   Schießt's mit feuerbraunen Wogen.

   Wohltätig ist des Feuers Macht,
   sie der Mensch bezähmt, bewacht,   155
Und was er bildet, was er schafft,

Das dankt er dieser Himmelskraft;
Doch furchtbar wird die Himmelkraft,
Wenn sie der Fessel sich entrafft,
Einhertritt auf der eignen Spur   160
Die freie Tochter der Natur.
Wehe, wenn sie losgelassen,
Wachsend ohne Widerstand
Durch die volkbelebten Gassen
Wälzt den ungeheuren Brand!   165
Denn die Elemente hassen
Das Gebild der Menschenhand.
Aus der Wolke
Quillt der Segen,
Strömt der Regen;   170
Aus der Wolke, ohne Wahl,
Zuckt der Strahl!
Hört ihr's wimmern hoch vom Turm!
Das ist Sturm!
Rot wie Blut   175
Ist der Himmel,
Das ist nicht des Tages Glut!
Welch Getümmel
Straßen auf!
Dampf wallt auf!   180
Flackernd steigt die Feuersäule,
Durch der Straße lange Zeile
Wächst es fort mit Windeseile,
wie aus Ofens Rachen
Glühn die Lüfte, Balken krachen,   185
Pfosten stürzen, Fenster klirren,
Kinder jammern, Mütter irren,
Tiere wimmern
Unter Trümmern,
Alles rennet, rettet, flüchtet,   190
Taghell ist die Nacht gelichtet.

Durch der Hände lange Kette
Um die Wette
Fliegt der Eimer, hoch im Bogen
Spritzen Quellen, Wasserwogen.   195
Heulend kommt der Sturm geflogen,
Der die Flamme brausend sucht.
Prasselnd in die dürre Frucht
Fällt sie, in des Speichers Räume,
In der Sparren dürre Bäume,   200
Und als wollte sie im Wehen
Mit sich fort der Erde Wucht
Reißen in gewaltger Flucht,
Wächst sie in des Himmels Höhen
Riesengroß!   205
Hoffnungslos
Weicht der Mensch der Götterstärke,
Müßig sieht er seine Werke
Und bewundernd untergehen.

　　Leergebrannt   210
Ist die Stätte,
Wilder Stürme rauhes Bette;
In den öden Fensterhöhlen
Wohnt das Grauen,
Und des Himmels Wolken schauen   215
Hoch hinein.

　　Einen Blick
Nach dem Grabe
Seiner Habe
Sendet noch der Mensch zurück –
Greift fröhlich dann zum Wanderstabe.   220
Was Feuers Wut ihm auch geraubt,
Ein süßer Trost ist ihm geblieben:
Er zählt die Häupter seiner Lieben,
Und sieh! ihm fehlt kein teures Haupt.

In die Erd ist's aufgenommen,   225
Glücklich ist die Form gefüllt;
Wird's auch schön zutage kommen,
Daß es Fleiß und Kunst vergilt?
    Wenn der Guß mißlang?
    Wenn die Form zersprang?   230
Ach! vielleicht, indem wir hoffen,
Hat uns Unheil schon getroffen.

Dem dunkeln Schoß der heilgen Erde
Vertrauen wir der Hände Tat,
Vertraut der Sämann seine Saat   235
Und hofft, daß sie entkeimen werde
Zum Segen, nach des Himmels Rat.
Noch köstlicheren Samen bergen
Wir trauernd in der Erde Schoß
Und hoffen, daß er aus den Särgen   240
Erblühen soll zu schönerm Los.

    Von dem Dome,
Schwer und bang,
Tönt die Glocke
Grabgesang.   245
Ernst begleiten ihre Trauerschläge
Einen Wandrer auf dem letzten Wege.

    Ach! die Gattin ist's, die teure,
Ach! es ist die treue Mutter,
Die der schwarze Fürst der Schatten   250
Wegführt aus dem Arm des Gatten,
Aus der zarten Kinder Schar,
Die sie blühend ihm gebar,
Die sie an der treuen Brust
Wachsen sah mit Mutterlust –   255
Ach! des Hauses zarte Bande

Sind gelöst auf immerdar,
Denn sie wohnt im Schattenlande,
Die des Hauses Mutter war,
Denn es fehlt ihr treues Walten, 260
Ihre Sorge wacht nicht mehr,
An verwaister Stätte schalten
Wird die Fremde, liebeleer.

Bis die Glocke sich verkühlet,
Laßt die strenge Arbeit ruhn; 265
Wie im Laub der Vogel spielet,
Mag sich jeder gütlich tun
    Winkt der Sterne Licht,
    Ledig aller Pflicht
Hört der Pursch die Vesper schlagen, 270
Meister muß sich immer plagen.

Munter fördert seine Schritte
Fern im wilden Forst der Wandrer
Nach der lieben Heimathütte.
Blökend ziehen heim die Schafe, 275
Und der Rinder
Breitgestirnte, glatte Scharen
Kommen brüllend,
Die gewohnten Ställe füllend.
Schwer herein 280
Schwankt der Wagen,
Kornbeladen;
    Bunt von Farben
Auf den Garben
Liegt der Kranz, 285
Und das junge Volk der Schnitter
Fliegt zum Tanz.
Markt und Straße werden stiller,
Um des Lichts gesellge Flamme

Sammeln sich die Hausbewohner, 290
Und das Stadttor schließt sich knarrend.
Schwarz bedecket
Sich die Erde,
Doch den sichern Bürger schrecket
Nicht die Nacht, 295
Die den Bösen gräßlich wecket,
Denn das Auge des Gesetzes wacht.

Heilge Ordnung, segenreiche
Himmelstochter, die das Gleiche
Frei und leicht und freudig bindet, 300
Die der Städte Bau gegründet,
Die herein von den Gefilden
Rief den ungesellgen Wilden,
Eintrat in der Menschen Hütten,
Sie gewöhnt zu sanften Sitten 305
Und das teuerste der Bande
Wob, den Trieb zum Vaterlande!

Tausend fleißge Hände regen,
Helfen sich in munteren Bund,
Und in feurigem Bewegen 310
Werden alle Kräfte kund.
Meister rührt sich und Geselle
In der Freiheit heilgem Schutz,
Jeder freut sich seiner Stelle,
Bietet dem Verächter Trutz, 315
Arbeit ist des Bürgers Zierde,
Segen ist der Mühe Preis;
Ehrt den König seine Würde,
Ehret uns der Hände Fleiß.

Holder Friede, 320
Süße Eintracht,

Weilet, weilet
Freundlich über dieser Stadt!
Möge nie der Tag erscheinen,
Wo des rauhen Krieges Horden   325
Dieses stille Tal durchtoben,
Wo der Himmel,
Den des Abends sanfte Röte
Lieblich malt,
Von der Dörfer, von der Städte   330
Wildem Brande schrecklich strahlt!

   Nun zerbrecht mir das Gebäude,
   Seine Absicht hat's erfüllt,
   Daß sich Herz und Auge weide
   An dem wohlgelungnen Bild.   335
      Schwingt den Hammer, schwingt,
      Bis der Mantel springt!
   Wenn die Glock' soll auferstehen,
   Muß die Form in Stücken gehen.

   Der Meister kann die Form zerbrechen   340
   Mit weiser Hand, zur rechten Zeit,
   Doch wehe, wenn in Flammenbächen
   Das glühnde Erz sich selbst befreit!
   Blindwütend, mit des Donners Krachen,
   Zersprengt es das geborstne Haus,   345
   Und wie aus offnem Höllenrachen
   Speit es Verderben zündend aus.
   Wo rohe Kräfte sinnlos walten,
   Da kann sich kein Gebild gestalten;
   Wenn sich die Völker selbst befrein,   350
   Da kann die Wohlfahrt nicht gedeihn.

   Weh, wenn sich in dem Schoß der Städte
   Der Feuerzunder still gehäuft,

Das Volk, zerreißend seine Kette,
Zur Eigenhilfe schrecklich greift! 355
Da zerret an der Glocke Strängen
Der Aufruhr, daß sie heulend schallt
Und, nur geweiht zu Friedensklängen,
Die Losung anstimmt zur Gewalt.

Freiheit und Gleichheit! hört man schallen, 360
Der ruhge Bürger greift zur Wehr,
Die Straßen füllen sich, die Hallen,
Und Würgerbanden ziehn umher;
Da werden Weiber zu Hyänen
Und treiben mit Entsetzen Scherz, 365
Noch zuckend, mit des Panthers Zähnen,
Zerreißen sie des Feindes Herz.
Nichts Heiliges ist mehr, es lösen
Sich alle Bande frommer Scheu,
Der Gute räumt den Platz dem Bösen, 370
Und alle Laster walten frei.
Gefährlich ist's, den Leu zu wecken,
Verderblich ist des Tigers Zahn,
Jedoch der schrecklichste der Schrecken,
Das ist der Mensch in seinem Wahn. 375
Weh denen, die dem Ewigblinden
Des Lichtes Himmelsfackel leihn!
Sie strahlt ihm nicht, sie kann nur zünden
Und äschert Städt und Länder ein.

Freude hat mir Gott gegeben! 380
Sehet! wie ein goldner Stern
Aus der Hülse, blank und eben,
Schält sich der metallne Kern.
Von dem Helm zum Kranz
Spielt's wie Sonnenglanz, 385

Auch des Wappens nette Schilder
Loben den erfahrnen Bilder.

Herein! herein!
Gesellen alle, schließt den Reihen,
Daß wir die Glocke taufend weihen!   390
Concordia soll ihr Name sein.
Zur Eintracht, zu herzinnigem Vereine
Versammle sie die liebende Gemeine.

Und dies sei fortan ihr Beruf,
Wozu der Meister sie erschuf: 395
Hoch überm niedern Erdenleben
Soll sie in blauem Himmelszelt
Die Nachbarin des Donners schweben
Und grenzen an die Sternenwelt,
Soll eine Stimme sein von oben,   400
Wie der Gestirne helle Schar,
Die ihren Schöpfer wandelnd loben
Und führen das bekränzte Jahr.
Nur ewigen und ernsten Dingen
Sei ihr metallner Mund geweiht,   405
Und stündlich mit den schnellen Schwingen
Berühr im Fluge sie die Zeit;
Dem Schicksal leihe sie die Zunge,
Selbst herzlos, ohne Mitgefühl,
Begleite sie mit ihrem Schwunge   410
Des Lebens wechselvolles Spiel.
Und wie der Klang im Ohr vergehet,
Der mächtig tönend ihr entschallt,
So lehre sie, daß nichts bestehet,
Daß alles Irdische verhallt.   415

Jetzo mit der Kraft des Stranges
Wiegt die Glock' mir aus der Gruft,

Daß sie in das Reich des Klanges
Steige, in die Himmelsluft.
    Ziehet, ziehet, hebt! 420
    Sie bewegt sich, schwebt.
Freude dieser Stadt bedeute,
Friede sei ihr erst Geläute.

Epilog zu Schillers »Glocke«

Wiederholt und erneut bei der Vorstellung am 10. Mai 1815

> Freude dieser Stadt bedeute,
> Friede sei ihr erst Geläute!

Und so geschah's! Dem friedenreichen Klange
Bewegte sich das Land, und segenbar
Ein frisches Glück erschien; im Hochgesange
Begrüßten wir das junge Fürstenpaar;
Im Vollgewühl, in lebensregem Drange   5
Vermischte sich die tät'ge Völkerschar,
Und festlich ward an die geschmückten Stufen
Die *»Huldigung der Künste«* vorgerufen.

Da hör' ich schreckhaft mitternächt'ges Läuten,
Das dumpf und schwer die Trauertöne schwellt.   10
Ist's möglich? Soll es unsern Freund bedeuten,
An den sich jeder Wunsch geklammert hält?
Den Lebenswürd'gen soll der Tod erbeuten?
Ach! wie verwirrt solch ein Verlust die Welt!
Ach! was zerstört ein solcher Riß den Seinen!   15
Nun weint die Welt, und sollten wir nicht weinen?

Denn er war unser! Wie bequem, gesellig
Den hohen Mann der gute Tag gezeigt,
Wie bald sein Ernst, anschließend, wohlgefällig,
Zur Wechselrede heiter sich geneigt,   20
Bald raschgewandt, geistreich und sicherstellig
Der Lebensplane tiefen Sinn erzeugt,
Und fruchtbar sich in Rat und Tat ergossen;
Das haben wir erfahren und genossen.

Denn er war unser! Mag das stolze Wort   25
Den lauten Schmerz gewaltig übertönen!
Er mochte sich bei uns, im sichern Port,
Nach wildem Sturm zum Dauernden gewöhnen.
Indessen schritt sein Geist gewaltig fort
Ins Ewige des Wahren, Guten, Schönen,   30
Und hinter ihm, in wesenlosem Scheine,
Lag, was uns alle bändigt, das Gemeine.

Nun schmückt' er sich die schöne Gartenzinne,
Von wannen er der Sterne Wort vernahm,
Das dem gleich ew'gen, gleich lebend'gen Sinne   35
Geheimnisvoll und klar entgegenkam.
Dort, sich und uns zu köstlichem Gewinne,
Verwechselt' er die Zeiten wundersam,
Begegnet' so, im Würdigsten beschäftigt,
Der Dämmerung, der Nacht, die uns entkräftigt.   40

Ihm schwollen der Geschichte Flut auf Fluten,
Verspülend, was getadelt, was gelobt,
Der Erdbeherrscher wilde Heeresgluten,
Die in der Welt sich grimmig ausgetobt,
Im niedrig Schrecklichsten, im höchsten Guten   45
Nach ihrem Wesen deutlich durchgeprobt. –
Nun sank der Mond und, zu erneuter Wonne,
Vom klaren Berg herüber stieg die Sonne.

Nun glühte seine Wange rot und röter
Von jener Jugend, die uns nie entfliegt,   50
Von jenem Mut, der früher oder später
Den Widerstand der stumpfen Welt besiegt,
Von jenem Glauben, der sich stets erhöhter
Bald kühn hervordrängt, bald geduldig schmiegt,
Damit das Gute wirke, wachse, fromme,   55
Damit der Tag dem Edlen endlich komme.

135

Doch hat er, so geübt, so vollgehaltig,
Dies bretterne Gerüste nicht verschmäht;
Hier schildert' er das Schicksal, das gewaltig
Von Tag zu Nacht die Erdenachse dreht, 60
Und manches tiefe Werk hat, reichgestaltig,
Den Wert der Kunst, des Künstlers Wert erhöht.
Er wendete die Blüte höchsten Strebens,
Das Leben selbst, an dieses Bild des Lebens.

Ihr kanntet ihn, wie er mit Riesenschritte 65
Den Kreis des Wollens, des Vollbringens maß,
Durch Zeit und Land, der Völker Sinn und Sitte,
Das dunkle Buch mit heiterm Blicke las;
Doch wie er atemlos in unsrer Mitte
In Leiden bangte, kümmerlich genas, 70
Das haben wir in traurig schönen Jahren,
Denn er war unser, leidend miterfahren.

Ihn, wenn er vom zerrüttenden Gewühle
Des bittern Schmerzes wieder aufgeblickt,
Ihn haben wir dem lästigen Gefühle 75
Der Gegenwart, der stockenden, entrückt,
Mit guter Kunst und ausgesuchtem Spiele
Den neubelebten edlen Sinn erquickt,
Und noch am Abend vor den letzten Sonnen
Ein holdes Lächeln glücklich abgewonnen. 80

Er hatte früh das strenge Wort gelesen,
Dem Leiden war er, war dem Tod vertraut.
So schied er nun, wie er so oft genesen;
Nun schreckt uns das, wofür uns längst gegraut.
Doch schon erblicket sein verklärtes Wesen 85
Sich hier verklärt, wenn es herniederschaut.
Was Mitwelt sonst an ihm beklagt, getadelt,
Es hat's der Tod, es hat's die Zeit geadelt.

Auch manche Geister, die mit ihm gerungen,
Sein groß Verdienst unwillig anerkannt,   90
Sie fühlen sich von seiner Kraft durchdrungen,
In seinem Kreise willig festgebannt:
Zum Höchsten hat er sich emporgeschwungen,
Mit allem, was wir schätzen, eng verwandt.
So feiert *ihn*! Denn was dem Mann das Leben   95
Nur halb erteilt, soll ganz die Nachwelt geben.

So bleibt er uns, der vor so manchen Jahren –
Schon zehne sind's! – von uns sich weggekehrt!
Wir haben alle segenreich erfahren,
Die Welt verdank' ihm, was er sie gelehrt;   100
Schon längst verbreitet sich's in ganze Scharen,
Das Eigenste, was ihm allein gehört.
Er glänzt uns vor, wie ein Komet entschwindend,
Unendlich Licht mit seinem Licht verbindend.

JOHANN WOLFGANG GOETHE

Ballade, Betrachtung und Auslegung

Die Ballade hat etwas Mysterioses, ohne mystisch zu sein; diese letzte Eigenschaft eines Gedichts liegt im Stoff, jene in der Behandlung. Das Geheimnisvolle der Ballade entspringt aus der Vortragsweise. Der Sänger nämlich hat seinen prägnanten Gegenstand, seine Figuren, deren Taten und Bewegung so tief im Sinne, daß er nicht weiß, wie er ihn ans Tageslicht fördern will. Er bedient sich daher aller drei Grundarten der Poesie, um zunächst auszudrücken, was die Einbildungskraft erregen, den Geist beschäftigen soll; er kann lyrisch, episch, dramatisch beginnen und, nach Belieben die Formen wechselnd, fortfahren, zum Ende hineilen oder es weit hinausschieben. Der Refrain, das Wiederkehren ebendesselben Schlußklanges, gibt dieser Dichtart den entschiedenen lyrischen Charakter.

Hat man sich mit ihr vollkommen befreundet, wie es bei uns Deutschen wohl der Fall ist, so sind die Balladen aller Völker verständlich, weil die Geister in gewissen Zeitaltern, entweder kontemporan oder sukzessiv, bei gleichem Geschäft immer gleichartig verfahren. Übrigens ließe sich an einer Auswahl solcher Gedichte die ganze Poetik gar wohl vortragen, weil hier die Elemente noch nicht getrennt, sondern wie in einem lebendigen Ur-Ei zusammen sind, das nur bebrütet werden darf, um als herrlichstes Phänomen auf Goldflügeln in die Lüfte zu steigen.

[...]

JOHANN WOLFGANG GOETHE

Erlkönig

Wer reitet so spät durch Nacht und Wind?
Es ist der Vater mit seinem Kind;
Er hat den Knaben wohl in dem Arm,
Er faßt ihn sicher, er hält ihn warm. –

Mein Sohn, was birgst du so bang dein Gesicht? –   5
Siehst, Vater, du den Erlkönig nicht?
Den Erlenkönig mit Kron' und Schweif? –
Mein Sohn, es ist ein Nebelstreif. –

»Du liebes Kind, komm, geh mit mir!
Gar schöne Spiele spiel' ich mit dir;   10
Manch' bunte Blumen sind an dem Strand;
Meine Mutter hat manch' gülden Gewand.«

Mein Vater, mein Vater, und hörest du nicht,
Was Erlenkönig mir leise verspricht? –
Sei ruhig, bleibe ruhig, mein Kind!   15
In dürren Blättern säuselt der Wind. –

»Willst, feiner Knabe, du mit mir gehn?
Meine Töchter sollen dich warten schön;
Meine Töchter führen den nächtlichen Reihn
Und wiegen und tanzen und singen dich ein.«   20

Mein Vater, mein Vater, und siehst du nicht dort
Erlkönigs Töchter am düstern Ort? –
Mein Sohn, mein Sohn, ich seh' es genau;
Es scheinen die alten Weiden so grau. –

»Ich liebe dich, mich reizt deine schöne Gestalt;   25
Und bist du nicht willig, so brauch' ich Gewalt.« –
Mein Vater, mein Vater, jetzt faßt er mich an!
Erlkönig hat mir ein Leids getan! –

Dem Vater grauset's, er reitet geschwind,
Er hält in Armen das ächzende Kind,   30
Erreicht den Hof mit Mühe und Not;
In seinen Armen das Kind war tot.

Der Zauberlehrling

Hat der alte Hexenmeister
Sich doch einmal weggebegeben!
Und nun sollen seine Geister
Auch nach meinem Willen leben.
Seine Wort' und Werke   5
Merkt' ich und den Brauch,
Und mit Geistesstärke
Tu' ich Wunder auch.

   Walle! walle
   Manche Strecke,   10
   Daß zum Zwecke
   Wasser fließe,
   Und mit reichem, vollem Schwalle
   Zu dem Bade sich ergieße!

   Und nun komm, du alter Besen!   15
Nimm die schlechten Lumpenhüllen!
Bist schon lange Knecht gewesen;
Nun erfülle meinen Willen!
Auf zwei Beinen stehe,
Oben sei ein Kopf,   20
Eile nun und gehe
Mit dem Wassertopf!

   Walle! walle
   Manche Strecke,
   Daß zum Zwecke   25
   Wasser fließe,
   Und mit reichem, vollem Schwalle
   Zu dem Bade sich ergieße!

Seht, er läuft zum Ufer nieder;
Wahrlich! ist schon an dem Flusse,
Und mit Blitzesschnelle wieder
Ist er hier mit raschem Gusse.
Schon zum zweiten Male!
Wie das Becken schwillt!
Wie sich jede Schale
Voll mit Wasser füllt!

Stehe! stehe!
Denn wir haben
Deiner Gaben
Vollgemessen! –
Ach, ich merk' es! Wehe! wehe!
Hab' ich doch das Wort vergessen!

Ach, das Wort, worauf am Ende
Er das wird, was er gewesen.
Ach, er läuft und bringt behende!
Wärst du doch der alte Besen!
Immer neue Güsse
Bringt er schnell herein,
Ach! und hundert Flüsse
Stürzen auf mich ein.

Nein, nicht länger
Kann ich's lassen;
Will ihn fassen.
Das ist Tücke!
Ach! nun wird mir immer bänger!
Welche Miene! welche Blicke!

O, du Ausgeburt der Hölle!
Soll das ganze Haus ersaufen?
Seh' ich über jede Schwelle

Doch schon Wasserströme laufen. 60
Ein verruchter Besen,
Der nicht hören will!
Stock, der du gewesen,
Steh doch wieder still!

Willst's am Ende 65
Gar nicht lassen?
Will dich fassen,
Will dich halten,
Und das alte Holz behende
Mit dem scharfen Beile spalten. 70

Seht, da kommt er schleppend wieder!
Wie ich mich nun auf dich werfe,
Gleich, o Kobold, liegst du nieder;
Krachend trifft die glatte Schärfe!
Wahrlich, brav getroffen! 75
Seht, er ist entzwei!
Und nun kann ich hoffen,
Und ich atme frei!

Wehe! wehe!
Beide Teile 80
Stehn in Eile
Schon als Knechte
Völlig fertig in die Höhe!
Helft mir, ach! ihr hohen Mächte!

Und sie laufen! Naß und nässer 85
Wird's im Saal und auf den Stufen.
Welch entsetzliches Gewässer!
Herr und Meister! hör' mich rufen! –
Ach, da kommt der Meister!
Herr, die Not ist groß! 90

Die ich rief, die Geister,
Werd' ich nun nicht los.

>>In die Ecke,
Besen! Besen!
Seid's gewesen!
Denn als Geister
Ruft euch nur zu seinem Zwecke
Erst hervor der alte Meister.<<

Johann Wolfgang Goethe

Die Braut von Korinth

Nach Korinthus von Athen gezogen
Kam ein Jüngling, dort noch unbekannt.
Einen Bürger hofft' er sich gewogen;
Beide Väter waren gastverwandt,
Hatten frühe schon   5
Töchterchen und Sohn
Braut und Bräutigam voraus genannt.

Aber wird er auch willkommen scheinen,
Wenn er teuer nicht die Gunst erkauft?
Er ist noch ein Heide mit den Seinen,   10
Und sie sind schon Christen und getauft.
Keimt ein Glaube neu,
Wird oft Lieb' und Treu'
Wie ein böses Unkraut ausgerauft.

Und schon lag das ganze Haus im Stillen,   15
Vater, Töchter, nur die Mutter wacht;
Sie empfängt den Gast mit bestem Willen,
Gleich ins Prunkgemach wird er gebracht.
Wein und Essen prangt,
Eh' er es verlangt: 20
So versorgend wünscht sie gute Nacht.

Aber bei dem wohlbestellten Essen
Wird die Lust der Speise nicht erregt;
Müdigkeit läßt Speis' und Trank vergessen,
Daß er angekleidet sich aufs Bette legt;   25
Und er schlummert fast,
Als ein seltner Gast
Sich zur offnen Tür herein bewegt.

Denn er sieht, bei seiner Lampe Schimmer
Tritt, mit weißem Schleier und Gewand, 30
Sittsam still ein Mädchen in das Zimmer,
Um die Stirn ein schwarz- und goldnes Band.
Wie sie ihn erblickt,
Hebt sie, die erschrickt,
Mit Erstaunen eine weiße Hand. 35

»Bin ich«, rief sie aus, »so fremd im Hause,
Daß ich von dem Gaste nichts vernahm?
Ach, so hält man mich in meiner Klause!
Und nun überfällt mich hier die Scham.
Ruhe nur so fort 40
Auf dem Lager dort,
Und ich gehe schnell, so wie ich kam.«

»Bleibe, schönes Mädchen!« ruft der Knabe,
Rafft von seinem Lager sich geschwind:
»Hier ist Ceres', hier ist Bacchus' Gabe; 45
Und du bringst den Amor, liebes Kind!
Bist vor Schrecken blaß!
Liebe, komm und laß,
Laß uns sehn, wie froh die Götter sind.«

»Ferne bleib', o Jüngling, bleibe stehen! 50
Ich gehöre nicht den Freuden an.
Schon der letzte Schritt ist, ach! geschehen
Durch der guten Mutter kranken Wahn,
Die genesend schwur:
Jugend und Natur
Sei dem Himmel künftig untertan. 55

Und der alten Götter bunt Gewimmel
Hat sogleich das stille Haus geleert.
Unsichtbar wird Einer nur im Himmel,

Und ein Heiland wird am Kreuz verehrt; 60
Opfer fallen hier,
Weder Lamm noch Stier,
Aber Menschenopfer unerhört.«

Und er fragt und wäget alle Worte,
Deren keines seinem Geist entgeht. 65
Ist es möglich, daß am stillen Orte
Die geliebte Braut hier vor mir steht?
»Sei die Meine nur!
Unsrer Väter Schwur
Hat vom Himmel Segen uns erfleht.« 70

»Mich erhältst du nicht, du gute Seele!
Meiner zweiten Schwester gönnt man dich.
Wenn ich mich in stiller Klause quäle,
Ach! in ihren Armen denk' an mich,
Die an dich nur denkt, 75
Die sich liebend kränkt;
In die Erde bald verbirgt sie sich.«

»Nein! bei dieser Flamme sei's geschworen,
Gütig zeigt sie Hymen uns voraus;
Bist der Freude nicht und mir verloren, 80
Kommst mit mir in meines Vaters Haus.
Liebchen, bleibe hier!
Feire gleich mit mir
Unerwartet unsern Hochzeitschmaus.«

Und schon wechseln sie der Treue Zeichen: 85
Golden reicht sie ihm die Kette dar,
Und er will ihr eine Schale reichen,
Silbern, künstlich, wie nicht eine war.
»Die ist nicht für mich;
Doch, ich bitte dich, 90
Eine Locke gib von deinem Haar.«

Eben schlug die dumpfe Geisterstunde,
Und nun schien es ihr erst wohl zu sein.
Gierig schlürfte sie mit blassem Munde
Nun den dunkel blutgefärbten Wein. 95
Doch vom Weizenbrot,
Das er freundlich bot,
Nahm sie nicht den kleinsten Bissen ein.

Und dem Jüngling reichte sie die Schale,
Der, wie sie, nun hastig lüstern trank. 100
Liebe fordert er beim stillen Mahle;
Ach, sein armes Herz war liebekrank.
Doch sie widersteht,
Wie er immer fleht,
Bis er weinend auf das Bette sank. 105

Und sie kommt und wirft sich zu ihm nieder:
»Ach, wie ungern seh' ich dich gequält!
Aber, ach! berührst du meine Glieder,
Fühlst du schaudernd, was ich dir verhehlt.
Wie der Schnee so weiß, 110
Aber kalt wie Eis
Ist das Liebchen, das du dir erwählt.«

Heftig faßt er sie mit starken Armen,
Von der Liebe Jugendkraft durchmannt:
»Hoffe doch bei mir noch zu erwarmen, 115
Wärst du selbst mir aus dem Grab gesandt!«
Wechselhauch und Kuß!
Liebesüberfluß!
»Brennst du nicht und fühlest mich entbrannt?«

Liebe schließet fester sie zusammen, 120
Tränen mischen sich in ihre Lust;
Gierig saugt sie seines Mundes Flammen,

148

Eins ist nur im andern sich bewußt.
Seine Liebeswut
Wärmt ihr starres Blut, 125
Doch es schlägt kein Herz in ihrer Brust.

Unterdessen schleichet auf dem Gange
Häuslich spät die Mutter noch vorbei,
Horchet an der Tür und horchet lange,
Welch ein sonderbarer Ton es sei. 130
Klag- und Wonnelaut
Bräutigams und Braut
Und des Liebestammelns Raserei.

Unbeweglich bleibt sie an der Türe,
Weil sie erst sich überzeugen muß, 135
Und sie hört die höchsten Liebesschwüre,
Lieb- und Schmeichelworte mit Verdruß:
»Still! der Hahn erwacht!« –
»Aber morgen nacht
Bist du wieder da?« – und Kuß auf Kuß. 140

Länger hält die Mutter nicht das Zürnen,
Öffnet das bekannte Schloß geschwind:
»Gibt es hier im Hause solche Dirnen,
Die dem Fremden gleich zu Willen sind?«
So zur Tür hinein. 145
Bei der Lampe Schein
Sieht sie – Gott! sie sieht ihr eigen Kind.

Und der Jüngling will im ersten Schrecken
Mit des Mädchens eignem Schleierflor,
Mit dem Teppich die Geliebte decken; 150
Doch sie windet gleich sich selbst hervor.
Wie mit Geists Gewalt
Hebet die Gestalt
Lang und langsam sich im Bett empor.

»Mutter! Mutter!« spricht sie hohle Worte,   155
»So mißgönnt Ihr mir die schöne Nacht!
Ihr vertreibt mich von dem warmen Orte.
Bin ich zur Verzweiflung nur erwacht?
Ist's Euch nicht genug,
Daß ins Leichentuch,   160
Daß Ihr früh mich in das Grab gebracht?

Aber aus der schwerbedeckten Enge
Treibet mich ein eigenes Gericht.
Eurer Priester summende Gesänge
Und ihr Segen haben kein Gewicht;   165
Salz und Wasser kühlt
Nicht, wo Jugend fühlt;
Ach, die Erde kühlt die Liebe nicht!

Dieser Jüngling war mir erst versprochen,
Als noch Venus' heitrer Tempel stand.   170
Mutter, habt Ihr doch das Wort gebrochen,
Weil ein fremd, ein falsch Gelübd' Euch band!
Doch kein Gott erhört,
Wenn die Mutter schwört,
Zu versagen ihrer Tochter Hand.   175

Aus dem Grabe werd' ich ausgetrieben,
Noch zu suchen das vermißte Gut,
Noch den schon verlornen Mann zu lieben
Und zu saugen seines Herzens Blut.
Ist's um den geschehn,   180
Muß nach andern gehn,
Und das junge Volk erliegt der Wut.

Schöner Jüngling! kannst nicht länger leben;
Du versiechest nun an diesem Ort.
Meine Kette hab' ich dir gegeben;   185

Deine Locke nehm' ich mit mir fort.
Sieh sie an genau!
Morgen bist du grau,
Und nur braun erscheinst du wieder dort.

Höre, Mutter, nun die letzte Bitte: 190
Einen Scheiterhaufen schichte du;
Öffne meine bange, kleine Hütte,
Bring' in Flammen Liebende zur Ruh'!
Wenn der Funke sprüht,
Wenn die Asche glüht,   195
Eilen wir den alten Göttern zu.«

Meeresstille

Tiefe Stille herrscht im Wasser,
Ohne Regung ruht das Meer,
Und bekümmert sieht der Schiffer
Glatte Fläche rings umher.
Keine Luft von keiner Seite!   5
Todesstille fürchterlich!
In der ungeheuern Weite
Reget keine Welle sich.

Glückliche Fahrt

Die Nebel zerreißen,
Der Himmel ist helle,
Und Äolus löset
Das ängstliche Band.
Es säuseln die Winde,   5
Es rührt sich der Schiffer.
Geschwinde! Geschwinde!
Es teilt sich die Welle,
Es naht sich die Ferne;
Schon seh' ich das Land!   10

Johann Wolfgang Goethe

Natur und Kunst, sie scheinen sich zu fliehen
Und haben sich, eh' man es denkt, gefunden;
Der Widerwille ist auch mir verschwunden,
Und beide scheinen gleich mich anzuziehen.

Es gilt wohl nur ein redliches Bemühen!   5
Und wenn wir erst in abgemeßnen Stunden
Mit Geist und Fleiß uns an die Kunst gebunden,
Mag frei Natur im Herzen wieder glühen.

So ist's mit aller Bildung auch beschaffen:
Vergebens werden ungebundne Geister   10
Nach der Vollendung reiner Höhe streben.

Wer Großes will, muß sich zusammenraffen;
In der Beschränkung zeigt sich erst der Meister,
Und das Gesetz nur kann uns Freiheit geben.

Johann Wolfgang Goethe

Die Metamorphose der Pflanzen

Dich verwirret, Geliebte, die tausendfältige Mischung
  Dieses Blumengewühls über dem Garten umher;
Viele Namen hörest du an, und immer verdränget
  Mit barbarischem Klang einer den andern im Ohr.
Alle Gestalten sind ähnlich, und keine gleichet der andern;   5
  Und so deutet das Chor auf ein geheimes Gesetz,
Auf ein heiliges Rätsel. O könnt' ich dir, liebliche Freundin,
  Überliefern sogleich glücklich das lösende Wort!
Werdend betrachte sie nun, wie nach und nach sich die Pflanze,
  Stufenweise geführt, bildet zu Blüten und Frucht.   10
Aus dem Samen entwickelt sie sich, sobald ihn der Erde
  Stille befruchtender Schoß hold in das Leben entläßt,
Und dem Reize des Lichts, des heiligen, ewig bewegten,
  Gleich den zärtesten Bau keimender Blätter empfiehlt.
Einfach schlief in dem Samen die Kraft; ein beginnendes Vorbild   15
  Lag, verschlossen in sich, unter die Hülle gebeugt,
Blatt und Wurzel und Keim, nur halb geformet und farblos;
  Trocken erhält so der Kern ruhiges Leben bewahrt,
Quillet strebend empor, sich milder Feuchte vertrauend,
  Und erhebt sich sogleich aus der umgebenden Nacht.   20
Aber einfach bleibt die Gestalt der ersten Erscheinung;
  Und so bezeichnet sich auch unter den Pflanzen das Kind.
Gleich darauf ein folgender Trieb, sich erhebend, erneuet,
  Knoten auf Knoten getürmt, immer das erste Gebild.
Zwar nicht immer das gleiche; denn mannigfaltig erzeugt sich,   25
  Ausgebildet, du siehst's, immer das folgende Blatt,
Ausgedehnter, gekerbter, getrennter in Spitzen und Teile,
  Die verwachsen vorher ruhten im untern Organ.
Und so erreicht es zuerst die höchst bestimmte Vollendung,
  Die bei manchem Geschlecht dich zum Erstaunen bewegt.   30

Viel gerippt und gezackt, auf mastig strotzender Fläche,
    Scheinet die Fülle des Triebs frei und unendlich zu sein.
Doch hier hält die Natur, mit mächtigen Händen, die Bildung
    An und lenket sie sanft in das Vollkommnere hin.
Mäßiger leitet sie nun den Saft, verengt die Gefäße,   35
    Und gleich zeigt die Gestalt zärtere Wirkungen an.
Stille zieht sich der Trieb der strebenden Ränder zurücke,
    Und die Rippe des Stiels bildet sich völliger aus.
Blattlos aber und schnell erhebt sich der zärtere Stengel,
    Und ein Wundergebild zieht den Betrachtenden an.   40
Rings im Kreise stellet sich nun, gezählet und ohne
    Zahl, das kleinere Blatt neben dem ähnlichen hin.
Um die Achse gedrängt, entscheidet der bergende Kelch sich,
    Der zur höchsten Gestalt farbige Kronen entläßt.
Also prangt die Natur in hoher, voller Erscheinung,   45
    Und sie zeiget, gereiht, Glieder an Glieder gestuft.
Immer staunst du aufs neue, sobald sich am Stengel die Blume
    Über dem schlanken Gerüst wechselnder Blätter bewegt.
Aber die Herrlichkeit wird des neuen Schaffens Verkündung;
    Ja, das farbige Blatt fühlet die göttliche Hand,   50
Und zusammen zieht es sich schnell; die zärtesten Formen,
    Zwiefach streben sie vor, sich zu vereinen bestimmt.
Traulich stehen sie nun, die holden Paare, beisammen,
    Zahlreich ordnen sie sich um den geweihten Altar.
Hymen schwebet herbei, und herrliche Düfte, gewaltig,   55
    Strömen süßen Geruch, alles belebend, umher.
Nun vereinzelt schwellen sogleich unzählige Keime,
    Hold in den Mutterschoß schwellender Früchte gehüllt.
Und hier schließt die Natur den Ring der ewigen Kräfte;
    Doch ein neuer sogleich fasset den vorigen an,   60
Daß die Kette sich fort durch alle Zeiten verlänge
    Und das Ganze belebt, so wie das Einzelne, sei.
Wende nun, o Geliebte, den Blick zum bunten Gewimmel,
    Das verwirrend nicht mehr sich vor dem Geiste bewegt.
Jede Pflanze verkündet dir nun die ew'gen Gesetze,   65

Jede Blume, sie spricht lauter und lauter mit dir.
Aber entzifferst du hier der Göttin heilige Lettern,
    Überall siehst du sie dann, auch in verändertem Zug.
Kriechend zaudre die Raupe, der Schmetterling eile geschäftig,
    Bildsam ändre der Mensch selbst die bestimmte Gestalt.   70
O, gedenke denn auch, wie aus dem Keim der Bekanntschaft
    Nach und nach in uns holde Gewohnheit entsproß,
Freundschaft sich mit Macht aus unserm Innern enthüllte,
    Und wie Amor zuletzt Blüten und Früchte gezeugt.
Denke, wie mannigfach bald die, bald jene Gestalten,   75
    Still entfaltend, Natur unsern Gefühlen geliehn!
Freue dich auch des heutigen Tags! Die heilige Liebe
    Strebt zu der höchsten Frucht gleicher Gesinnungen auf,
Gleicher Ansicht der Dinge, damit in harmonischem Anschaun
    Sich verbinde das Paar, finde die höhere Welt.   80

JOHANN WOLFGANG GOETHE

Amyntas

Nikias, trefflicher Mann, du Arzt des Leibs und der Seele!
    Krank, ich bin es fürwahr; aber dein Mittel ist hart.
Ach! mir schwanden die Kräfte dahin, dem Rate zu folgen;
    Ja, und es scheinet der Freund schon mir ein Gegner zu sein.
Widerlegen kann ich dich nicht; ich sage mir alles,   5
    Sage das härtere Wort, das du verschweigest, mir auch.
Aber, ach! das Wasser entstürzt der Steile des Felsens
    Rasch, und die Welle des Bachs halten Gesänge nicht auf.
Rast nicht unaufhaltsam der Sturm? und wälzet die Sonne
    Sich, von dem Gipfel des Tags, nicht in die Wellen hinab?   10
Und so spricht mir rings die Natur: Auch du bist, Amyntas,
    Unter das strenge Gesetz ehrner Gewalten gebeugt.
Runzle die Stirne nicht tiefer, mein Freund, und höre gefällig,
    Was mich gestern ein Baum, dort an dem Bache, gelehrt.
Wenig Äpfel trägt er mir nur, der sonst so beladne;   15
    Sieh, der Efeu ist schuld, der ihn gewaltig umgibt.
Und ich faßte das Messer, das krummgebogene, scharfe,
    Trennte schneidend, und riß Ranke nach Ranken herab;
Aber ich schauderte gleich, als tief erseufzend und kläglich
    Aus den Wipfeln zu mir lispelnde Klage sich goß: 20
O verletze mich nicht! den treuen Gartengenossen,
    Dem du als Knabe, so früh, manche Genüsse verdankt.
O verletze mich nicht! du reißest mit diesem Geflechte,
    Das du gewaltig zerstörst, grausam das Leben mir aus.
Hab' ich nicht selbst sie genährt, und sanft sie herauf mir   25
                      erzogen?
    Ist wie mein eigenes Laub nicht mir das ihre verwandt?
Soll ich nicht lieben die Pflanze, die, meiner einzig bedürftig,
    Still, mit begieriger Kraft, mir um die Seite sich schlingt?
Tausend Ranken wurzelten an, mit tausend und tausend

Fasern senket sie fest mir in das Leben sich ein.   30
Nahrung nimmt sie von mir; was ich bedürfte, genießt sie,
    Und so saugt sie das Mark, sauget die Seele mir aus.
Nur vergebens nähr' ich mich noch; die gewaltige Wurzel
    Sendet lebendigen Safts, ach! nur die Hälfte hinauf.
Denn der gefährliche Gast, der geliebteste, maßet behende   35
    Unterweges die Kraft herbstlicher Früchte sich an.
Nichts gelangt zur Krone hinauf, die äußersten Wipfel
    Dorren, es dorret der Ast über dem Bache schon hin.
Ja, die Verräterin ist's! sie schmeichelt mir Leben und Güter,
    Schmeichelt die strebende Kraft, schmeichelt die Hoffnung   40
                                mir ab.
Sie nur fühl' ich, nur sie, die umschlingende, freue der Fesseln,
    Freue des tötenden Schmucks fremder Umlaubung mich
                                nur. –
Halte das Messer zurück, o Nikias, schone den Armen,
    Der sich in liebender Lust, willig gezwungen, verzehrt!
Süß ist jede Verschwendung; o laß mich der schönsten   45
                                genießen!
    Wer sich der Liebe vertraut, hält er sein Leben zu Rat?

Xenien

Xenien

Distichen sind wir. Wir geben uns nicht für mehr noch für
minder.
Sperre du immer, wir ziehn über den Schlagbaum hinweg.

Visitator

Öffnet die Koffers. Ihr habt doch nicht Kontrebandes geladen?
Gegen die Kirche? Den Staat? Nichts von französischem Gut?

Xenien

Koffers führen wir nicht. Wir führen nicht mehr, als zwei
Taschen
Tragen, und die, wie bekannt, sind bei Poeten nicht schwer.

Der Zeitpunkt

Eine große Epoche hat das Jahrhundert geboren,
Aber der große Moment findet ein kleines Geschlecht.

Goldenes Zeitalter

Ob die Menschen im ganzen sich bessern? Ich glaub' es,
denn einzeln,
Suche man, wie man auch will, sieht man doch gar nichts
davon.

Manso von den Grazien

Hexen lassen sich wohl durch schlechte Sprüche zitieren,
Aber die Grazie kommt nur auf der Grazie Ruf.

Prosaische Reimer

Wieland, wie reich ist dein Geist! Das kann man nun erst
empfinden,
  Sieht man, wie fad und wie leer dein Caput mortuum ist.

Jean Paul Richter

Hieltest du deinen Reichtum nur halb so zu Rate wie jener
  Seine Armut, du wärst unsrer Bewunderung wert.

Guerre ouverte

Lange neckt ihr uns schon, doch immer heimlich und tückisch;
  Krieg verlangtet ihr ja, führt ihn nun offen, den Krieg!

Kant und seine Ausleger

Wie doch ein einziger Reicher so viele Bettler in Nahrung
  Setzt! Wenn die Könige baun, haben die Kärrner zu tun.

Analytiker

Ist denn die Wahrheit ein Zwiebel, von dem man die Häute nur
abschält?
  Was ihr hinein nicht gelegt, ziehet ihr nimmer heraus.

Wissenschaftliches Genie

Wird der Poet nur geboren? Der Philosoph wird's nicht minder;
  Alle Wahrheit zuletzt wird nur gebildet, geschaut.

Wissenschaft

Einem ist sie die hohe, die himmlische Göttin, dem andern
  Eine tüchtige Kuh, die ihn mit Butter versorgt.

Revolutionen

Was das Luthertum war, ist jetzt das Franztum in diesen
  Letzten Tagen, es drängt ruhige Bildung zurück.

Johann Wolfgang Goethe

Römische Elegien

V.

Froh empfind' ich mich nun auf klassischem Boden begeistert,
  Vor- und Mitwelt spricht lauter und reizender mir.
Hier befolg' ich den Rat, durchblättre die Werke der Alten
  Mit geschäftiger Hand, täglich mit neuem Genuß.
Aber die Nächte hindurch hält Amor mich anders beschäftigt; 5
  Werd' ich auch halb nur gelehrt, bin ich doch doppelt
                                                    beglückt.
Und belehr' ich mich nicht, indem ich des lieblichen Busens
  Formen spähe, die Hand leite die Hüften hinab?
Dann versteh' ich den Marmor erst recht: ich denk' und
                                                    vergleiche,
  Sehe mit fühlendem Aug', fühle mit sehender Hand. 10
Raubt die Liebste denn gleich mir einige Stunden des Tages,
  Gibt sie Stunden der Nacht mir zur Entschädigung hin.
Wird doch nicht immer geküßt, es wird vernünftig gesprochen;
  Überfällt sie der Schlaf, lieg' ich und denke mir viel.
Oftmals hab' ich auch schon in ihren Armen gedichtet 15
  Und des Hexameters Maß leise mit fingernder Hand
Ihr auf den Rücken gezählt. Sie atmet in lieblichem
                                                    Schlummer,
  Und es durchglühet ihr Hauch mir bis ins Tiefste die Brust.
Amor schüret die Lamp' indes und denket der Zeiten,
  Da er den nämlichen Dienst seinen Triumvirn getan. 20

VII.

O wie fühl' ich in Rom mich so froh! gedenk' ich der Zeiten,
  Da mich ein graulicher Tag hinten im Norden umfing,
Trübe der Himmel und schwer auf meine Scheitel sich senkte,
  Farb- und gestaltlos die Welt um den Ermatteten lag,

Und ich über mein Ich, des unbefriedigten Geistes   5
  Düstre Wege zu spähn, still in Betrachtung versank.
Nun umleuchtet der Glanz des helleren Äthers die Stirne;
  Phöbus rufet, der Gott, Formen und Farben hervor.
Sternhell glänzet die Nacht, sie klingt von weichen Gesängen,
  Und mir leuchtet der Mond heller als nordischer Tag.   10
Welche Seligkeit ward mir Sterblichem! Träum' ich? Empfänget
  Dein ambrosisches Haus, Jupiter Vater, den Gast?
Ach! hier lieg' ich und strecke nach deinen Knieen die Hände
  Flehend aus. O vernimm, Jupiter Xenius, mich!
Wie ich hereingekommen, ich kann's nicht sagen; es faßte   15
  Hebe den Wandrer und zog mich in die Hallen heran.
Hast du ihr einen Heroen herauf zu führen geboten?
  Irrte die Schöne? Vergib! Laß mir des Irrtums Gewinn!
Deine Tochter Fortuna, sie auch! die herrlichsten Gaben
  Teilt als ein Mädchen sie aus, wie es die Laune gebeut.   20
Bist du der wirtliche Gott? O dann so verstoße den Gastfreund
  Nicht von deinem Olymp wieder zur Erde hinab!
»Dichter! wohin versteigest du dich?« – Vergib mir; der hohe
  Kapitolinische Berg ist dir ein zweiter Olymp.
Dulde mich, Jupiter, hier, und Hermes führe mich später,   25
  Cestius' Mal vorbei, leise zum Orkus hinab.

XI.

Euch, o Grazien, legt die wenigen Blätter ein Dichter
  Auf den reinen Altar, Knospen der Rose dazu,
Und er tut es getrost. Der Künstler freuet sich seiner
  Werkstatt, wenn sie um ihn immer ein Pantheon scheint.
Jupiter senket die göttliche Stirn, und Juno erhebt sie;   5
  Phöbus schreitet hervor, schüttelt das lockige Haupt;
Trocken schauet Minerva herab, und Hermes, der leichte,
  Wendet zur Seite den Blick, schalkisch und zärtlich zugleich.
Aber nach Bacchus, dem weichen, dem träumenden,
                                    hebet Cythere
  Blicke der süßen Begier, selbst in dem Marmor noch feucht.   10

Seiner Umarmung gedenket sie gern und scheinet zu fragen:
Sollte der herrliche Sohn uns an der Seite nicht stehn?

XIII.

Amor bleibet ein Schalk, und wer ihm vertraut, ist betrogen!
Heuchelnd kam er zu mir: »Diesmal nur traue mir noch.
Redlich mein' ich's mit dir: du hast dein Leben und Dichten,
Dankbar erkenn' ich es wohl, meiner Verehrung geweiht.
Siehe, dir bin ich nun gar nach Rom gefolget; ich möchte   5
Dir im fremden Gebiet gern was Gefälliges tun.
Jeder Reisende klagt, er finde schlechte Bewirtung;
Welchen Amor empfiehlt, köstlich bewirtet ist er.
Du betrachtest mit Staunen die Trümmern alter Gebäude
Und durchwandelst mit Sinn diesen geheiligten Raum.   10
Du verehrest noch mehr die werten Reste des Bildens
Einziger Künstler, die stets ich in der Werkstatt besucht.
Diese Gestalten, ich formte sie selbst! Verzeih mir, ich prahle
Diesmal nicht; du gestehst, was ich dir sage, sei wahr.
Nun du mir lässiger dienst, wo sind die schönen Gestalten,   15
Wo die Farben, der Glanz deiner Erfindungen hin?
Denkst du nun wieder zu bilden, o Freund? Die Schule der
                                                       Griechen
Blieb noch offen, das Tor schlossen die Jahre nicht zu.
Ich, der Lehrer, bin ewig jung, und liebe die Jungen.
Altklug lieb' ich dich nicht! Munter! Begreife mich wohl!   20
War das Antike doch neu, da jene Glücklichen lebten!
Lebe glücklich, und so lebe die Vorzeit in dir!
Stoff zum Liede, wo nimmst du ihn her? Ich muß dir ihn geben,
Und den höheren Stil lehret die Liebe dich nur.«
Also sprach der Sophist. Wer widerspräch' ihm? und leider   25
Bin ich zu folgen gewöhnt, wenn der Gebieter befiehlt. –
Nun, verräterisch hält er sein Wort, gibt Stoff zu Gesängen,
Ach! und raubt mir die Zeit, Kraft und Besinnung zugleich;
Blick und Händedruck, und Küsse, gemütliche Worte,
Silben köstlichen Sinns wechselt ein liebendes Paar.   30

Da wird Lispeln Geschwätz, wird Stottern liebliche Rede:
  Solch ein Hymnus verhallt ohne prosodisches Maß.
Dich, Aurora, wie kannt' ich dich sonst als Freundin der Musen!
  Hat, Aurora, dich auch Amor, der lose, verführt?
Du erscheinest mir nun als seine Freundin, und weckest   35
  Mich an seinem Altar wieder zum festlichen Tag.
Find' ich die Fülle der Locken an meinem Busen! das Köpfchen
  Ruhet und drücket den Arm, der sich dem Halse bequemt.
Welch ein freudig Erwachen, erhieltet ihr, ruhige Stunden,
  Mir das Denkmal der Lust, die in den Schlaf uns gewiegt! –   40
Sie bewegt sich im Schlummer und sinkt auf die Breite
                                          des Lagers,
  Weggewendet; und doch läßt sie mir Hand noch in Hand.
Herzliche Liebe verbindet uns stets und treues Verlangen,
  Und den Wechsel behielt nur die Begierde sich vor.
Einen Druck der Hand, ich sehe die himmlischen Augen   45
  Wieder offen. – O nein! laßt auf der Bildung mich ruhn!
Bleibt geschlossen! ihr macht mich verwirrt und trunken,
                                          ihr raubet
  Mir den stillen Genuß reiner Betrachtung zu früh.
Diese Formen, wie groß! wie edel gewendet die Glieder!
  Schlief Ariadne so schön: Theseus, du konntest entfliehn?   50
Diesen Lippen ein einziger Kuß! O Theseus, nun scheide!
  Blick' ihr ins Auge! Sie wacht! – Ewig nun hält sie dich fest.

Johann Wolfgang Goethe

Venetianische Epigramme

3.

Immer halt' ich die Liebste begierig im Arme geschlossen,
  Immer drängt sich mein Herz fest an den Busen ihr an,
Immer lehnet mein Haupt an ihren Knieen, ich blicke
  Nach dem lieblichen Mund, ihr nach den Augen hinauf.
»Weichling!« schölte mich einer, »und so verbringst du die Tage?«   5
  Ach, ich verbringe sie schlimm! Höre nur, wie mir geschieht:
Leider wend' ich den Rücken der einzigen Freude des Lebens,
  Schon den zwanzigsten Tag schleppt mich der Wagen dahin.
Vetturine trotzen mir nun, es schmeichelt der Kämmrer,
  Und der Bediente vom Platz sinnet auf Lügen und Trug.   10
Will ich ihnen entgehn, so faßt mich der Meister der Posten,
  Postillone sind Herrn, dann die Dogane dazu!
»Ich verstehe dich nicht! du widersprichst dir! du schienest
  Paradiesisch zu ruhn, ganz, wie Rinaldo, beglückt.«
Ach! ich verstehe mich wohl: es ist mein Körper auf Reisen,   15
  Und es ruhet mein Geist stets der Geliebten im Schoß.

4.

Das ist Italien, das ich verließ. Noch stäuben die Wege,
  Noch ist der Fremde geprellt, stell' er sich, wie er auch will.
Deutsche Redlichkeit suchst du in allen Winkeln vergebens;
  Leben und Weben ist hier, aber nicht Ordnung und Zucht;
Jeder sorgt nur für sich, mißtrauet dem andern, ist eitel,   5
  Und die Meister des Staats sorgen nur wieder für sich.
Schön ist das Land! doch ach, Faustinen find' ich nicht wieder.
  Das ist Italien nicht mehr, das ich mit Schmerzen verließ.

5.

Seh' ich den Pilgrim, so kann ich mich nie der Tränen enthalten.
O, wie beseliget uns Menschen ein falscher Begriff!

14.

Vieles hab' ich versucht, gezeichnet, in Kupfer gestochen
Öl gemalt, in Ton hab' ich auch manches gedruckt,
Unbeständig jedoch, und nichts gelernt noch geleistet;
    Nur ein einzig Talent bracht' ich der Meisterschaft nah:
Deutsch zu schreiben. Und so verderb' ich unglücklicher   5
                Dichter
    In dem schlechtesten Stoff leider nun Leben und Kunst.

15.

Sämtliche Künste lernt und treibet der Deutsche, zu jeder
    Zeigt er ein schönes Talent, wenn er sie ernstlich ergreift.
Eine Kunst nur treibt er, und will sie nicht lernen, die
                Dichtkunst.
    Darum pfuscht er auch so; Freunde, wir haben's erlebt.

16.

Oft erklärtet ihr euch als Freunde des Dichters, ihr Götter!
    Gebt ihm auch, was er bedarf! Mäßiges braucht er, doch viel:
Erstlich freundliche Wohnung, dann leidlich zu essen,
                zu trinken
    Gut; der Deutsche versteht sich auf den Nektar, wie ihr.
Dann geziemende Kleidung und Freunde, vertraulich zu   5
                schwatzen;
    Dann ein Liebchen des Nachts, das ihn von Herzen begehrt.
Diese fünf natürlichen Dinge verlang' ich vor allem.
    Gebet mir ferner dazu Sprachen, die alten und neu'n,
Daß ich der Völker Gewerb' und ihre Geschichten vernehme;
    Gebt mir ein reines Gefühl, was sie in Künsten getan.   10
Ansehn gebt mir im Volke, verschafft bei Mächtigen Einfluß,
    Oder was sonst noch bequem unter den Menschen erscheint.

Gut – schon dank’ ich euch, Götter, ihr habt den glücklichsten
Menschen
Ehstens fertig: denn ihr gönntet das meiste mir schon.

17.

Klein ist unter den Fürsten Germaniens freilich der meine,
Kurz und schmal ist sein Land, mäßig nur, was er vermag.
Aber so wende nach innen, so wende nach außen die Kräfte
Jeder: da wär’ es ein Fest, Deutscher mit Deutschen zu sein.
Doch was priesest du Ihn, den Taten und Werke verkünden?   5
Und bestochen erschien’ deine Verehrung vielleicht;
Denn mir hat er gegeben, was Große selten gewähren,
Neigung, Muße, Vertraun, Felder und Garten und Haus.
Niemand braucht’ ich zu danken als Ihm, und manches
bedurft’ ich,
Der ich mich auf den Erwerb schlecht, als ein Dichter,   10
verstand.
Hat mich Europa gelobt, was hat mir Europa gegeben?
Nichts! Ich habe, wie schwer! meine Gedichte bezahlt.
Deutschland ahmte mich nach, und Frankreich mochte mich
lesen.
England! freundlich empfingst du den zerrütteten Gast.
Doch was fördert es mich, daß auch sogar der Chinese   15
Malet, mit ängstlicher Hand, Werthern und Lotten auf
Glas?
Niemals frug ein Kaiser nach mir, es hat sich kein König
Um mich bekümmert, und Er war mir August und Mäcen.

32.

Liebe flößest du ein, und Begier; ich fühl’ es, und brenne.
Liebenswürdige, nun flöße Vertrauen mir ein!

33.

Ha! ich kenne dich, Amor, so gut als einer! Da bringst du
Deine Fackel, und sie leuchtet im Dunkel uns vor.

Aber du führest uns bald verworrene Pfade; wir brauchten
Deine Fackel erst recht, ach! und die falsche erlischt.

34.

Ist es dir Ernst, so zaudre nun länger nicht: mache mich
glücklich!
Wolltest du scherzen? es sei, Liebchen, des Scherzes genug!

35.

Welch ein lustiges Spiel! Es windet am Faden die Scheibe,
Die von der Hand entfloh, eilig sich wieder herauf!
Seht, so schein' ich mein Herz bald dieser Schönen, bald jener
Zuzuwerfen; doch gleich kehrt es im Fluge zurück.

36.

O wie achtet' ich sonst auf alle Zeiten des Jahres,
Grüßte den kommenden Lenz, sehnte dem Herbste mich
nach!
Aber nun ist nicht Sommer noch Winter, seit mich Beglückten
Amors Fittich bedeckt, ewiger Frühling umschwebt.

37.

Sage, wie lebst du? Ich lebe! und wären hundert und hundert
Jahre dem Menschen gegönnt, wünscht' ich mir morgen wie
heut'.

38.

Glänzen sah ich das Meer, und blinken die liebliche Welle,
Frisch mit günstigem Wind zogen die Segel dahin.
Keine Sehnsucht fühlte mein Herz; es wendete rückwärts,
Nach dem Schnee des Gebirgs, bald sich der schmachtende
Blick.
Südwärts liegen der Schätze wie viel! Doch einer im Norden
Zieht, ein großer Magnet, unwiderstehlich zurück.

Wonniglich ist's, die Geliebte verlangend im Arme zu halten,
   Wenn ihr klopfendes Herz Liebe zuerst dir gesteht.
Wonniglicher, das Pochen des Neulebendigen fühlen,
   Das in dem lieblichen Schoß immer sich nährend bewegt.
Schon versucht es die Sprünge der raschen Jugend; es klopfet   5
   Ungeduldig schon an, sehnt sich nach himmlischem Licht.
Harre noch wenige Tage! Auf allen Pfaden des Lebens
   Führen die Horen dich streng, wie es das Schicksal gebeut.
Widerfahre dir, was dir auch will, du wachsender Liebling –
   Liebe bildete dich; werde dir Liebe zuteil!   10

Und so tändelt' ich mir, von allen Freunden geschieden,
   In der neptunischen Stadt Tage wie Stunden hinweg.
Alles, was ich erfuhr, ich würzt' es mit süßer Erinnrung,
   Würzt' es mit Hoffnung; sie sind lieblichste Würzen der Welt.

Friedrich Hölderlin

Lebenslauf

Größers wolltest auch du, aber die Liebe zwingt
  All uns nieder, das Leid beuget gewaltiger,
    Doch es kehret umsonst nicht
      Unser Bogen, woher er kommt.

Aufwärts oder hinab! herrschet in heilger Nacht,
  Wo die stumme Natur werdende Tage sinnt,
    Herrscht im schiefesten Orkus
      Nicht ein Grades, ein Recht noch auch?

Dies erfuhr ich. Denn nie, sterblichen Meistern gleich,
  Habt ihr Himmlischen, ihr Alleserhaltenden,
    Daß ich wüßte, mit Vorsicht
      Mich des ebenen Pfads geführt.

Alles prüfe der Mensch, sagen die Himmlischen,
  Daß er, kräftig genährt, danken für Alles lern,
    Und verstehe die Freiheit,
      Aufzubrechen, wohin er will.

Die Heimat

Froh kehrt der Schiffer heim an den stillen Strom,
   Von Inseln fernher, wenn er geerntet hat;
      So käm auch ich zur Heimat, hätt ich
         Güter so viele, wie Leid, geerntet.

Ihr teuern Ufer, die mich erzogen einst,   5
   Stillt ihr der Liebe Leiden, versprecht ihr mir,
      Ihr Wälder meiner Jugend, wenn ich
         Komme, die Ruhe noch einmal wieder?

Am kühlen Bache, wo ich der Wellen Spiel,
   Am Strome, wo ich gleiten die Schiffe sah,   10
      Dort bin ich bald; euch traute Berge,
         Die mich behüteten einst, der Heimat

Verehrte sichre Grenzen, der Mutter Haus
   Und liebender Geschwister Umarmungen
      Begrüß ich bald und ihr umschließt mich,   15
         Daß, wie in Banden, das Herz mir heile,

Ihr treugebliebnen! aber ich weiß, ich weiß,
   Der Liebe Leid, dies heilet so bald mir nicht,
      Dies singt kein Wiegensang, den tröstend
         Sterbliche singen, mir aus dem Busen.   20

Denn sie, die uns das himmlische Feuer leihn,
   Die Götter schenken heiliges Leid uns auch,
      Drum bleibe dies. Ein Sohn der Erde
         Schein ich; zu lieben gemacht, zu leiden.

3. Erzähltexte

Christoph Martin Wieland

Musarion oder Die Philosophie der Grazien

Die Schöne lag auf ihrem Ruhebette,
Und hatte (fern, vermutlich, vom Verdacht
Daß sie bei Phanias sich vorzusehen hätte)
Ihr Mädchen fortgeschickt Es war nach Mitternacht;
Ein leicht Gewölke brach des Mondes Silberschimmer,
Und alles schlief: als plötzlich, wie ihr deucht,
Den Gang herauf zu ihrem kleinen Zimmer
Mit leisem Tritt – ich weiß nicht was sich schleicht.

Sie stutzt. Was kann es sein? Ein Geist, nach seinen Tritten –
Besuch von einem Geist! den wollt ich sehr verbitten,
Denkt sie. Indem eröffnet sich die Tür,
Und eh sie's ausgedacht, steht – Phanias vor ihr.

»Vergib, Musarion, vergib, (so fing der Blöde
Zu stottern an) die Zeit ist unbequem –
Allein« – »Wozu«, fiel ihm die Freundin in die Rede,
»Wozu ein Vorbericht? Wenn war ich eine Spröde?
Ein Freund ist auch zur Unzeit angenehm:
Er hat uns immer was, das uns gefällt, zu sagen.«

»Dein Ton (erwidert er) beweist,
Wie wenig dieser Schein von Güte meinen Klagen
Mitleidiges Gefühl verheißt.
Du siehst mein Innerstes, und kannst mich lächelnd plagen?
Siehst, daß ein Augenblick mir hundert Jahre scheint,
Und findest noch ein grausames Behagen
An meiner Qual? Du treibst mich zum Verzagen,
Kaltsinnige, und nennst mich deinen Freund?
Wie grausam rächst du dich!« –

»Ich?« – fällt sie ein, »mich rächen?
Träumt Phanias? – Er liebte mich vordem;
Er hörte wieder auf! War *dieses* ein Verbrechen?
War's *jenes*? Mir, mein Freund, war beides angenehm.
Wir Mädchen sehn doch immer mit Vergnügen
Die Weisheit eines Manns zu unsern Füßen liegen.
Allein, als Freundin säh ich dich
Noch lieber kalt für mich – als lächerlich.«

»Wie du mich martern kannst, Musarion! Viel lieber
Stoß einen Dolch in dieses Herz, das du
Nicht glücklich machen willst!« –
                                    »Nichts tragisches, mein Lieber!
Komm, setze dich gelassen gegen über,
Und sag uns im Vertraun wie viel gehört dazu,
Damit ich dich so glücklich mache
Als du verlangst?« – »Mich lieben, wie ich dich!« –
»So liebt mich Phanias, der noch so kürzlich mich
Mit Abscheu von sich warf?« – »Ist (ruft er) dies nicht Rache?
Du weißt zu wohl, ich war nicht Ich
In jener unglückselgen Stunde;
Gram und Verzweiflung sprach aus meinem irren Munde;
Ich lästerte die Lieb, und fühlte nie
Mein Herz so voll von ihr. Ich war zu sehr betroffen,
Zu wissen was ich sprach, und hielt für Ironie
Was du mir sagtest. Konnt ich hoffen,
Daß was Athen von mir, mich von Athen verbannt,
Dein Herz allein mir plötzlich zugewandt?
Erwäge dies, und kannst du nicht vergeben
Was ich mir selbst zwar nicht vergeben kann,
So blicke mich noch einmal an,
Und nimm mit diesem Blick mir ein verhaßtes Leben.
Ob ich dich liebe? ach!« –

»Nun, bei Dianen! Freund,
Die Liebe macht bei dir sehr klägliche Gebärden:
Sie spricht so weinerlich, daß mir's unmöglich scheint
In diesen Ton jemals gestimmt zu werden.
Die hohe Schwärmerei taugt meiner Seele nicht,
So wenig als Theophrons Augenweide:
Mein Element ist heitre sanfte Freude,
Und alles zeigt sich mir in rosenfarbnem Licht.
Ich liebe dich mit diesem sanften Triebe,
Der, Zephyrn gleich, das Herz in leichte Wellen setzt,
Nie Stürm erregt, nie peinigt, stets ergetzt:
Wie ich die Grazien, wie ich die Musen liebe,
So lieb ich dich. Wenn dies dich glücklich machen kann,
So fängt dein Glück mit diesem Morgen an,
Und wird sich nur mit meinem Leben enden.«

Welch einen Strahl von unverhofftem Licht
Läßt dieses Wort in seine Seele fallen!
Er glaubte seinem Ohr den süßen Wechsel nicht;
Allein, er sieht das Glück, das ihm ihr Mund verspricht,
In ihren schönen Augen wallen.
Vor Wonne sprachlos sinkt sein Mund auf ihre Hand;
Wie küßt er sie!
                    Sein inniges Entzücken
Entwaffnet ihren Widerstand;
Sie gönnet ihm und sich die Lust ihn zu beglücken,
Die Lust die so viel Reiz für schöne Seelen hat;
 Selbst da er sich vergißt, bestraft sie ihn so matt,
Daß er es wagt, den Mund an ihre Brust zu drücken.

Die Nacht, die Einsamkeit, der Mondschein, die Magie
Verliebter Schwärmerei, ihr eignes Herz, dem sie
Nur lässig widersteht, wie vieles kommt zusammen,
Das leichte Blut der Schönen zu entflammen!
Allein Musarion war ihrer selbst gewiß:

Und als er sich durch das was sie erlaubte,
Nach Art der Liebenden, zu mehr berechtigt glaubte,
Wie stutzt' er, da sie sich aus seinen Armen riß!

Daß eine Phyllis sich erkläret
Sie wolle nicht, daß sie mit – leiser Stimme schreit,
Und wenn nichts helfen will, euch – lächelnd dräut,
Und sich, so lang es hilft, mit stumpfen Nägeln wehret,
Ist nichts befremdliches. Ein Satyr kaum verzeiht
Den Nymphen, die er hascht, zu viele Willigkeit.
Sie sträuben sich: gut, dies ist in der Regel;
Und so verstand es auch der schlaue Phanias.
Er irrte sich, es war nicht das!
Sie scherzte nicht, und wies ihm keine Nägel.

Nach mehr als Einem fehl geschlagenen Versuch
Fängt unser Held sehr kläglich an zu krähen.
Und in der Tat, wer hätte sich's versehen?
Man treibt in einem Ritterbuch
Die Tugend kaum so weit! – Doch will er nicht gestehen,
Daß dies Betragen Tugend sei:
Er nennt es Eigensinn und Grillenfängerei;
Er schilt sie spröd, unzärtlich, unempfindlich.
Die Schöne, die gesteht daß sie uns günstig sei,
Macht, seiner Meinung nach, sich zum Beweis verbindlich.

»Und ich, mein Herr, (versetzt sie) die so viel
Beweisen soll, bin ich, nach eurer Sittenlehre,
Nicht auch befugt daß ich Beweis begehre?
Und wie, wenn eure Glut ein bloßes Sinnenspiel,
Ein flüchtiger Geschmack, ein kleines Fieber wäre?
Wenn Phanias mich liebt, so räumt er, hoff ich, ein,
Daß ich, eh ich mich selbst verschenke,
Auf meine Sicherheit vorher ein wenig denke.
Bei Leuten von so warmem Blut

Ist diese Vorsicht wohl nicht allzu weit getrieben.
Verzeihe, wenn sie dir ein wenig Unrecht tut;
Allein du selber willst daß wir im Ernst uns lieben?
Sonst tändelt ich mit Amors Pfeilen nur:
da er mich erhascht, ist's nicht mehr Zeit zum Lachen;
Es ist darum zu tun daß wir uns glücklich machen,
Und nur vereinigt kann dies Weisheit und Natur.«

Unwiderstehlich, sagt man, sei
Der Weisheit Reiz aus einem schönen Munde.
Wir geben's zu, so fern euch nicht dabei
Aus einem Nachtgewand mit nelkenfarbnem Grunde
Ein Busen reizt, der, jugendlich gebläht,
Die Augen blendt und niemals stille steht;
Ein Busen, den die Göttin von Cythere,
Wenn eine Göttin nicht zum Neid zu vornehm wäre,
Beneiden könnt. In diesem Falle fand
Sich, leider! unser Held, von zwei verschiednen Kräften
Gezogen. Mußt er auch so starr und unverwandt
Auf die Gefahr ein lüstern Auge heften?
Natürlich muß der stärkre Sinn
Des schwächern Eindruck bald verdringen;
Und was die Freundin spricht, ihn zu sich selbst zu bringen,
Schwebt ungefühlt an seinen Ohren hin.
Was Amor nur vermag um Spröde zu bezwingen,
Was, wie man sagt, schon Drachen zahm gemacht,
Die Künste, die Ovid in ein System gebracht,
Die feinsten Wendungen, die unsichtbarsten Schlingen
Versucht er gegen sie, und keine will gelingen.

»Ergib dich (spricht zuletzt die schöne Siegerin)
Mit guter Art! Du siehst, wie nachsichtsvoll ich bin
So vielen Übermut zu tragen:
Mehr Eigensinn, erlaube mir's zu sagen,
Beleidigt meine Zärtlichkeit,

Und dient zu nichts, als deine Prüfungszeit
Mehr, als ich selbst vielleicht es wünsche, zu verlängern.
Genug von diesem! Schwatzen wir,
Wenn dir's gefällt, von unsern Grillenfängern.
Ich weiß nicht wie der Einfall mir
Zu Kopfe steigt – allein, ich wollte schwören,
Daß diesen Augenblick – was meinst du, Phanias? –
Mein Mädchen – rate doch! – und dein Pythagoras –«

»Wie? etwa gar die Sphären singen hören?
(Versetzt mit Lachen Phanias)
Das hieße mir ein Abenteuer!
Und doch, wer weiß? Ich merkte selbst so was:
Es wallte, deuchte mich, ein ziemlich irdisch Feuer
In seinem Aug, als Chloens lose Hand
Den Blumenkranz um seine Stirne wand.
Wie viel, Musarion, hab ich dir nicht zu danken!
Was für ein Tor ich war, Gesellen dieser Art,
An denen nichts als Mantel, Stab und Bart
Sokratisch ist, (wie haß ich den Gedanken!)
Ein Paar, das nur in einem Possenspiel
Bei rohen Satyrn und Bacchanten
Zu glänzen würdig ist, für Weise, fiir Verwandten
Der Götter anzusehn!« –

             »Du tust dir selbst zu viel,
(Fällt ihm die Freundin ein) und, wie mich deucht, auch ihnen.
Kein Übermaß, mein Freund, ich bitte sehr!
Du schätztest sie vordem vermutlich mehr,
Jetzt weniger, als sie vielleicht verdienen.«
»Was hör ich! (ruft er) spricht Musarion für sie?
Du scherzest! Hättst du auch (was du gewißlich nie
Getan hast) dies Gezücht so hoch als ich gehalten,
So müßte dir, nach dem was wir gesehn,
Der günstge Wahn so gut als mir vergehn.

Wie? dieser Stoiker, der nur die Tugend schön
Und gut erkennt, entlarvt in einen alten
Bezechten Faun! – Theophron, der vom Glück
Der Geister singt, indes sein unbescheidner Blick
In Chloens Busen wühlt – Was braucht es mehr Beweise?« –

»Daß sie sehr menschlich sind, (fällt ihm die Freundin ein)
Und in der Tat nicht ganz so weise
Als ihr System, das zeigt der Augenschein. –
Und dennoch ist nichts mächtiger, um Seelen
Zu starken Tugenden zu bilden, unsern Mut
Zu dieser Festigkeit zu stählen,
Die großen Übeln trotzt und große Taten tut,
Als eben dieser Satz, für welchen dein Kleanth
Zum Märtyrer sich trank. Die alten Herakliden,
Die Männer, die ihr Vaterland
Mehr als sich selbst geliebt, die Aristiden,
Die Phocion und die Leonidas,
Ruhmvolle Namen!« – »Gut! (ruft unser Mann) und waren
Sie etwan Stoiker?« – »Sie waren, Phanias,
Noch etwas mehr! Sie haben das *erfahren*
Was Zeno spekuliert; sie haben es *getan*!
Warum hat Herkules Altäre?
Den Weg, den Prodikus nicht gehn, nur *malen* kann,
Den *ging* der Held« –
                          »Und wem gebührt davon die Ehre,
Als der Natur, die ihn, und wer ihm gleicht, gebar
Und auferzog, eh eine *Stoa* war?
Ein Held wird nicht geformt, er wird geboren.«

»Indessen hat, weil ihr der erste Preis gebührt,
Doch Plato nicht sein Recht an Phocion verloren.
Was die Natur entwirft, wird von der Kunst vollführt.
Die Blume, die im Feld sich unbemerkt verliert,
Erzieht des Gärtners Fleiß zum schönsten Kind der Floren.«

»Gesetzt«, spricht Phanias, »daß dieses richtig sei,
So ist doch was von Zahlen und Ideen
Und Dingen, die kein Aug gehört, kein Ohr gesehen,
Theophron schwatzt, handgreiflich Träumerei?«

»Und mit den nämlichen Ideen
War doch Archytas einst ein wirklich großer Mann!
Auch Seelen dieser Art erzeuget dann und wann
(Zwar sparsam) die Natur. Man wird zum Geisterseher
Geboren, wie zum Feldherrn Xenophon«,
Wie Zeuxis zum Palett, und Philipps Sohn zum Thron.
Und in der Tat, was hebt die Seele höher,
Was nährt die Tugend mehr? erweitert und verfeint
Des Herzens Triebe so, als glänzende Gedanken
Von unsers Daseins Zweck? – das Weltall ohne Schranken,
Unendlich Raum und Zeit, die Sonne die uns scheint
Ein Funke nur von einer höhern Sonne,
Unsterblich unser Geist, Unsterblichen befreundt,
Und, ahmt er Göttern nach, bestimmt zu Götterwonne!«

»Bei allen Grazien! (ruft lachend Phanias)
Du wirst noch mit der Zeit die Sphären singen hören!
Vor wenig Stunden gab dies Galimathias
Dir Stoff zum Spott« –

        »Der Mann, nicht seine *Lehren*;
Das Wahre nicht, obgleich (nach aller Schwärmer Art)
Sein glühendes Gehirn es mit Schimären paart.
Nur diese trifft der Spott. – Doch stille! wir versteigen
Uns allzu hoch. Ich wollte dir nur zeigen,
Daß dich dein Vorurteil für dieses weise Paar
Nicht schamrot machen soll. Nichts war
Natürlicher in deiner schlimmen Lage.
Der Knospe gleich am kalten Märzentage
Schrumpft, wenn des Glückes Sonnenschein
Sich ihr entzieht, die Seel in sich hinein.

Entfiedert, nackt, von allem ausgeleeret
Was sie für wesentlich zu ihrem Wohlsein hielt,
Was Wunder, wenn sich ihr ein Lehrbegriff empfiehlt,
Der sie die Kunst es zu entbehren lehret?
Der ihr beweist, was nicht zu ihr gehöret,
Was sie verlieren kann, sei keinen Seufzer wert;
Ja, ihren Unmut zu betrügen,
Aus der Entbehrung selbst ein künstliches Vergnügen
Ihr, statt des wahren, schafft? – Was ist so angenehm
Für den gekränkten Stolz, als ein System,
Das uns gewöhnt für Puppenwerk zu achten
Was aufgehört für uns ein Gut zu sein?
Was, meinst du, bildete der *Mann im Faß* sich ein,
Der, groß genug Monarchen zu verachten,
Von Philipps Sohn nichts bat, als freien Sonnenschein?
Noch mehr willkommen muß, im Falle den wir setzen,
Die Schwärmerei des Platonisten sein,
Der das Geheimnis hat, die Freuden zu *ersetzen*
Die Zeno nur *entbehren* lehrt;
Der, statt des tierischen verächtlichen Ergetzen
Der *Sinne*, uns mit *Götterspeise* nährt.
Wir sehn mit ihm aus leicht erstiegnen Höhen
Auf diesen Erdenball als einen Punkt herab;
Ein Schlag mit seinem Zauberstab
Heißt Welten um uns her bei Tausenden entstehen;
Sind's gleich nur Welten aus Ideen,
So baut man sie so herrlich als man will;
Und steht einmal das Rad der äußern Sinne still,
Wer sagt uns, daß wir nicht im Traume wirklich sehen?
Ein Traum, der uns zum Gast der Götter macht –«

»Hat seinen Wert – zumal in einer Winternacht«,
Ruft Phanias: »allein auch aus den schönsten Träumen
Ist doch zuletzt Endymion erwacht!
Wozu, Musarion, aus Eigensinn versäumen

Was wachend uns zu Göttern macht?«
An Antworts Statt reicht sie, zum stillen Pfand
Der Sympathie, ihm ihre schöne Hand.
Er drückt mit schüchternem Entzücken
Sie an sein schwellend Herz, und sucht in ihren Blicken
Ob sie sein Klopfen fühlt. Ein sanftes Wiederdrücken
Beweist es ihm. Mit manchem süßen Ach,
Das ihr im Busen zu ersticken
Unmöglich ist, bekämpft sie allzu schwach
Die Macht des süßesten der Triebe,
Und kämpfend noch bekennt ihr Herz den Sieg der Liebe.

Der schönste Tag folgt dieser schönen Nacht.
Mit jedem neuen fühlt sich unser Paar beglückter
Indem sich jedes selbst im andern glücklich macht.
Durch überstandne Not geschickter
Zum weiseren Gebrauch, zum reizendern Genuß
Des Glückes, das sich ihm so unverhofft versöhnte,
Gleich fern von Dürftigkeit und stolzem Überfluß,
Glückselig, weil er's war, nicht weil die Welt es wähnte,
Bringt Phanias in neidenswerter Ruh
Ein unbeneidet Leben zu;
In Freuden, die der unverfälschte Stempel
Der Unschuld und Natur zu echten Freuden prägt.
Der bürgerliche Sturm, der stets Athen bewegt,
Trifft seine Hütte nicht – den Tempel
Der Grazien, seitdem Musarion sie ziert.
Bescheidne Kunst, durch ihren Witz geleitet,
Gibt der Natur, so weit sein Landgut sich verbreitet,
Den stillen Reiz, der ohne Schimmer rührt.
Ein Garten, den mit Zephyrn und mit Floren
Pomona sich zum Aufenthalt erkoren;
Ein Hain, worin sich Amor gern verliert,
Wo ernstes Denken oft mit leichtem Scherz sich gattet;
Ein kleiner Bach von Ulmen überschattet,

An dem der Mittagsschlaf ihn ungesucht beschleicht;
Im Garten eine Sommerlaube,
Wo, zu der Freundin Kuß, der Saft der Purpurtraube,
Den Thasos schickt, ihm wahrer Nektar deucht;
Ein Nachbar, der Horazens Nachbarn gleicht,
Gesundes Blut ein unbewölkt Gehirne,
Ein ruhig Herz und eine heitre Stirne,
Wie vieles macht ihn reich! Denkt noch Musarion
Hinzu, und sagt, was kann zum frohen Leben
Der Götter Gunst ihm mehr und bessers geben?
Die Weisheit nur, den ganzen Wert davon
Zu fühlen, immer ihn zu fühlen,
Und, seines Glückes froh, kein andres zu erzielen!
Auch diese gab sie ihm. Sein Mentor war
Kein Cyniker mit ungekämmtem Haar,
Kein runzligter Kleanth, der, wenn die Flasche blinkt,
Wie Zeno spricht und wie Silenus trinkt:
Die *Liebe* war's. – Wer lehrt so gut wie sie?
Auch lernt' er gern, und schnell, und sonder Müh,
Die reizende Philosophie,
Die, was Natur und Schicksal uns gewährt,
Vergnügt genießt, und gern den Rest entbehrt;
Die Dinge dieser Welt gern von der schönen Seite
Betrachtet; dem Geschick sich unterwürfig macht,
Nicht wissen will was alles das bedeute,
Was Zeus aus Huld in rätselhafte Nacht
Vor uns verbarg, und auf die guten Leute
Der Unterwelt, so sehr sie Toren sind,
Nie böse wird, nur lächerlich sie findet
Und sich dazu, sie drum nicht minder liebet,
Den Irrenden bedaurt, und nur den Gleisner flieht;
Nicht stets von Tugend *spricht*, noch, von ihr sprechend,
          glüht,
Doch, ohne Sold und aus Geschmack, sie *übet*;
Und, glücklich oder nicht, die Welt

Für kein Elysium, für keine Hölle hält,
Nie so verderbt, als sie der Sittenrichter
Von seinem Thron – im sechsten Stockwerk sieht,
So lustig nie als jugendliche Dichter
Sie malen, wenn ihr Hirn von Wein und Phyllis glüht.

So war, so dacht und lebte Phanias,
Und weil *er war* – wornach wir andern *streben*,
So tat er wohl, zu sein, zu denken und zu leben,
So wie er tat. – »Das mag er denn! – Und was
Ward aus dem Manne, der so gerne – Sphären maß?«
Gut, daß ihr fragt, den hätt ich rein vergessen –
Er ward in einer einzgen Nacht
Zum γνῶϑι σεαυτον in Chloens Arm gebracht;
Er fand er sei nicht klug, und lernte Bohnen essen.
»Und Herr Kleanth?« – Der kroch, so bald die Mittagssonne
Ihn aufgeweckt, ganz leise auf den Zehn
Aus seinem Stall – vielleicht in eine *Tonne*;
Kurz, er verschwand, und ward nicht mehr gesehn.

Dichtung und Wahrheit – Über Wielands »Musarion«

Ganz ohne Frage besaß Wieland unter allen das schönste Naturell. Er hatte sich früh in jenen ideellen Regionen ausgebildet, wo die Jugend so gern verweilt; da ihm aber diese durch das, was man Erfahrung nennt, durch Begegnisse an Welt und Weibern verleidet wurden, so warf er sich auf die Seite des Wirklichen, und gefiel sich und andern im Widerstreit beider Welten, wo sich zwischen Scherz und Ernst, im leichten Gefecht, sein Talent am allerschönsten zeigte. Wie manche seiner glänzenden Produktionen fallen in die Zeit meiner akademischen Jahre. »Musarion« wirkte am meisten auf mich, und ich kann mich noch des Ortes und der Stelle erinnern, wo ich den ersten Aushängebogen zu Gesicht bekam, welchen mir Oeser mitteilte. Hier war es, wo ich das Antike lebendig und neu wieder zu sehen glaubte.

Johann Wolfgang Goethe

Hermann und Dorothea

Wie der wandernde Mann, der vor dem Sinken der Sonne
Sie noch einmal ins Auge, die schnellverschwindende, faßte,
Dann im dunkeln Gebüsch und an der Seite des Felsens
Schweben siehet ihr Bild; wohin er die Blicke nur wendet,
Eilet es vor und glänzt und schwankt in herrlichen Farben:
So bewegte vor Hermann die liebliche Bildung des Mädchens
Sanft sich vorbei und schien dem Pfad ins Getreide zu folgen.
Aber er fuhr aus dem staunenden Traum auf, wendete langsam
Nach dem Dorfe sich zu und staunte wieder; denn wieder
Kam ihm die hohe Gestalt des herrlichen Mädchens entgegen.
Fest betrachtet' er sie; es war kein Scheinbild, sie war es
Selber. Den größeren Krug und einen kleinern am Henkel
Tragend in jeglicher Hand: so schritt sie geschäftig zum Brunnen.
Und er ging ihr freudig entgegen. Es gab ihm ihr Anblick
Mut und Kraft; er sprach zu seiner Verwunderten also:
»Find' ich dich, wackeres Mädchen, so bald aufs neue beschäftigt,
Hülfreich andern zu sein und gern zu erquicken die Menschen?
Sag', warum kommst du allein zum Quell, der doch so entfernt
            liegt,
Da sich andere doch mit dem Wasser des Dorfes begnügen?
Freilich ist dies von besonderer Kraft und lieblich zu kosten.
Jener Kranken bringst du es wohl, die du treulich gerettet?«

Freundlich begrüßte sogleich das gute Mädchen den Jüngling,
Sprach: »So ist schon hier der Weg mir zum Brunnen belohnet,
Da ich finde den Guten, der uns so vieles gereicht hat;
Denn der Anblick des Gebers ist wie die Gaben erfreulich.
Kommt und sehet doch selber, wer Eure Milde genossen,
Und empfanget den ruhigen Dank von allen Erquickten.
Daß Ihr aber sogleich vernehmet, warum ich gekommen,

Hier zu schöpfen, wo rein und unablässig der Quell fließt,
Sag' ich Euch dies: es haben die unvorsichtigen Menschen
Alles Wasser getrübt im Dorfe, mit Pferden und Ochsen
Gleich durchwatend den Quell, der Wasser bringt den
                         Bewohnern.
Und so haben sie auch mit Waschen und Reinigen alle
Tröge des Dorfes beschmutzt und alle Brunnen besudelt;
Denn ein jeglicher denkt nur, sich selbst und das nächste
                         Bedürfnis
Schnell zu befried'gen und rasch, und nicht des Folgenden
                         denkt er.«

Also sprach sie und war die breiten Stufen hinunter
Mit dem Begleiter gelangt; und auf das Mäuerchen setzten
Beide sich nieder des Quells. Sie beugte sich über, zu schöpfen;
Und er faßte den anderen Krug und beugte sich über.
Und sie sahen gespiegelt ihr Bild in der Bläue des Himmels
Schwanken und nickten sich zu und grüßten sich freundlich
                         im Spiegel.
»Laß mich trinken«, sagte darauf der heitere Jüngling;
Und sie reicht' ihm den Krug. Dann ruhten sie beide, vertraulich
Auf die Gefäße gelehnt; sie aber sagte zum Freunde:
»Sage, wie find' ich dich hier? und ohne Wagen und Pferde
Ferne vom Ort, wo ich erst dich gesehn? wie bist du gekommen?«

Denkend schaute Hermann zur Erde; dann hob er die Blicke
Ruhig gegen sie auf und sah ihr freundlich ins Auge,
Fühlte sich still und getrost. Jedoch ihr von Liebe zu sprechen,
Wär' ihm unmöglich gewesen; ihr Auge blickte nicht Liebe,
Aber hellen Verstand und gebot, verständig zu reden.
Und er faßte sich schnell und sagte traulich zum Mädchen:
»Laß mich reden, mein Kind, und deine Fragen erwidern.
Deinetwegen kam ich hierher! was soll ich's verbergen?
Denn ich lebe beglückt mit beiden liebenden Eltern,
Denen ich treulich das Haus und die Güter helfe verwalten

Als der einzige Sohn, und unsre Geschäfte sind vielfach.
Alle Felder besorg' ich: der Vater waltet im Hause
Fleißig; die tätige Mutter belebt im ganzen die Wirtschaft.
Aber du hast gewiß auch erfahren, wie sehr das Gesinde
Bald durch Leichtsinn und bald durch Untreu' plaget die
                                                    Hausfrau,
Immer sie nötigt zu wechseln und Fehler um Fehler zu tauschen.
Lange wünschte die Mutter daher sich ein Mädchen im Hause,
Das mit der Hand nicht allein, das auch mit dem Herzen ihr
                                                    hülfe,
An der Tochter Statt, der leider frühe verlornen.
Nun, als ich heut am Wagen dich sah in froher Gewandtheit,
Sah die Stärke des Arms und die volle Gesundheit der Glieder,
Als ich die Worte vernahm, die verständigen, war ich betroffen,
Und ich eilte nach Hause, den Eltern und Freunden die Fremde
Rühmend nach ihrem Verdienst. Nun komm' ich, dir aber zu
                                                    sagen,
Was sie wünschen, wie ich. – Verzeih mir die stotternde Rede.«

»Scheuet Euch nicht«, so sagte sie drauf, »das Weitre zu sprechen;
Ihr beleidigt mich nicht, ich hab' es dankbar empfunden.
Sagt es nur grad' heraus; mich kann das Wort nicht erschrecken:
Dingen möchtet Ihr mich als Magd für Vater und Mutter,
Zu versehen das Haus, das wohlerhalten Euch dasteht;
Und Ihr glaubet an mir ein tüchtiges Mädchen zu finden,
Zu der Arbeit geschickt und nicht von rohem Gemüte.
Euer Antrag war kurz; so soll die Antwort auch kurz sein.
Ja, ich gehe mit Euch und folge dem Rufe des Schicksals.
[...]

Fröhlich hörte der Jüngling des willigen Mädchens
                                                    Entschließung,
Zweifelnd, ob er ihr nun die Wahrheit sollte gestehen.
Aber es schien ihm das beste zu sein, in dem Wahn sie zu lassen,
In sein Haus sie zu führen, zu werben um Liebe nur dort erst.

Ach! und den goldenen Ring erblickt' er am Finger des
Mädchens;
Und so ließ er sie sprechen und horchte fleißig den Worten.

»Laßt uns«, fuhr sie nun fort, »zurücke kehren! Die Mädchen
Werden immer getadelt, die lange beim Brunnen verweilen;
Und doch ist es am rinnenden Quell so lieblich zu schwätzen.«
Also standen sie auf und schauten beide noch einmal
In den Brunnen zurück, und süßes Verlangen ergriff sie.

✳

Also gingen die zwei entgegen der sinkenden Sonne,
Die in Wolken sich tief, gewitterdrohend, verhüllte,
Aus dem Schleier bald hier, bald dort mit glühenden Blicken
Strahlend über das Feld die ahnungsvolle Beleuchtung.
»Möge das drohende Wetter«, so sagte Hermann, »nicht etwa
Schloßen uns bringen und heftigen Guß; denn schön ist
die Ernte.«
Und sie freuten sich beide des hohen, wankenden Kornes,
Das die Durchschreitenden fast, die hohen Gestalten, erreichte.
[...]
[»] Aber wer sagt mir nunmehr: wie soll ich dir selber begegnen,
Dir, dem einzigen Sohn und künftig meinem Gebieter?«

Also sprach sie, und eben gelangten sie unter den Birnbaum.
Herrlich glänzte der Mond, der volle, vom Himmel herunter;
Nacht war's, völlig bedeckt das letzte Schimmern der Sonne.
Und so lagen vor ihnen in Massen gegeneinander
Lichter, hell wie der Tag, und Schatten dunkeler Nächte.
Und es hörte die Frage, die freundliche, gern in dem Schatten
Hermann des herrlichen Baums, am Orte, der ihm so lieb war,
Der noch heute die Tränen um seine Vertriebne gesehen.
Und indem sie sich nieder ein wenig zu ruhen gesetzet,
Sagte der liebende Jüngling, die Hand des Mädchens ergreifend:

»Laß dein Herz dir es sagen und folg' ihm frei nur in allem!«
[...]

Und so leitet' er sie die vielen Platten hinunter,
Die, unbehauen gelegt, als Stufen dienten im Laubgang.
Langsam schritt sie hinab, auf seinen Schultern die Hände;
Und mit schwankenden Lichtern durchs Laub überblickte
                                        der Mond sie,
Eh' er, von Wetterwolken umhüllt, im Dunkeln das Paar ließ.
Sorglich stützte der Starke das Mädchen, das über ihn herhing;
Aber sie, unkundig des Steigs und der roheren Stufen,
Fehlte tretend, es knackte der Fuß, sie drohte zu fallen.
Eilig streckte gewandt der sinnige Jüngling den Arm aus,
Hielt empor die Geliebte; sie sank ihm leis' auf die Schulter,
Brust war gesenkt an Brust und Wang' an Wange. So stand er,
Starr wie ein Marmorbild, vom ernsten Willen gebändigt,
Drückte nicht fester sie an, er stemmte sich gegen die Schwere.
Und so fühlt' er die herrliche Last, die Wärme des Herzens
Und den Balsam des Atems, an seinen Lippen verhauchet,
Trug mit Mannesgefühl die Heldengröße des Weibes.

                              *

Aber die Tür ging auf. Es zeigte das herrliche Paar sich,
Und es erstaunten die Freunde, die liebenden Eltern erstaunten
Über die Bildung der Braut, des Bräutigams Bildung
                                        vergleichbar;
Ja, es schien die Türe zu klein, die hohen Gestalten
Einzulassen, die nun zusammen betraten die Schwelle.
Hermann stellte den Eltern sie vor mit fliegenden Worten.
»Hier ist«, sagt' er, »ein Mädchen, so wie ihr im Hause
                                        sie wünschet.
Lieber Vater, empfanget sie gut; sie verdient es. Und liebe
Mutter, befragt sie sogleich nach dem ganzen Umfang der
                                        Wirtschaft,

Daß Ihr seht, wie sehr sie verdient, Euch näher zu werden.«
Eilig führt' er darauf den trefflichen Pfarrer beiseite,
Sagte: »Würdiger Herr, nun helft mir aus dieser Besorgnis
Schnell und löset den Knoten, vor dessen Entwicklung ich
schaudre.
Denn ich habe das Mädchen als meine Braut nicht geworben,
Sondern sie glaubt, als Magd in das Haus zu gehn, und ich
fürchte,
Daß unwillig sie flieht, sobald wir gedenken der Heirat.
Aber entschieden sei es sogleich! Nicht länger im Irrtum
Soll sie bleiben, wie ich nicht länger den Zweifel ertrage.
Eilet und zeiget auch hier die Weisheit, die wir verehren!«
Und es wendete sich der Geistliche gleich zur Gesellschaft.
Aber leider getrübt war durch die Rede des Vaters
Schon die Seele des Mädchens; er hatte die munteren Worte
Mit behaglicher Art, im guten Sinne gesprochen:
»Ja, das gefällt mir, mein Kind! Mit Freuden erfahr' ich,
der Sohn hat
Auch wie der Vater Geschmack, der seinerzeit es gewiesen,
Immer die Schönste zum Tanze geführt und endlich die Schönste
In sein Haus als Frau sich geholt; das Mütterchen war es.
Denn an der Braut, die der Mann sich erwählt, läßt gleich
sich erkennen,
Welches Geistes er ist, und ob er sich eigenen Wert fühlt.
Aber Ihr brauchtet wohl auch nur wenig Zeit zur
Entschließung?
Denn mich dünket fürwahr, ihm ist so schwer nicht zu folgen.«

Hermann hörte die Worte nur flüchtig; ihm bebten die Glieder
Innen, und stille war der ganze Kreis nun auf einmal.

Aber das treffliche Mädchen, von solchen spöttischen Worten,
Wie sie ihr schienen, verletzt und tief in der Seele getroffen,
Stand, mit fliegender Röte die Wange bis gegen den Nacken
Übergossen; doch hielt sie sich an und nahm sich zusammen,

Sprach zu dem Alten darauf, nicht völlig die Schmerzen
                                        verbergend:
»Traun! zu solchem Empfang hat mich der Sohn nicht bereitet,
Der mir des Vaters Art geschildert, des trefflichen Bürgers;
Und ich weiß, ich stehe vor Euch, dem gebildeten Manne,
Der sich klug mit jedem beträgt und gemäß den Personen.
Aber so scheint es, Ihr fühlt nicht Mitleid genug mit der Armen,
Die nun die Schwelle betritt und die Euch zu dienen bereit ist;
Denn sonst würdet Ihr nicht mit bitterem Spotte mir zeigen,
Wie entfernt mein Geschick von Eurem Sohn und von Euch sei.
Freilich tret' ich nur arm, mit kleinem Bündel ins Haus ein,
Das, mit allem versehn, die frohen Bewohner gewiß macht;
Aber ich kenne mich wohl und fühle das ganze Verhältnis.
Ist es edel, mich gleich mit solchem Spotte zu treffen,
Der auf der Schwelle beinah mich schon aus dem Hause
                                        zurücktreibt?«

Bang bewegte sich Hermann und winkte dem geistlichen
                                        Freunde,
Daß er ins Mittel sich schlüge, sogleich zu verscheuchen
                                        den Irrtum.
Eilig trat der Kluge heran und schaute des Mädchens
Stillen Verdruß und gehaltenen Schmerz und Tränen im Auge.
Da befahl ihm sein Geist, nicht gleich die Verwirrung zu lösen,
Sondern vielmehr das bewegte Gemüt zu prüfen des Mädchens.
Und er sagte darauf zu ihr mit versuchenden Worten:
»Sicher, du überlegtest nicht wohl, o Mädchen des Auslands,
Wenn du bei Fremden zu dienen dich allzu eilig entschlossest,
Was es heiße, das Haus des gebietenden Herrn zu betreten;
Denn der Handschlag bestimmt das ganze Schicksal des Jahres,
Und gar vieles zu dulden verbindet ein einziges Jawort.
Sind doch nicht das Schwerste des Diensts die ermüdenden Wege,
Nicht der bittere Schweiß der ewig drängenden Arbeit;
Denn mit dem Knechte zugleich bemüht sich der tätige Freie.
Aber zu dulden die Laune des Herrn, wenn er ungerecht tadelt

Oder dieses und jenes begehrt, mit sich selber in Zwiespalt,
Und die Heftigkeit noch der Frauen, die leicht sich erzürnet,
Mit der Kinder roher und übermütiger Unart:
Das ist schwer zu ertragen und doch die Pflicht zu erfüllen
Ungesäumt und rasch und selbst nicht mürrisch zu stocken.
Doch du scheinst mir dazu nicht geschickt, da die Scherze
                                        des Vaters
Schon dich treffen so tief und doch nichts gewöhnlicher vor-
                                        kommt,
Als ein Mädchen zu plagen, daß wohl ihr ein Jüngling gefalle.«

Also sprach er. Es fühlte die treffende Rede das Mädchen,
Und sie hielt sich nicht mehr; es zeigten sich ihre Gefühle
Mächtig, es hob sich die Brust, aus der ein Seufzer hervordrang,
Und sie sagte sogleich mit heiß vergossenen Tränen:
»O, nie weiß der verständige Mann, der im Schmerz uns zu raten
Denkt, wie wenig sein Wort, das kalte, die Brust zu befreien
Je von dem Leiden vermag, das ein hohes Schicksal uns auflegt.
Ihr seid glücklich und froh, wie sollt' ein Scherz Euch
                                        verwunden?
Doch der Krankende fühlt auch schmerzlich die leise Berührung.
Nein; es hülfe mir nichts, wenn selbst mir Verstellung gelänge.
Zeige sich gleich, was später nur tiefere Schmerzen vermehrte
Und mich drängte vielleicht in stillverzehrendes Elend.
Laßt mich wieder hinweg! Ich darf im Hause nicht bleiben;
Ich will fort und gehe, die armen Meinen zu suchen,
Die ich im Unglück verließ, für mich nur das Bessere wählend.
Dies ist mein fester Entschluß; und ich darf euch darum nun
                                        bekennen,
Was im Herzen sich sonst wohl Jahre hätte verborgen.
Ja, des Vaters Spott hat tief mich getroffen: nicht, weil ich
Stolz und empfindlich bin, wie es wohl der Magd nicht
                                        geziemet,
Sondern weil mir fürwahr im Herzen die Neigung sich regte
Gegen den Jüngling, der heute mir als ein Erretter erschienen.

Denn als er erst auf der Straße mich ließ, so war er mir immer
In Gedanken geblieben; ich dachte des glücklichen Mädchens,
Das er vielleicht schon als Braut im Herzen möchte bewahren.
Und als ich wieder am Brunnen ihn fand, da freut' ich
mich seines
Anblicks so sehr, als wär' mir der Himmlischen einer erschienen.
Und ich folgt' ihm so gern, als nun er zur Magd mich geworben.
Doch mir schmeichelte freilich das Herz (ich will es gestehen)
Auf dem Wege hierher, als könnt' ich vielleicht ihn verdienen,
Wenn ich würde des Hauses dereinst unentbehrliche Stütze.
Aber ach! nun seh' ich zuerst die Gefahren, in die ich
Mich begab, so nah dem still Geliebten zu wohnen.
Nun erst fühl' ich, wie weit ein armes Mädchen entfernt ist
Von dem reicheren Jüngling, und wenn sie die Tüchtigste wäre.
Alles das hab' ich gesagt, damit ihr das Herz nicht verkennet,
Das ein Zufall beleidigt, dem ich die Besinnung verdanke.
Denn das mußt' ich erwarten, die stillen Wünsche verbergend,
Daß er sich brächte zunächst die Braut zum Hause geführt;
Und wie hätt' ich alsdann die heimlichen Schmerzen ertragen?
Glücklich bin ich gewarnt und glücklich löst das Geheimnis
Von dem Busen sich los, jetzt, da noch das Übel ist heilbar.
Aber das sei nun gesagt! Und nun soll im Hause mich länger
Hier nichts halten, wo ich beschämt und ängstlich nur stehe,
Frei die Neigung bekennend und jene törichte Hoffnung.
Nicht die Nacht, die breit sich bedeckt mit sinkenden
Wolken,
Nicht der rollende Donner (ich hör' ihn) soll mich verhindern,
Nicht des Regens Guß, der draußen gewaltsam herabschlägt,
Noch der sausende Sturm. Das hab' ich alles ertragen
Auf der traurigen Flucht und nah am verfolgenden Feinde.
Und ich gehe nun wieder hinaus, wie ich lange gewohnt bin,
Von dem Strudel der Zeit ergriffen, von allem zu scheiden.
Lebet wohl! ich bleibe nicht länger; es ist nun geschehen.«

Also sprach sie, sich rasch zurück nach der Türe bewegend,
Unter dem Arm das Bündelchen noch, das sie brachte,
                                    bewahrend.
Aber die Mutter ergriff mit beiden Armen das Mädchen,
Um den Leib sie fassend, und rief verwundert und staunend:
»Sag', was bedeutet mir dies? und diese vergeblichen Tränen?
Nein, ich lasse dich nicht; du bist mir des Sohnes Verlobte.«
Aber der Vater stand mit Widerwillen dagegen,
Auf die Weinende schauend, und sprach die verdrießlichen
                                    Worte:
Also das ist mir zuletzt für die höchste Nachsicht geworden,
Daß mir das Unangenehmste geschieht noch zum Schlusse
                                    des Tages!
Denn mir ist unleidlicher nichts als Tränen der Weiber,
Leidenschaftlich Geschrei, das heftig verworren beginnet,
Was mit ein wenig Vernunft sich ließe gemächlicher schlichten.
Mir ist lästig, noch länger dies wunderliche Beginnen
Anzuschauen. Vollendet es selbst! ich gehe zu Bette.«
Und er wandte sich schnell und eilte zur Kammer zu gehen,
Wo ihm das Eh'bett stand und wo er zu ruhen gewohnt war.
Aber ihn hielt der Sohn und sagte die flehenden Worte:
»Vater, eilet nur nicht und zürnt nicht über das Mädchen!
Ich nur habe die Schuld von aller Verwirrung zu tragen,
Die unerwartet der Freund noch durch Verstellung vermehrt hat.
Redet, würdiger Herr! denn Euch vertraut' ich die Sache.
Häufet nicht Angst und Verdruß; vollendet lieber das Ganze!
Denn ich möchte so hoch Euch nicht in Zukunft verehren,
Wenn Ihr Schadenfreude nur übt statt herrlicher Weisheit.«

Lächelnd versetzte darauf der würdige Pfarrer und sagte:
»Welche Klugheit hätte denn wohl das schöne Bekenntnis
Dieser Guten entlockt und uns enthüllt ihr Gemüte?
Ist nicht die Sorge sogleich dir zur Wonn' und Freude
                                    geworden?
Rede darum nur selbst! was bedarf es fremder Erklärung?«

Nun trat Hermann hervor und sprach die freundlichen Worte:
»Laß dich die Tränen nicht reun noch diese flüchtigen
                    Schmerzen;
Denn sie vollenden mein Glück und, wie ich wünsche, das deine.
Nicht das treffliche Mädchen als Magd, die Fremde, zu dingen,
Kam ich zum Brunnen; ich kam, um deine Liebe zu werben.
Aber, ach! mein schüchterner Blick, er konnte die Neigung
Deines Herzens nicht sehn; nur Freundlichkeit sah er im Auge,
Als aus dem Spiegel du ihn des ruhigen Brunnens begrüßtest.
Dich ins Haus nur zu führen, es war schon die Hälfte des
                    Glückes.
Aber nun vollendest du mir's! O, sei mir gesegnet!«
Und es schaute das Mädchen mit tiefer Rührung zum Jüngling
Und vermied nicht Umarmung und Kuß, den Gipfel der Freude,
Wenn sie den Liebenden sind die lang' ersehnte Versichrung
Künftigen Glücks im Leben, das nun ein unendliches scheinet.
[...]

Also sprach sie und steckte die Ringe nebeneinander.
Aber der Bräutigam sprach mit edler, männlicher Rührung:
»Desto fester sei bei der allgemeinen Erschütterung,
Dorothea, der Bund! Wir wollen halten und dauern,
Fest uns halten und fest der schönen Güter Besitztum.
Denn der Mensch, der zur schwankenden Zeit auch
                    schwankend gesinnt ist,
Der vermehret das Übel und breitet es weiter und weiter;
Aber wer fest auf dem Sinne beharrt, der bildet die Welt sich.
Nicht dem Deutschen geziemt es, die fürchterliche Bewegung
Fortzuleiten und auch zu wanken hierhin und dorthin.
›Dies ist unser!‹ so laß uns sagen und so es behaupten!
Denn es werden noch stets die entschlossenen Völker gepriesen,
Die für Gott und Gesetz, für Eltern, Weiber und Kinder
Stritten und gegen den Feind zusammenstehend erlagen.
Du bist mein; und nun ist das Meine meiner als jemals.
Nicht mit Kummer will ich's bewahren und sorgend genießen,

Sondern mit Mut und Kraft. Und drohen diesmal die Feinde
Oder künftig, so rüste mich selbst und reiche die Waffen.
Weiß ich durch dich nur versorgt das Haus und die liebenden
Eltern,
O, so stellt sich die Brust dem Feinde sicher entgegen.
Und gedächte jeder wie ich, so stünde die Macht auf
Gegen die Macht, und wir erfreuten uns alle des Friedens.«

Johann Wolfgang Goethe

Wilhelm Meisters Lehrjahre

Erstes Buch

Erstes Kapitel

Das Schauspiel dauerte sehr lange. Die alte Barbara trat einigemal ans Fenster und horchte, ob die Kutschen nicht rasseln wollten. Sie erwartete Marianen, ihre schöne Gebieterin, die heute im Nachspiele, als junger Offizier gekleidet, das Publikum entzückte, mit größerer Ungeduld als sonst, wenn sie ihr nur ein mäßiges Abendessen vorzusetzen hatte; diesmal sollte sie mit einem Paket überrascht werden, das Norberg, ein junger reicher Kaufmann, mit der Post geschickt hatte, um zu zeigen, daß er auch in der Entfernung seiner Geliebten gedenke.

Barbara war als alte Dienerin, Vertraute, Ratgeberin, Unterhändlerin und Haushälterin im Besitz des Rechtes, die Siegel zu eröffnen, und auch diesen Abend konnte sie ihrer Neugierde um so weniger widerstehen, als ihr die Gunst des freigebigen Liebhabers mehr als selbst Marianen am Herzen lag. Zu ihrer größten Freude hatte sie in dem Paket ein feines Stück Nesseltuch und die neuesten Bänder für Marianen, für sich aber ein Stück Kattun, Halstücher und ein Röllchen Geld gefunden. Mit welcher Neigung, welcher Dankbarkeit erinnerte sie sich des abwesenden Norbergs! Wie lebhaft nahm sie sich vor, auch bei Marianen seiner im besten zu gedenken, sie zu erinnern, was sie ihm schuldig sei und was er von ihrer Treue hoffen und erwarten müsse.

Das Nesseltuch, durch die Farbe der halb aufgerollten Bänder belebt, lag wie ein Christgeschenk auf dem Tischchen; die Stellung der Lichter erhöhte den Glanz der Gabe, alles war in Ordnung, als die Alte den Tritt Marianens auf der Treppe vernahm und ihr entgegeneilte. Aber wie sehr verwundert trat sie zurück, als das weibliche Offizierchen, ohne auf die Liebkosungen zu achten, sich an ihr vorbeidrängte, mit ungewöhnlicher Hast und Bewegung in das Zimmer trat, Federhut und Degen auf den Tisch warf, unruhig auf und nieder ging und den feierlich angezündeten Lichtern keinen Blick gönnte.

»Was hast du, Liebchen?« rief die Alte verwundert aus. »Um 's Himmels willen, Töchterchen, was gibt's? Sieh hier diese Geschenke! Von wem können sie sein, als von deinem zärtlichsten Freunde? Norberg schickt dir das Stück Musselin zum Nachtkleide; bald ist er selbst da; er scheint mir eifriger und freigebiger als jemals.«

Die Alte kehrte sich um und wollte die Gaben, womit er auch sie bedacht, vorweisen, als Mariane, sich von den Geschenken wegwendend, mit Leidenschaft ausrief: »Fort! Fort! Heute will ich nichts von allem diesen hören; ich habe dir gehorcht, du hast es gewollt, es sei so! Wenn Norberg zurückkehrt, bin ich wieder sein, bin ich dein, mache mit mir, was du willst, aber bis dahin will ich mein sein, und hättest du tausend Zungen, du solltest mir meinen Vorsatz nicht ausreden. Dieses ganze Mein will ich dem geben, der mich liebt und den ich liebe. Keine Gesichter! Ich will mich dieser Leidenschaft überlassen, als wenn sie ewig dauern sollte.«

Der Alten fehlte es nicht an Gegenvorstellungen und Gründen; doch da sie in fernerem Wortwechsel heftig und bitter ward, sprang Mariane auf sie los und faßte sie bei der Brust. Die Alte lachte überlaut. »Ich werde sorgen müssen«, rief sie aus, »daß sie wieder bald in lange Kleider kommt, wenn ich meines Lebens sicher sein will. Fort, zieht Euch aus! Ich hoffe, das Mädchen wird mir abbitten, was mir der flüchtige Junker Leids zugefügt hat; herunter mit dem Rock und immer so fort alles herunter! es ist eine unbequeme Tracht, und für Euch gefährlich, wie ich merke. Die Achselbänder begeistern Euch.«

Die Alte hatte Hand an sie gelegt, Mariane riß sich los. »Nicht so geschwind!« rief sie aus, »ich habe noch heute Besuch zu erwarten.«

»Das ist nicht gut«, versetzte die Alte. »Doch nicht den jungen, zärtlichen, unbefiederten Kaufmannssohn?« – »Eben den«, versetzte Mariane.

»Es scheint, als wenn die Großmut Eure herrschende Leidenschaft werden wollte«, erwiderte die Alte spottend; »Ihr nehmt Euch der Unmündigen, der Unvermögenden mit großem Eifer an. Es muß reizend sein, als uneigennützige Geberin angebetet zu werden.«

»Spotte, wie du willst. Ich lieb' ihn! ich lieb' ihn! Mit welchem Entzücken sprech' ich zum erstenmal diese Worte aus! Das ist diese Leidenschaft, die ich so oft vorgestellt habe, von der ich keinen Begriff hatte. Ja, ich will mich ihm um den Hals werfen! ich will ihn fassen, als wenn ich ihn ewig halten wollte. Ich will ihm meine ganze Liebe zeigen, seine Liebe in ihrem ganzen Umfang genießen!«

»Mäßigt Euch!« sagte die Alte gelassen, »mäßigt Euch! Ich muß Eure Freude durch ein Wort unterbrechen: Norberg kommt! In vierzehn Tagen kommt er! Hier ist sein Brief, der die Geschenke begleitet hat.«

»Und wenn mir die Morgensonne meinen Freund rauben sollte, will ich mir's verbergen. Vierzehn Tage! Welche Ewigkeit! In vierzehn Tagen, was kann da nicht vorfallen, was kann sich da nicht verändern!«

Wilhelm trat herein. Mit welcher Lebhaftigkeit flog sie ihm entgegen! mit welchem Entzücken umschlang er die rote Uniform! drückte er das weiße Atlaswestchen an seine Brust! Wer wagte hier zu beschreiben, wem geziemt es, die Seligkeit zweier Liebenden auszusprechen! Die Alte ging murrend beiseite, wir entfernen uns mit ihr und lassen die Glücklichen allein.

Zweites Kapitel

Als Wilhelm seine Mutter des andern Morgens begrüßte, eröffnete sie ihm, daß der Vater sehr verdrießlich sei und ihm den täglichen Besuch des Schauspiels nächstens untersagen werde. »Wenn ich gleich selbst«, fuhr sie fort, »manchmal gern ins Theater gehe, so möchte ich es doch oft verwünschen, da meine häusliche Ruhe durch deine unmäßige Leidenschaft zu diesem Vergnügen gestört wird. Der Vater wiederholt immer, wozu es nur nütze sei, wie man seine Zeit nur so verderben könne.«

»Ich habe es auch schon von ihm hören müssen«, versetzte Wilhelm, »und habe ihm vielleicht zu hastig geantwortet; aber um 's Himmels willen, Mutter! ist denn alles unnütz, was uns nicht unmittelbar Geld in den Beutel bringt, was uns nicht den allernächsten Besitz verschafft? Hatten wir in dem alten Hause nicht Raum genug? und war es nötig, ein neues zu bauen? Verwendet der Vater nicht jährlich einen ansehnlichen Teil seines Handelsgewinnes zur Verschönerung der Zimmer? Diese seidenen Tapeten, diese englischen Mobilien, sind sie nicht auch unnütz? Könnten wir uns nicht mit geringeren begnügen? Wenigstens bekenne ich, daß mir diese gestreiften Wände, diese hundertmal wiederholten Blumen, Schnörkel, Körbchen und Figuren einen durchaus unangenehmen Eindruck machen. Sie kommen mir höchstens vor wie unser Theatervorhang. Aber wie anders ist's, vor diesem zu sitzen! Wenn man noch so lange warten muß, so weiß man doch, er wird in die Höhe gehen, und wir werden die mannigfaltigsten Gegenstände sehen, die uns unterhalten, aufklären und erheben.«

»Mach' es nur mäßig«, sagte die Mutter, »der Vater will auch abends unterhalten sein; und dann glaubt er, es zerstreue dich, und am Ende trag' ich, wenn er verdrießlich wird, die Schuld. Wie oft mußte ich mir das verwünschte Puppenspiel vorwerfen lassen, das ich euch vor zwölf Jahren zum heiligen Christ gab, und das euch zuerst Geschmack am Schauspiele beibrachte.«

»Schelten Sie das Puppenspiel nicht, lassen Sie sich Ihre Liebe und Vorsorge nicht gereuen! Es waren die ersten vergnügten Augenblicke, die ich in dem neuen leeren Hause genoß; ich sehe es diesen Augenblick noch vor mir, ich weiß, wie sonderbar es mir vorkam, als man uns, nach Empfang der gewöhnlichen Christgeschenke, vor einer Türe niedersitzen hieß, die aus einem andern Zimmer hereinging. Sie eröffnete sich; allein nicht wie sonst zum

Hin- und Widerlaufen, der Eingang war durch eine unerwartete Festlichkeit ausgefüllt. Es baute sich ein Portal in die Höhe, das von einem mystischen Vorhang verdeckt war. Erst standen wir alle von ferne, und wie unsere Neugierde größer ward, um zu sehen, was wohl Blinkendes und Rasselndes sich hinter der halb durchsichtigen Hülle verbergen möchte, wies man jedem sein Stühlchen an und gebot uns, in Geduld zu warten.

So saß nun alles und war still; eine Pfeife gab das Signal, der Vorhang rollte in die Höhe und zeigte eine hochrot gemalte Aussicht in den Tempel. Der Hohepriester Samuel erschien mit Jonathan, und ihre wechselnden wunderlichen Stimmen kamen mir höchst ehrwürdig vor. Kurz darauf betrat Saul die Szene, in großer Verlegenheit über die Impertinenz des schwerlötigen Kriegers, der ihn und die Seinigen herausgefordert hatte. Wie wohl ward es mir daher, als der zwerggestaltete Sohn Isai mit Schäferstab, Hirtentasche und Schleuder hervorhüpfte und sprach: ›Großmächtigster König und Herr Herr! es entfalle keinem der Mut um deswillen; wenn Ihro Majestät mir erlauben wollen, so will ich hingehen und mit dem gewaltigen Riesen in den Streit treten.‹ – Der erste Akt war geendet und die Zuschauer höchst begierig, zu sehen, was nun weiter vorgehen sollte; jedes wünschte, die Musik möchte nur bald aufhören. Endlich ging der Vorhang wieder in die Höhe. David weihte das Fleisch des Ungeheuers den Vögeln unter dem Himmel und den Tieren auf dem Felde; der Philister sprach Hohn, stampfte viel mit beiden Füßen, fiel endlich wie ein Klotz und gab der ganzen Sache einen herrlichen Ausschlag. Wie dann nachher die Jungfrauen sangen: ›Saul hat tausend geschlagen, David aber zehntausend!‹, der Kopf des Riesen vor dem kleinen Überwinder hergetragen wurde, und er die schöne Königstochter zur Gemahlin erhielt, verdroß es mich doch bei aller Freude, daß der Glücksprinz so zwergmäßig gebildet sei. Denn nach der Idee vom großen Goliath und kleinen David hatte man nicht verfehlt, beide recht charakteristisch zu machen. Ich bitte Sie, wo sind die Puppen hingekommen? Ich habe versprochen, sie einem Freunde zu zeigen, dem ich viel Vergnügen machte, indem ich ihn neulich von diesem Kinderspiel unterhielt.«

»Es wundert mich nicht, daß du dich dieser Dinge so lebhaft erinnerst; denn du nahmst gleich den größten Anteil daran. Ich weiß, wie du mir das Büchlein entwendetest und das ganze Stück auswendig lerntest; ich wurde es erst gewahr, als du eines Abends dir einen Goliath und David von Wachs machtest, sie beide gegeneinander perorieren ließest, dem Riesen endlich einen Stoß gabst und sein unförmliches Haupt auf einer großen Stecknadel mit wächsernem Griff dem kleinen David in die Hand klebtest. Ich hatte damals so eine herzliche mütterliche Freude über dein gutes Gedächtnis und deine pathetische Rede, daß ich mir sogleich vornahm, dir die hölzerne Truppe nun selbst zu übergeben. Ich dachte damals nicht, daß es mir so manche verdrießliche Stunde machen sollte.«

»Lassen Sie sich's nicht gereuen«, versetzte Wilhelm, »denn es haben uns diese Scherze manche vergnügte Stunde gemacht.«

Und mit diesem erbat er sich die Schlüssel, eilte, fand die Puppen und war einen Augenblick in jene Zeiten versetzt, wo sie ihm noch belebt schienen, wo er sie durch die Lebhaftigkeit seiner Stimme, durch die Bewegung seiner Hände zu beleben glaubte. Er nahm sie mit auf seine Stube und verwahrte sie sorgfältig.

Drittes Kapitel

Wenn die erste Liebe, wie ich allgemein behaupten höre, das Schönste ist, was ein Herz früher oder später empfinden kann, so müssen wir unsern Helden dreifach glücklich preisen, daß ihm gegönnt ward, die Wonne dieser einzigen Augenblicke in ihrem ganzen Umfange zu genießen. Nur wenig Menschen werden so vorzüglich begünstigt, indes die meisten von ihren frühern Empfindungen nur durch eine harte Schule geführt werden, in welcher sie, nach einem kümmerlichen Genuß, gezwungen sind, ihren besten Wünschen entsagen und das, was ihnen als höchste Glückseligkeit vorschwebte, für immer entbehren zu lernen.

Auf den Flügeln der Einbildungskraft hatte sich Wilhelms Begierde zu dem reizenden Mädchen erhoben; nach einem kurzen Umgange hatte er ihre Neigung gewonnen, er fand sich im Besitz einer Person, die er so sehr liebte, ja verehrte; denn sie war ihm zuerst in dem günstigen Lichte theatralischer Vorstellung erschienen, und seine Leidenschaft zur Bühne verband sich mit der ersten Liebe zu einem weiblichen Geschöpfe. Seine Jugend ließ ihn reiche Freuden genießen, die von einer lebhaften Dichtung erhöht und erhalten wurden. Auch der Zustand seiner Geliebten gab ihrem Betragen eine Stimmung, welche seinen Empfindungen sehr zu Hülfe kam; die Furcht, ihr Geliebter möchte ihre übrigen Verhältnisse vor der Zeit entdecken, verbreitete über sie einen liebenswürdigen Anschein von Sorge und Scham, ihre Leidenschaft für ihn war lebhaft, selbst ihre Unruhe schien ihre Zärtlichkeit zu vermehren; sie war das lieblichste Geschöpf in seinen Armen.

Als er aus dem ersten Taumel der Freude erwachte und auf sein Leben und seine Verhältnisse zurückblickte, erschien ihm alles neu, seine Pflichten heiliger, seine Liebhabereien lebhafter, seine Kenntnisse deutlicher, seine Talente kräftiger, seine Vorsätze entschiedener. Es ward ihm daher leicht, eine Einrichtung zu treffen, um den Vorwürfen seines Vaters zu entgehen, seine Mutter zu beruhigen und Marianens Liebe ungestört zu genießen. Er verrichtete des Tags seine Geschäfte pünktlich, entsagte gewöhnlich dem Schauspiel, war abends bei Tische unterhaltend und schlich, wenn alles zu Bette war, in seinen Mantel gehüllt, sachte zu dem Garten hinaus und eilte, alle Lindors und Leanders im Busen, unaufhaltsam zu seiner Geliebten.

»Was bringen Sie?« fragte Mariane, als er eines Abends ein Bündel hervorwies, das die Alte, in Hoffnung angenehmer Geschenke, sehr aufmerksam betrachtete. »Sie werden es nicht erraten«, versetzte Wilhelm.

Wie verwunderte sich Mariane, wie entsetzte sich Barbara, als die aufgebundene Serviette einen verworrenen Haufen spannenlanger Puppen sehen ließ. Mariane lachte laut, als Wilhelm die verworrenen Drähte auseinander zu wickeln und jede Figur einzeln vorzuzeigen bemüht war. Die Alte schlich verdrießlich beiseite.

Es bedarf nur einer Kleinigkeit, um zwei Liebende zu unterhalten, und so vergnügten sich unsere Freunde diesen Abend aufs beste. Die kleine Truppe wurde gemustert, jede Figur genau betrachtet und belacht. König Saul im schwarzen Samtrocke mit der goldenen Krone wollte Marianen gar nicht gefallen; er sehe ihr, sagte sie, zu steif und pedantisch aus. Desto besser behagte ihr Jonathan, sein glattes Kinn, sein gelb und rotes Kleid und der Turban. Auch wußte sie ihn gar artig am Drahte hin und her zu drehen, ließ ihn Reverenzen machen und Liebeserklärungen hersagen. Dagegen wollte sie dem Propheten Samuel nicht die mindeste Aufmerksamkeit schenken, wenn ihr gleich Wilhelm das Brustschildchen anpries und erzählte, daß der Schillertaft des Leibrocks von einem alten Kleide der Großmutter genommen sei. David war ihr zu klein und Goliath zu groß; sie hielt sich an ihren Jonathan. Sie wußte ihm so artig zu tun und zuletzt ihre Liebkosungen von der Puppe auf unsern Freund herüberzutragen, daß auch diesmal wieder ein geringes Spiel die Einleitung glücklicher Stunden ward.

Aus der Süßigkeit ihrer zärtlichen Träume wurden sie durch einen Lärm geweckt, welcher auf der Straße entstand. Mariane rief der Alten, die, nach ihrer Gewohnheit noch fleißig, die veränderlichen Materialien der Theatergarderobe zum Gebrauch des nächsten Stückes anzupassen beschäftigt war. Sie gab die Auskunft, daß eben eine Gesellschaft lustiger Gesellen aus dem Italienerkeller nebenan heraustaumle, wo sie bei frischen Austern, die eben angekommen, des Champagners nicht geschont hätten.

»Schade«, sagte Mariane, »daß es uns nicht früher eingefallen ist, wir hätten uns auch was zugute tun sollen.«

»Es ist wohl noch Zeit«, versetzte Wilhelm und reichte der Alten einen Louisdor hin, »verschafft Sie uns, was wir wünschen, so soll Sie's mitgenießen.«

Die Alte war behend und in kurzer Zeit stand ein artig bestellter Tisch mit einer wohlgeordneten Kollation vor den Liebenden. Die Alte mußte sich dazusetzen; man aß, trank und ließ sich's wohl sein.

In solchen Fällen fehlt es nie an Unterhaltung. Mariane nahm ihren Jonathan wieder vor, und die Alte wußte das Gespräch auf Wilhelms Lieblingsmaterie zu wenden. »Sie haben uns schon einmal«, sagte sie, »von der ersten Aufführung eines Puppenspiels am Weihnachtsabend unterhalten; es war lustig zu hören. Sie wurden eben unterbrochen, als das Ballett angehen sollte. Nun kennen wir das herrliche Personal, das jene großen Wirkungen hervorbrachte.«

»Ja«, sagte Mariane, »erzähle uns weiter, wie war dir's zumute?«

»Es ist eine schöne Empfindung, liebe Mariane«, versetzte Wilhelm, »wenn wir uns alter Zeiten und alter unschädlicher Irrtümer erinnern, besonders wenn es in einem Augenblicke geschieht, da wir eine Höhe glücklich erreicht haben, von welcher wir uns umsehen und den zurückgelegten Weg überschauen können. Es ist so angenehm, selbstzufrieden sich mancher Hindernisse zu erinnern, die wir oft mit einem peinlichen Gefühle für unüberwindlich hielten, und dasjenige, was wir jetzt, entwikkelt, *sind*, mit dem zu vergleichen, was wir damals, unentwickelt, *waren*. Aber unaussprechlich glücklich fühl' ich mich jetzt, da ich in diesem Augenblicke mit dir von dem Vergangnen rede, weil ich zugleich vorwärts in das reizende Land schaue, das wir zusammen Hand in Hand durchwandern können.«

»Wie war es mit dem Ballett?« fiel die Alte ihm ein. »Ich fürchte, es ist nicht alles abgelaufen, wie es sollte.«

»O ja«, versetzte Wilhelm, »sehr gut! Von jenen wunderlichen Sprüngen der Mohren und Mohrinnen, Schäfer und Schäferinnen, Zwerge und Zwerginnen ist mir eine dunkle Erinnerung auf mein ganzes Leben geblieben. Nun fiel der Vorhang, die Türe schloß sich, und die ganze kleine Gesellschaft eilte wie betrunken und taumelnd zu Bette; ich weiß aber wohl, daß ich nicht einschlafen konnte, daß ich noch etwas erzählt haben wollte, daß ich noch viele Fragen tat, und daß ich nur ungern die Wärterin entließ, die uns zur Ruhe gebracht hatte.

Den andern Morgen war leider das magische Gerüste wieder verschwunden, der mystische Schleier weggehoben, man ging durch jene Türe wieder frei aus einer Stube in die andere, und so viel Abenteuer hatten keine Spur zurückgelassen. Meine Geschwister liefen mit ihren Spielsachen auf und ab, ich allein schlich hin und her; es schien mir unmöglich, daß da nur zwo Türpfosten sein sollten, wo gestern so viel Zauberei gewesen war. Ach, wer eine verlorne Liebe sucht, kann nicht unglücklicher sein, als ich mir damals schien.«

Ein freudetrunkner Blick, den er auf Marianen warf, überzeugte sie, daß er nicht fürchtete, jemals in diesen Fall kommen zu können.

Viertes Kapitel

»Mein einziger Wunsch war nunmehr«, fuhr Wilhelm fort, »eine zweite Aufführung des Stücks zu sehen. Ich lag der Mutter an, und diese suchte zu einer gelegenen Stunde den Vater zu bereden; allein ihre Mühe war vergebens. Er behauptete, nur ein seltenes Vergnügen könne bei den Menschen einen Wert haben; Kinder und Alte wüßten nicht zu schätzen, was ihnen Gutes täglich begegnete.

Wir hätten auch noch lange, vielleicht bis wieder Weihnachten, warten müssen, hätte nicht der Erbauer und heimliche Direktor des Schauspiels selbst Lust gefühlt, die Vorstellung zu wiederholen und dabei in einem Nachspiele einen ganz frisch fertig gewordenen Hanswurst zu produzieren.

Ein junger Mann von der Artillerie, mit vielen Talenten begabt, besonders in mechanischen Arbeiten geschickt, der dem Vater während des Baues viele wesentliche Dienste geleistet hatte und von ihm reichlich beschenkt worden war, wollte sich am Christfeste der kleinen Familie dankbar erzeigen und machte dem Hause seines Gönners ein Geschenk mit diesem ganz eingerichteten Theater, das er ehemals in müßigen Stunden zusammengebaut, geschnitzt und gemalt hatte. Er war es, der mit Hülfe eines Bedienten selbst die Puppen regierte und mit verstellter Stimme die verschiedenen Rollen hersagte. Ihm ward nicht schwer, den Vater zu bereden, der einem Freunde aus Gefälligkeit zugestand, was er seinen Kindern aus Überzeugung abgeschlagen hatte. Genug, das Theater ward wieder aufgestellt, einige Nachbarskinder gebeten und das Stück wiederholt.

Hatte ich das erste Mal die Freude der Überraschung und des Staunens, so war zum zweiten Male die Wollust des Aufmerkens und Forschens groß. *Wie* das zugehe, war jetzt mein Anliegen. Daß die Puppen nicht selbst redeten, hatte ich mir schon das erste Mal gesagt; daß sie sich nicht von selbst bewegten, vermutete ich auch; aber warum das alles doch so hübsch war, und es doch so aussah, als wenn sie selbst redeten und sich bewegten, und wo die Lichter und die Leute sein möchten, diese Rätsel beunruhigten mich um desto mehr, je mehr ich wünschte, zugleich unter den Bezauberten und Zauberern zu sein, zugleich meine Hände verdeckt im Spiel zu haben und als Zuschauer die Freude der Illusion zu genießen.

Das Stück war zu Ende, man machte Vorbereitungen zum Nachspiel, die Zuschauer waren aufgestanden und schwatzten durcheinander. Ich drängte mich näher an die Türe und hörte inwendig am Klappern, daß man mit Aufräumen beschäftigt sei. Ich hub den untern Teppich auf und guckte zwischen dem Gestelle durch. Meine Mutter bemerkte es und zog mich zurück; allein ich hatte doch so viel gesehen, daß man Freunde und Feinde, Saul und Goliath und wie sie alle heißen mochten, in *einen* Schiebkasten packte, und so erhielt meine halbbefriedigte Neugierde frische Nahrung. Dabei hatte ich zu meinem größten Erstaunen den Lieutenant im Heiligtume sehr geschäftig erblickt. Nunmehr konnte mich der Hanswurst, so sehr er mit seinen Absätzen klapperte, nicht unterhalten. Ich verlor mich in tiefes Nachdenken und war nach dieser Entdeckung ruhiger und unruhiger als vorher. Nachdem ich etwas erfahren hatte, kam es mir erst vor, als ob ich gar nichts wisse, und ich hatte recht; denn es fehlte mir der Zusammenhang, und darauf kommt doch eigentlich alles an.«

Fünftes Kapitel
»Die Kinder haben«, fuhr Wilhelm fort, »in wohleingerichteten und geordneten Häusern eine Empfindung, wie ungefähr Ratten und Mäuse haben mögen: sie sind aufmerksam auf alle Ritzen und Löcher, wo sie zu einem verbotenen Naschwerk gelangen können; sie genießen es mit einer solchen verstohlnen wollüstigen Furcht, die einen großen Teil des kindischen Glücks ausmacht.

Ich war vor allen meinen Geschwistern aufmerksam, wenn irgendein Schlüssel steckenblieb. Je größer die Ehrfurcht war, die ich für die verschlossenen Türen in meinem Herzen herumtrug, an denen ich wochen- und monatelang vorbeigehen mußte, und in die ich nur manchmal, wenn die Mutter das Heiligtum öffnete, um etwas herauszuholen, einen verstohlnen Blick tat, desto schneller war ich, einen Augenblick zu benutzen, den mich die Nachlässigkeit der Wirtschafterinnen manchmal treffen ließ.

Unter allen Türen war, wie man leicht erachten kann, die Türe der Speisekammer diejenige, auf die meine Sinne am schärfsten gerichtet waren. Wenig ahnungsvolle Freuden des Lebens glichen der Empfindung, wenn mich meine Mutter manchmal hineinrief, um ihr etwas heraustragen zu helfen, und ich dann einige gedörrte Pflaumen entweder ihrer Güte oder meiner List zu danken hatte. Die aufgehäuften Schätze übereinander umfingen meine Einbildungskraft mit ihrer Fülle, und selbst der wunderliche Geruch, den so mancherlei Spezereien durcheinander aushauchten, hatte so eine leckere Wirkung auf mich, daß ich niemals versäumte, sooft ich in der Nähe war, mich wenigstens an der eröffneten Atmosphäre zu weiden. Dieser merkwürdige Schlüssel blieb eines Sonntagmorgens, da die Mutter von dem Geläute übereilt ward, und das ganze Haus in einer tiefen Sabbatstille lag, stecken. Kaum hatte ich es bemerkt, als ich etlichemal sachte an der Wand hin und her ging, mich endlich still und fein andrängte, die Türe öffnete und mich mit *einem* Schritt in der Nähe so vieler langgewünschter Glückseligkeit fühlte. Ich besah Kästen, Säcke, Schachteln, Büchsen, Gläser mit einem schnellen zweifelnden Blicke, was ich wählen und nehmen sollte, griff endlich nach den vielgeliebten gewelkten Pflaumen, versah mich mit einigen getrockneten Äpfeln und nahm genügsam noch eine eingemachte Pomeranzenschale dazu; mit welcher Beute ich meinen Weg wieder rückwärts glitschen wollte, als mir ein paar nebeneinanderstehende Kasten in die Augen fielen, aus deren einem Drähte, oben mit Häkchen versehen, durch den übel verschlossenen Schieber heraushingen. Ahnungsvoll fiel ich darüber her; und mit welcher überirdischen Empfindung entdeckte ich, daß darin meine Helden- und Freudenwelt aufeinandergepackt sei! Ich wollte die obersten aufheben, betrachten, die untersten hervorziehen; allein gar bald verwirrte ich die leichten Drähte, kam darüber in Unruhe und Bangigkeit, besonders da die Köchin in der benachbarten Küche einige Bewegungen machte, daß ich alles, so gut ich konnte, zusammendrückte, den Kasten zuschob, nur ein geschriebenes Büchelchen, worin die Komödie von David und Goliath aufgezeichnet war, das obenauf gelegen hatte, zu mir steckte und mich mit dieser Beute leise die Treppe hinauf in eine Dachkammer rettete.

Von der Zeit an wandte ich alle verstohlenen einsamen Stunden darauf, mein Schauspiel wiederholt zu lesen, es auswendig zu lernen und mir in Gedanken vorzustellen, wie herrlich es sein müßte, wenn ich auch die Gestalten dazu mit meinen Fingern beleben könnte. Ich ward darüber in meinen Gedanken selbst zum David und Goliath. In allen Winkeln des Bodens, der Ställe, des Gartens, unter allerlei Umständen studierte ich das Stück ganz in mich ein, ergriff alle Rollen und lernte sie auswendig, nur daß ich mich meist an den Platz der Haupthelden zu setzen pflegte und die übrigen wie Trabanten nur im Gedächtnisse mitlaufen ließ. So lagen mir die großmütigen Reden Davids, mit denen er den übermütigen Riesen Goliath herausforderte, Tag und Nacht im Sinne; ich murmelte sie oft vor mich hin, niemand gab acht darauf als der Vater, der manchmal einen solchen Ausruf bemerkte und bei sich selbst das gute Gedächtnis seines Knaben pries, der von so wenigem Zuhören so mancherlei habe behalten können.

Hierdurch ward ich immer verwegener und rezitierte eines Abends das Stück zum größten Teile vor meiner Mutter, indem ich mir einige Wachsklümpchen zu Schauspielern bereitete. Sie merkte auf, drang in mich, und ich gestand.

Glücklicherweise fiel diese Entdeckung in die Zeit, da der Lieutenant selbst den Wunsch geäußert hatte, mich in diese Geheimnisse einweihen zu dürfen. Meine Mutter gab ihm sogleich Nachricht von dem unerwarteten Talente ihres Sohnes, und er wußte nun einzuleiten, daß man ihm ein paar Zimmer im obersten Stocke, die gewöhnlich leer standen, überließ, in deren einem wieder die Zuschauer sitzen, in dem andern die Schauspieler sein, und das Proszenium abermals die Öffnung der Türe ausfüllen sollte. Der Vater hatte seinem Freunde das alles zu veranstalten erlaubt, er selbst schien nur durch die Finger zu sehen, nach dem Grundsatze, man müsse den Kindern nicht merken lassen, wie lieb man sie habe, sie griffen immer zu weit um sich; er meinte, man müsse bei ihren Freuden ernst scheinen, und sie ihnen manchmal verderben, damit ihre Zufriedenheit sie nicht übermäßig und übermütig mache.«

ZWEITES BUCH

Viertes Kapitel

[...]

Das Volk hatte sich nach und nach verlaufen, und der Platz war leer geworden, indes Philine und Laertes über die Gestalt und die Geschicklichkeit Narzissens und Landrinettens in Streit gerieten und sich wechselsweise neckten. Wilhelm sah das wunderbare Kind auf der Straße bei andern spielenden Kindern stehen, machte Philinen darauf aufmerksam, die sogleich nach ihrer lebhaften Art dem Kinde rief und winkte und, da es nicht kommen wollte, singend die Treppe hinunter klapperte und es herausführte.

»Hier ist das Rätsel«, rief sie, als sie das Kind zur Türe herein-
zog. Es blieb am Eingange stehen, eben als wenn es gleich wieder
hinausschlüpfen wollte, legte die rechte Hand vor die Brust, die
linke vor die Stirn und bückte sich tief. »Fürchte dich nicht, liebe
Kleine«, sagte Wilhelm, indem er auf sie losging. Sie sah ihn mit
unsicherm Blick an und trat einige Schritte näher.

»Wie nennest du dich?« fragte er. – »Sie heißen mich Mignon.«
– »Wieviel Jahre hast du?« – »Es hat sie niemand gezählt.« – »Wer
war dein Vater?« – »Der große Teufel ist tot.«

»Nun, das ist wunderlich genug!« rief Philine aus. Man fragte
sie noch einiges; sie brachte ihre Antworten in einem gebroche-
nen Deutsch und mit einer sonderbar feierlichen Art vor; dabei
legte sie jedesmal die Hände an Brust und Haupt und neigte sich
tief.

Wilhelm konnte sie nicht genug ansehen. Seine Augen und
sein Herz wurden unwiderstehlich von dem geheimnisvollen
Zustande dieses Wesens angezogen. Er schätzte sie zwölf bis
dreizehn Jahre; ihr Körper war gut gebaut, nur daß ihre Glieder
einen stärkern Wuchs versprachen oder einen zurückgehaltenen
ankündigten. Ihre Bildung war nicht regelmäßig, aber auffallend;
ihre Stirne geheimnisvoll, ihre Nase außerordentlich schön, und
der Mund, ob er schon für ihr Alter zu sehr geschlossen schien,
und sie manchmal mit den Lippen nach einer Seite zuckte, noch
immer treuherzig und reizend genug. Ihre bräunliche Gesichts-
farbe konnte man durch die Schminke kaum erkennen. Diese
Gestalt prägte sich Wilhelmen sehr tief ein; er sah sie noch immer
an, schwieg und vergaß der Gegenwärtigen über seinen Betrachtungen. [...]

Vierzehntes Kapitel

[...]
Es darf also niemand wundern, wenn er bei Betrachtung seines Zustandes, und indem er sich aus demselben herauszuden-
ken arbeitete, in die größte Verwirrung geriet. Es war nicht genug, daß er durch seine Freundschaft zu Laertes, durch seine

Neigung zu Philinen, durch seinen Anteil an Mignon länger als billig an einem Orte und in einer Gesellschaft festgehalten wurde, in welcher er seine Lieblingsneigung hegen, gleichsam verstohlen seine Wünsche befriedigen und, ohne sich einen Zweck vorzusetzen, seinen alten Träumen nachschleichen konnte. Aus diesen Verhältnissen sich loszureißen und gleich zu scheiden, glaubte er Kraft genug zu besitzen. Nun hatte er aber vor wenigen Augenblicken sich mit Melina in ein Geldgeschäft eingelassen, er hatte den rätselhaften Alten kennen lernen, welchen zu entziffern er eine unbeschreibliche Begierde fühlte. Allein auch dadurch sich nicht zurückhalten zu lassen, war er nach lang hin und her geworfenen Gedanken entschlossen, oder glaubte wenigstens entschlossen zu sein. »Ich muß fort«, rief er aus, »ich will fort!« Er warf sich in einen Sessel und war sehr bewegt. Mignon trat herein und fragte, ob sie ihn aufwickeln dürfe? Sie kam still; es schmerzte sie tief, daß er sie heute so kurz abgefertigt hatte.

Nichts ist rührender, als wenn eine Liebe, die sich im stillen genährt, eine Treue, die sich im Verborgenen befestigt hat, endlich dem, der ihrer bisher nicht wert gewesen, zur rechten Stunde nahe kommt und ihm offenbar wird. Die lange und streng verschlossene Knospe war reif, und Wilhelms Herz konnte nicht empfänglicher sein.

Sie stand vor ihm und sah seine Unruhe. – »Herr!« rief sie aus, »wenn du unglücklich bist, was soll Mignon werden?« – »Liebes Geschöpf«, sagte er, indem er ihre Hände nahm, »du bist auch mit unter meinen Schmerzen. – Ich muß fort.« – Sie sah ihm in die Augen, die von verhaltenen Tränen blinkten, und kniete mit Heftigkeit vor ihm nieder. Er behielt ihre Hände, sie legte ihr Haupt auf seine Kniee und war ganz still. Er spielte mit ihren Haaren und war freundlich. Sie blieb lange ruhig. Endlich fühlte er an ihr eine Art Zucken, das ganz sachte anfing und sich, durch alle Glieder wachsend, verbreitete. – »Was ist dir, Mignon?« rief er aus, »was ist dir?« – Sie richtete ihr Köpfchen auf und sah ihn an, fuhr auf einmal nach dem Herzen, wie mit einer Gebärde, welche Schmerzen verbeißt. Er hob sie auf, und sie fiel auf seinen

Schoß; er drückte sie an sich und küßte sie. Sie antwortete durch keinen Händedruck, durch keine Bewegung. Sie hielt ihr Herz fest, und auf einmal tat sie einen Schrei, der mit krampfigen Bewegungen des Körpers begleitet war. Sie fuhr auf und fiel auch sogleich wie an allen Gelenken gebrochen vor ihm nieder. Es war ein gräßlicher Anblick! – »Mein Kind!« rief er aus, indem er sie aufhob und fest umarmte; »mein Kind, was ist dir?« – Die Zuckung dauerte fort, die vom Herzen sich den schlotternden Gliedern mitteilte; sie hing nur in seinen Armen. Er schloß sie an sein Herz und benetzte sie mit seinen Tränen. Auf einmal schien sie wieder angespannt, wie eins, das den höchsten körperlichen Schmerz erträgt; und bald mit einer neuen Heftigkeit wurden alle ihre Glieder wieder lebendig, und sie warf sich ihm, wie ein Ressort, das zuschlägt, um den Hals, indem in ihrem Innersten wie ein gewaltiger Riß geschah, und in dem Augenblicke floß ein Strom von Tränen aus ihren geschlossenen Augen in seinen Busen. Er hielt sie fest. Sie weinte, und keine Zunge spricht die Gewalt dieser Tränen aus. Ihre langen Haare waren aufgegangen und hingen von der Weinenden nieder, und ihr ganzes Wesen schien in einen Bach von Tränen unaufhaltsam dahinzuschmelzen. Ihre starren Glieder wurden gelinde, es ergoß sich ihr Innerstes, und in der Verirrung des Augenblickes fürchtete Wilhelm, sie werde in seinen Armen zerschmelzen, und er nichts von ihr übrigbehalten. Er hielt sie nur fester und fester. – »Mein Kind!« rief er aus, »mein Kind! Du bist ja mein! Wenn dich das Wort trösten kann. Du bist mein! Ich werde dich behalten, dich nicht verlassen!« – Ihre Tränen flossen noch immer. – Endlich richtete sie sich auf. Eine weiche Heiterkeit glänzte von ihrem Gesichte. – »Mein Vater!« rief sie, »du willst mich nicht verlassen! willst mein Vater sein! – Ich bin dein Kind!«

Sanft fing vor der Türe die Harfe an zu klingen; der Alte brachte seine herzlichsten Lieder dem Freunde zum Abendopfer, der, sein Kind immer fester in Armen haltend, des reinsten, unbeschreiblichsten Glückes genoß.

DRITTES BUCH

Erstes Kapitel

Kennst du das Land, wo die Zitronen blühn,
Im dunkeln Laub die Goldorangen glühn,
Ein sanfter Wind vom blauen Himmel weht,
Die Myrte still und hoch der Lorbeer steht,
Kennst du es wohl?
              Dahin! Dahin
Möcht' ich mit dir, o mein Geliebter, ziehn!

Kennst du das Haus? auf Säulen ruht sein Dach,
Es glänzt der Saal, es schimmert das Gemach,
Und Marmorbilder stehn und sehn mich an:
Was hat man dir, du armes Kind, getan?
Kennst du es wohl?
              Dahin! Dahin
Möcht' ich mit dir, o mein Beschützer, ziehn!

Kennst du den Berg und seinen Wolkensteg?
Das Maultier sucht im Nebel seinen Weg,
In Höhlen wohnt der Drachen alte Brut,
Es stürzt der Fels und über ihn die Flut:
Kennst du ihn wohl?
              Dahin! Dahin
Geht unser Weg; o Vater, laß uns ziehn!

Als Wilhelm des Morgens sich nach Mignon im Hause umsah, fand er sie nicht, hörte aber, daß sie früh mit Melina ausgegangen sei, welcher sich, um die Garderobe und die übrigen Theatergerätschaften zu übernehmen, beizeiten aufgemacht hatte.

Nach Verlauf einiger Stunden hörte Wilhelm Musik vor seiner Türe. Er glaubte anfänglich, der Harfenspieler sei schon wieder zugegen; allein er unterschied bald die Töne einer Zither, und die

Stimme, welche zu singen anfing, war Mignons Stimme. Wilhelm öffnete die Türe, das Kind trat herein und sang das Lied, das wir soeben aufgezeichnet haben.

Melodie und Ausdruck gefielen unserm Freunde besonders, ob er gleich die Worte nicht alle verstehen konnte. Er ließ sich die Strophen wiederholen und erklären, schrieb sie auf und übersetzte sie ins Deutsche. Aber die Originalität der Wendungen konnte er nur von ferne nachahmen. Die kindliche Unschuld des Ausdrucks verschwand, indem die gebrochene Sprache übereinstimmend und das Unzusammenhängende verbunden ward. Auch konnte der Reiz der Melodie mit nichts verglichen werden.

Sie fing jeden Vers feierlich und prächtig an, als ob sie auf etwas Sonderbares aufmerksam machen, als ob sie etwas Wichtiges vortragen wollte. Bei der dritten Zeile ward der Gesang dumpfer und düsterer; das *»Kennst du es wohl?«* drückte sie geheimnisvoll und bedächtig aus; in dem *»Dahin! Dahin!«* lag eine unwiderstehliche Sehnsucht, und ihr *»Laß uns ziehn!«* wußte sie bei jeder Wiederholung dergestalt zu modifizieren, daß es bald bittend und dringend, bald treibend und vielversprechend war.

Nachdem sie das Lied zum zweitenmal geendigt hatte, hielt sie einen Augenblick inne, sah Wilhelmen scharf an und fragte: »Kennst du das Land?« – »Es muß wohl Italien gemeint sein«, versetzte Wilhelm; »woher hast du das Liedchen?« – »Italien!« sagte Mignon bedeutend; »gehst du nach Italien, so nimm mich mit, es friert mich hier.« – »Bist du schon dort gewesen, liebe Kleine?« fragte Wilhelm. – Das Kind war still und nichts weiter aus ihm zu bringen.

Briefwechsel – Über »Wilhelm Meisters Lehrjahre«

[Schiller an Goethe]   23. August 1794

Es wäre nun doch gut, wenn man das neue Journal bald in Gang bringen könnte, und ... so nehme ich mir die Freiheit, bei Ihnen anzufragen, ob Sie Ihren Roman nicht nach und nach darin erscheinen lassen wollen?

[Goethe an Schiller]   27. August 1794

Leider habe ich meinen Roman wenige Wochen vor Ihrer Einladung an Unger gegeben, und die ersten gedruckten Bogen sind schon in meinen Händen ... Das 1. Buch schicke ich, sobald die Aushängebogen beisammen sind. Die Schrift ist schon so lange geschrieben, daß ich im eigentlichsten Sinne jetzt nur der Herausgeber bin.

[Goethe an Schiller]   6. Dezember 1794

Endlich kommt das erste Buch von »Wilhelm Schüler«, der, ich weiß nicht wie, den Namen »Meister« erwischt hat. Leider werden Sie die beiden ersten Bücher nur sehen, wenn das Erz ihnen schon die bleibende Form gegeben; demohngeachtet sagen Sie mir Ihre offene Meinung, sagen Sie mir, was man wünscht und erwartet. Die folgenden werden Sie noch im biegsamen Manuskript sehen und mir Ihren freundschaftlichen Rat nicht versagen.

[Schiller an Goethe]   9. Dezember 1794

Mit wahrer Herzenslust habe ich das erste Buch Wilhelm Meisters durchlesen und verschlungen, und ich danke demselben einen Genuß, wie ich lange nicht und nie als durch Sie gehabt habe. Es könnte mich ordentlich verdrießen, wenn ich das Mißtrauen, mit dem Sie von diesem trefflichen Produkt Ihres Genius sprechen, einer anderen Ursache zuschreiben müßte als der Größe der Forderungen, die Ihr Geist jederzeit an sich selbst machen muß. Denn ich finde auch nicht etwas darin, was nicht in der schönsten Harmonie mit dem lieblichen Ganzen stünde. Erwarten Sie heute kein näheres Detail meines Urteils [...] Ich gestehe, ich fürchtete mich anfangs, daß wegen der langen Zwischenzeit, die zwischen dem ersten Wurfe und der letzten Hand verstrichen sein muß, eine kleine Ungleichheit, wenn auch nur des Alters, sichtbar sein möchte. Aber davon ist auch nicht eine Spur zu sehen. Die kühnen poetischen Stellen, die aus der stillen Flut des Ganzen wie einzelne Blitze vorschlagen, machen eine treffliche Wirkung, erheben und füllen das Gemüt.

[Goethe an Schiller]   10. Dezember 1794
Sie haben mir durch das gute Zeugnis, das sie dem 1. Buche meines Romans geben, sehr wohlgetan. Nach den sonderbaren Schicksalen, welche diese Produktion von innen und außen gehabt hat, wäre es kein Wunder, wenn ich ganz und gar konfus darüber würde. Ich habe mich zuletzt bloß an meine Idee gehalten und will mich freuen, wenn sie mich aus diesem Labyrinthe herausleitet.

[Schiller an Goethe]   7. Januar 1795
Für das überschickte Exemplar des Romans empfangen Sie meinen besten Dank. Ich kann das Gefühl, das mich beim Lesen dieser Schrift, und zwar in zunehmendem Grade, je weiter ich darin komme, durchdringt und besitzt, nicht besser als durch eine süße und innige Behaglichkeit, durch ein Gefühl geistiger und leiblicher Gesundheit ausdrücken, und ich wollte dafür bürgen, daß es dasselbe bei allen Lesern im ganzen sein muß.

Ich erkläre mir dieses Wohlsein von der durchgängig darin herrschenden ruhigen Klarheit, Glätte und Durchsichtigkeit, die auch nicht das Geringste zurückläßt, was das Gemüt unbefriedigt und unruhig läßt, und die Bewegung desselben nicht weiter treibt, als nötig ist, um ein fröhliches Leben in dem Menschen anzufachen und zu erhalten. Über das einzelne sage ich Ihnen nichts, bis ich das dritte Buch gelesen habe, dem ich mit Sehnsucht entgegensehe.

Ich kann Ihnen nicht ausdrücken, wie peinlich mir das Gefühl oft ist, von einem Produkt dieser Art in das philosophische Wesen hineinzusehen. Dort ist alles so heiter, so lebendig, so harmonisch aufgelöst und so menschlich wahr; hier alles so strenge, so rigid und abstrakt und so höchst unnatürlich, weil alle Natur nur Synthesis und alle Philosophie Antithesis ist. Zwar darf ich mir das Zeugnis geben, in meinen Spekulationen der Natur so treu geblieben zu sein, als sich mit dem Begriff der Analysis verträgt; ja, vielleicht bin ich ihr treuer geblieben, als unsre Kantianer für erlaubt und für möglich hielten. Aber dennoch fühle ich nicht weniger lebhaft den unendlichen Abstand zwischen dem Leben und dem Raisonnement – und kann mich nicht enthalten, in einem solchen melancholischen Augenblick für einen Mangel in meiner Natur auszulegen, was ich in einer heitern Stunde bloß für eine natürliche Eigenschaft der Sache ansehen muß. So viel ist indes gewiß, der Dichter ist der einzige wahre Mensch, und der beste Philosoph ist nur eine Karikatur gegen ihn.

[Schiller an Goethe] 19. Februar 1795

Ich gab Ihnen neulich treu den Eindruck zurück, den »Wilhelm Meister« auf mich machte, und es ist also – wie billig – Ihr eigenes Feuer, an dem Sie sich wärmen. Körner schrieb mir vor einigen Tagen mit unendlicher Zufriedenheit davon, und auf sein Urteil ist zu bauen. Nie habe ich einen Kunstrichter gefunden, der sich durch die Nebenwerke an einem poetischen Produkt so wenig von dem Hauptwerke abziehen ließe. Er findet in »Wilhelm Meister« alle Kraft aus »Werthers Leiden«, nur gebändigt durch einen männlichen Geist und zu der ruhigen Anmut eines vollendeten Kunstwerks geläutert.

[Schiller an Goethe] 28. Juni 1796

Erwarten Sie heute noch nichts Bestimmtes von mir über den Eindruck, den das achte Buch auf mich gemacht. Ich bin beunruhigt und bin befriedigt, Verlangen und Ruhe sind wunderbar vermischt. Aus der Masse der Eindrücke, die ich empfangen, ragt mir in diesem Augenblick Mignons Bild am stärksten hervor. Ob die so stark interessierte Empfindung hier noch mehr fordert, als ihr gegeben worden, weiß ich jetzt noch nicht zu sagen. Es könnte auch zufällig sein; denn beim Aufschlagen des Manuskriptes fiel mein Blick zuerst auf das Lied, und dies bewegte mich so tief, daß ich den Eindruck nachher nicht mehr auslöschen konnte.

Das Merkwürdigste an dem Totaleindruck scheint mir dieses zu sein, daß Ernst und Schmerz durchaus wie ein Schattenspiel versinken und der leichte Humor vollkommen darüber Meister wird. Zum Teil ist mir dieses aus der leisen und leichten Behandlung erklärlich; ich glaube aber noch einen andern Grund davon in der theatralischen und romantischen Herbeiführung und Stellung der Begebenheiten zu entdecken. Das Pathetische erinnert an den Roman, alles übrige an die Wahrheit des Lebens. Die schmerzhaftesten Schläge, die das Herz bekommt, verlieren sich schnell wieder, so stark sie auch gefühlt werden, weil sie durch etwas Wunderbares herbeigeführt wurden und deswegen schneller als alles andere an die Kunst erinnern. Wie es auch sei, so viel ist gewiß, daß der Ernst in dem Roman nur Spiel und das Spiel in demselben der wahre und eigentliche Ernst ist, daß der Schmerz der Schein und die Ruhe die einzige Realität ist.

Der so weise aufgesparte Friedrich, der durch seine Turbulenz am Ende die reife Frucht vom Baume schüttelt und zusammenweht, was zusammengehört, erscheint bei der Katastrophe gerade so wie einer, der uns aus einem bänglichen Traum durch Lachen aufweckt. Der Traum flieht zu den andern Schatten; aber sein Bild bleibt übrig, um in die Gegenwart einen höheren Geist, in die Ruhe und Heiterkeit einen poetischen Gehalt, eine unendliche Tiefe zu legen. Diese Tiefe bei einer ruhigen Fläche, die, überhaupt genommen, Ihnen so eigentümlich ist, ist ein vorzüglicher Charakterzug des gegenwärtigen Romans …

[Schiller an Goethe]   Jena, den 2. Juli 1796
Ich habe nun alle 8 Bücher des Romans aufs neue, obgleich nur sehr flüchtig, durchlaufen, und schon allein die Masse ist so stark, daß ich in 2 Tagen kaum damit fertig worden bin. Billig sollte ich also heute noch nichts schreiben, denn die erstaunliche und unerhörte Mannigfaltigkeit, die darin, im eigentlichsten Sinne, *versteckt* ist, überwältigt mich. Ich gestehe, daß ich bis jetzt zwar die *Stätigkeit*, aber noch nicht die *Einheit* recht gefaßt habe, obwohl ich keinen Augenblick zweifle, daß ich auch über diese noch völlige Klarheit erhalten werde, wenn bei Produkten dieser Art die Stätigkeit nicht schon mehr als die halbe Einheit ist.

Da Sie, unter diesen Umständen, nicht wohl etwas ganz Genugtuendes von mir erwarten können und doch etwas zu hören wünschen, so nehmen Sie mit einzelnen Bemerkungen vorlieb, die auch nicht ganz ohne Wert sind, da sie ein unmittelbares Gefühl aussprechen werden. Dafür verspreche ich Ihnen, daß diesen ganzen Monat über die Unterhaltung über den Roman nie versiegen soll. Eine würdige und wahrhaft ästhetische Schätzung des ganzen Kunstwerks ist eine große Unternehmung. Ich werde ihr die nächsten 4 Monate ganz widmen und mit Freuden. Ohnehin gehört es zu dem schönsten Glück meines Daseins, daß ich die Vollendung dieses Produkts erlebte, daß sie noch in die Periode meiner strebenden Kräfte fällt, daß ich aus dieser reinen Quelle noch schöpfen kann; und das schöne Verhältnis, das unter uns ist, macht es mir zu einer gewissen Religion, Ihre Sache hierin zu der meinigen zu machen, alles, was in mir Realität ist, zu dem reinsten Spiegel des Geistes auszubilden, der in dieser Hülle lebt, und so, in einem höheren Sinne des Worts, den Namen Ihres Freundes zu verdienen. Wie lebhaft habe ich bei dieser Gelegenheit erfahren, daß das Vortreffliche eine Macht ist, daß es auf selbstsüchtige Gemüter auch nur als eine Macht wirken kann, daß es dem Vortrefflichen gegenüber keine Freiheit gibt als die Liebe.

Ich kann Ihnen nicht beschreiben, wie sehr mich die Wahrheit, das schöne Leben, die einfache Fülle dieses Werkes bewegte. Die Bewegung ist zwar noch unruhiger, als sie sein wird, wenn ich mich desselben ganz bemächtigt habe, und das wird dann eine wichtige Krise meines Geistes sein; sie ist aber doch der Effekt des Schönen, nur des Schönen, und die Unruhe rührt bloß davon her, weil der Verstand die Empfindung noch nicht hat einholen können. Ich verstehe Sie nun ganz, wenn Sie sagten, daß es eigentlich das Schöne, das Wahre sei, was Sie, oft bis zu Tränen, rühren könne. Ruhig und tief, klar und doch unbegreiflich wie die Natur, so wirkt es und so steht es da, und alles, auch das kleinste Nebenwerk, zeigt die schöne Gleichheit des Gemüts, aus welchem alles geflossen ist.

Aber ich kann diesen Eindrücken noch keine Sprache geben, auch will ich jetzt nur bei dem achten Buche stehen bleiben. Wie ist es Ihnen gelungen, den großen so weit auseinander geworfenen Kreis und Schauplatz von Personen und Begebenheiten wieder so eng zusammmen zu rücken. Es steht da wie ein schönes Planetensystem, alles gehört zusammmen, und nur die italienischen Figuren knüpfen, wie Kometengestalten und auch so schauerlich wie diese, das System an ein entferntes und größeres an. Auch laufen alle diese Gestalten, so wie auch Mariane und Aurelie, völlig wieder aus dem Systeme heraus und lösen sich als fremdartige Wesen davon ab, nachdem sie bloß dazu gedient haben, eine poetische Bewegung darin hervorzubringen. Wie schön gedacht ist es, daß Sie das praktisch Ungeheure, das furchtbar Pathetische im Schicksal Mignons und des Harfenspielers von dem theoretisch Ungeheuren, von den Mißgeburten des Verstandes ableiten, so daß der reinen und gesunden Natur nichts dadurch aufgebürdet wird. Nur im Schoß des dummen Aberglaubens werden diese monstrosen Schicksale ausgeheckt, die Mignon und den Harfenspieler verfolgen. Selbst Aurelia wird nur durch ihre Unnatur, durch ihre Mannweiblichkeit zerstört. Gegen Marianen allein möchte ich Sie eines poetischen Eigennutzes beschuldigen. Fast möchte ich sagen, daß sie dem Roman zum Opfer geworden, da sie der Natur nach zu retten war. Um *sie* werden daher immer noch bittere Tränen fließen, wenn man sich bei den drei andern gern von dem Individuum ab zu der Idee des Ganzen wendet.

Wilhelms Verirrung zu Theresen ist trefflich gedacht, motiviert, behandelt und noch trefflicher benutzt. Mancher Leser wird sie anfangs recht erschrecken, denn Theresen verspreche ich wenig Gönner; desto schöner reißen Sie ihn aber aus seiner Unruhe. Ich wüßte nicht, wie dieses falsche Verhältnis zärter, feiner, edler hätte gelöst werden können! Wie würden sich die Richardsons und alle andern gefallen haben, eine Szene daraus zu machen, und über dem Auskramen von delikaten Sentiments recht undelikat gewesen sein! Nur Ein kleines Bedenken hab ich dabei. Theresens mutige und entschlossene Widersetzlichkeit gegen die Partei, welche ihr ihren Bräutigam rauben will, selbst bei der erneuerten Möglichkeit, Lotharn zu besitzen, ist ganz in der Natur und trefflich; auch daß Wilhelm einen tiefen Unwillen und einen gewissen Schmerz über die Neckerei der Menschen und des Schicksals zeigt, finde ich sehr gegründet – nur, däucht mir, sollte er den Verlust eines Glücks weniger tief beklagen, das schon angefangen hatte, keines mehr für ihn zu sein. In Nataliens Nähe müßte ihm, scheint mir, seine wieder erlangte Freiheit ein höheres Gut sein, als er zeigt. Ich fühle wohl die Komplikation dieses Zustands und was die Delikatesse foderte, aber auf der andern Seite beleidigt es einigermaßen die Delikatesse gegen Natalien, daß er noch im Stand ist, ihr gegenüber den Verlust einer Therese zu beklagen!

Eins, was ich in der Verknüpfung der Begebenheiten auch besonders bewundre, ist der große Vorteil, den Sie von jenem falschen Verhältnis Wilhelms zu Theresen zu ziehen gewußt haben, um das wahre und gewünschte Ziel, Nataliens und Wilhelms Verbindung, zu beschleunigen. Auf keinem andern Weg hätte dieses so schön und natürlich geschehen können, als gerade auf dem eingeschlagenen, der davon zu entfernen drohte. Jetzt kann es mit höchster Unschuld und Reinheit ausgesprochen werden, daß Wilhelm und Natalie füreinander gehören, und die Briefe Theresens an Natalien leiten es auf das schönste ein. Solche Erfindungen sind von der ersten Schönheit, denn sie vereinigen alles, was nur gewünscht werden kann, ja was ganz unvereinbar scheinet; sie verwickeln und enthalten schon die Auflösung in sich, sie beunruhigen und führen zur Ruhe, sie erreichen das Ziel, indem sie davon mit Gewalt zu entfernen scheinen.

Mignons Tod, so vorbereitet er ist, wirkt sehr gewaltig und tief, ja so tief, daß es manchen vorkommen wird, Sie verlassen denselben zu schnell. Dies war beim ersten Lesen meine sehr stark markierte Empfindung; beim zweiten, wo die Überraschung nicht mehr war, empfand ich es weniger, fürchte aber doch, daß Sie hier um eines Haares Breite zu weit gegangen sein möchten. Mignon hat gerade vor dieser Katastrophe angefangen, weiblicher, weicher zu erscheinen und dadurch mehr durch sich selbst zu interessieren; die abstoßende Fremdartigkeit dieser Natur hatte nachgelassen, mit der nachlassenden Kraft hatte sich jene Heftigkeit in etwas verloren, die von ihr zurückschreckte. Besonders schmelzte das letzte Lied das Herz zu der tiefsten Rührung. Es fällt daher auf, wenn unmittelbar nach dem angreifenden Auftritt ihres Todes der Arzt eine Spekulation auf ihren Leichnam macht und das lebendige Wesen, die Person so schnell vergessen kann, um sie nur als Werkzeug eines artistischen Versuches zu betrachten; eben so fällt es auf, daß Wilhelm, der doch die Ursache ihres Todes ist und es auch weiß, in diesem Augenblick für jene Instrumententasche Augen hat und in Erinnerungen vergangener Szenen sich verlieren kann, da die Gegenwart ihn doch so ganz besitzen sollte.

Sollten Sie in diesem Falle auch vor der Natur ganz recht behalten, so zweifle ich, ob Sie auch gegen die »sentimentalischen« Foderungen der Leser es behalten werden, und deswegen möchte ich Ihnen raten – um die Aufnahme einer an sich so herrlich vorbereiteten und durchgeführten Szene bei dem Leser durch nichts zu stören – einige Rücksicht darauf zu nehmen.

Sonst finde ich alles, was Sie mit Mignon, lebend und tot, vornehmen, ganz außerordentlich schön. Besonders qualifiziert sich dieses reine und poetische Wesen so trefflich zu diesem poetischen Leichenbegängnis. In seiner isolierten Gestalt, seiner geheimnisvollen Existenz, seiner Reinheit und Unschuld repräsentiert es die Stufe des Alters, auf der es steht, so rein, es kann zu der reinsten Wehmut und zu einer wahr menschlichen Trauer bewegen, weil sich nichts als die Menschheit in ihm darstellte. Was bei jedem andern Individuum unstatthaft – ja in gewissem Sinn empörend sein würde, wird hier erhaben und edel.

Gerne hätte ich die Erscheinung des Marchese in der Familie noch durch etwas anders als durch seine Kunstliebhaberei motiviert gesehen. Er ist gar zu unentbehrlich zur Entwicklung, und die *Notdurft* seiner Dazwischenkunft könnte leicht stärker als die innere Notwendigkeit derselben in die Augen fallen. Sie haben durch die Organisation des übrigen Ganzen den Leser selbst verwöhnt und ihn zu strengeren Foderungen berechtigt, als man bei Romanen gewöhnlich mitbringen darf. Wäre nicht aus diesem Marchese eine alte Bekanntschaft des Lothario oder des Oheims zu machen und seine Herreise selbst mehr ins Ganze zu verflechten?

Die Katastrophe so wie die ganze Geschichte des Harfenspielers erregt das höchste Interesse; wie vortrefflich ich es finde, daß Sie diese ungeheuren Schicksale von frommen Fratzen ableiten, habe ich oben schon erwähnt. Der Einfall des Beichtvaters, eine leichte Schuld ins Ungeheure zu malen, um ein schweres Verbrechen, das er aus Menschlichkeit verschweigt, dadurch abbüßen zu lassen, ist himmlisch in seiner Art und ein würdiger Repräsentant dieser ganzen Denkungsweise. Vielleicht werden Sie Speratens Geschichte noch ein klein wenig ins kürzere ziehen, da sie in den Schluß fällt, wo man ungeduldiger zum Ziele eilt.

Daß der Harfner der Vater Mignons ist, und daß Sie selbst dieses eigentlich nicht aussprechen, es dem Leser gar nicht hinschieben, macht nur desto mehr Effekt. Man macht diese Betrachtung nun selbst, erinnert sich, wie nahe sich diese zwei geheimnisvollen Naturen lebten, und blickt in eine unergründliche Tiefe des Schicksals hinab.

Aber nichts mehr für heute. Meine Frau legt noch ein Brieflein bei und sagt Ihnen ihre Empfindungen bei dem achten Buche.

Leben Sie jetzt wohl, mein geliebter, mein verehrter Freund. Wie rührt es mich, wenn ich denke, [daß,] was wir sonst nur in der weiten Ferne eines begünstigten Altertums suchen und kaum finden, mir in Ihnen so nahe ist. Wundern Sie Sich nicht mehr, wenn es so wenige gibt, die Sie zu verstehen fähig und würdig sind. Die bewundernswürdige Natur, Wahrheit und Leichtigkeit Ihrer Schilderungen entfernt bei dem gemeinen Volk der Beurteiler allen Gedanken an die Schwierigkeit, an die Größe der Kunst, und bei denen, die dem Künstler zu folgen im Stande sein könnten, die auf die Mittel, wodurch er wirkt, aufmerksam sind, wirkt die genialische Kraft, welche sie hier handeln sehen, so feindlich und vernichtend, bringt ihr bedürftiges Selbst so sehr ins Gedränge, daß sie es mit Gewalt von sich stoßen, aber im Herzen und nur *de mauvaise grace* Ihnen gewiß am lebhaftesten huldigen.   Sch.

[Schiller an Goethe]   Jena, den 3. Juli 1796
Ich habe nun Wilhelms Betragen bei dem Verlust seiner Therese im ganzen Zusammenhang reiflich erwogen und nehme alle meine vorige Bedenklichkeiten zurück. So wie es ist, muß es sein. Sie haben darin die höchste Delikatesse bewiesen, ohne im geringsten gegen die Wahrheit der Empfindung zu verstoßen.

Es ist zu bewundern, wie schön und wahr die drei Charaktere der *Stiftsdame, Nataliens* und *Theresens* nuanciert sind. Die zwei ersten sind heilige, die zwei andern sind wahre und menschliche Naturen; aber eben darum, weil Natalie heilig und menschlich zugleich ist, so erscheint sie wie ein Engel, da die Stiftsdame nur eine Heilige, Therese nur eine vollkommene Irdische ist. Natalie und Therese sind beide Realistinnen; aber bei Theresen zeigt sich auch die Beschränkung des Realism, bei Natalien nur der Gehalt desselben. Ich wünschte, daß die Stiftsdame ihr das Prädikat einer schönen Seele nicht weggenommen hätte, denn nur Natalie ist eigentlich eine rein ästhetische Natur. Wie schön, daß sie die Liebe, als einen Affekt, als etwas Ausschließendes und Besonderes gar nicht kennt, weil die Liebe ihre Natur, ihr permanenter Charakter ist. Auch die Stiftsdame kennt eigentlich die Liebe nicht – aber aus einem unendlich verschiedenen Grunde.

Wenn ich Sie recht verstanden habe, so ist es gar nicht ohne Absicht geschehen, daß Sie Natalien unmittelbar von dem Gespräch über die Liebe und über ihre Unbekanntschaft mit dieser Leidenschaft den Übergang zu dem Saal der Vergangenheit nehmen lassen. Gerade die Gemütsstimmung, in welche man durch diesen Saal versetzt wird, erhebt über alle Leidenschaft, die Ruhe der Schönheit bemächtigt sich der Seele, und diese gibt den besten Aufschluß über Nataliens liebefreie und doch so liebevolle Natur.

Dieser Saal der Vergangenheit vermischt die ästhetische Welt, das Reich der Schatten im idealen Sinn, auf eine herrliche Weise mit dem lebendigen und wirklichen, so wie überhaupt aller Gebrauch, den Sie von den Kunstwerken gemacht, solche gar trefflich mit dem Ganzen verbindet. Es ist ein so froher freier Schritt aus der gebundenen engen Gegenwart heraus, und führt doch immer so schön zu ihr zurücke. Auch der Übergang von dem mittlern Sarkophag zu Mignon und zu der wirklichen Geschichte ist von der höchsten Wirkung. Die Inschrift: *gedenke zu leben* ist trefflich und wird es noch vielmehr, da sie an das verwünschte *Memento mori* erinnert und so schön darüber triumphiert.

Der Oheim mit seinen sonderbaren Idiosynkrasien für gewisse Naturkörper ist gar interessant. Gerade solche Naturen haben eine so bestimmte Individualität und so ein starkes Maß von Empfänglichkeit, als der Oheim besitzen muß, um das zu sein, was er ist. Seine Bemerkung über die Musik und daß sie ganz rein zu dem Ohre sprechen solle, ist auch voll Wahrheit. Es ist unverkennbar, daß Sie in diesen Charakter am meisten von Ihrer eigenen Natur gelegt haben.

Lothario hebt sich unter allen Hauptcharakteren am wenigsten heraus, aber aus ganz objektiven Gründen. Ein Charakter wie dieser kann in dem Medium, durch welches der Dichter wirkt, nie ganz erscheinen. Keine einzelne Handlung oder Rede stellt ihn dar; man muß ihn sehen, man muß ihn selbst hören, man muß mit ihm leben. Deswegen ist es genug, daß die, welche mit ihm leben, in dem Vertrauen und in der Hochschätzung gegen ihn so ganz einig sind, daß alle Weiber ihn lieben, die immer nach dem Total-Eindruck richten, und daß wir auf die Quellen seiner Bildung aufmerksam gemacht werden. Es ist bei diesem Charakter der Imagination des Lesers weit mehr überlassen als bei den andern, und mit dem vollkommensten Rechte; denn er ist ästhetisch, er muß also von dem Leser selbst produziert werden, aber nicht willkürlich, sondern nach Gesetzen, die Sie auch bestimmt genug gegeben haben. Nur seine Annäherung an das Ideal macht, daß diese Bestimmtheit der Züge nie zur Schärfe werden kann.

Jarno bleibt sich bis ans Ende gleich, und seine Wahl, in Rücksicht auf Lydien, setzt seinem Charakter die Krone auf. Wie gut haben Sie doch Ihre Weiber unterzubringen gewußt! – Charaktere wie Wilhelm, wie Lothario können nur glücklich sein durch Verbindung mit einem harmonierenden Wesen, ein Mensch wie Jarno kann es nur mit einem kontrastierenden werden; dieser muß immer etwas zu tun und zu denken und zu unterscheiden haben.

Die gute Gräfin fährt bei der poetischen Wirtsrechnung nicht zum besten; aber auch hier haben Sie völlig der Natur gemäß gehandelt. Ein Charakter wie dieser kann nie auf sich selbst gestellt werden, es gibt keine Entwicklung für ihn, die ihm seine Ruhe und sein Wohlbefinden garantieren könnte, immer bleibt er in der Gewalt der Umstände, und daher ist eine Art negativen Zustandes alles, was für ihn geschehen kann. Das ist freilich für den Betrachter nicht erfreulich, aber es ist so, und der Künstler spricht hier bloß das Naturgesetz aus. Bei Gelegenheit der Gräfin muß ich bemerken, daß mir ihre Erscheinung im achten Buche nicht gehörig motiviert zu sein scheint. Sie kommt *zu* der Entwicklung, aber nicht *aus* derselben.

Der Graf souteniert seinen Charakter trefflich, und auch dieses muß ich loben, daß Sie ihn durch seine so gut getroffenen Einrichtungen im Hause an dem Unglück des Harfenspielers schuld sein lassen. Mit aller Liebe zur Ordnung müssen solche Pedanten immer nur Unordnung stiften.

Die Unart des kleinen Felix, aus der Flasche zu trinken, die nachher einen so wichtigen Erfolg herbeiführt, gehört auch zu den glücklichsten Ideen des Plans. Es gibt mehrere dieser Art im Roman, die insgesamt sehr schön erfunden sind. Sie knüpfen auf eine so simple und naturgemäße Art das Gleichgültige an das Bedeutende und umgekehrt und verschmelzen die Notwendigkeit mit dem Zufall.

Gar sehr habe ich mich über Werners traurige Verwandlung gefreut. Ein solcher Philister konnte allenfalls durch die Jugend und durch seinen Umgang mit Wilhelm eine Zeitlang emporgetragen werden; sobald diese zwei Engel von ihm weichen, fällt er, wie recht und billig, der Materie anheim und muß endlich selber darüber erstaunen, wie weit er hinter seinem Freunde zurückgeblieben ist. Diese Figur ist auch deswegen so wohltätig für das Ganze, weil sie den Realism, zu welchem Sie den Helden des Romans zurückführen, erklärt und veredelt. Jetzt steht er in einer schönen menschlichen Mitte da, gleich weit von der *Phantasterei* und der *Philisterhaftigkeit*, und indem Sie ihn von dem Hange zur ersten so glücklich heilen, haben Sie vor der letztern nicht weniger gewarnt.

Werner erinnert mich an einen wichtigen chronologischen Verstoß, den ich in dem Roman zu bemerken glaube. Ohne Zweifel ist es Ihre Meinung nicht, daß Mignon, wenn sie stirbt, 21 Jahre und Felix zu derselben Zeit 10 oder 11 Jahre alt sein soll. Auch der blonde Friedrich sollte wohl bei seiner letzten Erscheinung noch nicht etliche und zwanzig Jahr alt sein u. s. f. Dennoch ist es wirklich so, denn von Wilhelms Engagement bei Serlo bis zu seiner Zurückkunft auf Lotharios Schloß sind wenigstens

sechs Jahre verflossen. Werner, der im fünften Buche noch un-
verheuratet war, hat am Anfang des achten schon mehrere Jungens, die »schreiben und rechnen, handeln und trödeln, und deren jedem er schon ein eigenes Gewerb eingerichtet hat«. Ich
denke mir also den ersten zwischen dem 5ten und 6ten, den zweiten zwischen dem 4ten und 5ten Jahr; und da er sich doch auch
nicht gleich nach des Vaters Tode hat trauen lassen und die Kinder auch nicht gleich da waren, so kommen zwischen 6 und 7
Jahren heraus, die zwischen dem 5ten und 8. Buch verflossen sein
müssen.

Humboldts Brief folgt hier zurücke. Er sagt sehr viel Wahres
über die Idylle, einiges scheint er mir nicht ganz so empfunden
zu haben, wie ichs empfinde. So ist mir die treffliche Stelle:

>>Ewig, sagte sie leise<<

nicht sowohl ihres *Ernstes* wegen schön, der sich von selbst versteht, sondern weil das Geheimnis des Herzens in diesem einzigen Worte auf einmal und ganz, mit seinem unendlichen Gefolge, heraus stürzt. Dieses einzige Wort, an dieser Stelle, ist statt
einer ganzen langen Liebesgeschichte, und nun stehen die zwei
Liebenden so gegeneinander, als wenn das Verhältnis schon jahrelang existiert hätte.

Die Kleinigkeiten, die er tadelt, verlieren sich in dem schönen
Ganzen; indessen möchte doch einige Rücksicht darauf zu nehmen sein, und seine Gründe sind nicht zu verwerfen. Zwei Tro-
chäen in dem vordern Hemipentameter haben freilich zu viel
Schleppendes, und so ist es auch mit den übrigen Stellen. Der Gegensatz mit dem *für*einander und *an*einander ist freilich etwas
spielend, wenn man es strenge nehmen will – und strenge nimmt
man es immer gern mit Ihnen.

Leben Sie recht wohl. Ich habe eine ziemliche Epistel geschrieben, möchten Sie so gerne lesen als ich schrieb.   Sch.

[Schiller an Goethe]   Jena, 5. Juli 1796

Es hat mich auch in dem 8ten Buche sehr gefreut, daß Wilhelm
anfängt, sich jenen imposanten Autoritäten, Jarno und dem
Abbé gegenüber mehr zu fühlen. Auch dies ist ein Beweis, daß er
seine Lehrjahre ziemlich zurückgelegt hat, und Jarno antwortet
bei dieser Gelegenheit ganz aus meiner Seele: »Sie sind bitter, das
ist recht schön und gut, wenn Sie nur erst einmal recht böse werden, so wird es noch besser sein.« – Ich gestehe, daß es mir ohne
diesen Beweis von Selbstgefühl bei unserm Helden peinlich sein
würde, ihn mir mit dieser Klasse so eng verbunden zu denken,
wie nachher durch die Verbindung mit Natalien geschieht. Bei
dem lebhaften Gefühl für die Vorzüge des Adels und bei dem
ehrlichen Mißtrauen gegen sich selbst und seinen Stand, das er
bei so vielen Gelegenheiten an den Tag legt, scheint er nicht ganz
qualifiziert zu sein, in diesen Verhältnissen eine vollkommene
Freiheit behaupten zu können, und selbst noch jetzt, da Sie ihn
mutiger und selbständiger zeigen, kann man sich einer gewissen
Sorge um ihn nicht erwehren. Wird er den Bürger je vergessen
können, und muß er das nicht, wenn sich sein Schicksal vollkommen schön entwickeln soll? Ich fürchte, er wird ihn nie ganz
vergessen, er hat mir zu viel darüber reflektiert, er wird, was er
einmal so bestimmt außer sich sah, nie vollkommen in sich hinein bringen können. Lotharios vornehmes Wesen wird ihn, so
wie Nataliens doppelte Würde des Standes und des Herzens, immer in einer gewissen Inferiorität erhalten. Denke ich mir ihn zugleich als den Schwager des Grafen, der das Vornehme seines
Standes auch durch gar nichts Ästhetisches mildert, vielmehr
durch Pedanterie noch recht heraussetzt, so kann mir zuweilen
bange für ihn werden.

    Es ist übrigens sehr schön, daß Sie, bei aller gebührenden Ach-
tung für gewisse äußere positive Formen, sobald es auf etwas rein
Menschliches ankommt, Geburt und Stand in ihre völlige Nulli-
tät zurückweisen und zwar, wie billig, ohne auch nur ein Wort
darüber zu verlieren. Aber was ich für eine offenbare Schönheit
halte, werden Sie schwerlich allgemein gebilliget sehen. Man-

chem wird es wunderbar vorkommen, daß ein Roman, der so gar nichts »*Sansculottisches*« hat, vielmehr an manchen Stellen der Aristokratie das Wort zu reden scheint, mit drei Heiraten endigt, die alle drei Mißheiraten sind. Da ich an der Entwicklung selbst nichts anderes wünsche, als es ist, und doch den wahren Geist des Werkes auch in Kleinigkeiten und Zufälligkeiten nicht gerne verkannt sehe, so gebe ich Ihnen zu bedenken, ob der falschen Beurteilung nicht noch durch ein paar Worte in Lotharios Munde zu begegnen wäre. Ich sage in Lotharios Munde; denn dieser ist der aristokratischste Charakter, er finder bei den Lesern aus seiner Klasse am meisten Glauben; bei ihm fällt die Mésalliance auch am stärksten auf; zugleich gäbe dieses eine Gelegenheit, die nicht so oft vorkommt, Lotharios vollendeten Charakter zu zeigen. Ich meine auch nicht, daß dieses bei der Gelegneheit selbst geschehen sollte, auf welche der Leser es anzuwenden hat; desto besser vielmehr, wenn es unabhängig von jeder Anwendung und nicht als Regel für einen einzelnen Fall, aus seiner Natur herausgesprochen wird.

Was Lothario betrifft, so könnte zwar gesagt werden, daß Theresens illegitime und bürgerliche Abkunft ein Familiengeheimnis sei; aber desto schlimmer, dürften alsdann manche sagen, so muß er die Welt hintergehen, um seinen Kindern die Vorteile seines Standes zuzuwenden. Sie werden selbst am besten wissen, wie viel oder wie wenig Rücksicht auf diese Armseligkeiten zu nehmen sein möchte.

[Goethe an Schiller]   7. Juli 1796
Herzlich danke ich Ihnen für Ihren erquickenden Brief und für die Mitteilung dessen, was Sie bei dem Roman, besonders bei dem achten Buche, empfunden und gedacht. […]

Wie selten findet man bei den Geschäften und Handlungen des gemeinen Lebens die gewünschte Teilnahme, und in diesem hohen ästhetischen Falle ist sie kaum zu hoffen, denn wie viele Menschen sehen das Kunstwerk an sich selbst, wie viele können es übersehen, und dann ist doch nur die Neigung, die alles sehen kann, was es enthält, und die reine Neigung, die dabei noch sehen kann, was ihm mangelt. Und was wäre nicht noch alles hinzu zu setzen, um den einzigen Fall auszudrucken, in dem ich mich nur mit Ihnen befinde.

[...] Fahren Sie fort, mich mit meinem eigenen Werke bekannt zu machen [...].

[Schiller an Goethe]   8. Juli 1796
Da Sie mir das achte Buch noch eine Woche lassen können, so will ich mich in meinen Bemerkungen vorderhand besonders auf dieses Buch einschränken; ist dann das Ganze einmal aus Ihren Händen in die weite Welt, so können wir uns mehr über die Form des Ganzen unterhalten, und Sie erweisen mir dann den Gegendienst, mein Urteil zu rektifizieren.

Vorzüglich sind es zwei Punkte, die ich Ihnen vor der gänzlichen Abschließung des Buches noch empfehlen möchte.

Der Roman, so wie er da ist, nähert sich in mehreren Stücken der Epopöe, unter andern auch darin, daß er Maschinen hat, die in gewissem Sinne die Götter oder das regierende Schicksal darin vorstellen. Der Gegenstand forderte dieses. Meisters Lehrjahre sind keine bloß blinde Wirkung der Natur, sie sind eine Art von Experiment. Ein verborgen wirkender höherer Verstand, die Mächte des Turms, begleiten ihn mit ihrer Aufmerksamkeit, und ohne die Natur in ihrem freien Gange zu stören, beobachten, leiten sie ihn von ferne und zu einem Zwecke, davon er selbst keine Ahnung hat, noch haben darf. So leise und locker auch dieser Einfluß von außen ist, so ist er doch wirklich da, und zur Erreichung des poetischen Zwecks war er unentbehrlich. Lehrjahre sind ein Verhältnisbegriff, sie fordern ihr Korrelatum, die Meisterschaft, und zwar muß die Idee von dieser letzten jene erst erklären und begründen. Nun kann aber diese Idee der Meisterschaft, die nur das Werk der gereiften und vollendeten Erfahrung ist, den Helden des Romans nicht selbst leiten; sie kann und darf nicht als sein Zweck und sein Ziel vor ihm stehen; denn sobald er das Ziel sich dächte, so hätte er es eo ipso auch erreicht; sie muß also als Führerin hinter ihm stehen. Auf diese Art erhält das Ganze eine schöne Zweckmäßigkeit, ohne daß der Held einen Zweck hätte; der Verstand findet also ein Geschäft ausgeführt, indes die Einbildungskraft völlig ihre Freiheit behauptet.

Daß Sie aber auch selbst bei diesem Geschäfte, diesem Zweck – dem einzigen in dem ganzen Roman, der wirklich ausgesprochen wird, selbst bei dieser geheimen Führung Wilhelms durch Jarno und den Abbé, alles Schwere und Strenge vermieden und die Motive dazu eher aus einer Grille, einer Menschlichkeit, als aus moralischen Quellen herausgenommen haben, ist eine von den Ihnen eigensten Schönheiten. Der Begriff einer Maschinerie wird dadurch wieder aufgehoben, indem doch die Wirkung davon bleibt, und alles bleibt, was die Form betrifft, in den Grenzen der Natur; nur das Resultat ist mehr, als die bloße sich selbst überlassene Natur hätte leisten können.

Bei dem allen aber hätte ich doch gewünscht, daß Sie das Bedeutende dieser Maschinerie, die notwendige Beziehung derselben auf das innere Wesen, dem Leser ein wenig näher gelegt hätten. Dieser sollte doch immer klar in die Ökonomie des Ganzen blicken, wenn diese gleich den handelnden Personen verborgen bleiben muß. Viele Leser, fürchte ich, werden in jenem geheimen Einfluß bloß ein theatralisches Spiel und einen Kunstgriff zu finden glauben, um die Verwicklung zu vermehren, Überraschungen zu erregen u. dgl. Das achte Buch gibt nun zwar einen *historischen* Aufschluß über alle einzelnen Ereignisse, die durch jene Maschinerie gewirkt wurden, aber den *ästhetischen* Aufschluß über den innern Geist, über die poetische Notwendigkeit jener Anstalten gibt es nicht befriedigend genug; auch ich selbst habe mich erst bei dem zweiten und dritten Lesen davon überzeugen können.

Wenn ich überhaupt an dem Ganzen noch etwas auszustellen hätte, so wäre es dieses, daß bei dem großen und tiefen Ernste, der in allem einzelnen herrscht, und durch den es so mächtig wirkt, die Einbildungskraft zu frei mit dem Ganzen zu spielen scheint. – Mir deucht, daß Sie hier die freie Grazie der Bewegung etwas weiter getrieben haben, als sich mit dem poetischen Ernste verträgt, daß Sie über dem gerechten Abscheu vor allem Schwerfälligen, Methodischen und Steifen sich dem andern Extrem genähert haben. Ich glaube zu bemerken, daß eine gewisse Kondeszendenz gegen die schwache Seite des Publikums Sie verleitet hat, einen mehr theatralischen Zweck und durch mehr theatralische Mittel, als bei einem Roman nötig und billig ist, zu verfolgen.

Wenn je eine poetische Erzählung der Hülfe des Wunderbaren und Überraschenden entbehren konnte, so ist es Ihr Roman; und gar leicht kann einem solchen Werke schaden, was ihm nicht nützt. Es kann geschehen, daß die Aufmerksamkeit mehr auf das Zufällige geheftet wird, und daß das Interesse des Lesers sich konsumiert, Rätsel aufzulösen, da es auf den innern Geist konzentriert bleiben sollte. Es kann geschehen, sage ich, und wissen wir nicht beide, daß es wirklich schon geschehen ist?

Es wäre also die Frage, ob jenem Fehler, wenn es einer ist, nicht noch im achten Buche zu begegnen wäre. Ohnehin träfe er nur die Darstellung der Idee; an der Idee selbst bleibt gar nichts zu wünschen übrig. Es wäre also bloß nötig, dem Leser dasjenige etwas bedeutender zu machen, was er bis jetzt zu frivol behandelte, und jene theatralischen Vorfälle, die er nur als ein Spiel der Imagination ansehen mochte, durch eine deutlicher ausgesprochene Beziehung auf den höchsten Ernst des Gedichtes auch vor der Vernunft zu legitimieren, wie es wohl implicite, aber nicht explicite geschehen ist. Der Abbé scheint mir diesen Auftrag recht gut besorgen zu können, und er wird dadurch auch sich selbst mehr zu empfehlen Gelegenheit haben. Vielleicht wäre es auch nicht überflüssig, wenn noch im achten Buch der nähern Veranlassung erwähnt würde, die Wilhelmen zu einem Gegenstand von des Abbé pädagogischen Planen machte. Diese Plane bekämen dadurch eine speziellere Beziehung, und Wilhelms Individuum würde für die Gesellschaft auch bedeutender erscheinen.

Sie haben in dem achten Buch verschiedene Winke hingeworfen, was Sie unter den Lehrjahren und der Meisterschaft gedacht wissen wollen. Da der Ideeninhalt eines Dichterwerks, vollends bei einem Publikum wie das unsrige, so vorzüglich in Betrachtung kommt und oft das einzige ist, dessen man sich nachher noch erinnert, so ist es von Bedeutung, daß Sie hier völlig begriffen werden. Die Winke sind sehr schön, nur nicht hinreichend scheinen sie mir. Sie wollten freilich den Leser mehr selbst finden lassen, als ihn geradezu belehren; aber eben weil Sie doch etwas heraussagen, so glaubt man, dieses sei nun auch alles, und so haben Sie Ihre Idee enger beschränkt, als wenn Sie es dem Leser ganz und gar überlassen hätten, sie herauszusuchen.

[Goethe an Schiller]   9. Juli 1796
Indem ich Ihnen auf einem besonderen Blatt die einzelnen Stellen verzeichne, die ich nach Ihren Bemerkungen zu ändern und zu supplieren gedenke, so habe ich Ihnen für Ihren heutigen Brief den höchsten Dank zu sagen, indem Sie mich durch die in demselben enthaltenen Erinnerungen nötigen, auf die eigentliche Vollendung des Ganzen aufmerksam zu sein . . . Der Fehler, den Sie mit Recht bemerken, kommt aus meiner innersten Natur, aus einem gewissen realistischen Tick, durch den ich meine Existenz, meine Handlungen, meine Schriften den Menschen aus den Augen zu rücken behaglich finde. So werde ich immer gerne inkognito reisen, das geringere Kleid vor dem bessern wählen und in der Unterredung mit Fremden oder Halbbekannten den unbedeutendem Gegenstand oder doch den weniger bedeutenden Ausdruck vorziehen, mich leichtsinniger betragen, als ich bin, und mich so – ich möchte sagen: – zwischen mich selbst und zwischen meine eigene Erscheinung stellen. Sie wissen recht gut, teils wie es ist, teils wie es zusammenhängt.

Über Goethes »Meister«

Ohne Anmaßung und ohne Geräusch, wie die Bildung eines strebenden Geistes sich still entfaltet, und wie die werdende Welt aus seinem Innern leise emporsteigt, beginnt die klare Geschichte. Was hier vorgeht und was hier gesprochen wird, ist nicht außerordentlich, und die Gestalten, welche zuerst hervortreten, sind weder groß noch wunderbar: eine kluge Alte, die überall den Vorteil bedenkt und für den reicheren Liebhaber das Wort führt; ein Mädchen, die sich aus den Verstrickungen der gefährlichen Führerin nur losreißen kann, um sich dem Geliebten heftig hinzugeben; ein reiner Jüngling, der das schöne Feuer seiner ersten Liebe einer Schauspielerin weiht. Indessen steht alles gegenwärtig vor unsern Augen da, lockt und spricht uns an. Die Umrisse sind allgemein und leicht, aber sie sind genau, scharf und sicher. Der kleinste Zug ist bedeutsam, jeder Strich ist ein leiser Wink und alles ist durch helle und lebhafte Gegensätze gehoben. Hier ist nichts, was die Leidenschaft heftig entzünden, oder die Teilnahme sogleich gewaltsam mit sich fortreißen könnte. [...]

Es ist schön und notwendig, sich dem Eindruck eines Gedichtes ganz hinzugeben, den Künstler mit uns machen zu lassen, was er will, und etwa nur im einzelnen das Gefühl durch Reflexion zu bestätigen und zum Gedanken zu erheben, und wo es noch zweifeln oder streiten dürfte, zu entscheiden und zu ergänzen. Dies ist das Erste und das Wesentlichste. Aber nicht minder notwendig ist es, von allem Einzelnen abstrahieren zu können, das Allgemeine schwebend zu fassen, eine Masse zu überschauen, und das Ganze festzuhalten, selbst dem Verborgensten nachzuforschen und das Entlegenste zu verbinden. Wir müssen uns über unsre eigne Liebe erheben, und was wir anbeten, in Gedanken vernichten können: sonst fehlt uns, was wir auch für andre Fähigkeiten haben, der Sinn für das Weltall. Warum sollte man nicht den Duft einer Blume einatmen, und dann doch das unendliche Geäder eines einzelnen Blatts betrachten und sich ganz in diese Betrachtung verlieren können? Nicht bloß die glänzende äußre Hülle, das bunte Kleid der schönen Erde, ist dem Menschen, der ganz Mensch ist, und so fühlt und denkt, interessant: er mag auch gern untersuchen, wie die Schichten im Innern aufeinander liegen, und aus welchen Erdarten sie zusammengesetzt sind; er möchte immer tiefer dringen, bis in den Mittelpunkt wo möglich, und möchte wissen, wie das Ganze konstruiert ist. So mögen wir uns gern dem Zauber des Dichters entreißen, nachdem wir uns gutwillig haben von ihm fesseln lassen, mögen am liebsten dem nachspähn, was er unserm Blick entziehen oder doch nicht zuerst zeigen wollte, und was ihn doch am meisten zum Künstler macht: die geheimen Absichten, die er im stillen verfolgt, und deren wir beim Genius, dessen Instinkt zur Willkür geworden ist, nie zu viele voraussetzen können.

Der angeborne Trieb des durchaus organisierten und organisierenden Werks, sich zu einem Ganzen zu bilden, äußert sich in den größeren wie in den kleineren Massen. Keine Pause ist zufällig und unbedeutend; und hier, wo alles zugleich Mittel und Zweck ist, wird es nicht unrichtig sein, den ersten Teil unbeschadet seiner Beziehung aufs Ganze als ein Werk für sich zu betrachten. Wenn wir auf die Lieblingsgegenstände aller Gespräche und aller gelegentlichen Entwickelungen, und auf die Lieblingsbeziehungen aller Begebenheiten, der Menschen und ihrer Umgebung sehen: so fällt in die Augen, daß sich alles um Schauspiel, Darstellung, Kunst und Poesie drehe. Es war so sehr die Absicht des Dichters, eine nicht unvollständige Kunstlehre aufzustellen, oder vielmehr in lebendigen Beispielen und Ansichten darzustellen, daß diese Absicht ihn sogar zu eigentlichen Episoden verleiten kann, wie die Komödie der Fabrikanten und die Vorstellung der Bergmänner. Ja man dürfte eine systematische Ordnung in dem Vortrage dieser poetischen Physik der Poesie finden; nicht eben das tote Fachwerk eines Lehrgebäudes, aber die lebendige

Stufenleiter jeder Naturgeschichte und Bildungslehre. Wie nämlich Wilhelm in diesem Abschnitt seiner Lehrjahre mit den ersten
und notdürftigsten Anfangsgründen der Lebenskunst beschäftigt ist: so werden hier auch die einfachsten Ideen über die schöne
Kunst, die ursprünglichen Fakta, und die rohesten Versuche,
kurz die Elemente der Poesie vorgetragen: die Puppenspiele,
diese Kinderjahre des gemeinen poetischen Instinkts, wie er allen
gefühlvollen Menschen auch ohne besondres Talent eigen ist; die
Bemerkungen über die Art, wie der Schüler Versuche machen
und beurteilen soll, und über die Eindrücke, welche der Berg-
mann und die Seiltänzer erregen; die Dichtung über das goldne
Zeitalter der jugendlichen Poesie, die Künste der Gaukler, die
improvisierte Komödie auf der Wasserfahrt. Aber nicht bloß auf
die Darstellungen des Schauspielers und was dem ähnlich ist, beschränkt sich diese Naturgeschichte der Schönen; in Mignons
und des Alten romantischen Gesängen offenbart sich die Poesie
auch als die natürliche Sprache und Musik schöner Seelen. Bei
dieser Absicht mußte die Schauspielerwelt die Umgebung und
der Grund des Ganzen werden, weil eben diese Kunst nicht bloß
die vielseitigste, sondern auch die geselligste aller Künste ist, und
weil sich hier vorzüglich Poesie und Leben, Zeitalter und Welt
berühren, während die einsame Werkstätte des bildenden Künstlers weniger Stoff darbietet, und die Dichter nur in ihrem Innern
als Dichter leben, und keinen abgesonderten Künstlerstand
mehr bilden.

Obgleich es also den Anschein haben möchte, als sei das
Ganze ebenso sehr eine historische Philosophie der Kunst, als
ein Kunstwerk oder Gedicht, und als sei alles, was der Dichter
mit solcher Liebe ausführt, als wäre es sein letzter Zweck, am
Ende doch nur Mittel: so ist doch auch alles Poesie, reine, hohe
Poesie. Alles ist so gedacht und so gesagt, wie von einem der zugleich ein göttlicher Dichter und ein vollendeter Künstler wäre;
und selbst der feinste Zug der Nebenausbildung scheint für
sich zu existieren und sich eines eignen selbständigen Daseins zu
erfreuen. Sogar gegen die Gesetze einer kleinlichen unechten

Wahrscheinlichkeit. Was fehlt Werners und Wilhelms Lobe des Handelns und der Dichtkunst, als das Metrum, um von jedermann für erhabne Poesie anerkannt zu werden? Überall werden uns goldne Früchte in silbernen Schalen gereicht. Diese wunderbare Prosa ist Prosa und doch Poesie. Ihre Fülle ist zierlich, ihre Einfachheit bedeutend und vielsagend und ihre hohe und zarte Ausbildung ist ohne eigensinnige Strenge. Wie die Grundfäden dieses Stils im ganzen aus der gebildeten Sprache des gesellschaftlichen Lebens genommen sind, so gefällt er sich auch in seltsamen Gleichnissen, welche eine eigentümliche Merkwürdigkeit aus diesem oder jenem ökonomischen Gewerbe, und was sonst von den öffentlichen Gemeinplätzen der Poesie am entlegensten scheint, dem Höchsten und Zartesten ähnlich zu bilden streben.

Man lasse sich also dadurch, daß der Dichter selbst die Personen und die Begebenheiten so leicht und so launig zu nehmen, den Helden fast nie ohne Ironie zu erwähnen, und auf sein Meisterwerk selbst von der Höhe seines Geistes herabzulächeln scheint, nicht täuschen, als sei es ihm nicht der heiligste Ernst. Man darf es nur auf die höchsten Begriffe beziehn und es nicht bloß so nehmen, wie es gewöhnlich auf dem Standpunkt des gesellschaftlichen Lebens genommen wird: als einen Roman, wo Personen und Begebenheiten der letzte Endzweck sind. Denn dieses schlechthin neue und einzige Buch, welches man nur aus sich selbst verstehen lernen kann, nach einem aus Gewohnheit und Glauben, aus zufälligen Erfahrungen und willkürlichen Forderungen zusammengesetzten und entstandnen Gattungsbegriff beurteilen; das ist, als wenn ein Kind Mond und Gestirne mit der Hand greifen und in sein Schächtelchen packen will.

Ebensosehr regt sich das Gefühl gegen eine schulgerechte Kunstbeurteilung des göttlichen Gewächses. Wer möchte ein Gastmahl des feinsten und ausgesuchtesten Witzes mit allen Förmlichkeiten und in aller üblichen Umständlichkeit rezensieren? Eine sogenannte Rezension des »Meister« würde uns immer erscheinen, wie der junge Mann, der mit dem Buche unter dem

Arm in den Wald spazieren kommt, und den Philine mit dem Kuckuck vertreibt.

Vielleicht soll man es also zugleich beurteilen und nicht beurteilen; welches keine leichte Aufgabe zu sein scheint. Glücklicherweise ist es eben eins von den Büchern, welche sich selbst beurteilen, und den Kunstrichter sonach aller Mühe überheben. Ja es beurteilt sich nicht nur selbst, es stellt sich auch selbst dar. Eine bloße Darstellung des Eindrucks würde daher, wenn sie auch keins der schlechtesten Gedichte von der beschreibenden Gattung sein sollte, außer dem, daß sie überflüssig sein würde, sehr den kürzern ziehen müssen; nicht bloß gegen den Dichter, sondern sogar gegen den Gedanken des Lesers, der Sinn für das Höchste hat, der anbeten kann, und ohne Kunst und Wissenschaft gleich weiß, was er anbeten soll, den das Rechte trifft wie ein Blitz.

Die gewöhnlichen Erwartungen von Einheit und Zusammenhang täuscht dieser Roman ebenso oft als er sie erfüllt. Wer aber echten systematischen Instinkt, Sinn für das Universum, jene Vorempfindung der ganzen Welt hat, die Wilhelmen so interessant macht, fühlt gleichsam überall die Persönlichkeit und lebendige Individualität des Werks, und je tiefer er forscht, je mehr innere Beziehungen und Verwandtschaften, je mehr geistigen Zusammenhang entdeckt er in demselben. Hat irgendein Buch einen Genius, so ist es dieses. […]

Mit dem vierten Bande scheint das Werk gleichsam mannbar und mündig geworden. Wir sehen nun klar, daß es nicht bloß, was wir Theater oder Poesie nennen, sondern das große Schauspiel der Menschheit selbst und die Kunst aller Künstler, die Kunst zu leben, umfassen soll. Wir sehen auch, daß diese Lehrjahre eher jeden andern zum tüchtigen Künstler oder zum tüchtigen Mann bilden wollen und bilden können, als Wilhelmen selbst. Nicht dieser oder jener Mensch sollte erzogen, sondern die Natur, die Bildung selbst sollte in mannigfachen Beispielen dargestellt, und in einfache Grundsätze zusammengedrängt werden. Wie wir uns in den Bekenntnissen plötzlich aus der Poesie in das Gebiet der Moral versetzt wähnten, so stehn hier die gediegnen Resultate einer Philosophie vor uns, die sich auf den höhern Sinn und Geist gründet, und gleich sehr nach strenger Absonderung und nach erhabner Allgemeinheit aller menschlichen Kräfte und Künste strebt. Für Wilhelmen wird wohl endlich auch gesorgt: aber sie haben ihn fast mehr als billig oder höflich ist, zum besten; selbst der kleine Felix hilft ihn erziehen und beschämen, indem er ihm seine vielfache Unwissenheit fühlbar macht. Nach einigen leichten Krämpfen von Angst, Trotz und Reue verschwindet seine Selbständigkeit aus der Gesellschaft der Lebendigen. Er resigniert förmlich darauf, einen eignen Willen zu haben; und nun sind seine Lehrjahre wirklich vollendet, und Natalie wird Supplement des Romans. […]

NOVALIS

Über Goethe

Eine merkwürdige Eigenheit Goethes bemerkt man in seinen Verknüpfungen kleiner, unbedeutender Vorfälle mit wichtigern Begebenheiten. Er scheint keine andre Absicht dabei zu hegen, als die Einbildungskraft, auf eine poetische Weise, mit einem mysteriösen Spiel, zu beschäftigen. Auch hier ist der sonderbare Mann der Natur auf die Spur gekommen und hat ihr einen artigen Kunstgriff abgemerkt. Das gewöhnliche Leben ist voll ähnlicher Zufälle. Sie machen ein Spiel aus, das, wie alles Spiel, auf Überraschung und Täuschung hinausläuft.

Goethens Philosopheme sind echt episch.

Goethe ist jetzt der wahre Statthalter des poetischen Geistes auf Erden.

Ein Romanschreiber macht eine Art von bouts rimés – der aus einer gegebenen Menge von Zufällen und Situationen – eine wohlgeordnete, gesetzmäßige Reihe macht – der Ein Individuum zu Einem Zweck durch alle diese Zufälle, die er zweckmäßig hindurchführt. Ein eigentümliches Individuum muß er haben, das die Begebenheiten bestimmt, und von ihnen bestimmt wird. Dieser Wechsel, oder die Veränderungen Eines Individuums – in einer kontinuierlichen Reihe machen den interessanten Stoff des Romans aus. Ein Romandichter kann auf mancherlei Art zu Werke gehn – er kann sich z. B. erst eine Menge Begebenheiten aussinnen – und zu der Belebung dieser ein Individuum ausdenken / eine Menge Reize, und zu diesen eine besondre, sie mannigfach verändernde und spezifizierende Konstitution / oder er kann sich umgekehrt erst ein Individuum eigner Art festsetzen und zu diesem eine Menge Begebenheiten erfinden . . . Je größer der Dichter, desto weniger Freiheit erlaubt er sich, desto philosophischer ist er. Er begnügt sich mit der willkürlichen Wahl des ersten Moments und entwickelt nachher nur die Anlagen dieses Keims – bis zu seiner Auflösung. Jeder Keim ist eine Dissonanz – ein Mißverhältnis, was sich nachgerade ausgleichen soll. Dieser erste Moment begreift die Wechselglieder in einem Verhältnis – das nicht so bleiben kann – z. B. bei »Meister« – Streben nach dem Höchsten und Kaufmannsstand. Das kann nicht so bleiben – eins muß des andern Herr werden – Meister muß den Kaufmannsstand verlassen oder das Streben muß vernichtet werden – Man könnte besser noch sagen – Sinn für schöne Kunst – und Geschäftsleben streiten sich um Meister in ihm. Das erste und das zweite – Schönheit und Nutzen sind die Göttinnen, die ihm einigemal unter verschiednen Gestalten auf Scheidewegen erscheinen – Endlich kommt Natalie – die beiden Wege und die beiden Gestalten fließen in eins.

»Wilhelm Meisters Lehrjahre« sind gewissermaßen durchaus prosaisch – und modern. Das Romantische geht darin zu Grunde – auch die Naturpoesie, das Wunderbare – Er handelt bloß von gewöhnlichen menschlichen Dingen – die Natur und der Mystizien sind ganz vergessen. Es ist eine poetisierte bürgerliche und häusliche Geschichte. Das Wunderbare darin wird ausdrücklich, als Poesie und Schwärmerei, behandelt. Künstlerischer Atheismus ist der Geist des Buchs. Sehr viel Ökonomie – mit prosaischen, wohlfeilen Stoff ein poetischer Effekt erreicht.

Gegen »Wilhelm Meisters Lehrjahre«. Es ist im Grunde ein fatales und albernes Buch – so prätentiös und preziös – undichterisch im höchsten Grade, was den Geist betrifft – so poetisch auch die Darstellung ist. Es ist eine Satire auf die Poesie, Religion etc. Aus Stroh und Hobelspänen ein wohlschmeckendes Gericht, ein Götterbild zusammengesetzt. Hinten wird alles Farce. Die ökonomische Natur ist die wahre – übrig bleibende. Goethe hat auf alle Fälle einen widerstrebenden Stoff behandelt. Poetische Maschinerie. Friedrich verdrängt Meister von der Philine und drängt ihn zur Natalie hin. Die »Bekenntnisse« sind eine Beruhigung des Lesers – nach dem Feuer, Wahnsinn und wilden Erscheinungen der ersten Hälfte des 3. Teils. Das viele Intrigieren und Schwatzen und Repräsentieren am Schluß des 4. Buchs verrät das vornehme Schloß und das Weiberregiment – und erregt eine ärgerliche Peinlichkeit. Der Abbé ist ein fataler Kerl, dessen geheime Oberaufsicht lästig und lächerlich wird. Der Turm in Lotharios Schlosse ist ein großer Widerspruch mit demselben. Die Freude, daß es nun aus ist, empfindet man am Schlusse im vollen Maße. Das Ganze ist ein nobilitierter Roman. Wilhelm Meisters Lehrjahre oder die Wallfahrt nach dem Adelsdiplom. Wilhelm Meister ist eigentlich ein »Candide«, gegen die Poesie gerichtet ...

Johann Wolfgang Goethe

Unterhaltungen deutscher Ausgewanderten

In jenen unglücklichen Tagen, welche für Deutschland, für Europa, ja für die übrige Welt die traurigsten Folgen hatten, als das Heer der Franken durch eine übelverwahrte Lücke in unser Vaterland einbrach, verließ eine edle Familie ihre Besitzungen in jenen Gegenden und entfloh über den Rhein, um den Bedrängnissen zu entgehen, womit alle ausgezeichneten Personen bedrohet waren, denen man zum Verbrechen machte, daß sie sich ihrer Väter mit Freuden und Ehren erinnerten und mancher Vorteile genossen, die ein wohldenkender Vater seinen Kindern und Nachkommen so gern zu verschaffen wünschte.

Die Baronesse von C., eine Witwe von mittlern Jahren, erwies sich auch jetzt auf dieser Flucht, wie sonst zu Hause, zum Troste ihrer Kinder, Verwandten und Freunde entschlossen und tätig. In einer weiten Sphäre erzogen und durch mancherlei Schicksale ausgebildet, war sie als eine treffliche Hausmutter bekannt, und jede Art von Geschäft erschien ihrem durchdringenden Geiste willkommen. Sie wünschte vielen zu dienen, und ihre ausgebreitete Bekanntschaft setzte sie instand, es zu tun. Nun mußte sie sich unerwartet als Führerin einer kleinen Karawane darstellen und verstand auch diese zu leiten, für sie zu sorgen und den guten Humor, wie er sich zeigte, in ihrem Kreise auch mitten unter Bangigkeit und Not zu unterhalten. Und wirklich stellte sich bei unsern Flüchtlingen die gute Laune nicht selten ein; denn überraschende Vorfälle, neue Verhältnisse gaben den aufgespannten Gemütern manchen Stoff zu Scherz und Lachen.

[...]

Abends nach Tische, als die Baronesse zeitig in ihr Zimmer gegangen war, blieben die übrigen beisammen und sprachen über mancherlei Nachrichten, die eben einliefen, über Gerüchte, die sich verbreiteten. Man war dabei, wie es gewöhnlich in solchen

Augenblicken zu geschehen pflegt, in Zweifel, was man glauben und was man verwerfen sollte.

Der alte Hausfreund sagte, darauf: »Ich finde am bequemsten, daß wir dasjenige glauben, was uns angenehm ist, ohne Umstände das verwerfen, was uns unangenehm wäre, und daß wir übrigens wahr sein lassen, was wahr sein kann.«

Man machte die Bemerkung, daß der Mensch auch gewöhnlich so verfahre, und durch einige Wendung des Gesprächs kam man auf die entschiedene Neigung unsrer Natur, das Wunderbare zu glauben. Man redete vom Romanhaften, vom Geisterhaften, und als der Alte einige gute Geschichten dieser Art künftig zu erzählen versprach, versetzte Fräulein Luise: »Sie wären recht artig und würden vielen Dank verdienen, wenn Sie uns gleich, da wir eben in der rechten Stimmung beisammen sind, eine solche Geschichte vortrügen; wir würden aufmerksam zuhören und Ihnen dankbar sein.«

Ohne sich lange bitten zu lassen, fing der Geistliche darauf mit folgenden Worten an:

»Als ich mich in Neapel aufhielt, begegnete daselbst eine Geschichte, die großes Aufsehen erregte und worüber die Urteile sehr verschieden waren. Die einen behaupteten, sie sei völlig ersonnen, die andern, sie sei wahr, aber es stecke ein Betrug dahinter. Diese Partei war wieder untereinander selbst uneinig; sie stritten, wer dabei betrogen haben könnte. Noch andere behaupteten, es sei keineswegs ausgemacht, daß geistige Naturen nicht sollten auf Elemente und Körper wirken können, und man müsse nicht jede wunderbare Begebenheit ausschließlich entweder für Lüge oder Trug erklären. Nun zur Geschichte selbst!

Eine Sängerin, Antonelli genannt, war zu meiner Zeit der Liebling des neapolitanischen Publikums. In der Blüte ihrer Jahre, ihrer Figur, ihrer Talente fehlte ihr nichts, wodurch ein Frauenzimmer die Menge reizt und lockt und eine kleine Anzahl Freunde entzückt und glücklich macht. Sie war nicht unempfindlich gegen Lob und Liebe; allein von Natur mäßig und verständig, wußte sie die Freuden zu genießen, die beide gewähren, ohne dabei aus der Fassung zu kommen, die ihr in ihrer Lage so nötig war. Alle jungen, vornehmen, reichen Leute drängten sich zu ihr, nur wenige nahm sie auf; und wenn sie bei der Wahl ihrer Liebhaber meist ihren Augen und ihrem Herzen folgte, so zeigte sie doch bei allen kleinen Abenteuern einen festen, sichern Charakter, der jeden genauen Beobachter für sie einnehmen mußte. Ich hatte Gelegenheit, sie einige Zeit zu sehen, indem ich mit einem ihrer Begünstigten in nahem Verhältnisse stand. Verschiedene Jahre waren hingegangen, sie hatte Männer genug kennengelernt und unter ihnen viele Gecken, schwache und unzuverlässige Menschen. Sie glaubte bemerkt zu haben, daß ein Liebhaber, der in einem gewissen Sinne dem Weibe alles ist, gerade da, wo sie eines Beistandes am nötigsten bedürfte, bei Vorfällen des Lebens, häuslichen Angelegenheiten, bei augenblicklichen Entschließungen meistenteils zu nichts wird, wenn er nicht gar seiner Geliebten, indem er nur an sich selbst denkt, schadet und aus Eigenliebe ihr das Schlimmste zu raten und sie zu den gefährlichsten Schritten zu verleiten sich gedrungen fühlt.

Bei ihren bisherigen Verbindungen war ihr Geist meistenteils unbeschäftigt geblieben; auch dieser verlangte Nahrung. Sie wollte endlich einen Freund haben, und kaum hatte sie dieses Bedürfnis gefühlt, so fand sich unter denen, die sich ihr zu nähern suchten, ein junger Mann, auf den sie ihr Zutrauen warf und der es in jedem Sinne zu verdienen schien.

Es war ein Genueser, der sich um diese Zeit einiger wichtiger Geschäfte seines Hauses wegen in Neapel aufhielt. Bei einem sehr glücklichen Naturell hatte er die sorgfältigste Erziehung genossen. Seine Kenntnisse waren ausgebreitet, sein Geist wie sein Körper vollkommen ausgebildet, sein Betragen konnte für ein Muster gelten, wie einer, der sich keinen Augenblick vergißt, sich doch immer in andern zu vergessen scheint. Der Handelsgeist seiner Geburtsstadt ruhete auf ihm; er sah das, was zu tun war, im großen an. Doch war seine Lage nicht die glücklichste; sein Haus hatte sich in einige höchst mißliche Spekulationen eingelassen und war in gefährliche Prozesse verwickelt. Die Angelegenheiten verwirrten sich mit der Zeit noch mehr, und die Sorge, die er darüber empfand, gab ihm einen Anstrich von Traurigkeit, der ihm sehr wohl anstand und unserm jungen Frauenzimmer noch mehr Mut machte, seine Freundschaft zu suchen, weil sie zu fühlen glaubte, daß er selbst einer Freundin bedürfe.

Er hatte sie bisher nur an öffentlichen Orten und bei Gelegenheit gesehen; sie vergönnte ihm nunmehr auf seine erste Anfrage den Zutritt in ihrem Hause, ja sie lud ihn recht dringend ein, und er verfehlte nicht zu kommen.

Sie versäumte keine Zeit, ihm ihr Zutrauen und ihren Wunsch zu entdecken. Er war verwundert und erfreut über ihren Antrag. Sie bat ihn inständig, ihr Freund zu bleiben und keine Anforderungen eines Liebhabers zu machen. Sie eröffnete ihm eine Verlegenheit, in der sie sich eben befand und worüber er bei seinen mancherlei Verhältnissen den besten Rat geben und die schleunigste Einleitung zu ihrem Vorteil machen konnte. Er vertraute ihr dagegen seine Lage, und indem sie ihn zu erheitern und zu trösten wußte, indem sich in ihrer Gegenwart manches entwickelte, was sonst bei ihm nicht so früh erwacht wäre, schien sie auch seine Ratgeberin zu sein, und eine wechselseitige, auf die edelste Achtung, auf das schönste Bedürfnis gegründete Freundschaft hatte sich in kurzem zwischen ihnen befestigt. Nur leider überlegt man bei Bedingungen, die man eingeht, nicht immer, ob sie möglich sind. Er hatte versprochen, nur Freund zu sein, keine Ansprüche auf die Stelle eines Liebhabers zu machen, und doch konnte er sich nicht leugnen, daß ihm die von ihr begünstigten Liebhaber überall im Wege, höchst zuwider, ja ganz und gar unerträglich waren. Besonders fiel es ihm höchst schmerzlich auf, wenn ihn seine Freundin von den guten und bösen Eigenschaften eines solchen Mannes oft launig unterhielt, alle Fehler des Begünstigten genau zu kennen schien und doch noch vielleicht selbigen Abend, gleichsam zum Spott des wertgeschätzten Freundes, in den Armen eines Unwürdigen ausruhte.

Glücklicher- oder unglücklicherweise geschah es bald, daß

das Herz der Schönen frei wurde. Ihr Freund bemerkte es mit Vergnügen und suchte ihr vorzustellen, daß der erledigte Platz ihm vor allen andern gebühre. Nicht ohne Widerstand und Widerwillen gab sie seinen Wünschen Gehör. ›Ich fürchte,‹ sagte sie, ›daß ich über dieser Nachgiebigkeit das Schätzbarste auf der Welt, einen Freund, verliere.‹ Sie hatte richtig geweissagt; denn kaum hatte er eine Zeitlang in seiner doppelten Eigenschaft bei ihr gegolten, so fingen seine Launen an, beschwerlicher zu werden: als Freund forderte er ihre ganze Achtung, als Liebhaber ihre ganze Neigung und als ein verständiger und angenehmer Mann unausgesetzte Unterhaltung. Dies aber war keinesweges nach dem Sinne des lebhaften Mädchens; sie konnte sich in keine Aufopferung finden und hatte nicht Lust, irgend jemand ausschließliche Rechte zuzugestehen. Sie suchte daher auf eine zarte Weise seine Besuche nach und nach zu verringern, ihn seltner zu sehen und ihn fühlen zu lassen, daß sie um keinen Preis der Welt ihre Freiheit weggebe.

Sobald er es merkte, fühlte er sich vom größten Unglück betroffen, und leider befiel ihn dieses Unheil nicht allein: seine häuslichen Angelegenheiten fingen an, äußerst schlimm zu werden. Er hatte sich dabei den Vorwurf zu machen, daß er von früher Jugend an sein Vermögen als eine unerschöpfliche Quelle angesehen, daß er seine Handelsangelegenheiten versäumt, um auf Reisen und in der großen Welt eine vornehmere und reichere Figur zu spielen, als ihm seine Geburt und sein Einkommen gestatteten. Die Prozesse, auf die er seine Hoffnung setzte, gingen langsam und waren kostspielig. Er mußte deshalb einigemal nach Palermo, und während seiner letzten Reise machte das kluge Mädchen verschiedene Einrichtungen, um ihrer Haushaltung eine andere Wendung zu geben und ihn nach und nach von sich zu entfernen. Er kam zurück und fand sie in einer andern Wohnung, entfernt von der seinigen, und sah den Marchese von S., der damals auf die öffentlichen Lustbarkeiten und Schauspiele großen Einfluß hatte, vertraulich bei ihr aus und ein gehen. Dies überwältigte ihn, und er fiel in eine schwere Krankheit. Als die

Nachricht davon zu seiner Freundin gelangte, eilte sie zu ihm, sorgte für ihn, richtete seine Aufwartung ein, und als ihr nicht verborgen blieb, daß seine Kasse nicht zum besten bestellt war, ließ sie eine ansehnliche Summe zurück, die hinreichend war, ihn auf einige Zeit zu beruhigen.

Durch die Anmaßung, ihre Freiheit einzuschränken, hatte der Freund schon viel in ihren Augen verloren; wie ihre Neigung zu ihm abnahm, hatte ihre Aufmerksamkeit auf ihn zugenommen; endlich hatte die Entdeckung, daß er in seinen eigenen Angelegenheiten so unklug gehandelt habe, ihr nicht die günstigsten Begriffe von seinem Verstande und seinem Charakter gegeben. Indessen bemerkte er die große Veränderung nicht, die in ihr vorgegangen war; vielmehr schien ihre Sorgfalt für seine Genesung, die Treue, womit sie halbe Tage lang an seinem Lager aushielt, mehr ein Zeichen ihrer Freundschaft und Liebe als ihres Mitleids zu sein, und er hoffte nach seiner Genesung in alle Rechte wieder eingesetzt zu werden.

Wie sehr irrte er sich! In dem Maße, wie seine Gesundheit wiederkam und seine Kräfte sich erneuerten, verschwand bei ihr jede Art von Neigung und Zutrauen, ja er schien ihr so lästig, als er ihr sonst angenehm gewesen war. Auch war seine Laune, ohne daß er es selbst bemerkte, während dieser Begebenheiten höchst bitter und verdrießlich geworden; alle Schuld, die er an seinem Schicksal haben konnte, warf er auf andere und wußte sich in allem völlig zu rechtfertigen. Er sah in sich nur einen unschuldig verfolgten, gekränkten, betrübten Mann und hoffte völlige Entschädigung alles Übels und aller Leiden von einer vollkommenen Ergebenheit seiner Geliebten.

Mit diesen Anforderungen trat er gleich in den ersten Tagen hervor, als er wieder ausgehen und sie besuchen konnte. Er verlangte nichts weniger, als daß sie sich ihm ganz ergeben, ihre übrigen Freunde und Bekannten verabschieden, das Theater verlassen und ganz allein mit ihm und für ihn leben sollte. Sie zeigte ihm die Unmöglichkeit, seine Forderungen zu bewilligen, erst auf eine scherzhafte, dann auf eine ernsthafte Weise, und war leider endlich genötigt, ihm die traurige Wahrheit, daß ihr Verhältnis gänzlich vernichtet sei, zu gestehen. Er verließ sie und sah sie nicht wieder.

Er lebte noch einige Jahre in einem sehr eingeschränkten Kreise oder vielmehr bloß in der Gesellschaft einer alten, frommen Dame, die mit ihm in einem Hause wohnte und sich von wenigen Renten erhielt. In dieser Zeit gewann er den einen Prozeß und bald darauf den andern; allein seine Gesundheit war untergraben und das Glück seines Lebens verloren. Bei einem geringen Anlaß fiel er abermals in eine schwere Krankheit; der Arzt kündigte ihm den Tod an. Er vernahm sein Urteil ohne Widerwillen, nur wünschte er, seine schöne Freundin noch einmal zu sehen. Er schickte seinen Bedienten zu ihr, der sonst, in glücklichem Zeiten, manche günstige Antwort gebracht hatte. Er ließ sie bitten; sie schlug es ab. Er schickte zum zweitenmal und ließ sie beschwören; sie beharrte auf ihrem Sinne. Endlich, es war schon tief in der Nacht, sendete er zum drittenmal; sie ward bewegt und vertraute mir ihre Verlegenheit, denn ich war eben mit dem Marchese und einigen andern Freunden, bei ihr zum Abendessen. Ich riet ihr und bat sie, dem Freunde den letzten Liebesdienst zu erzeigen; sie schien unentschlossen, aber nach einigem Nachdenken nahm sie sich zusammen. Sie schickte den Bedienten mit einer abschläglichen Antwort weg, und er kam nicht wieder.

Wir saßen nach Tische in einem vertrauten Gespräch und waren alle heiter und guten Muts. Es war gegen Mitternacht, als sich auf einmal eine klägliche, durchdringende, ängstliche und lang nachtönende Stimme hören ließ. Wir fuhren zusammen, sahen einander an und sahen uns um, was aus diesem Abenteuer werden sollte. Die Stimme schien an den Wänden zu verklingen, wie sie aus der Mitte des Zimmers hervorgedrungen war. Der Marchese stand auf und sprang ans Fenster, und wir andern bemühten uns um die Schöne, welche ohnmächtig dalag. Sie kam erst langsam zu sich selbst. Der eifersüchtige und heftige Italiener sah kaum ihre wieder aufgeschlagenen Augen, als er ihr bittre Vorwürfe machte. ›Wenn Sie mit Ihren Freunden Zeichen verabreden,‹ sagte er, ›so lassen Sie doch solche weniger auffallend und heftig sein.‹ Sie antwortete ihm mit ihrer gewöhnlichen Gegenwart des Geistes, daß, da sie jedermann und zu jeder Zeit bei sich zu sehen das Recht habe, sie wohl schwerlich solche traurige und schreckliche Töne zur Vorbereitung angenehmer Stunden wählen würde.

Und gewiß, der Ton hatte etwas unglaublich Schreckhaftes. Seine lange nachdröhnenden Schwingungen waren uns allen in den Ohren, ja in den Gliedern geblieben. Sie war blaß, entstellt und immer der Ohnmacht nahe; wir mußten die halbe Nacht bei ihr bleiben. Es ließ sich nichts weiter hören. Die andere Nacht dieselbe Gesellschaft, nicht so heiter als Tags vorher, aber doch gefaßt genug, und – um dieselbige Zeit derselbe gewaltsame, fürchterliche Ton.

Wir hatten indessen über die Art des Schreies, und wo er herkommen möchte, unzählige Urteile gefällt und unsre Vermutungen erschöpft. Was soll ich weitläufig sein? Sooft sie zu Hause aß, ließ er sich um dieselbige Zeit vernehmen, und zwar, wie man bemerken wollte, manchmal stärker, manchmal schwächer. Ganz Neapel sprach von diesem Vorfall. Alle Leute des Hauses, alle Freunde und Bekannte nahmen den lebhaftesten Teil daran, ja die Polizei ward aufgerufen. Man stellte Spione und Beobachter aus. Denen auf der Gasse schien der Klang aus der freien Luft zu entspringen, und in dem Zimmer hörte man ihn gleichfalls ganz in unmittelbarer Nähe. Sooft sie auswärts aß, vernahm man nichts; sooft sie zu Hause war, ließ sich der Ton hören.

Aber auch außer dem Hause blieb sie nicht ganz von diesem bösen Begleiter verschont. Ihre Anmut hatte ihr den Zutritt in die ersten Häuser geöffnet. Sie war als eine gute Gesellschafterin überall willkommen, und sie hatte sich, um dem bösen Gaste zu entgehen, angewöhnt, die Abende außer dem Hause zu sein.

Ein Mann, durch sein Alter und seine Stelle ehrwürdig, führte sie eines Abends in seinem Wagen nach Hause. Als sie vor ihrer Türe von ihm Abschied nimmt, entsteht der Klang zwischen ihnen beiden, und man hebt diesen Mann, der so gut wie tausend andere die Geschichte wußte, mehr tot als lebendig in seinen Wagen.

Ein andermal fährt ein junger Tenor, den sie wohl leiden konnte, mit ihr abends durch die Stadt, eine Freundin zu besuchen. Er hatte von diesem seltsamen Phänomen reden hören und zweifelte, als ein muntrer Knabe, an einem solchen Wunder. Sie sprachen von der Begebenheit. ›Ich wünschte doch auch‹, sagte er, ›die Stimme Ihres unsichtbaren Begleiters zu hören; rufen Sie ihn doch auf, wir sind ja zu zweien und werden uns nicht fürchten!‹ Leichtsinn oder Kühnheit, ich weiß nicht, was sie vermochte, genug, sie ruft dem Geiste, und in dem Augenblicke entsteht mitten im Wagen der schmetternde Ton, läßt sich dreimal schnell hintereinander gewaltsam hören und verschwindet mit einem bänglichen Nachklang. Vor dem Hause ihrer Freundin fand man beide ohnmächtig im Wagen, nur mit Mühe brachte man sie wieder zu sich und vernahm, was ihnen begegnet sei.

Die Schöne brauchte einige Zeit, sich zu erholen. Dieser immer erneuerte Schrecken griff ihre Gesundheit an, und das klingende Gespenst schien ihr einige Frist zu verstatten, ja sie hoffte sogar, weil es sich lange nicht wieder hören ließ, endlich völlig davon befreit zu sein. Allein diese Hoffnung war zu frühzeitig.

Nach geendigtem Karneval unternahm sie mit einer Freundin und einem Kammermädchen eine kleine Lustreise. Sie wollte einen Besuch auf dem Lande machen; es war Nacht, ehe sie ihren Weg vollenden konnten, und da noch am Fuhrwerke etwas zerbrach, mußten sie in einem schlechten Wirtshaus übernachten und sich so gut als möglich einrichten.

Schon hatte die Freundin sich niedergelegt, und das Kammermädchen, nachdem sie das Nachtlicht angezündet hatte, wollte eben zu ihrer Gebieterin ins andre Bett steigen, als diese scherzend zu ihr sagte: ›Wir sind hier am Ende der Welt, und das Wetter ist abscheulich, sollte er uns wohl hier finden können?‹ Im Augenblick ließ er sich hören, stärker und fürchterlicher als jemals. Die Freundin glaubte nicht anders, als die Hölle sei im

Zimmer, sprang aus dem Bette, lief, wie sie war, die Treppe hinunter und rief das ganze Haus zusammen. Niemand tat diese Nacht ein Auge zu. Allein es war auch das letztemal, daß sich der Ton hören ließ. Doch hatte leider der ungebetene Gast bald eine andere, lästigere Weise, seine Gegenwart anzuzeigen.

Einige Zeit hatte er Ruhe gehalten, als auf einmal abends zur gewöhnlichen Stunde, da sie mit ihrer Gesellschaft zu Tische saß, ein Schuß, wie aus einer Flinte oder stark geladnen Pistole, zum Fenster herein fiel. Alle hörten den Knall, alle sahen das Feuer, aber bei näherer Untersuchung fand man die Scheibe ohne die mindeste Verletzung. Desungeachtet nahm die Gesellschaft den Vorfall sehr ernsthaft, und alle glaubten, daß man der Schönen nach dem Leben stehe. Man eilt nach der Polizei, man untersucht die benachbarten Häuser, und da man nichts Verdächtiges findet, stellt man darin den andern Tag Schildwachen von oben bis unten. Man durchsucht genau das Haus, worin sie wohnt, man verteilt Spione auf der Straße.

Alle diese Vorsicht war vergebens. Drei Monate hintereinander fiel in demselbigen Augenblicke der Schuß durch dieselbe Fensterscheibe, ohne das Glas zu verletzen, und, was merkwürdig war, immer genau eine Stunde vor Mitternacht, da doch gewöhnlich in Neapel nach der italienischen Uhr gezählt wird und Mitternacht daselbst eigentlich keine Epoche macht.

Man gewöhnte sich endlich an diese Erscheinung wie an die vorige und rechnete dem Geiste seine unschädliche Tücke nicht hoch an. Der Schuß fiel manchmal, ohne die Gesellschaft zu erschrecken oder sie in ihrem Gespräch zu unterbrechen.

Eines Abends nach einem sehr warmen Tage öffnete die Schöne, ohne an die Stunde zu denken, das bewußte Fenster und trat mit dem Marchese auf den Balkon. Kaum standen sie einige Minuten draußen, als der Schuß zwischen ihnen beiden durch fiel und sie mit Gewalt rückwärts in das Zimmer schleuderte, wo sie ohnmächtig auf den Boden taumelten. Als sie sich wieder erholt hatten, fühlte er auf der linken, sie aber auf der rechten Wange den Schmerz einer tüchtigen Ohrfeige, und da man sich

weiter nicht verletzt fand, gab der Vorfall zu mancherlei scherz-
haften Bemerkungen Anlaß.

Von der Zeit an ließ sich dieser Schall im Hause nicht wieder
hören, und sie glaubte nun endlich ganz von ihrem unsichtbaren
Verfolger befreit zu sein, als auf einem Wege, den sie des Abends
zu einer Freundin machte, ein unvermutetes Abenteuer sie nochmals auf das gewaltsamste erschreckte. Ihr Weg ging durch die
Chiaja, wo ehemals der geliebte genuesische Freund gewohnt
hatte. Es war heller Mondschein. Eine Dame, die bei ihr saß,
fragte: ›Ist das nicht das Haus, in welchem der Herr *** gestorben ist?‹ – ›Es ist eins von diesen beiden, soviel ich weiß,‹ sagte
die Schöne, und in dem Augenblicke fiel aus einem dieser beiden
Häuser der Schuß und drang durch den Wagen durch. Der Kut-
scher glaubte angegriffen zu sein und fuhr mit aller möglichen
Geschwindigkeit fort. An dem Orte ihrer Bestimmung hob man
die beiden Frauen für tot aus dem Wagen.

Aber dieser Schrecken war auch der letzte. Der unsichtbare
Begleiter änderte seine Methode, und nach einigen Abenden erklang vor ihren Fenstern ein lautes Händeklatschen. Sie war als
beliebte Sängerin und Schauspielerin diesen Schall schon mehr
gewohnt. Er hatte an sich nichts Schreckliches, und man konnte
ihn eher einem ihrer Bewunderer zuschreiben. Sie gab wenig
darauf acht; ihre Freunde waren aufmerksamer und stellten wie
das vorigemal Posten aus. Sie hörten den Schall, sahen aber vor
wie nach niemand, und die meisten hofften nun bald auf ein völliges Ende dieser Erscheinungen.

Nach einiger Zeit verlor sich auch dieser Klang und verwan-
delte sich in angenehmere Töne. Sie waren zwar nicht eigentlich
melodisch, aber unglaublich angenehm und lieblich. Sie schienen
den genauesten Beobachtern von der Ecke einer Querstraße her
zu kommen, im leeren Luftraume bis unter das Fenster hinzu-
schweben und dann dort auf das sanfteste zu verklingen. Es war,
als wenn ein himmlischer Geist durch ein schönes Präludium
aufmerksam auf eine Melodie machen wollte, die er eben vorzu-
tragen im Begriff sei. Auch dieser Ton verschwand endlich und

ließ sich nicht mehr hören, nachdem die ganze wunderbare Geschichte etwa anderthalb Jahre gedauert hatte.«

Als der Erzähler einen Augenblick innehielt, fing die Gesellschaft an, ihre Gedanken und Zweifel über diese Geschichte zu äußern, ob sie wahr sei, ob sie auch wahr sein könne.

Der Alte behauptete, sie müsse wahr sein, wenn sie interessant sein solle; denn für eine erfundene Geschichte habe sie wenig Verdienst. Jemand bemerkte darauf, es scheine sonderbar, daß man sich nicht nach dem abgeschiedenen Freunde und nach den Umständen seines Todes erkundigt, weil doch daraus vielleicht einiges zur Aufklärung der Geschichte hätte genommen werden können.

»Auch dieses ist geschehen,« versetzte der Alte; »ich war selbst neugierig genug, sogleich nach der ersten Erscheinung in sein Haus zu gehen und unter einem Vorwand die Dame zu besuchen, welche zuletzt recht mütterlich für ihn gesorgt hatte. Sie erzählte mir, daß ihr Freund eine unglaubliche Leidenschaft für das Frauenzimmer gehegt habe, daß er die letzte Zeit seines Lebens fast allein von ihr gesprochen und sie bald als einen Engel, bald als einen Teufel vorgestellt habe.

Als seine Krankheit überhandgenommen, habe er nichts gewünscht, als sie vor seinem Ende noch einmal zu sehen, wahrscheinlich in der Hoffnung, nur noch eine zärtliche Äußerung, eine Reue oder sonst irgendein Zeichen der Liebe und Freundschaft von ihr zu erzwingen. Desto schrecklicher sei ihm ihre anhaltende Weigerung gewesen, und sichtbar habe die letzte, entscheidende abschlägliche Antwort sein Ende beschleunigt. Verzweifelnd habe er ausgerufen: ›Nein, es soll ihr nichts helfen! Sie vermeidet mich; aber auch nach meinem Tode soll sie keine Ruhe vor mir haben!‹ Mit dieser Heftigkeit verschied er, und nur zu sehr mußten wir erfahren, daß man auch jenseits des Grabes Wort halten könne.«

Die Gesellschaft fing aufs neue an, über die Geschichte zu meinen und zu urteilen. Zuletzt sagte der Bruder Fritz: »Ich habe einen Verdacht, den ich aber nicht eher äußern will, als bis ich nochmals alle Umstände in mein Gedächtnis zurückgerufen und meine Kombinationen besser geprüft habe.«

Als man lebhafter in ihn drang, suchte er einer Antwort dadurch auszuweichen, daß er sich erbot, gleichfalls eine Geschichte zu erzählen, die zwar der vorigen an Interesse nicht gleiche, aber doch auch von der Art sei, daß man sie niemals mit völliger Gewißheit habe erklären können.

»Bei einem wackern Edelmann, meinem Freunde, der ein altes Schloß mit einer starken Familie bewohnte, war eine Waise erzogen worden, die, als sie herangewachsen und vierzehn Jahre alt war, meist um die Dame vom Hause sich beschäftigte und die nächsten Dienste ihrer Person verrichtete. Man war mit ihr wohl zufrieden, und sie schien nichts weiter zu wünschen, als durch Aufmerksamkeit und Treue ihren Wohltätern dankbar zu sein. Sie war wohlgebildet, und es fanden sich einige Freier um sie ein. Man glaubte nicht, daß eine dieser Verbindungen zu ihrem Glück gereichen würde, und sie zeigte auch nicht das mindeste Verlangen, ihren Zustand zu ändern.

Auf einmal begab sichs, daß man, wenn das Mädchen in dem Hause Geschäfte halber herumging, unter ihr hier und da pochen hörte. Anfangs schien es zufällig, aber da das Klopfen nicht aufhörte und beinahe jeden ihrer Schritte bezeichnete, ward sie ängstlich und traute sich kaum, aus dem Zimmer der gnädigen Frau herauszugehen, als in welchem sie allein Ruhe hatte.

Dieses Pochen ward von jedermann vernommen, der mit ihr ging oder nicht weit von ihr stand. Anfangs scherzte man darüber, endlich aber fing die Sache an, unangenehm zu werden. Der Herr vom Hause, der von einem lebhaften Geist war, untersuchte nun selbst die Umstände. Man hörte das Pochen nicht eher, als bis das Mädchen ging, und nicht sowohl indem sie den Fuß aufsetzte, als indem sie ihn zum Weiterschreiten aufhob.

Doch fielen die Schläge manchmal unregelmäßig, und besonders waren sie sehr stark, wenn sie quer über einen großen Saal den Weg nahm.

Der Hausvater hatte eines Tages Handwerksleute in der Nähe und ließ, da das Pochen am heftigsten war, gleich hinter ihr einige Dielen aufreißen. Es fand sich nichts, außer daß bei dieser Gelegenheit ein paar große Ratten zum Vorschein kamen, deren Jagd viel Lärm im Hause verursachte.

Entrüstet über diese Begebenheit und Verwirrung, griff der Hausherr zu einem strengen Mittel, nahm seine größte Hetzpeitsche von der Wand und schwur, daß er das Mädchen bis auf den Tod prügeln wolle, wenn sich noch ein einzigmal das Pochen hören ließe. Von der Zeit an ging sie ohne Anfechtung im ganzen Hause herum, und man vernahm von dem Pochen nichts weiter.«

»Woraus man denn deutlich sieht,« fiel Luise ein, »daß das schöne Kind sein eignes Gespenst war und aus irgendeiner Ursache sich diesen Spaß gemacht und seine Herrschaft zum besten gehabt hatte.«

»Keinesweges,« versetzte Fritz; »denn diejenigen, welche diese Wirkung einem Geiste zuschrieben, glaubten, ein Schutzgeist wolle zwar das Mädchen aus dem Hause haben, aber ihr doch kein Leids zufügen lassen. Andere nahmen es näher und hielten dafür, daß einer ihrer Liebhaber die Wissenschaft oder das Geschick gehabt habe, diese Töne zu erregen, um das Mädchen aus dem Hause in seine Arme zu nötigen. Dem sei, wie ihm wolle, das gute Kind zehrte sich über diesen Vorfall beinah völlig ab und schien einem traurigen Geiste gleich, da sie vorher frisch, munter und die Heiterste im ganzen Hause gewesen. Aber auch eine solche körperliche Abnahme läßt sich auf mehr als eine Weise deuten.«

»Es ist schade,« versetzte Karl, »daß man solche Vorfälle nicht genau untersucht und daß man bei Beurteilung der Begebenheiten, die uns so sehr interessieren, immer zwischen verschiedenen

Wahrscheinlichkeiten schwanken muß, weil die Umstände, unter welchen solche Wunder geschehen, nicht alle bemerkt sind.«

»Wenn es nur nicht überhaupt so schwer wäre zu untersuchen«, sagte der Alte, »und in dem Augenblicke, wo etwas dergleichen begegnet, die Punkte und Momente alle gegenwärtig zu haben, worauf es eigentlich ankommt, damit man nichts entwischen lasse, worin Betrug und Irrtum sich verstecken könne. Vermag man denn einem Taschenspieler so leicht auf die Sprünge zu kommen, von dem wir doch wissen, daß er uns zum besten hat?«

Kaum hatte er ausgeredet, als in der Ecke des Zimmers auf einmal ein sehr starker Knall sich hören ließ. Alle fuhren auf, und Karl sagte scherzend: »Es wird sich doch kein sterbender Liebhaber hören lassen?«

Er hätte gewünscht, seine Worte wieder zurückzunehmen; denn Luise ward bleich und gestand, daß sie für das Leben ihres Bräutigams zittere.

Fritz, um sie zu zerstreuen, nahm das Licht und ging nach dem Schreibtische, der in der Ecke stand. Die gewölbte Decke desselben war quer völlig durchgerissen; man hatte also die Ursache des Klanges; aber desungeachtet fiel es ihnen auf, daß dieser Schreibtisch von Röntgens bester Arbeit, der schon mehrere Jahre an demselben Platze stand, in diesem Augenblicke zufällig gerissen sein sollte. Man hatte ihn oft als Muster einer vortrefflichen und dauerhaften Tischlerarbeit gerühmt und vorgezeigt, und nun sollte er auf einmal reißen, ohne daß in der Luft die mindeste Veränderung zu spüren war.

»Geschwind,« sagte Karl, »laßt uns zuerst diesen Umstand berichtigen und nach dem Barometer sehen!«

Das Quecksilber hatte seinen Stand vollkommen wie seit einigen Tagen; das Thermometer selbst war nicht mehr gefallen, als die Veränderung von Tag auf Nacht natürlich mit sich brachte.

»Schade, daß wir nicht einen Hygrometer bei der Hand haben,« rief er aus; »gerade das Instrument wäre das nötigste.«

»Es scheint,« sagte der Alte, »daß uns immer die nötigsten Instrumente abgehen, wenn wir Versuche auf Geister anstellen wollen.«

Sie wurden in ihren Betrachtungen durch einen Bedienten unterbrochen, der mit Hast hereinkam und meldete, daß man ein starkes Feuer am Himmel sehe, jedoch nicht wisse, ob es in der Stadt oder in der Gegend sei.

Da man durch das Vorhergehende schon empfänglicher für den Schrecken geworden war, so wurden alle mehr, als es vielleicht sonst geschehen sein würde, von der Nachricht betroffen. Fritz eilte auf das Belvedere des Hauses, wo auf einer großen horizontalen Scheibe die Karte des Landes ausführlich gezeichnet war, durch deren Hülfe man auch bei Nacht die verschiedenen Lagen der Orte ziemlich genau bestimmen konnte. Die andern blieben nicht ohne Sorgen und Bewegung beieinander.

Fritz kam zurück und sagte: »Ich bringe keine gute Nachricht. Denn höchstwahrscheinlich ist der Brand nicht in der Stadt, sondern auf dem Gute unserer Tante. Ich kenne die Richtung sehr genau und fürchte, mich nicht zu irren.« Man bedauerte die schönen Gebäude und überrechnete den Verlust. »Indessen«, sagte Fritz, »ist mir ein wunderlicher Gedanke eingekommen, der uns wenigstens über das sonderbare Anzeichen des Schreibtisches beruhigen kann. Vor allen Dingen wollen wir die Minute berichtigen, in der wir den Klang gehört haben.« Sie rechneten zurück, und es konnte etwa halb zwölfe gewesen sein.

»Nun, ihr mögt lachen oder nicht,« fuhr Fritz fort, »will ich euch meine Mutmaßung erzählen. Ihr wißt, daß unsre Mutter schon vor mehreren Jahren einen ähnlichen, ja man möchte sagen, einen gleichen Schreibtisch an unsre Tante geschenkt hat. Beide waren zu Einer Zeit aus Einem Holze mit der größten Sorgfalt von Einem Meister verfertigt, beide haben sich bisher trefflich gehalten, und ich wollte wetten, daß in diesem Augenblicke mit dem Lusthause unsrer Tante der zweite Schreibtisch verbrennt und daß sein Zwillingsbruder auch davon leidet. Ich will mich morgen selbst aufmachen und dieses seltsame Faktum so gut als möglich zu berichtigen suchen.«

Ob Friedrich wirklich diese Meinung hegte oder ob der Wunsch, seine Schwester zu beruhigen, ihm zu diesem Einfall geholfen, wollen wir nicht entscheiden; genug, sie ergriffen die Gelegenheit, über manche unleugbare Sympathien zu sprechen, und fanden am Ende eine Sympathie zwischen Hölzern, die auf Einem Stamm erzeugt worden, zwischen Werken, die Ein Künstler verfertigt, noch ziemlich wahrscheinlich. Ja sie wurden einig, dergleichen Phänomene ebensogut für Naturphänomene gelten zu lassen, als andere, welche sich öfter wiederholen, die wir mit Händen greifen und doch nicht erklären können.

»Überhaupt«, sagte Karl, »scheint mir, daß jedes Phänomen so wie jedes Faktum an sich eigentlich das Interessante sei. Wer es erklärt oder mit andern Begebenheiten zusammenhängt, macht sich gewöhnlich eigentlich nur einen Spaß und hat uns zum besten, wie zum Beispiel der Naturforscher und Historienschreiber. Aber eine einzelne Handlung oder Begebenheit ist interessant, nicht weil sie erklärbar oder wahrscheinlich, sondern weil sie wahr ist. Wenn gegen Mitternacht die Flamme den Schreibtisch der Tante verzehrt hat, so ist das sonderbare Reißen des unsern zu gleicher Zeit für uns eine wahre Begebenheit, sie mag übrigens erklärbar sein und zusammenhängen mit was sie will.«

So tief es auch schon in der Nacht war, fühlte niemand eine Neigung, zu Bette zu gehen, und Karl erbot sich, gleichfalls eine Geschichte zu erzählen, die nicht minder interessant sei, ob sie sich gleich vielleicht eher erklären und begreifen lasse als die vorigen.

»Der Marschall von Bassompierre«, sagte er, »erzählt sie in seinen Memoiren; es sei mir erlaubt, in seinem Namen zu reden:

Seit fünf oder sechs Monaten hatte ich bemerkt, sooft ich über die kleine Brücke ging – denn zu der Zeit war der Pont neuf noch nicht erbauet –, daß eine schöne Krämerin, deren Laden an einem Schilde mit zwei Engeln kenntlich war, sich tief und wiederholt vor mir neigte und mir so weit nachsah, als sie nur konnte. Ihr Betragen fiel mir auf, ich sah sie gleichfalls an und dankte ihr sorgfältig. Einst ritt ich von Fontainebleau nach Paris, und als ich wieder die kleine Brücke heraufkam, trat sie an ihre Ladentüre und sagte zu mir, indem ich vorbeiritt: ›Mein Herr, Ihre Dienerin!‹ Ich erwiderte ihren Gruß, und indem ich mich von Zeit zu Zeit umsah, hatte sie sich weiter vorgelehnt, um mir so weit als möglich nachzusehen.

Ein Bedienter nebst einem Postillon folgten mir, die ich noch diesen Abend mit Briefen an einige Damen nach Fontainebleau zurückschicken wollte. Auf meinen Befehl stieg der Bediente ab und ging zu der jungen Frau, ihr in meinem Namen zu sagen, daß ich ihre Neigung, mich zu sehen und zu grüßen, bemerkt hätte; ich wollte, wenn sie wünschte, mich näher kennenzulernen, sie aufsuchen, wo sie verlangte.

Sie antwortete dem Bedienten, er hätte ihr keine bessere Neuigkeit bringen können, sie wollte kommen, wohin ich sie bestellte, nur mit der Bedingung, daß sie eine Nacht mit mir unter einer Decke zubringen dürfte.

Ich nahm den Vorschlag an und fragte den Bedienten, ob er nicht etwa einen Ort kenne, wo wir zusammenkommen könnten. Er antwortete, daß er sie zu einer gewissen Kupplerin führen wollte, rate mir aber, weil die Pest sich hier und da zeige, Matratzen, Decken und Leintücher aus meinem Hause hinbringen zu lassen. Ich nahm den Vorschlag an, und er versprach, mir ein gutes Bett zu bereiten.

Des Abends ging ich hin und fand eine sehr schöne Frau von ungefähr zwanzig Jahren mit einer zierlichen Nachtmütze, einem sehr feinen Hemde, einem kurzen Unterrocke von grünwollenem Zeuge. Sie hatte Pantoffeln an den Füßen und eine Art von Pudermantel übergeworfen. Sie gefiel mir außerordentlich, und da ich mir einige Freiheiten herausnehmen wollte, lehnte sie meine Liebkosungen mit sehr guter Art ab und verlangte, mit mir zwischen zwei Leintüchern zu sein. Ich erfüllte ihr Begehren und kann sagen, daß ich niemals ein zierlicheres Weib gekannt habe noch von irgendeiner mehr Vergnügen genossen hätte. Den andern Morgen fragte ich sie, ob ich sie nicht noch einmal sehen könnte, ich verreise erst Sonntag; und wir hatten die Nacht vom Donnerstag auf den Freitag miteinander zugebracht.

Sie antwortete mir, daß sie es gewiß lebhafter wünsche als ich; wenn ich aber nicht den ganzen Sonntag bliebe, sei es ihr unmöglich, denn nur in der Nacht vom Sonntag auf den Montag könne sie mich wiedersehen. Als ich einige Schwierigkeiten machte, sagte sie: ›Ihr seid wohl meiner in diesem Augenblicke schon überdrüssig und wollt nun Sonntags verreisen; aber Ihr werdet bald wieder an mich denken und gewiß noch einen Tag zugeben, um eine Nacht mit mir zuzubringen.‹

Ich war leicht zu überreden, versprach ihr, den Sonntag zu bleiben und die Nacht auf den Montag mich wieder an dem nämlichen Orte einzufinden. Darauf antwortete sie mir: ›Ich weiß recht gut, mein Herr, daß ich in ein schändliches Haus um Ihrentwillen gekommen bin; aber ich habe es freiwillig getan, und ich hatte ein so unüberwindliches Verlangen, mit Ihnen zu sein, daß ich jede Bedingung eingegangen wäre. Aus Leidenschaft bin ich an diesen abscheulichen Ort gekommen, aber ich würde mich für eine feile Dirne halten, wenn ich zum zweitenmal dahin zurückkehren könnte. Möge ich eines elenden Todes sterben, wenn ich außer meinem Mann und Euch irgend jemand zu Willen gewesen bin und nach irgendeinem andern verlange! Aber was täte man nicht für eine Person, die man liebt, und für einen Bassompierre? Um seinetwillen bin ich in das Haus gekommen, um eines Mannes willen, der durch seine Gegenwart diesen Ort ehrbar gemacht hat. Wollt Ihr mich noch einmal sehen, so will ich Euch bei meiner Tante einlassen.‹

Sie beschrieb mir das Haus aufs genaueste und fuhr fort: ›Ich will Euch von zehn Uhr bis Mitternacht erwarten, ja noch später, die Türe soll offen sein. Erst findet Ihr einen kleinen Gang, in dem haltet Euch nicht auf, denn die Türe meiner Tante geht da heraus. Dann stößt Euch eine Treppe sogleich entgegen, die Euch ins erste Geschoß führt, wo ich Euch mit offnen Armen empfangen werde.‹

Ich machte meine Einrichtung, ließ meine Leute und meine

Sachen vorausgehen und erwartete mit Ungeduld die Sonntagsnacht, in der ich das schöne Weibchen wiedersehen sollte. Um zehn Uhr war ich schon am bestimmten Orte. Ich fand die Türe, die sie mir bezeichnet hatte, sogleich, aber verschlossen und im ganzen Hause Licht, das sogar von Zeit zu Zeit wie eine Flamme aufzulodern schien. Ungeduldig fing ich an zu klopfen, um meine Ankunft zu melden; aber ich hörte eine Mannsstimme, die mich fragte, wer draußen sei.

Ich ging zurück und einige Straßen auf und ab. Endlich zog mich das Verlangen wieder nach der Türe. Ich fand sie offen und eilte durch den Gang die Treppe hinauf. Aber wie erstaunt war ich, als ich in dem Zimmer ein paar Leute fand, welche Bettstroh verbrannten, und bei der Flamme, die das ganze Zimmer erleuchtete, zwei nackte Körper auf dem Tische ausgestreckt sah. Ich zog mich eilig zurück und stieß im Hinausgehen auf ein paar Totengräber, die mich fragten, was ich suchte. Ich zog den Degen, um sie mir vom Leibe zu halten, und kam nicht unbewegt von diesem seltsamen Anblick nach Hause. Ich trank sogleich drei bis vier Gläser Wein, ein Mittel gegen die pestilenzialischen Einflüsse, das man in Deutschland sehr bewährt hält, und trat, nachdem ich ausgeruht, den andern Tag meine Reise nach Lothringen an.

Alle Mühe, die ich mir nach meiner Rückkunft gegeben, irgend etwas von dieser Frau zu erfahren, war vergeblich. Ich ging sogar nach dem Laden der zwei Engel; allein die Mietleute wußten nicht, wer vor ihnen darin gesessen hatte.

Dieses Abenteuer begegnete mir mit einer Person vom geringen Stande, aber ich versichere, daß ohne den unangenehmen Ausgang es eins der reizendsten gewesen wäre, deren ich mich erinnere, und daß ich niemals ohne Sehnsucht an das schöne Weibchen habe denken können.«

»Auch dieses Rätsel«, versetzte Fritz, »ist so leicht nicht zu lösen. Denn es bleibt zweifelhaft, ob das artige Weibchen in dem Hause mit an der Pest gestorben oder ob sie es nur dieses Umstands wegen vermieden habe.«

»Hätte sie gelebt,« versetzte Karl, »so hätte sie ihren Geliebten gewiß auf der Gasse erwartet, und keine Gefahr hätte sie abgehalten, ihn wieder aufzusuchen. Ich fürchte immer, sie hat mit auf dem Tische gelegen.«

»Schweigt!« sagte Luise; »die Geschichte ist gar zu schrecklich. Was wird das für eine Nacht werden, wenn wir uns mit solchen Bildern zu Bette legen!«

»Es fällt mir noch eine Geschichte ein,« sagte Karl, »die artiger ist und die Bassompierre von einem seiner Vorfahren erzählt:

Eine schöne Frau, die den Ahnherrn außerordentlich liebte, besuchte ihn alle Montage auf seinem Sommerhause, wo er die Nacht mit ihr zubrachte, indem er seine Frau glauben ließ, daß er diese Zeit zu einer Jagdpartie bestimmt habe.

Zwei Jahre hatten sie sich ununterbrochen auf diese Weise gesehen, als seine Frau einigen Verdacht schöpfte, sich eines Morgens nach dem Sommerhause schlich und ihren Gemahl mit der Schönen in tiefem Schlafe antraf. Sie hatte weder Mut noch Willen, sie aufzuwecken, nahm aber ihren Schleier vom Kopfe und deckte ihn über die Füße der Schlafenden.

Als das Frauenzimmer erwachte und den Schleier erblickte, tat sie einen hellen Schrei, brach in laute Klagen aus und jammerte, daß sie ihren Geliebten nicht mehr wiedersehen, ja daß sie sich ihm auf hundert Meilen nicht nähern dürfe. Sie verließ ihn, nachdem sie ihm drei Geschenke, ein kleines Fruchtmaß, einen Ring und einen Becher, für seine drei rechtmäßigen Töchter verehrt und ihm die größte Sorgfalt für diese Gaben anbefohlen hatte. Man hob sie sorgfältig auf, und die Abkömmlinge dieser drei Töchter glaubten die Ursache manches glücklichen Ereignisses in dem Besitz dieser Gabe zu finden.«

»Das sieht nun schon eher dem Märchen der schönen Melusine und andern dergleichen Feengeschichten ähnlich,« sagte Luise.

»Und doch hat sich eine solche Tradition«, versetzte Friedrich, »und ein ähnlicher Talisman in unserm Hause erhalten.«

»Wie wäre denn das?« fragte Karl.

»Es ist ein Geheimnis,« versetzte jener; »nur der älteste Sohn darf es allenfalls bei Lebzeiten des Vaters erfahren und nach seinem Tode das Kleinod besitzen.«

»Du hast es also in Verwahrung?« fragte Luise.

»Ich habe wohl schon zuviel gesagt,« versetzte Friedrich, indem er das Licht anzündete, um sich hinwegzubegeben.

Friedrich Hölderlin

Hyperion oder Der Eremit in Griechenland

Hyperion an Bellarmin

Mir ist lange nicht gewesen, wie jetzt.

Wie Jupiters Adler dem Gesange der Musen, lausch ich dem wunderbaren unendlichen Wohllaut in mir. Unangefochten an Sinn und Seele, stark und fröhlich, mit lächelndem Ernste, spiel ich im Geiste mit dem Schicksal und den drei Schwestern, den heiligen Parzen. Voll göttlicher Jugend frohlockt mein ganzes Wesen über sich selbst, über Alles. Wie der Sternenhimmel, bin ich still und bewegt.

Ich habe lange gewartet auf solche Festzeit, um dir einmal wieder zu schreiben. Nun bin ich stark genug; nun laß mich dir erzählen.

Mitten in meinen finstern Tagen lud ein Bekannter von Kalaurea herüber mich ein. Ich sollt in seine Gebirge kommen, schrieb er mir; man lebe hier freier als sonstwo, und auch da blüheten, mitten unter den Fichtenwäldern und reißenden Wassern, Limonienhaine und Palmen und liebliche Kräuter und Myrten und die heilige Rebe. Einen Garten hab er hoch am Gebirge gebaut und ein Haus; dem beschatteten dichte Bäume den Rücken, und kühlende Lüfte umspielten es leise in den brennenden Sommertagen; wie ein Vogel vom Gipfel der Ceder, blickte man in die Tiefen hinab, zu den Dörfern und grünen Hügeln, und zufriedenen Herden der Insel, die alle, wie Kinder, umherlägen um den herrlichen Berg und sich nährten von seinen schäumenden Bächen.

Das weckte mich denn doch ein wenig. Es war ein heiterer blauer Apriltag, an dem ich hinüberschiffte. Das Meer war ungewöhnlich schön und rein, und leicht die Luft, wie in höheren Regionen. Man ließ im schwebenden Schiffe die Erde hinter sich liegen, wie eine köstliche Speise, wenn der heilige Wein gereicht wird.

Dem Einflusse des Meers und der Luft widerstrebt der finstere Sinn umsonst. Ich gab mich hin, fragte nichts nach mir und andern, suchte nichts, sann auf nichts, ließ vom Boote mich halb in Schlummer wiegen, und bildete mir ein, ich liege in Charons Nachen. O es ist süß, so aus der Schale der Vergessenheit zu trinken.

Mein fröhlicher Schiffer hätte gerne mit mir gesprochen, aber ich war sehr einsilbig.

Er deutete mit dem Finger und wies mir rechts und links das blaue Eiland, aber ich sah nicht lange hin, und war im nächsten Augenblicke wieder in meinen eignen lieben Träumen.

Endlich, da er mir die stillen Gipfel in der Ferne wies und sagte, daß wir bald in Kalaurea wären, merkt ich mehr auf, und mein ganzes Wesen öffnete sich der wunderbaren Gewalt, die auf Einmal süß und still und unerklärlich mit mir spielte. Mit großem Auge, staunend und freudig sah ich hinaus in die Geheimnisse der Ferne, leicht zitterte mein Herz, und die Hand entwischte mir und faßte freundlichhastig meinen Schiffer an – so? rief ich, das ist Kalaurea? Und wie er mich drum ansah, wußt ich selbst nicht, was ich aus mir machen sollte. Ich grüßte meinen Freund mit wunderbarer Zärtlichkeit. Voll süßer Unruhe war all mein Wesen.

Den Nachmittag wollt ich gleich einen Teil der Insel durchstreifen. Die Wälder und geheimen Tale reizten mich unbeschreiblich, und der freundliche Tag lockte alles hinaus.

Es war so sichtbar, wie alles Lebendige mehr, denn tägliche Speise, begehrt, wie auch der Vogel sein Fest hat und das Tier.

Es war entzückend anzusehn! Wie, wenn die Mutter schmeichelnd frägt, wo um sie her ihr Liebstes sei, und alle Kinder in den Schoß ihr stürzen, und das Kleinste noch die Arme aus der Wiege streckt, so flog und sprang und strebte jedes Leben in die göttliche Luft hinaus, und Käfer und Schwalben und Tauben und Störche tummelten sich in frohlockender Verwirrung unter einander in den Tiefen und Höhn, und was die Erde festhielt, dem ward zum Fluge der Schritt, über die Gräben brauste das Roß und über die Zäune das Reh, und aus dem Meergrund kamen die Fische herauf und hüpften über die Fläche. Allen drang die mütterliche Luft ans Herz, und hob sie und zog sie zu sich.

Und die Menschen gingen aus ihren Türen heraus, und fühlten wunderbar das geistige Wehen, wie es leise die zarten Haare über der Stirne bewegte, wie es den Lichtstrahl kühlte, und lösten freundlich ihre Gewänder, um es aufzunehmen an ihre Brust, atmeten süßer, berührten zärtlicher das leichte klare schmeichelnde Meer, in dem sie lebten und webten.

O Schwester des Geistes, der feurigmächtig in uns waltet und lebt, heilige Luft! wie schön ists, daß du, wohin ich wandre, mich geleitest, Allgegenwärtige, Unsterbliche!

Mit den Kindern spielte das hohe Element am schönsten.

Das summte friedlich vor sich hin, dem schlüpft' ein taktlos Liedchen aus den Lippen, dem ein Frohlocken aus offner Kehle; das streckte sich, das sprang in die Höhe; ein andres schlenderte vertieft umher.

Und all dies war die Sprache Eines Wohlseins, alles Eine Antwort auf die Liebkosungen der entzückenden Lüfte.

Ich war voll unbeschreiblichen Sehnens und Friedens. Eine fremde Macht beherrschte mich. Freundlicher Geist, sagt ich bei mir selber, wohin rufest du mich? nach Elysium oder wohin?

Ich ging in einem Walde, am rieselnden Wasser hinauf, wo es über Felsen heruntertröpfelte, wo es harmlos über die Kieseln glitt, und mählich verengte sich und ward zum Bogengange das Tal, und einsam spielte das Mittagslicht im schweigenden Dunkel –

Hier – ich möchte sprechen können, mein Bellarmin! möchte gerne mit Ruhe dir schreiben!

Sprechen? o ich bin ein Laie in der Freude, ich will sprechen!

Wohnt doch die Stille im Lande der Seligen, und über den Sternen vergißt das Herz seine Not und seine Sprache.

Ich hab es heilig bewahrt! wie ein Palladium, hab ich es in mir getragen, das Göttliche, das mir erschien! und wenn hinfort mich das Schicksal ergreift und von einem Abgrund in den andern mich wirft, und alle Kräfte ertränkt in mir und alle Gedanken, so soll dies Einzige doch mich selber überleben in mir, und leuchten in mir und herrschen, in ewiger, unzerstörbarer Klarheit! –

So lagst du hingegossen, süßes Leben, so blicktest du auf, erhubst dich, standst nun da, in schlanker Fülle, göttlich ruhig, und das himmlische Gesicht noch voll des heitern Entzückens, worin ich dich störte!

O wer in die Stille dieses Auges gesehn, wem diese süßen Lippen sich aufgeschlossen, wovon mag der noch sprechen?

Friede der Schönheit! göttlicher Friede! wer einmal an dir das tobende Leben und den zweifelnden Geist besänftigt, wie kann dem anderes helfen?

Ich kann nicht sprechen von ihr, aber es gibt ja Stunden, wo das Beste und Schönste, wie in Wolken, erscheint, und der Himmel der Vollendung vor der ahnenden Liebe sich öffnet, da, Bellarmin! da denke ihres Wesens, da beuge die Knie mit mir, und denke meiner Seligkeit! aber vergiß nicht, daß ich hatte, was du ahnest, daß ich mit diesen Augen sah, was nur, wie in Wolken, dir erscheint.

Daß die Menschen manchmal sagen möchten: sie freuten sich! O glaubt, ihr habt von Freude noch nichts geahnet! Euch ist der Schatten ihres Schattens noch nicht erschienen! O geht, und sprecht vom blauen Aether nicht, ihr Blinden!

Daß man werden kann, wie die Kinder, daß noch die goldne Zeit der Unschuld wiederkehrt, die Zeit des Friedens und der Freiheit, daß doch Eine Freude ist, Eine Ruhestätte auf Erden!

Ist der Mensch nicht veraltet, verwelkt, ist er nicht, wie ein abgefallen Blatt, das seinen Stamm nicht wieder findet und nun umhergescheucht wird von den Winden, bis es der Sand begräbt?

Und dennoch kehrt sein Frühling wieder!

Weint nicht, wenn das Trefflichste verblüht! bald wird es sich verjüngen! Trauert nicht, wenn eures Herzens Melodie verstummt! bald findet eine Hand sich wieder, es zu stimmen!

Wie war denn ich? war ich nicht wie ein zerrissen Saitenspiel?

Ein wenig tönt ich noch, aber es waren Todestöne. Ich hatte mir ein düster Schwanenlied gesungen! Einen Sterbekranz hätt ich gern mir gewunden, aber ich hatte nur Winterblumen.

Und wo war sie denn nun, die Totenstille, die Nacht und Öde meines Lebens? die ganze dürftige Sterblichkeit?

Freilich ist das Leben arm und einsam. Wir wohnen hier unten, wie der Diamant im Schacht. Wir fragen umsonst, wie wir herabgekommen, um wieder den Weg hinauf zu finden.

Wir sind, wie Feuer, das im dürren Aste oder im Kiesel schläft; und ringen und suchen in jedem Moment das Ende der engen Gefangenschaft. Aber sie kommen, sie wägen Aeonen des Kampfes auf, die Augenblicke der Befreiung, wo das Göttliche den Kerker sprengt, wo die Flamme vom Holze sich löst und siegend emporwallt über der Asche, ha! wo uns ist, als kehrte der entfesselte Geist, vergessen der Leiden, der Knechtsgestalt, im Triumphe zurück in die Hallen der Sonne.

Hyperion an Bellarmin

Ich war einst glücklich, Bellarmin! Bin ich es nicht noch? Wär ich es nicht, wenn auch der heilige Moment, wo ich zum ersten Male sie sah, der letzte wäre gewesen?

Ich hab es Einmal gesehn, das Einzige, das meine Seele suchte, und die Vollendung, die wir über die Sterne hinauf entfernen, die wir hinausschieben bis ans Ende der Zeit, die hab ich gegenwärtig gefühlt. Es war da, das Höchste, in diesem Kreise der Menschennatur und der Dinge war es da!

Ich frage nicht mehr, wo es sei; es war in der Welt, es kann wiederkehren in ihr, es ist jetzt nur verborgner in ihr. Ich frage nicht mehr, was es sei; ich hab es gesehn, ich hab es kennen gelernt.

O ihr, die ihr das Höchste und Beste sucht, in der Tiefe des Wissens, im Getümmel des Handelns, im Dunkel der Vergangenheit, im Labyrinthe der Zukunft, in den Gräbern oder über den Sternen! wißt ihr seinen Namen? den Namen des, das Eins ist und Alles?

Sein Name ist Schönheit.

Wußtet ihr, was ihr wolltet? Noch weiß ich es nicht, doch ahn ich es, der neuen Gottheit neues Reich, und eil ihm zu und ergreife die andern und führe sie mit mir, wie der Strom die Ströme in den Ozean.

Und du, du hast mir den Weg gewiesen! Mit dir begann ich. Sie sind der Worte nicht wert, die Tage, da ich noch dich nicht kannte –

O Diotima, Diotima, himmlisches Wesen!

[...]

Hyperion an Diotima

Es ist mein Glück, daß ich in voller Arbeit lebe. Ich müßt in eine Torheit um die andere fallen, so voll ist meine Seele, so berauscht der Mensch mich, der wunderbare, der stolze, der nichts liebt, als mich und alle Demut, die in ihm ist, nur auf mich häuft. O Diotima! dieser Alabanda hat geweint vor mir, hat, wie ein Kind, mirs abgebeten, was er mir in Smyrna getan.

Wer bin ich dann, ihr Lieben, daß ich mein euch nenne, daß ich sagen darf, sie sind mein eigen, daß ich, wie ein Eroberer, zwischen euch steh und euch, wie meine Beute, umfasse.

O Diotima! o Alabanda! edle, ruhiggroße Wesen! wie muß ich vollenden, wenn ich nicht fliehn will vor meinem Glücke, vor euch?

Eben, während ich schrieb, erhielt ich deinen Brief, du liebe.

Traure nicht, holdes Wesen, traure nicht! Spare dich, unversehrt von Gram, den künftigen Vaterlandsfesten! Diotima! dem glühenden Festtag der Natur, dem spare dich auf und all den heitern Ehrentagen der Götter!

Siehest du Griechenland nicht schon?

O siehest du nicht, wie, froh der neuen Nachbarschaft, die ewigen Sterne lächeln über unsern Städten und Hainen, wie das alte Meer, wenn es unser Volk lustwandelnd am Ufer sieht, der schönen Athener wieder gedenkt und wieder Glück uns bringt, wie damals seinen Lieblingen, auf fröhlicher Woge?

Seelenvolles Mädchen! du bist so schön schon itzt! wie wirst du dann erst, wenn das echte Klima dich nährt, in entzückender Glorie blühn!

Diotima an Hyperion

Ich hatte die meiste Zeit mich eingeschlossen, seit du fort bist, lieber Hyperion! Heute war ich wieder einmal draußen.

In holder Februarluft hab ich Leben gesammelt und bringe das gesammelte dir. Es hat auch mir noch wohlgetan, das frische Erwarmen des Himmels, noch hab ich sie mitgefühlt, die neue Wonne der Pflanzenwelt, der reinen, immergleichen, wo alles trauert und sich wieder freut zu seiner Zeit.

Hyperion! o mein Hyperion! warum gehn wir denn die stillen Lebenswege nicht auch? Es sind heilige Namen, Winter und Frühling und Sommer und Herbst! wir aber kennen sie nicht. Ist es nicht Sünde, zu trauern im Frühling? warum tun wir es dennoch?

Vergib mir! die Kinder der Erde leben durch die Sonne allein; ich lebe durch dich, ich habe andre Freuden, ist es denn ein Wunder, wenn ich andre Trauer habe? und muß ich trauern? muß ich denn?

Mutiger! lieber! sollt ich welken, wenn du glänzest? sollte mir das Herz ermatten, wenn die Siegslust dir in allen Sehnen erwacht? Hätt ich ehmals gehört, ein griechischer Jüngling mache sich auf, das gute Volk aus seiner Schmach zu ziehn, es der mütterlichen Schönheit, der es entstammte, wieder zu bringen, wie hätt ich aufgestaunt aus dem Traume der Kindheit und gedürstet nach dem Bilde des Teuren? und nun er da ist, nun er mein ist, kann ich noch weinen? o des albernen Mädchens! ist es denn nicht wirklich? ist er der Herrliche nicht, und ist er nicht mein! o ihr Schatten seliger Zeit! ihr meine trauten Erinnerungen!

Ist mir doch, als wär er kaum von gestern, jener Zauberabend, da der heilge Fremdling mir zum ersten Male begegnete, da er, wie ein trauernder Genius, hereinglänzt' in die Schatten des Walds, wo im Jugendtraume das unbekümmerte Mädchen saß –

In der Mailuft kam er, in Joniens zaubrischer Mailuft und sie macht' ihn blühender mir, sie lockt' ihm das Haar, entfaltet' ihm, wie Blumen, die Lippen, löst' in Lächeln die Wehmut auf und o ihr Strahlen des Himmels! wie leuchtet ihr aus diesen Augen mich an, aus diesen berauschenden Quellen, wo im Schatten umschirmender Bogen ewig Leben schimmert und wallt! –

Gute Götter! wie er schön ward mit dem Blick auf mich! wie der ganze Jüngling, eine Spanne größer geworden, in leichter Nerve dastand, nur daß ihm die lieben Arme, die bescheidnen, niedersanken, als wären sie nichts! und wie er drauf emporsah im Entzücken, als wär ich gen Himmel entflogen und nicht mehr da, ach! wie er nun in aller Herzensanmut lächelt' und errötete, da er wieder mich gewahr ward und unter den dämmernden Tränen sein Phöbusauge durchstrahlt', um zu fragen, bist dus? bist du es wirklich?

Und warum begegnet' er so frommen Sinnes, so voll lieben Aberglaubens mir? warum hatt er erst sein Haupt gesenkt, warum war der Götterjüngling so voll Sehnens und Trauerns? Sein Genius war zu selig, um allein zu bleiben, und zu arm die Welt, um ihn zu fassen. O es war ein liebes Bild, gewebt von Größe und Leiden! Aber nun ists anders! mit de Leiden ists aus! Er hat zu tun bekommen, er ist der Kranke nicht mehr! –

Ich war voll Seufzens, da ich anfing, dir zu schreiben, mein Geliebter! Jetzt bin ich lauter Freude. So spricht man über dir sich glücklich. Und siehe! so solls auch bleiben. Lebe wohl!

Hyperion an Diotima

Wir haben noch zu gutem Ende dein Fest gefeiert, schönes Leben! ehe der Lärm beginnt. Es war ein himmlischer Tag. Das holde Frühjahr weht' und glänzte vom Orient her, entlockt' uns deinen Namen, wie es den Bäumen die Blüten entlockt, und alle seligen Geheimnisse der Liebe entatmeten mir. Eine Liebe, wie die unsre, war dem Freunde nie erschienen, und es war entzükkend, wie der stolze Mensch aufmerkte und Auge und Geist ihm glühte, dein Bild, dein Wesen zu fassen.

O, rief er, endlich, da ists wohl der Mühe wert, für unser Griechenland zu streiten, wenn es solche Gewächse noch trägt!

Ja wohl, mein Alabanda, sagt ich; da gehn wir heiter in den Kampf, da treibt uns himmlisch Feuer zu Taten, wenn unser Geist vom Bilde solcher Naturen verjüngt ist, und da läuft man auch nach einem kleinen Ziele nicht, da sorgt man nicht für dies und das und künstelt, den Geist nicht achtend, von außen und trinkt um des Kelchs willen den Wein; da ruhn wir dann erst, Alabanda, wenn des Genius Wonne kein Geheimnis mehr ist, dann erst, wenn die Augen all in Triumphbogen sich wandeln, wo der Menschengeist, der langabwesende, hervorglänzt aus den Irren und Leiden und siegesfroh den väterlichen Aether grüßt. – Ha! an der Fahne allein soll niemand unser künftig Volk erkennen; es muß sich alles verjüngen, es muß von Grund aus anders sein; voll Ernsts die Lust und heiter alle Arbeit! nichts, auch das kleinste, das alltäglichste nicht ohne den Geist und die Götter! Lieb und Haß und jeder Laut von uns muß die gemeinere Welt befremden und auch kein Augenblick darf Einmal noch uns mahnen an die platte Vergangenheit!

[…]

Hyperion an Bellarmin

So kam ich unter die Deutschen. Ich foderte nicht viel und war gefaßt, noch weniger zu finden. Demütig kam ich, wie der heimatlose blinde Oedipus zum Tore von Athen, wo ihn der Götterhain empfing; und schöne Seelen ihm begegneten –

Wie anders ging es mir!

Barbaren von alters her, durch Fleiß und Wissenschaft und selbst durch Religion barbarischer geworden, tiefunfähig jedes göttlichen Gefühls, verdorben bis ins Mark zum Glück der heiligen Grazien, in jedem Grad der Übertreibung und der Ärmlichkeit beleidigend für jede gutgeartete Seele, dumpf und harmonielos, wie die Scherben eines weggeworfenen Gefäßes – das, mein Bellarmin! waren meine Tröster.

Es ist ein hartes Wort und dennoch sag ichs, weil es Wahrheit ist: ich kann kein Volk mir denken, daß zerrißner wäre, wie die Deutschen. Handwerker siehst du, aber keine Menschen, Denker, aber keine Menschen, Priester, aber keine Menschen, Herrn und Knechte, Jungen und gesetzte Leute, aber keine Menschen – ist das nicht, wie ein Schlachtfeld, wo Hände und Arme und alle Glieder zerstückelt untereinander liegen, indessen das vergoßne Lebensblut im Sande zerrinnt?

Ein jeder treibt das Seine, wirst du sagen, und ich sag es auch. Nur muß er es mit ganzer Seele treiben, muß nicht jede Kraft in sich ersticken, wenn sie nicht gerade sich zu seinem Titel paßt, muß nicht mit dieser kargen Angst, buchstäblich heuchlerisch das, was er heißt, nur sein, mit Ernst, mit Liebe muß er das sein, was er ist, so lebt ein Geist in seinem Tun, und ist er in ein Fach gedrückt, wo gar der Geist nicht leben darf, so stoß ers mit Verachtung weg und lerne pflügen! Deine Deutschen aber bleiben gerne beim Notwendigsten, und darum ist bei ihnen auch so viele Stümperarbeit und so wenig Freies, Echterfreuliches. Doch das wäre zu verschmerzen, müßten solche Menschen nur nicht fühllos sein für alles schöne Leben, ruhte nur nicht überall der Fluch der gottverlaßnen Unnatur auf solchem Volke. –

Die Tugenden der Alten sei'n nur glänzende Fehler, sagt' einmal, ich weiß nicht, welche böse Zunge; und es sind doch selber ihre Fehler Tugenden, denn da noch lebt' ein kindlicher, ein schöner Geist, und ohne Seele war von allem, was sie taten, nichts getan. Die Tugenden der Deutschen aber sind ein glänzend Übel und nichts weiter; denn Notwerk sind sie nur, aus feiger Angst, mit Sklavenmühe, dem wüsten Herzen abgedrungen, und lassen trostlos jede reine Seele, die von Schönem gern sich nährt, ach! die verwöhnt vom heiligen Zusammenklang in edleren Naturen, den Mißlaut nicht erträgt, der schreiend ist in all der toten Ordnung dieser Menschen.

Ich sage dir: es ist nichts Heiliges, was nicht entheiligt, nicht zum ärmlichen Behelf herabgewürdigt ist bei diesem Volk, und was selbst unter Wilden göttlichrein sich meist erhält, das treiben diese allberechnenden Barbaren, wie man so ein Handwerk treibt, und können es nicht anders, denn wo einmal ein menschlich Wesen abgerichtet ist, da dient es seinem Zweck, da sucht es seinen Nutzen, es schwärmt nicht mehr, bewahre Gott! es bleibt gesetzt, und wenn es feiert und wenn es liebt und wenn es betet und selber, wenn des Frühlings holdes Fest, wenn die Versöhnungszeit der Welt die Sorgen alle löst, und Unschuld zaubert in ein schuldig Herz, wenn von der Sonne warmem Strahle berauscht, der Sklave seine Ketten froh vergißt und von der gottbeseelten Luft besänftiget, die Menschenfeinde friedlich, wie die Kinder, sind – wenn selbst die Raupe sich beflügelt und die Biene schwärmt, so bleibt der Deutsche doch in seinem Fach und kümmert sich nicht viel ums Wetter!

Aber du wirst richten, heilige Natur! Denn, wenn sie nur bescheiden wären, diese Menschen, zum Gesetze nicht sich machten für die Bessern unter ihnen! wenn sie nur nicht lästerten, was sie nicht sind, und möchten sie doch lästern, wenn sie nur das Göttliche nicht höhnten! –

Oder ist nicht göttlich, was ihr höhnt und seellos nennt? Ist besser, denn euer Geschwätz, die Luft nicht, die ihr trinkt? der Sonne Strahlen, sind sie edler nicht, denn all ihr Klugen? der Erde Quellen und der Morgentau erfrischen euern Hain; könnt ihr auch das? ach! töten könnt ihr, aber nicht lebendig machen, wenn es die Liebe nicht tut, die nicht von euch ist, die ihr nicht erfunden. Ihr sorgt und sinnt, dem Schicksal zu entlaufen und begreift es nicht, wenn eure Kinderkunst nichts hilft; indessen wandelt harmlos droben das Gestirn. Ihr entwürdiget, ihr zerreißt, wo sie euch duldet, die geduldige Natur, doch lebt sie fort, in unendlicher Jugend, und ihren Herbst und ihren Frühling könnt ihr nicht vertreiben, ihren Aether, den verderbt ihr nicht.

O göttlich muß sie sein, weil ihr zerstören dürft, und dennoch sie nicht altert und trotz euch schön das Schöne bleibt! –

Es ist auch herzzerreißend, wenn man eure Dichter, eure Künstler sieht, und alle, die den Genius noch achten, die das Schöne lieben und es pflegen. Die Guten! Sie leben in der Welt, wie Fremdlinge im eigenen Hause, sie sind so recht, wie der Dulder Ulyß, da er in Bettlersgestalt an seiner Türe saß, indes die unverschämten Freier im Saale lärmten und fragten, wer hat uns den Landläufer gebracht?

Voll Lieb und Geist und Hoffnung wachsen seine Musenjünglinge dem deutschen Volk heran; du siehst sie sieben Jahre später, und sie wandeln, wie die Schatten, still und kalt, sind, wie ein Boden, den der Feind mit Salz besäete, daß er nimmer einen Grashalm treibt; und wenn sie sprechen, wehe dem! der sie versteht, der in der stürmenden Titanenkraft, wie in ihren Proteuskünsten den Verzweiflungskampf nur sieht, den ihr gestörter schöner Geist mit den Barbaren kämpft, mit denen er zu tun hat.

Es ist auf Erden alles unvollkommen, ist das alte Lied der Deutschen. Wenn doch einmal diesen Gottverlaßnen einer sagte, daß bei ihnen nur so unvollkommen alles ist, weil sie nichts Reines unverdorben, nichts Heiliges unbetastet lassen mit den plumpen Händen, daß bei ihnen nichts gedeiht, weil sie die Wurzel des Gedeihns, die göttliche Natur nicht achten, daß bei ihnen eigentlich das Leben schal und sorgenschwer und übervoll von kalter stummer Zwietracht ist, weil sie den Genius verschmähn, der Kraft und Adel in ein menschlich Tun, und Heiterkeit ins Leiden und Lieb und Brüderschaft den Städten und den Häusern bringt.

Und darum fürchten sie auch den Tod so sehr, und leiden, um des Austernlebens willen, alle Schmach, weil Höhers sie nicht kennen, als ihr Machwerk, das sie sich gestoppelt.

O Bellarmin! wo ein Volk das Schöne liebt, wo es den Genius in seinen Künstlern ehrt, da weht, wie Lebensluft, ein allgemeiner Geist, da öffnet sich der scheue Sinn, der Eigendünkel schmilzt, und fromm und groß sind alle Herzen und Helden gebiert die Begeisterung. Die Heimat aller Menschen ist bei solchem Volk und gerne mag der Fremde sich verweilen. Wo aber so beleidigt wird die göttliche Natur und ihre Künstler, ach! da ist des Lebens beste Lust hinweg, und jeder andre Stern ist besser, denn die Erde. Wüster immer, öder werden da die Menschen, die doch alle schöngeboren sind; der Knechtsinn wächst, mit ihm der grobe Mut, der Rausch wächst mit den Sorgen, und mit der Üppigkeit der Hunger und die Nahrungsangst; zum Fluche wird der Segen jedes Jahrs und alle Götter fliehn.

Und wehe dem Fremdling, der aus Liebe wandert, und zu solchem Volke kömmt, und dreifache wehe dem, der, so wie ich, von großem Schmerz getrieben, ein Bettler meiner Art, zu solchem Volke kömmt! –

Genug! du kennst mich, wirst es gut aufnehmen, Bellarmin! Ich sprach in deinem Namen auch, ich sprach für alle, die in diesem Lande sind und leiden, wie ich dort gelitten.

Hyperion an Bellarmin

Ich wollte nun aus Deutschland wieder fort. Ich suchte unter diesem Volke nichts mehr, ich war genug gekränkt, von unerbittlichen Beleidigungen, wollte nicht, daß meine Seele vollends unter solchen Menschen sich verblute.

Aber der himmlische Frühling hielt mich auf; er war die einzige Freude, die mir übrig war, er war ja meine letzte Liebe, wie konnt ich noch an andre Dinge denken und das Land verlassen, wo auch er war?

Bellarmin! Ich hatt es nie so ganz erfahren, jenes alte feste Schicksalswort, daß eine neue Seligkeit dem Herzen aufgeht, wenn es aushält und die Mitternacht des Grams durchduldet, und daß, wie Nachtigallgesang im Dunkeln, göttlich erst in tiefem Leid das Lebenslied der Welt uns tönt. Denn, wie mit Genien, lebt ich itzt mit den blühenden Bäumen, und die klaren Bäche, die darunter flossen, säuselten, wie Götterstimmen, mir den Kummer aus dem Busen. Und so geschah mir überall, du Lieber! – wenn ich im Grase ruht, und zartes Leben mich umgrünte, wenn ich hinauf, wo wild die Rose um den Steinpfad wuchs, den warmen Hügel ging, auch wenn ich des Stroms Gestade, die luftigen umschifft' und alle die Inseln, die er zärtlich hegt.

Und wenn ich oft des Morgens, wie die Kranken zum Heilquell, auf den Gipfel des Gebirgs stieg, durch die schlafenden Blumen, aber vom süßen Schlummer gesättiget, neben mir die lieben Vögel aus dem Busche flogen, im Zwielicht taumelnd und begierig nach dem Tag, und die regere Luft nun schon die Gebete der Täler, die Stimmen der Herde und die Töne der Morgenglokken heraustrug, und jetzt das hohe Licht, das göttlichheitre den gewohnten Pfad daherkam, die Erde bezaubernd mit unsterblichem Leben, daß ihr Herz erwarmt' und all ihre Kinder wieder sich fühlten – o wie der Mond, der noch am Himmel blieb, die Lust des Tags zu teilen, so stand ich Einsamer dann auch über den Ebnen und weinte Liebestränen zu den Ufern hinab und den glänzenden Gewässern und konnte lange das Auge nicht wenden.

Oder des Abends, wenn ich fern ins Tal hinein geriet, zur Wiege des Quells, wo rings die dunkeln Eichhöhn mich umrauschten, mich, wie einen Heiligsterbenden, in ihren Frieden die Natur begrub, wenn nun die Erd ein Schatte war, und unsichtbares Leben durch die Zweige säuselte, durch die Gipfel, und über den Gipfeln still die Abendwolke stand, ein glänzend Gebirg, wovon herab zu mir des Himmels Strahlen, wie die Wasserbäche flossen, um den durstigen Wanderer zu tränken –

O Sonne, o ihr Lüfte, rief ich dann, bei euch allein noch lebt mein Herz, wie unter Brüdern!

So gab ich mehr und mehr der seligen Natur mich hin und fast zu endlos. Wär ich so gerne doch zum Kinde geworden, um ihr näher zu sein, hätt ich so gern doch weniger gewußt und wäre geworden, wie der reine Lichtstrahl, um ihr näher zu sein! o einen Augenblick in ihrem Frieden, ihrer Schöne mich zu fühlen, wie viel mehr galt es vor mir, als Jahre voll Gedanken, als alle Versuche der allesversuchenden Menschen! Wie Eis, zerschmolz, was ich gelernt, was ich getan im Leben, und alle Entwürfe der Jugend verhallten in mir; und o ihr Lieben, die ihr ferne seid, ihr Toten und ihr Lebenden, wie innig Eines waren wir!

Einst saß ich fern im Feld, an einem Brunnen, im Schatten efeugrüner Felsen und überhängender Blütenbüsche. Es war der schönste Mittag, den ich kenne. Süße Lüfte wehten und in morgendlicher Frische glänzte noch das Land und still in seinem heimatlichen Aether lächelte das Licht. Die Menschen waren weggegangen, am häuslichen Tische von der Arbeit zu ruhn; allein war meine Liebe mit dem Frühling, und ein unbegreiflich Sehnen war in mir. Diotima, rief ich, wo bist du, o wo bist du? Und mir war, als hört ich Diotimas Stimme, die Stimme, die mich einst erheitert in den Tagen der Freude –

Bei den Meinen, rief sie, bin ich, bei den Deinen, die der irre Menschengeist mißkennt!

Ein sanfter Schrecken ergriff mich und mein Denken entschlummerte in mir.

O liebes Wort aus heilgem Munde, rief ich, da ich wieder erwacht war, liebes Rätsel, faß ich dich?

Und Einmal sah ich noch in die kalte Nacht der Menschen zurück und schauert und weinte vor Freuden, daß ich so selig war und Worte sprach ich, wie mir dünkt, aber sie waren, wie des Feuers Rauschen, wenn es auffliegt und die Asche hinter sich läßt –

›O du, so dacht ich, mit deinen Göttern, Natur! ich hab ihn ausgeträumt, von Menschendingen den Traum und sage, nur du lebst, und was die Friedenslosen erzwungen, erdacht, es schmilzt, wie Perlen von Wachs, hinweg von deinen Flammen!

Wie lang ists, daß sie dich entbehren? o wie lang ists, daß ihre Menge dich schilt, gemein nennt dich und deine Götter, die Lebendigen, die Seligstillen!

Es fallen die Menschen, wie faule Früchte von dir, o laß sie untergehn, so kehren sie zu deiner Wurzel wieder, und ich, o Baum des Lebens, daß ich wieder grüne mit dir und deine Gipfel umatme mit all deinen knospenden Zweigen! friedlich und innig, denn alle wuchsen wir aus dem goldnen Samkorn herauf!

Ihr Quellen der Erd! ihr Blumen! und ihr Wälder und ihr Adler und du brüderliches Licht! wie alt und neu ist unsere Liebe!– Frei sind wir, gleichen uns nicht ängstig von außen; wie sollte nicht wechseln die Weise des Lebens? wir lieben den Aether doch all und innigst im Innersten gleichen wir uns.

Auch wir, auch wir sind nicht geschieden, Diotima, und die

Tränen um dich verstehen es nicht. Lebendige Töne sind wir, stimmen zusammen in deinem Wohllaut, Natur! wer reißt den? wer mag die Liebenden scheiden? –

O Seele! Seele! Schönheit der Welt! du unzerstörbare! du entzückende! mit deiner ewigen Jugend! du bist; was ist denn der Tod und alles Wehe der Menschen? – Ach! viel der leeren Worte haben die Wunderlichen gemacht. Geschiehet doch alles aus Lust, und endet doch alles mit Frieden.

Wie der Zwist der Liebenden, sind die Dissonanzen der Welt. Versöhnung ist mitten im Streit und alles Getrennte findet sich wieder.

Es scheiden und kehren im Herzen die Adern und einiges, ewiges, glühendes Leben ist Alles.‹

So dacht ich. Nächstens mehr.

4. Dramen

FRIEDRICH SCHILLER

Über den Grund des Vergnügens
an tragischen Gegenständen

Wie sehr auch einige neuere Ästhetiker sichs zum Geschäft machen, die Künste der Phantasie und Empfindung gegen den allgemeinen Glauben, daß sie auf Vergnügen abzwecken, wie gegen
einen herabsetzenden Vorwurf zu verteidigen, so wird dieser
Glaube dennoch, nach wie vor, auf seinem festen Grunde bestehen, und die schönen Künste werden ihren althergebrachten un-
abstreitbaren und wohltätigen Beruf nicht gern mit einem neuen
vertauschen, zu welchem man sie großmütig erhöhen will. Unbesorgt, daß ihre auf unser Vergnügen abzielende Bestimmung
sie erniedrige, werden sie vielmehr auf den Vorzug stolz sein,
dasjenige unmittelbar zu leisten, was alle übrigen Richtungen
und Tätigkeiten des menschlichen Geistes nur mittelbar erfüllen.
Daß der Zweck der Natur mit dem Menschen seine Glückseligkeit sei, wenn auch der Mensch selbst in seinem moralischen
Handeln von diesem Zwecke nichts wissen soll, wird wohl niemand bezweifeln, der überhaupt nur einen Zweck in der Natur
annimmt. Mit dieser also, oder vielmehr mit ihrem Urheber haben die schönen Künste ihren Zweck gemein, Vergnügen auszu-
spenden und Glückliche zu machen. Spielend verleihen sie, was
ihre ernstern Schwestern uns erst mühsam erringen lassen; sie
verschenken, was dort erst der sauer erworbene Preis vieler Anstrengungen zu sein pflegt. Mit anspannendem Fleiße müssen
wir die Vergnügungen des Verstandes, mit schmerzhaften Opfern die Billigung der Vernunft, die Freuden der Sinne durch
harte Entbehrungen erkaufen oder das Übermaß derselben
durch eine Kette von Leiden büßen; die Kunst allein gewährt uns
Genüsse, die nicht erst abverdient werden dürfen, die kein Opfer
kosten, die durch keine Reue erkauft werden. Wer wird aber das
Verdienst, auf diese Art zu ergötzen, mit dem armseligen Ver-

dienst, zu belustigen, in eine Klasse setzen? Wer sich einfallen lassen, der schönen Kunst bloß deswegen jenen Zweck abzusprechen, weil sie über diesen erhaben ist?

Die wohlgemeinte Absicht, das Moralischgute überall als höchsten Zweck zu verfolgen, die in der Kunst schon so manches Mittelmäßige erzeugte und in Schutz nahm, hat auch in der Theorie einen ähnlichen Schaden angerichtet. Um den Künsten einen recht hohen Rang anzuweisen, um ihnen die Gunst des Staats, die Ehrfurcht aller Menschen zu erwerben, vertreibt man sie aus ihrem eigentümlichen Gebiet, um ihnen einen Beruf aufzudringen, der ihnen fremd und ganz unnatürlich ist. Man glaubt ihnen einen großen Dienst zu erweisen, indem man ihnen, anstatt des frivolen Zwecks, zu ergötzen, einen moralischen unterschiebt, und ihr so sehr in die Augen fallender Einfluß auf die Sittlichkeit muß diese Behauptung unterstützen. Man findet es widersprechend, daß dieselbe Kunst, die den höchsten Zweck der Menschheit in so großem Maße befördert, nur beiläufig diese Wirkung leisten und einen so gemeinen Zweck, wie man sich das Vergnügen denkt, zu ihrem letzten Augenmerk haben sollte. Aber diesen anscheinenden Widerspruch würde, wenn wir sie hätten, eine bündige Theorie des Vergnügens und eine vollständige Philosophie der Kunst sehr leicht zu heben imstande sein. Aus dieser würde sich ergeben, daß ein freies Vergnügen, so wie die Kunst es hervorbringt, durchaus auf moralischen Bedingungen beruhe, daß die ganze sittliche Natur des Menschen dabei tätig sei. Aus ihr würde sich ferner ergeben, daß die Hervorbringung dieses Vergnügens ein Zweck sei, der schlechterdings nur durch moralische Mittel erreicht werden könne, daß also die Kunst, um das Vergnügen als ihren wahren Zweck vollkommen zu erreichen, durch die Moralität ihren Weg nehmen Ansicht der Kunstwerke gründen. So z. B. könnte man diejenigen Künste, welche den Verstand und die Einbildungskraft vorzugsweise befriedigen, diejenigen also, die das Wahre, das Vollkommene, das Schöne zu ihrem Hauptzweck machen, unter dem Namen der schönen Künste (Künste des Geschmacks, Künste des Verstandes) begreifen; diejenigen hingegen, die die Einbildungskraft mit der Vernunft vorzugsweise beschäftigen, also das Gute, das Erhabene und Rührende zu ihrem Hauptgegenstand haben, unter dem Namen der rührenden Künste (Künste des Gefühls, des Herzens) in eine besondere Klasse vereinigen. Zwar ist es unmöglich, das Rührende von dem Schönen durchaus zu trennen, aber sehr gut kann das Schöne ohne das Rührende bestehen. Wenn also gleich diese verschiedene Ansicht zu keiner vollkommenen Einteilung der freien Künste berechtigt, so dient sie wenigstens dazu, die Prinzipien zu Beurteilung derselben näher anzugeben und der Verwirrung vorzubeugen, welche unvermeidlich einreißen muß, wenn man bei einer Gesetzgebung in ästhetischen Dingen die ganz verschiedenen Felder des Rührenden und des Schönen verwechselt.

Das Rührende und Erhabene kommen darin überein, daß sie Lust durch Unlust hervorbringen, daß sie uns also (da die Lust aus Zweckmäßigkeit, der Schmerz aber aus dem Gegenteil entspringt) eine Zweckmäßigkeit zu empfinden geben, die eine Zweckwidrigkeit voraussetzt.

Das Gefühl des Erhabenen besteht einerseits aus dem Gefühl unsrer Ohnmacht und Begrenzung, einen Gegenstand zu umfassen, andererseits aber aus dem Gefühl unsrer Übermacht, welche vor keinen Grenzen erschrickt und dasjenige sich geistig unterwirft, dem unsre sinnlichen Kräfte unterliegen. Der Gegenstand des Erhabenen widerstreitet also unserm sinnlichen Vermögen, und diese Unzweckmäßigkeit muß uns notwendig Unlust erwecken. Aber sie wird zugleich eine Veranlassung, ein anderes Vermögen in uns zu unserm Bewußtsein zu bringen, welches demjenigen, woran die Einbildungskraft erliegt, überlegen ist. Ein erhabener Gegenstand ist also eben dadurch, daß er der Sinnlichkeit widerstreitet, zweckmäßig für die Vernunft und ergötzt durch das höhere Vermögen, indem er durch das niedrige schmerzt.

Rührung, in seiner strengen Bedeutung, bezeichnet die gemischte Empfindung des Leidens und der Lust an dem Leiden.

Rührung kann man also nur dann über eigenes Unglück emp-finden, wenn der Schmerz über dasselbe gemäßigt genug ist, um der Lust Raum zu lassen, die etwa ein mitleidender Zu-schauer dabei empfindet. Der Verlust eines großen Guts schlägt uns heute zu Boden, und unser Schmerz rührt den Zuschauer; in einem Jahre erinnern wir uns dieses Leidens selbst mit Rüh-rung. Der Schwache ist jederzeit ein Raub seines Schmerzens, der Held und der Weise werden vom höchsten eigenen Un-glück nur gerührt.

Rührung enthält ebenso wie das Gefühl des Erhabenen zwei Bestandteile, Schmerz und Vergnügen; also hier wie dort liegt der Zweckmäßigkeit eine Zweckwidrigkeit zum Grunde. So scheint es eine Zweckwidrigkeit in der Natur zu sein, daß der Mensch leidet, der doch nicht zum Leiden bestimmt ist, und diese Zweckwidrigkeit tut uns wehe. Aber dieses Wehetun der Zweckwidrigkeit ist zweckmäßig für unsere vernünftige Natur überhaupt und, insofern es uns zur Tätigkeit auffordert, zweck-mäßig für die menschliche Gesellschaft. Wir müssen also über die Unlust selbst, welche das Zweckwidrige in uns erregt, not-wendig Lust empfinden, weil jene Unlust zweckmäßig ist. Um zu bestimmen, ob bei einer Rührung die Lust oder die Unlust hervorstechen werde, kommt es darauf an, ob die Vorstellung der Zweckwidrigkeit oder die der Zweckmäßigkeit die Oberhand behält. Dies kann nun entweder von der Menge der Zwecke, die erreicht oder verletzt werden, oder von ihrem Verhältnis zu dem letzten Zweck aller Zwecke abhängen.

Das Leiden des Tugendhaften rührt uns schmerzhafter als das Leiden des Lasterhaften, weil dort nicht nur dem allgemeinen Zweck der Menschen, glücklich zu sein, sondern auch dem be-sondern, daß die Tugend glücklich mache, hier aber nur dem er-stern widersprochen wird. Hingegen schmerzt uns das Glück des Bösewichts auch weit mehr als das Unglück des Tugendhaf-ten, weil erstlich das Laster selbst und zweitens die Belohnung des Lasters eine Zweckwidrigkeit enthalten.

Außerdem ist die Tugend weit mehr geschickt, sich selbst zu

belohnen, als das glückliche Laster, sich zu bestrafen; eben deswegen wird der Rechtschaffene im Unglück weit eher der Tugend getreu bleiben, als der Lasterhafte im Glück zur Tugend umkehren.

Vorzüglich aber kommt es bei Bestimmung des Verhältnisses der Lust zu der Unlust in Rührungen darauf an, ob der verletzte Zweck den erreichten oder der erreichte den, der verletzt wird, an Wichtigkeit übertreffen. Keine Zweckmäßigkeit geht uns so nah an als die moralische, und nichts geht über die Lust, die wir über diese empfinden. Die Naturzweckmäßigkeit könnte noch immer problematisch sein, die moralische ist uns erwiesen. Sie allein gründet sich auf unsre vernünftige Natur und auf innre Notwendigkeit. Sie ist uns die nächste, die wichtigste und zugleich die erkennbarste, weil sie durch nichts von außen, sondern durch ein innres Prinzip unsrer Vernunft bestimmt wird. Sie ist das Palladium unsrer Freiheit.

Diese moralische Zweckmäßigkeit wird am lebendigsten erkannt, wenn sie im Widerspruch mit andern die Oberhand behält; nur dann erweist sich die ganze Macht des Sittengesetzes, wenn es mit allen übrigen Naturkräften im Streit gezeigt wird und alle neben ihm ihre Gewalt über ein menschliches Herz verlieren. Unter diesen Naturkräften ist alles begriffen, was nicht moralisch ist, alles, was nicht unter der höchsten Gesetzgebung der Vernunft stehet; also Empfindungen, Triebe, Affekte, Leidenschaften so gut als die physische Notwendigkeit und das Schicksal. Je furchtbarer die Gegner, desto glorreicher der Sieg; der Widerstand allein kann die Kraft sichtbar machen. Aus diesem folgt, »daß das höchste Bewußtsein unsrer moralischen Natur nur in einem gewaltsamen Zustande, im Kampfe, erhalten werden kann, und daß das höchste moralische Vergnügen jederzeit von Schmerz begleitet sein wird«.

Diejenige Dichtungsart also, welche uns die moralische Lust in vorzüglichem Grade gewährt, muß sich eben deswegen der gemischten Empfindungen bedienen und uns durch den Schmerz ergötzen. Dies tut vorzugsweise die *Tragödie*, und ihr

Gebiet umfaßt alle mögliche Fälle, in denen irgendeine Naturzweckmäßigkeit einer moralischen oder auch eine moralische Zweckmäßigkeit der andern, die höher ist, aufgeopfert wird. Es wäre vielleicht nicht unmöglich, nach dem Verhältnis, in welchem die moralische Zweckmäßigkeit im Widerspruch mit der andern erkannt und empfunden wird, eine Stufenleiter des Vergnügens von der untersten bis zur höchsten hinaufzuführen und den Grad der angenehmen oder schmerzhaften Rührung a priori aus dem Prinzip der Zweckmäßigkeit bestimmt anzugeben. Ja vielleicht ließen sich aus eben diesem Prinzip bestimmte Ordnungen der Tragödie ableiten und alle mögliche Klassen derselben a priori in einer vollständigen Tafel erschöpfen; so daß man imstande wäre, jeder gegebenen Tragödie ihren Platz anzuweisen und den Grad sowohl als die Art der Rührung im voraus zu berechnen, über den sie sich, vermöge ihrer Spezies, nicht erheben kann. Aber dieser Gegenstand bleibt einer eigenen Erörterung vorbehalten.

Wie sehr die Vorstellung der moralischen Zweckmäßigkeit der Naturzweckmäßigkeit in unserm Gemüt vorgezogen werde, wird aus einzelnen Beispielen einleuchtend zu erkennen sein.

Wenn wir Hüon und Amanda an den Marterpfahl gebunden sehen, beide aus freier Wahl bereit, lieber den fürchterlichen Feuertod zu sterben als durch Untreue gegen das Geliebte sich einen Thron zu erwerben – was macht uns wohl diesen Auftritt zum Gegenstand eines so himmlischen Vergnügens? Der Widerspruch ihres gegenwärtigen Zustands mit dem lachenden Schicksale, das sie verschmähten, die anscheinende Zweckwidrigkeit der Natur, welche Tugend mit Elend lohnt, die naturwidrige Verleugnung der Selbstliebe usf. sollten uns, da sie so viele Vorstellungen von Zweckwidrigkeit in unsre Seele rufen, mit dem empfindlichsten Schmerz erfüllen – aber was kümmert uns die Natur mit allen ihren Zwecken und Gesetzen, wenn sie durch ihre Zweckwidrigkeit eine Veranlassung wird, uns die moralische Zweckmäßigkeit in uns in ihrem vollesten Lichte zu zeigen? Die Erfahrung von der siegenden Macht des sittlichen Gesetzes, die wir bei diesem Anblick machen, ist ein so hohes, so wesentliches Gut, daß wir sogar versucht werden, uns mit dem Übel auszusöhnen, dem wir es zu verdanken haben. Übereinstimmung im Reich der Freiheit ergötzt uns unendlich mehr, als alle Widersprüche in der natürlichen Welt uns zu betrüben vermögen.

Wenn Coriolan, von der Gatten- und Kindes- und Bürgerpflicht besiegt, das schon so gut als eroberte Rom verläßt, seine Rache unterdrückt, sein Heer zurückführt und sich dem Haß eines eifersüchtigen Nebenbuhlers zum Opfer dahingibt, so begeht er offenbar eine sehr zweckwidrige Handlung; er verliert durch diesen Schritt nicht nur die Frucht aller bisherigen Siege, sondern rennt auch vorsätzlich seinem Verderben entgegen – aber wie trefflich, wie unaussprechlich groß ist es auf der andern Seite, den gröbsten Widerspruch mit der Neigung einem Widerspruch mit dem sittlichen Gefühl kühn vorzuziehen und auf solche Art, dem höchsten Interesse der Sinnlichkeit entgegen, gegen die Regeln der Klugheit zu verstoßen, um nur mit der höhern moralischen Pflicht übereinstimmend zu handeln? Jede Aufopferung des Lebens ist zweckwidrig, denn das Leben ist die Bedingung aller Güter; aber Aufopferung des Lebens in moralischer Absicht ist in hohem Grad zweckmäßig, denn das Leben ist nie für sich selbst, nie als Zweck, nur als Mittel zur Sittlichkeit wichtig. Tritt also ein Fall ein, wo die Hingebung des Lebens ein Mittel zur Sittlichkeit wird, so muß das Leben der Sittlichkeit nachstehen. »Es ist nicht nötig, daß ich lebe, aber es ist nötig, daß ich Rom vor dem Hunger schütze«, sagt der große Pompejus, da er nach Afrika schiffen soll und seine Freunde ihm anliegen, seine Abfahrt zu verschieben, bis der Seesturm vorüber sei.

Aber das Leiden eines Verbrechers ist nicht weniger tragisch ergötzend als das Leiden des Tugendhaften; und doch erhalten wir hier die Vorstellung einer moralischen Zweckwidrigkeit. Der Widerspruch seiner Handlung mit dem Sittengesetz sollte uns mit Unwillen, die moralische Unvollkommenheit, die eine solche Art zu handeln voraussetzt, mit Schmerz erfüllen; wenn wir auch das Unglück der Schuldlosen nicht einmal in Anschlag brächten, die das Opfer davon werden. Hier ist keine Zufriedenheit mit der Moralität der Personen, die uns für den Schmerz zu entschädigen vermöchte, den wir über ihr Handeln und Leiden empfinden – und doch ist beides ein sehr dankbarer Gegenstand für die Kunst, bei dem wir mit hohem Wohlgefallen verweilen. Es wird nicht schwer sein, diese Erscheinung mit dem bisher Gesagten in Übereinstimmung zu zeigen.

Nicht allein der Gehorsam gegen das Sittengesetz gibt uns die Vorstellung moralischer Zweckmäßigkeit, auch der Schmerz über Verletzung desselben tut es. Die Traurigkeit, welche das Bewußtsein moralischer Unvollkommenheit erzeugt, ist zweckmäßig, weil sie der Zufriedenheit gegenübersteht, die das moralische Rechttun begleitet. Reue, Selbstverdammung, selbst in ihrem höchsten Grad, in der Verzweiflung, sind moralisch erhaben, weil sie nimmermehr empfunden werden könnten, wenn nicht tief in der Brust des Verbrechers ein unbestechliches Gefühl für Recht und Unrecht wachte und seine Aussprüche selbst gegen das feurigste Interesse der Selbstliebe geltend machte. Reue über eine Tat entspringt aus der Vergleichung derselben mit dem Sittengesetz und ist Mißbilligung dieser Tat, weil sie dem Sittengesetz widerstreitet. Also muß im Augenblick der Reue das Sittengesetz die höchste Instanz im Gemüt eines solchen Menschen sein; es muß ihm wichtiger sein als selbst der Preis des Verbrechens, weil das Bewußtsein des beleidigten Sittengesetzes ihm den Genuß dieses Preises vergällt. Der Zustand eines Gemüts aber, in welchem das Sittengesetz für die höchste Instanz erkannt wird, ist moralisch zweckmäßig, also eine Quelle moralischer Lust. Und was kann auch erhabener sein als jene heroische Verzweiflung, die alle Güter des Lebens, die das Leben selbst in den Staub tritt, weil sie die mißbilligende Stimme ihres innern Richters nicht ertragen und nicht übertäuben kann? Ob der Tugendhafte sein Leben freiwillig dahingibt, um dem Sittengesetz gemäß zu handeln – oder ob der Verbrecher unter dem Zwange des Gewissens sein Leben mit eigner Hand zerstört, um die Übertretung jenes Gesetzes an sich zu bestrafen, so steigt unsre Achtung für das Sittengesetz zu einem gleich hohen Grad empor; und, wenn ja noch ein Unterschied stattfände, so würde er vielmehr zum Vorteil des letztern ausfallen, da das beglükkende Bewußtsein des Rechthandelns dem Tugendhaften seine Entschließung doch einigermaßen konnte erleichtert haben und das sittliche Verdienst an einer Handlung gerade um ebensoviel abnimmt, als Neigung und Lust daran Anteil haben. Reue und Verzweiflung über ein begangenes Verbrechen zeigen uns die Macht des Sittengesetzes nur später, nicht schwächer; es sind Gemälde der erhabensten Sittlichkeit, nur in einem gewaltsamen Zustand entworfen. Ein Mensch, der wegen einer verletzten moralischen Pflicht verzweifelt, tritt eben dadurch zum Gehorsam gegen dieselbe zurück, und je furchtbarer seine Selbstverdammung sich äußert, desto mächtiger sehen wir das Sittengesetz ihm gebieten.

Aber es gibt Fälle, wo das moralische Vergnügen nur durch einen moralischen Schmerz erkauft wird, und dies geschieht, wenn eine moralische Pflicht übertreten werden muß, um einer höhern und allgemeinern desto gemäßer zu handeln. Wäre Coriolan, anstatt seine eigene Vaterstadt zu belagern, vor Antium oder Corioli mit einem römischen Heere gestanden, wäre seine Mutter eine Volscierin gewesen, und ihre Bitten hätten die nämliche Wirkung auf ihn gehabt, so würde dieser Sieg der Kindespflicht den entgegengesetzten Eindruck auf uns machen. Der Ehrerbietung gegen die Mutter stände dann die weit höhere bürgerliche Verbindlichkeit entgegen, welche im Kollisionsfall vor jener den Vorzug verdient. Jener Kommandant, dem die Wahl gelassen wird, entweder die Stadt zu übergeben oder seinen gefangenen Sohn vor seinen Augen durchbohrt zu sehen, wählt ohne Bedenken das letztere, weil die Pflicht gegen sein Kind der Pflicht gegen sein Vaterland billig untergeordnet ist. Es empört zwar im ersten Augenblick unser Herz, daß ein Vater dem Naturtriebe und der Vaterpflicht so widersprechend handelt, aber es reißt uns bald zu einer süßen Bewunderung hin, daß sogar ein moralischer

Antrieb, und wenn er sich selbst mit der Neigung gattet, die Vernunft in ihrer Gesetzgebung nicht irremachen kann. Wenn der Korinther Timoleon einen geliebten, aber ehrsüchtigen Bruder Timophanes ermorden läßt, weil seine Meinung von patriotischer Pflicht ihn zu Vertilgung alles dessen, was die Republik in Gefahr setzt, verbindet, so sehen wir ihn zwar nicht ohne Entsetzen und Abscheu diese naturwidrige, dem moralischen Gefühl so sehr widerstreitende Handlung begehen, aber unser Abscheu löst sich bald in die höchste Achtung der heroischen Tugend auf, die ihre Aussprüche gegen jeden fremden Einfluß der Neigung behauptet und im stürmischen Widerstreit der Gefühle ebenso frei und ebenso richtig als im Zustand der höchsten Ruhe entscheidet. Wir können über republikanische Pflicht mit Timoleon ganz verschieden denken; das ändert an unserm Wohlgefallen nichts. Vielmehr sind es gerade solche Fälle, wo unser Verstand nicht auf der Seite der handelnden Person ist, aus welchen man erkennt, wie sehr wir Pflichtmäßigkeit über Zweckmäßigkeit, Einstimmung mit der Vernunft über die Einstimmung mit dem Verstande erheben.

Über keine moralische Erscheinung aber wird das Urteil der Menschen so verschieden ausfallen als gerade über diese, und der Grund dieser Verschiedenheit darf nicht weit gesucht werden. Der moralische Sinn liegt zwar in allen Menschen, aber nicht bei allen in derjenigen Stärke und Freiheit, wie er bei Beurteilung dieser Fälle vorausgesetzt werden muß. Für die meisten ist es genug, eine Handlung zu billigen, weil ihre Einstimmung mit dem Sittengesetz leicht gefaßt wird, und eine andere zu verwerfen, weil ihr Widerstreit mit diesem Gesetz in die Augen leuchtet. Aber ein heller Verstand und eine von jeder Naturkraft, also auch von moralischen Trieben (insofern sie instinktartig wirken) unabhängige Vernunft wird erfodert, die Verhältnisse moralischer Pflichten zu dem höchsten Prinzip der Sittlichkeit richtig zu bestimmen. Daher wird die nämliche Handlung, in welcher einige wenige die höchste Zweckmäßigkeit erkennen, dem großen Haufen als ein empörender Widerspruch erscheinen, obgleich beide ein moralisches Urteil fällen; daher rührt es, daß die Rührung an solchen Handlungen nicht in der Allgemeinheit mitgeteilt werden kann, wie die Einheit der menschlichen Natur und die Notwendigkeit des moralischen Gesetzes erwarten läßt. Aber auch das wahrste und höchste Erhabene ist, wie man weiß, vielen Überspannung und Unsinn, weil das Maß der Vernunft, die das Erhabene erkennt, nicht in allen dasselbe ist. Eine kleine Seele sinkt unter der Last so großer Vorstellungen dahin oder fühlt sich peinlich über ihren moralischen Durchmesser auseinandergespannt. Sieht nicht oft genug der gemeine Haufe da die häßlichste Verwirrung, wo der denkende Geist gerade die höchste Ordnung bewundert?

Soviel über das Gefühl der moralischen Zweckmäßigkeit, insofern es der tragischen Rührung und unsrer Lust an dem Leiden zum Grunde liegt. Aber es sind demohngeachtet Fälle genug vorhanden, wo uns die Naturzweckmäßigkeit selbst auf Unkosten der moralischen zu ergötzen scheint. Die höchste Konsequenz eines Bösewichts in Anordnung seiner Maschinen ergötzt uns offenbar, obgleich Anstalten und Zweck unserm moralischen Gefühl widerstreiten. Ein solcher Mensch ist fähig, unsre lebhafteste Teilnahme zu erwecken, und wir zittern vor dem Fehlschlag derselben Plane, deren Vereitlung wir, wenn es wirklich an dem wäre, daß wir alles auf die moralische Zweckmäßigkeit beziehen, aufs feurigste wünschen sollten. Aber auch diese Erscheinung hebt dasjenige nicht auf, was bisher über das Gefühl der moralischen Zweckmäßigkeit und seinen Einfluß auf unser Vergnügen an tragischen Rührungen behauptet wurde.

Zweckmäßigkeit gewährt uns unter allen Umständen Vergnügen, sie beziehe sich entweder gar nicht auf das Sittliche, oder sie widerstreite demselben. Wir genießen dieses Vergnügen rein, solange wir uns keines sittlichen Zwecks erinnern, dem dadurch widersprochen wird. Ebenso, wie wir uns an dem verstandähnlichen Instinkt der Tiere, an dem Kunstfleiß der Bienen u. dgl. ergötzen, ohne diese Naturzweckmäßigkeit auf einen verständigen Willen, noch weniger auf einen moralischen Zweck zu beziehen, so gewährt uns die Zweckmäßigkeit eines jeden menschlichen Geschäfts an sich selbst Vergnügen, sobald wir uns weiter nichts dabei denken als das Verhältnis der Mittel zu ihrem Zweck. Fällt es uns aber ein, diesen Zweck nebst seinen Mitteln auf ein sittliches Prinzip zu beziehen, und entdecken wir alsdann einen Widerspruch mit dem letzten, kurz, erinnern wir uns, daß es die Handlung eines moralischen Wesens ist, so tritt eine tiefe Indignation an die Stelle jenes ersten Vergnügens, und keine noch so große Verstandeszweckmäßigkeit ist fähig, uns mit der Vorstellung einer sittlichen Zweckwidrigkeit zu versöhnen. Nie darf es uns lebhaft werden, daß dieser Richard III., dieser Jago, dieser Lovelace Menschen sind, sonst wird sich unsre Teilnahme unausbleiblich in ihr Gegenteil verwandeln. Daß wir aber ein Vermögen besitzen und auch häufig genug ausüben, unsre Aufmerksamkeit von einer gewissen Seite der Dinge freiwillig abzulenken und auf eine andre zu richten, daß das Vergnügen selbst, welches durch diese Absonderung allein für uns möglich ist, uns dazu einladet und dabei festhält, wird durch die tägliche Erfahrung bestätigt.

Nicht selten aber gewinnt eine geistreiche Bosheit vorzüglich deswegen unsre Gunst, weil sie ein Mittel ist, uns den Genuß der moralischen Zweckmäßigkeit zu verschaffen. Je gefährlicher die Schlingen sind, welche Lovelace Clarissens Tugend legt, je härter die Proben sind, auf welche die erfinderische Grausamkeit eines Despoten die Standhaftigkeit seines unschuldigen Opfers stellt, in desto höherem Glanz sehen wir die moralische Zweckmäßigkeit triumphieren. Wir freuen uns über die Macht des moralischen Pflichtgefühls, welches die Empfindungskraft eines Verführers so sehr in Arbeit setzen kann. Hingegen rechnen wir dem konsequenten Bösewicht die Besiegung des moralischen Gefühls, von dem wir wissen, daß es sich notwendig in ihm regen mußte, zu einer Art von Verdienst an, weil es von einer gewissen Stärke der Seele und einer großen Zweckmäßigkeit des Verstandes zeugt, sich durch keine moralische Regung in seinem Handeln irre machen zu lassen.

Übrigens ist es unwidersprechlich, daß eine zweckmäßige Bosheit nur alsdann der Gegenstand eines vollkommenen Wohlgefallens werden kann, wenn sie vor der moralischen Zweckmäßigkeit zuschanden wird. Dann ist sie sogar eine wesentliche Bedingung des höchsten Wohlgefallens, weil sie allein vermag, die Übermacht des moralischen Gefühls recht einleuchtend zu machen. Es gibt davon keinen überzeugendern Beweis als den letzten Eindruck, mit dem uns der Verfasser der Clarissa entläßt. Die höchste Verstandeszweckmäßigkeit, die wir in dem Verführungsplane des Lovelace unfreiwillig bewundern mußten, wird durch die Vernunftzweckmäßigkeit, welche Clarissa diesem furchtbaren Feind ihrer Unschuld entgegensetzt, glorreich übertroffen, und wir sehen uns dadurch in den Stand gesetzt, den Genuß beider in einem hohen Grad zu vereinigen.

Insoferne sich der tragische Dichter zum Ziel setzt, das Gefühl der moralischen Zweckmäßigkeit zu einem lebendigen Bewußtsein zu bringen, insofern er also die Mittel zu diesem Zwecke verständig wählt und anwendet, muß er den Kenner jederzeit auf eine gedoppelte Art, durch die moralische und durch die Naturzweckmäßigkeit, ergötzen. Durch jene wird er das Herz, durch diese den Verstand befriedigen. Der große Haufe erleidet gleichsam blind die von dem Künstler auf das Herz beabsichtete Wirkung, ohne die Magie zu durchblicken, vermittelst welcher die Kunst diese Macht über ihn ausübte. Aber es gibt eine gewisse Klasse von Kennern, bei denen der Künstler, gerade umgekehrt, die auf das Herz abgezielte Wirkung verliert, deren Geschmack er aber durch die Zweckmäßigkeit der dazu angewandten Mittel für sich gewinnen kann. In diesen sonderbaren Widerspruch artet öfters die feinste Kultur des Geschmacks aus, besonders wo die moralische Veredlung hinter der Bildung des Kopfes zurückbleibt. Diese Art Kenner suchen im Rührenden und Erhabenen nur das Verständige; dieses empfinden und prüfen sie mit dem richtigsten Geschmack, aber man hüte sich, an ihr Herz zu appellieren. Alter und Kultur führen uns dieser Klippe entgegen und diesen nachteiligen Einfluß von beiden besiegen ist der höchste Charakterruhm des gebildeten Mannes. Unter Europens Nationen sind unsre Nachbarn die Franzosen diesem Extrem am nächsten geführt worden, und wir ringen, wie in allem so auch hier, diesem Muster nach.

FRIEDRICH SCHILLER

Über die tragische Kunst

Der Zustand des Affekts für sich selbst, unabhängig von aller Beziehung seines Gegenstandes auf unsre Verbesserung oder Ver-
schlimmerung, hat etwas Ergötzendes für uns; wir streben, uns
in denselben zu versetzen, wenn es auch einige Opfer kosten
sollte! Unsern gewöhnlichsten Vergnügungen liegt dieser Trieb
zum Grunde; ob der Affekt auf Begierde oder Verabscheuung
gerichtet, ob er seiner Natur nach angenehm oder peinlich sei,
kommt dabei wenig in Betrachtung. Vielmehr lehrt die Erfahrung, daß der unangenehme Affekt den größern Reiz für uns
habe und also die Lust am Affekt mit seinem Inhalt gerade in um-
gekehrtem Verhältnisse stehe. Es ist eine allgemeine Erscheinung
in unsrer Natur, daß uns das Traurige, das Schreckliche, das
Schauderhafte selbst mit unwiderstehlichem Zauber an sich
lockt, daß wir uns von Auftritten des Jammers, des Entsetzens
mit gleichen Kräften weggestoßen und wieder angezogen fühlen.
Alles drängt sich voll Erwartung um den Erzähler einer Mordge-
schichte; das abenteuerlichste Gespenstermärchen verschlingen
wir mit Begierde, und mit desto größrer, je mehr uns dabei die
Haare zu Berge steigen.
[...]
Von der Beziehung eines Gegenstandes auf unser sinnliches
oder sittliches Vermögen rührt die Unlust her, welche wir bei
widrigen Affekten empfinden, so wie die Lust bei den angenehmen aus eben diesen Quellen entspringt. Nach dem Verhältnis
nun, in welchem die sittliche Natur eines Menschen zu seiner
sinnlichen steht, richtet sich auch der Grad der Freiheit, der in
Affekten behauptet werden kann; und da nun bekanntlich im
Moralischen keine Wahl für uns stattfindet, der sinnliche Trieb
hingegen der Gesetzgebung der Vernunft unterworfen und also
in unsrer Gewalt ist, wenigstens sein soll, so leuchtet ein, daß es

möglich ist, in allen denjenigen Affekten, welche mit dem eigennützigen Trieb zu tun haben, eine vollkommene Freiheit zu behalten und über den Grad Herr zu sein, den sie erreichen sollen. Dieser wird in eben dem Maße schwächer sein, als der moralische Sinn über den Glückseligkeitstrieb bei einem Menschen die Obergewalt behauptet und die eigennützige Anhänglichkeit an sein individuelles Ich durch den Gehorsam gegen allgemeine Vernunftgesetze vermindert wird. Ein solcher Mensch wird also im Zustand des Affekts die Beziehung eines Gegenstandes auf seinen Glückseligkeitstrieb weit weniger empfinden und folglich auch weit weniger von der Unlust erfahren, die nur aus dieser Beziehung entspringt; hingegen wird er desto mehr auf das Verhältnis merken, in welchem eben dieser Gegenstand zu seiner Sittlichkeit steht, und eben darum auch desto empfänglicher für die Lust sein, welche die Beziehung aufs Sittliche nicht selten in die peinlichsten Leiden der Sinnlichkeit mischt. Eine solche Verfassung des Gemüts ist am fähigsten, das Vergnügen des Mitleids zu genießen und selbst den ursprünglichen Affekt in den Schranken des Mitleids zu erhalten. [...]

Man hat es auf mehrere Art versucht, das Vergnügen des Mitleids zu erklären; aber die wenigsten Auflösungen konnten befriedigend ausfallen, weil man den Grund der Erscheinung lieber in begleitenden Umständen als in der Natur des Affekts selbst aufsuchte. Vielen ist das Vergnügen des Mitleids nichts anders als das Vergnügen der Seele an ihrer Empfindsamkeit; andern die Lust an starkbeschäftigten Kräften, lebhafter Wirksamkeit des Begehrungsvermögens, kurz an einer Befriedigung des Tätigkeitstriebes; andre lassen sie aus der Entdeckung sittlich schöner Charakterzüge, die der Kampf mit dem Unglück und mit der Leidenschaft sichtbar mache, entspringen. Noch immer aber bleibt unaufgelöst, warum gerade die Pein selbst, das eigentliche Leiden, bei Gegenständen des Mitleids uns am mächtigsten anzieht, da nach jenen Erklärungen ein schwächerer Grad des Leidens den angeführten Ursachen unsrer Lust an der Rührung offenbar günstiger sein müßte. Die Lebhaftigkeit und Stärke der in unsrer Phantasie erweckten Vorstellungen, die sittliche Vortrefflichkeit der leidenden Personen, der Rückblick des mitleidenden Subjekts auf sich selbst können die Lust an Rührungen wohl erhöhen, aber sie sind die Ursache nicht, die sie hervorbringt. Das Leiden einer schwachen Seele, der Schmerz eines Bösewichts gewähren uns diesen Genuß freilich nicht; aber deswegen nicht, weil sie unser Mitleid nicht in dem Grade wie der leidende Held oder der kämpfende Tugendhafte erregen. Stets also kehrt die erste Frage zurück, warum eben just der Grad des Leidens den Grad der sympathetischen Lust an einer Rührung bestimme, und sie kann auf keine andere Art beantwortet werden, als daß gerade der Angriff auf unsre Sinnlichkeit die Bedingung sei, diejenige Kraft des Gemüts aufzuregen, deren Tätigkeit jenes Vergnügen an sympathetischem Leiden erzeugt.

Diese Kraft nun ist keine andre als die Vernunft, und insofern die freie Wirksamkeit derselben, als absolute Selbsttätigkeit, vorzugsweise den Namen der Tätigkeit verdient, insofern sich das Gemüt nur in seinem sittlichen Handeln vollkommen unabhängig und frei fühlt, insofern ist es freilich der befriedigte Trieb der Tätigkeit, von welchem unser Vergnügen an traurigen Rührungen seinen Ursprung zieht. Aber so ist es auch nicht die Menge, nicht die Lebhaftigkeit der Vorstellungen, nicht die Wirksamkeit des Begehrungsvermögens überhaupt, sondern eine bestimmte Gattung der erstern, und eine bestimmte, durch Vernunft erzeugte Wirksamkeit des letztern, was diesem Vergnügen zum Grund liegt. Der mitgeteilte Affekt überhaupt hat also etwas Ergötzendes für uns, weil er den Tätigkeitstrieb befriedigt; der traurige Affekt leistet jene Wirkung in einem höhern Grade, weil er diesen Trieb in einem höhern Grade befriedigt. Nur im Zustand seiner vollkommenen Freiheit, nur im Bewußtsein seiner vernünftigen Natur äußert das Gemüt seine höchste Tätigkeit, weil es da allein eine Kraft anwendet, die jedem Widerstand überlegen ist.

Derjenige Zustand des Gemüts also, der vorzugsweise diese Kraft zu ihrer Verkündigung bringt, diese höhere Tätigkeit weck, ist der zweckmäßigste für ein vernünftiges Wesen und für den Tätigkeitstrieb der befriedigendste; er muß also mit einem vorzüglichen Grade von Lust verknüpft sein.* In einen solchen Zustand versetzt uns der traurige Affekt, und die Lust an demselben muß die Lust an fröhlichen Affekten in eben dem Grad übertreffen als das sittliche Vermögen in uns über das sinnliche erhaben ist.

Was in dem ganzen System der Zwecke nur ein untergeordnetes Glied ist, darf die Kunst aus diesem Zusammenhang absondern und als Hauptzweck verfolgen. Für die Natur mag das Vergnügen nur ein mittelbarer Zweck sein, für die Kunst ist es der höchste. Es gehört also vorzüglich zum Zweck der letztern, das hohe Vergnügen nicht zu vernachlässigen, das in der traurigen Rührung enthalten ist. Diejenige Kunst aber, welche sich das Vergnügen des Mitleids insbesondre zum Zweck setzt, heißt die tragische Kunst im allgemeinen Verstande.

[...]

Um also der tragischen Kunst ihr Verfahren im allgemeinen vorzuschreiben, ist es vor allem nötig, die Bedingungen zu wissen, unter welchen nach der gewöhnlichen Erfahrung das Vergnügen der Rührung am gewissesten und am stärksten erzeugt zu werden pflegt; zugleich aber auch auf diejenigen Umstände aufmerksam zu machen, welche es einschränken oder gar zerstören.

Zwei entgegengesetzte Ursachen gibt die Erfahrung an, welche das Vergnügen an Rührungen hindern: wenn das Mitleid entweder zu schwach, oder wenn es so stark erregt wird, daß der mitgeteilte Affekt zu der Lebhaftigkeit eines ursprünglichen übergeht. Jenes kann wieder entweder an der Schwäche des Eindrucks liegen, den wir von dem ursprünglichen Leiden erhalten, in welchem Falle wir sagen, daß unser Herz kalt bleibt, und wir weder Schmerz noch Vergnügen empfinden; oder es liegt an stär-

---

* Siehe die Abhandlung über den Grund des Vergnügens an tragischen Gegenständen.

kern Empfindungen, welche den empfangenen Eindruck bekämpfen und durch ihr Übergewicht im Gemüt das Vergnügen
des Mitleids schwächen oder gänzlich ersticken.

[...]

Jetzt sind die Bedingungen aufzuzählen, unter welchen das
Mitleid befördert und die Lust der Rührung am unfehlbarsten
und am stärksten erweckt wird.

Alles Mitleid setzt Vorstellungen des Leidens voraus, und
nach der Lebhaftigkeit, Wahrheit, Vollständigkeit und Dauer der
letztern richtet sich auch der Grad der erstern.

1. Je lebhafter die Vorstellungen, desto mehr wird das Gemüt
zur Tätigkeit eingeladen, desto mehr wird seine Sinnlichkeit gereizt, desto mehr also auch sein sittliches Vermögen zum Widerstand aufgefodert. [...]

2. Aber wir können die lebhaftesten Eindrücke von einem
Leiden erhalten, ohne doch zu einem merklichen Grad des Mitleids gebracht zu werden, wenn es diesen Eindrücken an Wahrheit fehlt. Wir müssen uns einen Begriff von dem Leiden machen,
an dem wir teilnehmen sollen; dazu gehört eine Übereinstimmung desselben mit etwas, was schon vorher in uns vorhanden
ist. Die Möglichkeit des Mitleids beruht nämlich auf der Wahrnehmung oder Voraussetzung einer Ähnlichkeit zwischen uns
und dem leidenden Subjekt. [...]

3. Zu der Lebhaftigkeit und Wahrheit tragischer Schilderungen wird drittens noch Vollständigkeit verlangt. Alles, was von
außen gegeben werden muß, um das Gemüt in die abgezweckte
Bewegung zu setzen, muß in der Vorstellung erschöpft sein. [...]

4. Fortdauernd endlich müssen die Vorstellungen des Leidens
auf uns wirken, wenn ein hoher Grad von Rührung durch sie erweckt werden soll. Der Affekt, in welchen uns fremde Leiden
versetzen, ist für uns ein Zustand des Zwanges, aus welchem wir
eilen uns zu befreien, und allzu leicht verschwindet die zum Mitleid so unentbehrliche Täuschung. Das Gemüt muß also an diese
Vorstellungen gewaltsam gefesselt und der Freiheit beraubt werden, sich der Täuschung zu frühzeitig zu entreißen. [...] Wenn

also das Gemüt, seiner widerstrebenden Selbsttätigkeit ungeachtet, an die Empfindungen des Leidens geheftet bleiben soll, so müssen diese periodenweise geschickt unterbrochen, ja von entgegengesetzten Empfindungen abgelöst werden – um alsdann mit zunehmender Stärke zurückzukehren und die Lebhaftigkeit des ersten Eindrucks desto öfter zu erneuern. Gegen Ermattung, gegen die Wirkungen der Gewohnheit ist der Wechsel der Empfindungen das kräftigste Mittel. Dieser Wechsel frischt die erschöpfte Sinnlichkeit wieder an, und die Gradation der Eindrücke weckt das selbsttätige Vermögen zum verhältnismäßigen Widerstand. [...] Alle diese Bedingungen vereinigt und erfüllt die Kunst in der Tragödie.

Die Tragödie wäre demnach dichterische Nachahmung einer zusammenhängenden Reihe von Begebenheiten (einer vollständigen Handlung), welche uns Menschen in einem Zustand des Leidens zeigt und zur Absicht hat, unser Mitleid zu erregen.

[...]

Der letzte Grund, auf den sich alle Regeln für eine bestimmte Dichtungsart beziehen, heißt der Zweck dieser Dichtungsart; die Verbindung der Mittel, wodurch eine Dichtungsart ihren Zweck erreicht, heißt ihre Form. Zweck und Form stehen also miteinander in dem genauesten Verhältnis. Diese wird durch jenen bestimmt und als notwendig vorgeschrieben, und der erfüllte Zweck wird das Resultat der glücklich beobachteten Form sein.

[...]

Das Produkt einer Dichtungsart ist vollkommen, in welchem die eigentümliche Form dieser Dichtungsart zu Erreichung ihres Zweckes am besten benutzt worden ist. Eine Tragödie also ist vollkommen, in welcher die tragische Form, nämlich die Nachahmung einer rührenden Handlung, am besten benutzt worden ist, den mitleidigen Affekt zu erregen. Diejenige Tragödie würde also die vollkommenste sein, in welcher das erregte Mitleid weniger Wirkung des Stoffs als der am besten benutzten tragischen Form ist. Diese mag für das Ideal der Tragödie gelten.

Friedrich Schiller

Don Carlos

Erster Akt

Zweiter Auftritt

Carlos. Marquis von Posa.

CARLOS. Wer kommt? – Was seh ich! O ihr guten Geister! Mein
  Roderich!

MARQUIS.　　　　　Mein Carlos!

CARLOS.　　　　　　　　　Ist es möglich?
  Ist's wahr? Ist's wirklich? Bist du's? – Oh, du bist's!
  Ich drück an meine Seele dich, ich fühle
  Die deinige allmächtig an mir schlagen.
  Oh, jetzt ist alles wieder gut. In dieser
  Umarmung heilt mein krankes Herz. Ich liege
  Am Halse meines Roderich.

MARQUIS.　　　　　　　Ihr krankes –
  Ihr krankes Herz? Und was ist wieder gut?
  Was ist's, das wieder gut zu werden brauchte?
  Sie hören, was mich stutzen macht.

CARLOS.　　　　　　　　　Und was
  Bringt dich so unverhofft aus Brüssel wieder?
  Wem dank ich diese Überraschung? Wem?
  Ich frage noch? Verzeih dem Freudetrunknen,
  Erhabne Vorsicht, diese Lästerung!
  Wem sonst als dir, Allgütigste? Du wußtest,
  Daß Carlos ohne Engel war, du sandtest
  Mir diesen, und ich frage noch!

MARQUIS.　　　　　　　　Vergebung,
  Mein teurer Prinz, wenn ich dies stürmische
  Entzücken mit Bestürzung nur erwidre.

So war es nicht, wie ich Don Philipps Sohn
Erwartete. Ein unnatürlich Rot
Entzündet sich auf Ihren blassen Wangen,
Und Ihre Lippen zittern fieberhaft.
Was muß ich glauben, teurer Prinz? – Das ist
Der löwenkühne Jüngling nicht, zu dem
Ein unterdrücktes Heldenvolk mich sendet –
Denn jetzt steh ich als Roderich nicht hier,
Nicht als des Knaben Carlos Spielgeselle –
Ein Abgeordneter der ganzen Menschheit
Umarm ich Sie – es sind die flandrischen
Provinzen, die an Ihrem Halse weinen
Und feierlich um Rettung Sie bestürmen.
Getan ist's um Ihr teures Land, wenn Alba,
Des Fanatismus rauher Henkersknecht,
Vor Brüssel rückt mit spanischen Gesetzen.
Auf Kaiser Karls glorwürdgem Enkel ruht
Die letzte Hoffnung dieser edeln Lande.
Sie stürzt dahin, wenn sein erhabnes Herz
Vergessen hat, für Menschlichkeit zu schlagen.
CARLOS. Sie stürzt dahin.
MARQUIS.   Weh mir! Was muß ich hören!
CARLOS. Du sprichst von Zeiten, die vergangen sind.
    Auch mir hat einst von einem Karl geträumt,
    Dem's feurig durch die Wangen lief, wenn man
    Von Freiheit sprach – doch der ist lang begraben.
    Den du hier siehst, das ist der Karl nicht mehr,
    Der in Alcala von dir Abschied nahm,
    Der sich vermaß in süßer Trunkenheit,
    Der Schöpfer eines neuen goldnen Alters
    In Spanien zu werden – Oh, der Einfall
    War kindisch, aber göttlich schön. Vorbei
    Sind diese Träume. –
MARQUIS.   Träume, Prinz – So wären
    Es Träume nur gewesen?

CARLOS.   Laß mich weinen,
An deinem Herzen heiße Tränen weinen,
Du einzger Freund. Ich habe niemand – niemand –
Auf dieser großen, weiten Erde niemand.
So weit das Zepter meines Vaters reicht,
So weit die Schiffahrt unsre Flaggen sendet,
Ist keine Stelle – keine – keine, wo
Ich meiner Tränen mich entlasten darf,
Als diese. O bei allem, Roderich,
Was du und ich dereinst vom Himmel hoffen,
Verjage mich von dieser Stelle nicht.
            Marquis neigt sich über ihn in sprachloser Rührung.
CARLOS. Berede dich, ich wär ein Waisenkind,
Das du am Thron mitleidig aufgelesen.
Ich weiß ja nicht, was Vater heißt – ich bin
Ein Königssohn – Oh, wenn es eintrifft, was
Mein Herz mir sagt, wenn du aus Millionen
Herausgefunden bist, mich zu verstehn,
Wenn's wahr ist, daß die schaffende Natur
Den Roderich im Carlos wiederholte
Und unsrer Seelen zartes Saitenspiel
Am Morgen unsres Lebens gleich bezog,
Wenn eine Träne, die mir Lindrung gibt,
Dir teurer ist als meines Vaters Gnade –
MARQUIS. O teurer als die ganze Welt.
CARLOS.   So tief
Bin ich gefallen – bin so arm geworden,
Daß ich an unsre frühen Kinderjahre
Dich mahnen muß – daß ich dich bitten muß,
Die lang vergeßnen Schulden abzutragen,
Die du noch im Matrosenkleide machtest –
Als du und ich, zween Knaben wilder Art,
So brüderlich zusammen aufgewachsen,
Kein Schmerz mich drückte, als von deinem Geiste
So sehr verdunkelt mich zu sehn – ich endlich

Mich kühn entschloß, dich grenzenlos zu lieben,
Weil mich der Mut verließ, dir gleich zu sein.
Da fing ich an, mit tausend Zärtlichkeiten
Und treuer Bruderliebe dich zu quälen;
Du, stolzes Herz, gabst sie mir kalt zurück.
Oft stand ich da, und – doch das sahst du nie –
Und heiße, schwere Tränentropfen hingen
In meinem Aug, wenn du, mich überhüpfend,
Geringre Kinder in die Arme drücktest.
Warum nur diese? rief ich trauernd aus:
Bin *ich* dir nicht auch herzlich gut? – Du aber,
Du knietest kalt und ernsthaft vor mir nieder:
Das, sagtest du, gebührt dem Königssohn.
MARQUIS. O stille, Prinz, von diesen kindischen
    Geschichten, die mich jetzt noch schamrot machen.
CARLOS. Ich hatt es nicht um dich verdient. Verschmähen,
Zerreißen konntest du mein Herz, doch nie
Von dir entfernen. Dreimal wiesest du
Den Fürsten von dir, dreimal kam er wieder
Als Bittender, um Liebe dich zu flehn
Und dir gewaltsam Liebe aufzudringen.
Ein Zufall tat, was Carlos nie gekonnt.
Einmal geschah's bei unsern Spielen, daß
Der Königin von Böhmen, meiner Tante,
Dein Federball ins Auge flog. Sie glaubte,
Daß es mit Vorbedacht geschehn, und klagt' es
Dem Könige mit tränendem Gesicht.
Die ganze Jugend des Palastes muß
Erscheinen, ihm den Schuldigen zu nennen.
Der König schwört, die hinterlistge Tat,
Und wär es auch an seinem eignen Kinde,
Aufs schrecklichste zu ahnden. – Damals sah ich
Dich zitternd in der Ferne stehn, und jetzt,
Jetzt trat ich vor und warf mich zu den Füßen
Des Königs. Ich, ich tat es, rief ich aus:

An deinem Sohn erfülle deine Rache.

MARQUIS. Ach, woran mahnen Sie mich, Prinz!

CARLOS. Sie ward's:

Im Angesicht des ganzen Hofgesindes,
Das mitleidsvoll im Kreise stand, ward sie
Auf Sklavenart an deinem Karl vollzogen.
Ich sah auf dich und weinte nicht. Der Schmerz
Schlug meine Zähne knirschend aneinander;
Ich weinte nicht. Mein königliches Blut
Floß schändlich unter unbarmherzgen Streichen;
Ich sah auf dich und weinte nicht – Du kamst;
Laut weinend sankst du mir zu Füßen. Ja!
Ja, riefst du aus, mein Stolz ist überwunden.
Ich will bezahlen, wenn du König bist.

MARQUIS *(reicht ihm die Hand)*.

Ich will es, Karl. Das kindische Gelübde
Erneur' ich jetzt als Mann. Ich will bezahlen.
Auch meine Stunde schlägt vielleicht.

CARLOS. Jetzt, jetzt –

O zögre nicht – jetzt hat sie ja geschlagen.
Die Zeit ist da, wo du es lösen kannst.
Ich brauche Liebe. – Ein entsetzliches
Geheimnis brennt auf meiner Brust. Es soll –
Es soll heraus. In deinen blassen Mienen
Will ich das Urteil meines Todes lesen.
Hör an – erstarre – doch erwidre nichts –
Ich liebe meine Mutter.

MARQUIS. O mein Gott!

CARLOS.

Nein! Diese Schonung will ich nicht. Sprich's aus,
Sprich, daß auf diesem großen Rund der Erde
Kein Elend an das meine grenze – sprich –
Was du mir sagen kannst, errat ich schon.
Der Sohn liebt seine Mutter. Weltgebräuche,
Die Ordnung der Natur und Roms Gesetze

Verdammen diese Leidenschaft. Mein Anspruch
Stößt fürchterlich auf meines Vaters Rechte.
Ich fühl's, und dennoch lieb ich. Dieser Weg
Führt nur zu Wahnsinn oder Blutgerüste.
Ich liebe ohne Hoffnung – lasterhaft –
Mit Todesangst und mit Gefahr des Lebens –
Das seh ich ja, und dennoch lieb ich.

MARQUIS.   Weiß
Die Königin um diese Neigung?

CARLOS.   Konnt ich
Mich ihr entdecken? Sie ist Philipps Frau
Und Königin, und das ist span'scher Boden.
Von meines Vaters Eifersucht bewacht,
Von Etikette ringsum eingeschlossen,
Wie konnt ich ohne Zeugen mich ihr nahn?
Acht höllenbange Monde sind es schon,
Daß von der hohen Schule mich der König
Zurückberief, daß ich sie täglich anzuschauen
Verurteilt bin und wie das Grab zu schweigen.
Acht höllenbange Monde, Roderich,
Daß dieses Feur' in meinem Busen wütet,
Daß tausendmal sich das entsetzliche
Geständnis schon auf meinen Lippen meldet,
Doch scheu und feig zurück zum Herzen kriecht.
O Roderich – nur wen'ge Augenblicke
Allein mit ihr –

MARQUIS.   Ach! Und Ihr Vater, Prinz –

CARLOS. Unglücklicher! Warum an den mich mahnen?
Sprich mir von allen Schrecken des Gewissens;
Von meinem Vater sprich mir nicht.

MARQUIS. Sie hassen Ihren Vater!

CARLOS.   Nein! Ach nein!
Ich hasse meinen Vater nicht – doch Schauer
Und Missetäters Bangigkeit ergreifen
Bei diesem fürchterlichen Namen mich.

Kann ich dafür, wenn eine knechtische
Erziehung schon in meinem jungen Herzen
Der Liebe zarten Keim zertrat? – Sechs Jahre
Hatt ich gelebt, als mir zum erstenmal
Der Fürchterliche, der, wie sie mir sagten,
Mein Vater war, vor Augen kam. Es war
An einem Morgen, wo er stehnden Fußes
Vier Bluturteile unterschrieb. Nach diesem
Sah ich ihn nur, wenn mir für ein Vergehn
Bestrafung angekündigt ward – O Gott!
Hier fühl ich, daß ich bitter werde – Weg –
Weg, weg von dieser Stelle.

MARQUIS.   Nein, Sie sollen –
Jetzt sollen Sie sich öffnen, Prinz. In Worten
Erleichtert sich der schwer beladne Busen.

CARLOS. Oft hab ich mit mir selbst gerungen, oft
Um Mitternacht, wenn meine Wachen schliefen,
Mit heißen Tränengüssen vor das Bild
Der Hochgebenedeiten mich geworfen,
Sie um ein kindlich Herz gefleht – doch ohne
Erhörung stand ich auf. Ach Roderich!
Enthülle du dies wunderbare Rätsel
Der Vorsicht mir – Warum von tausend Vätern
Just eben diesen Vater mir? Und ihm
Just diesen Sohn von tausend bessern Söhnen?
Zwei unverträglichere Gegenteile
Fand die Natur in ihrem Umkreis nicht.
Wie mochte sie die beiden letzten Enden
Des menschlichen Geschlechtes – mich und ihn –
Durch ein so heilig Band zusammenzwingen?
Furchtbares Los! Warum mußt es geschehn?
Warum zwei Menschen, die sich ewig meiden,
In *einem* Wunsche schrecklich sich begegnen?
Hier, Roderich, siehst du zwei feindliche
Gestirne, die im ganzen Lauf der Zeiten

Ein einzigmal in scheitelrechter Bahn
Zerschmetternd sich berühren, dann auf immer
Und ewig auseinander fliehn.
MARQUIS.   Mir ahnet
Ein unglücksvoller Augenblick.
CARLOS.   Mir selbst.
Wie Furien des Abgrunds folgen mir
Die schauerlichsten Träume. Zweifelnd ringt
Mein guter Geist mit gräßlichen Entwürfen;
Durch labyrinthische Sophismen kriecht
Mein unglückselger Scharfsinn, bis er endlich
Vor eines Abgrunds gähem Rande stutzt –
O Roderich, wenn ich den Vater je
In ihm verlernte – Roderich – ich sehe,
Dein totenblasser Blick hat mich verstanden –
Wenn ich den Vater je in ihm verlernte,
Was würde mir der König sein?
MARQUIS *(nach einigem Stillschweigen).* Darf ich
An meinen Carlos eine Bitte wagen?
Was Sie auch willens sind zu tun, versprechen Sie
Nichts ohne Ihren Freund zu unternehmen.
Versprechen Sie mir dieses?
CARLOS.   Alles, alles,
Was deine Liebe mir gebeut. Ich werfe
Mich ganz in deine Arme.
MARQUIS.   Wie man sagt,
Will der Monarch zur Stadt zurückekehren.
Die Zeit ist kurz. Wenn Sie die Königin
Geheim zu sprechen wünschen, kann es nirgends
Als in Aranjuez geschehn. Die Stille
Des Orts – des Landes ungezwungne Sitte
Begünstigen –
CARLOS.   Das war auch meine Hoffnung.
Doch ach, sie war vergebens!
MARQUIS.   Nicht so ganz.

Ich gehe, mich sogleich ihr vorzustellen.
Ist sie in Spanien dieselbe noch,
Die sie vordem an Heinrichs Hof gewesen,
So find ich Offenherzigkeit. Kann ich
In ihren Blicken Carlos' Hoffnung lesen,
Find ich zu dieser Unterredung sie
Gestimmt – sind ihre Damen zu entfernen –
CARLOS. Die meisten sind mir zugetan. – Besonders
Die Mondecar hab ich durch ihren Sohn,
Der mir als Page dient, gewonnen.
MARQUIS.   Desto besser.
So sind Sie in der Nähe, Prinz, sogleich
Auf mein gegebnes Zeichen zu erscheinen.
CARLOS. Das will ich – will ich – also eile nur.
MARQUIS. Ich will nun keinen Augenblick verlieren.
Dort also, Prinz, auf Wiedersehn!
          (Beide gehen ab zu verschiedenen Seiten.)

Zweiter Akt

FÜNFZEHNTER AUFTRITT

Don Carlos. Der Marquis von Posa tritt herein.
CARLOS. Ach endlich einmal, endlich –
MARQUIS.   Welche Prüfung
Für eines Freundes Ungeduld! Die Sonne
Ging zweimal auf und zweimal unter, seit
Das Schicksal meines Carlos sich entschieden,
Und jetzt, erst jetzt werd ich es hören – Sprich,
Ihr seid versöhnt?
CARLOS.   Wer?
MARQUIS.   Du und König Philipp;
Und auch mit Flandern ist's entschieden?

CARLOS.   Daß
Der Herzog morgen dahin reist? – Das ist
Entschieden, ja.
MARQUIS.   Das kann nicht sein. Das ist nicht.
Soll ganz Madrid belogen sein? Du hattest
Geheime Audienz, sagt man. Der König –
CARLOS. Blieb unbewegt. Wir sind getrennt auf immer,
Und mehr, als wir's schon waren –
MARQUIS.   Du gehst *nicht*
Nach Flandern?
CARLOS.   Nein! Nein! Nein!
MARQUIS.   O meine Hoffnung!
CARLOS. Das nebenbei. O Roderich, seitdem
Wir uns verließen, was hab ich erlebt!
Doch jetzt vor allem deinen Rat! Ich muß
Sie sprechen –
MARQUIS.   Deine Mutter? – Nein! – Wozu?
CARLOS. Ich habe Hoffnung – Du wirst blaß? Sei ruhig.
Ich soll und werde glücklich sein – Doch davon
Ein andermal. Jetzt schaffe Rat, wie ich
Sie sprechen kann –
MARQUIS.   Was soll das? Worauf gründet
Sich dieser neue Fiebertraum?
CARLOS.   Nicht Traum!
Beim wundervollen Gott nicht! – Wahrheit, Wahrheit!
(Den Brief des Königs an die Fürstin Eboli hervorziehend.)
In diesem wichtigen Papier enthalten!
Die Königin ist *frei*; vor Menschenaugen,
Wie vor des Himmels Augen frei. Da lies
Und höre auf, dich zu verwundern.
MARQUIS *(den Brief eröffnend).*   Was?
Was seh ich? Eigenhändig vom Monarchen?
    (Nachdem er es gelesen.)
An wen ist dieser Brief?
CARLOS.   An die Prinzessin

Von Eboli. – Vorgestern bringt ein Page
Der Königin von unbekannten Händen
Mir einen Brief und einen Schlüssel. Man
Bezeichnet mir im linken Flügel des
Palastes, den die Königin bewohnt,
Ein Kabinett, wo eine Dame mich
Erwarte, die ich längst geliebt. Ich folge
Sogleich dem Winke –
MARQUIS.   Rasender, du folgst?
CARLOS. Ich kenne ja die Handschrift nicht – Ich kenne
Nur *eine* solche Dame. Wer als *sie*
Wird sich von Carlos angebetet wähnen?
Voll süßen Schwindels flieg ich nach dem Platze;
Ein göttlicher Gesang, der aus dem Innern
Des Zimmers mir entgegenschallt, dient mir
Zum Führer – ich eröffne das Gemach –
Und wen entdeck ich? – Fühle mein Entsetzen!
MARQUIS. Oh, ich errate alles.
CARLOS.   Ohne Rettung
War ich verloren, Roderich, wär ich
In eines Engels Hände nicht gefallen.
Welch unglückselger Zufall! Hintergangen
Von meiner Blicke unvorsichtger Sprache,
Gab sie der süßen Täuschung sich dahin,
Sie selber sei der Abgott dieser Blicke.
Gerührt von meiner Seele stillen Leiden,
Beredet sich großmütig-unbesonnen
Ihr weiches Herz, mir Liebe zu erwidern.
Die Ehrfurcht schien mir Schweigen zu gebieten;
Sie hat die Kühnheit, es zu brechen – offen
Liegt ihre schöne Seele mir –
MARQUIS.   So ruhig
Erzählst du das? – Die Fürstin Eboli
Durchschaute dich. Kein Zweifel mehr, sie drang
In deiner Liebe innerstes Geheimnis.

Du hast sie schwer beleidigt. Sie beherrscht
Den König.

CARLOS *(zuversichtlich).* Sie ist tugendhaft.

MARQUIS. Sie ist's
Aus Eigennutz der Liebe – Diese Tugend,
Ich fürchte sehr, ich kenne sie – wie wenig
Reicht sie empor zu jenem Ideale,
Das aus der Seele mütterlichem Boden,
In stolzer, schöner Grazie empfangen,
Freiwillig sproßt und ohne Gärtners Hilfe
Verschwenderische Blüten treibt! Es ist
Ein fremder Zweig, mit nachgeahmtem Süd
In einem rauhern Himmelsstrich getrieben;
Erziehung, Grundsatz, nenn es wie du willst,
Erworbne Unschuld, dem erhitzten Blut
Durch List und schwere Kämpfe abgerungen,
Dem Himmel, der sie fordert und bezahlt,
Gewissenhaft, sorgfältig angeschrieben.
Erwäge selbst. Wird sie der Königin
Es je vergeben können, daß ein Mann
An ihrer eignen, schwer erkämpften Tugend
Vorüberging, sich für Don Philipps Frau
In hoffnungslosen Flammen zu verzehren?

CARLOS. Kennst du die Fürstin so genau?

MARQUIS. Gewiß nicht.
Kaum daß ich zweimal sie gesehn. Doch nur
Ein Wort laß mich noch fragen: Mir kam vor,
Daß sie geschickt des Lasters Blößen mied,
Daß sie sehr gut um ihre Tugend *wußte.*
Dann sah ich auch die Königin – O Karl,
Wie anders alles, was ich hier bemerkte!
In angeborner stiller Glorie,
Mit sorgenlosem Leichtsinn, mit des Anstands
Schulmäßiger Berechnung unbekannt,
Gleich ferne von Verwegenheit und Furcht,

Mit festem Heldenschritte wandelt sie
Die schmale Mittelbahn des *Schicklichen*,
Unwissend, daß sie Anbetung erzwungen,
Wo sie von eignem Beifall nie geträumt.
Erkennt mein Karl auch hier in diesem Spiegel,
Auch jetzt noch seine Eboli? – Die Fürstin
Blieb standhaft, weil sie liebte; Liebe war
In ihre Tugend wörtlich einbedungen.
Du hast sie nicht belohnt – sie fällt.

CARLOS *(mit einiger Heftigkeit).*   Nein! Nein!
       (Nachdem er heftig auf und nieder gegangen.)
Nein, sag ich dir – O wüßte Roderich,
Wie trefflich es ihn kleidet, seinem Karl
Der Seligkeiten göttlichste, den Glauben
An menschliche Vortrefflichkeit, zu stehlen!

MARQUIS. Verdien ich das? – Nein, Liebling meiner Seele,
Das wollt ich nicht, bei Gott im Himmel nicht! –
O diese Eboli – sie wär ein Engel,
Und ehrerbietig, wie du selbst, stürzt ich
Vor ihrer Glorie mich nieder, hätte
Sie – dein Geheimnis nicht erfahren.

CARLOS.   Sieh,
Wie eitel deine Furcht ist! Hat sie andre
Beweise wohl, als die sie selbst beschämen?
Wird sie der Rache trauriges Vergnügen
Mit ihrer Ehre kaufen?

MARQUIS.   Ein Erröten
Zurückzunehmen, haben manche schon
Der Schande sich geopfert.

CARLOS *(mit Heftigkeit aufstehend).* Nein, das ist
Zu hart, zu grausam. Sie ist stolz und edel;
Ich kenne sie und fürchte nichts. Umsonst
Versuchst du, meine Hoffnungen zu schrecken.
Ich spreche meine Mutter.

MARQUIS.   Jetzt? Wozu?

CARLOS. Ich habe nun nichts mehr zu schonen – muß
Mein Schicksal wissen. Sorge nur, wie ich
Sie sprechen kann.
MARQUIS.   Und diesen Brief willst du
Ihr zeigen? Wirklich willst du das?
CARLOS.   Befrage
Mich darum nicht. Das Mittel jetzt, das Mittel,
Daß ich sie spreche!
MARQUIS *(mit Bedeutung)*. Sagtest du mir nicht,
Du *liebtest* deine Mutter? – Du bist willens,
ihr diesen Brief zu zeigen?
                    (Carlos sieht zur Erde und schweigt.)
                                        Karl, ich lese
In deinen Mienen etwas – mir ganz neu –
Ganz fremd bis diesen Augenblick – Du wendest
Die Augen von mir? *Warum* wendest du
Die Augen von mir? So ist's wahr? – Ob ich
Denn wirklich recht gelesen? Laß doch sehn –
    (Carlos gibt ihm den Brief. Der Marquis zerreißt ihn.)
CARLOS. Was, bist du rasend?
                    (Mit gemäßigter Empfindlichkeit.)
                                Wirklich – ich gesteh es –
An diesem Briefe lag mir viel.
MARQUIS.   So schien es.
Darum zerriß ich ihn.
    *(Der Marquis ruht mit einem durchdringenden Blick
    auf dem Prinzen, der ihn zweifelhaft ansieht. Langes
    Stillschweigen.)*
                            Sprich doch – was haben
Entweihungen des königlichen Bettes
Mit deiner – deiner Liebe denn zu schaffen?
War Philipp dir gefährlich? Welches Band
Kann die verletzten Pflichten des Gemahls
Mit deinen kühnern Hoffnungen verknüpfen?
Hat er gesündigt, wo du liebst? Nun freilich

Lern ich dich fassen. O wie schlecht hab ich
Bis jetzt auf deine Liebe mich verstanden!
CARLOS. Wie, Roderich? Was glaubst du?
MARQUIS.   Oh, ich fühle,
Wovon ich mich entwöhnen muß. Ja einst,
Einst war's ganz anders. Da warst du so reich,
So warm, so reich! ein ganzer Weltkreis hatte
In deinem weiten Busen Raum. Das alles
Ist nun dahin, von *einer* Leidenschaft,
Von einem kleinen Eigennutz verschlungen.
Dein Herz ist ausgestorben. Keine Träne
Dem ungeheuern Schicksal der Provinzen,
Nicht einmal eine Träne mehr – O Karl,
Wie arm bist du, wie bettelarm geworden,
Seitdem du niemand liebst als dich!
CARLOS *(wirft sich in einen Sessel. – Nach einer Pause*
   kaum unterdrücktem Weinen).   Ich weiß,
Daß du mich nicht mehr achtest.
MARQUIS.   Nicht so, Karl!
Ich kenne diese Aufwallung. Sie war
Verirrung lobenswürdiger Gefühle.
Die Königin gehörte dir, war dir
Geraubt von dem Monarchen – doch bis jetzt
Mißtrautest du bescheiden deinen Rechten.
Vielleicht war Philipp ihrer wert. Du wagtest
Nur leise noch, das Urteil ganz zu sprechen.
Der Brief entschied. Der Würdige warst du.
Mit stolzer Freude sahst du nun das Schicksal
Der Tyrannei, des Raubes überwiesen.
Du jauchztest, der Beleidigte zu sein;
Denn Unrecht leiden schmeichelt großen Seelen.
Doch hier verirrte deine Phantasie,
Dein Stolz empfand *Genugtuung* – dein Herz
Versprach sich *Hoffnung*. Sieh, ich wußt es wohl,
Du hattest diesmal selbst dich mißverstanden.

CARLOS *(gerührt).*

Nein, Roderich, du irrest sehr. Ich dachte
So edel nicht, bei weitem nicht, als du
Mich gerne glauben machen möchtest.

MARQUIS.   Bin
Ich denn so wenig hier bekannt? Sieh, Karl,
Wenn du verirrest, such ich allemal
Die Tugend unter hunderten zu raten,
Die ich des Fehlers zeihen kann. Doch nun
Wir besser uns verstehen, sei's! Du sollst
Die Königin jetzt sprechen, mußt sie sprechen. –

CARLOS *(ihm um den Hals fallend).*

O wie erröt ich neben dir!

MARQUIS.   Du hast
Mein Wort. Nun überlaß mir alles andre.
Ein wilder, kühner, glücklicher Gedanke
Steigt auf in meiner Phantasie – Du sollst
Ihn hören, Karl, aus einem schönern Munde.
Ich dränge mich zur Königin. Vielleicht,
Daß morgen schon der Ausgang sich erwiesen.
Bis dahin, Karl, vergiß nicht, daß »ein Anschlag,
Den höhere Vernunft gebar, das Leiden
Der Menschheit drängt, zehntausendmal vereitelt,
Nie aufgegeben werden darf« – Hörst du?
Erinnre dich an Flandern!

CARLOS.   Alles, alles,
Was *du* und hohe Tugend mir gebieten.

MARQUIS *(geht an ein Fenster).*

Die Zeit ist um. Ich höre dein Gefolge.
   (Sie umarmen sich.)
Jetzt wieder Kronprinz und Vasall.

CARLOS.   Du fährst
Sogleich zur Stadt?

MARQUIS.   Sogleich.

CARLOS.   Halt! noch ein Wort!

324

Wie leicht war das vergessen! – Eine Nachricht,
Dir äußerst wichtig: – Briefe nach Brabant
Erbricht der König. Sei auf deiner Hut!
Die Post des Reichs, ich weiß es, hat geheime
Befehle –
MARQUIS.   Wie erfuhrst du das?
CARLOS.   Don Raimond
Von Taxis ist mein guter Freund.
MARQUIS *(nach einigem Stillschweigen)*. Auch das!
So nehmen sie den Umweg über Deutschland!
    (Sie gehen ab zu verschiedenen Türen.)

Fünfter Akt

Ein Zimmer im königlichen Palast, durch eine eiserne
Gittertüre von einem großen Vorhofe abgesondert,
in welchem Wachen auf und nieder gehen.

ERSTER AUFRTITT
Carlos, an einem Tische sitzend, den Kopf vorwärts auf die Ar-
me gelegt, als wenn er schlummerte. Im Hintergrunde des Zim-
mers einige Offziere, die mit ihm eingeschlossen sind. Marquis
von Posa tritt herein, ohne von ihm bemerkt zu werden, und
spricht leise mit den Offizieren, welche sich sogleich entfernen. Er
selbst tritt ganz nahe vor Carlos und betrachtet ihn einige Au-
genblicke schweigend und traurig. Endlich macht er eine Bewe-
gung, welche diesen aus seiner Betäubung erweckt.

(Carlos steht auf, wird den Marquis gewahr und fährt er-
schrocken zusammen. Dann sieht er ihn eine Weile mit großen,
starren Augen an und streicht mit der Hand über die Stirne,
als ob er sich auf etwas besinnen wollte).
MARQUIS. Ich bin es, Karl.
CARLOS *(gibt ihm die Hand)*.

                                    Du kommst sogar noch zu mir!
Das ist doch schön von dir!
MARQUIS.   Ich bildete
    Mir ein, du könntest deinen Freund hier brauchen.
CARLOS. Wahrhaftig? Meintest du das wirklich? Sieh!
    Das freut mich! – freut mich unbeschreiblich. Ach!
    Ich wußt es wohl, daß du mir gut geblieben.
MARQUIS. Ich hab es auch um dich verdient.
CARLOS.   Nicht wahr?
    Oh, wir verstehen uns noch ganz. So hab
    Ich's gerne. Diese Schonung, diese Milde
    Steht großen Seelen an, wie du und ich.
    Laß sein, daß meiner Forderungen eine
    Unbillig und vermessen war – mußt du
    Mir darum auch die billigen versagen?
    Hart kann die Tugend sein, doch grausam nie,
    Unmenschlich nie – Es hat dir viel gekostet!
    O ja, mir deucht, ich weiß recht gut, wie sehr
    Geblutet hat dein sanftes Herz, als du
    Dein Opfer schmücktest zum Altare.
MARQUIS.   Carlos!
    Wie meinst du das?
CARLOS.   Du selbst wirst jetzt vollenden,
    Was ich gesollt und nicht gekonnt – *Du* wirst
    Den Spaniern die goldnen Tage schenken,
    Die sie von mir umsonst gehofft. Mit mir
    Ist es ja aus – auf immer aus. Das hast
    Du eingesehn – O diese fürchterliche Liebe
    Hat alle frühen Blüten meines Geistes
    Unwiederbringlich hingerafft. Ich bin
    Für *deine* großen Hoffnungen gestorben.
    Vorsehung oder Zufall führen dir
    Den König zu – Es kostet mein Geheimnis,
    Und er ist dein – du kannst sein Engel werden.
    Für mich ist keine Rettung mehr – vielleicht

Für Spanien – Ach, hier ist nichts verdammlich,
Nichts, nichts als meine rasende Verblendung,
Bis diesen Tag nicht eingesehn zu haben,
Daß du – so groß als zärtlich bist.

MARQUIS.   Nein! Das,
Das hab ich nicht vorhergesehen – nicht
Vorhergesehn, daß eines Freundes Großmut
Erfinderischer könnte sein als meine
Weltkluge Sorgfalt. Mein Gebäude stürzt
Zusammen – ich vergaß dein Herz.

CARLOS. Zwar, wenn dir's möglich wär gewesen, *ihr*
Dies Schicksal zu ersparen – sieh, das hätte
Ich unaussprechlich dir gedankt. Konnt ich
Denn nicht allein es tragen? Mußte sie
Das zweite Opfer sein? – Doch still davon!
Ich will mit keinem Vorwurf dich beladen.
Was geht die Königin *dich* an? Liebst *du*
Die Königin? Soll deine strenge Tugend
Die kleinen Sorgen meiner Liebe fragen?
Verzeih mir – ich war ungerecht.

MARQUIS.   Du bist's.
Doch – dieses Vorwurfs wegen nicht. Verdient
Ich *einen*, dann verdient ich alle – und
Dann würd ich *so* nicht vor dir stehen.
      (*Er nimmt sein Portefeuille heraus.*)
                                 Hier
Sind von den Briefen ein'ge wieder, die
Du in Verwahrung mir gegeben. Nimm
Sie zu dir.

CARLOS (*sieht mit Verwunderung bald die Briefe, bald den
      Marquis an*). Wie?

MARQUIS.   Ich gebe sie dir wieder,
Weil sie in deinen Händen sichrer jetzt
Sein dürften als in meinen.

CARLOS.   Was ist das?

Der König las sie also nicht? bekam
Sie gar nicht zu Gesichte?

MARQUIS. *Diese* Briefe?

CARLOS. Du zeigtest ihm nicht alle?

MARQUIS. Wer sagt dir,
Daß ich ihm *einen* zeigte?

CARLOS *(äußerst erstaunt).* Ist es möglich?
Graf Lerma.

MARQUIS. *Der* hat dir gesagt? – Ja! Nun
Wird alles, alles offenbar! Wer konnte
Das auch voraussehn? – Lerma also? – Nein,
Der Mann hat lügen nie gelernt. Ganz recht,
Die andern Briefe liegen bei dem König.

CARLOS *(sieht ihn lange mit sprachlosem Erstaunen an).*
Weswegen bin ich aber hier?

MARQUIS. Zur Vorsicht,
Wenn du vielleicht zum zweitenmal versucht
Sein möchtest, eine Eboli zu deiner
Vertrauten zu erwählen –

CARLOS *(wie aus einem Traume erwacht).*
Ha! Nun endlich!
Jetzt seh ich – jetzt wird alles Licht –

DRITTER AUFTRITT

Carlos und Marquis von Posa.

CARLOS *(voll Erwartung und Erstaunen zum Marquis).* Was ist
aber das?
Erkläre mir's. Bist du denn nicht Minister?

MARQUIS. Ich bin's gewesen, wie du siehst.
(Auf ihn zugehend, mit großer Bewegung.) O Karl,
Es hat gewirkt. Es hat. Es ist gelungen.

Jetzt ist's getan. Gepriesen sei die Allmacht,
Die es gelingen ließ.

CARLOS.   Gelingen! Was?
Ich fasse deine Worte nicht.

MARQUIS *(ergreift seine Hand)*. Du bist
Gerettet, Karl – bist frei – und ich –
    (Er hält inne.)

CARLOS.   Und du?

MARQUIS. Und ich – ich drücke dich an meine Brust
Zum erstenmal mit vollem, ganzem Rechte;
Ich hab es ja mit allem, allem, was
Mir teuer ist, erkauft – O Karl, wie süß,
Wie groß ist dieser Augenblick! Ich bin
Mit mir zufrieden.

CARLOS.   Welche plötzliche
Veränderung in deinen Zügen! So
Hab ich dich nie gesehen. Stolzer hebt
Sich deine Brust, und deine Blicke leuchten.

MARQUIS.
Wir müssen Abschied nehmen, Karl. Erschrick nicht.
O sei ein Mann. Was du auch hören wirst,
Versprich mir, Karl, nicht durch unbändgen Schmerz,
Unwürdig großer Seelen, diese Trennung
Mir zu erschweren – du verlierst mich, Karl –
Auf viele Jahre – Toren nennen es
Auf ewig.
    *(Carlos zieht seine Hand zurück, sieht ihn starr an und
    antwortet nichts.)*
                    Sei ein Mann. Ich habe sehr
Auf dich gerechnet, hab es nicht vermieden,
Die bange Stunde mit dir auszuhalten,
Die man die *letzte* schrecklich nennt – Ja, soll
Ich dir's gestehen, Karl? ich habe mich
Darauf gefreut – Komm, laß uns niedersitzen –

Ich fühle mich erschöpft und matt.
(Er rückt nahe an Carlos, der noch immer in einer toten Erstarrung ist und sich unwillkürlich von ihm niederziehen läßt.)
Wo bist du?
Du gibst mir keine Antwort? – Ich will kurz sein.
Den Tag nachher, als wir zum letztenmal
Bei den Kartäusern uns gesehn, ließ mich
Der König zu sich fordern. Den Erfolg
Weißt du, weiß ganz Madrid. Das weißt du nicht,
Daß dein Geheimnis ihm verraten worden,
Daß Briefe, in der Königin Schatulle
Gefunden, wider dich gezeugt, daß ich
Aus seinem eignen Munde dies erfahren,
Und daß – ich sein Vertrauter war.
(Er hält inne, Carlos' Antwort zu erfahren; dieser verharrt in seinem Stillschweigen.)
Ja, Karl!
Mit meinen Lippen brach ich meine Treue.
Ich selbst regierte das Komplott, das dir
Den Untergang bereitete. Zu laut
Sprach schon die Tat. Dich freizusprechen, war
Zu spät. Mich seiner Rache zu versichern,
War alles, was mir übrigblieb – und so
Ward ich dein Feind, dir kräftiger zu dienen. –
Du hörst mich nicht?

CARLOS. Ich höre. Weiter. Weiter.

MARQUIS. Bis hieher bin ich ohne Schuld. Doch bald
Verraten mich die ungewohnten Strahlen
Der neuen königlichen Gunst. Der Ruf
Dringt bis zu dir, wie ich vorhergesehn.
Doch ich, von falscher Zärtlichkeit bestochen,
Von stolzem Wahn geblendet, ohne dich
Das Wagestück zu enden, unterschlage
Der Freundschaft mein gefährliches Geheimnis.
Das war die große Übereilung! Schwer

Hab ich gefehlt. Ich weiß es. Raserei
War meine Zuversicht. Verzeih – sie war
Auf deiner Freundschaft Ewigkeit gegründet.
    (Hier schweigt er. Carlos geht aus seiner Versteinerung
in lebhafte Bewegungen über.)
Was ich befürchtete, geschieht. Man läßt
Dich zittern vor erdichteten Gefahren.
Die Königin in ihrem Blut – das Schrecken
Des widerhallenden Palastes – Lermas
Unglückliche Dienstfertigkeit – zuletzt
Mein unbegreifliches Verstummen, alles
Bestürmt dein überraschtes Herz – du wankst –
Gibst mich verloren – Doch, zu edel selbst,
An deines Freundes Redlichkeit zu zweifeln,
Schmückst du mit Größe seinen Abfall aus,
Nun erst wagst du, ihn treulos zu behaupten,
Weil du noch treulos ihn verehren darfst.
Verlassen von dem einzigen, wirfst du
Der Fürstin Eboli dich in die Arme –
Unglücklicher! in eines Teufels Arme;
Denn diese war's, die dich verriet.
    (Carlos steht auf.)
                                    Ich sehe
Dich dahineilen. Eine schlimme Ahnung
Fliegt durch mein Herz. Ich folge dir. Zu spät.
Du liegst zu ihren Füßen. Das Geständnis
Floh über deine Lippen schon. Für dich
Ist keine Rettung mehr –
CARLOS.   Nein! Nein! Sie war
    Gerührt. Du irrest dich. Gewiß war sie
    Gerührt.
MARQUIS. Da wird es Nacht vor meinen Sinnen!
    Nichts – Nichts – Kein Ausweg – Keine Hilfe – Keine
    Im ganzen Umkreis der Natur! Verzweiflung
    Macht mich zur Furie, zum Tier – ich setze

Den Dolch auf eines Weibes Brust – Doch jetzt –
Jetzt fällt ein Sonnenstrahl in meine Seele.
»Wenn ich den König irrte? Wenn es mir
Gelänge, selbst der Schuldige zu scheinen?
Wahrscheinlich oder nicht! – für ihn genug,
Scheinbar genug für König Philipp, weil
Es übel ist! Es sei! ich will es wagen.
Vielleicht ein Donner, der so unverhofft
Ihn trifft, macht den Tyrannen stutzen – und
Was will ich mehr? Er überlegt, und Karl
Hat Zeit gewonnen, nach Brabant zu flüchten.«
CARLOS. Und das – das hättest du getan?
MARQUIS.   Ich schreibe
An Wilhelm von Oranien, daß ich
Die Königin geliebt, daß mir's gelungen,
In dem Verdacht, der fälschlich dich gedrückt,
Des Königs Argwohn zu entgehn – daß ich
Durch den Monarchen selbst den Weg gefunden,
Der Königin mich frei zu nahn. Ich setze
Hinzu, daß ich entdeckt zu sein besorge,
Daß du, von meiner Leidenschaft belehrt,
Zur Fürstin Eboli geeilt, vielleicht
Durch ihre Hand die Königin zu warnen –
Daß ich dich hier gefangennahm und nun,
Weil alles doch verloren, willens sei,
Nach Brüssel mich zu werfen – Diesen Brief –
CARLOS *(fällt ihm erschrocken ins Wort)*.
Hast du der Post doch nicht vertraut? Du weißt,
Daß alle Briefe nach Brabant und Flandern –
MARQUIS. Dem König ausgeliefert werden – Wie
Die Sachen stehn, hat Taxis seine Pflicht
Bereits getan.
CARLOS.   Gott! So bin ich verloren!
MARQUIS. Du? Warum du?
CARLOS.   Unglücklicher, und du

Bist mit verloren. Diesen ungeheuern
Betrug kann dir mein Vater nicht vergeben.
Nein! Den vergibt er nimmermehr.

MARQUIS. Betrug?
Du bist zerstreut. Besinne dich. Wer sagt ihm,
Daß es Betrug gewesen?

CARLOS *(sieht ihm starr ins Gesicht). Wer,* fragst du?
Ich selbst.
  (Er will fort.)

MARQUIS.   Du rasest. Bleib zurück.

CARLOS. Weg! Weg!
Um Gottes willen. Halte mich nicht auf.
Indem ich hier verweile, dingt er schon
Die Mörder.

MARQUIS.   Desto edler ist die Zeit.
Wir haben uns noch viel zu sagen.

CARLOS. Was?
Eh er noch alles –
  *(Er will wieder fort. Der Marquis nimmt ihn beim Arme
  und sieht ihn bedeutend an.)*

MARQUIS. Höre, Carlos – War
Ich auch so eilig, so gewissenhaft,
Da du für mich geblutet hast – ein Knabe?

CARLOS *(bleibt gerührt und voll Bewunderung vor ihm stehen).*
O gute Vorsicht!

MARQUIS.   Rette dich für Flandern!
Das Königreich ist dein Beruf. Für dich
Zu sterben, war der meinige.

CARLOS *(geht auf ihn zu und nimmt ihn bei der Hand, voll der
  innigsten Empfindung).* Nein! Nein!
Er wird – er kann nicht widerstehn! So vieler
Erhabenheit nicht widerstehn! – Ich will
Dich zu ihm führen. Arm in Arme wollen
Wir zu ihm gehen. Vater, will ich sagen,
Das hat ein Freund für seinen Freund getan.

Es wird ihn rühren. Glaube mir! er ist
Nicht ohne Menschlichkeit, mein Vater. Ja!
Gewiß, es wird ihn rühren. Seine Augen werden
Von warmen Tränen übergehn, und dir
Und mir wird er verzeihn –

*(Es geschieht ein Schuß durch die Gittertüre.
Carlos springt auf.)*

                              Ha! Wem galt das?
MARQUIS. Ich glaube – mir.
    (Er sinkt nieder.)
CARLOS *(fällt mit einem Schrei des Schmerzens neben ihm zu
    Boden).*   O himmlische
Barmherzigkeit!
MARQUIS *(mit brechender Stimme).*
                    Er ist geschwind – der König –
Ich hoffte – länger – Denk auf deine Rettung –
Hörst du? – auf deine Rettung – Deine Mutter
Weiß alles – ich kann nicht mehr –

*(Carlos bleibt wie tot bei dem Leichnam liegen. Nach eini-
ger Zeit tritt der König herein, von vielen Granden begleitet,
und fährt bei diesem Anblick betreten zurück. Eine allgemeine
und tiefe Pause. Die Granden stellen sich in einen halben Kreis
um diese Beiden und sehen wechselsweise auf den König und
seinen Sohn. Dieser liegt noch ohne alle Zeichen des Lebens –
der König betrachtet ihn mit nachdenkender Stille.)*

FRIEDRICH SCHILLER UND
CHRISTIAN GOTTFRIED KÖRNER

Briefwechsel – Über »Wallenstein«

[Schiller an Körner]   Jena, 28. Nov. 96
Ich brüte noch immer ernstlich über dem *Wallenstein*, aber noch
immer liegt das unglückselige Werk formlos und endlos vor mir
da. Du mußt aber nicht denken, als ob ich meine dramatische Fähigkeit, so weit ich sie sonst mag besessen haben, überlebt hätte;
nein, ich bin bloß deswegen unbefriedigt, weil meine Begriffe
von der Sache und meine Anfoderungen an mich selbst jetzt bestimmter und klärer, und die letzteren strenger sind. Keins meiner alten Stücke hat soviel Zweck und Form, als der Wallenstein
jetzt schon hat; aber ich weiß jetzt zu genau, was ich will und was
ich soll, als daß ich mir das Geschäft so leicht machen könnte.
   Der Stoff ist, ich darf wohl sagen, im höchsten Grad unge-
schmeidig für einen solchen Zweck; er hat beinahe alles, was ihn
davon ausschließen sollte. Es ist im Grund eine Staatsaktion und
hat, in Rücksicht auf den poetischen Gebrauch, alle Unarten an
sich, die eine politische Handlung nur haben kann, ein unsichtbares abstraktes Objekt, *kleine* und *viele* Mittel, zerstreute
Handlungen, einen furchtsamen Schritt, eine (für den Vorteil des
Poeten) viel zu kalte trockene Zweckmäßigkeit, ohne doch diese
bis zur Vollendung und dadurch zu einer poetischen Größe zu
treiben; denn am Ende mißlingt der Entwurf doch nur durch
Ungeschicklichkeit. Die Base, worauf Wallenstein seine Unternehmung gründet, ist die Armee, mithin für mich eine unendliche Fläche, die ich nicht vors Auge und nur mit unsäglicher
Kunst vor die Phantasie bringen kann: ich kann also das Objekt,
worauf er ruht, nicht zeigen, und ebenso wenig das, wodurch er
fällt; das ist ebenfalls die Stimmung der Armee, der Hof, der Kaiser. – Auch die Leidenschaften selbst, wodurch er bewegt wird,
Rachsucht und Ehrbegierde, sind von der kältesten Gattung.

Sein Charakter endlich ist niemals edel und darf es nie sein, und durchaus kann er nur furchtbar, nie eigentlich groß erscheinen. Um ihn nicht zu erdrücken, darf ich ihm nichts Großes gegenüberstellen; er hält mich dadurch notwendig nieder. Mit einem Wort, es ist mir fast alles abgeschnitten, wodurch ich diesem Stoffe nach meiner gewohnten Art beikommen könnte, von dem Inhalt habe ich fast nichts zu erwarten, alles muß durch eine glückliche Form bewerkstelligt werden, und nur durch eine kunstreiche Führung der Handlung kann ich ihn zu einer schönen Tragödie machen.

Du wirst dieser Schilderung nach fürchten, daß mir die Lust an dem Geschäfte vergangen sei, oder, wenn ich dabei wider meine Neigung beharre, daß ich meine Zeit dabei verlieren werde. Sei aber unbesorgt, meine Lust ist nicht im geringsten geschwächt, und ebenso wenig meine Hoffnung eines trefflichen Erfolges. Gerade so ein Stoff mußte es sein, an dem ich mein neues dramatisches Leben eröffnen konnte. Hier, wo ich nur auf der Breite eines Schermessers gehe, wo jeder Seitenschritt das Ganze zugrunde richtet; kurz, wo ich nur durch die einzige innere Wahrheit, Notwendigkeit, Stetigkeit und Bestimmtheit meinen Zweck erreichen kann, muß die entscheidende Krise mit meinem poetischen Charakter erfolgen. Auch ist sie schon stark im Anzug; denn ich traktiere mein Geschäft schon ganz anders, als ich ehemals pflegte. Der Stoff und Gegenstand ist so sehr außer mir, daß ich ihm kaum eine Neigung abgewinnen kann; er läßt mich beinahe kalt und gleichgültig, und doch bin ich für die Arbeit begeistert. Zwei Figuren ausgenommen, an die mich Neigung fesselt, behandle ich alle übrigen, und vorzüglich den Hauptcharakter, bloß mit der reinen Liebe des Künstlers, und ich verspreche Dir, daß sie dadurch um nichts schlechter ausfallen sollen. Aber zu diesem bloß objektiven Verfahren war und ist mir das weitläufige und freudlose Studium der Quellen so unentbehrlich; denn ich mußte die Handlung wie die Charaktere aus ihrer Zeit, ihrem Lokal und dem ganzen Zusammenhang der Begebenheiten schöpfen, welches ich weit weniger nötig hätte, wenn ich mich durch eigne Erfahrung mit Menschen und Unternehmungen aus diesen Klassen hätte bekannt machen können. Ich suche absichtlich in den Geschichtsquellen eine *Begrenzung*, um meine Ideen durch die Umgebung der Umstände streng zu bestimmen und zu verwirklichen; davor bin ich sicher, daß mich das Historische nicht herabziehen oder lähmen wird. Ich will dadurch meine Figuren und meine Handlung bloß *beleben; beseelen* muß sie diejenige Kraft, die ich allenfalls schon habe zeigen können, und ohne welche ja überhaupt kein Gedanke an dieses Geschäft von Anfang an möglich gewesen wäre.

Auf dem Weg, den ich jetzt gehe, kann es leicht geschehen, daß mein Wallenstein durch eine gewisse Trockenheit der Manier sich von meinen vorhergehenden Stücken gar seltsam unterscheiden wird. Wenigstens habe ich mich bloß vor dem Extrem der Nüchternheit, nicht wie ehemals vor dem der Trunkenheit zu fürchten.

Aus dem, was ich hier hingeworfen, kannst Du Dir nun wohl erklären, warum meine Vorarbeiten an dem Wallenstein für nicht viel zu rechnen sind, obgleich sie allein mich bestimmt hatten, dem Stoffe getreu zu bleiben. Sonst aber mußte ich die Arbeit als eine ganz neue traktieren, und Du begreifst, warum ich keine schnellen Schritte machen kann. Dennoch hoffe ich in drei Monaten des Ganzen so weit mächtig zu sein, daß mich nichts an der Ausführung hindert. Freilich verspreche ich mir den Trost der Vollendung vor dem August des künftigen Jahres nicht. Bei Euch also werde ich auch des vollendeten Wallensteins, wie des Carlos, zuerst mich freuen, und ehe es dahin kommt, werde ich Dir noch manche Aufmunterung dabei zu danken haben.

Laß uns aber nun den Vertrag miteinander aufrichten: daß Du es nie annehmen willst, wenn ich Dich teilweise mit dem Stücke bekannt machen wollte. Leicht könnte mir einmal der Autorendrang kommen, und da hätte ich den wichtigsten Teil Deines Urteils mir geraubt, welches sich nur auf die klare Ansicht des Ganzen gründen kann. Ich werde es ebenso mit Goethen und mit

Humboldt halten, und mir auf diese Art in Eurem dreifachen Urteil einen Schatz aufheben.

Sollte Dir irgend etwa ein Werk bekannt sein, das mir jene Art von Welt, militärische und politische, in einer anschaulicheren Form näher bringen könnte, wie z. B. gewisse Memoires, so mache mich doch darauf aufmerksam. Ich muß die Notizen dieser Art so mühsam zusammenlesen, und finde beinahe doch nichts.

Humboldt meint, ich soll den Wallenstein in Prosa schreiben; mir ist es, in Rücksicht auf die Arbeit ziemlich einerlei, ob ich Jamben oder Prosa mache. Durch die ersten würde er mehr poetische Würde, durch die Prosa mehr Ungezwungenheit erhalten. Da ich ihn aber im strengen Sinn für die theatralische Vorstellung bestimme, so wird es wohl besser getan sein, Humboldten hierin zu folgen. Lebe recht wohl. Bei uns ist alles wohlauf und grüßt Euch alle herzlich. [...]

[Körner an Schiller] Dresden, den 15. Dez. 96
Deine Methode in Behandlung des *Wallensteins* ist mir aus Deiner jetzigen Denkart über die Kunst sehr begreiflich. Auch stehst Du jetzt auf einem solchen Punkte, daß Dich die Schwierigkeiten des Stoffs eher anziehen, als abschrecken werden. Mir ist daher vor der Vollendung nicht bange.

Ich habe lange herumgesonnen, ob ich Dir nicht Memoires aus den Zeiten des 30jährigen Kriegs angeben könnte, und mir ist nichts Brauchbares eingefallen. Büchertitel findest Du wohl in Menge in *Galettis* Geschichte des 30jährigen Kriegs. Am Ende fragt sich's aber, ob Du in solchen Quellen gerade das finden würdest, was Du suchst. Auch Memoires, von einem mittelmäßigen Kopfe geschrieben, haften immer nur an der Oberfläche, und geben höchstens von dem Kostüm eine deutlichere Anschauung. Du brauchst lebendige Modelle zu Deinem Gemälde, und es kommt, deucht mich, nicht darauf an, ob sie gerade in dem Kostüm auftreten, in dem Du Deine Gestalten darzustellen hast. In der wirklichen Welt hast Du nicht Gelegenheit, Materialien für das *Leben* Deiner Figuren zu sammeln, also bleibt nichts übrig als das Studium geistvoller Geschichtsschreiber, die uns aus eigener Erfahrung in das Innere der menschlichen Natur einen Blick eröffnet haben. Von dieser Art kenne ich nur 2: *Tacitus* und *Retz*. In beiden findest Du schon einen reichen Schatz, der als ein Surrogat für die wirkliche Welt gebraucht werden kann. Bei allen Verschiedenheiten des Kostüms, bleibt doch vieles, was mit Deinem Stoffe Analogie hat. Vielleicht ist auch Thuanus, den ich nicht genug kenne, zu brauchen. Bei Strada habe ich auch oft einen recht guten Blick gefunden.

Es wird mir schwer werden, mein Versprechen zu halten, keine einzelnen Teile des Wallenstein sehen zu wollen. Aber für gut halte ich es freilich, wenn Du die einzelnen Szenen niemanden sehen läßt. Beim *Carlos* hat es vielleicht dem Ganzen geschadet, daß Du auf die Wirkung einzelner Szenen zuviel Gewicht legtest.

Über die Jamben bin ich noch nicht mit *Humboldt* einverstanden. Ich würde sie ungern entbehren, und nur die Überzeugung, daß sie wirklich der lebendigen Darstellung schadeten, könnte mich davon zurückbringen. Es fragt sich, ob solche Szenen im Wallenstein vorkommen, die schlechterdings nicht in Jamben gesagt werden können. Und dann wäre noch zu entscheiden, ob man nicht wie *Shakespeare* bloß in solchen Szenen die Jamben aufhören ließe. Doch will mir dies nicht recht gefallen. Es gibt mir immer einen Ruck, wie der Gesang in einer deutschen Oper ohne Rezitative.

Wallenstein

Wallensteins Lager

Prolog

*Gesprochen bei Wiedereröffnung der Schaubühne
in Weimar im Oktober 1798*

Der scherzenden, der ernsten Maske Spiel,
Dem ihr so oft ein willig Ohr und Auge
Geliehn, die weiche Seele hingegeben,
Vereinigt uns aufs neu in diesem Saal –
Und sieh! er hat sich neu verjüngt, ihn hat
Die Kunst zum heitern Tempel ausgeschmückt,
Und ein harmonisch hoher Geist spricht uns
Aus dieser edeln Säulenordnung an
Und regt den Sinn zu festlichen Gefühlen.

    Und doch ist dies der alte Schauplatz noch,
Die Wiege mancher jugendlichen Kräfte,
Die Laufbahn manches wachsenden Talents.
Wir sind die alten noch, die sich vor euch
Mit warmem Trieb und Eifer ausgebildet.
Ein edler Meister stand auf diesem Platz,
Euch in die heitern Höhen seiner Kunst
Durch seinen Schöpfergenius entzückend.
Oh! möge dieses Raumes neue Würde
Die Würdigsten in unsre Mitte ziehn,
Und eine Hoffnung, die wir lang gehegt,
Sich uns in glänzender Erfüllung zeigen.
Ein großes Muster weckt Nacheiferung

Und gibt dem Urteil höhere Gesetze.
So stehe dieser Kreis, die neue Bühne
Als Zeugen des vollendeten Talents.
Wo möcht es auch die Kräfte lieber prüfen,
Den alten Ruhm erfrischen und verjüngen,
Als hier vor einem auserlesnen Kreis,
Der, rührbar jedem Zauberschlag der Kunst,
Mit leisbeweglichem Gefühl den Geist
In seiner flüchtigsten Erscheinung hascht?

Denn schnell und spurlos geht des Mimen Kunst,
Die wunderbare, an dem Sinn vorüber,
Wenn das Gebild des Meißels, der Gesang
Des Dichters nach Jahrtausenden noch leben.
Hier stirbt der Zauber mit dem Künstler ab,
Und wie der Klang verhallet in dem Ohr,
Verrauscht des Augenblicks geschwinde Schöpfung,
Und ihren Ruhm bewahrt kein dauernd Werk.
Schwer ist *die* Kunst, vergänglich ist ihr Preis,
Dem Mimen flicht die Nachwelt keine Kränze;
Drum muß er geizen mit der Gegenwart,
Den Augenblick, der sein ist, ganz erfüllen,
Muß seiner Mitwelt mächtig sich versichern
Und im Gefühl der Würdigsten und Besten
Ein lebend Denkmal sich erbaun – So nimmt er
Sich seines Namens Ewigkeit voraus.
Denn wer den Besten seiner Zeit genug
Getan, der hat gelebt für alle Zeiten.

Die neue Ära, die der Kunst Thaliens
Auf dieser Bühne heut beginnt, macht auch
Den Dichter kühn, die alte Bahn verlassend,
Euch aus des Bürgerlebens engem Kreis
Auf einen höhern Schauplatz zu versetzen,
Nicht unwert des erhabenen Moments

Der Zeit, in dem wir strebend uns bewegen.
Denn nur der große Gegenstand vermag
Den tiefen Grund der Menschheit aufzuregen;
Im engen Kreis verengert sich der Sinn,
Es wächst der Mensch mit seinen größern Zwecken.

Und jetzt an des Jahrhunderts ernstem Ende,
Wo selbst die Wirklichkeit zur Dichtung wird,
Wo wir den Kampf gewaltiger Naturen
Um ein bedeutend Ziel vor Augen sehn
Und um der Menschheit große Gegenstände,
Um Herrschaft und um Freiheit wird gerungen –
Jetzt darf die Kunst auf ihrer Schattenbühne
Auch höhern Flug versuchen, ja sie muß,
Soll nicht des Lebens Bühne sie beschämen.

Zerfallen sehen wir in diesen Tagen
Die alte feste Form, die einst vor hundert
Und fünfzig Jahren ein willkommner Friede
Europens Reichen gab, die teure Frucht
Von dreißig jammervollen Kriegesjahren.
Noch einmal laßt des Dichters Phantasie
Die düstre Zeit an euch vorüberführen,
Und blicket froher in die Gegenwart
Und in der Zukunft hoffnungsreiche Ferne.

In jenes Krieges Mitte stellt euch jetzt
Der Dichter. Sechzehn Jahre der Verwüstung,
Des Raubs, des Elends sind dahingeflohn,
In trüben Massen gäret noch die Welt,
Und keine Friedenshoffnung strahlt von fern.
Ein Tummelplatz von Waffen ist das Reich,
Verödet sind die Städte, Magdeburg
Ist Schutt, Gewerb und Kunstfleiß liegen nieder,
Der Bürger gilt nichts mehr, der Krieger alles,

Straflose Frechheit spricht den Sitten Hohn,
Und rohe Horden lagern sich, verwildert
Im langen Krieg, auf dem verheerten Boden.

Auf diesem finstern Zeitgrund malet sich
Ein Unternehmen kühnen Übermuts
Und ein verwegener Charakter ab.
Ihr kennet ihn – den Schöpfer kühner Heere,
Des Lagers Abgott und der Länder Geißel,
Die Stütze und den Schrecken seines Kaisers,
Des Glückes abenteuerlichen Sohn,
Der, von der Zeiten Gunst emporgetragen,
Der Ehre höchste Staffeln rasch erstieg
Und, ungesättigt immer weiter strebend,
Der unbezähmten Ehrsucht Opfer fiel.
Von der Parteien Gunst und Haß verwirrt
Schwankt sein Charakterbild in der Geschichte;
Doch euren Augen soll ihn jetzt die Kunst,
Auch eurem Herzen menschlich näherbringen.
Denn jedes Äußerste führt *sie*, die alles
Begrenzt und bindet, zur Natur zurück,
Sie sieht den Menschen in des Lebens Drang
Und wälzt die größre Hälfte seiner Schuld
Den unglückseligen Gestirnen zu.

Nicht *er* ist's, der auf dieser Bühne heut
Erscheinen wird. Doch in den kühnen Scharen,
Die sein Befehl gewaltig lenkt, sein Geist
Beseelt, wird euch sein Schattenbild begegnen,
Bis ihn die scheue Muse selbst vor euch
Zu stellen wagt in lebender Gestalt;
Denn seine Macht ist's, die sein Herz verführt,
Sein Lager nur erkläret sein Verbrechen.

Darum verzeiht dem Dichter, wenn er euch
Nicht raschen Schritts mit *einem* Mal ans Ziel
Der Handlung reißt, den großen Gegenstand
In einer Reihe von Gemälden nur
Vor euren Augen abzurollen wagt.
Das heutge Spiel gewinne euer Ohr
Und euer Herz den ungewohnten Tönen;
In jenen Zeitraum führ es euch zurück,
Auf jene fremde kriegerische Bühne,
Die unser Held mit seinen Taten bald
Erfüllen wird.

Und wenn die Muse heut,
Des Tanzes freie Göttin und Gesangs,
Ihr altes deutsches Recht, des Reimes Spiel,
Bescheiden wieder fordert – tadelt's nicht!
Ja danket ihr's, daß sie das düstre Bild
Der Wahrheit in das heitre Reich der Kunst
Hinüberspielt, die Täuschung, die sie schafft,
Aufrichtig selbst zerstört und ihren Schein
Der Wahrheit nicht betrüglich unterschiebt;
Ernst ist das Leben, heiter ist die Kunst.

Die Piccolomini

Zweiter Aufzug

VIERTER AUFTRITT

Max Piccolomini und bald darauf Graf Terzky zu den Vorigen.
GRÄFIN. Da kommt der Paladin, der uns beschützte.
WALLENSTEIN.
Sei mir willkommen, Max. Stets warst du mir

Der Bringer irgendeiner schönen Freude,
Und, wie das glückliche Gestirn des Morgens,
Führst du die Lebenssonne mir herauf.

MAX. Mein General –

WALLENSTEIN.   Bis jetzt war es der Kaiser,
Der dich durch meine Hand belohnt. Heut hast du
Den Vater dir, den glücklichen, verpflichtet,
Und diese Schuld muß Friedland selbst bezahlen.

MAX. Mein Fürst! Du eiltest sehr, sie abzutragen.
Ich komme mit Beschämung, ja mit Schmerz;
Denn kaum bin ich hier angelangt, hab Mutter
Und Tochter deinen Armen überliefert,
So wird aus deinem Marstall, reich geschirrt,
Ein prächtger Jagdzug mir von dir gebracht,
Für die gehabte Müh mich abzulohnen.
Ja, ja, mich abzulohnen. Eine Müh,
Ein Amt bloß war's! Nicht eine Gunst, für die
Ich's vorschnell nahm und dir schon volles Herzens
Zu danken kam – Nein, so war's nicht gemeint,
Daß mein Geschäft mein schönstes Glück sein sollte!

Terzky tritt herein und übergibt dem Herzog Briefe,
welche dieser schnell erbricht.

GRÄFIN (*zu Max*). Belohnt er Ihre Mühe? Seine Freude
Vergilt er Ihnen. Ihnen steht es an,
So zart zu denken; meinem Schwager ziemt's,
Sich immer groß und fürstlich zu beweisen.

THEKLA. So müßt auch ich an seiner Liebe zweifeln,
Denn seine gütigen Hände schmückten mich,
Noch eh das Herz des Vaters mir gesprochen.

MAX. Ja, er muß immer geben und beglücken!
(*Er ergreift der Herzogin Hand, mit steigender Wärme.*)
Was dank ich ihm nicht alles – oh! was sprech ich
Nicht alles aus in diesem teuren Namen Friedland!
Zeitlebens soll ich ein Gefangener sein
Von diesem Namen – darin blühen soll

Mir jedes Glück und jede schöne Hoffnung –
Fest, wie in einem Zauberringe, hält
Das Schicksal mich gebannt in diesem Namen.

GRÄFIN *(welche unterdessen den Herzog sorgfältig beobachtet,*
bemerkt, daß er bei den Briefen nachdenkend geworden).
Der Bruder will allein sein. Laßt uns gehen.

WALLENSTEIN *(wendet sich schnell um, faßt sich und spricht hei-*
ter zur Herzogin).
Noch einmal, Fürstin, heiß ich Sie im Feld willkommen
Sie sind die Wirtin dieses Hofs – Du, Max,
Wirst diesmal noch dein altes Amt verwalten,
Indes wir hier des Herrn Geschäfte treiben.

Max Piccolomini bietet der Herzogin den Arm, Gräfin führt die
Prinzessin ab.

TERZKY *(ihm nachrufend).*
Versäumt nicht, der Versammlung beizuwohnen.

FÜNFTER AUFTRITT

Wallenstein. Terzky.

WALLENSTEIN *(in tiefem Nachdenken zu sich selbst.)*
Sie hat ganz recht gesehn – So ist's und stimmt
Vollkommen zu den übrigen Berichten –
Sie haben ihren letzten Schluß gefaßt
In Wien, mir den Nachfolger schon gegeben.
Der Ungarn König ist's, der Ferdinand,
Des Kaisers Söhnlein, der ist jetzt ihr Heiland,
Das neu aufgehende Gestirn! Mit uns
Gedenkt man fertig schon zu sein, und wie
Ein Abgeschiedner sind wir schon beerbet.
Drum keine Zeit verloren!

(Indem er sich umwendet, bemerkt er den Terzky und gibt ihm
einen Brief)
Graf Altringer läßt sich entschuldigen,
Auch Gallas – Das gefällt mir nicht.

TERZKY.   Und wenn du
    Noch länger säumst, bricht einer nach dem andern.
WALLENSTEIN. Der Altringer hat die Tiroler Pässe,
    Ich muß ihm einen schicken, daß er mir
    Die Spanier aus Mailand nicht hereinläßt.
    – Nun! der Sesin, der alte Unterhändler,
    Hat sich ja kürzlich wieder blicken lassen.
    Was bringt er uns vom Grafen Thurn?
TERZKY.   Der Graf entbietet dir,
    Er hab den schwed'schen Kanzler aufgesucht
    Zu Halberstadt, wo jetzo der Konvent ist:
    Der aber sagt', er sei es müd und wolle
    Nichts weiter mehr mit dir zu schaffen haben.
WALLENSTEIN. Wieso?
TERZKY.
    Es sei dir nimmer Ernst mit deinen Reden,
    Du wolltest die Schweden nur zum Narren haben,
    Dich mit den Sachsen gegen sie verbinden,
    Am Ende sie mit einem elenden Stück Geldes
    Abfertigen.
WALLENSTEIN. So! Meint er wohl, ich soll ihm
    Ein schönes deutsches Land zum Raube geben,
    Daß wir zuletzt auf eignem Grund und Boden
    Selbst nicht mehr Herren sind? Sie müssen fort,
    Fort, fort! Wir brauchen keine solche Nachbarn.
TERZKY.
    Gönn ihnen doch das Fleckchen Land, geht's ja
    Nicht von dem deinen! Was bekümmert's dich,
    Wenn du das Spiel gewinnest, wer es zahlt.
WALLENSTEIN.
    Fort, fort mit ihnen – das verstehst du nicht.
    Es soll nicht von mir heißen, daß ich Deutschland
    Zerstücket hab, verraten an den Fremdling,
    Um meine Portion mir zu erschleichen.
    Mich soll das Reich als seinen Schirmer ehren,

Reichsfürstlich mich erweisend, will ich würdig
Mich bei des Reiches Fürsten niedersetzen.
Es soll im Reiche keine fremde Macht
Mir Wurzel fassen, und am wenigsten
Die Goten sollen's, diese Hungerleider,
Die nach dem Segen unsers deutschen Landes
Mit Neidesblicken raubbegierig schauen.
Beistehen sollen sie mir in meinen Planen
Und dennoch nichts dabei zu fischen haben.

TERZKY. Doch mit den Sachsen willst du ehrlicher
Verfahren? Sie verlieren die Geduld,
Weil du so krumme Wege machst –
Was sollen alle diese Masken? sprich!
Die Freunde zweifeln, werden irr an dir –
Der Oxenstirn, der Arnheim, keiner weiß,
Was er von deinem Zögern halten soll.
Am End bin ich der Lügner, alles geht
Durch mich. Ich hab nicht einmal deine Handschrift.

WALLENSTEIN.
Ich geb nichts Schriftliches von mir, du weißt's.

TERZKY. Woran erkennt man aber deinen Ernst,
Wenn auf das Wort die Tat nicht folgt? Sag selbst,
Was du bisher verhandelt mit dem Feind,
Hätt alles auch recht gut geschehn sein können,
Wenn du nichts mehr damit gewollt, als ihn
Zum besten haben.

WALLENSTEIN *(nach einer Pause, indem er ihn scharf ansieht).*
Und woher weißt du, daß ich ihn nicht wirklich
Zum besten habe? Daß ich nicht euch alle
Zum besten habe? Kennst du mich so gut?
Ich wüßte nicht, daß ich mein Innerstes
Dir aufgetan – Der Kaiser, es ist wahr,
Hat übel mich behandelt! – *Wenn* ich wollte,
Ich könnt ihm recht viel Böses dafür tun.
Es macht mir Freude, meine Macht zu kennen;

Ob ich sie wirklich brauchen werde, *davon*, denk ich,
Weißt *du* nicht mehr zu sagen als ein andrer.
TERZKY. So hast du stets dein Spiel mit uns getrieben!

SECHSTER AUFTRITT

Illo zu den Vorigen.

WALLENSTEIN.
Wie steht es draußen? Sind sie vorbereitet?
ILLO. Du findest sie in der Stimmung, wie du wünschest.
Sie wissen um des Kaisers Forderungen
Und toben.
WALLENSTEIN. Wie erklärt sich Isolan?
ILLO. Der ist mit Leib und Seele dein, seitdem du
Pharobank ihm wieder aufgerichtet.
WALLENSTEIN. Wie nimmt sich der Colalto? Hast du dich
Des Deodat und Tiefenbach versichert?
ILLO. Was Piccolomini tut, das tun sie auch.
WALLENSTEIN.
So, meinst du, kann ich was mit ihnen wagen?
ILLO. – Wenn du der Piccolomini gewiß bist.
WALLENSTEIN.
Wie meiner selbst. *Die* lassen nie von mir.
TERZKY. Doch wollt ich, daß du dem Octavio,
Dem Fuchs, nicht soviel trautest.
WALLENSTEIN.   Lehre du
Mich meine Leute kennen. Sechzehnmal
Bin ich zu Feld gezogen mit dem Alten,
– Zudem – ich hab sein Horoskop gestellt,
Wir sind geboren unter gleichen Sternen –
Und kurz – *(geheimnisvoll)*
                          Es hat damit sein eigenes Bewenden.
Wenn du mir also gut sagst für die andern –
ILLO. Es ist nur *eine* Stimme unter allen:

Du dürf'st das Regiment nicht niederlegen.
Sie werden an dich deputieren, hör ich.
WALLENSTEIN. Wenn ich mich gegen *sie* verpflichten soll,
So müssen sie's auch gegen mich.
ILLO. Versteht sich.
WALLENSTEIN.
Parole müssen sie mir geben, eidlich, schriftlich,
Sich meinem Dienst zu weihen, *unbedingt.*
ILLO. Warum nicht?
TERZKY. *Unbedingt?* Des Kaisers Dienst,
Die Pflichten gegen Östreich werden sie
Sich immer vorbehalten.
WALLENSTEIN *(den Kopf schüttelnd).* Unbedingt
Muß ich sie haben. Nichts von Vorbehalt!
ILLO. Ich habe einen Einfall – Gibt uns nicht
Graf Terzky ein Bankett heut abend?
TERZKY. Ja,
Und alle Generale sind geladen.
ILLO *(zum Wallenstein).*
Sag! Willst du völlig freie Hand mir lassen?
Ich schaffe dir das Wort der Generale,
So wie du's wünschest.
WALLENSTEIN. Schaff mir ihre Handschrift.
Wie du dazu gelangen magst, ist deine Sache.
ILLO. Und wenn ich dir's nun bringe, schwarz auf weiß,
Daß alle Chefs, die hier zugegen sind,
Dir blind sich überliefern – Willst du dann
Ernst machen endlich, mit beherzter Tat
Das Glück versuchen?
WALLENSTEIN. Schaff mir die Verschreibung!
ILLO. Bedenke, was du tust! Du kannst des Kaisers
Begehren nicht erfüllen – kannst das Heer
Nicht schwächen lassen – nicht die Regimenter
Zum Spanier stoßen lassen, willst du nicht
Die Macht auf ewig aus den Händen geben.

Bedenk das andre auch! Du kannst des Kaisers
Befehl und ernste Ordre nicht verhöhnen,
Nicht länger Ausflucht suchen, temporisieren,
Willst du nicht förmlich brechen mit dem Hof.
Entschließ dich! Willst du mit entschloßner Tat
Zuvor ihm kommen? Willst du, ferner zögernd,
Das Äußerste erwarten?

WALLENSTEIN.   Das geziemt sich,
Eh man das Äußerste beschließt!

ILLO. Oh! nimm die Stunde wahr, eh sie entschlüpft.
So selten kommt der Augenblick im Leben,
Der wahrhaft wichtig ist und groß. Wo eine
Entscheidung soll geschehen, da muß vieles
Sich glücklich treffen und zusammenfinden –
Und einzeln nur, zerstreuet zeigen sich
Des Glückes Fäden, die Gelegenheiten,
Die, nur in *einen* Lebenspunkt zusammen-
Gedrängt, den schweren Früchteknoten bilden.
Sieh! Wie entscheidend, wie verhängnisvoll
Sich's jetzt um dich zusammenzieht! – Die Häupter
Des Heeres, die besten, trefflichsten, um dich,
Den königlichen Führer, her versammelt,
Nur deinen Wink erwarten sie – Oh! laß
Sie so nicht wieder auseinandergehen!
So einig führst du sie im ganzen Lauf
Des Krieges nicht zum zweitenmal zusammen.
Die hohe Flut ist's, die das schwere Schiff
Vom Strande hebt – Und jedem einzelnen
Wächst das Gemüt im großen Strom der Menge.
Jetzt hast du sie, jetzt noch! Bald sprengt der Krieg
Sie wieder auseinander, dahin, dorthin –
In eignen kleinen Sorgen und Intressen
Zerstreut sich der gemeine Geist. Wer heute,
Vom Strome fortgerissen, sich vergißt,
Wird nüchtern werden, sieht er sich allein,

Nur seine Ohnmacht fühlen und geschwind
Umlenken in die alte, breitgetretne
Fahrstraße der gemeinen Pflicht, nur wohl-
Behalten unter Dach zu kommen suchen.
WALLENSTEIN. Die Zeit ist noch nicht da.
TERZKY.   So sagst du immer.
    Wann aber wird es Zeit sein?
WALLENSTEIN.   Wenn ich's sage.
ILLO. Oh! du wirst auf die Sternenstunde warten,
    Bis dir die irdische entflieht! Glaub mir,
    In deiner Brust sind deines Schicksals Sterne.
    Vertrauen zu dir selbst, Entschlossenheit
    Ist deine Venus! Der Maleficus,
    Der einzge, der dir schadet, ist der *Zweifel.*
WALLENSTEIN.
    Du redst, wie du's verstehst. Wie oft und vielmals
    Erklärt' ich dir's! – *Dir* stieg der Jupiter
    Hinab bei der Geburt, der helle Gott;
    Du kannst in *die* Geheimnisse nicht schauen,
    Nur in der Erde magst du finster wühlen,
    Blind wie der Unterirdische, der mit dem bleichen
    Bleifarbnen Schein ins Leben dir geleuchtet.
    Das Irdische, Gemeine magst du sehn,
    Das Nächste mit dem Nächsten klug verknüpfen;
    Darin vertrau ich dir und glaube dir.
    Doch, was geheimnisvoll bedeutend webt
    Und bildet in den Tiefen der Natur, –
    Die Geisterleiter, die aus dieser Welt des Staubes
    Bis in die Sternenwelt, mit tausend Sprossen,
    Hinauf sich baut, an der die himmlischen
    Gewalten wirkend auf und nieder wandeln,
    – Die Kreise in den Kreisen, die sich eng
    Und enger ziehn um die zentralische Sonne –
    Die sieht das Aug nur, das entsiegelte,
    Der hellgebornen, heitern Joviskinder.

(Nachdem er einen Gang durch den Saal gemacht,
bleibt er stehen und fährt fort.)
Die himmlischen Gestirne machen nicht
Bloß Tag und Nacht, Frühling und Sommer – nicht
Dem Sämann bloß bezeichnen sie die Zeiten
Der Aussaat und der Ernte. Auch des Menschen Tun
Ist eine Aussaat von Verhängnissen,
Gestreuet in der Zukunft dunkles Land,
Den Schicksalsmächten hoffend übergeben.
Da tut es not, die Saatzeit zu erkunden,
Die rechte Sternenstunde auszulesen,
Des Himmels *Häuser* forschend zu durchspüren,
Ob nicht der Feind des Wachsens und Gedeihens
In seinen *Ecken* schadend sich verberge.
Drum laßt mir Zeit. Tut ihr indes das Eure.
Ich kann jetzt noch nicht sagen, was ich tun will.
Nachgeben aber werd ich nicht. Ich nicht!
Absetzen sollen sie mich auch nicht – Darauf
Verlaßt euch.

KAMMERDIENER *(kommt).* Die Herrn Generale.

WALLENSTEIN.   Laß sie kommen.

TERZKY. Willst du, daß alle Chefs zugegen seien?

WALLENSTEIN. Das braucht's nicht. Beide Piccolomini,
   Maradas, Buttler, Forgatsch, Deodat,
   Caraffa, Isolani mögen kommen.

      Terzky geht hinaus mit dem Kammerdiener.

WALLENSTEIN *(zu Iollo).*
   Hast du den Questenberg bewachen lassen?
   Sprach er nicht ein'ge in geheim?

ILLO. Ich hab ihn scharf bewacht. Er war mit niemand
   Als dem Octavio.

Briefwechsel – Zur Wallensteinkonzeption

[Schiller an Goethe]   Jena, 4. Dezember 1798
Ich muß Sie heute mit einer astrologischen Frage behelligen und mir Ihr ästhetisch-kritisches Bedenken in einer verwickelten Sache ausbitten.

Durch die größere Ausdehnung der Piccolomini bin ich nun genötigt, mich über die Wahl des astrologischen Motivs zu entscheiden, wodurch der Abfall Wallensteins eingeleitet werden und ein mutvoller Glaube an das Glück der Unternehmung in ihm erweckt werden soll. Nach dem ersten Entwurf sollte dies dadurch geschehen, daß die Konstellation glücklich befunden wird, und das *Speculum astrologicum* sollte in dem bewußten Zimmer vor den Augen des Zuschauers gemacht werden. Aber dies ist ohne dramatisches Interesse, ist trocken, leer und noch dazu wegen der technischen Ausdrücke dunkel für den *Zuschauer.* Es macht auf die Einbildungskraft keine Wirkung und würde immer nur eine lächerliche Fratze bleiben. Ich habe es daher auf eine andere Art versucht und gleich auszuführen angefangen, wie Sie aus der Beilage ersehen.

Die Szene eröffnete den Vierten Akt der Piccolomini, nach der neuen Einteilung, und ginge dem Auftritte, worin Wallenstein Senis Gefangennehmung erfährt und worauf der große Monolog folgt, unmittelbar vorher, und es wäre die Frage, ob man des astrologischen Zimmers nicht ganz überhoben sein könnte, da es zu keiner Operation gebraucht wird.

Ich wünschte nun zu wissen, ob Sie dafür halten, daß mein Zweck, der dahin geht, dem Wallenstein durch das Wunderbare einen augenblicklichen Schwung zu geben, auf dem Weg, den ich gewählt habe, wirklich erreicht wird, und ob also die Fratze, die ich gebraucht, einen gewissen tragischen Gehalt hat und nicht

354

bloß als lächerlich auffällt. Der Fall ist sehr schwer, und man mag es angreifen, wie man will, so wird die Mischung des Törichten und Abgeschmackten mit dem Ernsthaften und Verständigen immer anstößig bleiben. Auf der andern Seite durfte ich mich von dem Charakter des Astrologischen nicht entfernen und [mußte] dem Geist des Zeitalters nahe bleiben, dem das gewählte Motiv sehr entspricht.

Die Reflexionen, welche Wallenstein darüber anstellt, führe ich vielleicht noch weiter aus, und wenn nur der Fall selbst dem Tragischen nicht widersprechend und mit dem Ernst unvereinbar ist, so hoffe ich ihn durch jene Reflexionen schon zu erheben.

Haben Sie nun die Güte und sagen mir darüber Ihre Meinung.

Das jetzige fatale Wetter setzt mir sehr zu, und ich habe durch Krämpfe und Schlaflosigkeiten wieder einige Tage für meine Arbeit verloren.

Meine Frau empfiehlt sich aufs beste, und für den Braten danken wir Ihnen gar schön. Er ist sehr willkommen gewesen.

Leben Sie recht wohl. Ich wünsche zu hören, daß Sie in Ihren *Schematibus* etwas vorrücken mögen.   Sch.

[Goethe an Schiller]
Ihr Brief findet mich in großer Zerstreuung und in Beschäftigungen, die mit einem ästhetischen Urteil über dramatische Motive nichts Gemeines haben. Ich muß also um Aufschub bitten, bis ich meine Gedanken über Ihre Anfrage sammeln kann. Dem ersten Anblick nach scheint mir die Idee sehr wohl gefunden und ich sollte denken, daß man dabei akquieszieren könnte. Denn, wie Sie auch selbst bemerken, so scheint immer ein unauflösbarer Bruch zwischen dieser Fratze und der tragischen Würde übrig zu bleiben, und es kann vielleicht immer nur die Frage sein: ob sie etwas Würdiges hervorbringe? und das scheint mir diesmal geleistet.

Ist doch selbst der politische Stoff nicht viel besser als der astrologische, und mich dünkt, man müßte den astrologischen, um ihm zu beurteilen, nicht unmittelbar gegen das Tragische halten, sondern das Astrologische wäret als ein Teil des historisch-politisch-barbarischen Temporären mit in der übrigen Masse gegen das Tragische zu stellen und mit ihm zu verbinden.

Den fünffachen Buchstaben, ob er mir gleich wohl gefällt, weiß ich noch nicht gegen jenes astrologische Zimmer zu bilancieren; beides scheint etwas für sich zu haben. Und ich muß endigen, wie ich anfing, daß ich heute weder imstande bin rein zu empfinden, noch recht zu denken.

Nehmen Sie daher nur noch ein Lebewohl und grüßen mir Ihre liebe Frau.

Weimar, am 5. Dezember 1798. G.

[Schiller an Goethe] Jena, 7. Dezember 1798
Wir leben jetzt wieder in sehr entgegengesetzten Zuständen, Sie unter lauter Zerstreuungen, die Ihnen keine Sammlung des Gemüts erlauben, und ich in einer Abgeschiedenheit und Einförmigkeit, die mich nach Zerstreuung seufzen macht, um den Geist wieder zu erfrischen. Ich habe übrigens diese traurigen Tage, die sich erst heute wieder aufhellten, nicht ganz unnütz verbracht und einige bedeutende Lücken in meiner Handlung ausgefüllt, wodurch sie sich immer mehr rundet und stetiger wird. Es sind verschiedene ganz neue Szenen entstanden, die dem Ganzen sehr gut tun. Auch jenen nicht ganz aufzuhebenden Bruch, von dem Sie schreiben, in betreff des Tollen und Vernünftigen, seh ich dadurch etwas vermindert, indem alles darauf ankommt, daß jene seltsame Verbindung heterogener Elemente als beharrender Charakter erscheine, aus dem Total des Menschen hervorkomme und sich überall offenbare. Denn wenn es gelingt, sie nur recht individuell zu machen, so wird sie wahr, da das Individuelle zur Phantasie spricht, und man es also nicht mit dem trockenen Verstand zu tun hat.

Wenn Sie glauben, daß wir das astrologische Zimmer nicht einbüßen sollten, so ließe sich immer noch Gebrauch davon machen, auch im Fall, daß wir die andere Fratze beibehielten. Das

Mehr schadet hier nichts, und eins hilft dem andern. Mir ist eigentlich nur darum zu tun, daß ich von Ihnen wisse, ob das neulich Überschickte überall nur statthaft ist, denn es ist gar nicht nötig, daß etwas anderes dadurch ausgeschlossen wird.

Ich weiß Ihnen heute nichts zu sagen, was Sie interessieren könnte, denn ich bin nicht aus meiner Arbeit gekommen und habe auch von außen nichts in Erfahrung gebracht.

Wollten Sie mir nicht das Buch über den Kaukasus verschaffen, von dem Sie mir öfters sagten. Ich habe jetzt gerade ein Bedürfnis nach einer ergötzlichen Lektüre.

Leben Sie recht wohl, an Meyern viele Grüße. Meine Frau empfiehlt sich.   S.

[Goethe an Schiller]
Wie sehr wünschte ich grade über die vorliegende Frage mit Ihnen einen Abend zu konversieren, denn sie ist doch um vieles wichtiger als jene Quästion: in welcher Ordnung die Rüstung erscheinen soll? Ich fasse mich nur kurz zusammen und gehe über alles hinaus, worüber wir einig sind.

Ich halte nach vielfältiger Überlegung das astrologische Motiv für besser als das neue.

Der *astrologische Aberglaube* ruht auf dem dunkeln Gefühl eines ungeheuren Weltganzen. Die Erfahrung spricht, daß die nächsten Gestirne einen entschiedenen Einfluß auf Witterung, Vegetation u. s. w. haben, man darf nur stufenweise immer aufwärts steigen, und es läßt sich nicht sagen, wo diese Wirkung aufhört. Findet doch der Astronom überall Störungen eines Gestirns durchs andere. Ist doch der Philosoph geneigt, ja genötigt, eine Wirkung auf das Entfernteste anzunehmen. So darf der Mensch im Vorgefühl seiner selbst nur immer etwas weiter schreiten und diese Einrichtung aufs Sittliche, auf Glück und Unglück ausdehnen. Diesen und ähnlichen Wahn möchte ich nicht einmal Aberglauben nennen, er liegt unserer Natur so nahe, ist so leidlich und läßlich als irgend ein Glaube.

Nicht allein in gewissen Jahrhunderten, sondern auch in gewissen Epochen des Lebens, ja bei gewissen Naturen tritt er öfter, als man glauben kann, herein. Hat doch der verstorbne König in Preußen bloß darum auf den Wallenstein gehofft, weil er erwartete, daß dieses Wesen ernsthaft darin behandelt sein würde.

Der *moderne Orakel-Aberglaube* hat auch manches poetische Gute, nur ist gerade diejenige Spezies, die Sie gewählt haben, dünkt mich, nicht die beste, sie gehört zu den Anagrammen, Chronodistichen, Teufelsversen, die man rückwärts wie vorwärts lesen kann, und ist also aus einer geschmacklosen und pedantischen Verwandtschaft, an die man durch ihre inkurable Trockenheit erinnert wird. Die Art, wie Sie die Szene behandelt haben, hat mich wirklich im Anfang so bestochen, daß ich diese Eigenschaften nicht merkte und nur erst durch Reflexion darauf kam. Übrigens mag ich nach meiner Theatererfahrung herumdenken, wie ich will, so läßt sich dieses Buchstabenwesen nicht anschaulich machen. Die Lettern müssen entweder verschlungen sein wie die *M* des Matthias. Die *F* müßte man in einen Kreis stellen, die man aber, wenn man sie auch noch so groß machte, von weitem nicht erkennen würde.

Das sind meine Bedenklichkeiten, zu denen ich nichts weiter hinzu füge. Ich habe mit Meyern darüber konsultiert, welcher auch meiner Meinung ist. Nehmen Sie nun das Beste heraus. Mein sehnlichster Wunsch ist, daß Ihre Arbeit fördern möge.

Meine zerstückelte Zeit bis Neujahr will ich so gut als möglich zu benutzen suchen. Das zweite Stück der Propyläen ist nun ganz abgegangen. Manuskript zum dritten ist vorrätig, wovon etwa nur noch die Hälfte zu redigieren ist; ich werde mein möglichstes, tun auch damit in drei Wochen fertigzuwerden.

Zu dem vierten Stück habe ich einen besondern Einfall, den ich Ihnen kommunizieren will, und überhaupt denke ich mich so einzurichten, daß mir das Frühjahr zu einer größern Arbeit frei bleibt. Die Schemata zur Chromatik hoffe ich mit Ihrem Beistand auch bald vorwärts zu bringen.

Und so geht ein närrisch mühsames Leben immer fort wie das

Märchen der Tausend und Eine Nacht, wo sich immer eine Fabel in die andere einschachtelt.

Leben Sie recht wohl und grüßen Sie die liebe Frau.

Weimar, am 8. Dezember 1798.   G.

[Schiller an Goethe]   Jena, den 11. Dezember 1798
Es ist eine rechte Gottesgabe um einen weisen und sorgfältigen Freund, das habe ich bei dieser Gelegenheit aufs neue erfahren. Ihre Bemerkungen sind vollkommen richtig und Ihre Gründe überzeugend. Ich weiß nicht, welcher böse Genius über mir gewaltet, daß ich das astrologische Motiv im Wallenstein nie recht ernsthaft anfassen wollte, da doch eigentlich meine Natur die Sachen lieber von der ernsthaften als leichten Seite nimmt. Die Eigenschaften des Stoffes müssen mich anfangs zurückgeschreckt haben. Ich sehe aber jetzt vollkommen ein, daß ich noch etwas Bedeutendes für diese Materie tun muß, und es wird auch wohl gehen, ob es gleich die Arbeit wieder verlängert.

Leider fällt diese für mich so dringende Epoche des Fertigwerdens in eine sehr ungünstige Zeit, ich kann jetzt gewöhnlich über die andere Nacht nicht schlafen und muß viel Kraft anwenden, mich in der nötigen Klarheit der Stimmung zu erhalten. Könnte ich nicht durch meinen Willen etwas mehr, als andere in ähnlichen Fällen können, so würde ich jetzt ganz und gar pausieren müssen.

Indessen hoffe ich Ihnen doch die Piccolomini zum Christgeschenk noch schicken zu können.

Möchten nur auch Sie diese nächsten schlimmen Wochen heiter und froh durchleben und dann im Januar wieder munter zu uns und Ihren hiesigen Geschäften zurückkehren.

Ich bin neugierig zu erfahren, was Sie für das 4te Stück der Propyläen ausgedacht.

Leben Sie recht wohl. Ich erhalte einen Abendbesuch von meinem Hausherrn, der mich hindert mehr zu sagen.

Die Frau grüßt Sie herzlich.

Meyern viele Grüße.   S.

[Goethe an Schiller]

Es freut mich, daß ich Ihnen etwas habe wieder erstatten können von der Art, in der ich Ihnen so manches schuldig geworden bin. Ich wünschte nur, daß mein guter Rat zu einer günstigen Jahrszeit hätte anlangen können, damit Sie dadurch schneller gefördert wären, denn ich muß Sie wirklich bedauern, daß die Zeit der Vollendung in diese Tage fällt, die eben unsere Freunde nicht sind.

[…]

Ob Ihr erstes Stück Weihnachten fertig wird oder nicht, wird meinen Januaraufenthalt entscheiden, im ersten Fall hoffe ich Sie bei mir zu sehen, im zweiten denke ich Sie zu besuchen. Für heute leben Sie wohl und grüßen Ihre liebe Frau.

Weimar, am 12. Dezember 1798.   G.

Wallensteins Tod

Erster Aufzug

Ein Zimmer, zu astrologischen Arbeiten eingerichtet und mit Sphären, Karten, Quadranten und anderm astronomischen Geräte versehen. Der Vorhang von einer Rotunde ist aufgezogen, in welcher die sieben Planetenbilder, jedes in einer Nische, seltsam beleuchtet, zu sehen sind. *Seni* beobachtet die Sterne, *Wallenstein* steht vor einer großen schwarzen Tafel, auf welcher der Planetenaspekt gezeichnet ist.

ERSTER AUFTRITT

Wallenstein. Seni.

WALLENSTEIN.
  Laß es jetzt gut sein, Seni. Komm herab.
  Der Tag bricht an, und Mars regiert die Stunde.
  Es ist nicht gut mehr operieren. Komm!
  Wir wissen gnug.
SENI.   Nur noch die Venus laß mich
  Betrachten, Hoheit. Eben geht sie auf.
  Wie eine Sonne glänzt sie in dem Osten.
WALLENSTEIN. Ja, *sie* ist jetzt in ihrer Erdennäh'
  Und wirkt herab mit allen ihren Stärken.
      (Die Figur auf der Tafel betrachtend.)
  Glückseliger Aspekt! So stellt sich endlich
  Die große Drei verhängnisvoll zusammen,
  Und beide Segenssterne, *Jupiter*
  Und *Venus*, nehmen den verderblichen,
  Den tückschen *Mars* in ihre Mitte, zwingen

Den alten Schadenstifter, mir zu dienen.
Denn lange war er feindlich mir gesinnt
Und schoß mit senkrecht- oder schräger Strahlung,
Bald im *Gevierten*, bald im *Doppelschein*,
Die roten Blitze meinen Sternen zu
Und störte ihre segenvollen Kräfte.
Jetzt haben sie den alten Feind besiegt
Und bringen ihn am Himmel mir gefangen.

SENI. Und beide große Lumina von keinem
Malefico beleidigt! der Saturn
Unschädlich, machtlos, in cadente domo.

WALLENSTEIN. Saturnus' Reich ist aus, der die geheime
Geburt der Dinge in dem Erdenschoß
Und in den Tiefen des Gemüts beherrscht
Und über allem, was das Licht scheut, waltet.
Nicht Zeit ist's mehr, zu brüten und zu sinnen,
Denn Jupiter, der glänzende, regiert
Und zieht das dunkel zubereitete Werk
Gewaltig in das Reich des Lichts – Jetzt muß
Gehandelt werden, schleunig, eh die Glücks-
Gestalt mir wieder wegflieht überm Haupt,
Denn stets in Wandlung ist der Himmelsbogen.
        (Es geschehen Schläge an die Tür.)
Man pocht. Sieh, wer es ist.

TERZKY *(draußen).*   Laß öffnen!

WALLENSTEIN.   Es ist Terzky.
Was gibt's so Dringendes? Wir sind beschäftigt.

TERZKY *(draußen).*
Leg alles jetzt beiseit', ich bitte dich,
Es leidet keinen Aufschub.

WALLENSTEIN.   Öffne, Seni.
        *(Indem jener dem Terzky aufmacht,
        zieht Wallenstein den Vorhang vor die Bilder.)*

ZWEITER AUFTRITT

Wallenstein. Graf Terzky.

TERZKY *(tritt ein).*
  Vernahmst du's schon? Er ist gefangen, ist
  Vom Gallas schon dem Kaiser ausgeliefert!
WALLENSTEIN *(zu Terzky).*
  Wer ist gefangen? Wer ist ausgeliefert?
TERZKY. Wer unser ganz Geheimnis weiß, um jede
  Verhandlung mit den Schweden weiß und Sachsen,
  Durch dessen Hände alles ist gegangen –
WALLENSTEIN *(zurückfahrend).*
  Sesin doch nicht? Sag nein, ich bitte dich.
TERZKY.
  Grad auf dem Weg nach Regenspurg zum Schweden
  Ergriffen ihn des Gallas Abgeschickte,
  Der ihm schon lang die Fährte abgelauert.
  Mein ganz Paket an Kinsky, Matthes Thurn,
  An Oxenstirn, an Arnheim führt er bei sich.
  Das alles ist in ihrer Hand, sie haben
  Die Einsicht nun in alles, was geschehn.

DRITTER AUFTRITT

Vorige. Illo kommt.

ILLO *(zu Terzky).* Weiß er's?
TERZKY.   Er weiß es.
ILLO *(zu Wallenstein).*   Denkst du deinen Frieden
  Nun noch zu machen mit dem Kaiser, sein
  Vertraun zurückzurufen? wär es auch,
  Du wolltest allen Planen jetzt entsagen,
  Man weiß, was du gewollt hast. Vorwärts mußt du,
  Denn rückwärts kannst du nun nicht mehr.
TERZKY. Sie haben Dokumente gegen uns

In Händen, die unwidersprechlich zeugen –

WALLENSTEIN.

Von meiner Handschrift nichts. Dich straf ich Lügen.

ILLO.

So? Glaubst du wohl, was dieser da, dein Schwager,
In deinem Namen unterhandelt hat,
Das werde man nicht *dir* auf Rechnung setzen?
Dem Schweden soll *sein* Wort für deines gelten,
Und deinen Wiener Feinden nicht!

TERZKY.

Du gabst nichts Schriftliches – Besinn dich aber,
Wie weit du mündlich gingst mit dem Sesin.
Und wird er schweigen? Wenn er sich mit deinem
Geheimnis retten kann, wird er's bewahren?

ILLO. Das fällt dir selbst nicht ein! Und da sie nun
Berichtet sind, wie weit du schon gegangen,
Sprich! was erwartest du? Bewahren kannst du
Nicht länger dein Kommando, ohne Rettung
Bist du verloren, wenn du's niederlegst.

WALLENSTEIN. Das Heer ist meine Sicherheit. Das Heer
Verläßt mich nicht. Was sie auch wissen mögen,
Die Macht ist mein, sie müssen's niederschlucken,
– Und stell ich Kaution für meine Treu,
So müssen sie sich ganz zufrieden geben.

ILLO. Das Heer ist dein; jetzt für den Augenblick
Ist's dein; doch zittre vor der langsamen,
Der stillen Macht der Zeit. Vor offenbarer
Gewalt beschützt dich heute noch und morgen
Der Truppen Gunst; doch gönnst du ihnen Frist,
Sie werden unvermerkt die gute Meinung,
Worauf du jetzo fußest, untergraben,
Dir einen um den andern listig stehlen –
Bis, wenn der große Erdstoß nun geschieht,
Der treulos mürbe Bau zusammenbricht.

WALLENSTEIN. Es ist ein böser Zufall!

ILLO. Oh! einen glücklichen will ich ihn nennen,
    Hat er auf dich die Wirkung, die er soll,
    Treibt dich zu schneller Tat – Der schwedsche Oberst –
WALLENSTEIN.
Er ist gekommen? Weißt du, was er bringt?
ILLO. Er will nur dir allein sich anvertrauen.
WALLENSTEIN.
    Ein böser, böser Zufall – Freilich! Freilich!
    Sesina weiß zu viel und wird nicht schweigen.
TERZKY. Er ist ein böhmischer Rebell und Flüchtling,
    Sein Hals ist ihm verwirkt; kann er sich retten
    Auf deine Kosten, wird er Anstand nehmen?
    Und wenn sie auf der Folter ihn befragen,
    Wird er, der Weichling, Stärke gnug besitzen? –
WALLENSTEIN *(in Nachsinnen verloren)*.
    Nicht herzustellen mehr ist das Vertraun.
    Und mag ich handeln, wie ich will, ich werde
    Ein Landsverräter ihnen sein und bleiben.
    Und kehr ich noch so ehrlich auch zurück
    Zu meiner Pflicht, es wird mir nichts mehr helfen –
ILLO. Verderben wird es dich. Nicht deiner Treu,
    Der Ohnmacht nur wird's zugeschrieben werden.
WALLENSTEIN *(in heftiger Bewegung auf und ab gehend)*.
    Wie? Sollt ich's nun im Ernst erfüllen müssen,
    Weil ich zu frei gescherzt mit dem Gedanken?
    Verflucht, wer mit dem Teufel spielt! –
ILLO. Wenn's nur dein Spiel gewesen, glaube mir,
    Du wirst's in schwerem Ernste büßen müssen.
WALLENSTEIN.
    Und müßt ich's in Erfüllung bringen, jetzt,
    Jetzt, da die Macht noch mein ist, müßt's geschehn –
ILLO. Wo möglich, eh sie von dem Schlage sich
    In Wien besinnen und zuvor dir kommen –
WALLENSTEIN *(die Unterschriften betrachtend)*.
    Das Wort der Generale hab ich schriftlich –

Max Piccolomini steht nicht hier. Warum nicht?

TERZKY. Es war – er meinte –

ILLO. Bloßer Eigendünkel!
Es brauche das nicht zwischen dir und ihm.

WALLENSTEIN.
Es braucht das nicht, er hat ganz Recht –
Die Regimenter wollen nicht nach Flandern,
Sie haben eine Schrift mir übersandt
Und widersetzen laut sich dem Befehl.
Der erste Schritt zum Aufruhr ist geschehn.

ILLO. Glaub mir, du wirst sie leichter zu dem Feind
Als zu dem Spanier hinüberführen.

WALLENSTEIN. Ich will doch hören, was der Schwede mir
Zu sagen hat.

ILLO (pressiert). Wollt Ihr ihn rufen, Terzky?
Er steht schon draußen.

WALLENSTEIN. Warte noch ein wenig.
Es hat mich überrascht – Es kam zu schnell –
Ich bin es nicht gewohnt, daß mich der Zufall
Blind waltend, finster herrschend mit sich führe.

ILLO. Hör ihn fürs erste nur. Erwäg's nachher.
(Sie gehen.)

VIERTER AUFTRITT

Wallenstein, mit sich selbst redend.

Wär's möglich? Könnt ich nicht mehr, wie ich wollte?
Nicht mehr zurück, wie mir's beliebt? Ich müßte
Die Tat *vollbringen*, weil ich sie *gedacht*,
Nicht die Versuchung von mir wies – das Herz
Genährt mit diesem Traum, auf ungewisse
Erfüllung hin die Mittel mir gespart,
Die Wege bloß mir offen hab gehalten? –
Beim großen Gott des Himmels! Es war nicht

Mein Ernst, beschloßne Sache war es nie.
In dem Gedanken bloß gefiel ich mir;
Die Freiheit reizte mich und das Vermögen.
War's unrecht, an dem Gaukelbilde mich
Der königlichen Hoffnung zu ergötzen?
Blieb in der Brust mir nicht der Wille frei,
Und sah ich nicht den guten Weg zur Seite,
Der mir die Rückkehr offen stets bewahrte?
Wohin denn seh ich plötzlich mich geführt?
Bahnlos liegt's hinter mir, und eine Mauer
Aus meinen eignen Werken baut sich auf, –
Die mir die Umkehr türmend hemmt!
                    (Er bleibt tiefsinnig stehen.)
Strafbar erschein ich, und ich kann die Schuld,
Wie ich's versuchen mag! nicht von mir wälzen;
Denn mich verklagt der Doppelsinn des Lebens,
Und – selbst der frommen Quelle reine Tat
Wird der Verdacht, schlimmdeutend, mir vergiften.
War ich, wofür ich gelte, der Verräter,
Ich hätte mir den guten Schein gespart,
Die Hülle hätt ich dicht um mich gezogen,
Dem Unmut Stimme nie geliehn. Der Unschuld,
Des unverführten Willens mir bewußt,
Gab ich der Laune Raum, der Leidenschaft –
Kühn war das Wort, weil es die Tat nicht war.
Jetzt werden sie, was planlos ist geschehn,
Weitsehend, planvoll mir zusammenknüpfen,
Und was der Zorn und was der frohe Mut
Mich sprechen ließ im Überfluß des Herzens,
Zu künstlichem Gewebe mir vereinen
Und eine Klage furchtbar draus bereiten,
Dagegen ich verstummen muß. So hab ich
Mit eignem Netz verderblich mich umstrickt,
Und nur Gewalttat kann es reißend lösen.
                    (Wiederum stillstehend.)

Wie anders! da des Mutes freier Trieb
Zur kühnen Tat mich zog, die rauh gebietend
Die Not jetzt, die Erhaltung von mir heischt.
Ernst ist der Anblick der Notwendigkeit.
Nicht ohne Schauder greift des Menschen Hand
In des Geschicks geheimnisvolle Urne.
In meiner Brust war meine Tat noch mein:
Einmal entlassen aus dem sichern Winkel
Des Herzens, ihrem mütterlichen Boden,
Hinausgegeben in des Lebens Fremde,
Gehört sie jenen tückschen Mächten an,
Die keines Menschen Kunst vertraulich macht.
          (Er macht heftige Schritte durchs Zimmer,
              dann bleibt er wieder sinnend stehen.)
Und was ist dein Beginnen? Hast du dir's
Auch redlich selbst bekannt? Du willst die Macht,
Die ruhig, sicher thronende erschüttern,
Die in verjährt geheiligtem Besitz,
In der Gewohnheit festgegründet ruht,
Die an der Völker frommem Kinderglauben
Mit tausend zähen Wurzeln sich befestigt.
Das wird kein Kampf der Kraft sein mit der Kraft,
Den fürcht ich nicht. Mit jedem Gegner wag ich's,
Den ich kann sehen und ins Auge fassen,
Der, selbst voll Mut, auch mir den Mut entflammt.
Ein unsichtbarer Feind ist's, den ich fürchte,
Der in der Menschen Brust mir widersteht,
Durch feige Furcht allein mir fürchterlich –
Nicht, was lebendig kraftvoll sich verkündigt,
Ist das gefährlich Furchtbare. Das ganz
Gemeine ist's, das ewig Gestrige,
Was immer war und immer wiederkehrt
Und morgen gilt, weil's heute hat gegolten!
Denn aus Gemeinem ist der Mensch gemacht,
Und die Gewohnheit nennt er seine Amme.

Weh dem, der an dem würdig alten Hausrat
Ihm rührt, das teure Erbstück seiner Ahnen!
Das *Jahr* übt eine heiligende Kraft;
Was grau für Alter ist, das ist ihm göttlich.
Sei im Besitze, und du wohnst im Recht,
Und heilig wird's die Menge dir bewahren.

               (Zu dem Pagen, der hereintritt.)
Der schwedsche Oberst? Ist er's? Nun, er komme.

                    (Page geht.
Wallenstein hat den Blick nachdenkend auf die Tür geheftet.)
Noch ist sie rein – noch! Das Verbrechen kam
Nicht über diese Schwelle noch – So schmal ist
Die Grenze, die zwei Lebenspfade scheidet!

FRIEDRICH SCHILLER UND
JOHANN WOLFGANG GOETHE

Briefwechsel Über »Wallensteins Tod«

[Schiller an Goethe]   Jena, 7. März 1799
Versprochener maßen sende hier die zwei ersten Akte des Wallensteins, denen ich eine gute Aufnahme wünsche. Sagen Sie mir
wo möglich gleich morgen ein Wörtchen darüber und senden
mir das Manuskript durch die Sonntagabends-Post wieder zu, da
ich keine lesbare Abschrift davon habe und meinen Kopisten
auch nicht feiern lassen darf.

Zugleich lege ich Ifflands Nachricht von der Vorstellung der
Piccolomini bei, nebst dem Komödienzettel. Es ist gerade so
ausgefallen, wie ich mutmaßte, und man kann fürs erste damit
zufrieden sein. Das dritte Stück wird durchbrechen, wie ich
hoffe.

Ich habe es endlich glücklicher weise arrangieren können, daß
es auch fünf Akte hat, und den Anstalten zu Wallensteins Er-
mordung ist eine größre Breite sowohl als theatralische Bedeutsamkeit gegeben worden. Zwei resolute Hauptleute, die die Tat
vollziehen, sind handelnd und redend eingeflochten, dadurch
kommt auch Buttler höher zu stehen, und die Präparatorien zu
der Mordszene werden furchtbarer. Freilich hat sich dadurch
auch meine Arbeit um ein ziemliches vermehrt.

Leben Sie recht wohl für heute. Meine Frau, die nicht ganz
wohl war, aber wieder besser ist, grüßt herzlich. Für die Rüben
danken wir schön.   Sch.

[Goethe an Schiller]
Die zwei Akte Wallensteins sind fürtrefflich und taten beim er-
sten Lesen auf mich eine so lebhafte Wirkung, daß sie gar keinen
Zweifel zuließen.

Wenn sich der Zuschauer bei den Piccolominis aus einem gewissen künstlichen und hie und da willkürlich scheinenden Gewebe nicht gleich herausfinden, mit sich und andern nicht völlig eins werden kann, so gehen diese neuen Akte nun schon gleichsam als naturnotwendig vor sich. Die Welt ist gegeben, in der das alles geschieht, die Gesetze sind aufgestellt, nach denen man urteilt, der Strom des Interesses, der Leidenschaft, findet sein Bette schon gegraben, in dem er hinabrollen kann. Ich bin nun auf das übrige sehr verlangend, das mir nach Ihrer neuen Anlage ganz neu sein wird.

Nachdem ich heute früh Ihre beiden Akte mit wahrem Anteil und inniger Rührung gelesen, kommt mir das dritte Stück vom *Athenäum* zu, in das ich mich einlasse und worüber mir die Zeit verstreicht. Die Botenstunde schlägt und hier nur noch gute Nachricht: daß ich, durch Ihren Zuruf ermuntert, diese Tage meine Gedanken auf dem Trojanischen Felde fest gehalten habe. Ein großer Teil des Gedichts, dem es noch an innerer Gestalt fehlte, hat sich bis in seine kleinsten Zweige organisiert, und weil nur das unendlich Endliche mich interessieren kann, so stelle ich mir vor, daß ich mit dem Ganzen, wenn ich alle meine Kräfte drauf wende, bis Ende Septembers fertig sein kann. Ich will diesen Wahn so lange als möglich bei mir zu erhalten suchen.

Wallenstein schicke ich morgen wieder zurück.

Grüßen Sie Ihre liebe Frau, der ich eine bessere Gesundheit wünsche, und rücken Sie dem Schlusse des Trauerspiels glücklich immer näher.

Weimar, am 9. März 1799.   G.

[Goethe an Schiller]
Nur mit ein paar Worten und mit einem herzlichen Gruße von Meyern begleite ich diese Sendung. Es ist ihm wie mir gegangen, er konnte im Lesen keine Pause machen. Von dem theatralischen Effekt kann man gewiß sein. Seit einigen Tagen halte ich mich mit aller Aufmerksamkeit auf der Ebene von Troja fest. Wenn meine

Vorbereitung glücklich von statten geht, so kann die schöne Jahrszeit mir viel bringen. Verzeihen Sie mir daher, wenn ich mich einige Zeit stille halte, bis ich etwas aufweisen kann. Leben Sie recht wohl und vollenden glücklich Ihr Werk.

Weimar, am 10ten März 1799.   G.

[Schiller an Goethe]   Jena, 12. März 1799

Daß meine 2 ersten Akte eine so gute Aufnahme gefunden, freut mich sehr; die 3 letzten, wenn ich sie auch nicht ganz so genau auszuführen Zeit habe, sollen wenigstens, dem ganzen Effekt nach, nicht hinter den ersten zurück bleiben. Die Arbeit avanciert jetzt mit beschleunigter Bewegung, und wenn ich jeden Tag anwenden kann wie diese letztern, so ist es nicht unmöglich, daß ich Ihnen den ganzen Rest des Wallensteins kommenden Montag durch einen Expressen sende, um das Manuskript, im Fall keine Erinnerungen dagegen zu machen wären, mit der Montag-Abendpost an Iffland zu expedieren.

Erwarten Sie darum in dieser Woche nicht viel von mir zu hören.

Daß das trojanische Feld sich anfängt um Sie auszubreiten, höre ich mit wahrer Freude. Bleiben Sie in dieser guten Stimmung und möge das heitere Wetter Sie dabei secondieren.

Leben Sie recht wohl. Meine Frau, die wieder wohl ist, grüßt Sie herzlich. Der Grieß ist angelangt von Dresden, es ist ein schwerer Kasten, und wir wollen ihn, wenn Sie ihn nicht sogleich verlangen, mit einer Gelegenheit abschicken. Es ist nur für 3 Taler und einige Groschen, weil nicht mehr Vorrat da gewesen, die Mühle war wegen des Frosts still gestanden.

Leben Sie recht wohl.   S.

[Goethe an Schiller]

Es wird sehr erfreulich sein, wenn, indem Sie Ihren Wallenstein endigen, ich den Mut in mir fühle, ein neues Werk zu unternehmen. Ich wünsche, daß der Montag mir die drei letzten Akte bringen möge. Ich habe die beiden ersten bisher in mir walten lassen und finde noch immer, daß sie sich gut darstellen. Wenn man in Piccolomini beschaut und Anteil nimmt, so wird man hier unwiderstehlich fortgerissen.

Wenn ich es möglich machen kann, so bringe ich die Feiertage bei Ihnen zu, besonders wenn das Wetter schön bleibt. Lassen Sie den Kasten mit Grieß so lange bei sich stehen, bis ich ihn abhole, abholen lasse, oder Sie Gelegenheit finden.

Haben Sie die Güte, mir die Quittung über die Medaillen für den Herzog zu schicken, und ich will alsdann alles zusammen berichtigen.

Leben Sie recht wohl, ich sage weiter nichts, denn ich müßte von meinen Göttern und Helden reden, und ich mag nicht voreilig sein. Grüßen Sie Ihre liebe Frau und sagen mir nur den Sonnabend ein Wort, wie es mit der Arbeit steht.

Weimar, am 13. März 1799.   G.

[Schiller an Goethe]
Ich schreibe nur eine Zeile, um zu bestätigen, was ich neulich versprach. Montags erhalten Sie den Wallenstein ganz. Tot ist er schon und auch parentiert, ich habe nur noch zu bessern und zu feilen.

Kommen Sie ja auf die Feiertage. Das wird mir jetzt nach dieser lastvollen Woche eine rechte Erquickung sein.

Die Frau grüßt. Leben Sie bestens wohl.

Jena, 15. März 1799.   Sch.

[Goethe an Schiller]   17. März 1799
Recht herzlich gratuliere zum Tode des theatralischen Helden! könnte ich doch meinem epischen vor eintretendem Herbste auch das Lebenslicht ausblasen! Mit Verlangen erwarte ich die montägige Sendung und richte mich ein, den Grünen Donnerstag zu Ihnen zu kommen. Wenn wir alsdann auch nur acht Tage zusammen zubringen, so werden wir schon um ein gutes Teil weiter sein. Den April müssen wir auf die Vorstellung von Wallenstein und auf die Gegenwart der Madame Unzelmann rech-

nen. Es wäre daher gut, wenn wir den Wallenstein möglichst beschleunigten, um sowohl durch diese Tragödie, als durch diese artige kleine Frau eine Folge von interessanten Vorstellungen zu geben und die Fremden fest zu halten, die sich allenfalls einfinden könnten. Leben Sie recht wohl. Von der Achilleis sind schon fünf Gesänge motiviert und von dem ersten 180 Hexameter geschrieben. Durch eine ganz besondere Resolution und Diät habe ich es gezwungen, und da es mit dem Anfange gelungen ist, so kann man für die Fortsetzung nicht bange sein. Wenn Sie uns nur bei den Propyläen beistehen, so soll es dieses Jahr an mancherlei Gutem nicht fehlen.

Weimar, am 16. März 1799. G.

[Schiller an Goethe] Jena, 17. März 1799
Hier erfolgt nun das Werk, soweit es unter den gegenwärtigen Umständen gebracht werden konnte. Es kann ihm in einzelnen Teilen noch vielleicht an bestimmter Ausführung fehlen, aber für den theatralisch-tragischen Zweck scheint es mir ausgeführt genug. Wenn Sie davon urteilen, daß es nun wirklich eine Tragödie ist, daß die Hauptfoderungen der Empfindung erfüllt, die Hauptfragen des Verstandes und der Neugierde befriedigt, die Schicksale aufgelöst und die Einheit der Haupt-Empfindung erhalten sei, so will ich höchlich zufrieden sein.

Ich will es auf Ihre Entscheidung ankommen lassen, ob der IVte Akt mit dem Monolog der Thekla schließen soll, welches mir das Liebste wäre; oder ob die völlige Auflösung dieser Episode noch, die zwei kleine Szenen, welche nachfolgen, notwendig macht. Haben Sie die Güte, das Manuskript so zeitig zu expedieren, daß ich es *spätestens* morgen, Montag, abends um 7 Uhr wieder in Händen habe, und lassen auf das Couvert schreiben, wann der Bote expediert worden.

Alles übrige mündlich. Herzlich gratuliere ich zu den Progressen in der Achilleis, die doppelt wünschenswürdig sind, da Sie dabei zugleich die Erfahrung machten, wieviel Sie durch Ihren Vorsatz über Ihre Stimmung vermögen.

Die Frau grüßt aufs beste. Wir erwarten Sie auf die Feiertage mit großem Verlangen.

Sonntag abends. Sch.

[Goethe an Schiller] [Weimar, 18. März 1799.]
Zu dem vollendeten Werke wünsche ich von Herzen Glück, es hat mir ganz besonders genug getan, ob ich es gleich an einem bösen zerstreuten Morgen nur gleichsam obenhin gekostet habe. Für den theatralischen Effekt ist es hinreichend ausgestattet; die neuen Motive, die ich noch nicht kannte, sind sehr schön und zweckmäßig.

Können Sie künftig den Piccolominis etwas von der Masse abnehmen, so sind beide Stücke ein unschätzbares Geschenk für die deutsche Bühne, und man muß sie durch lange Jahre aufführen. Freilich hat das letzte Stücke den großen Vorzug, daß alles aufhört politisch zu sein und bloß menschlich wird, ja das Historische selbst ist nur ein leichter Schleier, wodurch das Reinmenschliche durchblickt. Die Wirkung aufs Gemüt wird nicht gehindert noch gestört.

Mit dem Monolog der Prinzessin würde ich auf alle Fälle den Akt schließen. Wie sie fortkommt, bleibt immer der Phantasie überlassen. Vielleicht wäre es in der Folge gut, wenn der Stallmeister schon im ersten Stücke eingeführt würde.

Der Schluß des Ganzen durch die Adresse des Briefs erschreckt eigentlich, besonders in der weichen Stimmung, in der man sich befindet. Der Fall ist auch wohl einzig, daß man, nachdem alles, was Furcht und Mitleiden zu erregen fähig ist, erschöpft war, mit Schrecken schließen konnte.

Ich sage nichts weiter und freue mich nur auf den Zusammengenuß dieses Werks. Donnerstag hoffe ich noch abzugehen. Mittwoch Abend erfahren Sie die Gewißheit, wir wollen alsdann das Stück zusammen lesen und ich will mich in gehöriger Fassung daran erfreuen.

Leben Sie recht wohl, ruhen Sie nun aus und lassen Sie uns auf die Feiertage beiderseits ein neues Leben beginnen. Grüßen Sie Ihre liebe Frau und gedenken mein.

Über die den Musen abgetrotzte Arbeit will ich noch nicht triumphieren, es ist noch die große Frage, ob sie etwas taugt; auf alle Fälle mag sie als Vorbereitung gelten.   G.

[Schiller an Goethe]   Jena, 19. März 1799
Ich habe mich schon lange vor dem Augenblick gefürchtet, den ich so sehr wünschte, meines Werks los zu sein; und in der Tat befinde ich mich bei meiner jetzigen Freiheit schlimmer als der bisherigen Sklaverei. Die Masse, die mich bisher anzog und fest hielt, ist nun auf einmal weg, und mir dünkt, als wenn ich bestimmungslos im luftleeren Raume hinge. Zugleich ist mir, als wenn es absolut unmöglich wäre, daß ich wieder etwas hervorbringen könnte; ich werde nicht eher ruhig sein, bis ich meine Gedanken wieder auf einen bestimmten Stoff mit Hoffnung und Neigung gerichtet sehe. Habe ich wieder eine Bestimmung, so werde ich diese Unruhe los sein, die mich jetzt auch von kleineren Unternehmungen abzieht. Ich werde Ihnen, wenn Sie hier sind, einige tragische Stoffe, von freier Erfindung, vorlegen, um nicht in der ersten Instanz, in dem Gegenstande, einen Mißgriff zu tun. Neigung und Bedürfnis ziehen mich zu einem frei phantasierten, nicht historischen, und zu einem bloß leidenschaftlichen und menschlichen Stoff, denn Soldaten, Helden und Herrscher habe ich vor jetzt herzlich satt.

Wie beneide ich Sie um Ihre jetzige nächste Tätigkeit. Sie stehen auf dem reinsten und höchsten poetischen Boden, in der schönsten Welt bestimmter Gestalten, wo alles gemacht ist und alles wieder zu machen ist. Sie wohnen gleichsam im Hause der Poesie, wo Sie von Göttern bedient werden. Ich habe in diesen Tagen wieder den Homer vorgehabt und den Besuch der Thetis beim Vulkan mit unendlichem Vergnügen gelesen. In der anmutigen Schilderung eines Hausbesuchs, wie man ihn alle Tage erfahren kann, in der Beschreibung eines handwerksmäßigen Geschäfts ist ein Unendliches in Stoff und Form enthalten, und das Naive hat den ganzen Gehalt des Göttlichen.

Daß Sie schon im Herbst die Achilleis zu vollenden hoffen, es doch wenigstens für möglich halten, ist mir bei aller Überzeugung von Ihrer raschen Ausführungsweise, davon ich selbst Zeuge war, doch etwas Unbegreifliches, besonders da Sie den April nicht einmal zu Ihrer Arbeit rechnen. In der Tat beklage ichs, daß Sie diesen Monat verlieren sollen; vielleicht bleiben Sie aber in der epischen Stimmung, und alsdann lassen Sie Sich ja durch die Theatersorgen nicht stören. Was ich Ihnen in Absicht auf den Wallenstein dabei an Last abnehmen kann, werde ich ohnehin mit Vergnügen tun.

Dieser Tage hat mir die Imhof die 2 letzten Gesänge ihres Gedichts geschickt, die mir sehr große Freude gemacht haben. Es ist überaus zart und rein entwickelt, mit einfachen Mitteln und ungemeiner Anmutigkeit. Wenn Sie kommen, wollen wir es zusammen besprechen.

Hier sende ich die Piccolominis zurück und bitte mir dafür Wallensteins Lager aus, das ich auch noch abschreiben lassen will ünd dann die 3 Stücke zusammen endlich an Körnern senden.

Der Kasten mit Grieß ist von einem Herrn Meiern in Ihrem Namen abgefodert und ihm überliefert worden. Sie haben ihn doch erhalten?

Leben Sie recht wohl. Meine Frau grüßt schönstens. Morgen hoffe ich zu hören, daß wir Sie Donnerstags erwarten können.

Sch.

[Goethe an Schiller]
Wir haben uns diese Tage noch viel vom Wallenstein unterhalten, Professor Meyer hat ihn auch gelesen und sich sehr daran ergötzt.

Wenn Sie etwas Neues vornehmen und zu einem selbst erfundnen Gegenstande Lust haben, so kann ich es nicht tadeln, vielmehr lehrt die Erfahrung, daß Sie sich bei einer freieren Arbeit ungleich besser befinden werden. Mich verlangt sehr zu hören, wohin gegenwärtig Ihre Neigung gerichtet ist.

[...]

Das Kästchen ist glücklich angelangt. Grüßen Sie Ihre liebe Frau. Es ist mir diesmal ganz eigens wohl, daß ich mit Ihnen bald wieder auf die vorbeifließende Mühllache hinaussehen soll.

Weimar, am 20. März 1799.   G.

FRIEDRICH SCHILLER

Maria Stuart

Dritter Aufzug

VIERTER AUFTRITT

Die Vorigen. Elisabeth. Graf Leicester. Gefolge.

ELISABETH *(zu Leicester).*

Wie heißt der Landsitz?

LEICESTER. Fotheringhayschloß.

ELISABETH *(zu Shrewsbury).*

Schickt unser Jagdgefolg voraus nach London,
Das Volk drängt allzu heftig in den Straßen,
Wir suchen Schutz in diesem stillen Park.
*(Talbot entfernt das Gefolge. Sie fixiert mit den Augen die
Maria, indem sie zu Paulet weiterspricht.)*
Mein gutes Volk liebt mich zu sehr. Unmäßig,
Abgöttisch sind die Zeichen seiner Freude,
So ehrt man einen Gott, nicht einen Menschen.

MARIA *(welche diese Zeit über halb ohnmächtig auf die Amme
gelehnt war, erhebt sich jetzt, und ihr Auge begegnet dem ge-
spannten Blick der Elisabeth. Sie schaudert zusammen und
wirft sich wieder an der Amme Brust).*

O Gott, aus diesen Zügen spricht kein Herz!

ELISABETH. Wer ist die Lady?
(Ein allgemeines Schweigen.)

LEICESTER. – Du bist zu Fotheringhay, Königin.

ELISABETH *(stellt sich überrascht und erstaunt, einen finstern
Blick auf Leicestern richtend).*

Wer hat mir das getan? Lord Leicester!

LEICESTER. Es ist geschehen, Königin – Und nun
Der Himmel deinen Schritt hieher gelenkt,

379

So laß die Großmut und das Mitleid siegen.

SHREWSBURY. Laß dich erbitten, königliche Frau,
Dein Aug' auf die Unglückliche zu richten,
Die hier vergeht vor deinem Anblick.

*(Maria rafft sich zusammen und will auf die Elisabeth zugehen,
steht aber auf halbem Weg schaudernd still, ihre Gebärden
drücken den heftigsten Kampf aus.*

ELISABETH.   Wie, Mylords?
Wer war es denn, der eine Tiefgebeugte
Mir angekündigt? Eine Stolze find ich,
Vom Unglück keineswegs geschmeidigt.

MARIA.   Sei's!
Ich will mich auch noch diesem unterwerfen.
Fahr hin, ohnmächtger Stolz der edeln Seele!
Ich will vergessen, wer ich bin, und was
Ich litt; ich will vor ihr mich niederwerfen,
Die mich in diese Schmach herunterstieß.
                    (Sie wendet sich gegen die Königin.)
Der Himmel hat für Euch entschieden, Schwester!
Gekrönt vom Sieg ist Euer glücklich Haupt,
Die *Gottheit* bet ich an, die Euch erhöhte!
                    (Sie fällt vor ihr nieder.)
Doch seid auch *Ihr* nun edelmütig, Schwester!
Laßt mich nicht schmachvoll liegen, Eure Hand
Streckt aus, reicht mir die königliche Rechte,
Mich zu erheben von dem tiefen Fall.

ELISABETH *(zurücktretend)*.
Ihr seid an Eurem Platz, Lady Maria!
Und dankend preis ich meines Gottes Gnade,
Der nicht gewollt, daß ich zu Euren Füßen
So liegen sollte, wie Ihr jetzt zu meinen.

MARIA *(mit steigendem Affekt)*.
Denkt an den Wechsel alles Menschlichen!
Es leben Götter, die den Hochmut rächen!
Verehret, fürchtet sie, die schrecklichen,

Die mich zu Euren Füßen niederstürzen –
Um dieser fremden Zeugen willen, ehrt
In mir Euch selbst, entweihet, schändet nicht
Das Blut der Tudor, das in meinen Adern
Wie in den Euren fließt – O Gott im Himmel!
Steht nicht da, schroff und unzugänglich, wie
Die Felsenklippe, die der Strandende
Vergeblich ringend zu erfassen strebt.
Mein Alles hängt, mein Leben, mein Geschick
An meiner Worte, meiner Tränen Kraft:
Löst *mir* das Herz, daß ich das Eure rühre!
Wenn Ihr mich anschaut mit dem Eisesblick,
Schließt sich das Herz mir schaudernd zu, der Strom
Der Tränen stockt, und kaltes Grausen fesselt
Die Flehensworte mir im Busen an.

ELISABETH *(kalt und streng).*

Was habt Ihr mir zu sagen, Lady Stuart?
Ihr habt mich sprechen wollen. Ich vergesse
Die Königin, die schwer beleidigte,
Die fromme Pflicht der Schwester zu erfüllen,
Und meines Anblicks Trost gewähr ich Euch.
Dem Trieb der Großmut folg ich, setze mich
Gerechtem Tadel aus, daß ich so weit
Heruntersteige – denn Ihr wißt,
Daß Ihr mich habt ermorden lassen wollen.

MARIA. Womit soll ich den Anfang machen, wie
Die Worte klüglich stellen, daß sie Euch
Das Herz ergreifen, aber nicht verletzen!
O Gott, gib meiner Rede Kraft und nimm
Ihr jeden Stachel, der verwunden könnte!
Kann ich doch für mich selbst nicht sprechen, ohne Euch
Schwer zu verklagen, und das will ich nicht.
– Ihr habt an mir gehandelt, wie nicht recht ist,
Denn ich bin eine Königin wie Ihr,
Und Ihr habt als Gefangne mich gehalten;

Ich kam zu Euch als eine Bittende,
Und Ihr, des Gastrechts heilige Gesetze,
Der Völker heilig Recht in mir verhöhnend,
Schloßt mich in Kerkermauern ein, die Freunde,
Die Diener werden grausam mir entrissen,
Unwürdgem Mangel werd ich preisgegeben,
Man stellt mich vor ein schimpfliches Gericht –
Nichts mehr davon! Ein ewiges Vergessen
Bedecke, was ich Grausames erlitt.
– Seht! Ich will alles eine Schickung nennen:
Ihr seid nicht schuldig, *ich* bin auch nicht schuldig,
Ein böser Geist stieg aus dem Abgrund auf,
Den Haß in unsern Herzen zu entzünden,
Der unsre zarte Jugend schon entzweit.
Er wuchs mit uns, und böse Menschen fachten
Der unglückselgen Flamme Atem zu.
Wahnsinn'ge Eiferer bewaffneten
Mit Schwert und Dolch die unberufne Hand –
Das ist das Fluchgeschick der Könige,
Daß sie, entzweit, die Welt in Haß zerreißen
Und jeder Zwietracht Furien entfesseln.
– Jetzt ist kein fremder Mund mehr zwischen uns,
  (nähert sich ihr zutraulich und mit schmeichelndem Ton)
Wir stehn einander selbst nun gegenüber.
Jetzt, Schwester, redet! Nennt mir meine Schuld,
Ich will Euch völliges Genügen leisten.
Ach, daß Ihr damals mir Gehör geschenkt,
Als ich so dringend Euer Auge suchte!
Es wäre nie so weit gekommen, nicht
An diesem traurgen Ort geschähe jetzt
Die unglückselig traurige Begegnung.
ELISABETH. Mein guter Stern bewahrte mich davor,
    Die Natter an den Busen mir zu legen.
    – Nicht die Geschicke, Euer schwarzes Herz
    Klagt an, die wilde Ehrsucht Eures Hauses.

Nichts Feindliches war zwischen uns geschehn,
Da kündigte mir Euer Ohm, der stolze,
Herrschwütge Priester, der die freche Hand
Nach allen Kronen streckt, die Fehde an,
Betörte Euch, mein Wappen anzunehmen,
Euch meine Königstitel zuzueignen,
Auf Tod und Leben in den Kampf mit mir
Zu gehn – Wen rief er gegen mich nicht auf?
Der Priester Zungen und der Völker Schwert,
Des frommen Wahnsinns fürchterliche Waffen;
Hier selbst, im Friedenssitze meines Reichs,
Blies er mir der Empörung Flammen an –
Doch Gott ist mit mir, und der stolze Priester
Behält das Feld nicht – Meinem Haupte war
Der Streich gedrohet, und das Eure fällt!
MARIA. Ich steh in Gottes Hand. Ihr werdet Euch
 So blutig Eure Macht nicht überheben –
ELISABETH. Wer soll mich hindern? Euer Oheim gab
 Das Beispiel allen Königen der Welt,
 Wie man mit seinen Feinden Frieden macht:
 Die Sankt Barthelemi sei meine Schule!
 Was ist mir Blutsverwandtschaft, Völkerrecht?
 Die Kirche trennet aller Pflichten Band,
 Den Treubruch heiligt sie, den Königsmord,
 Ich übe nur, was Eure Priester lehren.
 Sagt! Welches Pfand gewährte mir für Euch,
 Wenn ich großmütig Eure Bande löste?
 Mit welchem Schloß verwahr ich Eure Treue,
 Das nicht Sankt Peters Schlüssel öffnen kann?
 Gewalt nur ist die einzge Sicherheit,
 Kein Bündnis ist mit dem Gezücht der Schlangen.
MARIA. Oh, das ist Euer traurig finstrer Argwohn!
 Ihr habt mich stets als eine Feindin nur
 Und Fremdlingin betrachtet. Hättet Ihr
 Zu Eurer Erbin mich erklärt, wie mir

Gebührt, so hätten Dankbarkeit und Liebe
Euch eine treue Freundin und Verwandte
In mir erhalten.

ELISABETH.   Draußen, Lady Stuart,
Ist Eure Freundschaft, Euer Haus das Papsttum,
Der Mönch ist Euer Bruder – Euch! zur Erbin
Erklären! Der verräterische Fallstrick!
Daß Ihr bei meinem Leben noch mein Volk
Verführtet, eine listige Armida,
Die edle Jugend meines Königreichs
In Eurem Buhlernetze schlau verstricktet –
Daß alles sich der neu aufgehnden Sonne
Zuwendete, und ich –

MARIA.   Regiert in Frieden!
Jedwedem Anspruch auf dies Reich entsag ich.
Ach, meines Geistes Schwingen sind gelähmt,
Nicht Größe lockt mich mehr – Ihr habt's erreicht,
Ich bin nur noch der Schatten der Maria.
Gebrochen ist in langer Kerkerschmach
Der edle Mut – Ihr habt das Äußerste an mir
Getan, habt mich zerstört in meiner Blüte!
– Jetzt macht ein Ende, Schwester. Sprecht es aus,
Das Wort, um dessentwillen Ihr gekommen,
Denn nimmer will ich glauben, daß Ihr kamt,
Um Euer Opfer grausam zu verhöhnen.
Sprecht dieses Wort aus. Sagt mir: »Ihr seid frei,
Maria! Meine Macht habt Ihr gefühlt,
Jetzt lernet meinen Edelmut verehren.«
Sagt's, und ich will mein Leben, meine Freiheit
Als ein Geschenk aus Eurer Hand empfangen.
– Ein Wort macht alles ungeschehn. Ich warte
Darauf. O laßt mich's nicht zu lang erharren!
Weh Euch, wenn Ihr mit diesem Wort nicht endet!
Denn wenn Ihr jetzt nicht segenbringend, herrlich,
Wie eine Gottheit von mir scheidet – Schwester!

Nicht um dies ganze reiche Eiland, nicht
Um alle Länder, die das Meer umfaßt,
Möcht ich vor Euch so stehn, wie Ihr vor mir!

ELISABETH.
Bekennt Ihr endlich Euch für überwunden?
Ist's aus mit Euren Ränken? Ist kein Mörder
Mehr unterweges? Will kein Abenteurer
Für Euch die traurge Ritterschaft mehr wagen?
– Ja, es ist aus, Lady Maria. Ihr verführt
Mir keinen mehr. Die Welt hat andre Sorgen.
Es lüstet keinen, Euer – vierter Mann
Zu werden, denn Ihr tötet Eure Freier,
Wie Eure Männer!

MARIA (auffahrend). Schwester! Schwester!
O Gott! Gott! Gib mir Mäßigung!

ELISABETH (sieht sie lange mit einem Blick stolzer Verachtung
an). Das also sind die Reizungen, Lord Leicester,
Die ungestraft kein Mann erblickt, daneben
Kein andres Weib sich wagen darf zu stellen!
Fürwahr! *Der* Ruhm war wohlfeil zu erlangen:
Es kostet nichts, die *allgemeine* Schönheit
Zu sein, als die *gemeine* sein für *alle*!

MARIA. Das ist zu viel!

ELISABETH (höhnisch lachend). Jetzt zeigt Ihr Euer wahres
Gesicht, bis jetzt war's nur die Larve.

MARIA (von Zorn glühend, doch mit einer edeln Würde).
Ich habe menschlich, jugendlich gefehlt,
Die Macht verführte mich, ich hab es nicht
Verheimlicht und verborgen, falschen Schein
Hab ich verschmäht mit königlichem Freimut.
Das Ärgste weiß die Welt von mir, und ich
Kann sagen, ich bin besser als mein Ruf.
Weh Euch, wenn sie von Euren Taten einst
Den Ehrenmantel zieht, womit Ihr gleißend
Die wilde Glut verstohlner Lüste deckt.

Nicht Ehrbarkeit habt Ihr von Eurer Mutter
Geerbt: man weiß, um welcher Tugend willen
Anna von Boleyn das Schafott bestiegen.

SHREWSBURY *(tritt zwischen beide Königinnen).*
      O Gott des Himmels! Muß es dahin kommen!
Ist das die Mäßigung, die Unterwerfung,
Lady Maria?

MARIA.   Mäßigung! Ich habe
Ertragen, was ein Mensch ertragen kann.
Fahr hin, lammherzige Gelassenheit,
Zum Himmel fliehe, leidende Geduld,
Spreng endlich deine Bande, tritt hervor
Aus deiner Höhle, langverhaltner Groll –
Und *du*, der dem gereizten Basilisk
Den Mordblick gab, leg auf die Zunge mir
Den giftgen Pfeil –

SHREWSBURY.   O sie ist außer sich!
Verzeih der Rasenden, der schwer Gereizten!
      (Elisabeth, für Zorn sprachlos, schießt wütende
            Blicke auf Marien.)

LEICESTER *(in der heftigsten Unruhe, sucht die Elisabeth*
      hinwegzuführen).   Höre
Die Wütende nicht an! Hinweg, hinweg
Von diesem unglückselgen Ort!

MARIA.
Der Thron von England ist durch einen Bastard
Entweiht, der Briten edelherzig Volk
Durch eine listge Gauklerin betrogen.
– Regierte Recht, so läget *Ihr* vor mir
Im Staube jetzt, denn *ich* bin Euer König.
      (Elisabeth geht schnell ab, die Lords folgen ihr in der
            höchsten Bestürzung.)

Fünfter Aufzug

Neunter Auftritt

Hanna Kennedy und die andern Frauen der Königin dringen
herein mit Zeichen des Entsetzens; ihnen folgt der Sheriff, einen
weißen Stab in der Hand, hinter demselben sieht man durch die
offen bleibende Türe gewaffnete Männer.

MARIA. Was ist dir, Hanna? – Ja, nun ist es Zeit!
Hier kommt der Sheriff, uns zum Tod zu führen.
Es muß geschieden sein! Lebt wohl! lebt wohl!
(Ihre Frauen hängen sich an sie mit heftigem Schmerz;
zu Melvil.)
Ihr, werter Sir, und meine treue Hanna
Sollt mich auf diesem letzten Gang begleiten.
Mylord versagt mir diese Wohltat nicht!

BURLEIGH. Ich habe dazu keine Vollmacht.

MARIA.   Wie?
Die kleine Bitte könntet Ihr mir weigern?
Habt Achtung gegen mein Geschlecht! Wer soll
Den letzten Dienst mir leisten! Nimmermehr
Kann es der Wille meiner Schwester sein,
Daß mein Geschlecht in mir beleidigt werde,
Der Männer rohe Hände mich berühren!

BURLEIGH. Es darf kein Weib die Stufen des Gerüstes
Mit Euch besteigen – Ihr Geschrei und Jammern –

MARIA. Sie soll nicht jammern! Ich verbürge mich
Für die gefaßte Seele meiner Hanna!
Seid gütig, Lord. O trennt mich nicht im Sterben
Von meiner treuen Pflegerin und Amme!
Sie trug auf ihren Armen mich ins Leben,
Sie leite mich mit sanfter Hand zum Tod.

PAULET *(zu Burleigh).*
Laßt es geschehn.

BURLEIGH.   Es sei.

MARIA.   Nun hab ich nichts mehr
    Auf dieser Welt –
        (Sie nimmt das Kruzifix und küßt es.)
                    Mein Heiland! Mein Erlöser!
    Wie du am Kreuz die Arme ausgespannt,
    So breite sie jetzt aus, mich zu empfangen.
*(Sie wendet sich, zu gehen, in diesem Augenblick begegnet ihr
Auge dem Grafen Leicester, der bei ihrem Aufbruch unwillkürlich aufgefahren und nach ihr hingesehen – Bei diesem Anblick
zittert Maria, die Knie versagen ihr, sie ist im Begriff hinzusin-
ken, da ergreift sie Graf Leicester und empfängt sie in seinen Armen. Sie sieht ihn eine Zeitlang ernst und schweigend an, er kann
ihren Blick nicht aushalten, endlich spricht sie.)*
    Ihr haltet Wort, Graf Leicester – Ihr verspracht
    Mir Euren Arm, aus diesem Kerker mich
    Zu führen, und Ihr leihet mir ihn jetzt!
        (Er steht wie vernichtet. Sie fährt mit sanfter Stimme fort.)
    Ja, Leicester, und nicht bloß
    Die Freiheit wollt ich Eurer Hand verdanken.
    Ihr solltet mir die Freiheit *teuer* machen,
    An Eurer Hand, beglückt durch Eure Liebe,
    Wollt ich des neuen Lebens mich erfreun.
    Jetzt, da ich auf dem Weg bin, von der Welt
    Zu scheiden und ein selger Geist zu werden,
    Den keine irdsche Neigung mehr versucht,
    Jetzt, Leicester, darf ich ohne Schamerröten
    Euch die besiegte Schwachheit eingestehn –
    Lebt wohl, und wenn Ihr könnt, so lebt beglückt!
    Ihr durftet werben um zwei Königinnen;
    Ein zärtlich liebend Herz habt Ihr verschmäht,
    Verraten, um ein stolzes zu gewinnen:
    Kniet zu den Füßen der Elisabeth!
    Mög Euer Lohn nicht Eure Strafe werden!
    Lebt wohl! – Jetzt hab ich nichts mehr auf der Erden!

(Sie geht ab, der Sheriff voraus, Melvil und die Amme ihr zur Seite, Burleigh und Paulet folgen; die übrigen sehen ihr jammernd nach, bis sie verschwunden ist, dann entfernen sie sich durch die zwei andern Türen.)

Friedrich Schiller

Die Braut von Messina

Über den Gebrauch des Chors in der Tragödie
[Vorrede]

Ein poetisches Werk muß sich selbst rechtfertigen, und wo die Tat nicht spricht, da wird das Wort nicht viel helfen. Man könnte es also gar wohl dem Chor überlassen, sein eigener Sprecher zu sein, wenn er nur erst selbst auf die gehörige Art zur Darstellung gebracht wäre. Aber das tragische Dichterwerk wird erst durch die theatralische Vorstellung zu einem Ganzen: nur die Worte gibt der Dichter, Musik und Tanz müssen hinzu kommen, sie zu beleben. So lange also dem Chor diese sinnlich mächtige Begleitung fehlt, so lange wird er in der Ökonomie des Trauerspiels als ein Außending, als ein fremdartiger Körper, und als ein Aufenthalt erscheinen, der nur den Gang der Handlung unterbricht, der die Täuschung stört, der den Zuschauer erkältet. Um dem Chor sein Recht anzutun, muß man sich also von der wirklichen Bühne auf eine *mögliche* versetzen, aber das muß man überall, wo man zu etwas höherm gelangen will. Was die Kunst noch nicht hat, das soll sie erwerben; der zufällige Mangel an Hilfsmitteln darf die schaffende Einbildungskraft des Dichters nicht beschränken. Das Würdigste setzt er sich zum Ziel, einem Ideale strebt er nach, die ausübende Kunst mag sich nach den Umständen bequemen.

Es ist nicht wahr, was man gewöhnlich behaupten hört, daß das Publikum die Kunst herabzieht; der Künstler zieht das Publikum herab, und zu allen Zeiten, wo die Kunst verfiel, ist sie durch die Künstler gefallen. Das Publikum braucht nichts als Empfänglichkeit, und diese besitzt es. Es tritt vor den Vorhang mit einem unbestimmten Verlangen, mit einem vielseitigen Vermögen. Zu dem Höchsten bringt es eine Fähigkeit mit, es erfreut sich an dem Verständigen und Rechten, und wenn es damit angefangen hat, sich mit dem Schlechten zu begnügen, so wird es zuverlässig damit aufhören, das Vortreffliche zu fodern, wenn man es ihm erst gegeben hat.

Der Dichter, hört man einwenden, hat gut, nach einem Ideal arbeiten, der Kunstrichter hat gut, nach Ideen urteilen, die bedingte, beschränkte, ausübende Kunst ruht auf dem Bedürfnis. Der Unternehmer will bestehen, der Schauspieler will sich zeigen, der Zuschauer will unterhalten und in Bewegung gesetzt sein. Das Vergnügen sucht er, und ist unzufrieden, wenn man ihm da eine Anstrengung zumutet, wo er ein Spiel und eine Erholung erwartet.

Aber indem man das Theater ernsthafter behandelt, will man das Vergnügen des Zuschauers nicht aufheben, sondern veredeln. Es soll ein Spiel bleiben, aber ein poetisches. Alle Kunst ist der Freude gewidmet, und es gibt keine höhere und keine ernsthaftere Aufgabe, als die Menschen zu beglücken. Die rechte Kunst ist nur diese, welche den höchsten Genuß verschafft. Der höchste Genuß aber ist die Freiheit des Gemüts in dem lebendigen Spiel aller seiner Kräfte.

Jeder Mensch zwar erwartet von den Künsten der Einbildungskraft eine gewisse Befreiung von den Schranken des Wirklichen, er will sich an dem Möglichen ergötzen und seiner Phantasie Raum geben. Der am wenigsten erwartet, will doch sein Geschäft, sein gemeines Leben, sein Individuum vergessen, er will sich in ausserordentlichen Lagen fühlen, sich an den seltsamen Kombinationen des Zufalls weiden, er will, wenn er von ernsthafterer Natur ist, die moralische Weltregierung, die er im wirklichen Leben vermißt, auf der Schaubühne finden. Aber er weiß selbst recht gut, daß er nur ein leeres Spiel treibt, daß er im eigentlichen Sinn sich nur an Träumen weidet, und wenn er von dem Schauplatz wieder in die wirkliche Welt zurück kehrt, so umgibt ihn diese wieder mit ihrer ganzen drückenden Enge, er ist ihr Raub wie vorher, denn sie selbst ist geblieben was sie war, und an ihm ist nichts verändert worden. Dadurch ist also nichts gewonnen als ein gefälliger Wahn des Augenblicks, der beim Erwachen verschwindet.

Und eben darum, weil es hier nur auf eine vorübergehende Täuschung abgesehen ist, so ist auch nur ein Schein der Wahrheit, oder die beliebte Wahrscheinlichkeit nötig, die man so gern an die Stelle der Wahrheit setzt.

Die wahre Kunst aber hat es nicht bloß auf ein vorübergehendes Spiel abgesehen, es ist ihr ernst damit, den Menschen nicht bloß in einen augenblicklichen Traum von Freiheit zu versetzen, sondern ihn wirklich und in der Tat frei zu *machen*, und dieses dadurch, daß sie eine Kraft in ihm erweckt, übt und ausbildet, die sinnliche Welt, die sonst nur als ein roher Stoff auf uns lastet, als eine blinde Macht auf uns drückt, in eine objektive Ferne zu rükken, in ein freies Werk unsers Geistes zu verwandeln, und das Materielle durch Ideen zu beherrschen.

Und eben darum weil die wahre Kunst etwas reelles und objektives will, so kann sie sich nicht bloß mit dem Schein der Wahrheit begnügen; auf der Wahrheit selbst, auf dem festen und tiefen Grunde der Natur errichtet sie ihr ideales Gebäude.

Wie aber nun die Kunst zugleich ganz ideell und doch im tiefsten Sinne reell sein – wie sie das Wirkliche ganz verlassen und doch aufs genaueste mit der Natur übereinstimmen soll und kann, das ists, was wenige fassen, was die Ansicht poetischer und plastischer Werke so schielend macht, weil beide Foderungen einander im gemeinen Urteil geradezu aufzuheben scheinen.

Auch begegnet es gewöhnlich, daß man das eine mit Aufopferung des andern zu erreichen sucht, und eben deswegen beides verfehlt. Wem die Natur zwar einen treuen Sinn und eine Innigkeit des Gefühls verliehen, aber die schaffende Einbildungskraft versagte, der wird ein treuer Maler des Wirklichen sein, er wird die zufällige Erscheinungen aber nie den Geist der Natur ergreifen. Nur den Stoff der Welt wird er uns wiederbringen, aber es wird eben darum nicht unser Werk, nicht das freie Produkt unsers bildenden Geistes sein, und kann also auch die wohltätige Wirkung der Kunst, welche in der Freiheit besteht, nicht haben.

Ernst zwar, doch unerfreulich ist die Stimmung, mit der uns ein solcher Künstler und Dichter entläßt, und wir sehen uns durch die Kunst selbst, die uns befreien sollte, in die gemeine enge Wirklichkeit peinlich zurück versetzt. Wem hingegen zwar eine rege Phantasie aber ohne Gemüt und Charakter zu Teil geworden, der wird sich um keine Wahrheit bekümmern; sondern mit dem Weltstoff nur spielen, nur durch phantastische und bizarre Kombinationen zu überraschen suchen, und wie sein ganzes Tun nur Schaum und Schein ist, so wird er zwar für den Augenblick unterhalten, aber im Gemüt nichts erbauen und begründen. Sein Spiel ist, so wie der Ernst des andern, kein poetisches. Phantastische Gebilde willkürlich aneinander reihen, heißt nicht ins Ideale gehen, und das Wirkliche nachahmend wieder bringen, heißt nicht die Natur darstellen. Beide Foderungen stehen so wenig im Widerspruch mit einander, daß sie vielmehr – eine und dieselbe sind; daß die Kunst nur dadurch wahr ist, daß sie das Wirkliche ganz verläßt und rein ideell wird. Die Natur selbst ist nur eine Idee des Geistes, die nie in die Sinne fällt. Unter der Decke der Erscheinungen liegt sie, aber sie selbst kommt niemals zur Erscheinung. Bloß der Kunst des Ideals ist es verliehen, oder vielmehr es ist ihr aufgegeben, diesen Geist des Alls zu ergreifen, und in einer körperlichen Form zu binden. Auch sie selbst kann ihn zwar nie vor die Sinne, aber doch durch ihre schaffende Gewalt vor die Einbildungskraft bringen, und dadurch wahrer sein als alle Wirklichkeit und realer als alle Erfahrung. Es ergibt sich daraus von selbst, daß der Künstler kein einziges Element aus der Wirklichkeit brauchen kann, wie er es findet, daß sein Werk in *allen* seinen Teilen ideell sein muß, wenn es als ein Ganzes Realität haben und mit der Natur übereinstimmen soll.

Was von Poesie und Kunst im Ganzen wahr ist, gilt auch von allen Gattungen derselben, und es läßt sich ohne Mühe von dem jetzt gesagten auf die Tragödie die Anwendung machen. Auch hier hatte man lange und hat noch jetzt mit dem gemeinen Begriff des *Natürlichen* zu kämpfen, welcher alle Poesie und Kunst gerade zu aufhebt und vernichtet. Der bildenden Kunst gibt man zwar notdürftig, doch mehr aus konventionellen als aus innern Gründen, eine gewisse Idealität zu, aber von der Poesie und von der dramatischen insbesondere verlangt man *Illusion,* die, wenn sie auch wirklich zu leisten wäre, immer nur ein armseliger Gauklerbetrug sein würde. Alles äußere bei einer dramatischen Vorstellung steht diesem Begriff entgegen – alles ist nur ein Symbol des Wirklichen. Der Tag selbst auf dem Theater ist nur ein künstlicher, die Architektur ist nur eine symbolische, die metrische Sprache selbst ist ideal, aber die Handlung soll nun einmal real sein, und der Teil das Ganze zerstören. So haben die Franzosen, die den Geist der Alten zuerst ganz mißverstanden, eine Einheit des Orts und der Zeit nach dem gemeinsten empirischen Sinn auf der Schaubühne eingeführt, als ob hier ein anderer Ort wäre als der bloß ideale Raum, und eine andere Zeit als bloß die stetige Folge der Handlung.

Durch Einführung einer metrischen Sprache ist man indes der poetischen Tragödie schon um einen großen Schritt näher gekommen. Es sind einige lyrische Versuche auf der Schaubühne glücklich durchgegangen, und die Poesie hat sich durch ihre eigene lebendige Kraft, im Einzelnen, manchen Sieg über das herrschende Vorurteil errungen. Aber mit den einzelnen ist wenig gewonnen, wenn nicht der Irrtum im Ganzen fällt, und es ist nicht genug, daß man das nur als eine poetische Freiheit duldet, was doch das Wesen aller Poesie ist. Die Einführung des Chors wäre der letzte, der entscheidende Schritt – und wenn derselbe auch nur dazu diente, dem Naturalism in der Kunst offen und ehrlich den Krieg zu erklären, so sollte er uns eine lebendige Mauer sein, die die Tragödie um sich herumzieht, um sich von der wirklichen Welt rein abzuschließen, und sich ihren idealen Boden, ihre poetische Freiheit zu bewahren.

Die Tragödie der Griechen ist, wie man weiß, aus dem Chor entsprungen. Aber so wie sie sich historisch und der Zeitfolge nach daraus loswand, so kann man auch sagen, daß sie poetisch und dem Geiste nach aus demselben entstanden, und daß ohne diesen beharrlichen Zeugen und Träger der Handlung eine ganz andere Dichtung aus ihr geworden wäre. Die Abschaffung des Chors und die Zusammenziehung dieses sinnlich mächtigen Organs in die charakterlose langweilig wiederkehrende Figur eines ärmlichen Vertrauten war also keine so große Verbesserung der Tragödie als die Franzosen und ihre Nachbeter sich eingebildet haben.

Die alte Tragödie, welche sich ursprünglich nur mit Göttern, Helden und Königen abgab, brauchte den Chor als eine notwendige Begleitung, sie fand ihn in der Natur und brauchte ihn, weil sie ihn fand. Die Handlungen und Schicksale der Helden und Könige sind schon an sich selbst öffentlich, und waren es in der einfachen Urzeit noch mehr. Der Chor war folglich in der alten Tragödie mehr ein natürliches Organ, er folgte schon aus der poetischen Gestalt des wirklichen Lebens. In der neuen Tragödie wird er zu einem Kunstorgan, er hilft die Poesie *hervorbringen*. Der neuere Dichter findet den Chor nicht mehr in der Natur, er muß ihn poetisch erschaffen und einführen, das ist, er muß mit der Fabel, die er behandelt, eine solche Veränderung vornehmen, wodurch sie in jene kindliche Zeit und in jene einfache Form des Lebens zurück versetzt wird.

Der Chor leistet daher dem neuern Tragiker noch weit wesentlichere Dienste als dem alten Dichter, eben deswegen, weil er die moderne gemeine Welt in die alte poetische verwandelt, weil er ihm alles das unbrauchbar macht, was der Poesie widerstrebt, und ihn auf die einfachsten ursprünglichsten und naivsten Motive hinauftreibt. Der Palast der Könige ist jetzt geschlossen, die Gerichte haben sich von den Toren der Städte in das Innere der Häuser zurückgezogen, die Schrift hat das lebendige Wort verdrängt, das Volk selbst, die sinnlich lebendige Masse, ist, wo sie nicht als rohe Gewalt wirkt, zum Staat, folglich zu einem abgezogenen Begriff geworden, die Götter sind in die Brust des Menschen zurückgekehrt. Der Dichter muß die Paläste wieder auftun, er muß die Gerichte unter freien Himmel herausführen, er muß die Götter wieder aufstellen, er muß alles Unmittelbare, das durch die künstliche Einrichtung des wirklichen Lebens aufgehoben ist, wieder herstellen, und alles künstliche Machwerk *an* dem Menschen und *um* denselben, das die Erscheinung seiner innern Natur und seines ursprünglichen Charakters hindert, wie der Bildhauer die modernen Gewänder, abwerfen, und von allen äußern Umgebungen desselben nichts aufnehmen, als was die Höchste der Formen, die menschliche, sichtbar macht.

Aber eben so, wie der bildende Künstler die faltige Fülle der Gewänder um seine Figuren breitet, um die Räume seines Bildes reich und anmutig auszufüllen, um die getrennten Partien desselben in ruhigen Massen stetig zu verbinden, um der Farbe, die das Auge reizt und erquickt, einen Spielraum zu geben, um die menschlichen Formen zugleich geistreich zu verhüllen und sichtbar zu machen, eben so durchflicht und umgibt der tragische Dichter seine streng abgemessene Handlung und die festen Umrisse seiner handelnden Figuren mit einem lyrischen Prachtgewebe, in welchem sich, als wie in einem weitgefalteten Purpurgewand, die handelnden Personen frei und edel mit einer gehaltenen Würde und hoher Ruhe bewegen.

In einer höhern Organisation darf der Stoff oder das Elementarische nicht mehr sichtbar sein, die chemische Farbe verschwindet in der feinen Karnation des Lebendigen. Aber auch der Stoff hat seine Herrlichkeit, und kann als solcher in einem Kunstkörper aufgenommen werden. Dann aber muß er sich durch Leben und Fülle und durch Harmonie seinen Platz verdienen, und die Formen, die er umgibt, geltend machen, anstatt sie durch seine Schwere zu erdrücken.

In Werken der bildenden Kunst ist dieses jedem leicht verständlich, aber auch in der Poesie, und in der tragischen, von der hier die Rede ist, findet dasselbe statt. Alles was der Verstand sich im allgemeinen ausspricht, ist eben so wie das, was bloß die Sinne reizt, nur Stoff und rohes Element in einem Dichterwerk, und wird da, wo es vorherrscht, unausbleiblich das Poetische zerstören; denn dieses liegt gerade in dem Indifferenzpunkt des Ideellen und Sinnlichen. Nun ist aber der Mensch so gebildet, daß er immer von dem Besondern ins Allgemeine gehen will, und die

Reflexion muß also auch in der Tragödie ihren Platz erhalten. Soll sie aber diesen Platz verdienen, so muß sie das, was ihr an sinnlichem Leben fehlt, durch den Vortrag wieder gewinnen, denn wenn die zwei Elemente der Poesie das Ideale und Sinnliche nicht innig verbunden *zusammen* wirken, so müssen sie *neben einander* wirken, oder die Poesie ist aufgehoben. Wenn die Waage nicht vollkommen inne steht, da kann das Gleichgewicht nur durch eine *Schwankung* der beiden Schaalen hergestellt werden.

Und dieses leistet nun der Chor in der Tragödie. Der Chor ist selbst kein Individuum, sondern ein allgemeiner Begriff, aber dieser Begriff repräsentiert sich durch eine sinnlich mächtige Masse, welche durch ihre ausfüllende Gegenwart den Sinnen imponiert. Der Chor verläßt den engen Kreis der Handlung, um sich über Vergangenes und Künftiges, über ferne Zeiten und Völker, über das Menschliche überhaupt zu verbreiten, um die großen Resultate des Lebens zu ziehen, und die Lehren der Weisheit auszusprechen. Aber er tut dieses mit der vollen Macht der Phantasie, mit einer kühnen lyrischen Freiheit, welche auf den hohen Gipfeln der menschlichen Dinge wie mit Schritten der Götter einhergeht – und er tut es von der ganzen sinnlichen Macht des Rhythmus und der Musik in Tönen und Bewegungen begleitet.

Der Chor *reinigt* also das tragische Gedicht, indem er die Reflexion von der Handlung absondert, und eben durch diese Absonderung sie selbst mit poetischer Kraft ausrüstet; eben so wie der bildende Künstler die gemeine Notdurft der Bekleidung durch eine reiche Draperie in einen Reiz und in eine Schönheit verwandelt.

Aber eben so wie sich der Maler gezwungen sieht, den Farbenton des Lebendigen zu verstärken, um den mächtigen Stoffen das Gleichgewicht zu halten, so legt die lyrische Sprache des Chors dem Dichter auf, verhältnismäßig die ganze Sprache des Gedichts zu erheben und dadurch die sinnliche Gewalt des Ausdrucks überhaupt zu verstärken. Nur der Chor berechtigt den tragischen Dichter zu dieser Erhebung des Tons, die das Ohr ausfüllt, die den Geist anspannt, die das ganze Gemüt erweitert. Diese eine Riesengestalt in seinem Bilde nötigt ihn, alle seine Figuren auf den Kothurn zu stellen, und seinem Gemälde dadurch die tragische Größe zu geben. Nimmt man den Chor hinweg, so muß die Sprache der Tragödie im Ganzen sinken, oder was jetzt groß und mächtig ist, wird gezwungen und überspannt erscheinen. Der alte Chor in das französische Trauerspiel eingeführt, würde es in seiner ganzen Dürftigkeit darstellen und zunichte machen; eben derselbe würde ohne Zweifel Shakespears Tragödie erst ihre wahre Bedeutung geben.

So wie der Chor in die Sprache *Leben* bringt, so bringt er *Ruhe* in die Handlung – aber die schöne und hohe Ruhe, die der Charakter eines edeln Kunstwerkes sein muß. Denn das Gemüt des Zuschauers soll auch in der heftigsten Passion seine Freiheit behalten, es soll kein Raub der Eindrücke sein, sondern sich immer klar und heiter von den Rührungen scheiden, die es erleidet. Was das gemeine Urteil an dem Chor zu tadeln pflegt, daß er die Täuschung aufhebe, daß er die Gewalt der Affekte breche, das gereicht ihm zu seiner höchsten Empfehlung, denn eben diese blinde Gewalt der Affekte ist es, die der wahre Künstler vermeidet, diese Täuschung ist es, die er zu erregen verschmäht. Wenn die Schläge, womit die Tragödie unser Herz trifft, ohne Unterbrechung auf einander folgten, so würde das Leiden über die Tätigkeit siegen. Wir würden uns mit dem Stoffe vermengen und nicht mehr über demselben schweben. Dadurch, daß der Chor die Teile aus einander hält, und zwischen die Passionen mit seiner beruhigenden Betrachtung tritt, gibt er uns unsre Freiheit zurück, die im Sturm der Affekte verloren gehen würde. Auch die tragischen Personen selbst bedürfen dieses Anhalts, dieser Ruhe, um sich zu sammeln; denn sie sind keine wirkliche Wesen, die bloß der Gewalt des Moments gehorchen, und bloß ein Individuum darstellen, sondern ideale Personen und Repräsentanten ihrer Gattung, die das Tiefe der Menschheit aussprechen. Die Gegenwart des Chors, der als ein richtender Zeuge sie vernimmt, und die ersten Ausbrüche ihrer Leidenschaft durch seine Dazwischenkunft bändigt, motiviert die Besonnenheit, mit der sie handeln, und die Würde, mit der sie reden. Sie stehen gewissermaßen schon auf einem natürlichen Theater, weil sie vor Zuschauern sprechen und handeln, und werden eben deswegen desto tauglicher von dem Kunst-Theater zu einem Publikum zu reden.

Soviel über meine Befugnis, den alten Chor auf die tragische Bühne zurück zu führen. Chöre kennt man zwar auch schon in der modernen Tragödie, aber der Chor des griechischen Trauerspiels, so wie ich ihn hier gebraucht habe, der Chor als eine einzige ideale Person, die die ganze Handlung trägt und begleitet, dieser ist von jenen operhaften Chören wesentlich verschieden, und wenn ich bei Gelegenheit der griechischen Tragödie von *Chören* anstatt von einem Chor sprechen höre, so entsteht mir der Verdacht, daß man nicht recht wisse, wovon man rede. Der Chor der alten Tragödie ist meines Wissens seit dem Verfall derselben nie wieder auf der Bühne erschienen.

Ich habe den Chor zwar in zwei Teile getrennt und im Streit mit sich selbst dargestellt; aber dies ist nur dann der Fall, wo er als wirkliche Person und als blinde Menge mithandelt. Als *Chor* und als ideale Person ist er immer eins mit sich selbst. Ich habe den Ort verändert und den Chor mehrmal abgehen lassen; aber auch Äschylus, der Schöpfer der Tragödie, und Sophokles, der größte Meister in dieser Kunst, haben sich dieser Freiheit bedient.

Eine andere Freiheit, die ich mir erlaubt, möchte schwerer zu rechtfertigen sein. Ich habe die christliche Religion und die griechische Götterlehre vermischt angewendet, ja selbst an den maurischen Aberglauben erinnert. Aber der Schauplatz der Handlung ist Messina, wo diese drei Religionen teils lebendig, teils in Denkmälern fortwirkten und zu den Sinnen sprachen. Und dann halte ich es für ein Recht der Poesie, die verschiedenen Religionen als ein kollektives Ganze für die Einbildungskraft zu behandeln, in welchem alles, was einen eignen Charakter trägt, eine eigne Empfindungsweise ausdrückt, seine Stelle findet. Unter der Hülle aller Religionen liegt die Religion selbst, die Idee eines Göttlichen, und es muß dem Dichter erlaubt sein, dieses auszusprechen in welcher Form er jedesmal am bequemsten und am treffendsten findet.

✻

Erster Aufzug

ZWEITER UND DRITTER AUFTRITT

Isabella. Diego.

ISABELLA. Diego!
DIEGO.   Was gebietet meine Fürstin?
ISABELLA. Bewährter Diener! Redlich Herz! Tritt näher!
    Mein Leiden hast du, meinen Schmerz geteilt,
    So teil auch jetzt das Glück der Glücklichen.
    Verpfändet hab ich deiner treuen Brust
    Mein schmerzlich süßes, heiliges Geheimnis.
    Der Augenblick ist da, wo es ans Licht
    Des Tages soll hervorgezogen werden.
    Zu lange schon erstickt ich der Natur
    Gewaltge Regung, weil noch über mich
    Ein fremder Wille herrisch waltete;
    Jetzt darf sich ihre Stimme frei erheben,
    Noch heute soll dies Herz befriedigt sein,
    Und dieses Haus, das lang verödet war,
    Versammle alles, was mir teuer ist.
        So lenke denn die alterschweren Tritte
    Nach jenem wohlbekannten Kloster hin,
    Das einen teuren Schatz mir aufbewahrt.
    Du warst es, treue Seele, der ihn mir
    Dorthin geflüchtet hat auf beßre Tage,
    Den traurgen Dienst der Traurigen erzeigend.
    Du bringe fröhlich jetzt der Glücklichen

400

Das teure Pfand zurück.
(Man hört in der Ferne blasen.)
O eile, eile
Und laß die Freude deinen Schritt verjüngen!
Ich höre kriegerischer Hörner Schall,
Der meiner Söhne Einzug mir verkündigt.
(Diego geht ab. Die Musik läßt sich noch von einer entgegengesetzten Seite immer näher und näher hören.)
ISABELLA. Erregt ist ganz Messina – Horch! ein Strom
Verworrner Stimmen wälzt sich brausend her –
Sie sind's! Das Herz der Mutter, mächtig schlagend,
Empfindet ihrer Nähe Kraft und Zug.
Sie sind's! O meine Kinder, meine Kinder!
(Sie eilt hinaus.)

Chor tritt auf.
Er besteht aus zwei Halbchören, welche zu gleicher Zeit, von zwei entgegengesetzten Seiten, der eine aus der Tiefe, der andere aus dem Vordergrund eintreten, rund um die Bühne gehen und sich alsdann auf derselben Seite, wo jeder eingetreten, in eine Reihe stellen. Den einen Halbchor bilden die ältern, den andern die jüngern Ritter; beide sind durch Farbe und Abzeichen verschieden. Wenn beide Chöre einander gegenüberstehen, schweigt der Marsch, und die beiden Chorführer reden.
ERSTER CHOR. Dich begrüß ich in Ehrfurcht,
Prangende Halle,
Dich, meiner Herrscher
Fürstliche Wiege,
Säulengetragenes herrliches Dach.
Tief in der Scheide
Ruhe das Schwert,
Vor den Toren gefesselt
Liege des Streits schlangenhaariges Scheusal.
Denn des gastlichen Hauses
Unverletzliche Schwelle

Hütet der Eid, der Erinnyen Sohn,
Der furchtbarste unter den Göttern der Hölle!
ZWEITER CHOR.
    Zürnend ergrimmt mir das Herz im Busen,
    Zu dem Kampf ist die Faust geballt,
    Denn ich sehe das Haupt der Medusen,
    Meines Feindes verhaßte Gestalt.
    Kaum gebiet ich dem kochenden Blute.
    Gönn ich ihm die Ehre des Worts?
    Oder gehorch ich dem zürnenden Mute?
    Aber mich schreckt die Eumenide,
    Die Beschirmerin dieses Orts,
    Und der waltende Gottesfriede.
ERSTER CHOR. Weisere Fassung
    Ziemet dem Alter,
    Ich, der Vernünftige, grüße zuerst.
                  (Zu dem zweiten Chor.)
    Sei mir willkommen,
  Der du mit mir,
  Gleiche Gefühle
  Brüderlich teilend,
  Dieses Palastes
  Schützende Götter
  Fürchtend verehrst!
  Weil sich die Fürsten gütlich besprechen,
  Wollen auch wir jetzt Worte des Friedens
  Harmlos wechseln mit ruhigem Blut,
  Denn auch das Wort ist, das heilende, gut.
  Aber treff ich dich draußen im Freien,
  Da mag der blutige Kampf sich erneuen,
  Da erprobe das Eisen den Mut.
DER GANZE CHOR.
  Aber treff ich dich draußen im Freien,
  Da mag der blutige Kampf sich erneuen,
  Da erprobe das Eisen den Mut.

ERSTER CHOR.
Dich nicht haß ich! Nicht du bist mein Feind!
Eine Stadt ja hat uns geboren,
Jene sind ein fremdes Geschlecht.
Aber wenn sich die Fürsten befehden,
Müssen die Diener sich morden und töten,
Das ist die Ordnung, so will es das Recht.

ZWEITER CHOR. Mögen sie's wissen,
Warum sie sich blutig
Hassend bekämpfen! Mich ficht es nicht an.
Aber wir fechten ihre Schlachten,
Der ist kein Tapfrer, kein Ehrenmann,
Der den Gebieter läßt verachten.

DER GANZE CHOR. Aber wir fechten ihre Schlachten,
Der ist kein Tapfrer, kein Ehrenmann,
Der den Gebieter läßt verachten.

EINER AUS DEM CHOR.
Hört, was ich bei mir selbst erwogen,
Als ich müßig dahergezogen
Durch des Korns hochwallende Gassen,
Meinen Gedanken überlassen.
    Wir haben uns in des Kampfes Wut
Nicht besonnen und nicht beraten,
Denn uns betörte das brausende Blut.
    Sind sie nicht unser, diese Saaten?
Diese Ulmen, mit Reben umsponnen,
Sind sie nicht Kinder unsrer Sonnen?
Könnten wir nicht in frohem Genuß
Harmlos vergnügliche Tage spinnen,
Lustig das leichte Leben gewinnen?
Warum ziehn wir mit rasendem Beginnen
Unser Schwert für das fremde Geschlecht?
Es hat an diesen Boden kein Recht.
Auf dem Meerschiff ist es gekommen
Von der Sonne rötlichtem Untergang;

Gastlich haben wir's aufgenommen
(Unsre Väter! die Zeit ist lang),
Und jetzt sehen wir uns als Knechte
Untertan diesem fremden Geschlechte!

EIN ZWEITER.

Wohl! Wir bewohnen ein glückliches Land,
Das die himmelumwandelnde Sonne
Ansieht mit immer freundlicher Helle,
Und wir könnten es fröhlich genießen;
Aber es läßt sich nicht sperren und schließen,
Und des Meers rings umgebende Welle,
Sie verrät uns dem kühnen Korsaren,
Der die Küste verwegen durchkreuzt.
Einen Segen haben wir zu bewahren,
Der das Schwert nur des Fremdlings reizt.
Sklaven sind wir in den eigenen Sitzen,
Das Land kann seine Kinder nicht schützen.
Nicht, wo die goldene Ceres lacht
Und der friedliche Pan, der Flurenbehüter –
Wo das Eisen wächst in der Berge Schacht,
Da entspringen der Erde Gebieter.

ERSTER CHOR. Ungleich verteilt sind des Lebens Güter
Unter der Menschen flüchtgem Geschlecht,
Aber die Natur, sie ist ewig gerecht.
Uns verlieh sie das Mark und die Fülle,
Die sich immer erneuend erschafft,
Jenen ward der gewaltige Wille
Und die unzerbrechliche Kraft.
Mit der furchtbaren Stärke gerüstet,
Führen sie aus, was dem Herzen gelüstet,
Füllen die Erde mit mächtigem Schall;
Aber hinter den großen Höhen
Folgt auch der tiefe, der donnernde Fall.
Darum lob ich mir, niedrig zu stehen,
Mich verbergend in meiner Schwäche!

Jene gewaltigen Wetterbäche,
Aus des Hagels unendlichen Schloßen,
Aus den Wolkenbrüchen zusammengeflossen,
Kommen finster gerauscht und geschossen,
Reißen die Brücken und reißen die Dämme
Donnernd mit fort im Wogengeschwemme,
Nichts ist, das die gewaltigen hemme.
Doch nur der Augenblick hat sie geboren,
Ihres Laufes furchtbare Spur
Geht verrinnend im Sande verloren,
Die Zerstörung verkündigt sie nur.
– Die fremden Eroberer kommen und gehen,
Wir gehorchen, aber wir bleiben stehen.

Die hintere Türe öffnet sich, Donna Isabella erscheint
zwischen ihren Söhnen Don Manuel und Don Cesar.

BEIDE CHÖRE. Preis ihr und Ehre,
Die uns dort aufgeht,
Eine glänzende Sonne!
Kniend verehr ich dein herrliches Haupt.
ERSTER CHOR. Schön ist des Mondes
Mildere Klarheit
Unter der Sterne blitzendem Glanz,
Schön ist der Mutter
Liebliche Hoheit
Zwischen der Söhne feuriger Kraft,
Nicht auf der Erden
Ist ihr Bild und ihr Gleichnis zu sehn.
Hoch auf des Lebens
Gipfel gestellt,
Schließt sie blühend den Kreis des Schönen,
Mit der Mutter und ihren Söhnen
Krönt sich die herrlich vollendete Welt.
Selber die Kirche, die göttliche, stellt nicht
Schöneres dar auf dem himmlischen Thron,
Höheres bildet

Selber die Kunst nicht, die göttlich geborne,
Als die Mutter mit ihrem Sohn.

ZWEITER CHOR.

Freudig sieht sie aus ihrem Schoße
Einen blühenden Baum sich erheben,
Der sich ewig sprossend erneut.
Denn sie hat ein Geschlecht geboren,
Welches wandeln wird mit der Sonne
Und den Namen geben der rollenden Zeit.
Völker verrauschen,
Namen verklingen,
Finstre Vergessenheit
Breitet die dunkelnachtenden Schwingen
Über ganzen Geschlechtern aus.
   Aber der Fürsten
Einsame Häupter
Glänzen erhellt,
Und Aurora berührt sie
Mit den ewigen Strahlen
Als die ragenden Gipfel der Welt.

Dritter Aufzug

ERSTER AUFTRITT

Beide Chöre. Zuletzt Beatrice.
(Der Chor des Don Manuel kommt in festlichem Aufzug,
mit Kränzen geschmückt und die oben beschriebnen
Brautgeschenke begleitend; der Chor des Don Cesar
will ihm den Eintritt verwehren.)

ERSTER CHOR.

Du würdest wohl tun, diesen Platz zu leeren.

ZWEITER CHOR.

Ich will's, wenn beßre Männer es begehren.

ERSTER CHOR.

Du könntest merken, daß du lästig bist.

ZWEITER CHOR.

Deswegen bleib ich, weil es dich verdrießt.

ERSTER CHOR.

Hier ist mein Platz. Wer darf zurück mich halten?

ZWEITER CHOR.

Ich darf es tun, ich habe hier zu walten.

ERSTER CHOR.

Mein Herrscher sendet mich, Don Manuel!

ZWEITER CHOR.

Ich stehe hier auf meines Herrn Befehl.

ERSTER CHOR.

Dem ältern Bruder muß der jüngre weichen.

ZWEITER CHOR.

Dem Erstbesitzenden gehört die Welt.

ERSTER CHOR.

Verhaßter, geh und räume mir das Feld.

ZWEITER CHOR.

Nicht, bis sich unsre Schwerter erst vergleichen.

ERSTER CHOR.

Find ich dich überall in meinen Wegen?

ZWEITER CHOR.

Wo mir's gefällt, da tret ich dir entgegen.

ERSTER CHOR.

Was hast du hier zu horchen und zu hüten?

ZWEITER CHOR.

Was hast du hier zu fragen, zu verbieten?

ERSTER CHOR.

Dir steh ich nicht zu Red und Antwort hier.

ZWEITER CHOR.

Und nicht des Wortes Ehre gönn ich dir,

ERSTER CHOR.

Ehrfurcht gebührt, o Jüngling, meinen Jahren.

ZWEITER CHOR.

In Tapferkeit bin ich, wie du, erfahren!

BEATRICE *(stürzt heraus)*.

Weh mir, was wollen diese wilden Scharen?

ERSTER CHOR *(zum zweiten)*.

Nichts acht ich dich und deine stolze Miene!

ZWEITER CHOR.

Ein beßrer ist der Herrscher, dem ich diene!

BEATRICE.

O weh mir, weh mir, wenn er jetzt erschiene!

ERSTER CHOR.

Du lügst! Don Manuel besiegt ihn weit!

ZWEITER CHOR.

Den Preis gewinnt mein Herr in jedem Streit.

BEATRICE.

Jetzt wird er kommen, dies ist seine Zeit!

ERSTER CHOR.

Wäre nicht Friede, Recht verschafft ich mir!

ZWEITER CHOR.

Wär's nicht die Furcht, kein Friede wehrte dir.

BEATRICE.

O wär er tausend Meilen weit von hier!

ERSTER CHOR.

Das Gesetz fürcht ich, nicht deiner Blicke Trutz.

ZWEITER CHOR.

Wohl tust du dran, es ist des Feigen Schutz.

ERSTER CHOR.

Fang an, ich folge!

ZWEITER CHOR.   Mein Schwert ist heraus!

BEATRICE *(in der heftigsten Beängstigung)*.

Sie werden handgemein, die Degen blitzen!
Ihr Himmelsmächte, haltet ihn zurück!
Werft euch in seinen Weg, ihr Hindernisse,
Eine Schlinge legt, ein Netz um seine Füße,
Daß er verfehle diesen Augenblick!

Ihr Engel alle, die ich flehend bat,
Ihn herzuführen, täuschet meine Bitte,
Weit, weit von hier entfernet seine Schritte!
(Sie eilt hinein. Indem die Chöre einander anfallen,
erscheint Don Manuel.)

ZWEITER AUFTRITT

Don Manuel. Der Chor.

DON MANUEL.
Was seh ich! Haltet ein!
ERSTER CHOR *(zum zweiten).*
Komm an! Komm an!
ZWEITER CHOR.
Nieder mit ihnen! Nieder!
DON MANUEL *(tritt zwischen sie mit gezognem Schwert).*
Haltet ein!
ERSTER CHOR.
Es ist der Fürst.
ZWEITER CHOR.   Der Bruder! Haltet Friede!
DON MANUEL.
Den streck ich tot auf dieses Rasens Grund,
Der mit gezuckter Augenwimper nur
Die Fehde fortsetzt und dem Gegner droht!
Rast ihr? Was für ein Dämon reizt euch an,
Des alten Zwistes Flammen aufzublasen,
Der zwischen uns, den Fürsten, abgetan
Und ausgeglichen ist auf immerdar?
– Wer fing den Streit an? Redet! Ich will's wissen.
ERSTER CHOR.
Sie standen hier –
ZWEITER CHOR *(unterbrechend).*
Sie kamen –
DON MANUEL *(zum ersten Chor).* Rede du!

ERSTER CHOR.
Wir kamen her, mein Fürst, die Hochzeitgaben
Zu überreichen, wie du uns befahlst.
Geschmückt zu einem Feste, keineswegs
Zum Krieg bereit, du siehst es, zogen wir
In Frieden unsern Weg, nichts Arges denkend
Und trauend dem beschworenen Vertrag,
Da fanden wir sie feindlich hier gelagert
Und uns den Eingang sperrend mit Gewalt.

DON MANUEL. Unsinnige, ist keine Freistatt sicher
Genug vor eurer blinden, tollen Wut?
Auch in der Unschuld still verborgnen Sitz
Bricht euer Hader friedestörend ein?

(Zum zweiten Chor.)

Weiche zurück! Hier sind Geheimnisse,
Die deine kühne Gegenwart nicht dulden.

(Da derselbe zögert.)

Zurück! Dein Herr gebietet dir's durch mich,
Denn wir sind jetzt *ein* Haupt und *ein* Gemüt,
Und mein Befehl ist auch der seine. Geh!

(Zum ersten Chor.)

Du bleibst und wahrst des Eingangs.

ZWEITER CHOR.   Was beginnen?
Die Fürsten sind versöhnt, das ist die Wahrheit,
Und in der hohen Häupter Span und Streit
Sich unberufen, vielgeschäftig drängen
Bringt wenig Dank und öfterer Gefahr.
Denn wenn der Mächtige des Streits ermüdet,
Wirft er behend auf den geringen Mann,
Der arglos ihm gedient, den blutgen Mantel
Der Schuld, und leicht gereinigt steht er da.
Drum mögen sich die Fürsten selbst vergleichen,
Ich acht es für geratner, wir gehorchen.

(Der zweite Chor geht ab, der erste zieht sich
nach dem Hintergrund der Szene zurück.

*In demselben Augenblicke stürzt Beatrice heraus
und wirft sich in Don Manuels Arme.)*

Beatrice. Don Manuel.

BEATRICE. Du bist's. Ich habe dich wieder – Grausamer!
  Du hast mich lange, lange schmachten lassen,
  Der Furcht und allen Schrecknissen zum Raub
  Dahingegeben – Doch nichts mehr davon!
  Ich habe dich – in deinen lieben Armen
  Ist Schutz und Schirm vor jeglicher Gefahr.
  Komm! Sie sind weg! Wir haben Raum zur Flucht,
  Fort, laß uns keinen Augenblick verlieren.
    *(Sie will ihn mit sich fortziehen und sieht ihn jetzt erst
                genauer an.)*
  Was ist dir? So verschlossen feierlich
  Empfängst du mich – entziehst dich meinen Armen,
  Als wolltest du mich lieber ganz verstoßen?
  Ich kenne dich nicht mehr – Ist dies Don Manuel,
  Mein Gatte, mein Geliebter?
DON MANUEL.   Beatrice!
BEATRICE.
  Nein, rede nicht! Jetzt ist nicht Zeit zu Worten!
  Fort laß uns eilen, schnell, der Augenblick
  Ist kostbar –
DON MANUEL. Bleib! Antworte mir!
BEATRICE.   Fort! Fort!
  Eh diese wilden Männer wiederkehren!
DON MANUEL.
  Bleib! Jene Männer werden uns nicht schaden.
BEATRICE.
  Doch, doch, du kennst sie nicht, o komm! Entfliehe!
DON MANUEL.
  Von meinem Arm beschützt, was kannst du fürchten?

BEATRICE. O glaube mir, es gibt hier mächtge Menschen!

DON MANUEL. Geliebte, keinen mächtigern als mich.

BEATRICE. Du gegen diese vielen ganz allein?

DON MANUEL.

Ich ganz allein! Die Männer, die du fürchtest –

BEATRICE.

Du kennst sie nicht, du weißt nicht, *wem* sie dienen.

DON MANUEL. *Mir* dienen sie, und ich bin ihr Gebieter.

BEATRICE.

Du bist – Ein Schrecken fliegt durch meine Seele!

DON MANUEL. Lerne mich endlich kennen, Beatrice!

Ich bin nicht der, der ich dir schien zu sein,
Der arme Ritter nicht, der unbekannte,
Der liebend nur um deine Liebe warb.
Wer ich wahrhaftig bin, was ich vermag,
Woher ich stamme, hab ich dir verborgen.

BEATRICE.

Du bist Don Manuel nicht! Weh mir, wer bist du?

DON MANUEL.

Don Manuel heiß ich – doch ich bin der Höchste,
Der diesen Namen führt in dieser Stadt,
Ich bin Don Manuel, Fürst von Messina.

BEATRICE. Du wärst Don Manuel, Don Cesars Bruder?

DON MANUEL. Don Cesar ist mein Bruder.

BEATRICE.   Ist dein Bruder!

DON MANUEL.

Wie? dies erschreckt dich? Kennst du den Don Cesar?
Kennst du noch sonsten jemand meines Bluts?

BEATRICE. Du bist Don Manuel, der mit dem Bruder
In Hasse lebt und unversöhnter Fehde?

DON MANUEL.

Wir sind versöhnt, seit heute sind wir Brüder,
Nicht von Geburt nur, nein von Herzen auch.

BEATRICE. Versöhnt, seit heute!

DON MANUEL.   Sage mir, was ist das?
  Was bringt dich so in Aufruhr? Kennst du mehr
  Als nur den Namen bloß von meinem Hause?
  Weiß ich dein ganz Geheimnis? Hast du nichts,
  Nichts mir verschwiegen oder vorenthalten?
BEATRICE.
  Was denkst du? Wie? Was hätt ich zu gestehen?
DON MANUEL.
  Von deiner Mutter hast du mir noch nichts
  Gesagt. Wer ist sie? Würdest du sie kennen,
  Wenn ich sie dir beschriebe – dir sie zeigte?
BEATRICE.
  Du kennst sie – kennst sie und verbargest mir?
DON MANUEL.
  Weh dir und wehe mir, wenn ich sie kenne!
BEATRICE. Oh, sie ist gütig wie das Licht der Sonne!
  Ich seh sie vor mir, die Erinnerung
  Belebt sich wieder, aus der Seele Tiefen
  Erhebt sich mir die göttliche Gestalt.
  Der braunen Locken dunkle Ringe seh ich
  Des weißen Halses edle Form beschatten,
  Ich seh der Stirne rein gewölbten Bogen,
  Des großen Auges dunkelhellen Glanz,
  Auch ihrer Stimme seelenvolle Töne
  Erwachen mir –
DON MANUEL.   Weh mir! Du schilderst sie!
BEATRICE. Und ich entfloh ihr! Konnte sie verlassen,
  Vielleicht am Morgen eben dieses Tags,
  Der mich auf ewig ihr vereinen sollte!
  O selbst die Mutter gab ich hin für dich!
DON MANUEL. Messinas Fürstin wird dir Mutter sein,
  Zu *ihr* bring ich dich jetzt, sie wartet deiner.
BEATRICE.
  Was sagst du? Deine Mutter und Don Cesars?
  Zu ihr mich bringen? Nimmer, nimmermehr.

DON MANUEL.

Du schauderst? Was bedeutet dies Entsetzen?

Ist meine Mutter keine Fremde dir?

BEATRICE. O unglückselig traurige Entdeckung,

O hätt ich nimmer diesen Tag gesehn!

DON MANUEL.

Was kann dich ängstigen, nun du mich kennst,

Den Fürsten findest in dem Unbekannten?

BEATRICE. O gib mir diesen Unbekannten wieder,

Mit ihm auf ödem Eiland wär ich selig!

DON CESAR *(hinter der Szene)*.

Zurück! Welch vieles Volk ist hier versammelt?

BEATRICE. Gott! Diese Stimme! Wo verberg ich mich?

DON MANUEL. Erkennst du diese Stimme? Nein, du hast

Sie nie gehört und kannst sie nicht erkennen!

BEATRICE. O laß uns fliehen, komm und weile nicht.

DON MANUEL. Was fliehn? Es ist des Bruders Stimme, der

Mich sucht; zwar wundert mich, wie er entdeckte –

BEATRICE. Bei allen Heiligen des Himmels, meid ihn!

Begegne nicht dem heftig Stürmenden,

Laß dich von ihm an diesem Ort nicht finden.

DON MANUEL.

Geliebte Seele, dich verwirrt die Furcht!

Du hörst mich nicht, wir sind versöhnte Brüder!

BEATRICE. O Himmel, rette mich aus dieser Stunde!

DON MANUEL.

Was ahnet mir! Welch ein Gedanke faßt

Mich schaudernd? – Wär es möglich – Wäre dir

Die Stimme keine fremde? – Beatrice!

Du warst – Mir grauet, weiter fort zu fragen!

Du warst – bei meines Vaters Leichenfeier?

BEATRICE.

Weh mir!

DON MANUEL. Du warst zugegen?

BEATRICE.   Zürne nicht!

DON MANUEL.
  Unglückliche, du warst?
BEATRICE.　　　　　　　　Ich war zugegen.
DON MANUEL.
  Entsetzen!
BEATRICE. Die Begierde war zu mächtig!
  Vergib mir! Ich gestand dir meinen Wunsch,
  Doch plötzlich ernst und finster ließest du
  Die Bitte fallen, und so schwieg auch ich.
  Doch weiß ich nicht, welch bösen Sternes Macht
  Mich trieb mit unbezwinglichem Gelüsten.
  Des Herzens heißen Drang mußt ich vergnügen,
  Der alte Diener lieh mir seinen Beistand,
  Ich war dir ungehorsam, und ich ging.
    (Sie schmiegt sich an ihn; indem tritt Don Cesar herein,
    von dem ganzen Chor begleitet.)

VIERTER AUFTRITT

Beide Brüder. Beide Chöre. Beatrice.

ZWEITER CHOR (zu *Don Cesar).*
  Du glaubst uns nicht – Glaub deinen eignen Augen.
DON CESAR *(tritt heftig ein und fährt beim Anblick seines Bru-*
  ders mit Entsetzen zurück).
  Blendwerk der Hölle! Was? In seinen Armen!
        (Näher tretend, zu Don Manuel.)
  Giftvolle Schlange! Das ist deine Liebe!
  Deswegen logst du tückisch mir Versöhnung!
  Oh, eine Stimme Gottes war mein Haß!
  Fahre zur Hölle, falsche Schlangenseele!
        (Er ersticht ihn.)
DON MANUEL.
  Ich bin des Todes – Beatrice – Bruder!

(Er sinkt und stirbt. Beatrice fällt neben ihm ohnmächtig nieder.)

ERSTER CHOR.

Mord! Mord! Herbei! Greift zu den Waffen alle!
Mit Blut gerächet sei die blutge Tat!

(Alle ziehen die Degen.)

ZWEITER CHOR.

Heil uns! Der lange Zwiespalt ist geendigt.
Nur *einem* Herrscher jetzt gehorcht Messina.

ERSTER CHOR. Rache! Rache! Der Mörder falle! falle!
Ein sühnend Opfer dem Gemordeten!

ZWEITER CHOR.

Herr, fürchte nichts, wir stehen treu zu dir.

DON CESAR *(mit Ansehen zwischen sie tretend).*

Zurück – Ich habe meinen Feind getötet,
Der mein vertrauend redlich Herz betrog,
Die Bruderliebe mir zum Fallstrick legte.

JOHANN WOLFGANG GOETHE

Regeln für Schauspieler (Auszüge)

Die Kunst des Schauspielers besteht in Sprache und Körperbewegung. Über beides wollen wir in nachfolgenden Paragraphen einige Regeln und Andeutungen geben, indem wir zunächst mit der Sprache den Anfang machen.

Dialekt.
§ 1.

Wenn mitten in einer tragischen Rede sich ein Provinzialismus eindrängt, so wird die schönste Dichtung verunstaltet und das Gehör des Zuschauers beleidigt. Das ist das Erste und Notwendigste für den sich bildenden Schauspieler, daß er sich von allen Fehlern des Dialekts befreie und eine vollständige, reine Aussprache zu erlangen suche. Kein Provinzialismus taugt auf die Bühne! Dort herrsche nur die reine deutsche Mundart, wie sie durch Geschmack, Kunst und Wissenschaft ausgebildet und verfeinert worden.

§ 2.

Wer mit Angewohnheiten des Dialekts zu kämpfen hat, halte sich an die allgemeinen Regeln der deutschen Sprache und suche das neu Anzuübende recht scharf, ja schärfer auszusprechen, als es eigentlich sein soll. Selbst Übertreibungen sind in diesem Falle zu raten, ohne Gefahr eines Nachteils; denn es ist der menschlichen Natur eigen, daß sie immer gern zu ihren alten Gewohnheiten zurückkehrt und das Übertriebene von selbst ausgleicht.

Aussprache.
§ 3.

So wie in der Musik das richtige, genaue und reine Treffen jedes einzelnen Tones der Grund alles weiteren künstlerischen Vortrages ist, so ist auch in der Schauspielkunst der Grund aller höheren Rezitation und Deklamation die reine und vollständige Aussprache jedes einzelnen Worts.

§ 4.

Vollständig aber ist die Aussprache, wenn kein Buchstabe eines Wortes unterdrückt wird, sondern wo alle nach ihrem wahren Werte hervorkommen.

§ 5.

Rein ist sie, wenn alle Wörter so gesagt werden, daß der Sinn leicht und bestimmt den Zuhörer ergreife.

Beides verbunden macht die Aussprache vollkommen.

§ 11.

Alle Endsilben und Endbuchstaben hüte man sich besonders, undeutlich auszusprechen; vorzüglich ist diese Regel bei m, n und s zu merken, weil diese Buchstaben die Endungen bezeichnen, welche das Hauptwort regieren, folglich das Verhältnis anzeigen, in welchem das Hauptwort zu dem übrigen Satze steht, und mithin durch sie der eigentliche Sinn des Satzes bestimmt wird.

§ 13.

Auf die *Eigennamen* muß im allgemeinen ein stärkerer Ausdruck in der Aussprache gelegt werden als gewöhnlich, weil so ein Name dem Zuhörer besonders auffallen soll. Denn sehr oft ist es der Fall, daß von einer Person schon im ersten Akte gesprochen wird, welche erst im dritten und oft noch später vorkommt. Das Publikum soll nun darauf aufmerksam gemacht werden, und wie kann das anders geschehen als durch deutliche, energische Aussprache?

§ 15.

Zugleich ist zu raten, im Anfange so tief zu sprechen, als man es zu tun imstande ist, und dann abwechselnd immer im Ton zu steigen; denn dadurch bekommt die Stimme einen großen Umfang und wird zu den verschiedenen Modulationen gebildet, deren man in der Deklamation bedarf.

Stellung und Bewegung des Körpers auf der Bühne.

§ 34.

Über diesen Teil der Schauspielkunst lassen sich gleichfalls einige allgemeine Hauptregeln geben, wobei es freilich unendlich viele Ausnahmen gibt, welche aber alle wieder zu den Grundregeln zurückkehren. Diese trachte man sich so sehr einzuverleiben, daß sie zur zweiten Natur werden.

§ 35.

Zunächst bedenke der Schauspieler, daß er nicht allein die Natur nachahmen, sondern sie auch idealisch vorstellen solle und er also in seiner Darstellung das Wahre mit dem Schönen zu vereinigen habe.

§ 36.

Jeder Teil des Körpers stehe daher ganz in seiner Gewalt, so daß er jedes Glied gemäß dem zu erzielenden Ausdruck frei, harmonisch und mit Grazie gebrauchen könne.

§ 41.

Ein Hauptpunkt aber ist, daß unter zwei zusammen Agierenden der Sprechende sich stets zurück- und der, welcher zu reden aufhört, sich ein wenig vorbewege. Bedient man sich dieses Vorteils mit Verstand und weiß durch Übung ganz zwanglos zu verfahren, so entsteht sowohl für das Auge als für die Verständlichkeit der Deklamation die beste Wirkung, und ein Schauspieler, der sich Meister hierin macht wird mit gleichgeübten sehr schönen

Effekt hervorbringen und über diejenigen, die es nicht beobachten, sehr im Vorteil sein.

§ 42.

Wenn zwei Personen mit einander sprechen, sollte diejenige, die zur Linken steht, sich ja hüten, gegen die Person zur Rechten allzu stark einzudringen. Auf der rechten Seite steht immer die geachtete Person: Frauenzimmer, Ältere, Vornehmere. Schon im gemeinen Leben hält man sich in einiger Entfernung von dem, vor dem man Respekt hat; das Gegenteil zeugt von einem Mangel an Bildung. Der Schauspieler soll sich als einen Gebildeten zeigen und obiges deshalb auf das genaueste beobachten. Wer auf der rechten Seite steht, behaupte daher sein Recht und lasse sich nicht gegen die Kulisse treiben, sondern halte stand und gebe dem Zudringlichen allenfalls mit der linken Hand ein Zeichen, sich zu entfernen.

Haltung und Bewegung der Hände und Arme.
§ 46.

Es ist äußerst fehlerhaft, wenn man die Hände entweder über einander oder auf dem Bauche ruhend hält oder eine in die Weste oder vielleicht gar beide dahin steckt.

§ 47.

Die Hand selbst aber muß weder eine Faust machen, noch wie beim Soldaten mit ihrer ganzen Fläche am Schenkel liegen, sondern die Finger müssen teils halb gebogen, teils gerade, aber nur nicht gezwungen gehalten werden.

§ 49.

Die obere Hälfte der Arme soll sich immer etwas an den Leib anschließen und sich in einem viel geringeren Grade bewegen als die untere Hälfte, in welcher die größte Gelenksamkeit sein soll. Denn wenn ich meinen Arm, wenn von gewöhnlichen Dingen die Rede ist, nur wenig erhebe, um so viel mehr Effekt bringt es dann hervor, wenn ich ihn ganz emporhalte. Mäßige ich mein Spiel nicht bei schwächeren Ausdrücken meiner Rede, so habe ich nicht Stärke genug zu den heftigeren, wodurch alsdann die Gradation des Effekts ganz verloren geht.

§ 59.

Der Schauspieler bedenke, auf welcher Seite des Theaters er stehe, um seine Gebärde darnach einzurichten.

§ 60.

Wer auf der rechten Seite steht, agiere mit der linken Hand, und umgekehrt, wer auf der linken Seite steht, mit der rechten, damit die Brust so wenig als möglich durch den Arm verdeckt werde.

Gebärdenspiel.
§ 63.

Um zu einem richtigen Gebärdenspiel zu kommen und solches gleich richtig beurteilen zu können, merke man sich folgende Regeln:

Man stelle sich vor einen Spiegel und spreche dasjenige, was man zu deklamieren hat, nur leise oder vielmehr gar nicht, sondern *denke* sich nur die Worte. Dadurch wird gewonnen, daß man von der Deklamation nicht hingerissen wird, sondern jede falsche Bewegung, welche das Gedachte oder leise Gesagte nicht ausdrückt, leicht bemerken so wie auch die schönen und richtigen Gebärden auswählen und dem ganzen Gebärdenspiel eine analoge Bewegung mit dem Sinne der Wörter als Gepräge der Kunst aufdrücken kann.

§ 64.

Dabei muß aber vorausgesetzt werden, daß der Schauspieler vorher den Charakter und die ganze Lage des Vorzustellenden sich völlig eigen mache, und daß seine Einbildungskraft den Stoff recht verarbeite; denn ohne diese Vorbereitung wird er weder richtig zu deklamieren noch zu handeln imstande sein.

§ 65.

Für den Anfänger ist es von großem Vorteil, um Gebärdenspiel zu bekommen und seine Arme beweglich und gelenksam zu machen, wenn er seine Rolle, ohne sie zu rezitieren, einem andern bloß durch Pantomime verständlich zu machen sucht; denn da ist er gezwungen, die passendsten Gesten zu wählen.

Stellung und Gruppierung auf der Bühne.

§ 82.

Die Bühne und der Saal, die Schauspieler und die Zuschauer machen erst ein Ganzes.

§ 83.

Das Theater ist als ein figurloses Tableau anzusehen, worin der Schauspieler die Staffage macht.

§ 84.

Man spiele daher niemals zu nahe an den Kulissen.

§ 85.

Ebensowenig trete man ins Proszenium. Dies ist der größte Mißstand; denn die Figur tritt aus dem Raume heraus, innerhalb dessen sie mit dem Szenengemälde und den Mitspielenden ein Ganzes macht.

§ 86.

Wer allein auf dem Theater steht, bedenke, daß auch er die Bühne zu staffieren berufen ist, und dieses um so mehr, als die Aufmerksamkeit ganz allein auf ihn gerichtet bleibt.

§ 88.

Wer zu einem Monolog aus der hintern Kulisse auf das Theater tritt, tut wohl, wenn er sich in der Diagonale bewegt, so daß er an der entgegengesetzten Seite des Proszeniums anlangt; wie denn überhaupt die Diagonalbewegungen sehr reizend sind.

§ 90.

Alle diese technisch-grammatischen Vorschriften mache man sich eigen nach ihrem Sinne und übe sie stets aus, daß sie zur Gewohnheit werden. Das Steife muß verschwinden und die Regel nur die geheime Grundlinie des lebendigen Handelns werden.

Johann Wolfgang Goethe

Iphigenie auf Tauris

Schauplatz: Hain, vor Dianens Tempel.

Erster Aufzug

Erster Auftritt

IPHIGENIE. Heraus in eure Schatten, rege Wipfel
  Des alten, heilgen, dichtbelaubten Haines,
  Wie in der Göttin stilles Heiligtum,
  Tret ich noch jetzt mit schauderndem Gefühl,
  Als wenn ich sie zum erstenmal beträte
  Und es gewöhnt sich nicht mein Geist hierher.
  So manches Jahr bewahrt mich hier verborgen
  Ein hoher Wille dem ich mich ergebe;
  Doch immer bin ich, wie im ersten, fremd.
  Denn ach mich trennt das Meer von den Geliebten
  Und an dem Ufer steh ich lange Tage,
  Das Land der Griechen mit der Seele suchend,
  Und gegen meine Seufzer bringt die Welle
  Nur dumpfe Töne brausend mir herüber.
  Weh dem der fern von Eltern und Geschwistern
  Ein einsam Leben führt! Ihm zehrt der Gram
  Das nächste Glück vor seinen Lippen weg.
  Ihm schwärmen abwärts immer die Gedanken
  Nach seines Vaters Hallen, wo die Sonne
  Zuerst den Himmel vor ihm aufschloß, wo
  Sich Mitgeborne spielend fest und fester
  Mit sanften Banden aneinander knüpften.
  Ich rechte mit den Göttern nicht; allein
  Der Frauen Zustand ist beklagenswert.
  Zu Haus und in dem Kriege herrscht der Mann

Und in der Fremde weiß er sich zu helfen.
Ihn freuet der Besitz, ihn krönt der Sieg,
Ein ehrenvoller Tod ist ihm bereitet.
Wie eng gebunden ist des Weibes Glück!
Schon einem rauhen Gatten zu gehorchen
Ist Pflicht und Trost, wie elend wenn sie gar
Ein feindlich Schicksal in die Ferne treibt.
So hält mich Thoas hier, ein edler Mann,
In ernsten heilgen Sklavenbanden fest.
O wie beschämt gesteh ich daß ich dir
Mit stillem Widerwillen diene, Göttin
Dir meiner Retterin! mein Leben sollte
Zu freiem Dienste dir gewidmet sein.
Auch hab ich stets auf dich gehofft und hoffe
Noch jetzt auf dich Diana, die du mich
Des größten Königes verstoßne Tochter
In deinen heilgen, sanften Arm genommen.
Ja Tochter Zeus', wenn du den hohen Mann,
Den du die Tochter fordernd ängstigtest,
Wenn du den göttergleichen Agamemnon,
Der dir sein Liebstes zum Altare brachte,
Von Trojas umgewandten Mauern rühmlich
Nach seinem Vaterland zurückbegleitet,
Die Gattin ihm; Elektren und den Sohn,
Die schönen Schätze, wohl erhalten hast;
So gib auch mich den Meinen endlich wieder,
Und rette mich die du vom Tod errettet
Auch von dem Leben hier, dem zweiten Tode.

DRITTER AUFTRITT

Iphigenie. Thoas.
IPHIGENIE. Mit königlichen Gütern segne dich
Die Göttin, sie gewähre Sieg und Ruhm

Und Reichtum und das Wohl der Deinigen
Und jedes frommen Wunsches Fülle dir!
Daß, der du über viele sorgend herrschest,
Du auch vor vielen seltnes Glück genießest.

THOAS. Zufrieden wär ich wenn mein Volk mich rühmte,
Was ich erwarb genießen andre mehr
Als ich, der ist am glücklichsten, er sei
Ein König oder ein Geringer dem
In seinem Hause Wohl bereitet ist.
Du nahmest teil an meinen tiefen Schmerzen
Als mir das Schwert der Feinde meinen Sohn
Den letzten besten von der Seite riß.
Solang die Rache meinen Geist besaß,
Empfand ich nicht die Öde meiner Wohnung;
Doch jetzt da ich befriedigt wiederkehre,
Ihr Reich zerstört, mein Sohn gerochen ist,
Bleibt mir zu Hause nichts das mich ergötze.
Der fröhliche Gehorsam den ich sonst
Aus einem jeden Auge blicken sah
Ist nun von Sorg und Unmut still gedämpft.
Ein jeder sinnt was künftig werden wird
Und folgt dem Kinderlosen weil er muß.
Nun komm ich heut in diesen Tempel den
Ich oft betrat um Sieg zu bitten und
Für Sieg zu danken. Einen alten Wunsch
Trag ich im Busen, der auch dir nicht fremd
Noch unerwartet ist: ich hoffe dich
Zum Segen meines Volks und mir zum Segen,
Als Braut in meine Wohnung einzuführen.

IPHIGENIE. Der Unbekannten bietest du zu viel
O König an, es steht die Flüchtige
Beschämt vor dir, die nichts an diesem Ufer
Als Schutz und Ruhe sucht die du ihr gabst.

THOAS. Daß du in das Geheimnis deiner Abkunft
Vor mir wie vor dem Letzten stets dich hüllest,

Wär unter keinem Volke recht und gut.
Dies Ufer schreckt die Fremden: das Gesetz
Gebietet's und die Not. Allein von dir,
Die jedes frommen Rechts genießt, ein wohl
Von uns empfangner Gast nach eignem Sinn
Und Willen ihres Tages sich erfreut,
Von dir hofft ich Vertrauen, das der Wirt
Für seine Treue wohl erwarten darf.

IPHIGENIE. Verbarg ich meiner Eltern Namen und
Mein Haus o König, war's Verlegenheit
Nicht Mißtraun. Denn vielleicht, ach wüßtest du
Wer vor dir steht und welch verwünschtes Haupt
Du nährst und schützest; ein Entsetzen faßte
Dein großes Herz mit seltnem Schauer an,
Und statt die Seite deines Thrones mir
Zu bieten, triebest du mich vor der Zeit
Aus deinem Reiche, stießest mich vielleicht,
Eh zu den Meinen frohe Rückkehr mir
Und meiner Wandrung Ende zugedacht ist,
Dem Elend zu, das jeden Schweifenden
Von seinem Haus Vertriebnen überall
Mit kalter fremder Schreckenshand erwartet.

THOAS. Was auch der Rat der Götter mit dir sei
Und was sie deinem Haus und dir gedenken;
So fehlt es doch seitdem du bei uns wohnst
Und eines frommen Gastes Recht genießest
An Segen nicht der mir von oben kommt.
Ich möchte schwer zu überreden sein
Daß ich an dir ein schuldvoll Haupt beschütze.

IPHIGENIE. Dir bringt die Wohltat Segen nicht der Gast.

THOAS. Was man Verruchten tut wird nicht gesegnet.
Drum endige dein Schweigen und dein Weigern!
Es fordert dies kein ungerechter Mann.
Die Göttin übergab dich meinen Händen,
Wie du ihr heilig warst, so warst du's mir,

Auch sei ihr Wink noch künftig mein Gesetz;
Wenn du nach Hause Rückkehr hoffen kannst,
So sprech ich dich von aller Fordrung los.
Doch ist der Weg auf ewig dir versperrt
Und ist dein Stamm vertrieben, oder durch
Ein ungeheures Unheil ausgelöscht,
So bist du mein durch mehr als *ein* Gesetz.
Sprich offen! und du weißt ich halte Wort.

IPHIGENIE. Vom alten Bande löset ungern sich
Die Zunge los, ein langverschwiegenes
Geheimnis endlich zu entdecken. Denn
Einmal vertraut, verläßt es ohne Rückkehr
Des tiefen Herzens sichre Wohnung, schadet
Wie es die Götter wollen, oder nützt.
Vernimm! Ich bin aus Tantalus' Geschlecht.

THOAS. Du sprichst ein großes Wort gelassen aus.
Nennst du *den* deinen Ahnherrn, den die Welt
Als einen ehmals Hochbegnadigten
Der Götter kennt? Ist's jener Tantalus,
Den Jupiter zu Rat und Tafel zog,
An dessen alterfahrnen, vielen Sinn
Verknüpfenden Gesprächen Götter selbst,
Wie an Orakelsprüchen, sich ergötzten?

IPHIGENIE. Er ist es; aber Götter sollten nicht
Mit Menschen, wie mit ihresgleichen wandeln:
Das sterbliche Geschlecht ist viel zu schwach
In ungewohnter Höhe nicht zu schwindeln.
Unedel war er nicht und kein Verräter,
Allein zum Knecht zu groß und zum Gesellen
Des großen Donnrers nur ein Mensch. So war
Auch sein Vergehen menschlich, ihr Gericht
War streng, und Dichter singen: Übermut
Und Untreu stürzten ihn von Jovis Tisch
Zur Schmach des alten Tartarus hinab.
Ach und sein ganz Geschlecht trug ihren Haß!

THOAS. Trug es die Schuld des Ahnherrn oder eigne?

IPHIGENIE. Zwar die gewaltge Brust und der Titanen
    Kraftvolles Mark war seiner Söhn und Enkel
    Gewisses Erbteil, doch es schmiedete
    Der Gott um ihre Stirn ein ehern Band.
    Rat, Mäßigung und Weisheit und Geduld
    Verbarg er ihrem scheuen düstern Blick,
    Zur Wut ward ihnen jegliche Begier,
    Und grenzenlos drang ihre Wut umher.
    Schon Pelops, der gewaltig wollende,
    Des Tantalus geliebter Sohn, erwarb
    Sich durch Verrat und Mord das schönste Weib,
    Des Önomaus Tochter, Hippodamien.
    Sie bringt den Wünschen des Gemahls zwei Söhne
    Thyest und Atreus. Neidisch sehen sie
    Des Vaters Liebe zu dem ersten Sohn
    Aus einem andern Bette, wachsend an.
    Der Haß verbindet sie und heimlich wagt
    Das Paar im Brudermord die erste Tat.
    Der Vater wähnet Hippodamien
    Die Mörderin und grimmig fordert er
    Von ihr den Sohn zurück und sie entleibt
    Sich selbst – –

THOAS.   Du schweigest? Fahre fort zu reden!
    Laß dein Vertraun dich nicht gereuen! Sprich!

IPHIGENIE. Wohl dem der seiner Väter gern gedenkt,
    Der froh von ihren Taten, ihrer Größe
    Den Hörer unterhält und still sich freuend
    Ans Ende dieser schönen Reihe sich
    Geschlossen sieht. Denn es erzeugt nicht gleich
    Ein Haus den Halbgott noch das Ungeheuer,
    Erst eine Reihe Böser oder Guter
    Bringt endlich das Entsetzen, bringt die Freude
    Der Welt hervor. – Nach ihres Vaters Tode
    Gebieten Atreus und Thyest der Stadt,

Gemeinsam herrschend. Lange konnte nicht
Die Eintracht dauern. Bald entehrt Thyest
Des Bruders Bette. Rächend treibet Atreus
Ihn aus dem Reiche. Tückisch hatte schon
Thyest, auf schwere Taten sinnend, lange
Dem Bruder einen Sohn entwandt und heimlich
Ihn als den seinen schmeichelnd auferzogen.
Dem füllet er die Brust mit Wut und Rache
Und sendet ihn zur Königsstadt, daß er
Im Oheim seinen eignen Vater morde.
Des Jünglings Vorsatz wird entdeckt, der König
Straft grausam den gesandten Mörder, wähnend
Er töte seines Bruders Sohn. Zu spät
Erfährt er wer vor seinen trunknen Augen
Gemartert stirbt, und die Begier der Rache
Aus seiner Brust zu tilgen sinnt er still
Auf unerhörte Tat. Er scheint gelassen,
Gleichgültig und versöhnt, und lockt den Bruder
Mit seinen beiden Söhnen in das Reich
Zurück, ergreift die Knaben, schlachtet sie
Und setzt die ekle schaudervolle Speise
Dem Vater bei dem ersten Mahle vor.
Und da Thyest an seinem Fleische sich
Gesättigt, eine Wehmut ihn ergreift,
Er nach den Kindern fragt, den Tritt, die Stimme
Der Knaben an des Saales Türe schon
Zu hören glaubt, wirft Atreus grinsend
Ihm Haupt und Füße der Erschlagnen hin.
Du wendest schaudernd dein Gesicht o König.
So wendete die Sonn ihr Antlitz weg
Und ihren Wagen aus dem ewgen Gleise.
Dies sind die Ahnherrn deiner Priesterin,
Und viel unseliges Geschick der Männer,
Viel Taten des verworrnen Sinnes deckt
Die Nacht mit schweren Fittichen und läßt

Uns nur in grauenvolle Dämmrung sehn.

THOAS. Verbirg sie schweigend auch. Es sei genug
Der Greuel! Sage nun durch welch ein Wunder
Von diesem wilden Stamme du entsprangst.

IPHIGENIE. Des Atreus ältster Sohn war Agamemnon.
Er ist mein Vater, doch ich darf es sagen:
In ihm hab ich seit meiner ersten Zeit
Ein Muster des vollkommnen Manns gesehn.
Ihm brachte Klytämnestra mich, den Erstling
Der Liebe, dann Elektren. Ruhig herrschte
Der König, und es war dem Hause Tantals
Die langentbehrte Rast gewährt. Allein
Es mangelte dem Glück der Eltern noch
Ein Sohn und kaum war dieser Wunsch erfüllt,
Daß zwischen beiden Schwestern nun Orest
Der Liebling wuchs, als neues Übel schon
Dem sichern Hause zubereitet war.
Der Ruf des Krieges ist zu euch gekommen,
Der um den Raub der schönsten Frau zu rächen
Die ganze Macht der Fürsten Griechenlands
Um Trojens Mauern lagerte. Ob sie
Die Stadt gewonnen? ihrer Rache Ziel
Erreicht? vernahm ich nicht. Mein Vater führte
Der Griechen Heer, in Aulis harrten sie
Auf günstgen Wind vergebens, denn Diane
Erzürnt auf ihren großen Führer hielt
Die Eilenden zurück und forderte
Durch Kalchas' Mund des Königs ältste Tochter.
Sie lockten mit der Mutter mich ins Lager,
Sie rissen mich vor den Altar und weihten
Der Göttin dieses Haupt – sie war versöhnt!
Sie wollte nicht mein Blut und hüllte rettend
In eine Wolke mich, in diesem Tempel
Erkannt ich mich zuerst vom Tode wieder.
Ich bin es selbst, bin Iphigenie

Des Atreus Enkel, Agamemnons Tochter,
Der Göttin Eigentum die mit dir spricht.

THOAS. Mehr Vorzug und Vertrauen geb ich nicht
Der Königstochter als der Unbekannten.
Ich wiederhole meinen ersten Antrag:
Komm, folge mir und teile was ich habe.

IPHIGENIE. Wie darf ich solchen Schritt o König wagen?
Hat nicht die Göttin, die mich rettete
Allein das Recht auf mein geweihtes Leben?
Sie hat für mich den Schutzort ausgesucht
Und sie bewahrt mich einem Vater, den
Sie durch den Schein genug gestraft, vielleicht
Zur schönsten Freude seines Alters hier.
Vielleicht ist mir die frohe Rückkehr nah?
Und ich auf ihren Weg nicht achtend, hätte
Mich wider ihren Willen hier gefesselt.
Ein Zeichen bat ich wenn ich bleiben sollte.

THOAS. Das Zeichen ist daß du noch hier verweilst.
Such Ausflucht solcher Art nicht ängstlich auf.
Man spricht vergebens viel um zu versagen,
Der andre hört von allem nur das Nein.

IPHIGENIE. Nicht Worte sind es die nur blenden sollen,
Ich habe dir mein tiefstes Herz entdeckt.
Und sagst du dir nicht selbst wie ich dem Vater,
Der Mutter, den Geschwistern mich entgegen
Mit ängstlichen Gefühlen sehnen muß.
Daß in den alten Hallen, wo die Trauer
Noch manchmal stille meinen Namen lispelt,
Die Freude, wie um eine Neugeborne,
Den schönsten Kranz von Säul an Säulen schlinge.
O sendetest du mich auf Schiffen hin –
Du gäbest mir und allen neues Leben.

THOAS. So kehr zurück! tu was dein Herz dich heißt!
Und höre nicht die Stimme guten Rats
Und der Vernunft. Sei ganz ein Weib und gib

Dich hin dem Triebe der dich zügellos
Ergreift und dahin oder dorthin reißt.
Wenn ihnen eine Lust im Busen brennt,
Hält vom Verräter sie kein heilig Band,
Der sie dem Vater oder dem Gemahl
Aus langbewährten treuen Armen lockt,
Und schweigt in ihrer Brust die rasche Glut,
So dringt auf sie vergebens treu und mächtig
Der Überredung goldne Zunge los.

IPHIGENIE. Gedenk o König deines edeln Wortes.
Willst du mein Zutraun so erwidern? Du
Schienst vorbereitet alles zu vernehmen.

THOAS. Aufs Ungehoffte war ich nicht bereitet.
Doch sollt ich's auch erwarten, wußt ich nicht
Daß ich mit einem Weibe handeln ging.

IPHIGENIE. Schilt nicht o König unser arm Geschlecht,
Nicht herrlich wie die euern aber nicht
Unedel sind die Waffen eines Weibes.
Glaub es, darin bin ich dir vorzuziehn
Daß ich dein Glück mehr als du selber kenne.
Du wähnest unbekannt mit dir und mir
Ein näher Band werd uns zum Glück vereinen.
Voll guten Mutes wie voll guten Willens
Dringst du in mich daß ich mich fügen soll,
Und hier dank ich den Göttern daß sie mir
Die Festigkeit gegeben dieses Bündnis
Nicht einzugehen das sie nicht gebilligt.

THOAS. Es spricht kein Gott, es spricht dein eignes Herz.

IPHIGENIE. Sie reden nur durch unser Herz zu uns.

THOAS. Und hab ich sie zu hören nicht das Recht?

IPHIGENIE. Es überbraust der Sturm die zarte Stimme.

THOAS. Die Priesterin vernimmt sie wohl allein?

IPHIGENIE. Vor allen andern merke sie der Fürst.

THOAS. Dein heilig Amt und dein geerbtes Recht
An Jovis Tisch bringt dich den Göttern näher

Als einen erdgebornen Wilden.

IPHIGENIE.   So
    Büß ich nun das Vertraun das du erzwangst.

THOAS. Ich bin ein Mensch und besser ist's wir enden.
    So bleibe denn mein Wort: Sei Priesterin
    Der Göttin wie sie dich erkoren hat,
    Doch mir verzeih Diane daß ich ihr
    Bisher mit Unrecht und mit innerm Vorwurf
    Die alten Opfer vorenthalten habe.
    Kein Fremder nahet glücklich unserm Ufer;
    Von alters her ist ihm der Tod gewiß.
    Nur du hast mich mit einer Freundlichkeit
    In der ich bald der zarten Tochter Liebe,
    Bald stille Neigung einer Braut zu sehn
    Mich tief erfreute, wie mit Zauberbanden
    Gefesselt, daß ich meiner Pflicht vergaß.
    Du hattest mir die Sinnen eingewiegt,
    Das Murren meines Volks vernahm ich nicht.
    Nun rufen sie die Schuld von meines Sohnes
    Frühzeitgem Tode lauter über mich,
    Um deinetwillen halt ich länger nicht
    Die Menge die das Opfer dringend fordert.

IPHIGENIE. Um meinetwillen hab ich's nie begehrt.
    Der mißversteht die Himmlischen, der sie
    Blutgierig wähnt, er dichtet ihnen nur
    Die eignen grausamen Begierden an.
    Entzog die Göttin mich nicht selbst dem Priester?
    Ihr war mein Dienst willkommner, als mein Tod.

THOAS. Es ziemt sich nicht für uns den heiligen
    Gebrauch mit leicht beweglicher Vernunft
    Nach unserm Sinn zu deuten und zu lenken.
    Tu deine Pflicht, ich werde meine tun.
    Zwei Fremde die wir in des Ufers Höhlen
    Versteckt gefunden und die meinem Lande
    Nichts Gutes bringen sind in meiner Hand.

Mit diesen nehme deine Göttin wieder
Ihr erstes, rechtes, lang entbehrtes Opfer.
Ich sende sie hierher; du weißt den Dienst.

Fünfter Aufzug

SECHSTER AUFTRITT

Iphigenie. Thoas. Orest.

IPHIGENIE. Befreit von Sorge mich eh ihr zu sprechen
    Beginnet. Ich befürchte bösen Zwist,
    Wenn du o König nicht der Billigkeit
    Gelinde Stimme hörest, du mein Bruder
    Der raschen Jugend nicht gebieten willst.
THOAS. Ich halte meinen Zorn wie es dem Ältern
    Geziemt zurück. Antworte mir! womit
    Bezeugst du daß du Agamemnons Sohn
    Und dieser Bruder bist.
OREST.   Hier ist das Schwert
    Mit dem er Trojas tapfre Männer schlug.
    Dies nahm ich seinem Mörder ab und bat
    Die Himmlischen den Mut und Arm, das Glück
    Des großen Königes mir zu verleihn
    Und einen schönern Tod mir zu gewähren.
    Wähl einen aus den Edlen deines Heers
    Und stelle mir den Besten gegenüber.
    So weit die Erde Heldensöhne nährt
    Ist keinem Fremdling dies Gesuch verweigert.
THOAS. Dies Vorrecht hat die alte Sitte nie
    Dem Fremden hier gestattet.
OREST.   So beginne
    Die neue Sitte denn von dir und mir.
    Nachahmend heiliget ein ganzes Volk
    Die edle Tat der Herrscher zum Gesetz.

Und laß mich nicht allein für unsre Freiheit,
Laß mich den Fremden für die Fremden kämpfen.
Fall ich, so ist ihr Urteil mit dem meinen
Gesprochen; aber gönnet mir das Glück
Zu überwinden, so betrete nie
Ein Mann dies Ufer dem der schnelle Blick
Hülfreicher Liebe nicht begegnet, und
Getröstet scheide jeglicher hinweg.

THOAS. Nicht unwert scheinest du o Jüngling mir
Der Ahnherrn deren du dich rühmst zu sein.
Groß ist die Zahl der edeln, tapfern Männer
Die mich begleiten, doch ich stehe selbst
In meinen Jahren noch dem Feinde, bin
Bereit mit dir der Waffen Los zu wagen.

IPHIGENIE. Mit nichten! Dieses blutigen Beweises
Bedarf es nicht o König! Laßt die Hand
Vom Schwerte! Denkt an mich und mein Geschick.
Der rasche Kampf verewigt einen Mann:
Er falle gleich, so preiset ihn das Lied.
Allein die Tränen die unendlichen
Der überbliebnen, der verlaßnen Frau
Zählt keine Nachwelt und der Dichter schweigt
Von tausend durchgeweinten Tag und Nächten
Wo eine stille Seele den verlornen,
Rasch abgeschiednen Freund vergebens sich
Zurückzurufen bangt und sich verzehrt.
Mich selbst hat eine Sorge gleich gewarnt
Daß der Betrug nicht eines Räubers mich
Vom sichern Schutzort reiße, mich der Knechtschaft
Verrate. Fleißig hab ich sie befragt,
Nach jedem Umstand mich erkundigt, Zeichen
Gefordert und gewiß ist nun mein Herz.
Sieh hier an seiner rechten Hand das Mal
Wie von drei Sternen, das am Tage schon
Da er geboren ward sich zeigte, das

Auf schwere Tat mit dieser Faust zu üben
Der Priester deutete. Dann überzeugt
Mich doppelt diese Schramme die ihm hier
Die Augenbraue spaltet. Als ein Kind
Ließ ihn Elektra rasch und unvorsichtig
Nach ihrer Art, aus ihren Armen stürzen.
Er schlug auf einen Dreifuß auf. – Er ist's –
Soll ich dir noch die Ähnlichkeit des Vaters,
Soll ich das innre Jauchzen meines Herzens
Dir auch als Zeugen der Versichrung nennen?

THOAS. Und hübe deine Rede jeden Zweifel,
    Und bändigt ich den Zorn in meiner Brust;
    So würden doch die Waffen zwischen uns
    Entscheiden müssen. Friede seh ich nicht.
    Sie sind gekommen, du bekennest selbst,
    Das heilge Bild der Göttin mir zu rauben.
    Glaubt ihr, ich sehe dies gelassen an?
    Der Grieche wendet oft sein lüstern Auge
    Den fernen Schätzen der Barbaren zu,
    Dem goldnen Felle, Pferden, schönen Töchtern.
    Doch führte sie Gewalt und List nicht immer
    Mit den erlangten Gütern glücklich heim.

OREST. Das Bild o König soll uns nicht entzweien!
    Jetzt kennen wir den Irrtum den ein Gott
    Wie einen Schleier um das Haupt uns legte,
    Da er den Weg hierher uns wandern hieß.
    Um Rat und um Befreiung bat ich ihn
    Von dem Geleit der Furien, er sprach:
    »Bringst du die Schwester die an Tauris' Ufer
    Im Heiligtume wider Willen bleibt,
    Nach Griechenland; so löset sich der Fluch.«
    Wir legten's von Apollens Schwester aus
    Und er gedachte *dich*! Die strengen Bande
    Sind nun gelöst, du bist den Deinen wieder,
    Du Heilige geschenkt, von dir berührt

War ich geheilt, in deinen Armen faßte
Das Übel mich mit allen seinen Klauen
Zum letztenmal und schüttelte das Mark
Entsetzlich mir zusammen, dann entfloh's
Wie eine Schlange zu der Höhle. Neu
Genieß ich nun durch dich das weite Licht
Des Tages. Schön und herrlich zeigt sich mir
Der Göttin Rat. Gleich einem heilgen Bilde
Daran der Stadt unwandelbar Geschick
Durch ein geheimes Götterwort gebannt ist,
Nahm sie dich weg, dich Schützerin des Hauses;
Bewahrte dich in einer heilgen Stille
Zum Segen deines Bruders und der Deinen.
Da alle Rettung auf der weiten Erde
Verloren schien, gibst du uns alles wieder.
Laß deine Seele sich zum Frieden wenden
O König! hindre nicht daß sie die Weihe
Des väterlichen Hauses nun vollbringe,
Mich der entsühnten Halle wiedergebe,
Mir auf das Haupt die alte Krone drücke,
Vergilt den Segen den sie dir gebracht
Und laß des nähern Rechtes mich genießen.
Gewalt und List, der Männer höchster Ruhm,
Wird durch die Wahrheit dieser hohen Seele
Beschämt und reines kindliches Vertrauen
Zu einem edeln Manne wird belohnt.
IPHIGENIE. Denk an dein Wort und laß durch diese Rede
Aus einem graden treuen Munde dich
Bewegen! Sieh uns an! Du hast nicht oft
Zu solcher edeln Tat Gelegenheit.
Versagen kannst du's nicht, gewähr es bald.
THOAS. So geht!
IPHIGENIE.   Nicht so mein König! ohne Segen
In Widerwillen scheid ich nicht von dir.
Verbann uns nicht! Ein freundlich Gastrecht walte

Von dir zu uns, so sind wir nicht auf ewig
Getrennt und abgeschieden. Wert und teuer
Wie mir mein Vater war, so bist du's mir,
Und dieser Eindruck bleibt in meiner Seele.
Bringt der Geringste deines Volkes je
Den Ton der Stimme mir ins Ohr zurück
Den ich an euch gewohnt zu hören bin,
Und seh ich an dem Ärmsten eure Tracht;
Empfangen will ich ihn wie einen Gott,
Ich will ihm selbst ein Lager zubereiten,
Auf einen Stuhl ihn an das Feuer laden,
Und nur nach dir und deinem Schicksal fragen.
O geben dir die Götter deiner Taten
Und deiner Milde wohlverdienten Lohn.
Leb wohl! O wende dich zu uns und gib
Ein holdes Wort des Abschieds mir zurück.
Dann schwellt der Wind die Segel sanfter an
Und Tränen fließen lindernder vom Auge
Des Scheidenden. Leb wohl und reiche mir
Zum Pfand der alten Freundschaft deine Rechte.
THOAS. Lebt wohl!

Johann Wolfgang Goethe

Torquato Tasso

Zweiter Aufzug

Zweiter Auftritt

Tasso. Ist dir's erlaubt die Augen aufzuschlagen?
Wagst du's umherzusehn? Du bist allein!
Vernahmen diese Säulen was sie sprach?
Und hast du Zeugen, diese stummen Zeugen
Des höchsten Glücks zu fürchten? Es erhebt
Die Sonne sich des neuen Lebenstages,
Der mit den vorigen sich nicht vergleicht.
Herniedersteigend hebt die Göttin schnell
Den Sterblichen hinauf. Welch neuer Kreis
Entdeckt sich meinem Auge, welches Reich!
Wie köstlich wird der heiße Wunsch belohnt!
Ich träumte mich dem höchsten Glücke nah,
Und *dieses* Glück ist über alle Träume.
Der Blindgeborne denke sich das Licht,
Die Farben, wie er will, erscheinet ihm
Der neue Tag, ist's ihm ein neuer Sinn.
Voll Mut und Ahndung, freudetrunken, schwankend
Betret ich diese Bahn. Du gibst mir viel,
Du gibst, wie Erd und Himmel uns Geschenke
Mit vollen Händen übermäßig reichen,
Und forderst wieder, was von mir zu fordern
Nur eine solche Gabe dich berechtigt.
Ich soll entbehren, soll mich mäßig zeigen,
Und *so* verdienen, daß du mir vertraust.
Was tat ich je, daß sie mich wählen konnte?
Was soll ich tun, um ihrer wert zu sein?

Sie konnte dir vertraun und dadurch bist du's.
Ja, Fürstin, deinen Worten, deinen Blicken
Sei ewig meine Seele ganz geweiht!
Ja, fordre was du willst, denn ich bin dein!
Sie sende mich, Müh und Gefahr und Ruhm
In fernen Landen aufzusuchen, reiche
Im stillen Hain die goldne Leier mir,
Sie weihe mich der Ruh und ihrem Preis:
Ihr bin ich, bildend soll sie mich besitzen;
Mein Herz bewahrte jeden Schatz für *sie*.
O hätt ein tausendfaches Werkzeug mir
Ein Gott gegönnt, kaum drückt ich dann genug
Die unaussprechliche Verehrung aus.
Des Malers Pinsel und des Dichters Lippe,
Die süßeste, die je von frühem Honig
Genährt war, wünscht ich mir. Nein, künftig soll
Nicht Tasso zwischen Bäumen, zwischen Menschen
Sich einsam, schwach und trübgesinnt verlieren!
Er ist nicht mehr allein, er ist mit *dir*.
O daß die edelste der Taten sich
Hier sichtbar vor mich stellte, rings umgeben
Von gräßlicher Gefahr! Ich dränge zu
Und wagte gern das Leben, das ich nun
Von ihren Händen habe – forderte
Die besten Menschen mir zu Freunden auf,
Unmögliches mit einer edeln Schar
Nach *ihrem* Wink und Willen zu vollbringen.
Voreiliger, warum verbarg dein Mund
Nicht das was du empfandst, bis du dich wert
Und werter ihr zu Füßen legen konntest?
Das war dein Vorsatz, war dein kluger Wunsch.
Doch sei es auch! Viel schöner ist es, rein
Und unverdient ein solch Geschenk empfangen,
Als halb und halb zu wähnen, daß man wohl
Es habe fordern dürfen. Blicke freudig,
Es ist so groß, so weit, was vor dir liegt!

Und hoffnungsvolle Jugend lockt dich wieder
In unbekannte, lichte Zukunft hin.
– Schwelle Brust! – O Witterung des Glücks
Begünstge diese Pflanze doch einmal!
Sie strebt gen Himmel, tausend Zweige dringen
Aus ihr hervor, entfalten sich zu Blüten.
O daß sie Frucht, o daß sie Freuden bringe!
Daß eine liebe Hand den goldnen Schmuck
Aus ihren frischen reichen Asten breche!

DRITTER AUFTRITT

Tasso. Antonio.

TASSO. Sei mir willkommen, den ich gleichsam jetzt
    Zum erstenmal erblicke! Schöner ward
    Kein Mann mir angekündigt. Sei willkommen!
    Dich kenn ich nun und *deinen* ganzen Wert,
    Dir biet ich ohne Zögern Herz und Hand
    Und hoffe, daß auch du mich nicht verschmähst.
ANTONIO. Freigebig bietest du mir schöne Gaben,
    Und ihren Wert erkenn ich wie ich soll,
    Drum laß mich zögern eh ich sie ergreife.
    Weiß ich doch nicht, ob ich dir auch dagegen
    Ein Gleiches geben kann. Ich möchte gern
    Nicht übereilt und nicht undankbar scheinen:
    Laß mich für beide klug und sorgsam sein.
TASSO. Wer wird die Klugheit tadeln? Jeder Schritt
    Des Lebens zeigt wie sehr sie nötig sei;
    Doch schöner ist's, wenn uns die Seele sagt
    Wo wir der feinen Vorsicht nicht bedürfen.
ANTONIO. Darüber frage jeder sein Gemüt,
    Weil er den Fehler selbst zu büßen hat.
TASSO. So sei's! Ich habe meine Pflicht getan,
    Der Fürstin Wort, die uns zu Freunden wünscht,

Hab ich verehrt und mich dir vorgestellt.
Rückhalten durft ich nicht, Antonio; doch gewiß
Zudringen will ich nicht. Es mag denn sein.
Zeit und Bekanntschaft heißen dich vielleicht
Die Gabe wärmer fordern, die du jetzt
So kalt bei Seite lehnst und fast verschmähst.

ANTONIO. Der Mäßige wird öfters kalt genannt
Von Menschen, die sich warm vor andern glauben,
Weil sie die Hitze fliegend überfällt.

TASSO. Du tadelst was ich tadle, was ich meide.
Auch ich verstehe wohl, so jung ich bin,
Der Heftigkeit die Dauer vorzuziehn.

ANTONIO. Sehr weislich! Bleibe stets auf diesem Sinne.

TASSO. Du bist berechtigt mir zu raten, mich
Zu warnen, denn es steht Erfahrung dir
Als lang erprobte Freundin an der Seite.
Doch glaube nur, es horcht ein stilles Herz
Auf jedes Tages, jeder Stunde Warnung,
Und übt sich ingeheim an jedem Guten,
Das deine Strenge neu zu lehren glaubt.

ANTONIO. Es ist wohl angenehm, sich mit sich selbst
Beschäftgen, wenn es nur so nützlich wäre.
Inwendig lernt kein Mensch sein Innerstes
Erkennen. Denn er mißt nach eignem Maß
Sich bald zu klein und leider oft zu groß.
Der Mensch erkennt sich nur im Menschen, nur
Das Leben lehret jedem was er sei.

TASSO. Mit Beifall und Verehrung hör ich dich.

ANTONIO. Und dennoch denkst du wohl bei diesen Worten
Ganz etwas anders, als ich sagen will.

TASSO. Auf diese Weise rücken wir nicht näher.
Es ist nicht klug, es ist nicht wohl getan,
Vorsätzlich einen Menschen zu verkennen,
Er sei auch wer er sei. Der Fürstin Wort
Bedurft es kaum, leicht hab ich dich erkannt:

Ich weiß, daß du das Gute willst und schaffst.
Dein eigen Schicksal läßt dich unbesorgt,
An andre denkst du, andern stehst du bei,
Und auf des Lebens leicht bewegter Woge
Bleibt dir ein stetes Herz. So seh ich dich.
Und was wär ich, ging ich dir nicht entgegen?
Sucht ich begierig nicht auch einen Teil
An dem verschloßnen Schatz, den du bewahrst?
Ich weiß, es reut dich nicht, wenn du dich öffnest;
Ich weiß, du bist mein Freund, wenn du mich kennst:
Und eines solchen Freunds bedurft ich lange.
Ich schäme mich der Unerfahrenheit
Und meiner Jugend nicht. Still ruhet noch
Der Zukunft goldne Wolke mir ums Haupt.
O nimm mich, edler Mann, an deine Brust
Und weihe mich, den Raschen, Unerfahrnen,
Zum mäßigen Gebrauch des Lebens ein.
ANTONIO. In einem Augenblicke forderst du,
Was wohlbedächtig nur die Zeit gewährt.
TASSO. In *einem* Augenblick gewährt die Liebe,
Was Mühe kaum in langer Zeit erreicht.
Ich bitt es nicht von dir, ich darf es fordern.
Dich ruf ich in der Tugend Namen auf,
Die gute Menschen zu verbinden eifert.
Und soll ich dir noch einen Namen nennen?
Die Fürstin hofft's, *sie* will's – Eleonore,
Sie will mich zu dir führen, dich zu mir.
O laß uns ihrem Wunsch entgegen gehn!
Laß uns verbunden vor die Göttin treten,
Ihr unsern Dienst, die ganze Seele bieten,
Vereint für sie das Würdigste zu tun.
Noch einmal! – Hier ist meine Hand! Schlag ein!
Tritt nicht zurück und weigre dich nicht länger,
O edler Mann, und gönne mir die Wollust,
Die schönste guter Menschen, sich dem

Bessern Vertrauend ohne Rückhalt hinzugeben!
ANTONIO. Du gehst mit vollen Segeln! Scheint es doch,
Du bist gewohnt zu siegen, überall
Die Wege breit, die Pforten weit zu finden.
Ich gönne jeden Wert und jedes Glück
Dir gern, allein ich sehe nur zu sehr,
Wir stehn zu weit noch von einander ab.
TASSO. Es sei an Jahren, an geprüftem Wert:
An frohem Mut und Willen weich ich keinem.
ANTONIO. Der Wille lockt die Taten nicht herbei;
Der Mut stellt sich die Wege kürzer vor.
Wer angelangt am Ziel ist, wird gekrönt,
Und oft entbehrt ein Würdger eine Krone.
Doch gibt es leichte Kränze, Kränze gibt es
Von sehr verschiedner Art, sie lassen sich
Oft im Spazierengehn bequem erreichen.
TASSO. Was eine Gottheit diesem frei gewährt
Und jenem streng versagt, ein solches Gut
Erreicht nicht jeder wie er will und mag.
ANTONIO. Schreib es dem Glück vor andern Göttern zu,
So hör ich's gern, denn seine Wahl ist blind.
TASSO. Auch die Gerechtigkeit trägt eine Binde
Und schließt die Augen jedem Blendwerk zu.
ANTONIO. Das Glück erhebe billig der Beglückte!
Er dicht ihm hundert Augen fürs Verdienst
Und kluge Wahl und strenge Sorgfalt an,
Nenn es Minerva, nenn es wie er will,
Er halte gnädiges Geschenk für Lohn,
Zufälligen Putz für wohlverdienten Schmuck.
TASSO. Du brauchst nicht deutlicher zu sein. Es ist genug!
Ich blicke tief dir in das Herz und kenne
Fürs ganze Leben dich. O kennte so
Dich meine Fürstin auch! Verschwende nicht
Die Pfeile deiner Augen, deiner Zunge!
Du richtest sie vergebens nach dem Kranze,

Dem unverwelklichen, auf meinem Haupt.
Sei erst so groß, mir ihn nicht zu beneiden!
Dann darfst du mir vielleicht ihn streitig machen.
Ich acht ihn heilig und das höchste Gut:
Doch zeige mir den Mann, der das erreicht,
Wornach ich strebe, zeige mir den Helden,
Von dem mir die Geschichten nur erzählten;
Den Dichter stell mir vor, der sich Homeren,
Virgilen sich vergleichen darf, ja, was
Noch mehr gesagt ist, zeige mir den Mann,
Der dreifach diesen Lohn verdiente, den
Die schöne Krone dreifach mehr als mich
Beschämte: dann sollst du mich kniend sehn
Vor jener Gottheit, die mich so begabte;
Nicht eher stünd ich auf, bis sie die Zierde
Von meinem Haupt auf seins hinüber drückte.

ANTONIO. Bis dahin bleibst du freilich ihrer wert.

TASSO. Man wäge mich, das will ich nicht vermeiden,
Allein Verachtung hab ich nicht verdient.
Die Krone, der mein Fürst mich würdig achtete,
Die meiner Fürstin Hand für mich gewunden,
Soll keiner mir bezweifeln noch begrinsen!

ANTONIO. Es ziemt der hohe Ton, die rasche Glut
Nicht dir zu mir, noch dir an diesem Orte.

TASSO. Was du dir hier erlaubst, das ziemt auch mir.
Und ist die Wahrheit wohl von hier verbannt?
Ist im Palast der freie Geist gekerkert?
Hat hier ein edler Mensch nur Druck zu dulden?
Mich dünkt hier ist die Hoheit erst an ihrem Platz.
Der Seele Hoheit! Darf sie sich der Nähe
Der Großen dieser Erde nicht erfreun?
Sie darf's und soll's. Wir nahen uns dem Fürsten
Durch Adel nur, der uns von Vätern kam;
Warum nicht durchs Gemüt, das die Natur
Nicht jedem groß verlieh, wie sie nicht jedem

Die Reihe großer Ahnherrn geben konnte.
Nur Kleinheit sollte hier sich ängstlich fühlen,
Der Neid, der sich zu seiner Schande zeigt:
Wie keiner Spinne schmutziges Gewebe
An diesen Marmorwänden haften soll.

ANTONIO.
Du zeigst mir selbst mein Recht dich zu verschmähn!
Der übereilte Knabe will des Manns
Vertraun und Freundschaft mit Gewalt ertrotzen?
Unsittlich wie du bist hältst du dich gut?

TASSO. Viel lieber was ihr euch unsittlich nennt,
Als was ich mir unedel nennen müßte.

ANTONIO. Du bist noch jung genug, daß gute Zucht
Dich eines bessern Wegs belehren kann.

TASSO. Nicht jung genug, vor Götzen mich zu neigen,
Und Trotz mit Trotz zu bändgen, alt genug.

ANTONIO. Wo Lippenspiel und Saitenspiel entscheiden,
Ziehst du als Held und Sieger wohl davon.

TASSO. Verwegen wär es meine Faust zu rühmen,
Denn sie hat nichts getan, doch ich vertrau ihr.

ANTONIO. Du traust auf Schonung, die dich nur zu sehr
Im frechen Laufe deines Glücks verzog.

TASSO. Daß ich erwachsen bin, das fühl ich nun!
Mit dir am wenigsten hätt ich gewünscht
Das Wagespiel der Waffen zu versuchen:
Allein du schürest Glut auf Glut, es kocht
Das innre Mark, die schmerzliche Begier
Der Rache siedet schäumend in der Brust.
Bist du der Mann der du dich rühmst, so steh mir.

ANTONIO. Du weißt so wenig wer, als wo du bist.

TASSO. Kein Heiligtum heißt uns den Schimpf ertragen.
Du lästerst, du entweihest diesen Ort,
Nicht ich, der ich Vertraun, Verehrung, Liebe,
Das schönste Opfer, dir entgegen trug.
Dein Geist verunreint dieses Paradies

Und deine Worte diesen reinen Saal,
Nicht meines Herzens schwellendes Gefühl,
Das braust, den kleinsten Flecken nicht zu leiden.
ANTONIO. Welch hoher Geist in einer engen Brust!
TASSO. Hier ist noch Raum dem Busen Luft zu machen.
ANTONIO. Es macht das Volk sich auch mit Worten Luft.
TASSO. Bist du ein Edelmann wie ich, so zeig es.
ANTONIO. Ich bin es wohl, doch weiß ich wo ich bin.
TASSO. Komm mit herab, wo unsre Waffen gelten.
ANTONIO. Wie du nicht fordern solltest, folg ich nicht.
TASSO. Der Feigheit ist solch Hindernis willkommen.
ANTONIO. Der Feige droht nur, wo er sicher ist.
TASSO. Mit Freuden kann ich diesem Schutz entsagen.
ANTONIO. Vergib dir nur, dem Ort vergibst du nichts.
TASSO. Verzeihe mir der Ort daß ich es litt.

Er zieht den Degen.

Zieh oder folge! Wenn ich nicht auf ewig,
Wie ich dich hasse, dich verachten soll.

Vierter Aufzug

ERSTER AUFTRITT

Zimmer.
TASSO allein. Bist du aus einem Traum erwacht und hat
Der schöne Trug auf einmal dich verlassen?
Hat dich nach einem Tag der höchsten Lust
Ein Schlaf gebändigt, hält und ängstet nun
Mit schweren Fesseln deine Seele? Ja,
Du wachst und träumst. Wo sind die Stunden hin,
Die um dein Haupt mit Blumenkränzen spielten?
Die Tage, wo dein Geist mit freier Sehnsucht
Des Himmels ausgespanntes Blau durchdrang?
Und dennoch lebst du noch und fühlst dich an,

Du fühlst dich an und weißt nicht ob du lebst.
Ist's meine Schuld, ist's eines andern Schuld,
Daß ich mich nun als schuldig hier befinde?
Hab ich verbrochen, daß ich leiden soll?
Ist nicht mein ganzer Fehler ein Verdienst?
Ich sah ihn an und ward vom guten Willen,
Vom Hoffnungswahn des Herzens übereilt:
Der sei ein Mensch, der menschlich Ansehn trägt.
Ich ging mit offnen Armen auf ihn los,
Und fühlte Schloß und Riegel, keine Brust.
O hatt ich doch so klug mir ausgedacht,
Wie ich den Mann empfangen wollte, der
Von alten Zeiten mir verdächtig war!
Allein was immer dir begegnet sei,
So halte dich an *der* Gewißheit fest:
Ich habe *sie* gesehn! Sie stand vor mir!
Sie sprach zu mir, ich habe sie vernommen!
Der Blick, der Ton, der Worte holder Sinn,
Sie sind auf ewig mein, es raubt sie nicht
Die Zeit, das Schicksal, noch das wilde Glück.
Und hob mein Geist sich da zu schnell empor,
Und ließ ich allzurasch in meinem Busen
Der Flamme Luft, die mich nun ganz verzehrt,
So kann mich's nicht gereun, und wäre selbst
Auf ewig das Geschick des Lebens hin.
Ich widmete mich ihr und folgte froh
Dem Winke, der mich ins Verderben rief.
Es sei! So hab ich mich doch wert gezeigt
Des köstlichen Vertrauns, das mich erquickt,
In dieser Stunde selbst erquickt, die mir
Die schwarze Pforte langer Trauerzeit
Gewaltsam öffnet. – Ja, nun ist's getan!
Es geht die Sonne mir der schönsten Gunst
Auf einmal unter; seinen holden Blick
Entziehet mir der Fürst, und läßt mich hier

Auf düstrem, schmalen Pfad verloren stehn.
Das häßliche zweideutige Geflügel,
Das leidige Gefolg der alten Nacht,
Es schwärmt hervor und schwirrt mir um das Haupt.
Wohin, wohin beweg ich meinen Schritt?
Dem Ekel zu entfliehn, der mich umsaust,
Dem Abgrund zu entgehn, der vor mir liegt?

Johann Wolfgang Goethe

Faust – Der Tragödie Erster Teil

Nacht

In einem hochgewölbten, engen gotischen Zimmer

Faust *unruhig auf seinem Sessel am Pulte.*

Faust. Habe nun, ach! Philosophie, Juristerei und Medizin,
Und leider auch Theologie
Durchaus studiert, mit heißem Bemühn.
Da steh' ich nun, ich armer Tor,
Und bin so klug als wie zuvor!
Heiße Magister, heiße Doktor gar,
Und ziehe schon an die zehen Jahr'
Herauf, herab und quer und krumm
Meine Schüler an der Nase herum –
Und sehe, daß wir nichts wissen können!
Das will mir schier das Herz verbrennen.
Zwar bin ich gescheiter als alle die Laffen,
Doktoren, Magister, Schreiber und Pfaffen;
Mich plagen keine Skrupel noch Zweifel,
Fürchte mich weder vor Hölle noch Teufel –
Dafür ist mir auch alle Freud' entrissen,
Bilde mir nicht ein, was Rechts zu wissen,
Bilde mir nicht ein, ich könnte was lehren,
Die Menschen zu bessern und zu bekehren.
Auch hab' ich weder Gut noch Geld,
Noch Ehr' und Herrlichkeit der Welt;
Es möchte kein Hund so länger leben!
Drum hab' ich mich der Magie ergeben,
Ob mir durch Geistes Kraft und Mund

Nicht manch Geheimnis würde kund;
Daß ich nicht mehr mit sauerm Schweiß
Zu sagen brauche, was ich nicht weiß;
Daß ich erkenne, was die Welt
Im Innersten zusammenhält,
Schau' alle Wirkenskraft und Samen,
Und tu' nicht mehr in Worten kramen.

O sähst du, voller Mondenschein,
Zum letztenmal auf meine Pein,
Den ich so manche Mitternacht
An diesem Pult herangewacht:
Dann über Büchern und Papier,
Trübsel'ger Freund, erschienst du mir!
Ach! könnt' ich doch auf Bergeshöhn
 deinem lieben Lichte gehn,
Um Bergeshöhle mit Geistern schweben,
Auf Wiesen in deinem Dämmer weben,
Von allem Wissensqualm entladen,
In deinem Tau gesund mich baden!

Weh! steck' ich in dem Kerker noch?
Verfluchtes dumpfes Mauerloch,
Wo selbst das liebe Himmelslicht
Trüb durch gemalte Scheiben bricht!
Beschränkt von diesem Bücherhauf,
Den Würme nagen, Staub bedeckt,
Den, bis ans hohe Gewölb' hinauf,
Ein angeraucht Papier umsteckt;
Mit Gläsern, Büchsen rings umstellt,
Mit Instrumenten vollgepfropft,
Urväter-Hausrat drein gestopft –
Das ist deine Welt! das heißt eine Welt!

Und fragst du noch, warum dein Herz
Sich bang in deinem Busen klemmt?

Warum ein unerklärter Schmerz
Dir alle Lebensregung hemmt?
Statt der lebendigen Natur,
Da Gott die Menschen schuf hinein,
Umgibt in Rauch und Moder nur
Dich Tiergeripp' und Totenbein.

Flieh! auf! hinaus ins weite Land!
Und dies geheimnisvolle Buch,
Von Nostradamus' eigner Hand,
Ist dir es nicht Geleit genug?
Erkennest dann der Sterne Lauf,
Und wenn Natur dich unterweist,
Dann geht die Seelenkraft dir auf,
Wie spricht ein Geist zum andern Geist.
Umsonst, daß trocknes Sinnen hier
Die heil'gen Zeichen dir erklärt:
Ihr schwebt, ihr Geister, neben mir;
Antwortet mir, wenn ihr mich hört!
*(Er schlägt das Buch auf und erblickt das Zeichen
des Makrokosmus.)*
Ha! welche Wonne fließt in diesem Blick
Auf einmal mir durch alle meine Sinnen!
Ich fühle junges, heil'ges Lebensglück
Neuglühend mir durch Nerv' und Adern rinnen.
War es ein Gott, der diese Zeichen schrieb,
Die mir das innre Toben stillen,
Das arme Herz mit Freude füllen
Und mit geheimnisvollem Trieb
Die Kräfte der Natur rings um mich her enthüllen?
Bin ich ein Gott? Mir wird so licht!
Ich schau' in diesen reinen Zügen
Die wirkende Natur vor meiner Seele liegen.
Jetzt erst erkenn' ich, was der Weise spricht:
»Die Geisterwelt ist nicht verschlossen;
Dein Sinn ist zu, dein Herz ist tot!

Auf, bade, Schüler, unverdrossen
Die ird'sche Brust im Morgenrot!«
(*Er beschaut das Zeichen.*)
Wie alles sich zum Ganzen webt,
Eins in dem andern wirkt und lebt!
Wie Himmelskräfte auf und nieder steigen
Und sich die goldnen Eimer reichen!
Mit segenduftenden Schwingen
Vom Himmel durch die Erde dringen,
Harmonisch all das All durchklingen!

Welch Schauspiel! Aber ach! ein Schauspiel nur!
Wo fass' ich dich, unendliche Natur?
Euch Brüste, wo? Ihr Quellen alles Lebens,
An denen Himmel und Erde hängt,
Dahin die welke Brust sich drängt –
Ihr quellt, ihr tränkt, und schmacht' ich so vergebens?
(*Er schlägt unwillig das Buch um und erblickt das Zeichen
des Erdgeistes.*)
Wie anders wirkt dies Zeichen auf mich ein!
Du, Geist der Erde, bist mir näher;
Schon fühl' ich meine Kräfte höher,
Schon glüh' ich wie von neuem Wein,
Ich fühle Mut, mich in die Welt zu wagen,
Der Erde Weh, der Erde Glück zu tragen,
Mit Stürmen mich herumzuschlagen
Und in des Schiffbruchs Knirschen nicht zu zagen.
Es wölkt sich über mir –
Der Mond verbirgt sein Licht –
Die Lampe schwindet!
Es dampft – Es zucken rote Strahlen
Mir um das Haupt – Es weht
Ein Schauer vom Gewölb' herab
Und faßt mich an!
Ich fühl's, du schwebst um mich, erflehter Geist.
Enthülle dich!

Ha! wie's in meinem Herzen reißt!
Zu neuen Gefühlen
All' meine Sinnen sich erwühlen!
Ich fühle ganz mein Herz dir hingegeben!
Du mußt! du mußt! und kostet' es mein Leben!
(Er faßt das Buch und spricht das Zeichen des Geistes
geheimnisvoll aus. Es zuckt eine rötliche Flamme,
der Geist erscheint in der Flamme.)

GEIST. Wer ruft mir?

FAUST *abgewendet.*   Schreckliches Gesicht!

GEIST. Du hast mich mächtig angezogen,
   An meiner Sphäre lang' gesogen,
   Und nun –

FAUST.   Weh! ich ertrag' dich nicht!

GEIST. Du flehst eratmend, mich zu schauen,
   Meine Stimme zu hören, mein Antlitz zu sehn;
   Mich neigt dein mächtig Seelenflehn,
   Da bin ich! – Welch erbärmlich Grauen
   Faßt Übermenschen dich! Wo ist der Seele Ruf?
   Wo ist die Brust, die eine Welt in sich erschuf
   Und trug und hegte, die mit Freudebeben
   Erschwoll, sich uns, den Geistern, gleich zu heben?
   Wo bist du, Faust, des Stimme mir erklang,
   Der sich an mich mit allen Kräften drang?
   Bist du es, der, von meinem Hauch umwittert,
   In allen Lebenstiefen zittert,
   Ein furchtsam weggekrümmter Wurm?

FAUST. Soll ich dir, Flammenbildung, weichen?
   Ich bin's, bin Faust, bin deinesgleichen!

GEIST. In Lebensfluten, im Tatensturm
   Wall' ich auf und ab,
   Webe hin und her!
   Geburt und Grab,
   Ein ewiges Meer,
   Ein wechselnd Weben,
   Ein glühend Leben,

So schaff' ich am sausenden Webstuhl der Zeit
Und wirke der Gottheit lebendiges Kleid.

FAUST. Der du die weite Welt umschweifst,
Geschäftiger Geist, wie nah fühl' ich mich dir!

GEIST. Du gleichst dem Geist, den du begreifst,
Nicht mir! *(Verschwindet.)*

FAUST *zusammenstürzend.* Nicht dir?
Wem denn?
Ich Ebenbild der Gottheit!
Und nicht einmal dir! *(Es klopft.)*
O Tod! ich kenn's – das ist mein Famulus –
Es wird mein schönstes Glück zunichte!
Daß diese Fülle der Gesichte
Der trockne Schleicher stören muß!

(Wagner im Schlafrocke und der Nachtmütze, eine Lampe in der Hand. FAUST wendet sich unwillig.)

WAGNER. Verzeiht! ich hör' Euch deklamieren;
Ihr last gewiß ein griechisch Trauerspiel?
In dieser Kunst möcht' ich was profitieren,
Denn heutzutage wirkt das viel.
Ich hab' es öfters rühmen hören,
Ein Komödiant könnt' einen Pfarrer lehren.

FAUST. Ja, wenn der Pfarrer ein Komödiant ist;
Wie das denn wohl zu Zeiten kommen mag.

WAGNER. Ach! wenn man so in sein Museum gebannt ist,
Und sieht die Welt kaum einen Feiertag,
Kaum durch ein Fernglas, nur von weiten,
Wie soll man sie durch Überredung leiten?

FAUST. Wenn ihr's nicht fühlt, ihr werdet's nicht erjagen,
Wenn es nicht aus der Seele dringt
Und mit urkräftigem Behagen
Die Herzen aller Hörer zwingt.
Sitzt ihr nur immer! Leimt zusammen,

Braut ein Ragout von andrer Schmaus,
Und blast die kümmerlichen Flammen
Aus eurem Aschenhäufchen 'raus!
Bewundrung von Kindern und Affen,
Wenn euch darnach der Gaumen steht –
Doch werdet ihr nie Herz zu Herzen schaffen,
Wenn es euch nicht von Herzen geht.

WAGNER.
Allein der Vortrag macht des Redners Glück;
Ich fühl' es wohl, noch bin ich weit zurück.

FAUST. Such' Er den redlichen Gewinn!
Sei Er kein schellenlauter Tor!
Es trägt Verstand und rechter Sinn
Mit wenig Kunst sich selber vor;
Und wenn's euch Ernst ist, was zu sagen,
Ist's nötig, Worten nachzujagen?
Ja, eure Reden, die so blinkend sind,
In denen ihr der Menschheit Schnitzel kräuselt,
Sind unerquicklich wie der Nebelwind,
Der herbstlich durch die dürren Blätter säuselt!

WAGNER. Ach Gott! die Künst ist lang,
Und kurz ist unser Leben.
Mir wird, bei meinem kritischen Bestreben,
Doch oft um Kopf und Busen bang.
Wie schwer sind nicht die Mittel zu erwerben,
Durch die man zu den Quellen steigt!
Und eh' man nur den halben Weg erreicht,
Muß wohl ein armer Teufel sterben.

FAUST. Das Pergament, ist das der heil'ge Bronnen,
Woraus ein Trunk den Durst auf ewig stillt?
Erquickung hast du nicht gewonnen,
Wenn sie dir nicht aus eigner Seele quillt.

WAGNER. Verzeiht! es ist ein groß Ergetzen,
Sich in den Geist der Zeiten zu versetzen;
Zu schauen, wie vor uns ein weiser Mann gedacht,

Und wie wir's dann zuletzt so herrlich weit gebracht.

FAUST. O ja, bis an die Sterne weit!

Mein Freund, die Zeiten der Vergangenheit
Sind uns ein Buch mit sieben Siegeln.
Was ihr den Geist der Zeiten heißt,
Das ist im Grund der Herren eigner Geist,
In dem die Zeiten sich bespiegeln.
Da ist's denn wahrlich oft ein Jammer!
Man läuft euch bei dem ersten Blick davon:
Ein Kehrichtfaß und eine Rumpelkammer
Und höchstens eine Haupt- und Staatsaktion
Mit trefflichen pragmatischen Maximen,
Wie sie den Puppen wohl im Munde ziemen!

WAGNER. Allein die Welt! des Menschen Herz und Geist!

Möcht' jeglicher doch was davon erkennen.

FAUST. Ja, was man so erkennen heißt!

Wer darf das Kind beim rechten Namen nennen?
Die wenigen, die was davon erkannt,
Die töricht gnug ihr volles Herz nicht wahrten,
Dem Pöbel ihr Gefühl, ihr Schauen offenbarten,
Hat man von je gekreuzigt und verbrannt.
Ich bitt' Euch, Freund, es ist tief in der Nacht,
Wir müssen's diesmal unterbrechen.

WAGNER. Ich hätte gern nur immer fortgewacht,

Um so gelehrt mit Euch mich zu besprechen.
Doch morgen, als am ersten Ostertage,
Erlaubt mir ein' und andre Frage.
Mit Eifer hab' ich mich der Studien beflissen;
Zwar weiß ich viel, doch möcht' ich alles wissen. *(Ab.)*

FAUST *allein.*

Wie nur dem Kopf nicht alle Hoffnung schwindet,
Der immerfort an schalem Zeuge klebt,
Mit gier'ger Hand nach Schätzen gräbt,
Und froh ist, wenn er Regenwürmer findet!

Darf eine solche Menschenstimme hier,
Wo Geisterfülle mich umgab, ertönen?
Doch ach! für diesmal dank' ich dir,
Dem ärmlichsten von allen Erdensöhnen.
Du rissest mich von der Verzweiflung los,
Die mir die Sinne schon zerstören wollte.
Ach! die Erscheinung war so riesengroß,
Daß ich mich recht als Zwerg empfinden sollte.

Ich, Ebenbild der Gottheit, das sich schon
Ganz nah gedünkt dem Spiegel ew'ger Wahrheit,
Sein selbst genoß in Himmelsglanz und Klarheit,
Und abgestreift den Erdensohn;
Ich, mehr als Cherub, dessen freie Kraft
Schon durch die Adern der Natur zu fließen
Und, schaffend, Götterleben zu genießen
Sich ahnungsvoll vermaß, wie muß ich's büßen!
Ein Donnerwort hat mich hinweggerafft.

Nicht darf ich dir zu gleichen mich vermessen!
Hab' ich die Kraft dich anzuziehn besessen,
So hatt' ich dich zu halten keine Kraft.
In jenem sel'gen Augenblicke
Ich fühlte mich so klein, so groß;
Du stießest grausam mich zurücke,
Ins ungewisse Menschenlos.
Wer lehret mich? was soll ich meiden?
Soll ich gehorchen jenem Drang?
Ach! unsre Taten selbst, so gut als unsre Leiden,
Sie hemmen unsres Lebens Gang.

Dem Herrlichsten, was auch der Geist empfangen,
Drängt immer fremd und fremder Stoff sich an;
Wenn wir zum Guten dieser Welt gelangen,
Dann heißt das Beßre Trug und Wahn.
Die uns das Leben gaben, herrliche Gefühle,
Erstarren in dem irdischen Gewühle.

Wenn Phantasie sich sonst mit kühnem Flug
Und hoffnungsvoll zum Ewigen erweitert,
So ist ein kleiner Raum ihr nun genug,
Wenn Glück auf Glück im Zeitenstrudel scheitert.
Die Sorge nistet gleich im tiefen Herzen,
Dort wirket sie geheime Schmerzen,
Unruhig wiegt sie sich und störet Lust und Ruh;
Sie deckt sich stets mit neuen Masken zu,
Sie mag als Haus und Hof, als Weib und Kind erscheinen,
Als Feuer, Wasser, Dolch und Gift;
Du bebst vor allem, was nicht trifft,
Und was du nie verlierst, das mußt du stets beweinen.

Den Göttern gleich' ich nicht! Zu tief ist es gefühlt;
Dem Wurme gleich' ich, der den Staub durchwühlt,
Den, wie er sich im Staube nährend lebt,
Des Wandrers Tritt vernichtet und begräbt.

Ist es nicht Staub, was diese hohe Wand
Aus hundert Fächern mir verenget,
Der Trödel, der mit tausendfachem Tand
In dieser Mottenwelt mich dränget?
Hier soll ich finden, was mir fehlt?
Soll ich vielleicht in tausend Büchern lesen,
Daß überall die Menschen sich gequält,
Daß hie und da ein Glücklicher gewesen? –
Was grinsest du mir, hohler Schädel, her,
Als daß dein Hirn wie meines einst verwirret
Den leichten Tag gesucht und in der Dämmrung schwer,
Mit Lust nach Wahrheit, jämmerlich geirret?
Ihr Instrumente freilich spottet mein
Mit Rad und Kämmen, Walz' und Bügel:
Ich stand am Tor, ihr solltet Schlüssel sein;
Zwar euer Bart ist kraus, doch hebt ihr nicht die Riegel.

Geheimnisvoll am lichten Tag
Läßt sich Natur des Schleiers nicht berauben,
Und was sie deinem Geist nicht offenbaren mag,
Das zwingst du ihr nicht ab mit Hebeln und mit Schrauben.
Du alt Geräte, das ich nicht gebraucht,
Du stehst nur hier, weil dich mein Vater brauchte.
Du alte Rolle, du wirst angeraucht,
Solang' an diesem Pult die trübe Lampe schmauchte.
Weit besser hätt' ich doch mein weniges verpraßt,
Als mit dem wenigen belastet hier zu schwitzen!
Was du ererbt von deinen Vätern hast,
Erwirb es, um es zu besitzen.
Was man nicht nützt, ist eine schwere Last,
Nur was der Augenblick erschafft, das kann er nützen.

Doch warum heftet sich mein Blick auf jene Stelle?
Ist jenes Fläschchen dort den Augen ein Magnet?
Warum wird mir auf einmal lieblich helle,
Als wenn im nächt'gen Wald uns Mondenglanz umweht?

Ich grüße dich, du einzige Phiole,
Die ich mit Andacht nun herunterhole!
In dir verehr' ich Menschenwitz und Kunst.
Du Inbegriff der holden Schlummersäfte,
Du Auszug aller tödlich feinen Kräfte,
Erweise deinem Meister deine Gunst!
Ich sehe dich, es wird der Schmerz gelindert,
Ich fasse dich, das Streben wird gemindert,
Des Geistes Flutstrom ebbet nach und nach.
Ins hohe Meer werd' ich hinausgewiesen,
Die Spiegelflut erglänzt zu meinen Füßen,
Zu neuen Ufern lockt ein neuer Tag.

Ein Feuerwagen schwebt auf leichten Schwingen
An mich heran! Ich fühle mich bereit,
Auf neuer Bahn den Äther zu durchdringen,

Zu neuen Sphären reiner Tätigkeit.
Dies hohe Leben, diese Götterwonne,
Du, erst noch Wurm, und die verdienest du?
Ja, kehre nur der holden Erdensonne
Entschlossen deinen Rücken zu!
Vermesse dich, die Pforten aufzureißen,
Vor denen jeder gern vorüberschleicht.
Hier ist es Zeit, durch Taten zu beweisen,
Daß Manneswürde nicht der Götterhöhe weicht,
Vor jener dunkeln Höhle nicht zu beben,
In der sich Phantasie zu eigner Qual verdammt,
Nach jenem Durchgang hinzustreben,
Um dessen engen Mund die ganze Hölle flammt;
Zu diesem Schritt sich heiter zu entschließen,
Und wär' es mit Gefahr, ins Nichts dahinzufließen.

Nun komm herab, kristallne reine Schale!
Hervor aus deinem alten Futterale,
An die ich viele Jahre nicht gedacht!
Du glänztest bei der Väter Freudenfeste,
Erheitertest die ernsten Gäste,
Wenn einer dich dem andern zugebracht.
Der vielen Bilder künstlich reiche Pracht,
Des Trinkers Pflicht, sie reimweis zu erklären,
Auf einen Zug die Höhlung auszuleeren,
Erinnert mich an manche Jugendnacht;
Ich werde jetzt dich keinem Nachbar reichen,
Ich werde meinen Witz an deiner Kunst nicht zeigen;
Hier ist ein Saft, der eilig trunken macht;
Mit brauner Flut erfüllt er deine Höhle.
Den ich bereitet, den ich wähle,
Der letzte Trunk sei nun, mit ganzer Seele,
Als festlich hoher Gruß, dem Morgen zugebracht!
(Er setzt die Schale an den Mund.)
[...]

Studierzimmer

FAUST *mit dem Pudel hereintretend.*

Verlassen hab' ich Feld und Auen,
Die eine tiefe Nacht bedeckt,
Mit ahnungsvollem, heil'gem Grauen
In uns die beßre Seele weckt.
Entschlafen sind nun wilde Triebe
Mit jedem ungestümen Tun;
Es reget sich die Menschenliebe,
Die Liebe Gottes regt sich nun.

Sei ruhig, Pudel! renne nicht hin und wider!
An der Schwelle was schnoperst du hier?
Lege dich hinter den Ofen nieder,
Mein bestes Kissen geb' ich dir.
Wie du draußen auf dem bergigen Wege
Durch Rennen und Springen ergetzt uns hast,
So nimm nun auch von mir die Pflege,
Als ein willkommner stiller Gast.

Ach, wenn in unsrer engen Zelle
Die Lampe freundlich wieder brennt,
Dann wird's in unserm Busen helle,
Im Herzen, das sich selber kennt.
Vernunft fängt wieder an zu sprechen,
Und Hoffnung wieder an zu blühn,
Man sehnt sich nach des Lebens Bächen,
Ach! nach des Lebens Quelle hin.

Knurre nicht, Pudel! Zu den heiligen Tönen,
Die jetzt meine ganze Seel' umfassen,
Will der tierische Laut nicht passen.
Wir sind gewohnt, daß die Menschen verhöhnen,
Was sie nicht verstehn,
Daß sie vor dem Guten und Schönen,

Das ihnen oft beschwerlich ist, murren;
Will es der Hund, wie sie, beknurren?

Aber ach! schon fühl' ich, bei dem besten Willen,
Befriedigung nicht mehr aus dem Busen quillen.
Aber warum muß der Strom so bald versiegen,
Und wir wieder im Durste liegen?
Davon hab' ich so viel Erfahrung.
Doch dieser Mangel läßt sich ersetzen:
Wir lernen das Überirdische schätzen,
Wir sehnen uns nach Offenbarung,
Die nirgends würd'ger und schöner brennt
Als in dem Neuen Testament.
Mich drängt's, den Grundtext aufzuschlagen,
Mit redlichem Gefühl einmal
Das heilige Original
In mein geliebtes Deutsch zu übertragen.
(Er schlägt ein Volum auf und schickt sich an.)
Geschrieben steht: »Im Anfang war das *Wort*!«
Hier stock' ich schon! Wer hilft mir weiter fort?
Ich kann das *Wort* so hoch unmöglich schätzen,
Ich muß es anders übersetzen,
Wenn ich vom Geiste recht erleuchtet bin.
Geschrieben steht: Im Anfang war der Sinn.
Bedenke wohl die erste Zeile,
Daß deine Feder sich nicht übereile!
Ist es der Sinn, der alles wirkt und schafft?
Es sollte stehn: Im Anfang war die *Kraft*!
Doch, auch indem ich dieses niederschreibe,
Schon warnt mich was, daß ich dabei nicht bleibe.
Mir hilft der Geist! Auf einmal seh' ich Rat
Und schreibe getrost: Im Anfang war die *Tat*!

Soll ich mit dir das Zimmer teilen,
Pudel, so laß das Heulen,
So laß das Bellen!
Solch einen störenden Gesellen
Mag ich nicht in der Nähe leiden.
Einer von uns beiden
Muß die Zelle meiden.
Ungern heb' ich das Gastrecht auf,
Die Tür ist offen, hast freien Lauf.
Aber was muß ich sehen!
Kann das natürlich geschehen?
Ist es Schatten? ist's Wirklichkeit?
Wie wird mein Pudel lang und breit!
Er hebt sich mit Gewalt,
Das ist nicht eines Hundes Gestalt!
Welch ein Gespenst bracht' ich ins Haus!
Schon sieht er wie ein Nilpferd aus,
Mit feurigen Augen, schrecklichem Gebiß.
O! du bist mir gewiß!
Für solche halbe Höllenbrut
Ist Salomonis Schlüssel gut.

GEISTER *auf dem Gange.*

Drinnen gefangen ist einer!
Bleibet haußen, folg' ihm keiner!
Wie im Eisen der Fuchs,
Zagt ein alter Höllenluchs.
Aber gebt acht!
Schwebet hin, schwebet wider,
Auf und nieder,
Und er hat sich losgemacht.
Könnt ihr ihm nützen,
Laßt ihn nicht sitzen!
Denn er tat uns allen
Schon viel zu Gefallen.

FAUST. Erst zu begegnen dem Tiere,
Brauch' ich den Spruch der viere:

Salamander soll glühen,
Undene sich winden,
Sylphe verschwinden,
Kobold sich mühen.

Wer sie nicht kennte,
Die Elemente,
Ihre Kraft
Und Eigenschaft,
Wäre kein Meister
Über die Geister.

Verschwind in Flammen,
Salamander!
Rauschend fließe zusammen,
Undene!
Leucht in Meteoren-Schöne,
Sylphe!
Bring häusliche Hilfe,
Incubus! Incubus!
Tritt hervor und mache den Schluß.

Keines der viere
Steckt in dem Tiere.
Es liegt ganz ruhig und grinst mich an;
Ich hab' ihm noch nicht weh getan.
Du sollst mich hören
Stärker beschwören.

Bist du Geselle
Ein Flüchtling der Hölle?
So sieh dies Zeichen,

Dem sie sich beugen,
Die schwarzen Scharen!

Schon schwillt es auf mit borstigen Haaren.

Verworfnes Wesen!
Kannst du ihn lesen?
Den nie Entsproßnen,
Unausgesprochnen,
Durch alle Himmel Gegoßnen,
Freventlich Durchstochnen?

Hinter den Ofen gebannt,
Schwillt es wie ein Elefant,
Den ganzen Raum füllt es an,
Es will zum Nebel zerfließen.
Steige nicht zur Decke hinan!
Lege dich zu des Meisters Füßen!
Du siehst, daß ich nicht vergebens drohe.
Ich versenge dich mit heiliger Lohe! Erwarte nicht
Das dreimal glühende Licht! Erwarte nicht
Die stärkste von meinen Künsten!

MEPHISTOPHELES *tritt, indem der Nebel fällt, gekleidet wie ein
fahrender Scholastikus, hinter dem Ofen hervor.*
MEPHISTOPHELES.
    Wozu der Lärm? was steht dem Herrn zu Diensten?

FAUST. Das also war des Pudels Kern!
    Ein fahrender Skolast? Der Casus macht mich lachen.
MEPHISTOPHELES. Ich salutiere den gelehrten Herrn!
    Ihr habt mich weidlich schwitzen machen.
FAUST. Wie nennst du dich?
MEPHISTOPHELES.   Die Frage scheint mir klein
    Für einen, der das Wort so sehr verachtet,

Der, weit entfernt von allem Schein,
Nur in der Wesen Tiefe trachtet.
FAUST. Bei euch, ihr Herrn, kann man das Wesen
Gewöhnlich aus dem Namen lesen,
Wo es sich allzudeutlich weist,
Wenn man euch Fliegengott, Verderber, Lügner heißt.
Nun gut, wer bist du denn?
MEPHISTOPHELES.   Ein Teil von jener Kraft,
Die stets das Böse will und stets das Gute schafft.
FAUST. Was ist mit diesem Rätselwort gemeint?
MEPHISTOPHELES. Ich bin der Geist, der stets verneint!
Und das mit Recht; denn alles, was entsteht,
Ist wert, daß es zugrunde geht;
Drum besser wär's, daß nichts entstünde.
So ist denn alles, was ihr Sünde,
Zerstörung, kurz das Böse nennt,
Mein eigentliches Element.
FAUST.
Du nennst dich einen Teil, und stehst doch ganz vor mir?
MEPHISTOPHELES. Bescheidne Wahrheit sprech' ich dir.
Wenn sich der Mensch, die kleine Narrenwelt,
Gewöhnlich für ein Ganzes hält –
Ich bin ein Teil des Teils, der anfangs alles war,
Ein Teil der Finsternis, die sich das Licht gebar,
Das stolze Licht, das nun der Mutter Nacht
Den alten Rang, den Raum ihr streitig macht,
Und doch gelingt's ihm nicht, da es, so viel es strebt,
Verhaftet an den Körpern klebt.
Von Körpern strömt's, die Körper macht es schön,
Ein Körper hemmt's auf seinem Gange,
So, hoff' ich, dauert es nicht lange,
Und mit den Körpern wird's zugrunde gehn.
FAUST. Nun kenn' ich deine würd'gen Pflichten!
Du kannst im Großen nichts vernichten
Und fängst es nun im Kleinen an.

MEPHISTOPHELES. Und freilich ist nicht viel damit getan.
  Was sich dem Nichts entgegenstellt,
  Das Etwas, diese plumpe Welt,
  So viel als ich schon unternommen,
  Ich wußte nicht ihr beizukommen,
  Mit Wellen, Stürmen, Schütteln, Brand –
  Geruhig bleibt am Ende Meer und Land!
  Und dem verdammten Zeug, der Tier- und Menschenbrut,
  Dem ist nun gar nichts anzuhaben:
  Wie viele hab' ich schon begraben!
  Und immer zirkuliert ein neues, frisches Blut.
  So geht es fort, man möchte rasend werden!
  Der Luft, dem Wasser, wie der Erden
  Entwinden tausend Keime sich,
  Im Trocknen, Feuchten, Warmen, Kalten!
  Hätt' ich mir nicht die Flamme vorbehalten,
  Ich hätte nichts Aparts für mich.
FAUST. So setzest du der ewig regen,
  Der heilsam schaffenden Gewalt
  Die kalte Teufelsfaust entgegen,
  Die sich vergebens tückisch ballt!
  Was anders suche zu beginnen,
  Des Chaos wunderlicher Sohn!
MEPHISTOPHELES. Wir wollen wirklich uns besinnen,
  Die nächsten Male mehr davon!
  Dürft' ich wohl diesmal mich entfernen?
FAUST. Ich sehe nicht, warum du fragst.
  Ich habe jetzt dich kennen lernen,
  Besuche nun mich, wie du magst.
  Hier ist das Fenster, hier die Türe,
  Ein Rauchfang ist dir auch gewiß.
MEPHISTOPHELES. Gesteh' ich's nur! daß ich hinausspaziere,
  Verbietet mir ein kleines Hindernis,
  Der Drudenfuß auf Eurer Schwelle –
FAUST. Das Pentagramma macht dir Pein?

Ei sage mir, du Sohn der Hölle,
Wenn das dich bannt, wie kamst du denn herein?
Wie ward ein solcher Geist betrogen?

MEPH. Beschaut es recht! Es ist nicht gut gezogen;
Der eine Winkel, der nach außen zu,
Ist, wie du siehst, ein wenig offen.

FAUST. Das hat der Zufall gut getroffen!
Und mein Gefangner wärst denn du?
Das ist von ungefähr gelungen!

MEPH. Der Pudel merkte nichts, als er hereingesprungen,
Die Sache sieht jetzt anders aus:
Der Teufel kann nicht aus dem Haus.

FAUST. Doch warum gehst du nicht durchs Fenster?

MEPH. ist ein Gesetz der Teufel und Gespenster:
Wo sie hereingeschlüpft, da müssen sie hinaus.
Das erste steht uns frei, beim zweiten sind wir Knechte.

FAUST. Die Hölle selbst hat ihre Rechte?
Das find’ ich gut, da ließe sich ein Pakt,
Und sicher wohl, mit euch, ihr Herren, schließen?

MEPH. Was man verspricht, das sollst du rein genießen,
Dir wird davon nichts abgezwackt.
Doch das ist nicht so kurz zu fassen,
Und wir besprechen das zunächst;
Doch jetzo bitt’ ich hoch und höchst,
Für dieses Mal mich zu entlassen.

FAUST. So bleibe doch noch einen Augenblick,
Um mir erst gute Mär zu sagen.

MEPHISTOPHELES. Jetzt laß mich los! Ich komme bald zurück,
Dann magst du nach Belieben fragen.

FAUST. Ich habe dir nicht nachgestellt,
Bist du doch selbst ins Garn gegangen.
Den Teufel halte, wer ihn hält!
Er wird ihn nicht so bald zum zweiten Male fangen.

MEPHISTOPHELES. Wenn dir’s beliebt, so bin ich auch bereit,
Dir zur Gesellschaft hier zu bleiben;

Doch mit Bedingnis, dir die Zeit
Durch meine Künste würdig zu vertreiben.
FAUST. Ich seh' es gern, das steht dir frei;
Nur daß die Kunst gefällig sei!
MEPHISTOPHELES. Du wirst, mein Freund, für deine Sinnen
In dieser Stunde mehr gewinnen
Als in des Jahres Einerlei.
Was dir die zarten Geister singen,
Die schönen Bilder, die sie bringen,
Sind nicht ein leeres Zauberspiel.
Auch dein Geruch wird sich ergetzen,
Dann wirst du deinen Gaumen letzen,
Und dann entzückt sich dein Gefühl.
Bereitung braucht es nicht voran,
Beisammen sind wir, fanget an!
[...]

STUDIERZIMMER

FAUST. MEPHISTOPHELES.
FAUST. Es klopft? Herein! Wer will mich wieder plagen?
MEPHISTOPHELES. Ich bin's.
FAUST.   Herein!
MEPHISTOPHELES.   Du mußt es dreimal sagen.
FAUST. Herein denn!
MEPHISTOPHELES.   So gefällst du mir.
Wir werden, hoff' ich, uns vertragen!
Denn dir die Grillen zu verjagen,
Bin ich als edler Junker hier,
In rotem, goldverbrämtem Kleide,
Das Mäntelchen von starrer Seide,
Die Hahnenfeder auf dem Hut,
Mit einem langen spitzen Degen,
Und rate nun dir, kurz und gut,

Dergleichen gleichfalls anzulegen;
Damit du, losgebunden, frei,
Erfahrest, was das Leben sei.

FAUST. In jedem Kleide werd' ich wohl die Pein
Des engen Erdelebens fühlen.
Ich bin zu alt, um nur zu spielen,
Zu jung, um ohne Wunsch zu sein.
Was kann die Welt mir wohl gewähren?
Entbehren sollst du! sollst entbehren!
Das ist der ewige Gesang,
Der jedem an die Ohren klingt,
Den, unser ganzes Leben lang,
Uns heiser jede Stunde singt.
Nur mit Entsetzen wach' ich morgens auf,
Ich möchte bittre Tränen weinen,
Den Tag zu sehn, der mir in seinem Lauf
Nicht *Einen* Wunsch erfüllen wird, nicht *Einen*,
Der selbst die Ahnung jeder Lust
Mit eigensinnigem Krittel mindert,
Die Schöpfung meiner regen Brust
Mit tausend Lebensfratzen hindert.
Auch muß ich, wenn die Nacht sich niedersenkt,
Mich ängstlich auf das Lager strecken;
Auch da wird keine Rast geschenkt,
Mich werden wilde Träume schrecken.
Der Gott, der mir im Busen wohnt,
Kann tief mein Innerstes erregen;
Der über allen meinen Kräften thront,
Er kann nach außen nichts bewegen;
Und so ist mir das Dasein eine Last,
Der Tod erwünscht, das Leben mir verhaßt.

MEPHISTOPHELES.
Und doch ist nie der Tod ein ganz willkommner Gast.

FAUST. O selig der, dem er im Siegesglanze
Die blut'gen Lorbeern um die Schläfe windet,

Den er, nach rasch durchrastem Tanze,
In eines Mädchens Armen findet!
O wär' ich vor des hohen Geistes Kraft
Entzückt, entseelt dahingesunken!
MEPHISTOPHELES. Und doch hat jemand einen braunen Saft,
In jener Nacht, nicht ausgetrunken.
FAUST. Das Spionieren, scheint's, ist deine Lust.
MEPH. Allwissend bin ich nicht; doch viel ist mir bewußt.
FAUST. Wenn aus dem schrecklichen Gewühle
Ein süß bekannter Ton mich zog,
Den Rest von kindlichem Gefühle
Mit Anklang froher Zeit betrog,
So fluch' ich allem, was die Seele
Mit Lock- und Gaukelwerk umspannt,
Und sie in diese Trauerhöhle
Mit Blend- und Schmeichelkräften bannt!
Verflucht voraus die hohe Meinung,
Womit der Geist sich selbst umfängt!
Verflucht das Blenden der Erscheinung,
Die sich an unsre Sinne drängt!
Verflucht, was uns in Träumen heuchelt,
Des Ruhms, der Namensdauer Trug!
Verflucht, was als Besitz uns schmeichelt,
Als Weib und Kind, als Knecht und Pflug!
Verflucht sei Mammon, wenn mit Schätzen
Er uns zu kühnen Taten regt,
Wenn er zu müßigem Ergetzen
Die Polster uns zurechtelegt!
Fluch sei dem Balsamsaft der Trauben!
Fluch jener höchsten Liebeshuld!
Fluch sei der Hoffnung! Fluch dem Glauben,
Und Fluch vor allen der Geduld!
GEISTERCHOR *unsichtbar.*
                    Weh! weh!
                    Du hast sie zerstört,
                    Die schöne Welt,

Mit mächtiger Faust;
Sie stürzt, sie zerfällt!
Ein Halbgott hat sie zerschlagen!
Wir tragen
Die Trümmern ins Nichts hinüber,
Und klagen
Über die verlorne Schöne.
Mächtiger
Der Erdensöhne, Prächtiger
Baue sie wieder,
In deinem Busen baue sie auf!
Neuen Lebenslauf
Beginne,
Mit hellem Sinne,
Und neue Lieder
Tönen darauf!

MEPHISTOPHELES. Dies sind die Kleinen
Von den Meinen.
Höre, wie zu Lust und Taten
Altklug sie raten! In die Welt weit,
Aus der Einsamkeit,
Wo Sinnen und Säfte stocken,
Wollen sie dich locken.
Hör auf, mit deinem Gram zu spielen,
Der, wie ein Geier, dir am Leben frißt;
Die schlechteste Gesellschaft läßt dich fühlen,
Daß du ein Mensch mit Menschen bist.
Doch so ist's nicht gemeint,
Dich unter das Pack zu stoßen.
Ich bin keiner von den Großen;
Doch willst du mit mir vereint
Deine Schritte durchs Leben nehmen,
So will ich mich gern bequemen,
Dein zu sein, auf der Stelle.
Ich bin dein Geselle,

Und mach' ich dir's recht,
Bin ich dein Diener, bin dein Knecht!

FAUST. Und was soll ich dagegen dir erfüllen?

MEPHISTOPHELES. Dazu hast du noch eine lange Frist.

FAUST. Nein, nein! der Teufel ist ein Egoist
Und tut nicht leicht um Gottes willen,
Was einem andern nützlich ist.
Sprich die Bedingung deutlich aus;
Ein solcher Diener bringt Gefahr ins Haus.

MEPH. Ich will mich *hier* zu deinem Dienst verbinden,
Auf deinen Wink nicht rasten und nicht ruhn;
Wenn wir uns *drüben* wiederfinden,
So sollst du mir das gleiche tun.

FAUST. Das Drüben kann mich wenig kümmern;
Schlägst du erst diese Welt zu Trümmern,
Die andre mag darnach entstehn.
Aus dieser Erde quillen meine Freuden,
Und diese Sonne scheinet meinen Leiden;
Kann ich mich erst von ihnen scheiden,
Dann mag, was will und kann, geschehn.
Davon will ich nichts weiter hören,
Ob man auch künftig haßt und liebt,
Und ob es auch in jenen Sphären
Ein Oben oder Unten gibt.

MEPHISTOPHELES. In diesem Sinne kannst du's wagen.
Verbinde dich; du sollst, in diesen Tagen,
Mit Freuden meine Künste sehn,
Ich gebe dir, was noch kein Mensch gesehn.

FAUST. Was willst du armer Teufel geben?
Ward eines Menschen Geist, in seinem hohen Streben,
Von deinesgleichen je gefaßt?
Doch hast du Speise, die nicht sättigt, hast
Du rotes Gold, das ohne Rast,
Quecksilber gleich, dir in der Hand zerrinnt,
Ein Spiel, bei dem man nie gewinnt,

Ein Mädchen, das an meiner Brust
Mit Äugeln schon dem Nachbar sich verbindet,
Der Ehre schöne Götterlust,
Die, wie ein Meteor, verschwindet?
Zeig mir die Frucht, die fault, eh' man sie bricht,
Und Bäume, die sich täglich neu begrünen!
MEPHISTOPHELES. Ein solcher Auftrag schreckt mich nicht,
Mit solchen Schätzen kann ich dienen.
Doch, guter Freund, die Zeit kommt auch heran,
Wo wir was Guts in Ruhe schmausen mögen.
FAUST. Werd' ich beruhigt je mich auf ein Faulbett legen,
So sei es gleich um mich getan!
Kannst du mich schmeichelnd je belügen,
Daß ich mir selbst gefallen mag,
Kannst du mich mit Genuß betrügen,
Das sei für mich der letzte Tag!
Die Wette biet' ich!
MEPHISTOPHELES.　　　Topp!
FAUST.　　　　　　　Und Schlag auf Schlag!
Werd' ich zum Augenblicke sagen:
Verweile doch! du bist so schön!
Dann magst du mich in Fesseln schlagen,
Dann will ich gern zugrunde gehn!
Dann mag die Totenglocke schallen,
Dann bist du deines Dienstes frei,
Die Uhr mag stehn, der Zeiger fallen,
Es sei die Zeit für mich vorbei!
MEPH. Bedenk es wohl, wir werden's nicht vergessen.
FAUST. Dazu hast du ein volles Recht;
Ich habe mich nicht freventlich vermessen.
Wie ich beharre, bin ich Knecht,
Ob dein, was frag' ich, oder wessen.
MEPH. Ich werde heute gleich, beim Doktorschmaus,
Als Diener, meine Pflicht erfüllen.
Nur eins! – Um Lebens oder Sterbens willen

Bitt' ich mir ein paar Zeilen aus.

FAUST. Auch was Geschriebnes forderst du Pedant?
    Hast du noch keinen Mann, nicht Manneswort gekannt?
    Ist's nicht genug, daß mein gesprochnes Wort
    Auf ewig soll mit meinen Tagen schalten?
    Rast nicht die Welt in allen Strömen fort,
    Und mich soll ein Versprechen halten?
    Doch dieser Wahn ist uns ins Herz gelegt,
    Wer mag sich gern davon befreien?
    Beglückt, wer Treue rein im Busen trägt,
    Kein Opfer wird ihn je gereuen!
    Allein ein Pergament, beschrieben und beprägt,
    Ist ein Gespenst, vor dem sich alle scheuen.
    Das Wort erstirbt schon in der Feder,
    Die Herrschaft führen Wachs und Leder.
    Was willst du böser Geist von mir?
    Erz, Marmor, Pergament, Papier?
    Soll ich mit Griffel, Meißel, Feder schreiben?
    Ich gebe jede Wahl dir frei.

MEPHISTOPHELES. Wie magst du deine Rednerei
    Nur gleich so hitzig übertreiben?
    Ist doch ein jedes Blättchen gut.
    Du unterzeichnest dich mit einem Tröpfchen Blut.

FAUST. Wenn dies dir völlig G'nüge tut,
    So mag es bei der Fratze bleiben.

MEPHISTOPHELES. Blut ist ein ganz besondrer Saft.

FAUST. Nur keine Furcht, daß ich dies Bündnis breche!
    Das Streben meiner ganzen Kraft
    Ist grade das, was ich verspreche.
    Ich habe mich zu hoch gebläht,
    In deinen Rang gehör' ich nur.
    Der große Geist hat mich verschmäht,
    Vor mir verschließt sich die Natur.
    Des Denkens Faden ist zerrissen,
    Mir ekelt lange vor allem Wissen.

Laß in den Tiefen der Sinnlichkeit
Uns glühende Leidenschaften stillen!
In undurchdrungnen Zauberhüllen
Sei jedes Wunder gleich bereit!
Stürzen wir uns in das Rauschen der Zeit,
Ins Rollen der Begebenheit!
Da mag denn Schmerz und Genuß,
Gelingen und Verdruß
Mit einander wechseln, wie es kann;
Nur rastlos betätigt sich der Mann.

MEPHISTOPHELES. Euch ist kein Maß und Ziel gesetzt.
Beliebt's Euch, überall zu naschen,
Im Fliehen etwas zu erhaschen,
Bekomm' Euch wohl, was Euch ergetzt.
Nur greift mir zu und seid nicht blöde!

FAUST. Du hörest ja, von Freud' ist nicht die Rede.
Dem Taumel weih' ich mich, dem schmerzlichsten Genuß,
Verliebtem Haß, erquickendem Verdruß.
Mein Busen, der vom Wissensdrang geheilt ist,
Soll keinen Schmerzen künftig sich verschließen,
Und was der ganzen Menschheit zugeteilt ist,
Will ich in meinem innern Selbst genießen,
Mit meinem Geist das Höchst' und Tiefste greifen,
Ihr Wohl und Weh auf meinen Busen häufen,
Und so mein eigen Selbst zu ihrem Selbst erweitern,
Und, wie sie selbst, am End' auch ich zerscheitern.

MEPHISTOPHELES. O glaube mir, der manche tausend Jahre
An dieser harten Speise kaut,
Daß von der Wiege bis zur Bahre
Kein Mensch den alten Sauerteig verdaut!
Glaub unsereinem: dieses Ganze
Ist nur für einen Gott gemacht!
Er findet sich in einem ew'gen Glanze,
Uns hat er in die Finsternis gebracht,
Und euch taugt einzig Tag und Nacht.

FAUST. Allein ich will!

MEPHISTOPHELES.   Das läßt sich hören!

Doch nur vor *einem* ist mir bang:
Die Zeit ist kurz, die Kunst ist lang.
Ich dächt', Ihr ließet Euch belehren.
Assoziiert Euch mit einem Poeten,
Laßt den Herrn in Gedanken schweifen,
Und alle edlen Qualitäten
Auf Euren Ehrenscheitel häufen,
Des Löwen Mut,
Des Hirsches Schnelligkeit,
Des Italieners feurig Blut,
Des Nordens Dau'rbarkeit.
Laßt ihn Euch das Geheimnis finden,
Großmut und Arglist zu verbinden,
Und Euch, mit warmen Jugendtrieben,
Nach einem Plane zu verlieben.
Möchte selbst solch einen Herren kennen,
Würd' ihn Herrn Mikrokosmus nennen.

FAUST. Was bin ich denn, wenn es nicht möglich ist,
Der Menschheit Krone zu erringen,
Nach der sich alle Sinne dringen?

MEPHISTOPHELES. Du bist am Ende – was du bist.
Setz dir Perücken auf von Millionen Locken,
Setz deinen Fuß auf ellenhohe Socken,
Du bleibst doch immer, was du bist.

FAUST. Ich fühl's, vergebens hab' ich alle Schätze
Des Menschengeists auf mich herbeigerafft,
Und wenn ich mich am Ende niedersetze,
Quillt innerlich doch keine neue Kraft;
Ich bin nicht um ein Haar breit höher,
Bin dem Unendlichen nicht näher.

MEPHISTOPHELES. Mein guter Herr, Ihr seht die Sachen,
Wie man die Sachen eben sieht;
Wir müssen das gescheiter machen,

Eh' uns des Lebens Freude flieht.
Was Henker! freilich Händ' und Füße
Und Kopf und H – –, die sind dein;
Doch alles, was ich frisch genieße,
Ist das drum weniger mein?
Wenn ich sechs Hengste zahlen kann,
Sind ihre Kräfte nicht die meine?
Ich renne zu und bin ein rechter Mann,
Als hätt' ich vierundzwanzig Beine.
Drum frisch! Laß alles Sinnen sein,
Und grad' mit in die Welt hinein!
Ich sag' es dir: ein Kerl, der spekuliert,
Ist wie ein Tier, auf dürrer Heide
Von einem bösen Geist im Kreis herumgeführt,
Und rings umher liegt schöne grüne Weide.
FAUST. Wie fangen wir das an?
MEPHISTOPHELES.   Wir gehen eben fort.
Was ist das für ein Marterort?
Was heißt das für ein Leben führen,
Sich und die Jungens ennuyieren?
Laß du das dem Herrn Nachbar Wanst!
Was willst du dich das Stroh zu dreschen plagen?
Das Beste, was du wissen kannst,
Darfst du den Buben doch nicht sagen.
Gleich hör' ich einen auf dem Gange!
FAUST. Mir ist's nicht möglich, ihn zu sehn.
MEPHISTOPHELES. Der arme Knabe wartet lange,
Der darf nicht ungetröstet gehn.
Komm, gib mir deinen Rock und Mütze;
Die Maske muß mir köstlich stehn. Er kleidet sich um.
Nun überlaß es meinem Witze!
Ich brauche nur ein Viertelstündchen Zeit;
Indessen mache dich zur schönen Fahrt bereit! Faust ab.
MEPHISTOPHELES in Fausts langem Kleide.
Verachte nur Vernunft und Wissenschaft,

Des Menschen allerhöchste Kraft,
Laß nur in Blend- und Zauberwerken
Dich von dem Lügengeist bestärken,
So hab' ich dich schon unbedingt –
Ihm hat das Schicksal einen Geist gegeben,
Der ungebändigt immer vorwärts dringt,
Und dessen übereiltes Streben
Der Erde Freuden überspringt.
Den schlepp' ich durch das wilde Leben,
Durch flache Unbedeutenheit,
Er soll mir zappeln, starren, kleben,
Und seiner Unersättlichkeit
Soll Speis' und Trank vor gier'gen Lippen schweben;
Er wird Erquickung sich umsonst erflehn,
Und hätt' er sich auch nicht dem Teufel übergeben,
Er müßte doch zugrunde gehn!
[...]

STRASSE

FAUST. MARGARETE *vorübergehend.*
FAUST. Mein schönes Fräulein, darf ich wagen,
    Meinen Arm und Geleit Ihr anzutragen?
MARGARETE. Bin weder Fräulein, weder schön,
    Kann ungeleitet nach Hause gehn. (*Sie macht sich los und ab.*)
FAUST. Beim Himmel, dieses Kind ist schön!
    So etwas hab' ich nie gesehn.
    Sie ist so sitt- und tugendreich,
    Und etwas schnippisch doch zugleich.
    Der Lippe Rot, der Wange Licht,
    Die Tage der Welt vergess' ich's nicht!
    Wie sie die Augen niederschlägt,
    Hat tief sich in mein Herz geprägt;
    Wie sie kurz angebunden war,
    Das ist nun zum Entzücken gar!

MEPHISTOPHELES *tritt auf.*

FAUST. Hör, du mußt mir die Dirne schaffen!

MEPHISTOPHELES. Nun, welche?

FAUST.   Sie ging just vorbei.

MEPHISTOPHELES. Da die? Sie kam von ihrem Pfaffen,
    Der sprach sie aller Sünden frei;
    Ich schlich mich hart am Stuhl vorbei.
    Es ist ein gar unschuldig Ding,
    Das eben für nichts zur Beichte ging;
    Über die hab' ich keine Gewalt!

FAUST. Ist über vierzehn Jahr doch alt.

MEPHISTOPHELES. Du sprichst ja wie Hans Liederlich,
    Der begehrt jede liebe Blum' für sich,
    Und dünkelt ihm, es wär' kein' Ehr'
    Und Gunst, die nicht zu pflücken wär';
    Geht aber doch nicht immer an.

FAUST. Mein Herr Magister Lobesan,
    Lass' Er mich mit dem Gesetz in Frieden!
    Und das sag' ich Ihm kurz und gut:
    Wenn nicht das süße junge Blut
    Heut nacht in meinen Armen ruht,
    So sind wir um Mitternacht geschieden.

MEPHISTOPHELES. Bedenkt, was gehn und stehen mag!
    Ich brauche wenigstens vierzehn Tag',
    Nur die Gelegenheit auszuspüren.

FAUST. Hätt' ich nur sieben Stunden Ruh',
    Brauchte den Teufel nicht dazu,
    So ein Geschöpfchen zu verführen.

MEPHISTOPHELES. Ihr sprecht schon fast wie ein Franzos;
    Doch bitt' ich, laßt's Euch nicht verdrießen:
    Was hilft's, nur grade zu genießen?
    Die Freud' ist lange nicht so groß,
    Als wenn Ihr erst herauf, herum,
    Durch allerlei Brimborium,
    Das Püppchen geknetet und zugericht't,

Wie's lehret manche welsche Geschicht'.

FAUST. Hab' Appetit auch ohne das.

MEPHISTOPHELES. Jetzt ohne Schimpf und ohne Spaß.
Ich sag' Euch: mit dem schönen Kind
Geht's ein- für allemal nicht geschwind.
Mit Sturm ist da nichts einzunehmen;
Wir müssen uns zur List bequemen.

FAUST. Schaff mir etwas vom Engelsschatz!
Führ mich an ihren Ruheplatz!
Schaff mir ein Halstuch von ihrer Brust,
Ein Strumpfband meiner Liebeslust!

MEPHISTOPHELES. Damit Ihr seht, daß ich Eurer Pein
Will förderlich und dienstlich sein,
Wollen wir keinen Augenblick verlieren,
Will Euch noch heut in ihr Zimmer führen.

FAUST. Und soll sie sehn? sie haben?

MEPHISTOPHELES.   Nein!
Sie wird bei einer Nachbarin sein.
Indessen könnt Ihr ganz allein
An aller Hoffnung künft'ger Freuden
In ihrem Dunstkreis satt Euch weiden.

FAUST. Können wir hin?

MEPHISTOPHELES.   Es ist noch zu früh.

FAUST. Sorg du mir für ein Geschenk für sie! (*Ab.*)

MEPHISTOPHELES.
Gleich schenken? Das ist brav! Da wird er reüssieren!
Ich kenne manchen schönen Platz
Und manchen altvergrabnen Schatz;
Ich muß ein bißchen revidieren. (*Ab.*)

[...]

GRETCHEN *am Spinnrade allein.*

> Meine Ruh' ist hin,
> Mein Herz ist schwer;
> Ich finde sie nimmer
> Und nimmermehr.

> Wo ich ihn nicht hab',
> Ist mir das Grab,
> Die ganze Welt
> Ist mir vergällt.

> Mein armer Kopf
> Ist mir verrückt,
> Mein armer Sinn
> Ist mir zerstückt.

> Meine Ruh' ist hin,
> Mein Herz ist schwer;
> Ich finde sie nimmer
> Und nimmermehr.

> Nach ihm nur schau' ich
> Zum Fenster hinaus,
> Nach ihm nur geh' ich
> Aus dem Haus.

> Sein hoher Gang,
> Sein' edle Gestalt,
> Seines Mundes Lächeln,
> Seiner Augen Gewalt,

> Und seiner Rede
> Zauberfluß,

Sein Händedruck,
Und ach sein Kuß!

Meine Ruh' ist hin,
Mein Herz ist schwer;
Ich finde sie nimmer
Und nimmermehr.

Mein Busen drängt
Sich nach ihm hin.
Ach dürft' ich fassen
Und halten ihn,

Und küssen ihn,
So wie ich wollt',
An seinen Küssen
Vergehen solle!

MARTHENS GARTEN

MARGARETE. FAUST.

MARGARETE. Versprich mir, Heinrich!
FAUST.   Was ich kann!
MARGARETE. Nun sag, wie hast du's mit der Religion?
    Du bist ein herzlich guter Mann,
    Allein ich glaub', du hältst nicht viel davon.
FAUST. Laß das, mein Kind! Du fühlst, ich bin dir gut;
    Für meine Lieben ließ' ich Leib und Blut,
    Will niemand sein Gefühl und seine Kirche rauben.
MARGARETE. Das ist nicht recht, man muß dran glauben!
FAUST. Muß man?
MARGARETE.   Ach! wenn ich etwas auf dich könnte!
    Du ehrst auch nicht die heil'gen Sakramente.
FAUST. Ich ehre sie.

MARGARETE.   Doch ohne Verlangen.
Zur Messe, zur Beichte bist du lange nicht gegangen.
Glaubst du an Gott?
FAUST.   Mein Liebchen, wer darf sagen:
Ich glaub' an Gott?
Magst Priester oder Weise fragen,
Und ihre Antwort scheint nur Spott
Über den Frager zu sein.
MARGARETE.   So glaubst du nicht?
FAUST. Mißhör mich nicht, du holdes Angesicht!
Wer darf ihn nennen?
Und wer bekennen:
Ich glaub' ihn.
Wer empfinden,
Und sich unterwinden
Zu sagen: ich glaub' ihn nicht?
Der Allumfasser,
Der Allerhalter,
Faßt und erhält er nicht
Dich, mich, sich selbst?
Wölbt sich der Himmel nicht dadroben?
Liegt die Erde nicht hierunten fest?
Und steigen freundlich blickend
Ewige Sterne nicht herauf?
Schau' ich nicht Aug' in Auge dir,
Und drängt nicht alles
Nach Haupt und Herzen dir,
Und webt in ewigem Geheimnis
Unsichtbar sichtbar neben dir?
Erfüll davon dein Herz, so groß es ist,
Und wenn du ganz in dem Gefühle selig bist,
Nenn es dann, wie du willst,
Nenn's Glück! Herz! Liebe! Gott!
Ich habe keinen Namen
Dafür! Gefühl ist alles;

Name ist Schall und Rauch,
Umnebelnd Himmelsglut.

MARGARETE. Das ist alles recht schön und gut;
Ungefähr sagt das der Pfarrer auch,
Nur mit ein bißchen andern Worten.

FAUST. Es sagen's allerorten
Alle Herzen unter dem himmlischen Tage,
Jedes in seiner Sprache;
Warum nicht ich in der meinen?

MARGARETE. Wenn man's so hört, möcht's leidlich scheinen,
Steht aber doch immer schief darum;
Denn du hast kein Christentum.

FAUST. Liebs Kind!

MARGARETE.   Es tut mir lang schon weh,
Daß ich dich in der Gesellschaft seh'.

FAUST. Wieso?

MARGARETE. Der Mensch, den du da bei dir hast,
Ist mir in tiefer innrer Seele verhaßt;
Es hat mir in meinem Leben
So nichts einen Stich ins Herz gegeben,
Als des Menschen widrig Gesicht.

FAUST. Liebe Puppe, fürcht ihn nicht!

MARGARETE. Seine Gegenwart bewegt mir das Blut.
Ich bin sonst allen Menschen gut;
Aber wie ich mich sehne, dich zu schauen,
Hab' ich vor dem Menschen ein heimlich Grauen,
Und halt' ihn für einen Schelm dazu!
Gott verzeih' mir's, wenn ich ihm unrecht tu'!

FAUST. Es muß auch solche Käuze geben.

MARGARETE. Wollte nicht mit seinesgleichen leben!
Kommt er einmal zur Tür herein,
Sieht er immer so spöttisch drein
Und halb ergrimmt;
Man sieht, daß er an nichts keinen Anteil nimmt;
Es steht ihm an der Stirn geschrieben,

Daß er nicht mag eine Seele lieben.
Mir wird's so wohl in deinem Arm,
So frei, so hingegeben warm,
Und seine Gegenwart schnürt mir das Innre zu.

FAUST. Du ahnungsvoller Engel du!

MARGARETE. Das übermannt mich so sehr,
Daß, wo er nur mag zu uns treten,
Mein' ich sogar, ich liebte dich nicht mehr.
Auch, wenn er da ist, könnt' ich nimmer beten,
Und das frißt mir ins Herz hinein;
Dir, Heinrich, muß es auch so sein.

FAUST. Du hast nun die Antipathie!

MARGARETE. Ich muß nun fort.

FAUST.   Ach, kann ich nie
Ein Stündchen ruhig dir am Busen hängen,
Und Brust an Brust und Seel' in Seele drängen?

MARGARETE. Ach, wenn ich nur alleine schlief'!
Ich ließ' dir gern heut nacht den Riegel offen;
Doch meine Mutter schläft nicht tief,
Und würden wir von ihr betroffen,
Ich wär' gleich auf der Stelle tot!

FAUST. Du Engel, das hat keine Not.
Hier ist ein Fläschchen! Drei Tropfen nur
In ihren Trank umhüllen
Mit tiefem Schlaf gefällig die Natur.

MARGARETE. Was tu' ich nicht um deinetwillen?
Es wird ihr hoffentlich nicht schaden!

FAUST. Würd' ich sonst, Liebchen, dir es raten?

MARGARETE. Seh' ich dich, bester Mann, nur an,
Weiß nicht, was mich nach deinem Willen treibt;
Ich habe schon so viel für dich getan,
Daß mir zu tun fast nichts mehr übrig bleibt. Ab.

MEPHISTOPHELES *tritt auf.*

MEPHISTOPHELES. Der Grasaff'! ist er weg?

FAUST.   Hast wieder spioniert?

MEPHISTOPHELES. Ich hab's ausführlich wohl vernommen,
    Herr Doktor wurden da katechisiert;
    Hoff', es soll Ihnen wohl bekommen.
    Die Mädels sind doch sehr interessiert,
    Ob einer fromm und schlicht nach altem Brauch.
    Sie denken: duckt er da, folgt er uns eben auch.
FAUST. Du Ungeheuer siehst nicht ein,
    Wie diese treue liebe Seele
    Von ihrem Glauben voll,
    Der ganz allein
    Ihr selig machend ist, sich heilig quäle,
    Daß sie den liebsten Mann verloren halten soll.
MEPHISTOPHELES. Du übersinnlicher sinnlicher Freier,
    Ein Mägdelein nasführet dich.
FAUST. Du Spottgeburt von Dreck und Feuer!
MEPHISTOPHELES.
    Und die Physiognomie versteht sie meisterlich:
    In meiner Gegenwart wird's ihr, sie weiß nicht wie,
    Mein Mäskchen da weissagt verborgnen Sinn;
    Sie fühlt, daß ich ganz sicher ein Genie,
    Vielleicht wohl gar der Teufel bin.
    Nun, heute nacht –?
FAUST.   Was geht dich's an?
MEPHISTOPHELES. Hab' ich doch meine Freude dran!

Penthesilea

Vierundzwanzigster Auftritt

Penthesilea. – Die Leiche des Achills, mit einem roten Teppich
bedeckt. – Prothoe und andere.

DIE ERSTE AMAZONE.

    Seht, seht, ihr Fraun! – Da schreitet sie heran,
    Bekränzt mit Nesseln, die Entsetzliche,
    Dein dürren Reif des Hag'dorns eingewebt,
    An Lorbeerschmuckes Statt, und folgt der Leiche,
    Die Gräßliche, den Bogen festlich schulternd,
    Als wärs der Todfeind, den sie überwunden!

DIE ZWEITE PRIESTERIN.

    O diese Händ –!

DIE ERSTE PRIESTERIN.

               O wendet euch ihr Frauen!

PROTHOE *der Oberpriesterin an den Busen sinkend.*

    O meine Mutter!

DIE OBERPRIESTERIN *mit Entsetzen.*

              Diana ruf ich an:
    Ich bin an dieser Greueltat nicht schuldig!

DIE ERSTE AMAZONE.

    Sie stellt sich grade vor die Oberpriesterin.

DIE ZWEITE. Sie winket, schaut!

DIE OBERPRIESTERIN.   Hinweg, du Scheußliche!

    Du Hadesbürgerin! Hinweg, sag ich!
    Nehmt diesen Schleier, nehmt, und deckt sie zu.

    Sie reißt sich den Schleier ab, und wirft ihn der Königin
                  ins Gesicht.

DIE ERSTE AMAZONE.

    O die lebendge Leich. Es rührt sie nicht –!

DIE ZWEITE. Sie winket immer fort –

DIE DRITTE. Winkt immer wieder –

DIE ERSTE. Winkt immer zu der Priestrin Füßen nieder –

DIE ZWEITE. Seht, seht!

DIE OBERPRIESTERIN. Was willst du mir? hinweg, sag ich!
  Geh zu den Raben, Schatten! Fort! Verwese!
  Du blickst die Ruhe meines Lebens tot.

DIE ERSTE AMAZONE.
  Ha! man verstand sie, seht

DIE ZWEITE. Jetzt ist sie ruhig.

DIE ERSTE. Den Peleïden sollte man, das wars,
  Vor der Dianapriestrin Füßen legen.

DIE DRITTE. Warum just vor der Dianapriestrin Füßen?

DIE VIERTE. Was meint sie auch damit?

DIE OBERPRIESTERIN. Was *soll* mir das?
  Was soll die *Leiche* hier vor mir? Laß sie
  Gebirge decken, unzugängliche,
  Und den Gedanken deiner Tat dazu!
  War ichs, du – Mensch nicht mehr, wie nenn ich dich?
  Die diesen Mord dir schrecklich abgefordert? –
  Wenn ein Verweis, sanft aus der Liebe Mund,
  Zu solchen Greuelnissen treibt, so sollen
  Die Furien kommen, und uns Sanftmut lehren!

DIE ERSTE AMAZONE. Sie blicket immer auf die Priestrin ein.

DIE ZWEITE. Grad ihr ins Antlitz –

DIE DRITTE. Fest und unverwandt,
  Als ob sie durch und durch sie blicken wollte. –

DIE OBERPRIESTERIN. Geh, Prothoe, ich bitte dich, geh, geh,
  Ich kann sie nicht mehr sehn, entferne sie.

PROTHOE *weinend.* Weh mir!

DIE OBERPRIESTERIN. Entschließe dich!

PROTHOE. Die Tat, die sie
  Vollbracht hat, ist zu scheußlich; laß mich sein.

DIE OBERPRIESTERIN. Faß dich – Sie hatte eine schöne Mutter.
  – Geh, biet ihr deine Hülf und führ sie fort.

PROTHOE. Ich will sie nie mit Augen wiedersehn! –
DIE ZWEITE AMAZONE.
   Seht, wie sie jetzt den schlanken Pfeil betrachtet!
DIE ERSTE. Wie sie ihn dreht und wendet –
DIE DRITTE.   Wie sie ihn mißt!
DIE ERSTE PRIESTERIN.
   Das scheint der Pfeil, womit sie ihn erlegt.
DIE ERSTE AMAZONE.
   So ists, ihr Fraun!
DIE ZWEITE.   Wie sie vom Blut ihn säubert!
   Wie sie an seiner Flecken jeden wischt!
DIE DRITTE. Was denkt sie wohl dabei?
DIE ZWEITE.   Und das Gefieder,
   Wie sie es trocknet, kräuselt, wie sies lockt!
   So zierlich! Alles, wie es sich gehört.
   O seht doch!
DIE DRITTE.   – Ist sie das gewohnt zu tun?
DIE ERSTE. Tat sie das sonst auch selber?
DIE ERSTE PRIESTERIN.   Pfeil und Bogen,
   Sie hat sie stets mit eigner Hand gereinigt.
DIE ZWEITE. O heilig hielt sie ihn, das muß man sagen! – –
DIE ZWEITE AMAZONE.
   Doch jetzt den Köcher nimmt sie von der Schulter,
   Und stellt den Pfeil in seinen Schaft zurück.
DIE DRITTE. Nun ist sie fertig –
DIE ZWEITE.   Nun ist es geschehen –
DIE ERSTE PRIESTERIN.
   Nun sieht sie wieder in die Welt hinaus –!
MEHRERE FRAUEN. O jammervoller Anblick! O so öde
   Wie die Sandwüste, die kein Gras gebiert!
   Lustgärten, die der Feuerstrom verwüstet,
   Gekocht im Schoß der Erd und ausgespieen,
   Auf alle Blüten ihres Busens hin,
   Sind anmutsvoller als ihr Angesicht.
PENTHESILEA. *Ein Schauer schüttelt sie zusammen; sie läßt den*

Bogen fallen.

DIE OBERPRIESTERIN. O die Entsetzliche!

PROTHOE *erschrocken.* Nun, was auch gibts?

DIE ERSTE AMAZONE.
Der Bogen stürzt' ihr aus der Hand danieder!

DIE ZWEITE.
Seht, wie er taumelt –

DIE VIERTE. Klirrt, und wankt, und fällt –!

DIE ZWEITE. Und noch einmal am Boden zuckt –

DIE DRITTE. Und stirbt,
Wie er der Tanaïs geboren ward.

Pause.

DIE OBERPRIESTERIN *sich plötzlich zu ihr wendend.*
Du, meine große Herrscherin, vergib mir!
Diana ist, die Göttin, dir zufrieden,
Besänftigt wieder hast du ihren Zorn.
Die große Stifterin des Frauenreiches,
Die Tanaïs, das gesteh ich jetzt, sie hat
Den Bogen würdger nicht geführt als du.

DIE ERSTE AMAZONE.
Sie schweigt –

DIE ZWEITE. Ihr Auge schwillt –

DIE DRITTE. Sie hebt den Finger,
Den blutigen, was will sie – Seht, o seht!

DIE ZWEITE. O Anblick, herzzerreißender, als Messer!

DIE ERSTE. Sie wischt sich eine Träne ab.

DIE OBERPRIESTERIN *an Prothoes Busen zurück sinkend.*
O Diana!
Welch eine Träne!

DIE ERSTE PRIESTERIN. O eine Träne, du Hochheilge,
Die in der Menschen Brüste schleicht,
Und alle Feuerglocken der Empfindung zieht,
Und: Jammer! rufet, daß das ganze
Geschlecht, das leicht bewegliche, hervor
Stürzt aus den Augen, und in Seen gesammelt,

Um die Ruine ihrer Seele weint.

DIE OBERPRIESTERIN *mit einem bittern Ausdruck.*
Nun denn – wenn Prothoe ihr nicht helfen will,
So muß sie hier in ihrer Not vergehn.

PROTHOE *drückt den heftigsten Kampf aus. Drauf, indem sie*
sich ihr nähert, mit einer, immer von Tränen unterbrochenen,
Stimme.
Willst du dich niederlassen, meine Königin?
Willst du an meiner treuen Brust nicht ruhn?
Viel kämpftest du, an diesem Schreckenstag,
Viel auch, viel littest du – von so viel Leiden
Willst du an meiner treuen Brust nicht ruhn?

PENTHESILEA. *Sie sieht sich um, wie nach einem Sessel.*

PROTHOE. Schafft einen Sitz herbei! Ihr seht, sie wills.

Die Amazonen wälzen einen Stein herbei. Penthesilea läßt
sich an Prothoes Hand darauf nieder.
Hierauf setzt sich auch Prothoe.

PROTHOE. Du kennst mich doch, mein Schwesterherz?

PENTHESILEA *sieht sie an, ihr Antlitz erheitert sich ein wenig.*

PROTHOE.   Prothoe
Bin ich, die dich so zärtlich liebt.

PENTHESILEA *streichelt sanft ihre Wange.*

PROTHOE.   O du,
Vor der mein Herz auf Knieen niederfällt,
Wie rührst du mich!

Sie küßt die Hand der Königin.
                – Du bist wohl sehr ermüdet?
Ach, wie man dir dein Handwerk ansieht, Liebe!
Nun freilich – Siegen geht so rein nicht ab,
Und jede Werkstatt kleidet ihren Meister.
Doch wie, wenn du dich jetzo reinigtest,
Händ und Gesicht? – Soll ich dir Wasser schaffen?
– – Geliebte Königin!

PENTHESILEA. *Sie besieht sick und nickt.*

PROTHOE.   Nun ja. Sie wills.

Sie winkt den Amazonen; diese gehen Wasser zu schöpfen.
– Das wird dir wohltun, das wird dich erquicken,
Und sanft, auf kühle Teppiche gestreckt,
Von schwerer Tagesarbeit wirst du ruhn.
DIE ERSTE PRIESTERIN.
    Wenn man mit Wasser sie besprengt, gebt acht,
    Besinnt sie sich.
DIE OBERPRIESTERIN. O ganz gewiß, das hoff ich.
PROTHOE. Du hoffsts, hochheilge Priesterin? – Ich fürcht es.
DIE OBERPRIESTERIN *indem sie zu überlegen scheint.*
    Warum? Weshalb? – Es ist nur nicht zu wagen,
    Sonst müßte man die Leiche des Achills –
PENTHESILEA *blickt die Oberpriesterin blitzend an.*
PROTHOE. Laßt, laßt –!
DIE OBERPRIESTERIN. Nichts, meine Königin, nichts, nichts!
    Es soll dir alles bleiben, wie es ist. –
PROTHOE. Nimm dir den Lorbeer ab, den dornigen,
    Wir alle wissen ja, daß du gesiegt.
    Und auch den Hals befreie dir – So, so!
    Schau! Eine Wund und das recht tief! Du Arme!
    Du hast es dir recht sauer werden lassen –
    Nun dafür triumphierst du jetzo auch!
    – O Artemis!
        Zwei Amazonen bringen ein großes flaches
        Marmorbecken, gefüllt mit Wasser.
PROTHOE.   Hier setzt das Becken her. –
    Soll ich dir jetzt die jungen Scheitel netzen?
    Und wirst du auch erschrecken nicht – –? Was machst du?
PENTHESILEA *läßt sich von ihrem Sitz auf Knien vor das Becken*
    niederfallen, und begießt, sich das Haupt mit Wasser.
PROTHOE. Sieh da! Du bist ja traun recht rüstig, Königin!
    – Das tut dir wohl recht wohl?
PENTHESILEA *sie sieht sich um.*   Ach Prothoe!
        Sie begießt sich von neuem mit Wasser.
MEROE *froh.* Sie spricht!

DIE OBERPRIESTERIN.   Dem Himmel sei gedankt!

PROTHOE.   Gut, gut!

MEROE. Sie kehrt ins Leben uns zurück!

PROTHOE.   Vortrefflich!
    Das Haupt ganz unter Wasser, Liebe! So!
    Und wieder! So, so! Wie ein junger Schwan! –

MEROE. Die Liebliche!

DIE ERSTE PRIESTERIN. Wie sie das Köpfchen hängt!

MEROE. Wie sie das Wasser niederträufeln läßt!

PROTHOE. – Bist du jetzt fertig?

PENTHESILEA.   Ach! – Wie wunderbar.

PROTHOE. Nun denn, so komm mir auf den Sitz zurück! –
    Rasch eure Schleier mir, ihr Priesterinnen,
    Daß ich ihr die durchweichten Locken trockne!
    So, Phania, deinen! Terpi! helft mir, Schwestern!
    Laßt uns ihr Haupt und Nacken ganz verhüllen!
    So, so! – Und jetzo auf den Sitz zurück!

Sie verhüllt die Königin, hebt sie auf den Sitz, und drückt sie fest
an ihre Brust.

PENTHESILEA.
    Wie ist mir?

PROTHOE.   Wohl, denk ich – nicht?

PENTHESILEA *lispelnd.*   Zum Entzücken!

PROTHOE. Mein Schwesterherz! Mein süßes! O mein Leben!

PENTHESILEA. O sagt mir! – Bin ich in Elysium?
    Bist du der ewig jungen Nymphen eine,
    Die unsre hehre Königin bedienen,
    Wenn sie von Eichenwipfeln still umrauscht,
    In die kristallne Grotte niedersteigt?
    Nahmst du die Züge bloß, mich zu erfreuen,
    Die Züge meiner lieben Prothoe an?

PROTHOE. Nicht, meine beste Königin, nicht, nicht.
    Ich bin es, deine Prothoe, die dich
    In Armen hält, und was du hier erblickst,
    Es ist die Welt noch, die gebrechliche,

Auf die nur fern die Götter niederschaun.

PENTHESILEA. So, so. Auch gut. Recht sehr gut. Es tut nichts.

PROTHOE. Wie, meine Herrscherin?

PENTHESILEA.   Ich bin vergnügt.

PROTHOE. Erkläre dich, Geliebte. Wir verstehn nicht –

PENTHESILEA. Daß ich noch bin, erfreut mich. Laßt mich ruhn.

Pause.

MEROE. Seltsam!

DIE OBERPRIESTERIN.

                    Welch eine wunderbare Wendung!

MEROE. Wenn man geschickt ihr doch entlocken könnte –?

PROTHOE. – Was war es denn, das dir den Wahn erregt,
    Du seist ins Reich der Schatten schon gestiegen?

PENTHESILEA *nach einer Pause, mit einer Art von Verzückung.*
    Ich bin so selig, Schwester! Überselig!
    Ganz reif zum Tod o Diana, fühl ich mich!
    Zwar weiß ich nicht, was hier mit mir geschehn,
    Doch gleich des festen Glaubens könnt ich sterben,
    Daß ich mir den Peliden überwand.

PROTHOE *verstohlen zur Oberpriesterin.*
    Rasch jetzt die Leich hinweg!

PENTHESILEA *sich lebhaft aufrichtend.* O Prothoe!
    Mit wem sprichst du?

PROTHOE *da die beiden Trägerinnen noch säumen.*
                    Fort, Rasende!

PENTHESILEA.   O Diana!
    So ist es wahr?

PROTHOE.   Was, fragst du, wahr, Geliebte?
    – Hier! Drängt euch dicht heran!
    Sie winkt den Priesterinnen, die Leiche, die aufgehoben wird,
        mit ihren Leibern zu verbergen.

PENTHESILEA *hält ihre Hände freudig vors Gesicht.* Ihr heilgen
    Götter!
    Ich habe nicht das Herz mich umzusehn.

PROTHOE. Was hast du vor? Was denkst du, Königin?

PENTHESILEA *sich umsehend.*
O Liebe, du verstellst dich.
PROTHOE.   Nein, beim Zeus,
Dem ewgen Gott der Welt!
PENTHESILEA *mit immer steigender Ungeduld.*
                            O ihr Hochheiligen,
Zerstreut euch doch!
DIE OBERPRIESTERIN *sich dicht mit den übrigen Frauen zusam-*
                mendrängend.
                    Geliebte Königin!
PENTHESILEA *indem sie aufsteht.*
O Diana! Warum soll ich nicht? O Diana!
Er stand schon einmal hinterm Rücken mir.
MEROE. Seht, seht! Wie sie Entsetzen faßt!
PENTHESILEA *zu den Amazonen, welche die Leiche tragen.*
                            Halt dort! –
Was tragt ihr dort? Ich will es wissen. Steht!
Sie macht sich Platz unter den Frauen und dringt bis zur
                Leiche vor.
PROTHOE. O meine Königin! Untersuche nicht!
PENTHESILEA. Ist ers, ihr Jungfraun? Ist ers?
EINE TRÄGERIN *indem die Leiche niedergelassen wird.*
                            Wer, fragst du?
PENTHESILEA. – Es ist unmöglich nicht, das seh ich ein.
Zwar einer Schwalbe Flügel kann ich lähmen,
So, daß der Flügel noch zu heilen ist;
Den Hirsch lock ich mit Pfeilen in den Park.
Doch ein Verräter ist die Kunst der Schützen;
Und gilts den Meisterschuß ins Herz des Glückes,
So führen tücksche Götter uns die Hand.
– Traf ich zu nah ihn, wo es gilt? Sprecht, ist ers?
PROTHOE. O bei den furchtbarn Mächten des Olymps,
Frag nicht –!
PENTHESILEA. Hinweg! Und wenn mir seine Wunde,
Ein Höllenrachen, gleich entgegen gähnte:

Ich will ihn sehn!

Sie hebt den Teppich auf.

Wer von euch tat das, ihr Entsetzlichen!

PROTHOE. Das fragst du noch?

PENTHESILEA.   O Artemis! Du Heilige!
    Jetzt ist es um dein Kind geschehn!

DIE OBERPRIESTERIN.
    Da stürzt sie hin!

PROTHOE.   Ihr ewigen Himmelsgötter!
    Warum nicht meinem Rate folgtest du?
    O dir war besser, du Unglückliche,
    In des Verstandes Sonnenfinsternis
    Umher zu wandeln, ewig, ewig, ewig,
    Als diesen fürchterlichen Tag zu sehn!
    – Geliebte, hör mich!

DIE OBERPRIESTERIN. Meine Königin!

MEROE. Zehntausend Herzen teilen deinen Schmerz!

DIE OBERPRIESTERIN. Erhebe dich!

PENTHESILEA *halb aufgerichtet.*   Ach, diese blutgen Rosen!
    Ach, dieser Kranz von Wunden um sein Haupt!
    Ach, wie die Knospen, frischen Grabduft streuend,
    Zum Fest für die Gewürme, niedergehn!

PROTHOE *mit Zärtlichkeit.*
    Und doch war es die Liebe, die ihn kränzte?

MEROE. Nur allzufest –!

PROTHOE. Und mit der Rose Dornen,
    In der Beeifrung, daß es ewig sei!

DIE OBERPRIESTERIN. Entferne dich!

PENTHESILEA.   Das aber will ich wissen,
    Wer mir so gottlos neben hat gebuhlt! –
    Ich frage nicht, wer den Lebendigen
    Erschlug; bei unsern ewig hehren Göttern!
    Frei, wie ein Vogel, geht er von mir weg.
    Wer mir den Toten tötete, frag ich,
    Und darauf gib mir Antwort, Prothoe.

PROTHOE. Wie, meine Herrscherin?

PENTHESILEA.   Versteh mich recht.
    Ich will nicht wissen, wer aus seinem Busen
    Den Funken des Prometheus stahl. Ich wills nicht,
    Weil ichs nicht will; die Laune steht mir so:
    Ihm soll vergeben sein, er mag entfliehn.
    Doch wer, o Prothoe, bei diesem Raube
    Die offne Pforte ruchlos mied, durch alle
    Schneeweißen Alabasterwände mir
    In diesen Tempel brach; wer diesen Jüngling,
    Das Ebenbild der Götter, so entstellt,
    Daß Leben und Verwesung sich nicht streiten,
    Wem er gehört, wer ihn so zugerichtet,
    Daß ihn das Mitleid nicht beweint, die Liebe
    Sich, die unsterbliche, gleich einer Metze,
    Im Tod noch untreu, von ihm wenden muß:
    Den will ich meiner Rache opfern. Sprich!

PROTHOE *zur Oberpriesterin.*
    Was soll man nun der Rasenden erwidern? –

PENTHESILEA. Nun, werd ichs hören?

MEROE.   – O meine Königin,
    Bringt es Erleichterung der Schmerzen dir,
    In deiner Rache opfre, wen du willst.
    Hier stehn wir all und bieten dir uns an.

PENTHESILEA. Gebt acht, sie sagen noch, daß ich es war.

DIE OBERPRIESTERIN *schüchtern.*
    Wer sonst, du Unglückselige, als nur –?

PENTHESILEA. Du Höllenfürstin, im Gewand des Lichts,
    Das wagst du mir –?

DIE OBERPRIESTERIN. Diana ruf ich an!
    Laß es die ganze Schar, die dich umsteht,
    Bekräftigen! Dein Pfeil wars der ihn traf,
    Und Himmel! wär es nur dein Pfeil gewesen!
    Doch, als er niedersank, warfst du dich noch,
    In der Verwirrung deiner wilden Sinne,

Mit allen Hunden über ihn und schlugst –
O meine Lippe zittert auszusprechen,
Was du getan. Frag nicht! Komm, laß uns gehn.
PENTHESILEA. Das muß ich erst von meiner Prothoe hören.
PROTHOE. O meine Königin! Befrag mich nicht.
PENTHESILEA.
   Was! Ich? Ich hätt ihn –? Unter meinen Hunden –?
   Mit diesen kleinen Händen hätt ich ihn –?
   Und dieser Mund hier, den die Liebe schwellt –?
   Ach, zu ganz anderm Dienst gemacht, als ihn –!
   Die hätten, lustig stets einander helfend,
   Mund jetzt und Hand, und Hand und wieder Mund –?
PROTHOE. O Königin!
DIE OBERPRIESTERIN.   Ich rufe Wehe! dir.
PENTHESILEA.
   Nein, hört, davon nicht überzeugt ihr mich.
   Und stünds mit Blitzen in die Nacht geschrieben,
   Und rief es mir des Donners Stimme zu,
   So rief ich doch noch beiden zu: ihr lügt!
MEROE. Laß ihn, wie Berge, diesen Glauben stehn;
   Wir sind es nicht, die ihn erschüttern werden.
PENTHESILEA. – Wie kam es denn, daß er sich nicht gewehrt?
DIE OBERPRIESTERIN. Er liebte dich, Unseligste! Gefangen
   Wollt er sich dir ergeben, darum naht' er!
   Darum zum Kampfe fordert' er dich auf!
   Die Brust voll süßen Friedens kam er her,
   Um dir zum Tempel Artemis' zu folgen.
   Doch du –
PENTHESILEA. So, so –
DIE OBERPRIESTERIN.   Du trafst ihn –
PENTHESILEA.   Ich zerriß ihn.
PROTHOE. O meine Königin!
PENTHESILEA.   Oder war es anders?
MEROE. Die Gräßliche!
PENTHESILEA.   Küßt ich ihn tot?

DIE ERSTE PRIESTERIN.   O Himmel!
PENTHESILEA.

Nicht? Küßt ich nicht? Zerrissen wirklich? sprecht?
DIE OBERPRIESTERIN. Weh! Wehe! ruf ich dir. Verberge dich!
   Laß fürder ewge Mitternacht dich decken!
PENTHESILEA. – So war es ein Versehen. Küsse, Bisse,
   Das reimt sich, und wer recht von Herzen liebt,
   Kann schon das eine für das andre greifen.
MEROE. Helft ihr, ihr Ewgen, dort!
PROTHOE *ergreift sie.*   Hinweg!
PENTHESILEA.   Laßt, laßt!
   Sie wickelt sich los, und läßt sich auf Knieen
               vor der Leiche nieder.
   Du Ärmster aller Menschen, du vergibst mir!
   Ich habe mich, bei Diana, bloß versprochen,
   Weil ich der raschen Lippe Herr nicht bin;
   Doch jetzt sag ich dir deutlich, wie ichs meinte:
   Dies, du Geliebter, wars, und weiter nichts.
               Sie küßt ihn.
DIE OBERPRIESTERIN.

   Schafft sie hinweg!
MEROE.   Was soll sie länger hier?
PENTHESILEA. Wie manche, die am Hals des Freundes hängt,
   Sagt wohl das Wort: sie lieb ihn, o so sehr,
   Daß sie vor Liebe gleich ihn essen könnte;
   Und hinterher, das Wort beprüft, die Närrin!
   Gesättigt sein zum Ekel ist sie schon.
   Nun, du Geliebter, so verfuhr ich nicht.
   Sieh her: als *ich* an deinem Halse hing,
   Hab ichs wahrhaftig Wort für Wort getan;
   Ich war nicht so verrückt, als es wohl schien.
MEROE. Die Ungeheuerste! Was sprach sie da?
DIE OBERPRIESTERIN.

   Ergreift sie! Bringt sie fort!
PROTHOE.   Komm, meine Königin!

PENTHESILEA *sie läßt sich aufrichten.*
Gut, gut. Hier bin ich schon.
DIE OBERPRIESTERIN.   So folgst du uns?
PENTHESILEA. Euch nicht! – –
Geht ihr nach Themiscyra, und seid glücklich,
Wenn ihr es könnt –
Vor allen meine Prothoe – Ihr alle –
Und – – – im Vertraun ein Wort, das niemand höre,
Der Tanaïs Asche, streut sie in die Luft!
PROTHOE. Und du, mein teures Schwesterherz?
PENTHESILEA. Ich?
PROTHOE.   Du!
PENTHESILEA.   – Ich will dir sagen, Prothoe,
Ich sage vom Gesetz der Fraun mich los,
Und folge diesem Jüngling hier.
PROTHOE. Wie, meine Königin?
DIE OBERPRIESTERIN.   Unglückliche!
PROTHOE. Du willst –?
DIE OBERPRIESTERIN.   Du denkst –
PENTHESILEA.   Was? Allerdings!
MEROE.   O Himmel!
PROTHOE. So laß mich dir ein Wort, mein Schwesterherz –
Sie sucht ihr den Dolch wegzunehmen.
PENTHESILEA.
Nun denn, und was? – – Was suchst du mir am Gurt?
– Ja, so. Wart, gleich! Verstand ich dich doch nicht.
– – Hier ist der Dolch.
Sie löst sich den Dolch aus dem Gurt, und gibt ihn der Prothoe.
                Willst du die Pfeile auch?
Sie nimmt den Köcher von der Schulter.
Hier schütt ich ihren ganzen Köcher aus!
Sie schüttet die Pfeile vor sich nieder.
Zwar reizend wärs von *einer* Seite –
Sie hebt einige davon wieder auf.
Denn dieser hier – nicht? Oder war es dieser –?

503

Ja, der! Ganz recht – Gleichviel! Da! Nimm sie hin!
Nimm alle die Geschosse zu dir hin!
  Sie rafft den ganzen Bündel wieder auf, und gibt
        ihn der Prothoe in die Hände.
PROTHOE.   Gib her.
PENTHESILEA. Denn jetzt steig ich in meinen Busen nieder,
  Gleich einem Schacht, und grabe, kalt wie Erz,
  Mir ein vernichtendes Gefühl hervor.
  Dies Erz, dies läutr' ich in der Glut des Jammers
  Hart mir zu Stahl; tränk es mit Gift sodann,
  Heißätzendem, der Reue, durch und durch;
  Trag es der Hoffnung ewgem Amboß zu,
  Und schärf und spitz es mir zu einem Dolch;
  Und diesem Dolch jetzt reich ich meine Brust:
  So! So! So! So! Und wieder! – Nun ists gut.
                Sie fällt und stirbt.
PROTHOE *die Königin auffassend.*
  Sie stirbt!
MEROE.   Sie folgt ihm, in der Tat!
PROTHOE.   Wohl ihr!
  Denn hier war ihres fernern Bleibens nicht.
          Sie legt sie auf den Boden nieder.
DIE OBERPRIESTERIN.
  Ach! Wie gebrechlich ist der Mensch, ihr Götter!
  Wie stolz, die hier geknickt liegt, noch vor kurzem,
  Hoch auf des Lebens Gipfeln, rauschte sie!
PROTHOE. Sie sank, weil sie zu stolz und kräftig blühte!
  Die abgestorbne Eiche steht im Sturm,
  Doch die gesunde stürzt er schmetternd nieder,
  Weil er in ihre Krone greifen kann.

5. Ästhetik, Poetik, Kunsttheorie

JEAN PAUL

Wie man Goethe gefällt – als Statue

[An Christian Otto in Hof]   Weimar, den 17. Juni 1796
Lieber Bruder, […] Ich habe in Weimar zwanzig Jahre in wenigen
Tagen verlebt, meine Menschenkenntnis ist wie ein Pilz manns-
hoch in die Höhe geschossen. Ich werde dir von Meerwundern,
von ganz unbegreiflichen, unerhörten Dingen (keinen unangenehmen) zu erzählen haben, aber nur dir allein. […]

Ein Urteil, das ein Herder, Wieland, Goethe etc. fällt, wird so
bestritten wie jedes andere, das noch abgerechnet, daß die drei
Turmspitzen unserer Litteratur einander – meiden. Kurz, ich bin
nicht mehr dumm. Auch werd' ich mich jetzt vor keinem großen
Mann mehr ängstlich bücken, blos vor dem tugendhaftesten.
Gleichwohl kam ich mit Scheu zu Goethe. Die Ostheim und jeder malte ihn ganz kalt für alle Menschen und Sachen auf der
Erde. Die Ostheim sagte, er bewundere nichts mehr, nicht einmal
sich, jedes Wort sei Eis, zumal gegen Fremde, die er selten vor-
lasse, er habe etwas Steifes, reichsstädtisch-Stolzes, blos Kunst-
sachen wärmen noch seine Herznerven an, daher ich Knebel bat,
mich vorher durch einen Mineralbrunnen zu petrifizieren und
zu inkrustieren, damit ich mich ihm etwan im vorteilhaften
Lichte einer Statue zeigen könnte. (Die Ostheim rät mir überall
Kälte und Selbstbewußtsein an.) Ich ging, ohne Wärme, blos aus
Neugierde. Sein Haus (Palast) frappiert, es ist das einzige in Weimar in italienischem Geschmack, mit solchen Treppen, ein Pantheon voll Bilder und Statuen. Eine Kühle der Angst presset die
Brust. Endlich tritt der Gott her, kalt, einsilbig, ohne Akzent.
Sagt Knebel z. B.: Die Franzosen ziehen in Rom ein. »Hm!« sagt
der Gott. Seine Gestalt ist markig und feurig, sein Auge ein Licht,
aber ohne eine angenehme Farbe.

Aber endlich schürete ihn nicht blos der Champagner, sondern die Gespräche über Kunst, Publikum etc. sofort an, und –

man war bei Goethe. Er spricht nicht so blühend und strömend wie Herder, aber scharf-bestimmt und ruhig. Zuletzt las er uns – d. h. spielte er uns – ein ungedrucktes herrliches Gedicht vor, wodurch sein Herz durch die Eiskruste die Flammen trieb, sodaß er dem enthusiastischen Jean Paul (mein Gesicht war es, aber meine Zunge nicht, wie ich denn nur von weitem auf einzelne Werke anspielte, mehr der Unterredung und des Beleges wegen) die Hand drückte. (Sein Vorlesen ist nichts als ein tieferes Donnern, vermischt mit dem leisen Regengelispel; es gibt nichts ähnliches.) Beim Abschied tat er's wieder und hieß mich wiederkommen.

Er hält seine dichterische Laufbahn für beschlossen. – Beim Himmel! Wir wollen uns doch lieben. Die Ostheim sagt, er gibt nie ein Zeichen der Liebe. 1.000.000 Sachen hab ich dir von ihm zu sagen.

Auch frisset er entsetzlich. Er ist mit dem feinsten Geschmack gekleidet. –

Ich kann, wenn ich will, an allen Tafeln essen. Ich kam noch zu keinem Menschen, ohne geladen zu sein. Als ich ankam am Tore, ward es ordentlich der Herzogin [-Mutter] gemeldet, und am andern Tag wußt' es jeder …

Ich schicke dir diese Zeichnungen des Heiligenscheins, den sie hier um meinen kahlen Scheitel führen, darum ohne alle Scham nach Hof, erstlich, damit du es weiter erzählest (denn ich werde alles zusammen nur dir erzählen, der du mich nie verkannt und blos zu sehr geachtet hast, aber – auch aus Ekel an der langen Geschichte – keinem weiter in Hof, wo mir so oft Unrecht widerfuhr, daß ich, wenn du nicht da wärst, geradezu hier sitzen bliebe). Ich schreibe eilig und ohne Ordnung, vergib es, Bruder.

[…]

Johann Joachim Winckelmann

Gedancken über die Nachahmung der Griechischen Wercke in der Mahlerey und Bildhauer-Kunst

[...]

Der eintzige Weg für uns, groß, ja, wenn es möglich ist, unnachahmlich zu werden, ist die Nachahmung der Alten, und was jemand vom Homer gesagt, daß, derjenige ihn bewundern lernet, der ihn wohl verstehen gelernet, gilt auch von den Kunst-Wercken der Alten, sonderlich der Griechen. Man muß mit ihnen, wie mit seinem Freund, bekannt geworden seyn, um den Laocoon eben so unnachahmlich als den Homer zu finden. In solcher genauen Bekanntschafft wird man wie Nicomachus von der Helena des Zeuxis urtheilen: »Nimm meine Augen«, sagte er zu einen Unwissenden, der das Bild tadeln wollte, »so wird sie dir eine Göttin scheinen.«

Mit diesem Auge haben Michael Angelo, Raphael und Poußin die Wercke der Alten angesehen. Sie haben den guten Geschmack aus seiner Qvelle geschöpfet, und Raphael in dem Lande selbst, wo er sich gebildet. Man weiß, daß er junge Leute nach Griechenland geschicket, die Ueberbleibsel des Alterthums für ihn zu zeichnen.

Eine Bildsäule von einer alten Römischen Hand wird sich gegen ein Griechisches Urbild allemahl verhalten, wie Virgils Dido in ihrem Gefolge mit der Diana unter ihren Oreaden verglichen, sich gegen Homers Nausicaa verhält, welche jener nachzuahmen gesuchet hat.

Laocoon war den Künstlern im alten Rom eben das, was er uns ist; des Polyclets Regel; eine vollkommene Regel der Kunst.

[...]

Die Kenner und Nachahmer der Griechischen Wercke finden in ihren Meister-Stücken nicht allein die schönste Natur, sondern noch mehr als Natur; das ist, gewisse Idealische Schönheiten derselben, die, wie uns ein alter Ausleger des Plato lehret, von Bildern bloß im Verstande entworffen, gemacht sind.

Der schönste Cörper unter uns wäre vielleicht dem schönsten Griechischen Cörper nicht ähnlicher, als Iphicles dem Hercules, seinem Bruder, war. Der Einfluß eines sanften und reinen Himmels würckte bey der ersten Bildung der Griechen, die frühzeitigen Leibes-Uebungen aber gaben dieser Bildung die edle Form. Man nehme einen jungen Spartaner, den ein Held mit einer Heldin gezeuget, der in der Kindheit niemahls in Windeln eingeschrenckt gewesen, der von dem siebenden Jahre an auf der Erde geschlafen, und im Ringen und Schwimmen von Kindes-beinen an war geübet worden. Man stelle ihn neben einen jungen Sybariten unserer Zeit, und alsdenn urtheile man, welchen von beyden der Künstler zu einem Urbilde eines jungen Theseus, eines Achilles, ja selbst eines Bacchus, nehmen würde. Nach diesen gebildet, würde es ein Theseus bey Rosen, und nach jenen gebildet, ein Theseus bey Fleisch erzogen, werden, wie ein Griechischer Mahler von zwo verschiedenen Vorstellungen dieses Helden urtheilete.

Zu den Leibes-Uebungen waren die grossen Spiele allen jungen Griechen ein kräftiger Sporn, und die Gesetze verlangeten eine zehen monathliche Vorbereitung zu den Olympischen Spielen, und dieses in Elis, an dem Ort selbst, wo sie gehalten wurden. Die größten Preise erhielten nicht allezeit Männer, sondern mehrentheils junge Leute, wie Pindars Oden zeigen. Dem göttlichen Diagoras gleich zu werden, war der höchste Wunsch der Jugend.

Sehet den schnellen Indianer an, der einem Hirsch zu Fusse nachsetzet: wie flüchtig werden seine Säfte, wie biegsam und schnell werden seine Nerven und Muskeln, und wie leicht wird der gantze Bau des Cörpers gemacht. So bildet uns Homer seine Helden, und seinen Achilles bezeichnet er vorzüglich durch die Geschwindigkeit seiner Füsse.

Die Cörper erhielten durch diese Uebungen den grossen und männlichen Contour, welchen die Griechischen Meister ihren

Bildsäulen gegeben, ohne Dunst und überflüßigen Ansatz. Die jungen Spartaner musten sich alle zehen Tage vor den Ephoren nackend zeigen, die denenjenigen, welche anfingen fett zu werden, eine strengere Diät auflegten. Ja es war eins unter den Gesetzen des Pythagoras, sich vor allen überflüßigen Ansatz des Cörpers zu hüten. Es geschahe vielleicht aus eben dem Grunde, daß jungen Leuten unter den Griechen der ältesten Zeiten, die sich zu einem Wett-Kampf im Ringen angaben, während der Zeit der Vorübungen nur Milch Speise zugelassen war.

Aller Uebelstand des Cörpers wurde behutsam vermieden, und da Alcibiades in seiner Jugend die Flöte nicht wolte blasen lernen, weil sie das Gesicht verstellete, so folgeten die jungen Athenienser seinem Beyspiel.

Nechstdem war der gantze Anzug der Griechen so beschaffen, daß er der bildenden Natur nicht den geringsten Zwang anthat. Der Wachsthum der schönen Form litte nichts durch die verschiedenen Arten und Theile unserer heutigen pressenden und klemmenden Kleidung, sonderlich am Halse, an Hüften und Schenckeln. Das schöne Geschlecht selbst unter den Griechen wuste von keinem ängstlichen Zwang in ihrem Putz: Die jungen Spartanerinnen waren so leicht und kurtz bekleidet, daß man sie daher Hüftzeigerinnen nannte.

Es ist auch bekannt, wie sorgfältig die Griechen waren, schöne Kinder zu zeugen. Qvillet in seiner Callipädie zeiget nicht so viel Wege dazu, als unter ihnen üblich waren. Sie giengen so gar so weit, daß sie aus blauen Augen schwartze zu machen suchten. Auch zu Beförderung dieser Absicht errichtete man Wett-Spiele der Schönheit. Sie wurden in Elis gehalten: der Preiß bestand in Waffen, die in dem Tempel der Minerva aufgehänget wurden. An gründlichen und gelehrten Richtern konte es in diesen Spielen nicht fehlen, da die Griechen, wie Aristoteles berichtet, ihre Kinder im Zeichnen unterrichten liessen, vornemlich weil sie glaubten, daß es geschickter mache, die Schönheit in den Cörpern zu betrachten und zu beurtheilen.

Das schöne Geblüt der Einwohner der mehresten Griechischen Inseln, welches gleichwohl mit so verschiedenen fremden Geblüte vermischet ist, und die vorzüglichen Reitzungen des schönen Geschlechts daselbst, sonderlich auf der Insel Scios, geben zugleich eine gegründete Muthmaßung von den Schönheiten beyderley Geschlechts unter ihren Vorfahren, die sich rühmeten, ursprünglich, ja älter als der Mond zu seyn.

Es sind ja noch itzo gantze Völcker, bey welchen die Schönheit so gar kein Vorzug ist, weil alles schön ist. Die Reise-Beschreiber sagen dieses einhellig von den Georgianern, und eben dieses berichtet man von den Kabardinski, einer Nation in der Crimischen Taterey.

Die Kranckheiten, welche so viel Schönheiten zerstören, und die edelste Bildungen verderben, waren den Griechen noch unbekannt. Es findet sich in den Schriften der Griechischen Aertzte keine Spur von Blattern, und in keines Griechen angezeigter Bildung, welche beym Homer oft nach den geringsten Zügen entworfen worden, ist ein so unterscheidendes Kennzeichen, dergleichen Blatter-Gruben sind, angebracht worden.

Die Venerischen Uebel, und die Tochter derselben, die englische Kranckheit, wüteten auch noch nicht wider die schöne Natur der Griechen.

Ueberhaupt war alles, was von der Geburt bis zur Fülle des Wachsthums zur Bildung der Cörper, zur Bewahrung, zur Ausarbeitung und zur Zierde dieser Bildung durch Natur und Kunst eingeflößet und gelehret worden, zum Vortheil der schönen Natur der alten Griechen gewürckt und angewendet, und kan die vorzügliche Schönheit ihrer Cörper vor den unsrigen mit der grösten Wahrscheinlichkeit zu behaupten Anlaß geben.

Die vollkommensten Geschöpfe der Natur aber würden in einem Lande, wo die Natur in vielen ihrer Wirkungen durch strenge Gesetze gehemmet war, wie in Egypten, dem vorgegebenen Vaterlande der Künste und Wissenschaften, den Künstlern nur zum Theil und unvollkommen bekannt geworden seyn. In Griechenland aber, wo man sich der Lust und Freude von Jugend auf weihete, wo ein gewisser heutiger bürgerlicher Wohlstand

der Freyheit der Sitten niemahls Eintrag gethan, da zeigte
die schöne Natur unverhüllet zum grossen Unterricht dє
Künstler.

Die Schule der Künstler war in den Gymnasien, wo die jungen
Leute, welche die öffentliche Schamhaftigkeit bedeckte, gantz
nackend ihre Leibes-Uebungen trieben. Der Weise und der
Künstler giengen dahin: Socrates den Charmides, den Avtolycus,
den Lysis zu lehren; ein Phidias, aus diesen schönen Geschöpfen
seine Kunst zu bereichern. Man lernete daselbst Bewegungen der
Muskeln, Wendungen des Cörpers: man studirte die Umrisse der
Cörper, oder den Contour an den Abdruck, den die jungen Ringer im Sande gemacht hatten.

Das schönste Nackende der Cörper zeigte sich hier in so mannigfaltigen, wahrhaften und edlen Ständen und Stellungen, in die
ein gedungenes Model, welches in unseren Academien aufgestel-
let wird, nicht zu setzen ist.

[...]

Diese häufigen Gelegenheiten zur Beobachtung der Natur
veranlasseten die Griechischen Künstler noch weiter zu gehen:
sie fiengen an, sich gewisse allgemeine Begriffe von Schönheiten
so wohl einzelner Theile als gantzer Verhältnisse der Cörper zu
bilden, die sich über die Natur selbst erheben solten; ihr Urbild
war eine blos im Verstande entworfene geistige Natur.

[...]

Nach solchen über die gewöhnliche Form der Materie erhabenen Begriffen bildeten die Griechen Götter und Menschen. An
Göttern und Göttinnen machte Stirn und Nase beynahe eine gerade Linie. Die Köpfe berühmter Frauen auf Griechischen
Müntzen haben eben dergleichen Profil, wo es gleichwohl nicht
willkührlich war, nach Idealischen Begriffen zu arbeiten. [...]

In den meisten Figuren neuerer Meister siehet man an den
Theilen des Cörpers, welche gedruckt sind, kleine gar zu sehr bezeichnete Falten der Haut; dahingegen, wo sich eben dieselben
Falten in gleichgedruckten Theilen Griechischer Figuren legen,
ein sanfter Schwung eine aus der andern wellenförmig erhebt,

diese Falten nur ein Gantzes, und zusammen nur …uck zu machen scheinen. Diese Meisterstücke zei… …aut, die nicht angespannet, sondern sanft gezogen …undes Fleisch, welches dieselbe ohne schwülstige …üllet, und bey allen Beugungen der fleischigten …heile der Richtung derselben vereinigt folgt. Die Haut wirft niemahls, wie an unsern Cörpern, besondere und von dem Fleisch getrennete kleine Falten.

Eben so unterscheiden sich die neuern Wercke von den Griechischen durch eine Menge kleiner Eindrücke, und durch gar zu viele und gar zu sinnlich gemachte Grübchen welche, wo sie sich in den Wercken der Alten befinden, mit einer sparsamen Weißheit, nach der Maaße derselben in der vollkommenern und völligern Natur unter den Griechen, sanft angedeutet, und öfters nur durch ein gelehrtes Gefühl bemercket werden.

Es bietet sich hier allezeit die Wahrscheinlichkeit von selbst dar, daß in der Bildung der schönen Griechischen Cörper, wie in den Wercken ihrer Meister, mehr Einheit des gantzen Baues, eine edlere Verbindung der Theile, ein reicheres Maaß der Fülle gewesen, ohne magere Spannungen und ohne viel eingefallene Höhlungen unserer Cörper.

[…]

Das allgemeine vorzügliche Kennzeichen der Griechischen Meisterstücke ist endlich eine edle Einfalt, und eine stille Grösse, so wohl in der Stellung als im Ausdruck. So wie die Tiefe des Meers allezeit ruhig bleibt, die Oberfläche mag noch so wüten, eben so zeiget der Ausdruck in den Figuren der Griechen bey allen Leidenschaften eine grosse und gesetzte Seele.

Diese Seele schildert sich in dem Gesicht des Laocoons, und nicht in dem Gesicht allein, bey dem heftigsten Leiden. Der Schmertz, welcher sich in allen Muskeln und Sehnen des Cörpers entdecket, und den man gantz allein, ohne das Gesicht und andere Theile zu betrachten, an den schmertzlich eingezogenen Unter-Leib beynahe selbst zu empfinden glaubet; dieser Schmertz, sage ich, äussert sich dennoch mit keiner Wuth in dem

Gesichte und in der gantzen Stellung. Er erhebet kein schreckliches Geschrey, wie Virgil von seinem Laocoon singet: Die Oeffnung des Mundes gestattet es nicht; es ist vielmehr ein ängstliches und beklemmtes Seufzen, wie es Sadolet beschreibet. Der Schmertz des Cörpers und die Grösse der Seele sind durch den gantzen Bau der Figur mit gleicher Stärcke ausgetheilet, und gleichsam abgewogen. Laocoon leidet, aber er leidet wie des Sophocles Philoctetes: sein Elend gehet uns bis an die Seele; aber wir wünschten, wie dieser grosse Mann, das Elend ertragen zu können.

Der Ausdruck einer so grossen Seele gehet weit über die Bildung der schönen Natur: Der Künstler muste die Stärcke des Geistes in sich selbst fühlen, welche er seinem Marmor einprägete. Griechenland hatte Künstler und Weltweisen in einer Person, und mehr als einen Metrodor. Die Weisheit reichte der Kunst die Hand, und bließ den Figuren derselben mehr als gemeine Seelen ein.

[...]

Je ruhiger der Stand des Cörpers ist, desto geschickter ist er, den wahren Character der Seele zu schildern: in allen Stellungen, die von dem Stand der Ruhe zu sehr abweichen, befindet sich die Seele nicht in dem Zustand, der ihr der eigentlichste ist, sondern in einem gewaltsamen und erzwungenen Zustand. Kentlicher und bezeichnender wird die Seele in heftigen Leidenschaften; groß aber und edel ist sie in dem Stand der Einheit, in dem Stand der Ruhe. Im Laocoon würde der Schmertz, allein gebildet, Parenthyrsis gewesen seyn; der Künstler gab ihm daher, um das Bezeichnende und das Edle der Seele in eins zu vereinigen, eine Action, die dem Stand der Ruhe in solchem Schmertz der nächste war. Aber in dieser Ruhe muß die Seele durch Züge, die ihr und keiner andern Seele eigen sind, bezeichnet werden, um sie ruhig, aber zugleich wircksam, stille, aber nicht gleichgültig oder schläfrig zu bilden.

[...]

Ein Künstler, der eine Seele hat, die dencken gelernet, läßt dieselbe müßig und ohne Beschäftigung bey einer Daphne und bey einem Apollo; bey einer Entführung der Proserpina, einer Europa und bey dergleichen. Er suchet sich als einen Dichter zu zeigen, und Figuren durch Bilder, das ist, allegorisch zu mahlen.

Die Mahlerey erstreckt sich auch auf Dinge, die nicht sinnlich sind; diese sind ihr höchstes Ziel, und die Griechen haben sich bemühet, dasselbe zu erreichen, wie die Schriften der Alten bezeugen. […]

Der Pinsel, den der Künstler führet, soll im Verstand getunckt seyn, wie jemand von dem Schreibe-Griffel des Aristoteles gesaget hat: Er soll mehr zu dencken hinterlassen, als was er dem Auge gezeiget, und dieses wird der Künstler erhalten, wenn er seine Gedancken in Allegorien nicht zu verstecken, sondern einzukleiden gelernet hat. Hat er einen Vorwurf, den er selbst gewählet, oder der ihm gegeben worden, welcher dichterisch gemacht, oder zu machen ist, so wird ihn seine Kunst begeistern, und wird das Feuer, welches Prometheus den Göttern raubete, in ihm erwecken. Der Kenner wird zu dencken haben, und der bloße Liebhaber wird es lernen.

Johann Joachim Winckelmann

Beschreibung des Torso im Belvedere zu Rom

Ich theile hier eine Beschreibung des berühmten Torso im Belvedere mit, welcher insgemein der Torso vom Michael Angelo genennet wird, weil dieser Künstler dieses Stück besonders hochgeschätzet, und viel nach demselben studiret hat. Es ist eine verstümmelte Statue eines sitzenden Herkules, wie bekannt ist, und der Meister desselben ist Apollonius, des Nestors Sohn von Athen. Diese Beschreibung gehet nur auf das Ideal der Statue, sonderlich da sie idealisch ist, und ist ein Stück von einer ähnlichen Abbildung mehrerer Statuen.

Die erste Arbeit, an welche ich mich in Rom machete, war, die Statuen im Belvedere, nämlich den Apollo, den Laocoon, den so genannten Antinous und diesen Torso, als das Vollkommenste der alten Bildhauerey, zu beschreiben. Die Vorstellung einer jeden Statue sollte zween Theile haben: der erste in Absicht des Ideals, der andere nach der Kunst; und meine Meinung war, die Werke selbst von dem besten Künstler zeichnen und stechen zu lassen. Diese Unternehmung aber gieng über mein Vermögen, und würde auf dem Vorschub freygebiger Liebhaber beruhen; es ist daher dieser Entwurf, über welchen ich viel und lange gedacht habe, ungeendiget geblieben, und gegenwärtige Beschreibung selbst möchte noch die letzte Hand nöthig haben.

Man sehe sie an, als eine Probe von dem, was über ein so vollkommnes Werk der Kunst zu denken und zu sagen wäre, und als eine Anzeige von Untersuchung in der Kunst. Denn es ist nicht genug zu sagen, daß etwas schön ist: man soll auch wissen, in welchem Grade, und warum es schön sey. Dieses wissen die Antiquarii in Rom nicht, wie mir diejenigen Zeugniß geben werden, die von ihnen geführet sind, und sehr wenige Künstler sind zur Einsicht des Hohen und Erhabenen in den Werken der Alten gelanget. Es wäre zu wünschen, daß sich jemand fände, dem die

Torso vom Belvedere. Rom, Vatikan

Umstände günstig sind, welcher eine Beschreibung der besten Statuen, wie sie zum Unterricht junger Künstler und reisender Liebhaber unentbehrlich wäre, unternehmen und nach Würdigkeit ausführen könnte.

Ich führe dich itzo zu dem so viel gerühmten, und niemals genug gepriesenen Trunk eines Herkules; zu einem Werke, welches das schönste in seiner Art, und unter die höchste Hervorbringung der Kunst zu zählen ist, von denen, welche, bis auf unsere Zeiten gekommen sind. Wie werde ich dir denselben beschreiben, da er der zierlichsten und der bedeutendsten Theile der Natur beraubet ist! So wie von einer mächtigen Eiche, welche umgehauen und von Zweigen und Aesten entblößet worden, nur der Stamm allein übrig geblieben ist, so gemißhandelt und verstümmelt sitzet das Bild des Helden; Kopf, Brust, Arme und Beine fehlen.

Der erste Anblick wird dir vielleicht nichts, als einen ungeformten Stein sehen lassen: vermagst du aber in die Geheimniße der Kunst einzudringen, so wirst du ein Wunder derselben erblicken, wenn du dieses Werk mit einem ruhigen Auge betrachtest. Alsdenn wird dir Herkules wie mitten in allen seinen Unternehmungen erscheinen, und der Held und der Gott werden in diesem Stücke zugleich sichtbar werden.

Da, wo die Dichter aufgehöret haben, hat der Künstler angefangen: Jene schweigen, so bald der Held unter die Götter aufgenommen, und mit der Göttinn der ewigen Jugend ist vermählet worden; dieser aber zeiget uns denselben in einer vergötterten Gestalt, und mit einem gleichsam unsterblichen Leibe, welcher dennoch Stärke und Leichtigkeit zu den grossen Unternehmungen, die er vollbracht, behalten hat.

Ich sehe in den mächtigen Umrissen dieses Leibes die unüberwundene Kraft des Besiegers der gewaltigen Riesen, die sich wider die Götter empöreten, und in den phlegräischen Feldern von ihm erleget wurden: und zu gleicher Zeit stellen mir die sanften Züge dieser Umrisse, die das Gebäude des Leibes leicht und gelenksam machen, die geschwinden Wendungen desselben in dem

Kampfe mit dem Achelous vor, der mit allen vielförmigen Verwandlungen seinen Händen nicht entgehen konnte.

In jedem Theile dieses Körpers offenbaret sich, wie in einem Gemählde, der ganze Held in einer besondern That, und man siehet, so wie die richtigen Absichten in dem vernünftigen Baue eines Pallastes, hier den Gebrauch, zu welcher That ein jedes Theil gedienet hat.

Ich kann das wenige, was von der Schulter noch zu sehen ist, nicht betrachten, ohne mich zu erinnern, daß auf ihrer ausgebreiteten Stärke, wie auf zwey Gebirgen, die ganze Last der himmlischen Kreise geruhet. Mit was für einer Großheit wächst die Brust an, und wie prächtig ist die anhebende Rundung ihres Gewölbes! Eine solche Brust muß diejenige gewesen seyn, auf welcher der Riese Antäus und der dreyleibichte Geryon erdrücket worden. Keine Brust eines drey- und viermal gekrönten olympischen Ueberwinders, keine Brust eines spartanischen Siegers von Helden gebohren, muß sich so prächtig und erhöhet gezeiget haben.

Fraget diejenigen, die das Schönste in der Natur der Sterblichen kennen, ob sie eine Seite gesehen haben, die mit der linken Seite zu vergleichen ist. Die Wirkung und Gegenwirkung ihrer Muskeln ist mit einem weislichen Maaße von abwechselnder Regung und schneller Kraft wunderwürdig abgewogen, und der Leib mußte durch dieselbe zu allem, was er vollbringen wollen, tüchtig gemacht werden. So wie in einer anhebenden Bewegung des Meers die zuvor stille Fläche in einer lieblichen Unruhe mit spielenden Wellen anwächset, wo eine von der andern verschlungen, und aus derselben wiederum hervorgewälzet wird: eben so sanft aufgeschwellet und schwebend gezogen, fließet hier eine Muskel in die andre, und eine dritte, die sich zwischen ihnen erhebet, und ihre Bewegung zu verstärken scheinet, verlieret sich in jene, und unser Blick wird gleichsam mit verschlungen.

Hier möchte ich stille stehen, um unsern Betrachtungen Raum zu geben, der Vorstellung ein immerwährendes Bild von dieser Seite einzudrücken: allein die hohen Schönheiten sind hier ohne

Grenzen, und in einer unzertrennlichen Mittheilung. Was für ein Begriff erwächset zugleich hieher aus den Hüften, deren Feistigkeit andeuten kann, daß der Held niemals gewanket, und nie sich beugen müssen.

In diesem Augenblicke durchfährt mein Geist die entlegensten Gegenden der Welt, durch welche Herkules gezogen ist, und ich werde bis an die Grenzen seiner Mühseligkeiten, und bis an die Denkmale und Säulen, wo sein Fuß ruhete, geführet, durch den Anblick der Schenkel von unerschöpflicher Kraft, und von einer den Gottheiten eigenen Länge, die den Held durch hundert Länder und Völker bis zur Unsterblichkeit getragen haben. Ich fieng an, diese entfernte Züge zu überdenken, da mein Geist zurück gerufen wird durch einen Blick auf seinen Rücken. Ich wurde entzücket, da ich diesen Körper von hinten ansahe, so wie ein Mensch, welcher nach Bewunderung des prächtigen Portals an einem Tempel auf die Höhe desselben geführet würde, wo ihn das Gewölbe desselben, welches er nicht übersehen kann, von neuem in Erstaunen setzet.

Ich sehe hier den vornehmsten Bau der Gebeine dieses Leibes, den Ursprung der Muskeln und den Grund ihrer Lage und Bewegung, und dieses alles zeiget sich wie eine von der Höhe der Berge entdeckete Landschaft, über welche die Natur den mannichfaltigen Reichthum ihrer Schönheiten ausgegossen. So wie dessen lustige Höhen sich mit einem sanften Abhang in gesenkte Thäler verlieren, dahier sich schmälern und dort erweitern: So mannichfaltig, prächtig und schön erheben sich hier schwellende Hügel von Muskeln, um welche sich oft unmerkliche Tiefen, gleich dem Strome des Mäanders, krümmen, die weniger dem Gesichte, als dem Gefühle, offenbar werden.

Scheinet es unbegreiflich, außer dem Kopfe in einem andern Theile eine denkende Kraft zu legen; so lernet hier, wie die Hand eines schöpferischen Meisters die Materie geistig zu machen vermögend ist. Mich deucht, es bilde mir der Rücken, welcher durch hohe Betrachtungen gekrümmet scheinet, ein Haupt, welches mit einer frohen Erinnerung seiner erstaunenden Thaten beschäfftiget ist; und indem sich so ein Haupt voll von Majestät und Weisheit vor meinen Augen erhebet, so fangen sich an in meinen Gedanken die übrigen mangelhaften Glieder zu bilden: es sammlet sich ein Ausfluß aus dem Gegenwärtigen und wirket gleichsam eine plötzliche Ergänzung.

Die Macht der Schulter deutet mir an, wie stark die Arme gewesen, die den Löwen auf dem Gebürge Cithäron erwürget, und mein Auge suchet sich diejenigen zu bilden, die den Cerberus gebunden und weggeführet haben. Seine Schenkel und das Knie geben mir einen Begriff von den Beinen, welche niemals ermüdet und den Hirsch mit ehernen Füssen verfolget und erreichet haben.

Durch eine geheime Kunst aber wird der Geist durch alle Thaten seiner Stärke bis zur Vollkommenheit seiner Seele geführet, und in diesem Stücke ist ein Denkmahl derselben, welches ihm kein Dichter, die nur die Stärke seiner Arme besingen, errichtet: der Künstler hat sie übertroffen. Sein Bild des Helden giebt keinem Gedanken von Gewaltthätigkeit und ausgelassener Liebe Platz. In der Ruhe und Stille des Körpers offenbaret sich der gesetzte große Geist; der Mann, welcher den Dichtern ein Beyspiel der Tugend geworden ist, der sich aus Liebe zur Gerechtigkeit den größten Gefährlichkeiten ausgesetzet, der den Ländern Sicherheit und den Einwohnern Ruhe geschaffet.

Diese vorzügliche und edle Form einer so vollkommenen Natur ist gleichsam in die Unsterblichkeit eingehüllet, und die Gestalt ist bloß wie ein Gefäß derselben; ein höherer Geist scheinet den Raum der sterblichen Theile eingenommen, und sich an die Stelle derselben ausgebreitet zu haben. Es ist nicht mehr der Körper, welcher annoch wider Ungeheuer und Friedensstörer zu streiten hat; es ist derjenige, der auf dem Berge Oetas von den Schlacken der Menschheit gereiniget worden, die sich von dem Ursprunge der Aehnlichkeit des Vaters der Götter abgesondert.

So vollkommen hat weder der geliebte Hyllus noch die zärtliche Iole den Herkules gesehen; so lag er in den Armen der Hebe, der ewigen Jugend, und zog in sich einen unaufhörlichen Einfluß derselben. Von keiner sterblichen Speise und groben Theilen ist sein Leib ernähret: ihn erhält die Speise der Götter, und er scheinet nur zu genießen, nicht zu nehmen, und völlig, ohne angefüllet zu seyn.

O möchte ich dieses Bild in der Größe und Schönheit sehen, in welcher es sich dem Verstande des Künstlers geoffenbaret hat, um nur allein von dem Ueberreste sagen zu können, was er gedacht hat, und wie ich denken würdig zu beschreiben. Voller Betrübniß aber bleibe ich stehen, und so wie Psyche anfieng die Liebe zu beweinen, nachdem sie dieselbe kennen sollte! Mein großes Glück nach dem seinigen würde seyn, dieses Werk gelernet; so bejammere ich den unersetzlichen Schaden dieses Herkules, nachdem ich zur Einsicht der Schönheit desselben gelanget bin.

Die Kunst weinet zugleich mit mir: denn das Werk, welches sie den größten Erfindungen des Witzes und Nachdenkens entgegen setzen, und durch welches sie noch itzo ihr Haupt wie in ihren goldenen Zeiten zu der größten Höhe menschlicher Achtung erheben könnte; dieses Werk, welches vielleicht das letzte ist, an welches sie ihre äußerste Kräfte gewandt hat, muß sie halb vernichtet und grausam gemißhandelt sehen. Wem wird hier nicht der Verlust so viel hundert anderer Meisterstücke derselben zu Gemüthe geführet! Aber die Kunst, welche uns weiter unterrichten will, rufet uns von diesen traurigen Ueberlegungen zurück, und zeiget uns, wie viel noch aus dem Uebriggebliebenen zu lernen ist, und mit was für einem Auge es der Künstler ansehen müsse.

Nach dieser Idealischen Beschreibung würde die nach der Kunst folgen.

Rom.   W.

Apollo im Belvedere. Rom, Vatikan

Johann Joachim Winckelmann

Beschreibung des Apollo im Belvedere
[Aus: Geschichte der Kunst des Alterthums]

Die Statue des Apollo ist das höchste Ideal der Kunst unter allen Werken des Alterthums, welche der Zerstörung derselben entgangen sind. Der Künstler derselben hat dieses Werk gänzlich auf das Ideal gebauet, und er hat nur eben so viel von der Materie dazu genommen, als nöthig war, seine Absicht auszuführen und sichtbar zu machen. Dieser Apollo übertrift alle andere Bilder desselben so weit, als der Apollo des Homerus den, welchen die folgenden Dichter malen. Ueber die Menschheit erhaben ist sein Gewächs, und sein Stand zeuget von der ihn erfüllenden Größe. Ein ewiger Frühling, wie in dem glücklichen Elysien, bekleidet die reizende Männlichkeit vollkommener Jahre mit gefälliger Jugend, und spielet mit sanften Zärtlichkeiten auf dem stolzen Gebäude seiner Glieder. Gehe mit deinem Geiste in das Reich unkörperlicher Schönheiten, und versuche ein Schöpfer einer Himmlischen Natur zu werden, um den Geist mit Schönheiten, die sich über die Natur erheben, zu erfüllen: denn hier ist nichts Sterbliches, noch was die Menschliche Dürftigkeit erfordert. Keine Adern noch Sehnen erhitzen und regen diesen Körper, sondern ein Himmlischer Geist, der sich wie ein sanfter Strohm ergossen, hat gleichsam die ganze Umschreibung dieser Figur erfüllet. Er hat den Python, wider welchen er zuerst seinen Bogen gebraucht, verfolget, und sein mächtiger Schritt hat ihn erreichet und erleget. Von der Höhe seiner Genugsamkeit geht sein erhabener Blick, wie ins Unendliche, weit über seinen Sieg hinaus: Verachtung sitzt auf seinen Lippen, und der Unmuth, welchen er in sich zieht, blähet sich in den Nüsten seiner Nase, und tritt bis in die stolze Stirn hinauf. Aber der Friede, welcher in einer seligen Stille auf derselben schwebet, bleibt ungestört, und sein Auge ist voll Süßigkeit, wie unter den Musen, die ihn zu umarmen suchen. In allen uns übrigen Bildern des Vaters der Götter, welche die Kunst verehret, nähert er sich nicht der Größe, in welcher er sich dem Verstande des Göttlichen Dichters offenbarete, wie hier in dem Gesichte des Sohnes, und die einzelnen Schönheiten der übrigen Götter treten hier, wie bey der Pandora, in Gemeinschaft zusammen. Eine Stirn des Jupiters, die mit der Göttinn der Weisheit schwanger ist, und Augenbranen, die durch ihr Winken ihren Willen erklären: Augen der Königinn der Göttinnen mit Großheit gewölbet, und ein Mund, welcher denjenigen bildet, der dem geliebten Branchus die Wollüste eingeflößet. Sein weiches Haar spielet, wie die zarten und flüßigen Schlingen edler Weinreben, gleichsam von einer sanften Luft bewegt, um dieses göttliche Haupt: es scheint gesalbet mit dem Oel der Götter, und von den Gratien mit holder Pracht auf seinem Scheitel gebunden. Ich vergesse alles andere über dem Anblicke dieses Wunderwerks der Kunst, und ich nehme selbst einen erhabenen Stand an, um mit Würdigkeit anzuschauen. Mit Verehrung scheint sich meine Brust zu erweitern und zu erheben, wie diejenige, die ich wie vom Geiste der Weißagung aufgeschwellet sehe, und ich fühle mich weggerückt nach Delos und in die Lycischen Hayne, Orte, welche Apollo mit seiner Gegenwart beehrete: denn mein Bild scheint Leben und Bewegung zu bekommen, wie des Pygmalions Schönheit. Wie ist es möglich, es zu malen und zu beschreiben. Die Kunst selbst müßte mir rathen, und die Hand leiten, die ersten Züge, welche ich hier entworfen habe, künftig auszuführen. Ich lege den Begriff, welchen ich von diesem Bilde gegeben habe, zu dessen Füßen, wie die Kränze derjenigen, die das Haupt der Gottheiten, welche sie krönen wollten, nicht erreichen konnten. Der Begriff eines Apollo auf der Jagd, welchen Herr Spence in dieser Statue finden will, reimet sich nicht mit dem Ausdrucke des Gesichts.

JOHANN GOTTFRIED HERDER

Plastik

Erster Abschnitt

Etwas, was wir täglich erfahren könnten, wenn wir aufmerkten, [ist], dass *das Gesicht uns nur Gestalten, das Gefühl allein, Körper zeige: daß Alles, was Form ist, nur durchs tastende Gefühl, durchs Gesicht nur Fläche,* und zwar nicht körperliche, sondern nur *sichtliche Lichtfläche erkannt werde.* […]

Was kann das Licht in unser Auge malen? Was sich malen läßt, *Bilder.* Wie auf die weiße Wand der dunkeln Kammer, so fällt auf die Netzhaut des Auges ein Strahlenpinsel von allem, was vor ihm stehet, und kann nichts, als was da steht, eine Fläche, ein *Nebeneinander* aller und der verschiedensten sichtbaren Gegenstände zeichnen. Dinge *hinter* einander, oder solide, massive Dinge als solche dem Auge zu geben, ist so unmöglich, als den Liebhaber hinter der dicken Tapete, den Bauer innerhalb der Windmühle singend zu malen.

Die weite Gegend, die ich vor mir sehe, was ist sie mit allen ihren Erscheinungen, als Bild, Fläche? Jener sich herab senkende Himmel und jener Wald, der sich in ihn verliert, und jenes hingebreitete Feld, und dies nähere Wasser, und dieser Rahme von Ufer, die Handhabe des ganzen Bildes – sind *Bild, Tafel,* ein *Kontinuum neben einander.* Jeder Gegenstand zeigt mir gerade so viel von sich, als der Spiegel von mir selbst zeigt, das ist, *Figur, Vorderseite;* daß ich mehr bin, muß ich durch andre Sinnen erkennen, oder aus Ideen schließen.

Warum solls also Wunder sein, daß Blinde, denen ihr Gesicht gegeben wurde, nichts als ein Bilderhaus, eine gefärbte Fläche richt vor sich sahen? sehen wir doch alle nichts mehr, wenn wirs nicht auf andern Wegen fänden. Ein Kind sieht Himmel und Wiege, Mond und Amme neben einander, es greift nach dem Monde, wie nach der Amme, denn alles ist ihm Bild auf Einer Tafel. Aus dem Schlafe fahrend, ehe wir unser Urteil sammeln, ist uns in der Dämmerung der Nacht, Wald und Baum, Nah und Fernes auf Einem Grunde: nahe Riesen, oder entfernte Zwerge, und sich auf uns bewegende Gespenster, bis wir aufwachen und unser Urteil sammeln. Sodann sehen wir erst, wie wir durch *Gewohnheit*, aus *andern* Sinnen, und insonderheit durchs tastende Gefühl sehen *lernten*. Ein Körper, den wir nie durchs Gefühl als Körper erkannt hätten, oder auf dessen Leibhaftigkeit wir nicht durch bloße Ähnlichkeit schließen, bliebe uns ewig eine Handhabe Saturns, eine Binde Jupiters, d. i. Phänomenon, *Erscheinung*. Der Ophthalmit mit tausend Augen, ohne Gefühl, ohne tastende Hand, bliebe Zeitlebens in Platons Höhle und hätte von keiner einzigen Körpereigenschaft, als solcher, eigentlichen Begriff.

Denn alle Eigenschaften der Körper, was sind sie, als Beziehungen derselben auf unsern Körper, auf unser Gefühl? Was Undurchdringlichkeit, Härte, Weichheit, Glätte, Form, Gestalt, Rundheit sei? davon kann mir so wenig mein Auge durchs Licht, als meine Seele durch selbstständig Denken einen leibhaften, lebendigen Begriff geben. Der Vogel, das Pferd, der Fisch hat ihn nicht; der Mensch hat ihn, weil er nebst seiner Vernunft auch die umfassende, tastende Hand hat. Und wo er sie nicht hat, wo kein Mittel war, daß er sich von einem Körper durch körperliches Gefühl überzeugte: da muß er schließen und raten und träumen und lügen, und weiß eigentlich nichts recht. Je mehr er Körper, als Körper, nicht angaffte und beträumte, sondern erfaßte, hatte, besaß, desto lebendiger ist sein Gefühl, es ist, wie auch das Wort sagt, *Begriff* der Sache.

Kommt in die Spielkammer des Kindes, und sehet, wie der kleine Erfahrungsmensch fasset, greift, nimmt, wägt, tastet, mißt mit Händen und Füßen, um sich überall die schweren, ersten und notwendigsten Begriffe von Körpern, Gestalten, Größe, Raum, Entfernung u. dgl. treu und sicher zu verschaffen. Worte und Lehren können sie ihm nicht geben; aber Erfahrung, Versuch, Proben. In wenigen Augenblicken lernt er da mehr und alles lebendiger, wahrer, stärker, als ihm in zehntausend Jahren Angaffen und Worterklären beibringen würde. Hier, indem er Gesicht und Gefühl unaufhörlich verbindet, eins durchs andre untersucht, erweitert, hebt, stärket – formt er sein erstes *Urteil*. Durch Fehlgriffe und Fehlschlüsse kommt er zur Wahrheit, und je *solider* er hier dachte und denken lernte, desto bessere Grundlage legt er vielleicht auf die komplexesten Urteile seines Lebens. Wahrlich das erste Museum der mathematisch-physischen Lehrart.

Es ist erprobte Wahrheit, dass der tastende unzerstreute Blinde sich von den körperlichen Eigenschaften viel vollständigere Begriffe sammelt, als der Sehende, der mit einem Sonnenstrahl hinüber gleitet. Mit seinem umfangenen, dunkeln, aber auch unendlich geübtern Gefühl, und mit der Methode, sich seine Begriffe langsam, treu und sicher zu ertasten, wird er über Form und lebendige Gegenwart der Dinge viel feiner urteilen können, als dem Alles nur, wie ein Schatte, fliehet. Es hat blinde Wachsbildner gegeben, die die Sehenden übertrafen, und ich habe noch nie vom Beispiel Eines fehlenden Sinnes gehört, der sich nicht durch andre ersetzt hätte, *Gesicht* durchs *Gefühl*, der Mangel an Lichtfarben durch tiefgeprägte daurende *Gestalten*. Es bleibt also wahr: »der Körper, den das Auge sieht, ist nur Fläche, die Fläche, die die Hand tastet, ist Körper.«

Nur da wir von Kindheit auf unsre Sinne in Gemeinschaft und Verbindung brauchen: so verschlingen und gatten sich alle, insonderheit der gründlichste und der deutlichste der Sinne, *Gefühl* und *Gesicht*. Die schweren *Begriffe*, die wir uns langsam und mit Mühe ertappen, werden von *Ideen* des Gesichts begleitet: dies klärt uns auf, was wir dort nur dunkel faßten, und so wird uns endlich geläufig, das mit einem Blick weg zu haben, was wir uns Anfangs langsam ertasten *mußten*. Als der Körper unsrer Hand vorkam, ward zugleich das Bild desselben in unser Auge geworfen: die Seele verband beide, und die Idee des schnellen Sehens läuft nachher dem Begriff des langsamen Tastens vor. Wir glauben zu sehen, wo wir nur fühlen und fühlen sollten; wir sehen endlich so viel und so schnell, daß wir nichts mehr fühlen, und fühlen können, da doch dieser Sinn unaufhörlich die Grundfeste und der Gewährsmann des vorigen sein muß. In allen diesen Fällen ist das *Gesicht* nur *eine verkürzte Formel des Gefühls.* Die volle *Form* ist *Figur,* die *Bildsäule* ein flacher *Kupferstich* worden. Im Gesicht ist *Traum,* im Gefühl *Wahrheit.*

[...]

Seht jenen Liebhaber, der tiefgesenkt um die Bildsäule wanket. Was tut er nicht, um sein Gesicht zum Gefühl zu machen, zu *schauen* als ob er im Dunkeln *taste?* Er gleitet umher, sucht Ruhe und findet keine, hat keinen Gesichtspunkt, wie beim Gemälde, weil tausende ihm nicht gnug sind, weil, so bald es eingewurzelter *Gesichtspunkt* ist, das Lebendige Tafel wird, und die schöne runde *Gestalt* sich in ein erbärmliches *Vieleck* zerstücket. Darum gleitet er: sein Auge ward Hand, der Lichtstrahl Finger, oder vielmehr seine Seele hat einen noch viel feinern Finger als Hand und Lichtstrahl ist, das Bild aus des Urhebers Arm und Seele in sich zu *fassen.* Sie hats! die Täuschung ist geschehn: es lebt, und sie fühlt, dass es lebe; und nun spricht sie, nicht, als ob sie sehe, sondern taste, fühle. Eine Bildsäule kalt beschrieben, gibt so wenig Ideen als eine gemalte Musik; lieber laß sie stehen und gehe vorüber.

[...]

Zweiter Abschnitt

2.

Warum wird die Bildsäule durch Färbung nach der Natur und ähnliche Anwürfe nicht schön, sondern hässlich? da doch in der Malerei Farbe so große Wirkung tut.

Antwort. Weil Farbe nicht Form ist, weil sie also dem verschloßnen Auge und tastenden Sinne nicht merkbar wird, oder merkbar sogleich die schöne Form hindert. Sie ist Sandkorn, Tünche, fremder Anwuchs, worauf wir stoßen, und der uns vom reinen Gefühl dessen, was die Natur sein sollte, wegzeucht.

Die obengesetzte und oft aufgeworfene Frage ist bisher meistens anders beantwortet worden: »durch Farbe werde die Ähnlichkeit zu groß, die Ähnlichkeit zu ähnlich, gar identisch mit der Natur, das sie nicht sein soll. Man könne die bemalte Statue in der Entfernung gar für einen lebendigen Menschen halten, darauf zugehen, u.d.g.« Wer von diesen Ursachen etwas versteht, oder sich mit ihnen befriedigen kann, dem beneide ich seine Zufriedenheit nicht.

Man hat ebenmäßig gefraget: »ob Myrons Kuh mehr gefallen würde, wenn man sie mit Haaren bekleidete?« und es scharfsinnig verneinet, weil sie sodann einer Kuh *zu* ähnlich wäre. Kuh einer Kuh zu ähnlich? das ist Kuh, aber zu sehr Kuh? ich antworte gerade hin, weil sie sodann für die Kunst gar nicht mehr Kuh, sondern ein ausgestopfter Haarbalg wäre. Schleuß das Auge und fühle: da ist weder Form noch Gestalt mehr, geschweige schöne Form, schöne Gestalt. Wenn dort der Hirte, Myrons eherne Kuh wegtreiben wollte, so wird diese weder Hirte noch Künstler berühren, denn sie ist »einer Kuh gar zu ähnlich und doch nicht Kuh,« das ist, Popanz.

Viel feinere Sachen, als Tünche und Kuhhaut müssen von der Statue wegbleiben, weil sie dem *Gefühl* widerstehen, weil sie dem *tastenden Sinn* keine *ununterbrochene schöne Form* sind. Diese Adern an Händen, diese Knorpel an Fingern, diese Knöchel an Knien müssen so geschont, und Fülle des ganzen verkleidet werden; oder die Adern sind kriechende Würme, die Knorpel aufliegende Gewächse dem stillen dunkeltastenden Gefühl. Nicht ganz Fülle *Eines* Körpers mehr, sondern Abtrennungen losgelöste Stücke des Körpers, die seine Zerstörung weissagen, und sich eben daher schon selbst entfernten. Dem Auge sind die blauen Adern unter der Haut nur sichtbar: sie duften Leben, da wallet Blut; als Knorpel und Knochen sind sie nur fühlbar und haben kein Blut und duften kein Leben mehr, in ihnen schleicht der lebendige Tod. – Ganz anders, wie sich die Adern der Bildsäule beleben, wenn sie unter den Händen des Künstlers und Liebhabers weicher, lebendiger Ton wird. Es ist, als *regten* sie sich und *wallen* und *leben*, aber nicht in aufgelaufenen Stricken; ein himmlischer Geist, sagt *Winkelmann*, der sich wie ein sanfter Strom ergossen, hat den Umfang der Gestalt erfüllet. Alles also lebet, und der ruhige Sinn in seiner dunkeln Umschränktheit kann, je weniger er losgebunden und zerteilt fühlet, so mehr im großen Ganzen *ahnden*.

Die alten Künstler sind in *Bildung der Haare* sehr berühmt und gepriesen; mehr aber von Künstlern und Literatoren gepriesen als von Theoristen verstanden. Wo und wie haben sie Haare gebildet? wo und wie sie sich bilden und auch vom Blinden als Zierde der schönen Form tasten ließen. Das zierende Haupthaar der Götter und Göttinnen (denn ein kahlköpfiger Römer ist immer ein dürftiges überaltes Geschöpf) machten sie *zum Körper*, ohne daß es Steinklumpe würde: es fällt in schönen schweren Locken herab, oder ist bei Weibern, wo es zarter sein mußte, aufs Haupt gebunden und nicht um den Kopf fliegend. Keiner Bacchante flatterts, denn es kann ja nicht flattern: dem schnellgehenden zornigen Apollo ists »wie die zarten und flüssigen Schlingen edler Weinreben, gleichsam von einer sanften Luft bewegt, das Haupt umspielend.« Bei andern liegts wie eine schöne Decke (εξουσια) hinauf, bei andern in tiefen Furchen hinunter. Nie aber fährts, wie einer gemalten Eva, längelang hinunter, der Gestalt den Rücken zu rauben, und selbst bei einer Aphrodite aus Muschel oder Bade, fällets, obwohl naß und Klettenweise, wohlgeordnet und nicht waldicht hinab: denn dem Gefühl müssen die Haare nie Wald, sondern sanfte, nachgebende Masse werden, die sich endlich selbst verliert. Der Malerei sind die Farbe, Schatte, Schattierung, die kann sie schon freier ordnen. –

Es ist bekannt, mit welcher Feinheit die Griechischen Künstler die *Augenbrauen* ihrer Statuen angedeutet haben; *angedeutet,* in einem feinen scharfen *Faden,* und nicht in abgetrennten Haaren oder Haarklümpgen *gebildet.* Winkelmann hält diese Andeutung für Augenbrauen der Gratien und ich halte sie auch dafür – in der Kunst nämlich. In der Natur ist der nackte, scharfe Faden ganz etwas anders, und auch Griechische Natur war und ists nicht, wie kein Reisebeschreiber berichtet oder gesagt hat. Gnug, in der Kunst sind sie Augenbrauen der Gratien, dem *sanften stillen Gefühl*. Was sollten da die Büsche (Stupori) oder die sich sträubenden Bogen? Wer hat nicht gesehen, wie bei abgenommenen ersten Gipsabdrücken eines Gesichts jedes einzelne Haar so widrig und unsanft tut, als jede Pockengrube oder jede fatale Unebenheit und Lostrennung vom Antlitz. Die ein einzelnen Härchen schauen uns durch, es ist wie eine Scharte im Messer, nur etwas was die Form hindert und nicht zu ihr gehört. Der Griechische Künstler *deutet* also nur *an*: er satzte fürs Gefühl die *Grenze* zwischen Stirn und Auge, wie eine sanfte Schneide hin, und ließ den Sinn, der darüber gleitet, das Übrige *ahnden*.

Einige Statuen haben *Augapfel*. Wo es erträglich sein soll, muß er nur *angedeutet* sein, und die meisten und besten haben *keinen*. Es war schlimmer Geschmack der letzten Jahrhunderte, da man, statt schön zu machen, reich machte und Glas oder Silber hineinsetzte. Eben so wars *Jugend* der Kunst, die noch aus *hölzernen* Denkmalen hervorging, da man die Statuen *färbte*. In den schönsten Zeiten brauchten sie weder Röcke noch Farben, weder Augapfel noch Silber, die Kunst stand, wie Venus, nackt da und das war ihr Schmuck und Reichtum.

Daß für die Malerei dies alles anders sei, sieht jeder. Die ist fürs Auge und spricht fürs Auge: denn Farbe ist nur der geteilte Lichtstrahl, die Augensprache. In ihr kann das Haar schweben und duften, und wie Seide spielen und schlingen und sich umwinden. Die Werke der Malerei sind nicht blind, sie schauen und sprechen: das *allgegenwärtige Licht* kann Einen hellen Punkt zum Auge, das in die Seele geht, *beleben*; es ist ja *Farben- Zauber- und Lichttafel*.

Laokoon-Gruppe des Baccio Bandinelli. Florenz, Uffizien

GOTTHOLD EPHRAIM LESSING

Laokoon oder über die Grenzen der Malerei und Poesie

I.

Das allgemeine vorzügliche Kennzeichen der griechischen Meisterstücke in der Malerei und Bildhauerkunst setzet Herr Winckelmann in eine edele Einfalt und stille Größe, sowohl in der Stellung als im Ausdrucke. »So wie die Tiefe des Meeres«, sagt er, »allezeit ruhig bleibt, die Oberfläche mag auch noch so wüten, ebenso zeiget der Ausdruck in den Figuren der Griechen bei allen Leidenschaften eine große und gesetzte Seele.

Diese Seele schildert sich in dem Gesichte des Laokoons, und nicht in dem Gesichte allein, bei dem heftigsten Leiden. Der Schmerz, welcher sich in allen Muskeln und Sehnen des Körpers entdecket, und den man ganz allein, ohne das Gesicht und andere Teile zu betrachten, an dem schmerzlich eingezogenen Unterleibe beinahe selbst zu empfinden glaubt; dieser Schmerz, sage ich, äußert sich dennoch mit keiner Wut in dem Gesichte und in der ganzen Stellung. Er erhebt kein schreckliches Geschrei, wie Virgil von seinem Laokoon singet; die Öffnung des Mundes gestattet es nicht: es ist vielmehr ein ängstliches und beklemmtes Seufzen, wie es Sadolet beschreibet. Der Schmerz des Körpers und die Größe der Seele sind durch den ganzen Bau der Figur mit gleicher Stärke ausgeteilet, und gleichsam abgewogen. Laokoon leidet, aber er leidet wie des Sophokles Philoktet: sein Elend gehet uns bis an die Seele; aber wir wünschten, wie dieser große Mann das Elend ertragen zu können.

Der Ausdruck einer so großen Seele geht weit über die Bildung der schönen Natur. Der Künstler mußte die Stärke des Geistes in sich selbst fühlen, welche er seinem Marmor einprägte. Griechenland hatte Künstler und Weltweise in einer Person, und mehr als einen Metrodor. Die Weisheit reichte der Kunst die

Hand, und blies den Figuren derselben mehr als gemeine Seelen ein, usw.«

Die Bemerkung, welche hier zum Grunde liegt, daß der Schmerz sich in dem Gesichte des Laokoon mit derjenigen Wut nicht zeige, welche man bei der Heftigkeit desselben vermuten sollte, ist vollkommen richtig. Auch das ist unstreitig, daß eben hierin, wo ein Halbkenner den Künstler unter der Natur geblieben zu sein, das wahre Pathetische des Schmerzes nicht erreicht zu haben, urteilen dürfte; daß, sage ich, eben hierin die Weisheit desselben ganz besonders hervorleuchtet.

Nur in dem Grunde, welchen Herr Winckelmann dieser Weisheit gibt, in der Allgemeinheit der Regel, die er aus diesem Grunde herleitet, wage ich es, anderer Meinung zu sein.

Ich bekenne, daß der mißbilligende Seitenblick, welchen er auf den Virgil wirft, mich zuerst stutzig gemacht hat; und nächstdem die Vergleichung mit dem Philoktet. Von hier will ich ausgehen, und meine Gedanken in eben der Ordnung niederschreiben, in welcher sie sich bei mir entwickelt.

»Laokoon leidet, wie des Sophokles Philoktet.« Wie leidet dieser? Es ist sonderbar, daß sein Leiden so verschiedene Eindrücke bei uns zurückgelassen. – Die Klagen, das Geschrei, die wilden Verwünschungen, mit welchen sein Schmerz das Lager erfüllte, und alle Opfer, alle heilige Handlungen störte, erschollen nicht minder schrecklich durch das öde Eiland, und sie waren es, die ihn dahin verbannten. Welche Töne des Unmuts, des Jammers, der Verzweiflung, von welchen auch der Dichter in der Nachahmung das Theater durchhallen ließ. – Man hat den dritten Aufzug dieses Stücks ungleich kürzer, als die übrigen gefunden. Hieraus sieht man, sagen die Kunstrichter, daß es den Alten um die gleiche Länge der Aufzüge wenig zu tun gewesen. Das glaube ich auch; aber ich wollte mich desfalls lieber auf ein ander Exempel gründen, als auf dieses. Die jammervollen Ausrufungen, das Winseln, die abgebrochenen ἀ, ἀ, ψευ, ἀτταται, ὠ μοι, μοι! die ganzen Zeilen voller παπαι, παπαι, aus welchen dieser Aufzug bestehet, und die mit ganz andern Dehnungen und Absetzungen deklamiert werden mußten, als bei einer zusammenhangenden Rede nötig sind, haben in der Vorstellung diesen Aufzug ohne Zweifel ziemlich ebensolange dauren lassen, als die andern. Er scheinet dem Leser weit kürzer auf dem Papiere, als er den Zuhörern wird vorgekommen sein.

Schreien ist der natürliche Ausdruck des körperlichen Schmerzes. Homers verwundete Krieger fallen nicht selten mit Geschrei zu Boden. Die geritzte Venus schreiet laut; nicht um sie durch dieses Geschrei als die weichliche Göttin der Wollust zu schildern, vielmehr um der leidenden Natur ihr Recht zu geben. Denn selbst der eherne Mars, als er die Lanze des Diomedes fühlet, schreiet so gräßlich, als schrien zehntausend wütende Krieger zugleich, daß beide Heere sich entsetzen.

Soweit auch Homer sonst seine Helden über die menschliche Natur erhebt, so treu bleiben sie ihr doch stets, wenn es auf das Gefühl der Schmerzen und Beleidigungen, wenn es auf die Äußerung dieses Gefühls durch Schreien, oder durch Tränen, oder durch Scheltworte ankömmt. Nach ihren Taten sind es Geschöpfe höherer Art; nach ihren Empfindungen wahre Menschen.

Ich weiß es, wir feinern Europäer einer klügern Nachwelt wissen über unsern Mund und über unsere Augen besser zu herrschen. Höflichkeit und Anstand verbieten Geschrei und Tränen. Die tätige Tapferkeit des ersten rauhen Weltalters hat sich bei uns in eine leidende verwandelt. Doch selbst unsere Ureltern waren in dieser größer, als in jener. Aber unsere Ureltern waren Barbaren. Alle Schmerzen verbeißen, dem Streiche des Todes mit unverwandtem Auge entgegensehen, unter den Bissen der Nattern lachend sterben, weder seine Sünde noch den Verlust seines liebsten Freundes beweinen, sind Züge des alten nordischen Heldenmuts. Palnatoko gab seinen Jomsburgern das Gesetz, nichts zu fürchten, und das Wort Furcht auch nicht einmal zu nennen.

Nicht so der Grieche! Er fühlte und furchte sich; er äußerte seine Schmerzen und seinen Kummer; er schämte sich keiner der menschlichen Schwachheiten; keine mußte ihn aber auf dem Wege nach Ehre, und von Erfüllung seiner Pflicht zurückhalten. Was bei, dem Barbaren aus Wildheit und Verhärtung entsprang, das wirkten bei ihm Grundsätze. Bei ihm war der Heroismus wie die verborgenen Funken im Kiesel, die ruhig schlafen, solange keine äußere Gewalt sie wecket, und dem Steine weder seine Klarheit noch seine Kälte nehmen. Bei dem Barbaren war der Heroismus eine helle fressende Flamme, die immer tobte, und jede andere gute Eigenschaft in ihm verzehrte, wenigstens schwärzte. – Wenn Homer die Trojaner mit wildem Geschrei, die Griechen hingegen in entschloßner Stille zur Schlacht führet, so merken die Ausleger sehr wohl an, daß der Dichter hierdurch jene als Barbaren, diese als gesittete Völker schildern wollen. Mich wundert, daß sie an einer andern Stelle eine ähnliche charakteristische Entgegensetzung nicht bemerket haben. Die feindlichen Heere haben einen Waffenstillestand getroffen; sie sind mit Verbrennung ihrer Toten beschäftiget, welches auf beiden Teilen nicht ohne heiße Tränen abgehet; δακϱυα θεϱμα χεοντες [heiße Tränen vergießend]. Aber Priamus verbietet seinen Trojanern zu weinen; οὐδ᾽ εἶα κλαιειν Πϱιαμος μεγας. Er verbietet ihnen zu weinen, sagt die Dacier, weil er besorgt, sie möchten sich zu sehr erweichen, und morgen mit weniger Mut an den Streit gehen. Wohl; doch frage ich: warum muß nur Priamus dieses besorgen? Warum erteilet nicht auch Agamemnon seinen Griechen das nämliche Verbot? Der Sinn des Dichters geht tiefer. Er will uns lehren, daß nur der gesittete Grieche zugleich weinen und tapfer sein könne; indem der ungesittete Trojaner, um es zu sein, alle Menschlichkeit vorher ersticken müsse. Νεμεσσωμαι γε μεν οὐδεν κλαιειν [Ich tadele das Weinen keineswegs], läßt er an einem andern Ortet den verständigen Sohn des weisen Nestors sagen.

Es ist merkwürdig, daß unter den wenigen Trauerspielen, die aus dem Altertume auf uns gekommen sind, sich zwei Stücke finden, in welchen der körperliche Schmerz nicht der kleinste Teil des Unglücks ist, das den leidenden Helden trifft. Außer dem

Philoktet, der sterbende Herkules. Und auch diesen läßt Sophokles klagen, winseln, weinen und schreien. Dank sei unsern artigen Nachbarn, diesen Meistern des Anständigen, daß nunmehr ein winselnder Philoktet, ein schreiender Herkules, die lächerlichsten unerträglichsten Personen auf der Bühne sein würden. Zwar hat sich einer ihrer neuesten Dichter an den Philoktet gewagt. Aber durfte er es wagen, ihnen den wahren Philoktet zu zeigen?

Selbst ein Laokoon findet sich unter den verlornen Stücken des Sophokles. Wenn uns das Schicksal doch auch diesen Laokoon gegönnet hätte! Aus den leichten Erwähnungen, die seiner einige alte Grammatiker tun, läßt sich nicht schließen, wie der Dichter diesen Stoff behandelt habe. So viel bin ich versichert, daß er den Laokoon nicht stoischer als den Philoktet und Herkules, wird geschildert haben. Alles Stoische ist untheatralisch; und unser Mitleiden ist allezeit dem Leiden gleichmäßig, welches der interessierende Gegenstand äußert. Sieht man ihn sein Elend mit großer Seele ertragen, so wird diese große Seele zwar unsere Bewunderung erwecken, aber die Bewunderung ist ein kalter Affekt, dessen untätiges Staunen jede andere wärmere Leidenschaft, sowie jede andere deutliche Vorstellung ausschließet.

Und nunmehr komme ich zu meiner Folgerung. Wenn es wahr ist, daß das Schreien bei Empfindung körperlichen Schmerzes, besonders nach der alten griechischen Denkungsart, gar wohl mit einer großen Seele bestehen kann: so kann der Ausdruck einer solchen Seele die Ursache nicht sein, warum dem ohngeachtet der Künstler in seinem Marmor dieses Schreien nicht nachahmen wollen; sondern es muß einen andern Grund haben, warum er hier von seinem Nebenbuhler, dem Dichter, abgehet, der dieses Geschrei mit bestem Vorsatze ausdrücket.

[...]

Die bloße weite Öffnung des Mundes, – beiseitegesetzt, wie gewaltsam und ekel auch die übrigen Teile des Gesichts dadurch verzerret und verschoben werden, – ist in der Malerei ein Fleck und in der Bildhauerei eine Vertiefung, welche die widrigste Wirkung von der Welt tut. [...]

III.

[...]

Kann der Künstler von der immer veränderlichen Natur nie mehr als einen einzigen Augenblick, und der Maler insbesondere diesen einzigen Augenblick auch nur aus einem einzigen Gesichtspunkte, brauchen; sind aber ihre Werke gemacht, nicht bloß erblickt, sondern betrachtet zu werden, lange und wiederholtermaßen betrachtet zu werden: so ist es gewiß, daß jener einzige Augenblick und einzige Gesichtspunkt dieses einzigen Augenblickes, nicht fruchtbar genug gewählet werden kann. Dasjenige aber nur allein ist fruchtbar, was der Einbildungskraft freies Spiel läßt. Je mehr wir sehen, desto mehr müssen wir hinzu denken können. Je mehr wir darzu denken, desto mehr müssen wir zu sehen glauben. In dem ganzen Verfolge eines Affekts ist aber kein Augenblick, der diesen Vorteil weniger hat, als die höchste Staffel desselben. Über ihr ist weiter nichts, und dem Auge das Äußerste zeigen, heißt der Phantasie die Flügel binden, und sie nötigen, da sie über den sinnlichen Eindruck nicht hinaus kann, sich unter ihm mit schwächern Bildern zu beschäftigen, über die sie die sichtbare Fülle des Ausdrucks als ihre Grenze scheuet. Wenn Laokoon also seufzet, so kann ihn die Einbildungskraft schreien hören; wenn er aber schreiet, so kann sie von dieser Vorstellung weder eine Stufe höher, noch eine Stufe tiefer steigen, ohne ihn in einem leidlichern, folglich uninteressantern Zustande zu erblicken. Sie hört ihn erst ächzen, oder sie sieht ihn schon tot.

Ferner. Erhält dieser einzige Augenblick durch die Kunst eine unveränderliche Dauer: so muß er nichts ausdrücken, was sich nicht anders als transitorisch denken läßt. Alle Erscheinungen, zu deren Wesen wir es nach unsern Begriffen rechnen, daß sie plötzlich ausbrechen und plötzlich verschwinden, daß sie das, was sie sind, nur einen Augenblick sein können; alle solche Erscheinungen, sie mögen angenehm oder schrecklich sein, erhalten durch die Verlängerung der Kunst ein so widernatürliches Ansehen, daß mit jeder wiederholten Erblickung der Eindruck schwächer wird, und uns endlich vor dem ganzen Gegenstande ekelt oder grauet. La Mettrie, der sich als einen zweiten Demokrit malen und stechen lassen, lacht nur die ersten Male, die man ihn sieht. Betrachtet ihn öftrer, und er wird aus einem Philosophen ein Geck; aus seinem Lachen wird ein Grinsen. So auch mit dem Schreien. Der heftige Schmerz, welcher das Schreien auspresset, läßt entweder bald nach, oder zerstöret das leidende Subjekt. Wann also auch der geduldigste standhafteste Mann schreiet, so schreiet er doch nicht unabläßlich. Und nur dieses scheinbare Unabläßliche in der materiellen Nachahmung der Kunst ist es, was sein Schreien zu weibischem Unvermögen, zu kindischer Unleidlichkeit machen würde. Dieses wenigstens mußte der Künstler des Laokoons vermeiden, hätte schon das Schreien der Schönheit nicht geschadet, wäre es auch seiner Kunst schon erlaubt gewesen, Leiden ohne Schönheit auszudrücken.

[…]

XVI.

Doch ich will versuchen, die Sache aus ihren ersten Gründen herzuleiten.

Ich schließe so. Wenn es wahr ist, daß die Malerei zu ihren Nachahmungen ganz andere Mittel, oder Zeichen gebrauchet, als die Poesie; jene nämlich Figuren und Farben in dem Raume, diese aber artikulierte Töne in der Zeit; wenn unstreitig die Zeichen ein bequemes Verhältnis zu dem Bezeichneten haben müssen: so können nebeneinander geordnete Zeichen auch, nur Gegenstände, die nebeneinander, oder deren Teile nebeneinander existieren, aufeinanderfolgende Zeichen aber auch nur Gegenstände ausdrücken, die aufeinander, oder deren Teile aufeinander folgen.

Gegenstände, die nebeneinander oder deren Teile nebeneinander existieren, heißen Körper. Folglich sind Körper mit ihren sichtbaren Eigenschaften die eigentlichen Gegenstände der Malerei.

Gegenstände, die aufeinander, oder deren Teile aufeinander folgen, heißen überhaupt Handlungen. Folglich sind Handlungen der eigentliche Gegenstand der Poesie.

Doch alle Körper existieren nicht allein in dem Raume, sondern auch in der Zeit. Sie dauern fort, und können in jedem Augenblicke ihrer Dauer anders erscheinen, und in anderer Verbindung stehen. Jede dieser augenblicklichen Erscheinungen und Verbindungen ist die Wirkung einer vorhergehenden, und kann die Ursache einer folgenden, und sonach gleichsam das Zentrum einer Handlung sein. Folglich kann die Malerei auch Handlungen nachahmen, aber nur andeutungsweise durch Körper.

Auf der andern Seite können Handlungen nicht für sich selbst bestehen, sondern müssen gewissen Wesen anhängen. Insofern nun diese Wesen Körper sind, oder als Körper betrachtet werden, schildert die Poesie auch Körper, aber nur andeutungsweise durch Handlungen.

Die Malerei kann in ihren koexistierenden Kompositionen nur einen einzigen Augenblick der Handlung nutzen, und muß daher den prägnantesten wählen, aus welchem das Vorhergehende und Folgende am begreiflichsten wird.

Ebenso kann auch die Poesie in ihren fortschreitenden Nachahmungen nur eine einzige Eigenschaft der Körper nutzen, und muß daher diejenige wählen, welche das sinnlichste Bild des Körpers von der Seite erwecket, von welcher sie ihn braucht.

Hieraus fließt die Regel von der Einheit der malerischen Beiwörter, und der Sparsamkeit in den Schilderungen körperlicher Gegenstände.

[...]

XVII.

Aber, wird man einwenden, diese Zeichen der Poesie sind nicht bloß aufeinanderfolgend, sie sind auch willkürlich; und als willkürliche Zeichen sind sie allerdings fähig, Körper, so wie sie im Raume existieren, auszudrücken. In dem Homer selbst fänden sich hiervon Exempel, an dessen Schild des Achilles man sich nur erinnern dürfe, um das entscheidendste Beispiel zu haben, wie weitläuftig und doch poetisch man ein einzelnes Ding nach seinen Teilen nebeneinander schildern könne.

Ich will auf diesen doppelten Einwurf antworten. Ich nenne ihn doppelt, weil ein richtiger Schluß auch ohne Exempel gelten muß, und gegenteils das Exempel des Homers bei mir von Wichtigkeit ist, auch wenn ich es noch durch keinen Schluß zu rechtfertigen weiß.

Es ist wahr; da die Zeichen der Rede willkürlich sind, so ist es gar wohl möglich, daß man durch sie die Teile eines Körpers ebensowohl aufeinanderfolgen lassen kann, als sie in der Natur nebeneinander befindlich sind. Allein dieses ist eine Eigenschaft der Rede und ihrer Zeichen überhaupt, nicht aber insoferne sie der Absicht der Poesie am bequemsten sind. Der Poet will nicht bloß verständlich werden, seine Vorstellungen sollen nicht bloß klar und deutlich sein; hiermit begnügt sich der Prosaist. Sondern er will die Ideen, die er in uns erwecket, so lebhaft machen, daß wir in der Geschwindigkeit die wahren sinnlichen Eindrücke ihrer Gegenstände zu empfinden glauben, und in diesem Augenblicke der Täuschung uns der Mittel, die er dazu anwendet, seiner Worte, bewußt zu sein aufhören. […]

Über Laokoon

Ein echtes Kunstwerk bleibt, wie ein Naturwerk, für unsern Verstand immer unendlich: es wird angeschaut, empfunden; es wirkt, es kann aber nicht eigentlich erkannt, viel weniger sein Wesen, sein Verdienst mit Worten ausgesprochen werden. Was also hier über Laokoon gesagt ist, hat keinesweges die Anmaßung, diesen Gegenstand zu erschöpfen, es ist mehr bei Gelegenheit dieses trefflichen Kunstwerks als über dasselbe geschrieben. Möge dieses bald wieder so aufgestellt sein, daß jeder Liebhaber sich daran freuen und darüber nach seiner Art reden könne.

Wenn man von einem trefflichen Kunstwerke sprechen will, so ist es fast nötig, von der ganzen Kunst zu reden, denn es enthält sie ganz, und jeder kann, soviel in seinen Kräften steht, auch das Allgemeine aus einem solchen besondern Fall entwickeln; deswegen sei hier auch etwas Allgemeines vorausgeschickt.

Alle hohen Kunstwerke stellen die menschliche Natur dar, die bildenden Künste beschäftigen sich besonders mit dem menschlichen Körper; wir reden gegenwärtig nur von diesen. Die Kunst hat viele Stufen, auf jeder derselben können vorzügliche Künstler erscheinen, ein vollkommenes Kunstwerk aber begreift alle Eigenschaften, die sonst nur einzeln ausgeteilt sind.

Die höchsten Kunstwerke, die wir kennen, zeigen uns:

Lebendige, hochorganisierte Naturen. Man erwartet vor allem Kenntnis des menschlichen Körpers in seinen Teilen, Maßen, innern und äußern Zwecken, Formen und Bewegungen im allgemeinen.

Charaktere. Kenntnis des Abweichens dieser Teile in Gestalt und Wirkung. Eigenschaften sondern sich ab und stellen sich einzeln dar; hierdurch entstehen die Charaktere, und es können die verschiedenen Kunstwerke dadurch in ein bedeutendes Verhältnis gegeneinander gebracht werden, so wie auch, wenn ein Werk zusammengesetzt ist, seine Teile sich bedeutend gegeneinander verhalten können. Der Gegenstand ist:

In Ruhe oder Bewegung. Ein Werk oder seine Teile können entweder für sich bestehend, ruhig ihr bloßes Dasein anzeigend, oder auch bewegt, wirkend, leidenschaftlich ausdrucksvoll dargestellt werden.

Ideal. Um hierzu zu gelangen, bedarf der Künstler eines tiefen, gründlichen, ausdauernden Sinnes, zu dem aber noch ein hoher Sinn sich gesellen muß, um den Gegenstand in seinem ganzen Umfange zu übersehen, den höchsten darzustellenden Moment zu finden, und ihn also aus einer beschränkten Wirklichkeit herauszuheben und ihm in einer idealen Welt Maß, Grenze, Realität und Würde zu geben.

Anmut. Der Gegenstand aber und die Art, ihn vorzustellen, sind den sinnlichen Kunstgesetzen unterworfen, nämlich der Ordnung, Faßlichkeit, Symmetrie, Gegenstellung etc., wodurch er für das Auge schön, das heißt anmutig wird.

Schönheit. Ferner ist er dem Gesetz der geistigen Schönheit unterworfen, die durch das Maß entsteht, welchem der zur Darstellung oder Hervorbringung des Schönen gebildete Mensch alles, sogar die Extreme zu unterwerfen weiß.

Nachdem ich die Bedingungen, welche wir von einem hohen Kunstwerke fordern, zum voraus angegeben habe, so kann ich mit wenigen Worten viel sagen, wenn ich behaupte, daß unsere Gruppe sie alle erfüllt, ja daß man sie aus derselben allein entwikkeln könne.

Man wird mir den Beweis erlassen, daß sie Kenntnis des menschlichen Körpers, daß sie das Charakteristische an demselben sowie Ausdruck und Leidenschaft zeige. Wie hoch und ideal der Gegenstand gefaßt sei, wird sich aus dem folgenden ergeben; daß man das Werk schön nennen müsse, wird wohl niemand bezweifeln, welcher das Maß erkennt, womit das Extrem eines physischen und geistigen Leidens hier dargestellt ist.

Hingegen wird manchem paradox scheinen, wenn ich behaupte, daß diese Gruppe auch zugleich *anmutig* sei. Hierüber also nur einige Worte.

Jedes Kunstwerk muß sich als ein solches anzeigen, und das kann es allein durch das, was wir sinnliche Schönheit oder Anmut nennen. Die Alten, weit entfernt von dem modernen Wahne, daß ein Kunstwerk dem Scheine nach wieder ein Naturwerk werden müsse, bezeichneten ihre Kunstwerke als solche durch gewählte Ordnung der Teile; sie erleichterten dem Auge die Einsicht in die Verhältnisse durch Symmetrie, und so ward ein verwickeltes Werk faßlich. Durch eben diese Symmetrie und durch Gegenstellungen wurden in leisen Abweichungen die höchsten Kontraste möglich. Die Sorgfalt der Künstler, mannigfaltige Massen gegeneinander zu stellen, besonders die Extremitäten der Körper bei Gruppen gegeneinander in eine regelmäßige Lage zu bringen, war äußerst überlegt und glücklich, so daß ein jedes Kunstwerk, wenn man auch von dem Inhalt abstrahiert, wenn man in der Entfernung auch nur die allgemeinsten Umrisse sieht, noch immer dem Auge als ein Zierat erscheint. Die alten Vasen geben uns hundert Beispiele einer solchen anmutigen Gruppierung, und es würde vielleicht möglich sein, stufenweise von der ruhigsten Vasengruppe bis zu der höchst bewegten des Laokoons die schönsten Beispiele einer symmetrisch künstlichen, den Augen gefälligen Zusammensetzung darzulegen. Ich getraue mir daher nochmals zu wiederholen: daß die Gruppe des Laokoons, neben allen übrigen anerkannten Verdiensten, zugleich ein Muster sei von Symmetrie und Mannigfaltigkeit, von Ruhe und Bewegung, von Gegensätzen und Stufengängen, die sich zusammen, teils sinnlich teils geistig, dem Beschauer darbieten, bei dem hohen Pathos der Vorstellung eine angenehme Empfindung erregen und den Sturm der Leiden und Leidenschaft durch Anmut und Schönheit mildern.

Es ist ein großer Vorteil für ein Kunstwerk, wenn es selbstständig, wenn es geschlossen ist. Ein ruhiger Gegenstand zeigt sich bloß in seinem Dasein, er ist also durch und in sich selbst geschlossen. Ein Jupiter mit einem Donnerkeil im Schoß, eine

Juno, die auf ihrer Majestät und Frauenwürde ruht, eine in sich versenkte Minerva sind Gegenstände, die gleichsam nach außen keine Beziehung haben, sie ruhen auf und in sich und sind die ersten, liebsten Gegenstände der Bildhauerkunst. Aber in dem herrlichen Zirkel des mythischen Kunstkreises, in welchem diese einzelnen selbstständigen Naturen stehen und ruhen, gibt es kleinere Zirkel, wo die einzelnen Gestalten in Bezug auf andere gedacht und gearbeitet sind. Z. E. die neun Musen, mit ihrem Führer Apoll, ist jede für sich gedacht und ausgeführt, aber in dem ganzen mannigfaltigen Chor wird sie noch interessanter. Geht die Kunst zum leidenschaftlich Bedeutenden über, so kann sie wieder auf dieselbe Weise handeln: sie stellt uns entweder einen Kreis von Gestalten dar, die untereinander einen leidenschaftlichen Bezug haben, wie Niobe mit ihren Kindern, verfolgt von Apoll und Diana, oder sie zeigt uns in *einem* Werke die Bewegung zugleich mit ihrer Ursache. Wir gedenken hier nur des anmutigen Knaben, der sich den Dorn aus dem Fuße zieht, der Ringer, zweier Gruppen von Faunen und Nymphen in Dresden, und der bewegten herrlichen Gruppe des Laokoon.

Die Bildhauerkunst wird mit Recht so hoch gehalten, weil sie die Darstellung auf ihren höchsten Gipfel bringen kann und muß, weil sie den Menschen von allem, was ihm nicht wesentlich ist, entblößt. So ist auch bei dieser Gruppe Laokoon ein bloßer Name; von seiner Priesterschaft, von seinem trojanisch-nationellen, von allem poetischen und mythologischen Beiwesen haben ihn die Künstler entkleidet; er ist nichts von allem, wozu ihn die Fabel macht: es ist ein Vater mit zwei Söhnen, in Gefahr, zwei gefährlichen Tieren unterzuliegen. So sind auch hier keine göttergesandte, sondern bloß natürliche Schlangen, mächtig genug, einige Menschen zu überwältigen, aber keineswegs, weder in ihrer Gestalt noch Handlung, außerordentliche, rächende, strafende Wesen. Ihrer Natur gemäß schleichen sie heran, umschlingen, schnüren zusammen, und die eine beißt erst gereizt. Sollte ich diese Gruppe, wenn wir keine weitere Deutung derselben bekannt wäre, erklären, so würde ich sie eine tragische Idylle nennen. Ein Vater schlief neben seinen beiden Söhnen, sie wurden von Schlangen umwunden und streben nun, erwachend, sich aus dem lebendigen Netze loszureißen.

Äußerst wichtig ist dieses Kunstwerk durch die Darstellung des Moments. Wenn ein Werk der bildenden Kunst sich wirklich vor dem Auge bewegen soll, so muß ein vorübergehender Moment gewählt sein; kurz vorher darf kein Teil des Ganzen sich in dieser Lage befunden haben, kurz hernach muß jeder Teil genötigt sein, diese Lage zu verlassen; dadurch wird das Werk Millionen Anschauern immer wieder neu lebendig sein.

Um die Intention des Laokoons recht zu fassen, stelle man sich in gehöriger Entfernung mit geschloßnen Augen davor; man öffne sie und schließe sie sogleich wieder, so wird man den ganzen Marmor in Bewegung sehen, man wird fürchten, indem man die Augen wieder öffnet, die ganze Gruppe verändert zu finden. Ich möchte sagen, wie sie jetzt dasteht, ist sie ein fixierter Blitz, eine Welle, versteinert im Augenblicke, da sie gegen das Ufer anströmt. Dieselbe Wirkung entsteht, wenn man die Gruppe nachts bei der Fackel sieht.

Der Zustand der drei Figuren ist mit der höchsten Weisheit stufenweise dargestellt; der älteste Sohn ist nur an den Extremitäten verstrickt, der zweite öfters umwunden, besonders ist ihm die Brust zusammengeschnürt; durch die Bewegung des rechten Arms sucht er sich Luft zu machen, mit der Linken drängt er sanft den Kopf der Schlange zurück, um sie abzuhalten, daß sie nicht noch einen Ring um die Brust ziehe; sie ist im Begriff, unter der Hand wegzuschlüpfen, *keinesweges aber beißt sie*. Der Vater hingegen will sich und die Kinder von diesen Umstrickungen mit Gewalt befreien, er preßt die andere Schlange, und diese, gereizt, beißt ihn in die Hüfte.

Um die Stellung des Vaters sowohl im ganzen als nach allen Teilen des Körpers zu erklären, scheint es mir am vorteilhaftesten, das augenblickliche Gefühl der Wunde als die Hauptursache der ganzen Bewegung anzugeben. Die Schlange hat nicht gebissen, sondern sie beißt, und zwar in den weichen Teil des

Körpers, über und etwas hinter der Hüfte. Die Stellung des restaurierten Kopfes der Schlange hat den eigentlichen Biß nie recht angegeben; glücklicherweise haben sich noch die Reste der beiden Kinnladen an dem hintern Teil der Statue erhalten. Wenn nur nicht diese höchst wichtigen Spuren bei der jetzigen traurigen Veränderung auch verlorengehen! Die Schlange bringt dem unglücklichen Manne eine Wunde an dem Teile bei, wo der Mensch gegen jeden Reiz sehr empfindlich ist, wo sogar ein geringer Kitzel jene Bewegung hervorbringt, welche wir hier durch die Wunde bewirkt sehen: der Körper flieht auf die entgegengesetzte Seite, der Leib zieht sich ein, die Schulter drängt sich herunter, die Brust tritt hervor, der Kopf senkt sich nach der berührten Seite; da sich nun noch in den Füßen, die gefesselt, und in den Armen, die ringend sind, der Überrest der vorhergehenden Situation oder Handlung zeigt, so entsteht eine Zusammenwirkung von Streben und Fliehen, von Wirken und Leiden, von Anstrengen und Nachgeben, die vielleicht unter keiner andern Bedingung möglich wäre. Man verliert sich in Erstaunen über die Weisheit der Künstler, wenn man versucht, den Biß an einer andern Stelle anzubringen: die ganze Gebärde würde verändert sein, und auf keine Weise ist sie schicklicher denklich. Es ist also dieses ein Hauptsatz: der Künstler hat uns eine sinnliche Wirkung dargestellt, er zeigt uns auch die sinnliche Ursache. Der Punkt des Bisses, ich wiederhole es, bestimmt die gegenwärtigen Bewegungen der Glieder: das Fliehen des Unterkörpers, das Einziehen des Leibes, das Hervorstreben der Brust, das Niederzukken der Achsel und des Hauptes, ja alle die Züge des Angesichts seh' ich durch diesen augenblicklichen, schmerzlichen, unerwarteten Reiz entschieden.

Fern aber sei es von mir, daß ich die Einheit der menschlichen Natur trennen, daß ich den geistigen Kräften dieses herrlich gebildeten Mannes ihr Mitwirken ableugnen, daß ich das Streben und Leiden einer großen Natur verkennen sollte. Angst, Furcht, Schrecken, väterliche Neigung scheinen auch mir sich durch diese Adern zu bewegen, in dieser Brust aufzusteigen, auf dieser

Stirn sich zu furchen; gern gesteh' ich, daß mit dem sinnlichen auch das geistige Leiden hier auf der höchsten Stufe dargestellt sei; nur trage man die Wirkung, die das Kunstwerk auf uns macht, nicht zu lebhaft auf das Werk selbst über, besonders sehe man keine Wirkung des Gifts bei einem Körper, den erst im Augenblicke die Zähne der Schlange ergreifen; man sehe keinen Todeskampf bei einem herrlichen, strebenden, gesunden, kaum verwundeten Körper. Hier sei mir eine Bemerkung erlaubt, die für die bildende Kunst von Wichtigkeit ist: der höchste pathetische Ausdruck, den sie darstellen kann, schwebt auf dem Übergange eines Zustandes in den andern. Man sehe ein lebhaftes Kind, das mit aller Energie und Lust des Lebens rennt, springt und sich ergötzt, dann aber etwa unverhofft von einem Gespielen hart getroffen oder sonst physisch oder moralisch heftig verletzt wird; diese neue Empfindung teilt sich wie ein elektrischer Schlag allen Gliedern mit, und ein solcher Übersprung ist im höchsten Sinne pathetisch, es ist ein Gegensatz, von dem man ohne Erfahrung keinen Begriff hat. Hier wirkt nun offenbar der geistige sowohl als der physische Mensch. Bleibt alsdann bei einem solchen Übergange noch die deutliche Spur vom vorhergehenden Zustande, so entsteht der herrlichste Gegenstand für die bildende Kunst, wie beim Laokoon der Fall ist, wo Streben und Leiden in *einem* Augenblick vereinigt sind. So würde z. B. Eurydice, die im Moment, da sie mit gesammelten Blumen fröhlich über die Wiese geht, von einer getretenen Schlange in die Ferse gebissen wird, eine sehr pathetische Statue machen, wenn nicht allein durch die herabfallenden Blumen, sondern durch die Richtung aller Glieder und das Schwanken der Falten der doppelte Zustand des fröhlichen Vorschreitens und des schmerzlichen Anhaltens ausgedrückt werden könnte.

Wenn wir nun die Hauptfigur in diesem Sinne gefaßt haben, so können wir auf die Verhältnisse, Abstufungen und Gegensätze sämtlicher Teile des ganzen Werkes mit einem freien und sichern Blicke hinsehen.

Der gewählte Gegenstand ist einer der glücklichsten, die sich denken lassen. Menschen mit gefährlichen Tieren im Kampfe, und zwar mit Tieren, die nicht als Massen oder Gewalten, sondern als ausgeteilte Kräfte wirken, nicht von *einer* Seite drohen, nicht einen zusammengefaßten Widerstand fordern, sondern die nach ihrer ausgedehnten Organisation fähig sind, drei Menschen mehr oder weniger ohne Verletzung zu paralysieren. Durch dieses Mittel der Lähmung wird, bei der großen Bewegung, über das Ganze schon eine gewisse Ruhe und Einheit verbreitet. Die Wirkungen der Schlangen sind stufenweise angegeben. Die eine umschlingt nur, die andre wird gereizt und verletzt ihren Gegner.

Die drei Menschen sind gleichfalls äußerst weise gewählt. Ein starker, wohlgebauter Mann, aber schon über die Jahre der größten Energie hinaus, weniger fähig, Schmerz und Leiden zu widerstehen. Man denke sich an seiner Statt einen rüstigen Jüngling, und die Gruppe wird ihren ganzen Wert verlieren. Mit ihm leiden zwei Knaben, die, selbst dem Maße nach, gegen ihn klein gehalten sind; abermals zwei Naturen, empfänglich für Schmerz. Der jüngere strebt ohnmächtig; er ist geängstigt, aber nicht verletzt; der Vater strebt mächtig, aber unwirksam, vielmehr bringt sein Streben die entgegengesetzte Wirkung hervor; er reizt seinen Gegner und wird verwundet. Der älteste Sohn ist am leichtesten verstrickt; er fühlt weder Beklemmung noch Schmerz, er erschrickt über die augenblickliche Verwundung und Bewegung seines Vaters, er schreit auf, indem er das Schlangenende von dem einen Fuße abzustreifen sucht; hier ist also noch ein Beobachter, Zeuge und Teilnehmer bei der Tat, und das Werk ist abgeschlossen.

Was ich schon im Vorbeigehen berührt habe, will ich hier noch besonders bemerken: daß alle drei Figuren eine doppelte Handlung äußern und so höchst mannigfaltig beschäftigt sind. Der jüngste Sohn will sich durch die Erhöhung des rechten Arms Luft machen und drängt mit der linken Hand den Kopf der Schlange zurück, er will sich das gegenwärtige Übel erleichtern und das größere verhindern – der höchste Grad von Tätigkeit, der ihm in seiner gefangenen Lage noch übrigbleibt. Der Vater strebt, sich von den Schlangen loszuwinden, und der Körper flieht zugleich vor dem augenblicklichen Bisse. Der älteste Sohn entsetzt sich vor der Bewegung des Vaters und sucht sich von der leicht umwindenden Schlange zu befreien.

Schon oben ist der Gipfel des vorgestellten Augenblicks als ein großer Vorzug dieses Kunstwerks gerühmt, und hier ist noch besonders davon zu sprechen.

Wir nahmen an, daß natürliche Schlangen einen Vater mit seinen Söhnen im Schlaf umwunden, damit wir bei Betrachtung der Momente eine Steigerung vor uns sähen. Die ersten Augenblicke des Umwindens im Schlafe sind ahndungsvoll, aber für die Kunst unbedeutend. Man könnte vielleicht einen schlafenden jungen Herkules bilden, wie er von Schlangen umwunden wird, dessen Gestalt und Ruhe uns aber zeigte, was wir von seinem Erwachen zu erwarten hätten.

Gehen wir nun weiter und denken uns den Vater; der sich mit seinen Kindern, es sei nun, wie es sei, von Schlangen umwunden fühlt, so gibt es nur *einen* Moment des höchsten Interesse: wenn der eine Körper durch die Umwindung wehrlos gemacht ist, wenn der andere zwar wehrhaft, aber verletzt ist und dem dritten eine Hoffnung zur Flucht übrigbleibt. In dem ersten Falle ist der jüngere Sohn, im zweiten der Vater, im dritten der ältere Sohn. Man versuche noch einen andern Fall zu finden! man suche die Rollen anders, als sie hier ausgeteilt sind, zu verteilen!

Denken wir nun die Handlung vom Anfang herauf und erkennen, daß sie gegenwärtig auf dem höchsten Punkt steht, so werden wir, wenn wir die nächstfolgenden und fernern Momente bedenken, sogleich gewahr werden, daß sich die ganze Gruppe verändern muß und daß kein Augenblick gefunden werden kann, der diesem an Kunstwert gleich sei. Der jüngste Sohn wird entweder von der umwindenden Schlange erstickt oder, wenn er sie reizen sollte, in seinem völlig hülflosen Zustande noch gebissen. Beide Fälle sind unerträglich, weil sie ein Letztes sind, das nicht dargestellt werden soll. Was den Vater betrifft, so wird er entweder von der Schlange noch an andern Teilen gebissen, wodurch die ganze Lage seines Körpers sich verändern muß und die ersten Bisse für den Zuschauer entweder verlorengehen oder, wenn sie angezeigt werden sollten, ekelhaft sein würden; oder die Schlange kann auch sich umwenden und den ältesten Sohn anfallen, dieser wird alsdann auf sich selbst zurückgeführt, die Begebenheit verliert ihren Teilnehmer, der letzte Schein von Hoffnung ist aus der Gruppe verschwunden, es ist keine tragische, es ist eine grausame Vorstellung. Der Vater, der jetzt in seiner Größe und in seinem Leiden auf sich ruht, müßte sich gegen den Sohn wenden, er würde teilnehmende Nebenfigur.

Der Mensch hat bei eignen und fremden Leiden nur drei Empfindungen: Furcht, Schrecken und Mitleiden, das bange Vorausehen eines sich annähernden Übels, das unerwartete Gewahrwerden gegenwärtigen Leidens und die Teilnahme am dauernden oder vergangenen; alle drei werden durch dieses Kunstwerk dargestellt und erregt, und zwar in den gehörigsten Abstufungen.

Die bildende Kunst, die immer für den Moment arbeitet, wird, sobald sie einen pathetischen Gegenstand wählt, denjenigen ergreifen, der Schrecken erweckt, dahingegen Poesie sich an solche hält, die Furcht und Mitleiden erregen. Bei der Gruppe des Laokoons erregt das Leiden des Vaters Schrecken, und zwar im höchsten Grad, an ihm hat die Bildhauerkunst ihr Höchstes getan; allein teils um den Zirkel aller menschlichen Empfindungen zu durchlaufen, teils um den heftigen Eindruck des Schreckens zu mildern, erregt sie Mitleiden für den Zustand des jüngern Sohns und Furcht für den ältern, indem sie für diesen auch noch Hoffnung übrigläßt. So brachten die Künstler durch Mannigfaltigkeit ein gewisses Gleichgewicht in ihre Arbeit, milderten und erhöhten Wirkung durch Wirkungen und vollendeten sowohl ein geistiges als ein sinnliches Ganze.

Genug, wir dürfen kühnlich behaupten, daß dieses Kunstwerk seinen Gegenstand erschöpfe und alle Kunstbedingungen glücklich erfülle. Es lehrt uns: daß, wenn der Meister sein Schönheitsgefühl ruhigen und einfachen Gegenständen einflößen kann, sich doch eigentlich dasselbe in seiner höchsten Energie und Würde zeige, wenn es bei Bildung mannigfaltiger Charaktere seine Kraft beweist und die leidenschaftlichen Ausbrüche der menschlichen Natur in der Kunstnachahmung zu mäßigen und zu bändigen versteht. Wir geben in der Folge wohl eine genauere Beschreibung der Statuen, welche unter dem Namen der Familie der Niobe bekannt sind, sowie auch der Gruppe des Farnesischen Stiers; sie gehören unter die wenigen pathetischen Darstellungen, welche uns von alter Skulptur übriggeblieben sind.

Gewöhnlich haben sich die Neuern bei der Wahl solcher Gegenstände vergriffen. Wenn Milo, mit beiden Händen in einer Baumspalte gefangen, von einem Löwen angefallen wird, so wird die Kunst sich vergebens bemühen, daraus ein Werk zu bilden, das eine reine Teilnahme erregen könnte. Ein doppelter Schmerz, eine vergebliche Anstrengung, ein hülfloser Zustand, ein gewisser Untergang können nur Abscheu erregen, wenn sie nicht ganz kalt lassen.

Und zuletzt nur noch ein Wort über das Verhältnis des Gegenstandes zur Poesie.

Man ist höchst ungerecht gegen Virgilen und die Dichtkunst, wenn man das geschlossenste Meisterwerk der Bildhauerarbeit mit der episodischen Behandlung in der Äneis auch nur einen Augenblick vergleicht. Da einmal der unglückliche vertriebene Äneas selbst erzählen soll, daß er und seine Landsleute die unverzeihliche Torheit begangen haben, das bekannte Pferd in ihre Stadt zu führen, so muß der Dichter nur darauf denken, wie die Handlung zu entschuldigen sei. Alles ist auch darauf angelegt, und die Geschichte des Laokoons steht hier als ein rhetorisches Argument, bei dem eine Übertreibung, wenn sie nur zweckmäßig ist, gar wohl gebilligt werden kann. So kommen ungeheure Schlangen aus dem Meere, mit Kämmen auf dem Haupte, eilen auf die Kinder des Priesters, der das Pferd verletzt hatte, umwickeln sie, beißen sie, begeifern sie; umwinden, umschlingen darauf Brust und Hals des zu Hülfe eilenden Vaters und ragen mit ihren

Köpfen triumphierend hoch empor, indem der Unglückliche unter ihren Windungen vergebens um Hülfe schreit. Das Volk entsetzt sich und flieht beim Anblick, niemand wagt es mehr, ein Patriot zu sein, und der Zuhörer, durch die abenteuerliche und ekelhafte Geschichte erschreckt, gibt denn auch gern zu, daß das Pferd in die Stadt gebracht werde.

So steht also die Geschichte Laokoons im Virgil bloß als Mittel zu einem höhern Zwecke, und es ist noch eine große Frage, ob die Begebenheit an sich ein poetischer Gegenstand sei.

Friedrich Schiller

Brief eines reisenden Dänen
(Der Antikensaal zu Mannheim)

Mannheim.

Der heutige Tag war mein seligster, so lang ich Deutschland durchreise. – Du weißt es, mein Lieber, ich habe die herrliche Schöpfung im glücklichen Süden genossen, den lachenden Himmel und die lachende Erde, wo der mildere Sonnenstrahl zu fröhlicher Weisheit einladet, die freudegebende Traube kocht, und die göttlichen Früchte des Genies und der Begeisterung zeitigt. Ich habe vielleicht das höchste der Pracht und des Reichtums gesehen. Der Triumph einer Menschenhand über die hartnäckige Gegenwehr der Natur überraschte mich öfters – aber das nahe wohnende Elend steckte bald meine wollüstige Verwunderung an. Eine hohläugige Hungerfigur, die mich in den blumigten Promenaden eines fürstlichen Lustgartens anbettelt – eine sturzdrohende Schindelhütte, die einem prahlerischen Palast gegenüber steht – wie schnell schlägt sie meinen auffliegenden Stolz zu Boden! Meine Einbildung vollendet das Gemälde. Ich sehe jetzt die Flüche von Tausenden gleich einer gefräßigen Würmerwelt in dieser großsprechenden Verwesung wimmeln – Das große und reizende wird mir abscheulich. – Ich entdecke nichts mehr als einen siechen hinschwindenden Menschenkörper, dessen Augen und Wangen von fiebrischer Röte brennen, und blühendes Leben heucheln, während daß Brand und Fäulung in den röchelnden Lungen wüten.

Dies, mein Bester, sind so oft meine Empfindungen bei den Merkwürdigkeiten, die man in jedem Land einem Reisenden zu bewundern gibt. Ich habe nun einmal das Unglück, mir jede in die Augen fallende Anstalt in Beziehung auf die Glückseligkeit des Ganzen zu denken, und wie viele *Größen* werden in diesem Spiegel so *klein* – wie viele Schimmer erlöschen!

Heute endlich, habe ich eine unaussprechlich angenehme Überraschung gehabt. Mein ganzes Herz ist davon erweitert. Ich fühle mich edler und besser.

Ich komme aus dem Saal der Antiken zu Mannheim. Hier hat die warme Kunstliebe eines deutschen Souverains die edelsten Denkmäler griechischer und römischer Bildhauerkunst in einem kurzen geschmackvollen Auszug versammelt. Jeder Einheimische und Fremde hat die uneingeschränkteste Freiheit diesen Schatz des Altertums zu genießen, denn der kluge und patriotische Kurfürst ließ diese Abgüsse nicht deswegen mit so großem Aufwand aus Italien kommen, um allenfalls des kleinen Ruhmes teilhaftig zu werden, eine Seltenheit mehr zu besitzen, oder, wie so viele andere Fürsten, den durchziehenden Reisenden um ein Almosen von Bewunderung anzusprechen. –

Der *Kunst* selbst brachte *Er* dieses Opfer, und die da dankbare Kunst wird seinen Namen verewigen.

Schon die Aufstellung der Figuren erleichtert ihren Genuß um ein großes. Leßing selbst, der hier gegenwärtig war, wollte behaupten, daß ein Aufenthalt in diesem Antikensaal dem studierenden Künstler mehrere Vorteile gewährte, als eine Wallfahrt zu ihren Originalien nach Rom, welche großenteils zu finster, oder zu hoch, oder auch unter den schlechteren zu versteckt stünden, als daß sie der Kenner, der sie umgehen, befühlen und aus mehreren Augenpunkten beobachten will, gehörig benutzen könnte.

Empfangen von dem allmächtigen Wehen des griechischen Genius trittst du in diesen Tempel der Kunst. Schon deine erste Überraschung hat etwas ehrwürdiges, heiliges. Eine unsichtbare Hand scheint die Hülle der Vergangenheit vor deinem Aug wegzustreifen, zwei Jahrtausende versinken vor deinem Fußtritt, du stehst auf einmal mitten im schönen lachenden Griechenland, wandelst unter Helden und Grazien, und betest an, wie sie, vor romantischen Göttern.

Dein erster Blick fällt auf die kolossalische Figur des farnesischen Herkules – die ungeheuer-schöne Darstellung männlicher

Kraft. Welche Kühnheit, Größe, Vollkommenheit, Wahrheit, die auch die strengste Prüfung des Anatomikers nicht fürchtet. Wer hat den starren widerstrebenden Stein in so weiche, so geschmeidige Fleischmassen hingegossen? – Die Figur *ruht* – der Bildhauer ergriff seinen Herkules im Momente schlafender (vielleicht erschöpfter) Kraft, und dennoch berechnet in dieser Erschlappung das ungeübteste Auge die ganze furchtbare Summe von Wirkungen. Meine Phantasie leiht dem Kolossen Bewegung. Ich sehe eine Figur, wie diese, auf den nemäischen Löwen fallen, und Schrecken und Erstaunen reißen mich schwindelnd fort.

Zunächst an dieser fesselt dich die unnachahmliche Gruppe des Laokoon. Ich werde dir über dies Meisterstück der antiken Kunst wenig neues mehr sagen; du kennst sie bereits, und der Anblick selbst überwältigt alle Beschreibungskraft. Dieser hohe Schmerz im Aug, in den Lippen, die emporgetriebene arbeitende Brust – ein Augenblick, ein Zustand, wo die Natur selbst sich so gern vergißt, so gern ins gräßliche ausartet, bei aller Wahrheit so angenehm, bei aller Treue so delikat behandelt, daß sich das verwöhnteste Auge mit Trunkenheit darauf heften kann. Und wie schmelzend wird dann die ganze Idee durch die untergeordnete Figuren der hilflosen Kinder, welche durch die schreckliche Schlange an den Vater gepreßt werden. Der Ausdruck der Leidenschaft, und die ganze Gruppierung lassen dem forschenden Aug nichts mehr zu beobachten übrig – und nun vertilge in Gedanken diesen ganzen Ausdruck des Leidens, denke dir eben diese Figuren außer dem gewaltsamen Zustande des Affekts, und noch immer werden sie Muster der höchsten Wahrheit und Schönheit sein. Der griechische Künstler hat nichts aufgeopfert – die unbeschreibliche Harmonie der Gruppe kostet uns auch nicht das leiseste Mißfallen über vernachlässigte Teile in den beiden Knaben. So schuf das Altertum.

Unter allen Figuren, die dieser Saal enthält, ist der vatikanische Apoll die vollkommenste – Zwei Blicke auf denselben sind genug, dir mit entscheidender Gewißheit zu sagen, du stehest vor einem Unsterblichen. Die reizendste Jünglingsfigur, die sich eben jetzt in den *Mann* verliert, Leichtigkeit, Freiheit, Rundung, und die reinste Harmonie aller Teile zu einem unnachahmlichen Ganzen, erklären ihn zu dem ersten der Sterblichen, Kopf und Hals verraten den Gott. Diese himmlische Mischung von Freundlichkeit und Strenge, von Liebenswürdigkeit und Ernst, Majestät und Milde, kann keinen Sohn der Erde bezeichnen. Die hochgewölbte Brust ist nach dem übereinstimmenden Gefühl aller Künstler die vollkommenste, die je ein Meißel geschaffen hat; Schenkel und Füße ein Muster der edelsten Schönheit. Den geübtesten Zeichner wird es ermüden, die herrlichen Formen, die durch kontrastierende Schlangenlinien ineinander schmelzen, *nur* für das Aug nachzuahmen; denn der griechische Meister hat eben so delikat für das Gefühl gearbeitet; das Auge erkennt die *Schönheit*, das Gefühl die *Wahrheit*. Die letztere ist der ersteren untergeordnet, und obgleich kein Muskel vergessen ist, so hat doch der Künstler die feinere Nüancen dem Gesicht entzogen und der Berührung vorbehalten. Die Statue schwebt – alle Muskeln wirken aufwärts, und scheinen sie sichtbar empor zu tragen. Der Künstler ergriff den Augenblick, wo der zürnende Gott auf den Drachen Python einen Pfeil abgeschossen hatte. Der rechte Arm fliegt eben vom Bogen zurück, der linke behält noch einige Härte und Spannung. – Im Auge ist hoher Unwille und feste Zielung, in der hervortretenden Unterlippe Verachtung des Ungeheuers, in dem schlank gestreckten Halse Triumph und göttliche Ehre.

Das ist Foebos, welchen die Götter im Hause Cronions
fürchten, dem sie sich alle von ihren Sitzen erheben,
wenn er sich naht, und wenn er spannt den strahlenden Bogen.
Homers Hymnen.

In Absicht des Stils kann dieser Apollo dem Torso und Laokoon nachgesetzt werden, aber der gefühlvolle Kenner vergißt diese Vernachlässigung im Genusse höherer Schönheit.

Eine der vorzüglichsten Statuen, ist ein sterbender Sohn der Niobe, den Apollo erschossen hat. Der Kopf gleicht ganz in die Niobische Familie – edel und rührend ist der Ausdruck des Sterbens in seinem Gesichte; die Brust besonders ist in großen und schönen Maßen emporgetrieben, der untere Leib sinkt mit sehr vieler Wahrheit unter den letzten Krämpfen des Todes. Der Stil ist markigt, und hat mit dem äußerst delikaten Stil des Kastor und Pollux sehr viel ähnliches.

Unter die besten Stücke in diesem Saal zähle ich noch den *Antinous*; Schade, daß durch einen fehlerhaften Abguß die Figur nach den Hüften und Schenkeln zu ein wenig krumm geworden; den *borghesischen Fechter*, eine Figur, woran ich vorzüglich die Wahrheit des Muskelspiels bewundre, die Zwillinge *Kastor* und *Pollux*⟨,⟩ *Kaunus* und *Biblis*, den *Faun*, den *Schleifer*, besonders wegen dem forschenden Ausdruck des Gesichts, und der Formen seiner beiden Arme, den *Hermaphrodit*, die *medizäische Venus*, den *sterbenden Fechter*, den Römer *Germanikus*, und noch einige andre, von denen ich dir in meinem nächsten Brief mehr sagen werde.

Merkwürdig waren mir auch die Büsten der großen Griechen und Römer, der Kopf eines sterbenden *Alexanders*, der *Niobe*, einer *Tochter der Niobe*, der *Kleopatra*, des *Nero* und *Kaligula*, der *Faustina* und einige mehr. Der Zufall hatte den blinden *Homeruskopf* und den Kopf des Herrn von *Voltaire* nebeneinander gestellt. – Ich weiß keine beißendere Satire auf unser Zeitalter. Voltaire – ich glaube, dass an das jetzt in Deutschland laut sagen darf – Voltaire war ein wahrhaftig großer Geist, aber warum war mir sein Kopf in *dieser* Gesellschaft so lächerlich?

Ich werfe noch einen Blick auf diese Statuen.

Warum zielen alle redende und zeichnende Künste des Altertums so sehr nach *Veredlung*?

Der Mensch brachte hier etwas zu Stande, das mehr ist, als er selbst war, das an etwas größeres erinnert, als seine Gattung – beweist das vielleicht, daß er weniger ist, als er sein wird? – So könnte uns ja dieser allgemeine Hang nach Verschönerung jede

Spekulation über die Fortdauer der Seele ersparen. – Wenn der Mensch *nur* Mensch bleiben *sollte* – bleiben *könnte*, wie hätte es jemals Götter, und Schöpfer dieser Götter gegeben?

Die Griechen philosophierten trostlos, glaubten noch trostloser, und handelten – gewiß nicht minder edel als wir. Man denke ihren Kunstwerken nach, und das Problem wird sich lösen. Die Griechen malten ihre Götter nur als edlere Menschen, und näherten ihre Menschen den Göttern. Es waren Kinder *einer* Familie.

Ich kann diesen Saal nicht verlassen, ohne mich noch einmal an dem Triumph zu ergötzen, den die schöne Kunst Griechenlands über das Schicksal einer ganzen Erdkugel feiert. Hier stehe ich vor dem berühmten Rumpfe, den man aus den Trümmern des alten Roms einst hervorgrub. In dieser zerschmetterten Steinmasse liegt unergründliche Betrachtung – Freund! Dieser Torso erzählt mir, daß vor zwei Jahrtausenden ein großer Mensch da gewesen, der so etwas schaffen konnte – daß ein Volk da gewesen, das einem Künstler, der so etwas schuf, Ideale gab – daß dieses Volk an Wahrheit und Schönheit glaubte, weil einer aus seiner Mitte Wahrheit und Schönheit fühlte – daß dieses Volk edel gewesen, weil Tugend und Schönheit nur Schwestern der nämlichen Mutter sind. – Siehe Freund, so habe ich Griechenland in dem Torso geahndet.

Unterdessen wanderte die Welt durch tausend Verwandlungen und Formen. Throne stiegen – stürzten ein. Festes Land trat aus den Wassern – Länder wurden Meer. Barbaren schmolzen zu Menschen. Menschen verwilderten zu Barbaren. Der milde Himmelstrich des Peloponnes entartete mit seinen Bewohnern – wo einst die Grazien hüpften, die Anakreon scherzten, und Sokrates für seine Weisheit starb, weiden jetzt Ottomannen – und doch, Freund, lebt jene goldene Zeit noch in diesem Apoll, dieser Niobe, diesem Antinous, und dieser *Rumpf* liegt da – unerreicht – unvertilgbar – eine unwidersprechliche ewige Urkunde des göttlichen Griechenlands, eine Ausforderung dieses Volks an alle Völker der Erde.

Etwas geschaffen zu haben, das nicht untergeht, fortzudauren, wenn alles sich aufreibt, rings herum – O Freund, ich kann mich der Nachwelt durch keine Obelisken, keine eroberte Länder, keine entdeckte Welten aufdringen – ich kann sie durch kein Meisterstück an mich mahnen – ich kann keinen Kopf zu diesem Torso erschaffen, aber vielleicht eine schöne Tat ohne Zeugen tun!

T – – – – ee.

KARL PHILIPP MORITZ

Reisen eines Deutschen in Italien

Michelangelo

Rom, den 9. Oktober 1787.
An einem heitern Vormittage trat ich zum ersten Male in die Sixtinische Kapelle; der Strahl der Sonne erleuchtete nur mit schwachem Schimmer das heilige Dunkel, wo der Genius des erhabnen Künstlers seine Riesengeburten hinzauberte, welche die Nachwelt mit Staunen erfüllen.

Über seinem Haupte stand die herrliche Schöpfung, welche die Hand des großen Meisters in zwanzig Monden vollendete und die sich mit der Schöpfung des Weltalls durch den ewigen Vater anhebt.

Auf der Rückwand bildet sich in ungeheurem Umfange die Zerstörung in ihrer ganzen grauenvollen Pracht – die letzte Posaune erschallt – die Gräber eröffnen sich – zum Himmel steigen Selige empor – Verdammte stürzen in den Abgrund nieder.

Der, welcher die Himmel zusammenrollt wie ein Tuch, sitzt auf dem erhabnen Richterstuhle – an seine Seite schmiegt sich seine Mutter – die Heiligen umgeben seinen Thron. – Auf dunkelblauem Grunde, wie in dem ungemessenen Luftraume, stellt sich die furchtbare Szene dar.

Unten zur Rechten steigen von der schwindenden Erde, kaum noch mit Haut und Fleisch umhüllt und noch von dem ungewohnten Lichte geblendet, die Toten aus ihren Gräbern auf. – Wie vom Instinkt beseelt, suchen sie zu den Wolken sich emporzuschwingen, woraus sich die mannigfaltigsten Gruppen bilden, indem der eine dem andern die Hände reicht, oder einer sich an den andern klammert. Besonders charakteristisch ist ein religiöser Zug, den der Künstler hier angebracht hat: einer der Aufsteigenden hält sich nämlich an dem Rosenkranze seines Vorgängers

563

mit beiden Händen fest, und läßt sich damit zum Himmel hinaufziehen.

Die heiligen Märtyrer oben flehen um Rache, und St. Bartholomäus scheint in schrecklicher Verdoppelung dazustehen; denn er hält die ihm abgezogene Haut zum Zeugnis vor dem Richter empor; die ihm ähnlichen Gesichtszüge in der abgezogenen Haut vom Kopfe machen einen schrecklichen Anblick. –

Man kann sich keinen furchtbarem Ausdruck denken, als in der Stellung eines in den Abgrund niedersinkenden Verzweifelnden – der, mit der Hand auf der Stirn, gleichsam über seinen Sturz nachsinnend, die Möglichkeit seines entsetzlichen Verderbens noch nicht begreifen kann, und die Schmerzen, womit seine Peiniger schon anfangen ihn zu quälen, selbst nicht zu empfinden scheint, indem er in dem einzigen verzweiflungsvollen Gedanken des hoffnungslosen Elendes versunken ist, der alles übrige Bewußtsein und Empfindung in sich verschlingt. –

Hier ist kein Haarausraufen, kein Händeringen – es ist die im tiefen Nachsinnen über die Unermeßlichkeit des Unglücks verlorne untätige Verzweiflung. –

Der von umwindenden Ungeheuern unaufhaltsam herabgezogene Körper sinkt überdem noch mit der ganzen Last der Trägheit in sich selber.

Die Arme sind übereinandergeschlagen, und die linke stützt das sinkende Haupt. –

Die ganze Senkung dieser Körpermasse in sich selber ist hier bedeutend und ausdrucksvoll.

Raub der Verzweiflung ist der Gedanke, welcher im höchsten Grade hier versinnlicht und lebendig dem Auge dargestellt wird.

Dies sind die Ungeheuer, die an Beinen und Schenkeln den Verzweifelnden unaufhaltsam daniederziehen, die ihm alle Kraft und allen Mut und mit diesem ihn sich selber rauben. –

Alle Hoffnung ist verschwunden, und mit ihr auch jeder Gedanke des Widerstrebens – nichts bleibt übrig, als der Ausdruck eines gleichgültigen, phlegmatischen Hinbrütens in dem Antlitz des Verzweifelnden.

Die geringste Kleinigkeit ist in dieser Figur nicht unbedeutend – daß die eine Hälfte des Antlitzes mit der Hand bedeckt ist, und nur das eine starre Auge hervorblickt – daß das schlaffe Herabhängen im Munde und in den Gesichtszügen nur halb sich zeigt, und daß die stützende Hand das übrige verdeckt, läßt den furchtbaren Ausdruck der Verzweiflung gleichsam wie durch einen Vorhang schimmern. – Der ganze Körperbau verkündigt Kraft und Tätigkeit, die von dem Gipfel ihrer Hoheit auf einmal in den Abgrund des Elends daniedersinkt. – –

Beim Michelangelo herrscht in gewissem Sinne mehr eine große Manier, als ein großer Stil – insofern man sich nämlich unter Stil das Feststehende, Bleibende in dem echten Kunstwerke denkt, wodurch es selbst über die Originalität sich erhebt.

Man sagt daher auch im *antiken Stil* und nicht *in antiker Manier*, weil *Manier* schon die besondere Art eines einzelnen, Stil aber keine besondere Art, sondern das wesentliche Schöne in der Kunst selbst bezeichnet.

Im antiken Stil heißt also nach den echten Grundsätzen des Schönen bearbeitet, wo eigentlich keine Originalität mehr stattfindet.

Nun aber tragen die Werke des Michelangelo ganz das Gepräge von ihm selber und von seiner eigentümlichen Denkungsart, die freilich erhaben und oft furchtbar groß ist.

Seine hohe Phantasie vereinbarte sich mit dem vollkommensten Ausdruck der beseelten Körperlichkeit in jeder Muskel, und die Macht dieses Ausdrucks, welche in seiner Hand und seinem Pinsel ruhte, erhöhete wieder seine schaffende Phantasie. [...]

Laokoon

Der Jammer der ganzen leidenden Menschheit drängt sich hier zusammen – es ist das höchste körperliche Leiden, vereinbart mit dem höchsten Leiden der Seele.

Durch die beiden Söhne des Laokoon, die mit von der

Schlange umwunden werden, wird diese Gruppe erst sanft und schön; denn das erhabene, zartere Mitleid nimmt den Ausdruck des körperlichen Leidens in sich auf, und veredelt und erhöhet das Ganze.

Es ist hier die größte Hülflosigkeit bei der höchsten Bedrängnis und bei der heftigsten Anstrengung zu helfen –

Das zwecklose Abarbeiten und Entgegenstreben macht den entsetzlichsten Mangel alles Beistandes von außen und von innen her, in jeder Muskel sichtbar –

Man sieht in dieser Gruppe das Alter mit der Jugend von der allgewaltigen Zerstörung umfaßt; den Vater mit den Söhnen von umwindenden Ungeheuern in einem Jammerstande umschlungen –

Man denke sich statt der Schlangen in dieser Gruppe, den reißenden Tiger, den verwundenden Pfeil, den tötenden Dolch – nichts kommt dem Entsetzen dieser furchtbaren Umwindung bei, wo die mächtigen Ungeheuer in schrecklichen Krümmungen den ganzen Gliederbau umfesseln – das Edle, Gebildete erliegt der Macht des Ungeheuern; der Mensch dem Wurme –

Es ist die alles umgebende Zerstörung vom Feuer, von Wasserfluten, die keine Flucht erlaubt – so schlingt das Verderben hier seinen unauflösbaren Knoten – aus diesem Labyrinthe gibt es nun weiter keinen Ausweg: die widerstrebende Natur erliegt –

Daher ist auch, schon wegen der Wahl des Gegenstandes, dies Kunstwerk einzig in seiner Art, und konnte nur einzig sein.

Die Gruppe der Niobe kömmt ihr nicht bei; man sieht dort nur die Wirkung der Zerstörung, aber nicht die Zerstörung selbst –

Die unsichtbaren Pfeile des Apollo und der Diana fliegen in der Luft, und töten die Söhne und Töchter der Niobe. – Die Stellungen sind das Schönste, was man sich denken kann; aber das Ganze hat keinen Vereinigungspunkt in sich selbst, sondern bloß in dem Gedanken an die Geschichte der Niobe, die der Betrachtende, um das Ganze zusammen zu fassen, mit hinzubringen muß. […]

Es ist hier allezeit ein Fest für uns, wenn eine Gesellschaft sich vereinigt, um die Statüen in Belvedere des Abends bei Fackelschein zu betrachten. – Man versäumt diese Gelegenheit nie, weil einem jede dieser Betrachtungen ein sichrer Gewinn und Erwerb für den Geist ist, der einem nachher durch nichts geraubt werden kann.

Und der Unterschied ist so auffallend, daß man fast nicht sagen kann, man habe diese höchsten Werke der Kunst gesehen, wenn man sie nicht auch zum öftern in dieser Art von Beleuchtung sähe. – Die allerfeinsten Erhöhungen werden dem Auge sichtbar, und in dem, was sonst noch einförmig schien, zeigt sich wiederum eine unendliche Mannigfaltigkeit.

Weil nun alle dies Mannigfaltige doch nur ein einziges vollkommenes Ganze ausmacht, so sieht man hier alles Schöne, was man sehen kann, *auf einmal,* der Begriff von Zeit verschwindet, und alles drängt sich in einen Moment zusammen, der immer dauern könnte, wenn wir bloß betrachtende Wesen wären.

Wer nun aber mit dem Winckelmann in der Hand den Apollo betrachtet und lieset:

»Eine Stirn des Jupiters, die mit der Göttin der Weisheit schwanger ist – Augen der Königin der Göttinnen, mit Großheit gewölbt – sein Haar scheint gesalbt mit dem Öle der Götter, und von den Grazien mit holder Pracht auf seine Scheitel gebunden.«

Wer diese Worte lieset, indem er den Apollo betrachtet, der wird viel zu sehr dadurch gestört, und auf Nebendinge geführt, als daß die reine Schönheit des Ganzen ihn noch rühren könnte. – Er muß nach dieser Beschreibung sich die Schönheiten des hohen und einfachen Kunstwerks eine nach der andern gleichsam *aufzählen,* welches eine Beleidigung des Kunstwerks ist, dessen ganze Hoheit in seiner Einfachheit besteht.

Wem daran liegt, dem Schönen zu huldigen, wird seine Rede dem Kunstwerke, das er beschreiben will, unterordnen, und mehr durch halbe Winke andeuten, als vollständig zu beschreiben suchen: denn nicht seine Beschreibung, sondern der Gegenstand derselben soll bewundert, und über dem Anblick des Kunstwerks selbst soll jede Beschreibung vergessen werden.

Winckelmanns Beschreibung des Apollo in Belvedere scheint mir für ihren Gegenstand viel zu zusammengesetzt und gekünstelt. –

Der Genius der Kunst war neben ihm eingeschlummert, da er sie niederschrieb; und er dachte gewiß mehr an die Schönheit seiner Worte als an die wirkliche Schönheit des hohen Götterideals, das er beschrieb.

Aus dieser Verstimmung kömmt der falsche Rat: »Gehe mit deinem Geiste in das Reich unkörperlicher Schönheit, und versuche ein Schöpfer einer himmlischen Natur zu werden, um den Geist mit Schönheiten, die sich über die Natur erheben, zu erfüllen!«

Wer diesem Rate folgt, wird ganz des Ziels verfehlen. – Die Kunst mit ihrem Geiste soll in das Reich der körperlichen Schönheiten immer tiefer dringen, und alles Geistige bis zum Ausdruck durch den Körper führen; sie soll den Geist mit Schönheiten, die in der Natur würklich sind, erfüllen, um sich bis zum Ideal der höchsten *Körperschönheit* zu erheben.

Karl Philipp Moritz

Über die bildende Nachahmung des Schönen

Wir können also das Schöne im Allgemeinen auf keine andre Weise erkennen, als insofern wir es dem Nützlichen entgegenstellen, und es davon so scharf wie möglich unterscheiden. Eine Sache wird nämlich dadurch noch nicht schön, daß sie nicht nützlich ist, sondern dadurch, daß sie nicht nützlich zu sein *braucht.* Um nun aber die Frage zu beantworten, wie denn eine Sache beschaffen sein müsse, damit sie nicht nützlich zu sein brauche, müssen wir wiederum erst den Begriff des Nützlichen noch mehr zu entwickeln suchen.

Unter Nutzen denken wir uns nämlich die Beziehung eines Dinges, als Teil betrachtet, auf einen Zusammenhang von Dingen, den wir uns als ein Ganzes denken. Diese Beziehung muß nämlich von der Art sein, daß der Zusammenhang des Ganzen beständig dadurch gewinnt und erhalten wird: je mehrere solcher Beziehungen nun eine Sache auf den Zusammenhang, worin sie sich befindet, hat, um desto nützlicher ist dieselbe.

Jeder Teil eines Ganzen muß auf die Weise mehr oder weniger Beziehung auf das Ganze selbst haben: das Ganze, als Ganzes betrachtet, hingegen, braucht weiter keine Beziehung auf irgend etwas außer sich zu haben. So muß jeder Bürger eines Staats eine gewisse Beziehung auf den Staat haben, oder dem Staate nützlich sein; der Staat selbst aber braucht insofern er in sich allein ein Ganzes bildet, weiter keine Beziehung auf irgend etwas außer sich zu haben, und braucht also auch nicht weiter nützlich zu sein.

Hieraus sehen wir also, daß eine Sache, um nicht nützlich sein zu dürfen, notwendig ein für sich bestehendes Ganze sein müsse, und daß also mit dem Begriff des Schönen der Begriff von einem für sich bestehenden Ganzen unzertrennlich verknüpft ist. – Daß aber dies demohngeachtet noch nicht zum Begriff des Schönen hinreicht, sehen wir daraus, weil wir z. B. mit dem Begriff vom Staat, ob derselbe gleich ein für sich bestehendes Ganze ist, dennoch den Begriff der Schönheit nicht wohl verknüpfen können, indem derselbe *in seinem ganzen Umfange*, weder in unsern äußern Sinn fällt, noch von der Einbildungskraft umfaßt, sondern bloß von unserm Verstande gedacht werden kann.

Aus eben dem Grunde können wir auch mit dem ganzen Zusammenhange der Dinge den Begriff von Schönheit nicht eigentlich verknüpfen, eben weil dieser Zusammenhang, *in seinem ganzen Umfange*, weder in unsre Sinnen fällt, noch von unsrer Einbildungskraft umfaßt werden kann, gesetzt daß er auch von unserm Verstande gedacht werden könnte.

Zu dem Begriff des Schönen, welcher uns daraus entsprungen ist, daß es nicht nützlich zu sein braucht, gehört also noch, daß es nicht nur oder nicht sowohl, ein für sich bestehendes Ganze wirklich sei, als vielmehr nur wie ein für sich bestehendes Ganze, *in unsre Sinne fallen*, oder von unsrer *Einbildungskraft umfaßt werden* könne.

Und so wie nun das Nützliche seine Grade hat, ebenso muß sie auch das Schöne haben: je mehr Zusammenhang befördernde Beziehungen nämlich eine nützliche Sache auf den Zusammenhang, worin sie sich befindet, hat, um desto nützlicher ist sie; und je mehrere solcher Beziehungen eine schöne Sache von ihren einzelnen Teilen zu ihrem Zusammenhange, das ist, zu sich selber, hat, um desto schöner ist sie.

[...]

Von den Verhältnissen des großen Ganzen, das uns umgibt, treffen nämlich immer so viele in allen Berührungspunkten unsres Organs zusammen; daß wir dies große Ganze dunkel in uns fühlen, ohne es doch selbst zu *sein*: die in unser Wesen hineingesponnenen Verhältnisse jenes Ganzen streben, sich nach allen Seiten wieder auszudehnen: das Organ wünscht, sich nach allen Seiten bis ins Unendliche fortzusetzen. Es will das umgebende Ganze nicht nur in sich spiegeln, sondern so weit es kann, selbst dies umgebende Ganze sein.

Daher ergreift jede höhere Organisation, ihrer Natur nach, die ihr untergeordnete, und trägt sie in ihr Wesen über. Die Pflanze den unorganisierten Stoff, durch bloßes Werden und Wachsen – das Tier die Pflanzen durch Werden, Wachsen und Genuß – der Mensch verwandelt nicht nur Tier und Pflanze, durch Werden, Wachsen und Genuß in sein innres Wesen; sondern faßt zugleich alles, was seiner Organisation sich unterordnet, durch die unter allen am hellsten geschliffne, *spiegelnde* Oberfläche seines Wesens, in den Umfang seines Daseins auf, und stellt es, wenn sein Organ sich bildend in sich selbst vollendet, verschönert außer sich wieder dar.

Wo nicht, so muß er das, was um ihn her ist, durch *Zerstörung* in den Umfang seines wirklichen Daseins ziehn, und verheerend um sich greifen, so weit er kann; da einmal die reine unschuldige Beschauung seinen Durst nach ausgedehntem wirklichen Dasein nicht ersetzen kann.

Mit dem sich angeschliffnen Stahle seines eingeschränkten Daseins nicht mehr froh, strebt er, außer sich selber, ein größeres Ganze, als er selbst, zu sein; stellt sich, zu einem Volk, zu einem Staat sich bildend, mit Wesen seiner Art zusammen, um Wesen seines gleichen, die sich ihm unterordnend ihm nicht dienen, mit ihm nicht eins sein wollen, zu zerstören. –

Er steht auf dem höchsten Punkte seiner Wirksamkeit; der Krieg, die Wut, das Feldgeschrei, das höchste Leben, ist nah an den Grenzen seiner Zerstörung da. –

Kommen dann endlich die strebenden Kräfte wieder in ein glückliches Gleichgewicht; und macht die unruhige Wirksamkeit der stillen Beschauung Platz: so muß notwendig in dem zum erstenmal in sich versunkenen Menschen der Sinn für die umgebende Natur erwachen, die nie zerstört, als wo sie muß, und schonet, wo sie kann. – Er lernt allmählich das *Einzelne im Ganzen*, und in Beziehung auf das Ganze, sehen; fängt die großen Verhältnisse dunkel an zu ahnden, nach welchen unzählige Wesen auf und ab, so wenig wie möglich sich verdrängen, und doch so nah wie möglich aneinanderstoßen. –

Dann steigt in seinen ruhigsten Momenten die Geschichte der Vorwelt, das ganze wunderbare Gewebe des Menschenlebens in allen seinen Zweigen vor ihm auf. – In allem, was seine ruhige Einbildungskraft ihm spiegelt, sondert sich das Große und Edle vom Gemeinen, nach einem dunkel empfundnen Maßstabe in ihm selber ab, und strebt aus ihm heraus. –

So geht die um sich greifende, zerstörende Tatkraft, sich auf sich selber stützend, in die sanfte schaffende Bildungskraft, durch ruhiges Selbstgefühl, hinüber, und ergreift den leblosen Stoff, und haucht ihm Leben ein.

[…]

Das Schöne will eben sowohl bloß um sein selbst willen betrachtet und empfunden, als hervorgebracht sein. – Wir betrachten es, weil es da ist, und mit in der Reihe der Dinge steht; und weil wir einmal betrachtende Wesen sind, bei denen die unruhige Wirksamkeit auf Momente der stillen Beschauung Platz macht.

[…]

Was uns daher allein zum wahren Genuß des Schönen bilden kann, ist das, wodurch das Schöne selbst entstand; *vorhergegangne ruhige Betrachtung der Natur und Kunst, als eines einzigen großen Ganzen,* das in allen seinen Teilen sich in sich selber spiegelnd, da den reinsten Abdruck läßt, wo alle Beziehung aufhört, in dem echten Kunstwerke, das, so wie sie, in sich selbst vollendet, den Endzweck und die Absicht seines Daseins in sich selber hat. –

[…]

Wenn nun bei diesem Individuum die Empfindung die Tatkraft überwiegt, und also die Tatkraft durch Zerstörung sich nicht rächen kann; so muß das Individuum für den Raub, den es durch die Erkenntnis des ihm unerreichbaren Schönen, an seiner Individualität begangen hat, mit Höllenqualen büßen.

Sisyphus wälzt den Stein – Tantalus lechzt nach der von seinen Lippen ewig weichenden Flut. –

Allein die Qualen sind nur dem Individuum schrecklich, und werden in der Gattung schön – sobald daher die Gattung in dem

Individuum sich vollendet, löst sein Leiden sich von ihm ab, und geht in die Erscheinung, die Empfindung geht in die *Bildung* über – was von dem bildenden Wesen sich zerstört, ist sein Phantom – das veredelte Dasein bleibt zurück.

Eben diese Erscheinung aber faßt das alles in sich, was die Wirklichkeit hätte zerstören müssen, wenn sie nicht die Macht gehabt hätte, es von sich abzulösen, und bildend außer sich darzustellen. – So wie jedes vollkommne Kunstwerk seinen Urheber, oder was ihn umgibt, würde zernichtet haben, wenn es sich aus seiner Kraft nicht hätte entwickeln können.

In diesem Punkte treffen also Zerstörung und Bildung in eins zusammen. – Denn das höchste Schöne der bildenden Künste, faßt dieselbe Summe der Zerstörung, *ineinander gehüllt,* auf einmal in sich, welche die erhabenste Dichtkunst, nach dem Maß des Schönen, *auseinander gehüllt,* in furchtbarer Folge uns vor Augen legt.

Ist es nicht die immerwährende Zerstörung des Einzelnen, wodurch die Gattung in ewiger Jugend und Schönheit sich erhält?

Und ist es nicht die durch die reinste Imagination zum Gott verkörperte Jugend und Schönheit selbst, welche mit sanftem Geschoß die Menschen tötet; oder mit Köcher und Bogen zürnend einher tritt, düster und furchtbar, wie Schrecken der Nächte – den silbernen Bogen spannt – und die verderbenden Pfeile in das Lager der Griechen sendet? –

[...]

Tod und Zerstörung selbst verlieren sich in den Begriff der *ewig bildenden Nachahmung des über die Bildung selbst erhabnen Schönen,* dem nicht anders als, durch *immerwährend sich verjüngendes Dasein,* nachgeahmt werden kann.

Durch dies sich stets verjüngende Dasein, *sind wir selber.*

Daß wir selber *sind,* ist unser höchster und edelster Gedanke. –

Und von sterblichen Lippen, läßt sich kein erhabneres Wort vom Schönen sagen, als: *es ist!*

Karl Philipp Moritz

Die Signatur des Schönen

Inwiefern Kunstwerke beschrieben werden können?

Als *Philomele* ihrer Zunge beraubt war, webte sie die Geschichte ihrer Leiden in ein Gewand, und schickte es ihrer Schwester, welche es auseinander hüllend, mit furchtbarem Stillschweigen, die gräßliche Erzählung* las.

Die stummen Charaktere sprachen lauter als Töne, die das Ohr erschüttern, weil schon ihr bloßes *Dasein* von dem schändlichen Frevel zeugte, der sie veranlaßt hatte.

Die Beschreibung war hier mit dem Beschriebenen eines geworden – die abgelöste Zunge sprach durch das redende Gewebe.

Jeder mühsam eingewürkte Zug schrie laut um Rache, und machte bei der mitbeleidigten Schwester das mütterliche Herz zum Stein.

Keine rührende Schilderung aus dem Munde irgend eines Lebendigen, konnte so, wie dieser stumme Zeuge, wirken. –

Denn nichts lag ja dem Unglück der weinenden Unschuld *näher*, und war so innig damit verwandt, als eben dies mühsame Werk ihrer Hände, wodurch sie allein ihr Dasein kund tun, und ihre Leiden offenbaren konnte.

Eben darum konnte es seiner schrecklichen Wirkung nicht verfehlen.

So war dem unglücklichen Weibe des *Kollatinus* nichts *näher*, als ihr Gatte, und ihr Vater selbst, welche durch die bloße Erzählung ihres beweinenswerten Schicksals, ein ganzes unterdrücktes Volk gegen die Macht der Tyrannei empörten, und die erloschne Freiheitsliebe in aller Busen wieder weckten.

---

* *Ovids* Verwandlungen, im sechsten Buche.

Mit seiner eignen, unschuldigen Tochter Blut bespritzt, durfte *Virginius* nur den Mund eröffnen, um alles zur lebhaftesten Teilnehmung an seiner Erzählung hinzureißen, und durch die einfachste Beschreibung der jammervollen Szene, konnte er dasselbe Volk noch einmal bewegen, das Joch der Knechtschaft von sich abzuschütteln.

Eben das nahe Band, welches den überlebenden Gatten und Vater an jenes Schlachtopfer der willkürlichen Herrschaft knüpfte, machte, daß die Erzählung, *zugleich mit der erzählten Sache*, auf die Gemüter wirkte, und bis ins Innerste sie erschütterte.

Denn aus den teuren Überlebenden flehte der Mund der Toten selbst die menschliche Natur um Mitleid an.

Aber wer kann dem Vater, wer dem Gatten nacherzählen? – wer so rührend *Philomelens* Unglück schildern, als das Tuch, worin sie selbst es würkte?

Daß sie es in dies Tuch würkte, macht ja selbst den rührendsten Zug in der Schilderung ihrer Leiden aus.

Und die Beschreibung durch Worte muß sich hier begnügen, das bloß *anzudeuten*, was durch sein Dasein selber mehr als Worte sagt.

Wer den Schmerz des *Virginius* würdig beschreiben wollte, müßte entweder, wie der Schauspieler, streben, auf eine Zeitlang, durch ein künstliches Vergessen seiner selbst, und durch das darstellende Mitgefühl fremder Leiden, so viel wie möglich, selbst wieder dieser *Virginius* zu sein.

Oder er müßte, wie der bildende Künstler, einem der fliehenden Momente Dauer geben, welcher deswegen am stärksten die Seel' erschütterte, weil in allem, was in ihm auf einmal sich dem Auge darstellt, immer eines durch das andre, so wie das Ganze durch sich selber, *redend* und *bedeutend* wird. [...]

Denn darin besteht ja eben das Wesen des Schönen, daß ein Teil immer durch den andern und das Ganze durch sich selber, redend und bedeutend wird – daß es sich selbst erklärt – sich durch sich selbst beschreibt – und also außer dem bloß andeutenden Fingerzeige auf den Inhalt, keiner weitern Erklärung und Beschreibung mehr bedarf.

Sobald ein schönes Kunstwerk, außer diesem Fingerzeige, noch einer besondern Erklärung bedürfte, wäre es ja eben deswegen schon unvollkommen: denn das erste Erfordernis des Schönen ist ja eben seine *Klarheit*, wodurch es sich dem Aug entfaltet.

Das in die Hülle der Existenz, gleich dem elektrischen Funken, verborgne Schöne findet allenthalben statt, und dient der häßlichsten Oberfläche sehr oft zur Unterlage – wo also die Kunst es auf der Oberfläche darstellen will, muß sie es auch notwendig *ganz* entwickeln, und es gleichsam aus sich selbst enthüllen.

Wo dann das echte Schöne sich uns entfaltet, da ist es durch sich selbst die vollkommenste Erklärung der Vollkommenheit, die im Innern der Natur verborgen, unter tausend Gestalten lauscht, und mehr oder weniger sich unserm Blick entzieht.

Es ist eine deutliche Beschreibung dessen, was unsrer Sterblichkeit nur dunkel ahndet.

[...]

Je mehr wir nämlich, überhaupt beim Anblick der Natur, die Ursach in ihrer Wirkung, das innere Wesen der Dinge in ihren äußren Formen und Gestalten lesen, um desto befriedigter fühlen wir uns, und um desto vollkommner scheint uns das zu sein, was durch seine äußere Form zugleich sein innres Wesen uns enthüllt.

Eben darum rührt uns die Schönheit der menschlichen Gestalt am meisten, weil sie die inwohnende Vollkommenheit der Natur am deutlichsten durch ihre zarte Oberfläche schimmern, und uns, wie in einem hellen Spiegel, auf den Grund unsres eignen Wesens, durch sich schauen läßt.

Die Nacktheit selber, welche jeden Mangel aufdeckt, und jedes andre Tier entstellt, ist bei dem Menschen das höchste Siegel der Vollendung seiner Schönheit, die allein ihrer Blöße sich nicht schämen darf, sondern, wie die Wahrheit, keinen edlern Schmuck, als sich selber kennt.

Denn die Nacktheit selbst entsteht ja aus der vollkommensten *Bestimmtheit* aller Teile, wodurch alles Zufällige von der vollendeten Bildung ausgeschlossen wird, und nur das Wesentliche auf der Oberfläche erscheint.

Sobald die Bildung nicht in allen Teilen so vollkommen bestimmt, und vollendet ist, daß sie das innre Wesen des Gebildeten allenthalben auf seiner Oberfläche durchschimmern läßt, findet auch bei der Entblößung, keine eigentliche Nacktheit statt.

[...]

Hier ist es also, wo Bildung und Laut sich scheiden. – Durch das: redende Organ beschreibt die menschliche Gestalt sich selber in allen *Äußrungen* ihres Wesens – da aber, wo das wesentliche Schöne selbst auf ihrer Oberfläche sich entfaltet, verstummt die Zunge, und macht der weisern Hand des bildenden Künstlers Platz.

Denn da, wo das denkende Gebildete in den äußersten Finger spitzen sich in sich selbst vollendet, vermag es erst, das Schöne *unmittelbar* wieder außer sich darzustellen. – Indes die Zunge durch eine bestimmte Folge von Lauten jedesmal harmonisch sich hindurch bewegend nur *mittelbar* das Schöne umfassen kann; insofern nämlich die mit jedem Worte erweckten und nie ganz wieder verlöschenden Bilder, zuletzt eine *Spur* auf dem Grunde der Einbildungskraft zurücklassen, die mit ihrem vollendeten Umriß dasselbe Schöne umschreibt, welches von der Hand des bildenden Künstlers dargestellt, auf einmal vors Auge tritt.

Worte können daher das Schöne nicht eher beschreiben, als bis sie in der bleibenden Spur, die ihr vorübergehender Hauch auf dem Grunde der Einbildungskraft zurückläßt, *selbst wieder zum Schönen werden.* –

Dies können sie aber nicht eher werden, als auf dem Punkte, wo die Wahrheit der Dichtung Platz macht, und die Beschreibung mit dem Beschriebnen eins wird, weil sie nicht mehr um des Beschriebnen willen da ist, sondern ihren Endzweck in sich selber hat; und also auch nicht ferner dazu dienen kann, uns eine Sache kenntlich zu machen, die wir noch nicht kennen; indem unsre ganze Aufmerksamkeit mehr auf die Beschreibung selbst, als auf die beschriebne Sache gezogen wird, die wir durch die Beschreibung nicht sowohl kennen lernen, als vielmehr sie in ihr *wiedererkennen* wollen.

Denn es ist offenbar, daß wir uns bei der Dichtung die Sachen um der Beschreibung willen, bei der Geschichte hingegen, die Beschreibung um der Sachen willen denken.

Bei der Beschreibung des Schönen durch Worte, müssen also die Worte, mit der Spur, die sie in der Einbildungskraft zurücklassen, zusammengenommen, selbst das Schöne sein.

Und so müssen nun auch bei der Beschreibung des Schönen durch Linien, diese Linien selbst, zusammengenommen, das Schöne sein, welches nie anders als durch sich selbst bezeichnet werden kann; weil es eben da erst seinen Anfang nimmt, wo die Sache mit ihrer Bezeichnung eins wird.

[…]

[…] die Beschreibung durch Konturen ist ja an sich selbst schon bedeutender und bestimmter, als jede Beschreibung durch Worte.

Umrisse *vereinigen*, Worte können nur auseinander sondern; sie schneiden in die sanfteren Krümmungen der Konturen viel zu scharf ein, als daß diese nicht darunter leiden sollten.

Winckelmanns Beschreibung vom Apollo im Belvedere zerreißt daher das Ganze dieses Kunstwerks, sobald sie unmittelbar darauf angewandt, und nicht vielmehr als eine bloß poetische Beschreibung des Apollo selbst betrachtet wird, die dem Kunstwerke gar nichts angeht.

Diese Beschreibung hat daher auch der Betrachtung dieses erhabenen Kunstwerks weit mehr geschadet, als genutzt, weil sie den Blick vom Ganzen abgezogen, und auf das Einzelne geheftet hat, welches doch bei der nähern Betrachtung immermehr verschwinden, und in das Ganze sich verlieren soll.

[…]

FRIEDRICH SCHILLER

Über naive und sentimentalische Dichtung

Es gibt Augenblicke in unserm Leben, wo wir der Natur in Pflanzen, Mineralen, Tieren, Landschaften, sowie der menschlichen Natur in Kindern, in den Sitten des Landvolks und der Urwelt, nicht weil sie unsern Sinnen wohltut, auch nicht weil sie unsern Verstand oder Geschmack befriedigt (von beiden kann oft das Gegenteil stattfinden), sondern bloß *weil sie Natur ist*, eine Art von Liebe und von rührender Achtung widmen, jeder feinere Mensch, dem es nicht ganz und gar an Empfindung fehlt, erfährt dieses, wenn er im Freien wandelt, wenn er auf dem Lande lebt oder sich bei den Denkmälern der alten Zeiten verweilet, kurz, wenn er in künstlichen Verhältnissen und Situationen mit dem Anblick der einfältigen Natur überrascht wird. Dieses nicht selten zum Bedürfnis erhöhte Interesse ist es, was vielen unsrer Liebhabereien für Blumen und Tiere, für einfache Gärten, für Spaziergänge, für das Land und seine Bewohner, für manche Produkte des fernen Altertums und dergleichen zum Grund liegt; vorausgesetzt, daß weder Affektation noch sonst ein zufälliges Interesse dabei im Spiele sei. Diese Art des Interesses an der Natur findet aber nur unter zwei Bedingungen statt. Fürs erste ist es durchaus nötig, daß der Gegenstand, der uns dasselbe einflößt, *Natur* sei oder doch von uns dafür gehalten werde; zweitens, daß er (in weitester Bedeutung des Worts) *naiv* sei, das heißt, daß die Natur mit der Kunst im Kontraste stehe und sie beschäme. Sobald das letzte zu dem ersten hinzukommt, und nicht eher, wird die Natur zum Naiven.

Natur in dieser Betrachtungsart ist uns nichts anders als das freiwillige Dasein, das Bestehen der Dinge durch sich selbst, die Existenz nach eignen und unabänderlichen Gesetzen.

Diese Vorstellung ist schlechterdings nötig, wenn wir an dergleichen Erscheinungen Interesse nehmen sollen. Könnte man einer gemachten Blume den Schein der Natur mit der vollkommensten Täuschung geben, könnte man die Nachahmung des Naiven in den Sitten bis zur höchsten Illusion treiben, so würde die Entdeckung, daß es Nachahmung sei, das Gefühl, von dem die Rede ist, gänzlich vernichten*. Daraus erhellet, daß diese Art des Wohlgefallens an der Natur kein ästhetisches, sondern ein moralisches ist; denn es wird durch eine Idee vermittelt, nicht unmittelbar durch Betrachtung erzeugt; auch richtet es sich ganz und gar nicht nach der Schönheit der Formen. Was hätte auch eine unscheinbare Blume, eine Quelle, ein bemooster Stein, das Gezwitscher der Vögel, das Summen der Bienen usw. für sich selbst so Gefälliges für uns? Was könnte ihm gar einen Anspruch auf unsere Liebe geben? Es sind nicht diese Gegenstände, es ist eine durch sie dargestellte Idee, was wir in ihnen lieben. Wir lieben in ihnen das stille schaffende Leben, das ruhige Wirken aus sich selbst, das Dasein nach eignen Gesetzen, die innere Notwendigkeit, die ewige Einheit mit sich selbst.

Sie *sind*, was wir *waren*; sie sind, was wir wieder *werden sollen*. Wir waren Natur wie sie, und unsere Kultur soll uns, auf dem Wege der Vernunft und der Freiheit, zur Natur zurückführen. Sie sind also zugleich Darstellung unserer verlorenen Kindheit, die uns ewig das Teuerste bleibt; daher sie uns mit einer gewissen Wehmut erfüllen. Zugleich sind sie Darstellungen unserer

---

* Kant, meines Wissens der erste, der über dieses Phänomen eigens zu reflektieren angefangen, erinnert, daß, wenn wir von einem Menschen den Schlag der Nachtigall bis zur höchsten Täuschung nachgeahmt fänden und uns dem Eindruck desselben mit ganzer Rührung überließen, mit der Zerstörung dieser Illusion alle unsere Lust verschwinden würde. Man sehe das Kapitel vom *intellektuellen Interesse am Schönen* in der Kritik der ästhetischen Urteilskraft. Wer den Verfasser nur als einen großen Denker bewundern gelernt hat, wird sich freuen, hier auf eine Spur seines Herzens zu treffen und sich durch diese Entdeckung von dem hohen philosophischen Beruf dieses Mannes (welcher schlechterdings beide Eigenschaften verbunden fordert) zu überzeugen.

höchsten Vollendung im Ideale, daher sie uns in eine erhabene Rührung versetzen.

Aber ihre Vollkommenheit ist nicht ihr Verdienst, weil sie nicht das Werk ihrer Wahl ist. Sie gewähren uns also die ganz eigene Lust, daß sie, ohne uns zu beschämen, unsre Muster sind. Eine beständige Göttererscheinung, umgeben sie uns, aber mehr erquickend als blendend. Was ihren Charakter ausmacht, ist gerade das, was dem unsrigen zu seiner Vollendung mangelt; was uns von ihnen unterscheidet, ist gerade das, was ihnen selbst zur Göttlichkeit fehlt. Wir sind frei, und sie sind notwendig; wir wechseln, sie bleiben eins. Aber nur, wenn beides sich miteinander verbindet – wenn der Wille das Gesetz der Notwendigkeit frei befolgt und bei allem Wechsel der Phantasie die Vernunft ihre Regel behauptet, geht das Göttliche oder das Ideal hervor. Wir erblicken in *ihnen* also ewig das, was uns abgeht, aber wornach wir aufgefordert sind zu ringen, und dem wir uns, wenn wir es gleich niemals erreichen, doch in einem unendlichen Fortschritte zu nähern hoffen dürfen. Wir erblicken in *uns* einen Vorzug, der ihnen fehlt, aber dessen sie entweder überhaupt niemals, wie das Vernunftlose, oder nicht anders als indem sie *unsern* Weg gehen, wie die Kindheit, teilhaftig werden können. Sie verschaffen uns daher den süßesten Genuß unserer Menschheit als Idee, ob sie uns gleich in Rücksicht auf jeden bestimmten Zustand unserer Menschheit notwendig demütigen müssen.

Da sich dieses Interesse für Natur auf eine Idee gründet, so kann es sich nur in Gemütern zeigen, welche für Ideen empfänglich sind, das heißt in moralischen. Bei weitem die mehresten Menschen affektieren es bloß, und die Allgemeinheit dieses sentimentalischen Geschmacks zu unsern Zeiten, welcher sich, besonders seit der Erscheinung gewisser Schriften, in empfindsamen Reisen, dergleichen Gärten, Spaziergängen und andern Liebhabereien dieser Art äußert, ist noch ganz und gar kein Beweis für die Allgemeinheit dieser Empfindungsweise. Doch wird die Natur auch auf den Gefühllosesten immer etwas von dieser Wirkung äußern, weil schon die, allen Menschen gemeine, Anlage zum Sittlichen dazu hinreichend ist und wir alle ohne Unterschied, bei noch so großer Entfernung unserer *Taten* von der Einfalt und Wahrheit der Natur, in der *Idee* dazu hingetrieben werden. Besonders stark und am allgemeinsten äußert sich diese Empfindsamkeit für Natur auf Veranlassung solcher Gegenstände, welche in einer andern Verbindung mit uns stehen und uns den Rückblick auf uns selbst und die Unnatur in uns näher legen, wie zum Beispiel bei Kindern und kindlichen Völkern. Man irrt, wenn man glaubt, daß es bloß die Vorstellung der Hilflosigkeit sei, welche macht, daß wir in gewissen Augenblicken mit so viel Rührung bei Kindern verweilen. Das mag bei denjenigen vielleicht der Fall sein, welche der Schwäche gegenüber nie etwas anders als ihre eigene Überlegenheit zu empfinden pflegen. Aber das Gefühl, von dem ich rede (es findet nur in ganz eigenen moralischen Stimmungen statt und ist nicht mit demjenigen zu verwechseln, welches die fröhliche Tätigkeit der Kinder in uns erregt), ist eher demütigend als begünstigend für die Eigenliebe; und wenn ja ein Vorzug dabei in Betrachtung kommt, so ist dieser wenigstens nicht auf unserer Seite. Nicht weil wir von der Höhe unserer Kraft und Vollkommenheit auf das Kind herabsehen, sondern weil wir aus der *Beschränktheit* unsers Zustands, welche von der *Bestimmung*, die wir einmal erlangt haben, unzertrennlich ist, zu der grenzenlosen *Bestimmbarkeit* in dem Kinde und zu seiner reinen Unschuld *hinaufsehen*, geraten wir in Rührung, und unser Gefühl in einem solchen Augenblick ist zu sichtbar mit einer gewissen Wehmut gemischt, als daß sich diese Quelle desselben verkennen ließe. In dem Kinde ist die *Anlage* und *Bestimmung*, in uns ist die *Erfüllung* dargestellt, welche immer unendlich weit hinter jener zurückbleibt. Das Kind ist uns daher eine Vergegenwärtigung des Ideals, nicht zwar des erfüllten, aber des aufgegebenen, und es ist also keinesweges die Vorstellung seiner Bedürftigkeit und Schranken, es ist ganz im Gegenteil die Vorstellung seiner reinen und freien Kraft, seiner Integrität, seiner Unendlichkeit, was uns rührt. Dem Menschen von Sittlichkeit und Empfindung wird ein Kind deswegen ein *heiliger* Gegenstand sein, ein Gegenstand nämlich, der durch die Größe einer Idee jede Größe der Erfahrung vernichtet; und der, was er auch in der Beurteilung des Verstandes verlieren mag, in der Beurteilung der Vernunft wieder in reichem Maße gewinnt.

Eben aus diesem Widerspruch zwischen dem Urteile der Vernunft und des Verstandes geht die ganz eigene Erscheinung des gemischten Gefühls hervor, welches das *Naive* der Denkart in uns erreget. Es verbindet die *kindliche* Einfalt mit der *kindischen*; durch die letztere gibt es dem Verstand eine Blöße und bewirkt jenes Lächeln, wodurch wir unsre (*theoretische*) Überlegenheit zu erkennen geben. Sobald wir aber Ursache haben, zu glauben, daß die kindische Einfalt zugleich eine kindliche sei, daß folglich nicht Unverstand, nicht Unvermögen, sondern eine höhere (*praktische*) Stärke, ein Herz voll Unschuld und Wahrheit, die Quelle davon sei, welches die Hilfe der Kunst aus innrer Größe verschmähte, so ist jener Triumph des Verstandes vorbei, und der Spott über die Einfältigkeit geht in Bewunderung der Einfachheit über. Wir fühlen uns genötigt, den Gegenstand zu achten, über den wir vorher gelächelt haben, und, indem wir zugleich einen Blick in uns selbst werfen, uns zu beklagen, daß wir demselben nicht ähnlich sind. So entsteht die ganz eigene Erscheinung eines Gefühls, in welchem fröhlicher Spott, Ehrfurcht und Wehmut zusammenfließen*. Zum Naiven wird erfordert, daß die

---

* Kant in einer Anmerkung zu der Analytik des Erhabenen (Kritik der ästhetischen Urteilskraft, S. 225 der ersten Auflage) unterscheidet gleichfalls diese dreierlei Ingredienzien in dem Gefühl des Naiven, aber er gibt davon eine andre Erklärung. Etwas aus beiden (dem animalischen Gefühl des Vergnügens und dem geistigen Gefühl der Achtung) Zusammengesetztes findet sich in der Naivität, die der Ausbruch der der Menschheit ursprünglich natürlichen Aufrichtigkeit wider die zur andern Natur gewordene Verstellungskraft ist. Man lacht über die Einfalt, die es noch nicht versteht, sich zu verstellen, und erfreut sich doch auch über die Einfalt der Natur, die jener Kunst hier einen Querstrich spielt. Man erwartete die alltägliche Sitte der gekünstelten und auf den schönen Schein vorsichtig angelegten Äußerung, und siehe, es ist die unverdorbene schuldlose Natur,

Natur über die Kunst den Sieg davontrage*, es geschehe dies nun wider Wissen und Willen der Person oder mit völligem Bewußtsein derselben. In dem ersten Fall ist es das Naive der *Überraschung* und belustigt; in dem andern ist es das Naive der *Gesinnung* und rührt.

die man anzutreffen gar nicht gewärtig und der, so sie blicken ließ, zu entblößen auch nicht gemeint war. Daß der schöne, aber falsche Schein, der gewöhnlich in unserm Urteile sehr viel bedeutet, hier plötzlich in nichts verwandelt, daß gleichsam der Schalk in uns selbst bloßgestellt wird, bringt die Bewegung des Gemüts nach zwei entgegengesetzten Richtungen nacheinander hervor, die zugleich den Körper heilsam schüttelt. Daß aber etwas, was unendlich besser als angenommene Sitte ist, die Lauterkeit der Denkungsart (wenigstens die Anlage dazu), doch nicht ganz in der menschlichen Natur erloschen ist, mischt Ernst und Hochschätzung in dieses Spiel der Urteilskraft. Weil es aber nur eine kurze Zeit Erscheinung ist und die Decke der Verstellungskunst bald wieder vorgezogen wird, so mengt sich zugleich ein Bedauren darunter, welches eine Rührung der Zärtlichkeit ist, die sich als Spiel mit einem solchen gutherzigen Lachen sehr wohl verbinden läßt und auch wirklich damit gewöhnlich verbindet, zugleich auch die Verlegenheit dessen, der den Stoff dazu hergibt, darüber daß er noch nicht nach Menschenweise gewitzigt ist, zu vergüten pflegt.« – Ich gestehe, daß diese Erklärungsart mich nicht ganz befriedigt, und zwar vorzüglich deswegen nicht, weil sie von dem Naiven überhaupt etwas behauptet, was höchstens von einer Spezies desselben, dem Naiven der Überraschung, von welchem ich nachher reden werde, wahr ist. Allerdings erregt es *Lachen,* wenn sich jemand durch Naivetät bloßgibt, und in manchen Fällen mag dieses Lachen aus einer vorhergegangenen Erwartung, die in nichts aufgelöst wird, fließen. Aber auch das Naive der edelsten Art, das Naive der Gesinnung, erregt immer ein *Lächeln,* welches doch schwerlich eine in nichts aufgelöste Erwartung zum Grunde hat, sondern überhaupt nur aus dem Kontrast eines gewissen Betragens mit den einmal angenommenen und erwarteten Formen zu erklären ist. Auch zweifle ich, ob die Bedauernis, welche sich bei dem Naiven der letztern Art in unsre Empfindung mischt, der naiven Person, und nicht vielmehr uns selbst oder vielmehr der Menschheit überhaupt gilt, an deren Verfall wir bei einem solchen Anlaß erinnert werden. Es ist zu offenbar eine moralische Trauer, die einen edlern Gegenstand haben muß als die physischen Übel, von denen die Aufrichtigkeit in dem gewöhnlichen Weltlauf bedro-

Bei dem Naiven der Überraschung muß die Person *moralisch* fähig sein, die Natur zu verleugnen; bei dem Naiven der Gesinnung darf sie es nicht sein, doch dürfen wir sie uns nicht als *physisch* unfähig dazu denken, wenn es als naiv auf uns wirken soll. Die Handlungen und Reden der Kinder geben uns daher auch nur so lange den reinen Eindruck des Naiven, als wir uns ihres Unvermögens zur Kunst nicht erinnern und überhaupt nur auf den Kontrast ihrer Natürlichkeit mit der Künstlichkeit in uns Rücksicht nehmen. Das Naive ist eine *Kindlichkeit, wo sie nicht mehr erwartet wird,* und kann eben deswegen der wirklichen Kindheit in strengster Bedeutung nicht zugeschrieben werden.

In beiden Fällen aber, beim Naiven der Überraschung wie bei dem der Gesinnung, muß die Natur Recht, die Kunst aber Unrecht haben.

Erst durch diese letztere Bestimmung wird der Begriff des Naiven vollendet. Der Affekt ist auch Natur, und die Regel der Anständigkeit ist etwas Künstliches; dennoch ist der Sieg des Affekts über die Anständigkeit nichts weniger als naiv. Siegt hingegen derselbe Affekt über die Künstelei, über die falsche Anständigkeit, über die Verstellung, so tragen wir kein Bedenken, es naiv zu nennen**. Es wird also erfordert, daß die Natur nicht

het wird, und dieser Gegenstand kann nicht wohl ein anderer sein als der Verlust der Wahrheit und Simplizität in der Menschheit.

* Ich sollte vielleicht ganz kurz sagen: *die Wahrheit über die Verstellung;* aber der Begriff des Naiven scheint mir noch etwas mehr einzuschließen, indem die Einfachheit überhaupt, welche über die Künstelei, und die natürliche Freiheit, welche über Steifheit und Zwang siegt, ein ähnliches Gefühl in uns erregen.

** Ein Kind ist ungezogen, wenn es aus Begierde, Leichtsinn, Ungestüm den Vorschriften einer guten Erziehung entgegenhandelt, aber es ist naiv, wenn es sich von dem Manierierten einer unvernünftigen Erziehung, von den steifen Stellungen des Tanzmeisters und dergleichen aus freier und gesunder Natur dispensiert. Dasselbe findet auch bei dem Naiven in ganz uneigentlicher Bedeutung statt, welches durch Übertragung von dem Menschen auf das Vernunftlose entstehet. Niemand wird den Anblick naiv finden, wenn in einem Garten, der schlecht gewartet wird, das

durch ihre blinde Gewalt als *dynamische*, sondern daß sie durch ihre Form als *moralische* Größe, kurz, daß sie nicht als *Notdurft*, sondern als *innre Notwendigkeit* über die Kunst triumphiere. Nicht die Unzulänglichkeit, sondern die Unstatthaftigkeit der letztern muß der erstern den Sieg verschafft haben; denn jene ist Mangel, und nichts, was aus Mangel entspringt, kann Achtung erzeugen. Zwar ist es bei dem Naiven der Überraschung immer die Übermacht des Affekts und ein Mangel an Besinnung, was die Natur bekennen macht; aber dieser Mangel und jene Übermacht machen das Naive noch gar nicht aus, sondern geben bloß Gelegenheit, daß die Natur ihrer moralischen Beschaffenheit, das heißt dem Gesetze der Übereinstimmung ungehindert folgt.

Das Naive der Überraschung kann nur dem Menschen, und zwar dem Menschen nur, insofern er in diesem Augenblicke nicht mehr reine und unschuldige Natur ist, zukommen. Es setzt einen Willen voraus, der mit dem, was die Natur auf ihre eigene Hand tut, nicht übereinstimmt. Eine solche Person wird, wenn man sie zur Besinnung bringt, über sich selbst erschrecken; die naiv *gesinnte* hingegen wird sich über die Menschen und über ihr Erstaunen verwundern. Da also hier nicht der persönliche und moralische Charakter, sondern bloß der durch den Affekt freigelassene natürliche Charakter die Wahrheit bekennt, so machen wir dem Menschen aus dieser Aufrichtigkeit kein Verdienst, und unser Lachen ist verdienter Spott, der durch keine persönliche Hochschätzung desselben zurückgehalten wird. Weil es aber doch auch hier die Aufrichtigkeit der Natur ist, die durch den Schleier der Falschheit hindurchbricht, so verbindet sich eine Zufriedenheit höherer Art mit der Schadenfreude, einen Menschen ertappt zu haben; denn die Natur im Gegensatz gegen die

Unkraut überhand nimmt, aber es hat allerdings etwas Naives, wenn der freie Wuchs hervorstrebender Äste das mühselige Werk der Schere in einem französischen Garten vernichtet. So ist es ganz und gar nicht naiv, wenn ein geschultes Pferd aus natürlicher Plumpheit seine Lektion schlecht macht, aber es hat etwas vom Naiven, wenn es dieselbe aus natürlicher Freiheit vergißt.

Künstelei, und die Wahrheit im Gegensatz gegen den Betrug muß jederzeit Achtung erregen. Wir empfinden also auch über das Naive der Überraschung ein wirklich moralisches Vergnügen, obgleich nicht über einen moralischen Charakter*.

Bei dem Naiven der Überraschung achten wir zwar immer die *Natur,* weil wir die Wahrheit achten müssen; bei dem Naiven der Gesinnung achten wir hingegen die *Person* und genießen also nicht bloß ein moralisches Vergnügen, sondern auch über einen moralischen Gegenstand. In dem einen wie in dem andern Falle hat die Natur *Recht,* daß sie die Wahrheit sagt; aber in dem letztern Fall hat die Natur nicht bloß Recht, sondern die Person hat auch *Ehre.* In dem ersten Falle gereicht die Aufrichtigkeit der Natur der Person immer zur Schande, weil sie unfreiwillig ist; in dem zweiten gereicht sie ihr immer zum Verdienst, gesetzt auch, daß dasjenige, was sie aussagt, ihr Schande brächte.

Wir schreiben einem Menschen eine naive Gesinnung zu, wenn er in seinen Urteilen von den Dingen ihre gekünstelten und gesuchten Verhältnisse übersieht und sich bloß an die einfache Natur hält. Alles, was innerhalb der gesunden Natur davon geurteilt werden kann, fordern wir von ihm und erlassen ihm schlechterdings nur das, was eine Entfernung von der Natur, es sei nun im Denken oder im Empfinden, wenigstens Bekanntschaft derselben voraussetzt.

Wenn ein Vater seinem Kinde erzählt, daß dieser oder jener

---

* Da das Naive bloß auf der Form beruht, wie etwas getan oder gesagt wird, so verschwindet uns diese Eigenschaft aus den Augen, sobald die Sache selbst entweder durch ihre Ursachen oder durch ihre Folgen einen überwiegenden oder gar widersprechenden Eindruck macht. Durch eine Naivetät dieser Art kann auch ein Verbrechen entdeckt werden, aber dann haben wir weder die Ruhe noch die Zeit, unsre Aufmerksamkeit auf die Form der Entdeckung zu richten, und der Abscheu über den persönlichen Charakter verschlingt das Wohlgefallen an dem natürlichen. So wie uns das empörte Gefühl die moralische Freude an der Aufrichtigkeit der Natur raubt, sobald wir durch eine Naivetät ein Verbrechen erfahren, ebenso erstickt das erregte Mitleiden unsere Schadenfreude, sobald wir jemand durch seine Naivetät in Gefahr gesetzt sehen.

Mann für Armut verschmachte, und das Kind hingeht und dem armen Mann seines Vaters Geldbörse zuträgt, so ist die Handlung naiv; denn die gesunde Natur handelte aus dem Kinde, und in einer Welt, wo die gesunde Natur herrschte, würde es vollkommen Recht gehabt haben, so zu verfahren. Es sieht bloß auf das Bedürfnis und auf das nächste Mittel, es zu befriedigen; eine solche Ausdehnung des Eigentumsrechtes, wobei ein Teil der Menschen zugrunde gehen kann, ist in der bloßen Natur nicht gegründet. Die Handlung des Kindes ist also eine Beschämung der wirklichen Welt, und das gesteht auch unser Herz durch das Wohlgefallen, welches es über jene Handlung empfindet.

Wenn ein Mensch ohne Weltkenntnis, sonst aber von gutem Verstande, einem andern, der ihn betrügt, sich aber geschickt zu verstellen weiß, seine Geheimnisse beichtet und ihm durch seine Aufrichtigkeit selbst die Mittel leiht, ihm zu schaden, so finden wir das naiv. Wir lachen ihn aus, aber können uns doch nicht erwehren, ihn deswegen hochzuschätzen. Denn sein Vertrauen auf den andern quillt aus der Redlichkeit seiner eigenen Gesinnungen; wenigstens ist er nur insofern naiv, als dieses der Fall ist.

Das Naive der Denkart kann daher niemals eine Eigenschaft verdorbener Menschen sein, sondern nur Kindern und kindlich gesinnten Menschen zukommen. Diese letztern handeln und denken oft mitten unter den gekünstelten Verhältnissen der großen Welt naiv; sie vergessen aus eigener schöner Menschlichkeit, daß sie es mit einer verderbten Welt zu tun haben, und betragen sich selbst an den Höfen der Könige mit einer Ingenuität und Unschuld, wie man sie nur in einer Schäferwelt findet.

Es ist übrigens gar nicht so leicht, die kindische Unschuld von der kindlichen immer richtig zu unterscheiden, indem es Handlungen gibt, welche auf der äußersten Grenze zwischen beiden schweben und bei denen wir schlechterdings im Zweifel gelassen werden, ob wir die Einfältigkeit belachen oder die edle Einfalt hochschätzen sollen. Ein sehr merkwürdiges Beispiel dieser Art findet man in der Regierungsgeschichte des Papstes Adrian VI., die uns Herr Schröckh mit der ihm eigenen Gründlichkeit und pragmatischen Wahrheit beschrieben hat. Dieser Papst, ein Niederländer von Geburt, verwaltete das Pontifikat in einem der kritischsten Augenblicke für die Hierarchie, wo eine erbitterte Partei die Blößen der römischen Kirche ohne alle Schonung aufdeckte und die Gegenpartei im höchsten Grad interessiert war, sie zuzudecken. Was der wahrhaft naive Charakter, wenn ja ein solcher sich auf den Stuhl des heiligen Peters verirrte, in diesem Falle zu tun hatte, ist keine Frage; wohl aber, wieweit eine solche Naivetät der Gesinnung mit der Rolle eines Papstes verträglich sein möchte. Dies war es übrigens, was die Vorgänger und die Nachfolger Adrians in die geringste Verlegenheit setzte. Mit Gleichförmigkeit befolgten sie das einmal angenommene römische System, überall nichts einzuräumen. Aber Adrian hatte wirklich den geraden Charakter seiner Nation und die Unschuld seines ehemaligen Standes. Aus der engen Sphäre des Gelehrten war er zu seinem erhabenen Posten emporgestiegen und selbst auf der Höhe seiner neuen Würde jenem einfachen Charakter nicht untreu geworden. Die Mißbräuche in der Kirche rührten ihn, und er war viel zu redlich, öffentlich zu dissimulieren, was er im stillen sich eingestand. Dieser Denkart gemäß ließ er sich in der Instruktion, die er seinem Legaten nach Deutschland mitgab, zu Geständnissen verleiten, die noch bei keinem Papste erhört gewesen waren und den Grundsätzen dieses Hofes schnurgerade zuwiderliefen. »Wir wissen es wohl«, hieß es unter andern, »daß an diesem heiligen Stuhl schon seit mehrern Jahren viel Abscheuliches vorgegangen; kein Wunder, wenn sich der kranke Zustand von dem Haupt auf die Glieder, von dem Papst auf die Prälaten fortgeerbt hat. Wir alle sind abgewichen, und schon seit lange ist keiner unter uns gewesen, der etwas Gutes getan hätte, auch nicht einer.« Wieder anderswo befiehlt er dem Legaten, in seinem Namen zu erklären, daß er, Adrian, wegen dessen, was vor ihm von den Päpsten geschehen, nicht dürfe getadelt werden und daß dergleichen Ausschweifungen, auch da er noch in einem geringen Stande gelebt, ihm immer mißfallen hätten usw. Man kann sich leicht denken, wie eine solche Naivetät des Papstes von der römischen Klerisei mag aufgenommen worden sein; das wenigste, was man ihm schuld gab, war, daß er die Kirche an die Ketzer verraten habe. Dieser höchst unkluge Schritt des Papstes würde indessen unserer ganzen Achtung und Bewunderung wert sein, wenn wir uns nur überzeugen könnten, daß er wirklich naiv gewesen, das heißt, daß er ihm bloß durch die natürliche Wahrheit seines Charakters ohne alle Rücksicht auf die möglichen Folgen abgenötigt worden sei, und daß er ihn nicht weniger getan haben würde, wenn er die begangene Unschicklichkeit in ihrem ganzen Umfang eingesehen hätte. Aber wir haben einige Ursache, zu glauben, daß er diesen Schritt für gar nicht so unpolitisch hielt und in seiner Unschuld so weit ging, zu hoffen, durch seine Nachgiebigkeit gegen die Gegner etwas sehr Wichtiges für den Vorteil seiner Kirche gewonnen zu haben. Er bildete sich nicht bloß ein, diesen Schritt als redlicher Mann tun zu müssen, sondern ihn auch als Papst verantworten zu können, und indem er vergaß, daß das künstlichste aller Gebäude schlechterdings nur durch eine fortgesetzte Verleugnung der Wahrheit erhalten werden könnte, beging er den unverzeihlichen Fehler, Verhaltungsregeln, die in natürlichen Verhältnissen sich bewährt haben mochten, in einer ganz entgegengesetzten Lage zu befolgen. Dies verändert allerdings unser Urteil sehr, und ob wir gleich der Redlichkeit des Herzens, aus dem jene Handlung floß, unsere Achtung nicht versagen können, so wird diese letztere nicht wenig durch die Betrachtung geschwächt, daß die Natur an der Kunst und das Herz an dem Kopf einen zu schwachen Gegner gehabt habe.

Naiv muß jedes wahre Genie sein, oder es ist keines. Seine Naivetät allein macht es zum Genie, und was es im Intellektuellen und Ästhetischen ist, kann es im Moralischen nicht verleugnen. Unbekannt mit den Regeln, den Krücken der Schwachheit und den Zuchtmeistern der Verkehrtheit, bloß von der Natur oder dem Instinkt, seinem schützenden Engel, geleitet, geht es ruhig und sicher durch alle Schlingen des falschen Geschmackes, in welchen, wenn es nicht so klug ist, sie schon von weitem zu vermeiden, das Nichtgenie unausbleiblich verstrickt wird. Nur dem Genie ist es gegeben, außerhalb des Bekannten noch immer zu Hause zu sein und die Natur zu *erweitern,* ohne über sie *hinauszugehen.* Zwar begegnet letzteres zuweilen auch den größten Genies, aber nur, weil auch diese ihre phantastischen Augenblicke haben, wo die schützende Natur sie verläßt, weil die Macht des Beispiels sie hinreißt oder der verderbte Geschmack ihrer Zeit sie verleitet.

Die verwickeltsten Aufgaben muß das Genie mit anspruchloser Simplizität und Leichtigkeit lösen; das Ei des Kolumbus gilt von jeder genialischen Entscheidung. Dadurch allein legitimiert es sich als Genie, daß es durch Einfalt über die verwickelte Kunst triumphiert. Es verfährt nicht nach erkannten Prinzipien, sondern nach Einfällen und Gefühlen; aber seine Einfälle sind Eingebungen eines Gottes (alles, was die gesunde Natur tut, ist göttlich), seine Gefühle sind Gesetze für alle Zeiten und für alle Geschlechter der Menschen.

Den kindlichen Charakter, den das Genie in seinen Werken abdrückt, zeigt es auch in seinem Privatleben und in seinen Sitten. Es ist *schamhaft,* weil die Natur dieses immer ist; aber es ist nicht *dezent,* weil nur die Verderbnis dezent ist. Es ist *verständig,* denn die Natur kann nie das Gegenteil sein; aber es ist nicht *listig,* denn das kann nur die Kunst sein. Es ist seinem Charakter und seinen Neigungen *treu,* aber nicht sowohl weil es Grundsätze hat, als weil die Natur bei allem Schwanken immer wieder in die vorige Stelle rückt, immer das alte Bedürfnis zurückbringt. Es ist *bescheiden,* ja blöde, weil das Genie immer sich selbst ein Geheimnis bleibt; aber es ist nicht ängstlich, weil es die Gefahren des Weges nicht kennt, den es wandelt. Wir wissen wenig von dem Privatleben der größten Genies, aber auch das Wenige, was uns zum Beispiel von Sophokles, von Archimed, von Hippokrates und aus neueren Zeiten von Ariost, Dante und Tasso, von Raphael, von Albrecht Dürer, Cervantes, Shakespeare, von Fielding, Sterne und anderen aufbewahrt worden ist, bestätigt diese Behauptung.

Ja, was noch weit mehr Schwierigkeit zu haben scheint, selbst der große Staatsmann und Feldherr werden, sobald sie durch ihr Genie groß sind, einen naiven Charakter zeigen. Ich will hier unter den Alten nur an Epaminondas und Julius Cäsar, unter den Neuern nur an Heinrich IV. von Frankreich, Gustav Adolf von Schweden und den Zar Peter den Großen erinnern. Der Herzog von Marlborough, Turenne, Vendome zeigen uns alle diesen Charakter. Dem andern Geschlecht hat die Natur in dem naiven Charakter seine höchste Vollkommenheit angewiesen. Nach nichts ringt die weibliche Gefallsucht so sehr als nach dem *Schein des Naiven*; Beweis genug, wenn man auch sonst keinen hätte, daß die größte Macht des Geschlechts auf dieser Eigenschaft beruhet. Weil aber die herrschenden Grundsätze bei der weiblichen Erziehung mit diesem Charakter in ewigem Streit liegen, so ist es dem Weibe im Moralischen ebenso schwer als dem Mann im Intellektuellen, mit den Vorteilen der guten Erziehung jenes herrliche Geschenk der Natur unverloren zu behalten; und die *Frau,* die mit einem geschickten Betragen für die große Welt dieses Naive der Sitten verknüpft, ist ebenso hochachtungswürdig als der Gelehrte, der mit der ganzen Strenge der Schule genialische Freiheit des Denkens verbindet.

Aus der naiven Denkart fließt notwendigerweise auch ein naiver Ausdruck sowohl in Worten als Bewegungen, und er ist das wichtigste Bestandstück der Grazie. Mit dieser naiven Anmut drückt das Genie seine erhabensten und tiefsten Gedanken aus; es sind Göttersprüche aus dem Mund eines Kindes. Wenn der Schulverstand, immer vor Irrtum bange, seine Worte wie seine Begriffe an das Kreuz der Grammatik und Logik schlägt, hart und steif ist, um ja nicht unbestimmt zu sein, viele Worte macht, um ja nicht zuviel zu sagen, und dem Gedanken, damit er ja den Unvorsichtigen nicht schneide, lieber die Kraft und die Schärfe nimmt, so gibt das Genie dem seinigen mit einem einzigen glücklichen Pinselstrich einen ewig bestimmten, festen und dennoch ganz freien Umriß. Wenn dort das Zeichen dem Bezeichneten ewig heterogen und fremd bleibt, so springt hier wie durch innere Notwendigkeit die Sprache aus dem Gedanken hervor und ist so sehr eins mit demselben, daß selbst unter der körperlichen Hülle der Geist wie entblößt erscheint. Eine solche Art des Ausdrucks, wo das Zeichen ganz in dem Bezeichneten verschwindet, und wo die Sprache den Gedanken, den sie ausdrückt, noch gleichsam nackend läßt, da ihn die andre nie darstellen kann, ohne ihn zugleich zu verhüllen, ist es, was man in der Schreibart vorzugsweise genialisch und geistreich nennt.

Frei und natürlich, wie das Genie in seinen Geisteswerken, drückt sich die Unschuld des Herzens im lebendigen Umgang aus. Bekanntlich ist man im gesellschaftlichen Leben von der Simplizität und strengen Wahrheit des Ausdrucks in demselben Verhältnis wie von der Einfalt der Gesinnungen abgekommen, und die leicht zu verwundende Schuld sowie die leicht zu verführende Einbildungskraft haben einen ängstlichen Anstand notwendig gemacht. Ohne falsch zu sein, redet man öfters anders, als man denkt; man muß Umschweife nehmen, um Dinge zu sagen, die nur einer kranken Eigenliebe Schmerz bereiten, nur einer verderbten Phantasie Gefahr bringen können. Eine Unkunde dieser konventionellen Gesetze, verbunden mit natürlicher Aufrichtigkeit, welche jede Krümme und jeden Schein von Falschheit verachtet (nicht Roheit, welche sich darüber, weil sie ihr lästig sind, hinwegsetzt), erzeugen ein Naives des Ausdrucks im Umgang, welches darin besteht, Dinge, die man entweder gar nicht oder nur künstlich bezeichnen darf, mit ihrem rechten Namen und auf dem kürzesten Wege zu benennen. Von der Art sind die gewöhnlichen Ausdrücke der Kinder. Sie erregen Lachen durch ihren Kontrast mit den Sitten, doch wird man sich immer im Herzen gestehen, daß das Kind Recht habe.

Das Naive der Gesinnung kann zwar, eigentlich genommen, auch nur dem Menschen als einem der Natur nicht schlechterdings unterworfenen Wesen beigelegt werden, obgleich nur insofern als wirklich noch die reine Natur aus ihm handelt; aber durch einen Effekt der poetisierenden Einbildungskraft wird es öfters von dem Vernünftigen auf das Vernunftlose übergetragen.

So legen wir öfters einem Tiere, einer Landschaft, einem Gebäude, ja der Natur überhaupt, im Gegensatz gegen die Willkür und die phantastischen Begriffe des Menschen, einen naiven Charakter bei. Dies erfordert aber immer, daß wir dem Willenlosen in unsern Gedanken einen Willen leihen und auf die strenge Richtung desselben nach dem Gesetz der Notwendigkeit merken. Die Unzufriedenheit über unsere eigene schlecht gebrauchte moralische Freiheit und über die in unserm Handeln vermißte sittliche Harmonie führt leicht eine solche Stimmung herbei, in der wir das Vernunftlose wie eine Person anreden und demselben, als wenn es wirklich mit einer Versuchung zum Gegenteil zu kämpfen gehabt hätte, seine ewige Gleichförmigkeit zum Verdienst machen, seine ruhige Haltung beneiden. Es steht uns in einem solchen Augenblicke wohl an, daß wir das Prärogativ unserer Vernunft für einen Fluch und für ein Übel halten und über dem lebhaften Gefühl der Unvollkommenheit unseres wirklichen Leistens die Gerechtigkeit gegen unsre Anlage und Bestimmung aus den Augen setzen.

Wir sehen alsdann in der unvernünftigen Natur nur eine glücklichere Schwester, die in dem mütterlichen Hause zurückblieb, aus welchem wir im Übermut unserer Freiheit heraus in die Fremde stürmten. Mit schmerzlichem Verlangen sehnen wir uns dahin zurück, sobald wir angefangen, die Drangsale der Kultur zu erfahren, und hören im fernen Auslande der Kunst der Mutter rührende Stimme. Solange wir bloße Naturkinder waren, waren wir glücklich und vollkommen; wir sind frei geworden und haben beides verloren. Daraus entspringt eine doppelte und sehr ungleiche Sehnsucht nach der Natur, eine Sehnsucht nach ihrer *Glückseligkeit*, eine Sehnsucht nach ihrer *Vollkommenheit.* Den Verlust der ersten beklagt nur der sinnliche Mensch; um den Verlust der andern kann nur der moralische trauern.

Frage dich also wohl, empfindsamer Freund der Natur, ob deine Trägheit nach ihrer Ruhe, ob deine beleidigte Sittlichkeit nach ihrer Übereinstimmung schmachtet? Frage dich wohl, wenn die Kunst dich anekelt und die Mißbräuche in der Gesellschaft dich zu der leblosen Natur in die Einsamkeit treiben, ob es ihre Beraubungen, ihre Lasten, ihre Mühseligkeiten, oder ob es ihre moralische Anarchie, ihre Willkür, ihre Unordnungen sind, die du an ihr verabscheust? In jene muß dein Mut sich mit Freuden stürzen, und dein Ersatz muß die Freiheit selbst sein, aus der sie fließen. Wohl darfst du dir das ruhige Naturglück zum Ziel in der Ferne aufstecken, aber nur jenes, welches der Preis deiner Würdigkeit ist. Also nichts von Klagen über die Erschwerung des Lebens, über die Ungleichheit der Konditionen, über den Druck der Verhältnisse, über die Unsicherheit des Besitzes, über Undank, Unterdrückung, Verfolgung; allen *Übeln* der Kultur mußt du mit freier Resignation dich unterwerfen, mußt sie als die Naturbedingungen des einzig Guten respektieren; nur das *Böse* derselben mußt du, aber nicht bloß mit schlaffen Tränen, beklagen. Sorge vielmehr dafür, daß du selbst unter jenen Befleckungen rein, unter jener Knechtschaft frei, unter jenem launischen Wechsel beständig, unter jener Anarchie gesetzmäßig handelst. Fürchte dich nicht vor der Verwirrung außer dir, aber vor der Verwirrung in dir; strebe nach Einheit, aber suche sie nicht in der Einförmigkeit; strebe nach Ruhe, aber durch das Gleichgewicht, nicht durch den Stillstand deiner Tätigkeit. Jene Natur, die du dem Vernunftlosen beneidest, ist keiner Achtung, keiner Sehnsucht wert. Sie liegt hinter dir, sie muß ewig hinter dir liegen. Verlassen von der Leiter, die dich trug, bleibt dir jetzt keine andere Wahl mehr, als mit freiem Bewußtsein und Willen das Gesetz zu ergreifen oder rettungslos in eine bodenlose Tiefe zu fallen.

Aber wenn du über das verlorene *Glück* der Natur getröstet bist, so laß ihre *Vollkommenheit* deinem Herzen zum Muster dienen. Trittst du heraus zu ihr aus deinem künstlichen Kreis, steht sie vor dir in ihrer großen Ruhe, in ihrer naiven Schönheit, in ihrer kindlichen Unschuld und Einfalt – dann verweile bei diesem Bilde, pflege dieses Gefühl, es ist deiner herrlichsten Menschheit würdig. Laß dir nicht mehr einfallen, mit ihr *tauschen* zu wollen, aber nimm sie in dich auf und strebe, ihren unendlichen Vorzug mit deinem eigenen unendlichen Prärogativ zu vermählen und aus beidem das Göttliche zu erzeugen. Sie umgebe dich wie eine liebliche Idylle, in der du dich selbst immer wiederfindest aus den Verwirrungen der Kunst, bei der du Mut und neues Vertrauen sammelst zum Laufe und die Flamme des Ideals, die in den Stürmen des Lebens so leicht erlischt, in deinem Herzen von neuem entzündest.

Wenn man sich der schönen Natur erinnert, welche die alten Griechen umgab; wenn man nachdenkt, wie vertraut dieses Volk unter seinem glücklichen Himmel mit der freien Natur leben konnte, wie sehr viel näher seine Vorstellungsart, seine Empfindungsweise, seine Sitten der einfältigen Natur lagen, und welch ein treuer Abdruck derselben seine Dichterwerke sind, so muß die Bemerkung befremden, daß man so wenige Spuren von dem *sentimentalischen* Interesse, mit welchem wir Neuere an Naturszenen und an Naturcharakteren hangen können, bei demselben antrifft. Der Grieche ist zwar im höchsten Grade genau, treu, umständlich in Beschreibung derselben, aber doch gerade nicht mehr und mit keinem vorzüglicheren Herzensanteil, als er es auch in Beschreibung eines Anzuges, eines Schildes, einer Rüstung, eines Hausgerätes oder irgendeines mechanischen Produktes ist. Er scheint in seiner Liebe für das Objekt keinen Unterschied zwischen demjenigen zu machen, was durch sich selbst, und dem, was durch die Kunst und durch den menschlichen Willen ist. Die Natur scheint mehr seinen Verstand und seine Wißbegierde als sein moralisches Gefühl zu interessieren; er hängt nicht mit Innigkeit, mit Empfindsamkeit, mit süßer Wehmut an derselben wie wir Neuern. Ja, indem er sie in ihren einzelnen Erscheinungen personifiziert und vergöttert und ihre Wirkungen als Handlungen freier Wesen darstellt, hebt er die ruhige Notwendigkeit in ihr auf, durch welche sie für uns gerade so anziehend ist. Seine ungeduldige Phantasie führt ihn über sie hinweg zum Drama des menschlichen Lebens. Nur das Lebendige und Freie, nur Charaktere, Handlungen, Schicksale und Sitten befriedigen ihn, und wenn *wir* in gewissen moralischen Stimmungen des Gemüts wünschen können, den Vorzug unserer

Willensfreiheit, der uns so vielem Streit mit uns selbst, so vielen Unruhen und Verirrungen aussetzt, gegen die wahllose, aber ruhige Notwendigkeit des Vernunftlosen hinzugeben, so ist, gerade umgekehrt, die Phantasie des Griechen geschäftig, die menschliche Natur schon in der unbeseelten Welt anzufangen und da, wo eine blinde Notwendigkeit herrscht, dem Willen Einfluß zu geben.

Woher wohl dieser verschiedene Geist? Wie kommt es, daß wir, die in allem, was Natur ist, von den Alten so unendlich weit übertroffen werden, gerade hier der Natur in einem höheren Grade huldigen, mit Innigkeit an ihr hangen und selbst die leblose Welt mit der wärmsten Empfindung umfassen können? *Daher* kommt es, weil die Natur bei uns aus der Menschheit verschwunden ist und wir sie nur außerhalb dieser, in der unbeseelten Welt, in ihrer Wahrheit wieder antreffen. Nicht unsere größere *Naturmäßigkeit*, ganz im Gegenteil die *Naturwidrigkeit* unsrer Verhältnisse, Zustände und Sitten treibt uns an, dem erwachenden Triebe nach Wahrheit und Simplizität, der, wie die moralische Anlage, aus welcher er fließet, unbestechlich und unaustilgbar in allen menschlichen Herzen liegt, in der physischen Welt eine Befriedigung zu verschaffen, die in der moralischen nicht zu hoffen ist. Deswegen ist das Gefühl, womit wir an der Natur hangen, dem Gefühle so nahe verwandt, womit wir das entflohene Alter der Kindheit und der kindlichen Unschuld beklagen. Unsre Kindheit ist die einzige unverstümmelte Natur, die wir in der kultivierten Menschheit noch antreffen, daher es kein Wunder ist, wenn uns jede Fußstapfe der Natur außer uns auf unsre Kindheit zurückführt.

Sehr viel anders war es mit den alten Griechen*. Bei diesen artete die Kultur nicht so weit aus, daß die Natur darüber verlassen

---

* Aber auch nur bei den Griechen; denn es gehörte gerade eine solche rege Bewegung und eine solche reiche Fülle des menschlichen Lebens dazu, als den Griechen umgab, um Leben auch in das Leblose zu legen und das Bild der Menschheit mit diesem Eifer zu verfolgen. Ossians Menschenwelt

wurde. Der ganze Bau ihres gesellschaftlichen Lebens war auf Empfindungen, nicht auf einem Machwerk der Kunst errichtet; ihre Götterlehre selbst war die Eingebung eines naiven Gefühls, die Geburt einer fröhlichen Einbildungskraft, nicht der grübelnden Vernunft, wie der Kirchenglaube der neuern Nationen; da also der Grieche die Natur in der Menschheit nicht verloren hatte, so konnte er außerhalb dieser auch nicht von ihr überrascht werden und kein so dringendes Bedürfnis nach Gegenständen haben, in denen er sie wieder fand. Einig mit sich selbst und glücklich im Gefühl seiner Menschheit, mußte er bei dieser als seinem Maximum stillestehen und alles andre derselben zu nähern bemüht sein, wenn *wir*, uneinig mit uns selbst und unglücklich in unsern Erfahrungen von Menschheit, kein dringenderes Interesse haben, als aus derselben herauszufliehen und eine so mißlungene Form aus unsern Augen zu rücken.

Das Gefühl, von dem hier die Rede ist, ist also nicht das, was die Alten hatten; es ist vielmehr einerlei mit demjenigen, welches wir *für die Alten haben*. Sie empfanden natürlich; wir empfinden das Natürliche. Es war ohne Zweifel ein ganz anderes Gefühl, was Homers Seele füllte, als er seinen göttlichen Sauhirt den Ulysses bewirten ließ, als was die Seele des jungen Werthers bewegte, da er nach einer lästigen Gesellschaft diesen Gesang las. Unser Gefühl für Natur gleicht der Empfindung des Kranken für die Gesundheit.

zum Beispiel war dürftig und einförmig; das Leblose um ihn her hingegen war groß, kolossalisch, mächtig, drang sich also auf und behauptete selbst über den Menschen seine Rechte. In den Gesängen dieses Dichters tritt daher die leblose Natur (im Gegensatz gegen den Menschen) noch weit mehr als Gegenstand der Empfindung hervor. Indessen klagt auch schon Ossian über einen Verfall der Menschheit, und so klein auch bei seinem Volke der Kreis der Kultur und ihrer Verderbnisse war, so war die Erfahrung davon doch gerade lebhaft und eindringlich genug, um den gefühlvollen moralischen Sänger zu dem Leblosen zurückzuscheuchen und über seine Gesänge jenen elegischen Ton auszugießen, der sie für uns so rührend und anziehend macht.

So wie nach und nach die Natur anfing, aus dem menschlichen Leben als *Erfahrung* und als das (handelnde und empfindende) *Subjekt* zu verschwinden, so sehen wir sie in der Dichterwelt als *Idee* und als Gegenstand aufgehen. Diejenige Nation, welche es zugleich in der Unnatur und in der Reflexion darüber am weitesten gebracht hatte, mußte zuerst von dem Phänomen des Naiven am stärksten gerührt werden und demselben einen Namen geben. Diese Nation waren, soviel ich weiß, die Franzosen. Aber die Empfindung des Naiven und das Interesse an demselben ist natürlicherweise viel älter und datiert sich schon von dem Anfang der moralischen und ästhetischen Verderbnis. Diese Veränderung in der Empfindungsweise ist zum Beispiel schon äußerst auffallend im Euripides, wenn man diesen mit seinen Vorgängern, besonders dem Aeschylus, vergleicht, und doch war jener Dichter der Günstling seiner Zeit. Die nämliche Revolution läßt sich auch unter den alten Historikern nachweisen. Horaz, der Dichter eines kultivierten und verdorbenen Weltalters, preist die ruhige Glückseligkeit in seinem Tibur, und ihn könnte man als den wahren Stifter dieser sentimentalischen Dichtungsart nennen, so wie er auch in derselben ein noch nicht übertroffenes Muster ist. Auch im Properz, Virgil und anderen findet man Spuren dieser Empfindungsweise, weniger beim Ovid, dem es dazu an Fülle des Herzens fehlte und der in seinem Exil zu Tomi die Glückseligkeit schmerzlich vermißt, die Horaz in seinem Tibur so gern entbehrte.

Die Dichter sind überall, schon ihrem Begriffe nach, die *Bewahrer* der Natur. Wo sie dieses nicht ganz mehr sein können und schon in sich selbst den zerstörenden Einfluß willkürlicher und künstlicher Formen erfahren oder doch mit demselben zu kämpfen gehabt haben, da werden sie als die *Zeugen* und als die *Rächer* der Natur auftreten. Sie werden entweder Natur *sein*, oder sie werden die verlorene *suchen*. Daraus entspringen zwei ganz verschiedene Dichtungsweisen, durch welche das ganze Gebiet der Poesie erschöpft und ausgemessen wird. Alle Dichter, die es wirklich sind, werden, je nachdem die Zeit beschaffen ist, in der sie blühen, oder zufällige Umstände auf ihre allgemeine Bildung und auf ihre vorübergehende Gemütsstimmung Einfluß haben, entweder zu den *naiven* oder zu den *sentimentalischen* gehören.

Der Dichter einer naiven und geistreichen Jugendwelt, sowie derjenige, der in den Zeitaltern künstlicher Kultur ihm am nächsten kommt, ist streng und spröde, wie die jungfräuliche Diana in ihren Wäldern; ohne alle Vertraulichkeit entflieht er dem Herzen, das ihn sucht, dem Verlangen, das ihn umfassen will. Die trockene Wahrheit, womit er den Gegenstand behandelt, erscheint nicht selten als Unempfindlichkeit. Das Objekt besitzt ihn gänzlich, sein Herz liegt nicht wie ein schlechtes Metall gleich unter der Oberfläche, sondern will wie das Gold in der Tiefe gesucht sein. Wie die Gottheit hinter dem Weltgebäude, so steht er hinter seinem Werk; *er* ist das Werk, und das Werk ist *er;* man muß des erstern schon nicht wert oder nicht mächtig oder schon satt sein, um nach *ihm* nur zu fragen.

So zeigt sich zum Beispiel Homer unter den Alten und Shakespeare unter den Neuern: zwei höchst verschiedene, durch den unermeßlichen Abstand der Zeitalter getrennte Naturen, aber gerade in diesem Charakterzuge völlig *eins.* Als ich in einem sehr frühen Alter den letztern Dichter zuerst kennen lernte, empörte mich seine Kälte, seine Unempfindlichkeit, die ihm erlaubte, im höchsten Pathos zu scherzen, die herzzerschneidenden Auftritte im »Hamlet«, im »König Lear«, im »Macbeth« usw. durch einen Narren zu stören, die ihn bald da festhielt, wo meine Empfindung forteilte, bald da kaltherzig fortriß, wo das Herz so gern stillgestanden wäre. Durch die Bekanntschaft mit neuern Poeten verleitet, in dem Werke den Dichter zuerst aufzusuchen, *seinem* Herzen zu begegnen, *mit ihm* gemeinschaftlich über seinen Gegenstand zu reflektieren, kurz, das Objekt in dem Subjekt anzuschauen, war es mir unerträglich, daß der Poet sich hier gar nirgends fassen ließ und mir nirgends Rede stehen wollte. Mehrere Jahre hatte er schon meine ganze Verehrung und war mein Studium, ehe ich sein Individuum liebgewinnen lernte. Ich war noch nicht fähig, die Natur aus der ersten Hand zu verstehen. Nur ihr durch den Verstand reflektiertes und durch die Regel zurechtgelegtes Bild konnte ich ertragen, und dazu waren die sentimentalischen Dichter der Franzosen und auch der Deutschen, von den Jahren 1750 bis etwa 1780, gerade die rechten Subjekte. Übrigens schäme ich mich dieses Kinderurteils nicht, da die bejahrte Kritik ein ähnliches fällte und naiv genug war, es in die Welt hineinzuschreiben.

Dasselbe ist mir auch mit dem Homer begegnet, den ich in einer noch spätern Periode kennenlernte. Ich erinnere mich jetzt der merkwürdigen Stelle im sechsten Buch der Ilias, wo Glaukus und Diomed im Gefecht aufeinanderstoßen und, nachdem sie sich als Gastfreunde erkannt, einander Geschenke geben. Diesem rührenden Gemälde der Pietät, mit der die Gesetze des *Gastrechts* selbst im Kriege beobachtet wurden, kann eine Schilderung des *ritterlichen Edelmuts* im Ariost an die Seite gestellt werden, wo zwei Ritter und Nebenbuhler, Ferrau und Rinald, dieser ein Christ, jener ein Sarazene, nach einem heftigen Kampf und mit Wunden bedeckt, Friede machen und, um die flüchtige Angelika einzuholen, das nämliche Pferd besteigen. Beide Beispiele, so verschieden sie übrigens sein mögen, kommen einander in der Wirkung auf unser Herz beinahe gleich, weil beide den schönen Sieg der Sitten über die Leidenschaft malen und uns durch Naivetät der Gesinnungen rühren. Aber wie ganz verschieden nehmen sich die Dichter bei Beschreibung dieser ähnlichen Handlung. Ariost, der Bürger einer späteren und von der Einfalt der Sitten abgekommenen Welt, kann bei der Erzählung dieses Vorfalls seine eigene Verwunderung, seine Rührung nicht verbergen. Das Gefühl des Abstandes jener Sitten von denjenigen, die sein Zeitalter charakterisieren, überwältigt ihn. Er verläßt auf einmal das Gemälde des Gegenstandes und erscheint in eigener Person. Man kennt die schöne Stanze und hat sie immer vorzüglich bewundert:

O Edelmut der alten Rittersitten!
Die Nebenbuhler waren, die entzweit
Im Glauben waren, bittern Schmerz noch litten
Am ganzen Leib vom feindlich wilden Streit,
Frei von Verdacht und in Gemeinschaft ritten
Sie durch des krummen Pfades Dunkelheit.
Das Roß, getrieben von vier Sporen, eilte,
Bis wo der Weg sich in zwei Straßen teilte*.

Und nun der alte Homer! Kaum erfährt Diomed aus Glaukus',
seines Gegners, Erzählung, daß dieser von Väterzeiten her ein
Gastfreund seines Geschlechts ist, so steckt er die Lanze in die
Erde, redet freundlich mit ihm und macht mit ihm aus, daß sie
einander im Gefechte künftig ausweichen wollen. Doch man
höre den Homer selbst:

»Also bin ich nunmehr dein Gastfreund mitten in Argos,
Du in Lykia mir, wenn jenes Land ich besuche.
Drum mit unseren Lanzen vermeiden wir uns im Getümmel.
Viel ja sind der Troer mir selbst und der rühmlichen Helfer,
Daß ich töte, wen Gott mir gewährt und die Schenkel erreichen;
Viel auch dir der Achaier, daß, welchen du kannst, du erlegest.
Aber die Rüstungen beide vertauschen wir, daß auch die andern
Schaun, wie wir Gäste zu sein aus Väterzeiten uns rühmen.« Also
redeten jene, herab von den Wagen sich schwingend,
Faßten sie beide einander die Händ' und gelobten sich
Freundschaft.

Schwerlich dürfte ein *moderner* Dichter (wenigstens schwerlich
einer, der es in der moralischen Bedeutung dieses Worts ist) auch
nur bis hieher gewartet haben, um seine Freude an dieser Handlung zu bezeugen. Wir würden es ihm um so leichter verzeihen,
da auch unser Herz beim Lesen einen Stillstand macht und sich

* Der rasende Roland. Erster Gesang, Stanze 22.

von dem Objekte gern entfernt, um in sich selbst zu schauen. Aber von allem diesem keine Spur im Homer; als ob er etwas Alltägliches berichtet hätte, ja als ob er selbst kein Herz im Busen trüge, fährt er in seiner trockenen Wahrhaftigkeit fort:

Doch den Glaukus erregete Zeus, daß er ohne Besinnung
Gegen den Held Diomedes die Rüstungen, goldne mit ehrnen,
Wechselte, hundert Farren wert, neun Farren die andern*.

Dichter von dieser naiven Gattung sind in einem künstlichen Weltalter nicht so recht mehr an ihrer Stelle. Auch sind sie in demselben kaum mehr möglich, wenigstens auf keine andere Weise möglich, als daß sie in ihrem Zeitalter *wild laufen* und durch ein günstiges Geschick vor dem verstümmelnden Einfluß desselben geborgen werden. Aus der Sozietät selbst können sie nie und nimmer hervorgehen; aber außerhalb derselben erscheinen sie noch zuweilen, doch mehr als Fremdlinge, die man anstaunt, und als ungezogene Söhne der Natur, an denen man sich ärgert. So wohltätige Erscheinungen sie für den Künstler sind, der sie studiert, und für den echten Kenner, der sie zu würdigen versteht, so wenig Glück machen sie im ganzen und bei ihrem Jahrhundert. Das Siegel des Herrschers ruht auf ihrer Stirne; wir hingegen wollen von den Musen gewiegt und getragen werden. Von den Kritikern, den eigentlichen Zaunhütern des Geschmacks, werden sie als *Grenzstörer* gehaßt, die man lieber unterdrücken möchte; denn selbst Homer dürfte es bloß der Kraft eines mehr als tausendjährigen Zeugnisses zu verdanken haben, daß ihn diese Geschmacksrichter gelten lassen; auch wird es ihnen sauer genug, ihre Regeln gegen sein Beispiel, und sein Ansehen gegen ihre Regeln zu behaupten.

Der Dichter, sagte ich, *ist* entweder Natur, oder er wird sie *suchen*. Jenes macht den naiven, dieses den sentimentalischen Dichter.

* Ilias, Voßische Übersetzung. Erster Band, Seite 153.

Der dichterische Geist ist unsterblich und unverlierbar in der Menschheit; er kann nicht anders als zugleich mit derselben und mit der Anlage zu ihr sich verlieren. Denn entfernt sich gleich der Mensch durch die Freiheit seiner Phantasie und seines Verstandes von der Einfalt, Wahrheit und Notwendigkeit der Natur, so steht ihm doch nicht nur der Pfad zu derselben immer offen, sondern ein mächtiger und unvertilgbarer Trieb, der moralische, treibt ihn auch unaufhörlich zu ihr zurück, und eben mit diesem Triebe steht das Dichtungsvermögen in der engsten Verwandtschaft. Dieses verliert sich also nicht auch zugleich mit der natürlichen Einfalt, sondern wirkt nur nach einer andern Richtung.

Auch jetzt ist die Natur noch die einzige Flamme, an der sich der Dichtergeist nähret; aus ihr allein schöpft er seine ganze Macht, zu ihr allein spricht er auch in dem künstlichen, in der Kultur begriffenen Menschen. Jede andere Art, zu wirken, ist dem poetischen Geiste fremd; daher, beiläufig zu sagen, alle sogenannten Werke des Witzes ganz mit Unrecht poetisch heißen, obgleich wir sie lange Zeit, durch das Ansehen der französischen Literatur verleitet, damit vermenget haben. Die Natur, sage ich, ist es auch noch jetzt, in dem künstlichen Zustande der Kultur, wodurch der Dichtergeist mächtig ist; nur steht er jetzt in einem ganz andern Verhältnis zu derselben.

Solange der Mensch noch reine, es versteht sich, nicht rohe Natur ist, wirkt er als ungeteilte sinnliche Einheit und als ein harmonierendes Ganzes. Sinne und Vernunft, empfangendes und selbsttätiges Vermögen, haben sich in ihrem Geschäfte noch nicht getrennt, viel weniger stehen sie im Widerspruch miteinander. Seine Empfindungen sind nicht das formlose Spiel des Zufalls, seine Gedanken nicht das gehaltlose Spiel der Vorstellungskraft; aus dem Gesetz der *Notwendigkeit* gehen jene, aus der *Wirklichkeit* gehen diese hervor. Ist der Mensch in den Stand der Kultur getreten, und hat die Kunst ihre Hand an ihn gelegt, so ist jene *sinnliche* Harmonie in ihm aufgehoben, und er kann nur noch als *moralische* Einheit, das heißt als nach Einheit strebend sich äußern. Die Übereinstimmung zwischen seinem Empfinden und Denken, die in dem ersten Zustande *wirklich* stattfand, existiert jetzt bloß *idealisch*; sie ist nicht mehr in ihm, sondern außer ihm, als ein Gedanke, der erst realisiert werden soll, nicht mehr als Tatsache seines Lebens. Wendet man nun den Begriff der Poesie, der kein andrer ist, als *der Menschheit ihren möglichst vollständigen Ausdruck zu geben*, auf jene beiden Zustände an, so ergibt sich, daß dort in dem Zustande natürlicher Einfalt, wo der Mensch noch, mit allen seinen Kräften zugleich, als harmonische Einheit wirkt, wo mithin das Ganze seiner Natur sich in der Wirklichkeit vollständig ausdrückt, die möglichst vollständige *Nachahmung des Wirklichen* – daß hingegen hier in dem Zustande der Kultur, wo jenes harmonische Zusammenwirken seiner ganzen Natur bloß eine Idee ist, die Erhebung der Wirklichkeit zum Ideal oder, was auf eins hinausläuft, die *Darstellung des Ideals* den Dichter machen muß. Und dies sind auch die zwei einzig möglichen Arten, wie sich überhaupt der poetische Genius äußern kann. Sie sind, wie man sieht, äußerst voneinander verschieden, aber es gibt einen höhern Begriff, der sie beide unter sich faßt, und es darf gar nicht befremden, wenn dieser Begriff mit der Idee der Menschheit in eins zusammentrifft.

Es ist hier der Ort nicht, diesen Gedanken, den nur eine eigene Ausführung in sein volles Licht setzen kann, weiter zu verfolgen. Wer aber nur irgend, dem Geiste nach und nicht bloß nach zufälligen Formen, eine Vergleichung zwischen alten und modernen Dichtern* anzustellen versteht, wird sich leicht von der Wahrheit desselben überzeugen können. Jene rühren uns durch Natur,

---

* Es ist vielleicht nicht überflüssig, zu erinnern, daß, wenn hier die neuen Dichter den alten entgegengesetzt werden, nicht sowohl der Unterschied der Zeit als der Unterschied der Manier zu verstehen ist. Wir haben auch in neuem, ja sogar in neuesten Zeiten naive Dichtungen in allen Klassen, wenngleich nicht mehr ganz reiner Art, und unter den alten lateinischen, ja selbst griechischen Dichtern fehlt es nicht an sentimentalischen. Nicht nur in demselben Dichter, auch in demselben Werke trifft man häufig beide Gattungen vereinigt an, wie zum Beispiel in »Werthers Leiden«, und dergleichen Produkte werden immer den größern Effekt machen.

durch sinnliche Wahrheit, durch lebendige Gegenwart; diese rühren uns durch Ideen.

Dieser Weg, den die neueren Dichter gehen, ist übrigens derselbe, den der Mensch überhaupt sowohl im einzelnen als im ganzen einschlagen muß. Die Natur macht ihn mit sich eins, die Kunst trennt und entzweiet ihn, durch das Ideal kehrt er zur Einheit zurück. Weil aber das Ideal ein Unendliches ist, das er niemals erreicht, so kann der kultivierte Mensch in *seiner* Art niemals vollkommen werden, wie doch der natürliche Mensch es in der seinigen zu werden vermag. Er müßte also dem letztern an Vollkommenheit unendlich nachstehen, wenn bloß auf das Verhältnis, in welchem beide zu ihrer Art und zu ihrem Maximum stehen, geachtet wird. Vergleicht man hingegen die Arten selbst miteinander, so zeigt sich, daß das Ziel, zu welchem der Mensch durch Kultur *strebt*, demjenigen, welches er durch Natur *erreicht*, unendlich vorzuziehen ist. Der eine erhält also seinen Wert durch absolute Erreichung einer endlichen, der andre erlangt ihn durch Annäherung zu einer unendlichen Größe. Weil aber nur die letztere *Grade* und einen *Fortschritt* hat, so ist der relative Wert des Menschen, der in der Kultur begriffen ist, im ganzen genommen niemals bestimmbar, obgleich derselbe im einzelnen betrachtet sich in einem notwendigen Nachteil gegen denjenigen befindet, in welchem die Natur in ihrer ganzen Vollkommenheit wirkt. Insofern aber das letzte Ziel der Menschheit nicht anders als durch jene Fortschreitung zu erreichen ist und der letztere nicht anders fortschreiten kann, als indem er sich kultiviert und folglich in den erstern übergeht, so ist keine Frage, welchem von beiden in Rücksicht auf jenes letzte Ziel der Vorzug gebühre.

Dasselbe, was hier von den zwei verschiedenen Formen der Menschheit gesagt wird, läßt sich auch auf jene beiden ihnen entsprechenden Dichterformen anwenden.

Friedrich Schiller

Über die ästhetische Erziehung des Menschen

Sechster Brief

[...]

Aber bei einiger Aufmerksamkeit auf den Zeitcharakter muß uns der Kontrast in Verwunderung setzen, der zwischen der heutigen Form der Menschheit und zwischen der ehemaligen, besonders der griechischen, angetroffen wird. Der Ruhm der Ausbildung und Verfeinerung, den wir mit Recht gegen jede andre bloße Natur geltend machen, kann uns gegen die griechische Natur nicht zustatten kommen, die sich mit allen Reizen der Kunst und mit aller Würde der Weisheit vermählte, ohne doch, wie die unsrige, das Opfer derselben zu sein. Die Griechen beschämen uns nicht bloß durch eine Simplizität, die unserm Zeitalter fremd ist; sie sind zugleich unsre Nebenbuhler, ja oft unsre Muster in den nämlichen Vorzügen, mit denen wir uns über die Naturwidrigkeit unsrer Sitten zu trösten pflegen. Zugleich voll Form und voll Fülle, zugleich philosophierend und bildend, zugleich zart und energisch sehen wir sie die Jugend der Phantasie mit der Männlichkeit der Vernunft in einer herrlichen Menschheit vereinigen.

Damals, bei jenem schönen Erwachen der Geisteskräfte, hatten die Sinne und der Geist noch kein strenge geschiedenes Eigentum; denn noch hatte kein Zwiespalt sie gereizt, miteinander feindselig abzuteilen und ihre Markung zu bestimmen. Die Poesie hatte noch nicht mit dem Witze gebuhlt und die Spekulation sich noch nicht durch Spitzfindigkeit geschändet. Beide konnten im Notfall ihre Verrichtungen tauschen, weil jedes, nur auf seine eigene Weise, die Wahrheit ehrte. So hoch die Vernunft auch stieg, so zog sie doch immer die Materie hebend nach, und so fein und scharf sie auch trennte, so verstümmelte sie doch nie. Sie zerlegte zwar die menschliche Natur und warf sie in ihrem herrlichen

Götterkreis vergrößert auseinander, aber nicht dadurch, daß sie sie in Stücken riß, sondern dadurch, daß sie sie verschiedentlich mischte, denn die ganze Menschheit fehlte in keinem einzelnen Gott. Wie ganz anders bei uns Neuem! Auch bei uns ist das Bild der Gattung in den Individuen vergrößert auseinander geworfen – aber in Bruchstücken, nicht in veränderten Mischungen, daß man von Individuum zu Individuum herumfragen muß, um die Totalität der Gattung zusammenzulesen. Bei uns, möchte man fast versucht werden zu behaupten, äußern sich die Gemütskräfte auch in der Erfahrung so getrennt, wie der Psychologe sie in der Vorstellung scheidet, und wir sehen nicht bloß einzelne Subjekte, sondern ganze Klassen von Menschen nur einen Teil ihrer Anlagen entfalten, während daß die übrigen, wie bei verkrüppelten Gewächsen, kaum mit matter Spur angedeutet sind.

Ich verkenne nicht die Vorzüge, welche das gegenwärtige Geschlecht, als Einheit betrachtet und auf der Waage des Verstandes, vor dem besten in der Vorwelt behaupten mag; aber in geschlossenen Gliedern muß es den Wettkampf beginnen und das Ganze mit dem Ganzen sich messen. Welcher einzelne Neuere tritt heraus, Mann gegen Mann mit dem einzelnen Athenienser um den Preis der Menschheit zu streiten?

Woher wohl dieses nachteilige Verhältnis der Individuen bei allem Vorteil der Gattung? Warum qualifizierte sich der einzelne Grieche zum Repräsentanten seiner Zeit, und warum darf dies der einzelne Neuere nicht wagen? Weil jenem die alles vereinende Natur, diesem der alles trennende Verstand seine Formen erteilten.

Die Kultur selbst war es, welche der neuern Menschheit diese Wunde schlug. Sobald auf der einen Seite die erweiterte Erfahrung und das bestimmtere Denken eine schärfere Scheidung der Wissenschaften, auf der andern das verwickeltere Uhrwerk der Staaten eine strengere Absonderung der Stände und Geschäfte notwendig machte, so zerriß auch der innere Bund der menschlichen Natur, und ein verderblicher Streit entzweite ihre harmonischen Kräfte. Der intuitive und der spekulative Verstand verteilten sich jetzt feindlich gesinnt auf ihren verschiedenen Feldern, deren Grenzen sie jetzt anfingen mit Mißtrauen und Eifersucht zu bewachen, und mit der Sphäre, auf die man seine Wirksamkeit einschränkt, hat man sich auch in sich selbst einen Herrn gegeben, der nicht selten mit Unterdrückung der übrigen Anlagen zu endigen pflegt. Indem hier die luxurierende Einbildungskraft die mühsamen Pflanzungen des Verstandes verwüstet, verzehrt dort der Abstraktionsgeist das Feuer, an dem das Herz sich hätte wärmen und die Phantasie sich entzünden sollen.

Diese Zerrüttung, welche Kunst und Gelehrsamkeit in dem innern Menschen anfingen, machte der neue Geist der Regierung vollkommen und allgemein. Es war freilich nicht zu erwarten, daß die einfache Organisation der ersten Republiken die Einfalt der ersten Sitten und Verhältnisse überlebte; aber anstatt zu einem höhern animalischen Leben zu steigen, sank sie zu einer gemeinen und groben Mechanik herab. Jene Polypennatur der griechischen Staaten, wo jedes Individuum eines unabhängigen Lebens genoß und, wenn es not tat, zum Ganzen werden konnte, machte jetzt einem kunstreichen Uhrwerke Platz, wo aus der Zusammenstückelung unendlich vieler, aber lebloser Teile ein mechanisches Leben im Ganzen sich bildet. Auseinandergerissen wurden jetzt der Staat und die Kirche, die Gesetze und die Sitten; der Genuß wurde von der Arbeit, das Mittel vom Zweck, die Anstrengung von der Belohnung geschieden. Ewig nur an ein einzelnes kleines Bruchstück des Ganzen gefesselt, bildet sich der Mensch selbst nur als Bruchstück aus; ewig nur das eintönige Geräusch des Rades, das er umtreibt, im Ohre, entwickelt er nie die Harmonie seines Wesens, und anstatt die Menschheit in seiner Natur auszuprägen, wird er bloß zu einem Abdruck seines Geschäfts, seiner Wissenschaft. Aber selbst der karge fragmentarische Anteil, der die einzelnen Glieder noch an das Ganze knüpft, hängt nicht von Formen ab, die sie sich selbsttätig geben (denn wie dürfte man ihrer Freiheit ein so künstliches und lichtscheues Uhrwerk vertrauen?), sondern wird ihnen mit skrupulöser Strenge durch ein Formular vorgeschrieben, in welchem man ihre freie Einsicht gebunden hält. Der tote Buchstabe vertritt den lebendigen Verstand, und ein geübtes Gedächtnis leitet sicherer als Genie und Empfindung.

Wenn das gemeine Wesen das Amt zum Maßstab des Mannes macht, wenn es an dem einen seiner Bürger nur die Memorie, an einem andern den tabellarischen Verstand, an einem dritten nur die mechanische Fertigkeit ehrt, wenn es hier, gleichgültig gegen den Charakter, nur auf Kenntnisse dringt, dort hingegen einem Geiste der Ordnung und einem gesetzlichen Verhalten die größte Verfinsterung des Verstandes zugut hält, wenn es zugleich diese einzelnen Fertigkeiten zu einer ebenso großen Intensität will getrieben wissen, als es dem Subjekt an Extensität erläßt – darf es uns da wundern, daß die übrigen Anlagen des Gemüts vernachlässigt werden, um der einzigen, welche ehrt und lohnt, alle Pflege zuzuwenden? Zwar wissen wir, daß das kraftvolle Genie die Grenzen seines Geschäfts nicht zu Grenzen seiner Tätigkeit macht, aber das mittelmäßige Talent verzehrt in dem Geschäfte, das ihm zum Anteil fiel, die ganze karge Summe seiner Kraft, und es muß schon kein gemeiner Kopf sein, um, unbeschadet seines Berufs, für Liebhabereien übrig zu behalten. Noch dazu ist es selten eine gute Empfehlung bei dem Staat, wenn die Kräfte die Aufträge übersteigen, oder wenn das höhere Geistesbedürfnis des Mannes von Genie seinem Amt einen Nebenbuhler gibt. So eifersüchtig ist der Staat auf den Alleinbesitz seiner Diener, daß er sich leichter dazu entschließen wird (und wer kann ihm unrecht geben?), seinen Mann mit einer Venus Cytherea als mit einer Venus Urania zu teilen.

Und so wird denn allmählich das einzelne konkrete Leben vertilgt, damit das Abstrakt des Ganzen sein dürftiges Dasein friste, und ewig bleibt der Staat seinen Bürgern fremd, weil ihn das Gefühl nirgends findet. Genötigt, sich die Mannigfaltigkeit seiner Bürger durch Klassifizierung zu erleichtern und die Menschheit nie anders als durch Repräsentation aus der zweiten Hand zu empfangen, verliert der regierende Teil sie zuletzt ganz und gar aus den Augen, indem er sie mit einem bloßen Machwerk des Verstandes vermengt; und der regierte kann nicht anders als mit Kaltsinn die Gesetze empfangen, die an ihn selbst so wenig gerichtet sind. Endlich überdrüssig, ein Band zu unterhalten, das ihr von dem Staate so wenig erleichtert wird, fällt die positive Gesellschaft (wie schon längst das Schicksal der meisten europäischen Staaten ist) in einen moralischen Naturstand auseinander, wo die öffentliche Macht nur eine Partei *mehr* ist, gehaßt und hintergangen von dem, der sie nötig macht, und nur von dem, der sie entbehren kann, geachtet.

Konnte die Menschheit bei dieser doppelten Gewalt, die von innen und außen auf sie drückte, wohl eine andere Richtung nehmen, als sie wirklich nahm? Indem der spekulative Geist im Ideenreich nach unverlierbaren Besitzungen strebte, mußte er ein Fremdling in der Sinnenwelt werden und über der Form die Materie verlieren. Der Geschäftsgeist, in einen einförmigen Kreis von Objekten eingeschlossen und in diesem noch mehr durch Formeln eingeengt, mußte das freie Ganze sich aus den Augen gerückt sehen und zugleich mit seiner Sphäre verarmen. So wie ersterer versucht wird, das Wirkliche nach dem Denkbaren zu modeln und die subjektiven Bedingungen seiner Vorstellungskraft zu konstitutiven Gesetzen für das Dasein der Dinge zu erheben, so stürzte letzterer in das entgegenstehende Extrem, alle Erfahrung überhaupt nach einem besondern Fragment von Erfahrung zu schätzen und die Regeln *seines* Geschäfts jedem Geschäft ohne Unterschied anpassen zu wollen. Der eine mußte einer leeren Subtilität, der andre einer pedantischen Beschränktheit zum Raube werden, weil jener für das Einzelne zu hoch, dieser zu tief für das Ganze stand. Aber das Nachteilige dieser Geistesrichtung schränkte sich nicht bloß auf das Wissen und Hervorbringen ein; es erstreckte sich nicht weniger auf das Empfinden und Handeln. Wir wissen, daß die Sensibilität des Gemüts ihrem Grade nach von der Lebhaftigkeit, ihrem Umfange nach von dem Reichtum der Einbildungskraft abhängt. Nun muß aber das Übergewicht des analytischen Vermögens die Phantasie notwendig ihrer Kraft und ihres Feuers berauben und eine eingeschränktere Sphäre von Objekten ihren Reichtum vermindern. Der abstrakte Denker hat daher gar oft ein *kaltes* Herz, weil er die Eindrücke zergliedert, die doch nur als ein Ganzes die Seele rühren; der Geschäftsmann hat gar oft ein *enges* Herz, weil seine Einbildungskraft, in den einförmigen Kreis seines Berufs eingeschlossen, sich zu fremder Vorstellungsart nicht erweitern kann.

Es lag auf meinem Wege, die nachteilige Richtung des Zeitcharakters und ihre Quellen aufzudecken, nicht die Vorteile zu zeigen, wodurch die Natur sie vergütet. Gerne will ich Ihnen eingestehen, daß, sowenig es auch den Individuen bei dieser Zerstückelung ihres Wesens wohl werden kann, doch die Gattung auf keine andere Art hätte Fortschritte machen können. Die Erscheinung der griechischen Menschheit war unstreitig ein Maximum, das auf dieser Stufe weder verharren noch höher steigen konnte. Nicht verharren, weil der Verstand durch den Vorrat, den er schon hatte, unausbleiblich genötigt werden mußte, sich von der Empfindung und Anschauung abzusondern und nach Deutlichkeit der Erkenntnis zu streben; auch nicht höher steigen, weil nur ein bestimmter Grad von Klarheit mit einer bestimmten Fülle und Wärme zusammen bestehen kann. Die Griechen hatten diesen Grad erreicht, und wenn sie zu einer höhern Ausbildung fortschreiten wollten, so mußten sie, wie wir, die Totalität ihres Wesens aufgeben und die Wahrheit auf getrennten Bahnen verfolgen.

Die mannigfaltigen Anlagen im Menschen zu entwickeln, war kein anderes Mittel, als sie einander entgegenzusetzen. Dieser Antagonism der Kräfte ist das große Instrument der Kultur, aber auch nur das Instrument; denn solange derselbe dauert, ist man erst auf dem Wege zu dieser. Dadurch allein, daß in dem Menschen einzelne Kräfte sich isolieren und einer ausschließenden Gesetzgebung anmaßen, geraten sie in Widerstreit mit der Wahrheit der Dinge und nötigen den Gemeinsinn, der sonst mit träger Genügsamkeit auf der äußern Erscheinung ruht, in die Tiefen der Objekte zu dringen. Indem der reine Verstand eine Autorität in der Sinnenwelt usurpiert und der empirische beschäftigt ist, ihn den Bedingungen der Erfahrung zu unterwerfen, bilden beide Anlagen sich zu möglichster Reife aus und erschöpfen den ganzen Umfang ihrer Sphäre. Indem hier die Einbildungskraft durch ihre Willkür die Weltordnung aufzulösen wagt, nötiget sie dort die Vernunft, zu den obersten Quellen der Erkenntnis zu steigen und das Gesetz der Notwendigkeit gegen sie zu Hilfe zu rufen.

Einseitigkeit in Übung der Kräfte führt zwar das Individuum unausbleiblich zum Irrtum, aber die Gattung zur Wahrheit. Dadurch allein, daß wir die ganze Energie unsers Geistes in *einem* Brennpunkt versammeln und unser ganzes Wesen in eine einzige Kraft zusammenziehen, setzen wir dieser einzelnen Kraft gleichsam Flügel an und führen sie künstlicherweise weit über die Schranken hinaus, welche die Natur ihr gesetzt zu haben scheint. So gewiß es ist, daß alle menschliche Individuen, zusammengenommen, mit der Sehkraft, welche die Natur ihnen erteilt, nie dahin gekommen sein würden, einen Trabanten des Jupiter auszuspähn, den der Teleskop dem Astronomen entdeckt, ebenso ausgemacht ist es, daß die menschliche Denkkraft niemals eine Analysis des Unendlichen oder eine Kritik der reinen Vernunft würde aufgestellt haben, wenn nicht in einzelnen dazu berufnen Subjekten die Vernunft sich vereinzelt, von allem Stoff gleichsam losgewunden und durch die angestrengteste Abstraktion ihren Blick ins Unbedingte bewaffnet hätte. Aber wird wohl ein solcher, in reinen Verstand und reine Anschauung gleichsam aufgelöster Geist dazu tüchtig sein, die strengen Fesseln der Logik mit dem freien Gange der Dichtungskraft zu vertauschen und die Individualität der Dinge mit treuem und keuschem Sinn zu ergreifen? Hier setzt die Natur auch dem Universalgenie eine Grenze, die es nicht überschreiten kann, und die Wahrheit wird so lange Märtyrer machen, als die Philosophie noch ihr vornehmstes Geschäft daraus machen muß, Anstalten gegen den Irrtum zu treffen.

Wieviel also auch für das Ganze der Welt durch diese getrennte Ausbildung der menschlichen Kräfte gewonnen werden mag, so ist nicht zu leugnen, daß die Individuen, welche sie trifft, unter dem Fluch dieses Weltzweckes leiden. Durch gymnastische Übungen bilden sich zwar athletische Körper aus, aber nur durch das freie und gleichförmige Spiel der Glieder die Schönheit. Ebenso kann die Anspannung einzelner Geisteskräfte zwar außerordentliche, aber nur die gleichförmige Temperatur derselben glückliche und vollkommene Menschen erzeugen. Und in welchem Verhältnis stünden wir also zu dem vergangenen und kommenden Weltalter, wenn die Ausbildung der menschlichen Natur ein solches Opfer notwendig machte? Wir wären die Knechte der Menschheit gewesen, wir hätten einige Jahrtausende lang die Sklavenarbeit für sie getrieben und unsrer verstümmelten Natur die beschämenden Spuren dieser Dienstbarkeit eingedrückt – damit das spätere Geschlecht in einem seligen Müßiggange seiner moralischen Gesundheit warten und den freien Wuchs seiner Menschheit entwickeln könnte!

Kann aber wohl der Mensch dazu bestimmt sein, über irgendeinem Zwecke sich selbst zu versäumen? Sollte uns die Natur durch ihre Zwecke eine Vollkommenheit rauben können, welche uns die Vernunft durch die ihrigen vorschreibt? Es muß also falsch sein, daß die Ausbildung der einzelnen Kräfte das Opfer ihrer Totalität notwendig macht; oder wenn auch das Gesetz der Natur noch so sehr dahin strebte, so muß es bei uns stehen, diese Totalität in unsrer Natur, welche die Kunst zerstört hat, durch eine höhere Kunst wieder herzustellen.

Zwölfter Brief

Zur Erfüllung dieser doppelten Aufgabe, das Notwendige *in uns* zur Wirklichkeit zu bringen und das Wirkliche *außer uns* dem Gesetz der Notwendigkeit zu unterwerfen, werden wir durch zwei entgegengesetzte Kräfte gedrungen, die man, weil sie uns antreiben, ihr Objekt zu verwirklichen, ganz schicklich Triebe nennt. Der erste dieser Triebe, den ich den *sinnlichen* nennen will, geht aus von dem physischen Dasein des Menschen oder von seiner sinnlichen Natur und ist beschäftigt, ihn in die Schranken der Zeit zu setzen und zur Materie zu machen: nicht ihm Materie zu geben, weil dazu schon eine freie Tätigkeit der Person gehört, welche die Materie aufnimmt und von sich, dem Beharrlichen, unterscheidet. Materie aber heißt hier nichts als Veränderung oder Realität, die die Zeit erfüllt; mithin fordert dieser Trieb, daß Veränderung sei, daß die Zeit einen Inhalt habe. Dieser Zustand der bloß erfüllten Zeit heißt Empfindung, und er ist es allein, durch den sich das physische Dasein verkündigt.

Da alles, was in der Zeit ist, *nacheinander* ist, so wird dadurch, daß etwas ist, alles andere ausgeschlossen. Indem man auf einem Instrument einen Ton greift, ist unter allen Tönen, die es möglicherweise angeben kann, nur dieser einzige wirklich; indem der Mensch das Gegenwärtige empfindet, ist die ganze unendliche Möglichkeit seiner Bestimmungen auf diese einzige Art des Daseins beschränkt. Wo also dieser Trieb ausschließend wirkt, da ist notwendig die höchste Begrenzung vorhanden; der Mensch ist in diesem Zustande nichts als eine Größeneinheit, ein erfüllter Moment der Zeit – oder vielmehr *er* ist nicht, denn seine Persönlichkeit ist solange aufgehoben, als ihn die Empfindung beherrscht und die Zeit mit sich fortreißt*.

Soweit der Mensch endlich ist, erstreckt sich das Gebiet dieses

---

* Die Sprache hat für diesen Zustand der Selbstlosigkeit unter der Herrschaft der Empfindung den sehr treffenden Ausdruck: *außer sich sein,* das heißt, außer seinem Ich sein. Obgleich diese Redensart nur da stattfindet, wo die Empfindung zum Affekt und dieser Zustand durch seine längere Dauer mehr bemerkbar wird, so ist doch jeder außer sich, solange er nur empfindet. Von diesem Zustande zur Besonnenheit zurückkehren, nennt man ebenso richtig: *in sich gehen,* das heißt, in sein Ich zurückkehren, seine Person wieder herstellen. Von einem, der in Ohnmacht liegt, sagt man nicht: er ist außer sich, sondern: er ist *von sich,* das heißt, er ist seinem ich geraubt, da jener nur nicht in demselben ist. Daher ist derjenige, der aus einer Ohnmacht zurückkehrte, bloß *bei* sich, welches sehr gut mit dem Außersichsein bestehen kann.

Triebs; und da alle Form nur an einer Materie, alles Absolute nur durch das Medium der Schranken erscheint, so ist es freilich der sinnliche Trieb, an dem zuletzt die ganze Erscheinung der Menschheit befestiget ist. Aber obgleich er allein die Anlagen der Menschheit weckt und entfaltet, so ist er es doch allein, der ihre Vollendung unmöglich macht. Mit unzerreißbaren Banden fesselt er den höher strebenden Geist an die Sinnenwelt, und von ihrer freiesten Wanderung ins Unendliche ruft er die Abstraktion in die Grenzen der Gegenwart zurücke. Der Gedanke zwar darf ihm augenblicklich entfliehen, und ein fester Wille setzt sich seinen Forderungen sieghaft entgegen; aber bald tritt die unterdrückte Natur wieder in ihre Rechte zurück, um auf Realität des Daseins, auf einen Inhalt unsrer Erkenntnisse und auf einen Zweck unsers Handelns zu dringen.

Der zweite jener Triebe, den man den *Formtrieb* nennen kann, geht aus von dem absoluten Dasein des Menschen oder von seiner vernünftigen Natur und ist bestrebt, ihn in Freiheit zu setzen, Harmonie in die Verschiedenheit seines Erscheinens zu bringen und bei allem Wechsel des Zustands seine Person zu behaupten. Da nun die letztere als absolute und unteilbare Einheit mit sich selbst nie im Widerspruch sein kann, da wir in alle Ewigkeit wir sind, so kann derjenige Trieb, der auf Behauptung der Persönlichkeit dringt, nie etwas anders fordern, als was er in alle Ewigkeit fordern muß; er entscheidet also für immer, wie er für jetzt entscheidet, und gebietet für jetzt, was er für immer gebietet. Er umfaßt mithin die ganze Folge der Zeit, das ist soviel als: er hebt die Zeit, er hebt die Veränderung auf; er will, daß das Wirkliche notwendig und ewig, und daß das Ewige und Notwendige wirklich sei; mit andern Worten: er dringt auf Wahrheit und auf Recht.

Wenn der erste nur *Fälle* macht, so gibt der andre *Gesetze* – Gesetze für jedes Urteil, wenn es Erkenntnisse, Gesetze für jeden Willen, wenn es Taten betrifft. Es sei nun, daß wir einen Gegenstand erkennen, daß wir einem Zustande unsers Subjekts objektive Gültigkeit beilegen, oder daß wir aus Erkenntnissen handeln, daß wir das Objektive zum Bestimmungsgrund unsers Zustandes machen – in beiden Fällen reißen wir diesen Zustand aus der Gerichtsbarkeit der Zeit und gestehen ihm Realität für alle Menschen und alle Zeiten, das heißt Allgemeinheit und Notwendigkeit zu. Das Gefühl kann bloß sagen: das ist wahr *für dieses Subjekt* und *in diesem Moment*, und ein anderer Moment, ein anderes Subjekt kann kommen, das die Aussage der gegenwärtigen Empfindung zurücknimmt. Aber wenn der Gedanke einmal ausspricht: *das ist*, so entscheidet er für immer und ewig, und die Gültigkeit seines Ausspruchs ist durch die Persönlichkeit selbst verbürgt, die allem Wechsel Trotz bietet. Die Neigung kann bloß sagen: das ist für dein Individuum und *für dein jetziges Bedürfnis gut*, aber dein Individuum und dein jetziges Bedürfnis wird die Veränderung mit sich fortreißen und, was du jetzt feurig begehrst, dereinst zum Gegenstand deines Abscheues machen. Wenn aber das moralische Gefühl sagt: *das soll sein,* so entscheidet es für immer und ewig – wenn du Wahrheit bekennst, weil sie Wahrheit ist, und Gerechtigkeit ausübst, weil sie Gerechtigkeit ist, so hast du einen einzelnen Fall zum Gesetz für alle Fälle gemacht, einen Moment in deinem Leben als Ewigkeit behandelt.

Wo also der Formtrieb die Herrschaft führt und das reine Objekt in uns handelt, da ist die höchste Erweiterung des Seins, da verschwinden alle Schranken, da hat sich der Mensch aus einer Größeneinheit, auf welche der dürftige Sinn ihn beschränkte, zu einer *Ideeneinheit* erhoben, die das ganze Reich der Erscheinungen unter sich faßt. Wir sind bei dieser Operation nicht mehr in der Zeit, sondern die Zeit ist in uns mit ihrer ganzen nie endenden Reihe. Wir sind nicht mehr Individuen, sondern Gattung; das Urteil aller Geister ist durch das unsrige ausgesprochen, die Wahl aller Herzen ist repräsentiert durch unsre Tat.

Beim ersten Anblick scheint nichts einander mehr entgegengesetzt zu sein als die Tendenzen dieser beiden Triebe, indem der eine auf Veränderung, der andre auf Unveränderlichkeit dringt. Und doch sind es diese beiden Triebe, die den Begriff der Menschheit erschöpfen, und ein dritter *Grundtrieb*, der beide vermitteln könnte, ist schlechterdings ein undenkbarer Begriff. Wie werden wir also die Einheit der menschlichen Natur wieder herstellen, die durch diese ursprüngliche und radikale Entgegensetzung völlig aufgehoben scheint?

Wahr ist es, ihre Tendenzen widersprechen sich, aber, was wohl zu bemerken ist, nicht in denselben Objekten, und was nicht aufeinander trifft, kann nicht gegeneinander stoßen. Der sinnliche Trieb fordert zwar Veränderung, aber er fordert nicht, daß sie auch auf die Person und ihr Gebiet sich erstrecke, daß ein Wechsel der Grundsätze sei. Der Formtrieb dringt auf Einheit und Beharrlichkeit – aber er will nicht, daß mit der Person sich auch der Zustand fixiere, daß Identität der Empfindung sei. Sie sind einander also von Natur nicht entgegengesetzt, und wenn sie dem ohngeachtet so erscheinen, so sind sie es erst geworden durch eine freie Übertretung der Natur, indem sie sich selbst mißverstehen und ihre Sphären verwirren*. Über diese zu wa-

---

* Sobald man einen ursprünglichen, mithin notwendigen Antagonism beider Triebe behauptet, so ist freilich kein anderes Mittel, die Einheit im Menschen zu erhalten, als daß man den sinnlichen Trieb dem vernünftigen unbedingt *unterordnet*. Daraus aber kann bloß Einförmigkeit, aber keine Harmonie entstehen, und der Mensch bleibt noch ewig fort geteilt. Die Unterordnung muß allerdings sein, aber wechselseitig: denn wenngleich die Schranken nie das Absolute begründen können, also die Freiheit nie von der Zeit abhängen kann, so ist es ebenso gewiß, daß das Absolute durch sich selbst nie die Schranken begründen, daß der Zustand in der Zeit nicht von der Freiheit abhängen kann. Beide Prinzipien sind einander also zugleich subordiniert und koordiniert, das heißt, sie stehen in Wechselwirkung: ohne Form keine Materie, ohne Materie keine Form. (Diesen Begriff der Wechselwirkung und die ganze Wichtigkeit desselben findet

chen und einem jeden dieser beiden Triebe seine Grenzen zu sichern, ist die Aufgabe der *Kultur,* die also beiden eine gleiche Gerechtigkeit schuldig ist und nicht bloß den vernünftigen Trieb gegen den sinnlichen, sondern auch diesen gegen jenen zu behaupten hat. Ihr Geschäft ist also doppelt: *erstlich*: die Sinnlichkeit gegen die Eingriffe der Freiheit zu verwahren; *zweitens*: die Persönlichkeit gegen die Macht der Empfindungen sicherzustellen. Jenes erreicht sie durch Ausbildung des Gefühlvermögens, dieses durch Ausbildung des Vernunftvermögens.

Da die Welt ein Ausgedehntes in der Zeit, Veränderung, ist, so wird die Vollkommenheit desjenigen Vermögens, welches den Menschen mit der Welt in Verbindung setzt, größtmöglichste Veränderlichkeit und Extensität sein müssen. Da die Person das Bestehende in der Veränderung ist, so wird die Vollkommenheit desjenigen Vermögens, welches sich dem Wechsel entgegensetzen soll, größtmöglichste Selbständigkeit und Intensität sein

man vortrefflich auseinandergesetzt in Fichtes »Grundlage der gesamten Wissenschaftslehre«, Leipzig 1794.) Wie es mit der Person im Reich der Ideen stehe, wissen wir freilich nicht; aber daß sie, ohne Materie zu empfangen, in dem Reiche der Zeit sich nicht offenbaren könne, wissen wir gewiß; in diesem Reiche also wird die Materie nicht bloß *unter* der Form, sondern auch *neben* der Form und unabhängig von derselben etwas zu bestimmen haben. So notwendig es also ist, daß das Gefühl im Gebiet der Vernunft nichts entscheide, ebenso notwendig ist es, daß die Vernunft im Gebiet des Gefühls sich nichts zu bestimmen anmaße. Schon indem man jedem von beiden ein Gebiet zuspricht, schließt man das andere davon aus und setzt jedem eine Grenze, die nicht anders als zum Nachteile beider überschritten werden kann.

In einer Transzendental-Philosophie, wo alles darauf ankommt, die Form von dem Inhalt zu befreien und das Notwendige von allem Zufälligen rein zu erhalten, gewöhnt man sich gar leicht, das Materielle sich bloß als Hindernis zu denken und die Sinnlichkeit, weil sie gerade bei *diesem* Geschäft im Wege steht, in einem notwendigen Widerspruch mit der Vernunft vorzustellen. Eine solche Vorstellungsart liegt zwar auf keine Weise im *Geiste* des Kantischen Systems, aber im *Buchstaben* desselben könnte sie gar wohl liegen.

müssen. Je vielseitiger sich die Empfänglichkeit ausbildet, je beweglicher dieselbe ist, und je mehr Fläche sie den Erscheinungen darbietet, desto mehr Welt *ergreift* der Mensch, desto mehr Anlagen entwickelt er in sich; je mehr Kraft und Tiefe die Persönlichkeit, je mehr Freiheit die Vernunft gewinnt, desto mehr Welt *begreift* der Mensch, desto mehr Form schafft er außer *sich*. Seine Kultur wird also darin bestehen: *erstlich:* dem empfangenden Vermögen die vielfältigsten Berührungen mit der Welt zu verschaffen und auf seiten des Gefühls die Passivität aufs Höchste zu treiben; *zweitens:* dem bestimmenden Vermögen die höchste Unabhängigkeit von dem empfangenden zu erwerben und auf seiten der Vernunft die Aktivität aufs Höchste zu treiben. Wo beide Eigenschaften sich vereinigen, da wird der Mensch mit der höchsten Fülle von Dasein die höchste Selbständigkeit und Freiheit verbinden und, anstatt sich an die Welt zu verlieren, diese vielmehr mit der ganzen Unendlichkeit ihrer Erscheinungen in sich ziehen und der Einheit seiner Vernunft unterwerfen.

Dieses Verhältnis nun kann der Mensch *umkehren* und dadurch auf eine zweifache Weise seine Bestimmung verfehlen. Er kann die Intensität, welche die tätige Kraft erheischt, auf die leidende legen, durch den Stofftrieb dem Formtriebe vorgreifen und das empfangende Vermögen zum bestimmenden machen. Er kann die Extensität, welche der leidenden Kraft gebührt, der tätigen zuteilen, durch den Formtrieb dem Stofftriebe vorgreifen und dem empfangenden Vermögen das bestimmende unterschieben. In dem ersten Fall wird er nie *er selbst*, in dem zweiten wird er nie *etwas anders* sein, mithin eben darum in beiden Fällen *keines von beiden*, folglich – Null sein*.

---

* Der schlimme Einfluß einer überwiegenden Sensualität auf unser Denken und Handeln fällt jedermann leicht in die Augen; nicht so leicht, ob er gleich ebenso häufig vorkommt und ebenso wichtig ist, der nachteilige Einfluß einer überwiegenden Rationalität auf unsre Erkenntnis und auf unser Betragen. Man erlaube mir daher, aus der großen Menge der hieher gehörenden Fälle nur zwei in Erinnerung zu bringen, welche den Schaden

einer der Anschauung und Empfindung vorgreifenden Denk- und Willenskraft ins Licht setzen können.

Eine der vornehmsten Ursachen, warum unsre Naturwissenschaften so langsame Schritte machen, ist offenbar der allgemeine und kaum bezwingbare Hang zu teleologischen Urteilen, bei denen sich, sobald sie konstitutiv gebraucht werden, das bestimmende Vermögen dem empfangenden unterschiebt. Die Natur mag unsre Organe noch so nachdrücklich und noch so vielfach berühren – alle ihre Mannigfaltigkeit ist verloren für uns, weil wir nichts in ihr suchen, als was wir in sie hineingelegt haben, weil wir ihr nicht erlauben, sich *gegen uns herein* zu bewegen, sondern vielmehr mit ungeduldig vorgreifender Vernunft *gegen sie hinaus* streben. Kommt alsdann in Jahrhunderten einer, der sich ihr mit ruhigen, keuschen und offenen Sinnen naht und deswegen auf eine Menge von Erscheinungen stößt, die wir bei unsrer Prävention übersehen haben, so erstaunen wir höchlich darüber, daß so viele Augen bei so hellem Tag nichts bemerkt haben sollen. Dieses voreilige Streben nach Harmonie, ehe man die einzelnen Laute beisammen hat, die sie ausmachen sollen, diese gewalttätige Usurpation der Denkkraft in einem Gebiete, wo sie nicht unbedingt zu gebieten hat, ist der Grund der Unfruchtbarkeit so vieler denkenden Köpfe für das Beste der Wissenschaft, und es ist schwer zu sagen, ob die Sinnlichkeit, welche keine Form annimmt, oder die Vernunft, welche keinen Inhalt abwartet, der Erweiterung unserer Kenntnisse mehr geschadet haben.

Ebenso schwer dürfte es zu bestimmen sein, ob unsre praktische Philanthropie mehr durch die Heftigkeit unsrer Begierden oder durch die Rigidität unsrer Grundsätze, mehr durch den Egoism unsrer Sinne oder durch den Egoism unsrer Vernunft gestört und erkältet wird. Um uns zu teilnehmenden, hilfreichen, tätigen Menschen zu machen, müssen sich Gefühl und Charakter miteinander vereinigen, so wie, um uns Erfahrung zu verschaffen, Offenheit des Sinnes mit Energie des Verstandes zusammentreffen muß. Wie können wir, bei noch so lobenswürdigen Maximen, billig, gütig und menschlich gegen andere sein, wenn uns das Vermögen fehlt, fremde Natur treu und wahr in uns aufzunehmen, fremde Situationen uns anzueignen, fremde Gefühle zu den unsrigen zu machen? Dieses Vermögen aber wird sowohl in der Erziehung, die wir empfangen, als in der, die wir selbst uns geben, in demselben Maße unterdrückt, als man die Macht der Begierden zu brechen und den Charakter durch Grundsätze zu befestigen sucht. Weil es Schwierigkeit kostet, bei aller Regsamkeit des Gefühls seinen Grundsätzen treu zu bleiben, so ergreift man das bequemere Mittel, durch Abstumpfung der Gefühle den Charakter sicherzu-

Wird nämlich der sinnliche Trieb bestimmend, macht der Sinn den Gesetzgeber, und unterdrückt die Welt die Person, so hört sie in demselben Verhältnisse auf, Objekt zu sein, als sie Macht wird. Sobald der Mensch nur Inhalt der Zeit ist, so ist *er* nicht, und er *hat* folglich auch keinen Inhalt. Mit seiner Persönlichkeit ist auch sein Zustand aufgehoben, weil beides Wechselbegriffe sind – weil die Veränderung ein Beharrliches und die begrenzte Realität eine unendliche fordert. Wird der Formtrieb empfangend, das heißt, kommt die Denkkraft der Empfindung zuvor und unterschiebt die Person sich der Welt, so hört sie in demselben Verhältnis auf, selbständige Kraft und Subjekt zu sein, als sie sich in den Platz des Objektes drängt, weil das Beharrliche die Veränderung, und die absolute Realität zu ihrer Verkündigung Schranken fordert. Sobald der Mensch nur Form *ist*, so *hat* er

stellen: denn freilich ist es unendlich leichter, vor einem entwaffneten Gegner Ruhe zu haben, als einen mutigen und rüstigen Feind zu beherrschen. In dieser Operation besteht dann auch größtenteils das, was man einen Menschen formieren nennt, und zwar im besten Sinne des Worts, wo es Bearbeitung des innern, nicht bloß des äußern Menschen bedeutet. Ein so formierter Mensch wird freilich davor gesichert sein, rohe Natur zu sein und als solche zu erscheinen; er wird aber zugleich gegen alle Empfindungen der Natur durch Grundsätze geharnischt sein, und die Menschheit von außen wird ihm ebensowenig als die Menschheit von innen beikommen können.

Es ist ein sehr verderblicher Mißbrauch, der von dem Ideal der Vollkommenheit gemacht wird, wenn man es bei der Beurteilung anderer Menschen und in den Fällen, wo man für sie wirken soll, in seiner ganzen Strenge zum Grund legt. Jenes wird zur Schwärmerei, dieses zur Härte und zur Kaltsinnigkeit führen. Man macht sich freilich seine gesellschaftlichen Pflichten ungemein leicht, wenn man dem *wirklichen* Menschen, der unsre Hilfe auffordert, in Gedanken den *Ideal*-Menschen unterschiebt, der sich wahrscheinlich selbst helfen könnte. Strenge gegen sich selbst, mit Weichheit gegen andre verbunden, macht den wahrhaft vortrefflichen Charakter aus. Aber meistens wird der gegen andere weiche Mensch es auch gegen sich selbst, und der gegen sich selbst strenge es auch gegen andere sein; weich gegen sich und streng gegen andre ist der verächtlichste Charakter.

keine Form, und mit dem Zustand ist folglich auch die Person aufgehoben. Mit einem Wort: nur insofern er selbständig ist, ist Realität außer ihm, ist er empfänglich; nur insofern er empfänglich ist, ist Realität in ihm, ist er eine denkende Kraft.

Beide Triebe haben also Einschränkung und, insofern sie als Energien gedacht werden, Abspannung nötig; jener, daß er sich nicht ins Gebiet der Gesetzgebung, dieser, daß er sich nicht ins Gebiet der Empfindung eindringe. Jene Abspannung des sinnlichen Triebes darf aber keineswegs die Wirkung eines physischen Unvermögens und einer Stumpfheit der Empfindungen sein, welche überall nur Verachtung verdient; sie muß eine Handlung der Freiheit, eine Tätigkeit der Person sein, die durch ihre moralische Intensität jene sinnliche mäßigt und durch Beherrschung der Eindrücke ihnen an Tiefe nimmt, um ihnen an Fläche zu geben. Der Charakter muß dem Temperament seine Grenzen bestimmen, denn nur an den Geist darf der Sinn verlieren. Jene Abspannung des Formtriebs darf ebenso wenig die Wirkung eines geistigen Unvermögens und einer Schlaffheit der Denk- oder Willenskräfte sein, welche die Menschheit erniedrigen würde. Fülle der Empfindungen muß ihre rühmliche Quelle sein; die Sinnlichkeit selbst muß mit siegender Kraft ihr Gebiet behaupten und der Gewalt widerstreben, die ihr der Geist durch seine vorgreifende Tätigkeit gerne zufügen möchte. Mit einem Wort: den Stofftrieb muß die Persönlichkeit, und den Formtrieb die Empfänglichkeit oder die Natur in seinen gehörigen Schranken halten.

Vierzehnter Brief

Wir sind nunmehr zu dem Begriff einer solchen Wechselwirkung zwischen beiden Trieben geführt worden, wo die Wirksamkeit des einen die Wirksamkeit des andern zugleich begründet und begrenzt, und wo jeder einzelne für sich gerade dadurch zu seiner höchsten Verkündigung gelangt, daß der andere tätig ist.

Dieses Wechselverhältnis beider Triebe ist zwar bloß eine Aufgabe der Vernunft, die der Mensch nur in der Vollendung seines Daseins ganz zu lösen imstand ist. Es ist im eigentlichsten Sinne des Worts die Idee seiner Menschheit, mithin ein Unendliches, dem er sich im Laufe der Zeit immer mehr nähern kann, aber ohne es jemals zu erreichen. »Er soll nicht auf Kosten seiner Realität nach Form, und nicht auf Kosten der Form nach Realität streben; vielmehr soll er das absolute Sein durch ein bestimmtes und das bestimmte Sein durch ein unendliches suchen, Er soll sich eine Welt gegenüberstellen, weil er Person ist, und soll Person sein, weil ihm eine Welt gegenübersteht. Er soll empfinden, weil er sich bewußt ist, und soll sich bewußt sein, weil er empfindet.« – Daß er dieser Idee wirklich gemäß, folglich in voller Bedeutung des Worts Mensch ist, kann er nie in Erfahrung bringen, solange er nur einen dieser beiden Triebe ausschließend oder nur einen nach dem andern befriedigt: denn solange er nur empfindet, bleibt ihm seine Person oder seine absolute Existenz, und, solange er nur denkt, bleibt ihm seine Existenz in der Zeit oder sein Zustand Geheimnis. Gäbe es aber Fälle, wo er diese doppelte Erfahrung zugleich machte, wo er sich zugleich seiner Freiheit bewußt würde und sein Dasein empfände, wo er sich zugleich als Materie fühlte und als Geist kennenlernte, so hätte er in diesen Fällen, und schlechterdings nur in diesen, eine vollständige Anschauung seiner Menschheit, und der Gegenstand, der diese Anschauung ihm verschaffte, würde ihm zu einem Symbol seiner ausgeführten Bestimmung, folglich (weil diese nur in der Allheit der Zeit zu erreichen ist) zu einer Darstellung des Unendlichen dienen.

Vorausgesetzt, daß Fälle dieser Art in der Erfahrung vorkommen können, so würden sie einen neuen Trieb in ihm aufwecken, der eben darum, weil die beiden andern in ihm zusammenwirken, einem jeden derselben, einzeln betrachtet, entgegengesetzt sein und mit Recht für einen neuen Trieb gelten würde. Der sinnliche Trieb will, daß Veränderung sei, daß die Zeit einen Inhalt habe; der Formtrieb will, daß die Zeit aufgehoben, daß keine

Veränderung sei. Derjenige Trieb also, in welchem beide verbunden wirken (es sei mir einstweilen, bis ich diese Benennung gerechtfertigt haben werde, vergönnt, ihn *Spieltrieb* zu nennen), der Spieltrieb also würde dahin gerichtet sein, die Zeit in der Zeit aufzuheben, Werden mit absolutem Sein, Veränderung mit Identität zu vereinbaren.

Der sinnliche Trieb will bestimmt *werden*, er will sein Objekt empfangen; der Formtrieb will *selbst* bestimmen, er will sein Objekt hervorbringen; der Spieltrieb wird also bestrebt sein, so zu empfangen, wie er selbst hervorgebracht hätte, und so hervorzubringen, wie der Sinn zu empfangen trachtet.

Der sinnliche Trieb schließt aus seinem Subjekt alle Selbsttätigkeit und Freiheit, der Formtrieb schließt aus dem seinigen alle Abhängigkeit, alles Leiden aus. Ausschließung der Freiheit ist aber physische, Ausschließung des Leidens ist moralische Notwendigkeit. Beide Triebe nötigen also das Gemüt, jener durch Naturgesetze, dieser durch Gesetze der Vernunft. Der Spieltrieb also, als in welchem beide verbunden wirken, wird das Gemüt zugleich moralisch und physisch nötigen; er wird also, weil er alle Zufälligkeit aufhebt, auch alle Nötigung aufheben und den Menschen sowohl physisch als moralisch in Freiheit setzen. Wenn wir jemand mit Leidenschaft umfassen, der unsrer Verachtung würdig ist, so empfinden wir peinlich die Nötigung der Natur. Wenn wir gegen einen andern feindlich gesinnt sind, der uns Achtung abnötigt, so empfinden wir peinlich die Nötigung der Vernunft. Sobald er aber zugleich unsre Neigung interessiert und unsre Achtung sich erworben, so verschwindet sowohl der Zwang der Empfindung als der Zwang der Vernunft, und wir fangen an, ihn zu lieben, das heißt zugleich mit unsrer Neigung und mit unsrer Achtung zu spielen.

Indem uns ferner der sinnliche Trieb physisch und der Formtrieb moralisch nötigt, so läßt jener unsre formale, dieser unsre materiale Beschaffenheit zufällig; das heißt, es ist zufällig, ob unsere Glückseligkeit mit unsrer Vollkommenheit, oder ob diese mit jener übereinstimmen werde. Der Spieltrieb also, in welchem beide vereinigt wirken, wird zugleich unsre formale und unsre materiale Beschaffenheit, zugleich unsre Vollkommenheit und unsre Glückseligkeit zufällig machen; er wird also, eben weil er beide zufällig macht, und weil mit der Notwendigkeit auch die Zufälligkeit verschwindet, die Zufälligkeit in beiden wieder aufheben, mithin Form in die Materie und Realität in die Form bringen. In demselben Maße, als er den Empfindungen und Affekten ihren dynamischen Einfluß nimmt, wird er sie mit Ideen der Vernunft in Übereinstimmung bringen, und in demselben Maße, als er den Gesetzen der Vernunft ihre moralische Nötigung benimmt, wird er sie mit dem Interesse der Sinne versöhnen.

Fünfzehnter Brief

Immer näher komm ich dem Ziel, dem ich Sie auf einem wenig ermunternden Pfade entgegenführe. Lassen Sie es sich gefallen, mir noch einige Schritte weiter zu folgen, so wird ein desto freierer Gesichtskreis sich auftun und eine muntre Aussicht die Mühe des Wegs vielleicht belohnen.

Der Gegenstand des sinnlichen Triebes, in einem allgemeinen Begriff ausgedrückt, heißt *Leben* in weitester Bedeutung; ein Begriff, der alles materiale Sein und alle unmittelbare Gegenwart in den Sinnen bedeutet. Der Gegenstand des Formtriebes, in einem allgemeinen Begriff ausgedrückt, heißt *Gestalt*, sowohl in uneigentlicher als in eigentlicher Bedeutung; ein Begriff, der alle formalen Beschaffenheiten der Dinge und alle Beziehungen derselben auf die Denkkräfte unter sich faßt. Der Gegenstand des Spieltriebes, in einem allgemeinen Schema vorgestellt, wird also *lebende Gestalt* heißen können; ein Begriff, der allen ästhetischen Beschaffenheiten der Erscheinungen und mit einem Worte dem, was man in weitester Bedeutung *Schönheit* nennt, zur Bezeichnung dient.

Durch diese Erklärung, wenn es eine wäre, wird die Schönheit weder auf das ganze Gebiet des Lebendigen ausgedehnt noch bloß in dieses Gebiet eingeschlossen. Ein Marmorblock, obgleich er leblos ist und bleibt, kann darum nichtsdestoweniger lebende Gestalt durch den Architekt und Bildhauer werden; ein Mensch, wiewohl er lebt und Gestalt hat, ist darum noch lange keine lebende Gestalt. Dazu gehört, daß seine Gestalt Leben und sein Leben Gestalt sei. Solange wir über seine Gestalt bloß denken, ist sie leblos, bloße Abstraktion; solange wir sein Leben bloß fühlen, ist es gestaltlos, bloße Impression. Nur indem seine Form in unsrer Empfindung lebt und sein Leben in unserm Verstande sich formt, ist er lebende Gestalt, und dies wird überall der Fall sein, wo wir ihn als schön beurteilen.

Dadurch aber, daß wir die Bestandteile anzugeben wissen, die in ihrer Vereinigung die Schönheit hervorbringen, ist die Genesis derselben auf keine Weise noch erklärt; denn dazu würde erfordert, daß man jene Vereinigung selbst begriffe, die uns, wie überhaupt alle Wechselwirkung zwischen dem Endlichen und Unendlichen, unerforschlich bleibt. Die Vernunft stellt aus transzendentalen Gründen die Forderung auf: es soll eine Gemeinschaft zwischen Formtrieb und Stofftrieb, das heißt, ein Spieltrieb sein, weil nur die Einheit der Realität mit der Form, der Zufälligkeit mit der Notwendigkeit, des Leidens mit der Freiheit den Begriff der Menschheit vollendet. Sie muß diese Forderung aufstellen, weil sie Vernunft ist – weil sie ihrem Wesen nach auf Vollendung und auf Wegräumung aller Schranken dringt, jede ausschließende Tätigkeit des einen oder des andern Triebes aber die menschliche Natur unvollendet läßt und eine Schranke in derselben begründet. Sobald sie demnach den Ausspruch tut: es soll eine Menschheit existieren, so hat sie eben dadurch das Gesetz aufgestellt: es soll eine Schönheit sein. Die Erfahrung kann uns beantworten, *ob* eine Schönheit ist, und wir werden es wissen, sobald sie uns belehrt hat, ob eine Menschheit ist. *Wie* aber eine Schönheit sein kann, und wie eine Menschheit möglich ist, kann uns weder Vernunft noch Erfahrung lehren.

Der Mensch, wissen wir, ist weder ausschließend Materie, noch ist er ausschließend Geist. Die Schönheit als Konsummation seiner Menschheit, kann also weder ausschließend bloßes Leben sein, wie von scharfsinnigen Beobachtern, die sich zu genau an die Zeugnisse der Erfahrung hielten, behauptet worden ist, und wozu der Geschmack der Zeit sie gern herabziehen möchte; noch kann sie ausschließend bloße Gestalt sein, wie von spekulativen Weltweisen, die sich zu weit von der Erfahrung entfernten, und von philosophierenden Künstlern, die sich in Erklärung derselben allzusehr durch das Bedürfnis der Kunst leiten ließen, geurteilt worden ist*: sie ist das gemeinschaftliche Objekt beider Triebe, das heißt, des Spieltriebs. Diesen Namen rechtfertigt der Sprachgebrauch vollkommen, der alles das, was weder subjektiv noch objektiv zufällig ist und doch weder äußerlich noch innerlich nötigt, mit dem Wort Spiel zu bezeichnen pflegt. Da sich das Gemüt bei Anschauung des Schönen in einer glücklichen Mitte zwischen dem Gesetz und Bedürfnis befindet, so ist es eben darum, weil es sich zwischen beiden teilt, dem Zwange sowohl des einen als des andern entzogen. Dem Stofftrieb wie dem Formtrieb ist es mit ihren Forderungen ernst, weil der eine sich, beim Erkennen, auf die Wirklichkeit, der andre auf die Notwendigkeit der Dinge bezieht; weil, beim Handeln, der erste auf Erhaltung des Lebens, der zweite auf Bewahrung der Würde, beide also auf Wahrheit und Vollkommenheit gerichtet sind. Aber das Leben wird gleichgültiger, sowie die Würde sich einmischt, und die Pflicht nötigt nicht mehr, sobald die Neigung zieht; ebenso nimmt das Gemüt die Wirklichkeit der Dinge, die materiale Wahrheit, freier und ruhiger auf, sobald solche der for-

---

* Zum bloßen Leben macht die Schönheit Burke in seinen »Philosophischen Untersuchungen über den Ursprung unsrer Begriffe vom Erhabenen und Schönen«. Zur bloßen Gestalt macht sie, soweit mir bekannt ist, jeder Anhänger des dogmatischen Systems, der über diesen Gegenstand je sein Bekenntnis ablegte: unter den Künstlern Raphael Mengs in seinen Gedanken über den Geschmack in der Malerei; andrer nicht zu gedenken. So wie in allem, hat auch in diesem Stück die kritische Philosophie den Weg eröffnet, die Empirie auf Prinzipien und die Spekulation zur Erfahrung zurückzuführen.

malen Wahrheit, dem Gesetz der Notwendigkeit, begegnet, und fühlt sich durch Abstraktion nicht mehr angespannt, sobald die unmittelbare Anschauung sie begleiten kann. Mit einem Wort: indem es mit Ideen in Gemeinschaft kommt, verliert alles Wirkliche seinen Ernst, weil es *klein* wird, und indem es mit der Empfindung zusammentrifft, legt das Notwendige den seinigen ab, weil es *leicht* wird.

Wird aber, möchten Sie längst schon versucht gewesen sein, mir entgegenzusetzen, wird nicht das Schöne dadurch, daß man es zum bloßen Spiel macht, erniedrigt und den frivolen Gegenständen gleichgestellt, die von jeher im Besitz dieses Namens waren? Widerspricht es nicht dem Vernunftbegriff und der Würde der Schönheit, die doch als ein Instrument der Kultur betrachtet wird, sie auf ein bloßes Spiel einzuschränken, und widerspricht es nicht dem Erfahrungsbegriffe des Spiels, das mit Ausschließung alles Geschmackes zusammen bestehen kann, es bloß auf Schönheit einzuschränken?

Aber was heißt denn ein bloßes Spiel, nachdem wir wissen, daß unter allen Zuständen des Menschen gerade das Spiel und *nur* das Spiel es ist, was ihn vollständig macht und seine doppelte Natur auf einmal entfaltet? Was Sie, nach Ihrer Vorstellung der Sache, Einschränkung nennen, das nenne ich, nach der meinen, die ich durch Beweise gerechtfertigt habe, Erweiterung. Ich würde also vielmehr gerade umgekehrt sagen: mit dem Angenehmen, mit dem Guten, mit dem Vollkommenen ist es dem Menschen *nur* Ernst; aber mit der Schönheit spielt er. Freilich dürfen wir uns hier nicht an die Spiele erinnern, die in dem wirklichen Leben im Gange sind und die sich gewöhnlich nur auf sehr materielle Gegenstände richten; aber in dem wirklichen Leben würden wir auch die Schönheit vergebens suchen, von der hier die Rede ist. Die wirklich vorhandene Schönheit ist des wirklich vorhandenen Spieltriebes wert; aber durch das Ideal der Schönheit, welches die Vernunft aufstellt, ist auch ein Ideal des Spieltriebes aufgegeben, das der Mensch in allen seinen Spielen vor Augen haben soll.

Man wird niemals irren, wenn man das Schönheitsideal eines Menschen auf dem nämlichen Wege sucht, auf dem er seinen Spieltrieb befriedigt. Wenn sich die griechischen Völkerschaften in den Kampfspielen zu Olympia an den unblutigen Wettkämpfen der Kraft, der Schnelligkeit, der Gelenkigkeit und an dem edleren Wechselstreit der Talente ergötzen, und wenn das römische Volk an dem Todeskampf eines erlegten Gladiators oder seines libyschen Gegners sich labt, so wird es uns aus diesem einzigen Zuge begreiflich, warum wir die Idealgestalten einer Venus, einer Juno, eines Apolls nicht in Rom, sondern in Griechenland aufsuchen müssen*. Nun spricht aber die Vernunft: das Schöne soll nicht bloßes Leben und nicht bloße Gestalt, sondern lebende Gestalt, das ist Schönheit sein, indem sie ja dem Menschen das doppelte Gesetz der absoluten Formalität und der absoluten Realität diktiert. Mithin tut sie auch den Ausspruch: der Mensch soll mit der Schönheit *nur spielen,* und er soll *nur mit der Schönheit* spielen.

Denn, um es endlich auf einmal herauszusagen, der Mensch spielt nur, wo er in voller Bedeutung des Worts Mensch ist, und *er ist nur da ganz Mensch, wo er spielt.* Dieser Satz, der in diesem Augenblicke vielleicht paradox erscheint, wird eine große und tiefe Bedeutung erhalten, wenn wir erst dahin gekommen sein werden, ihn auf den doppelten Ernst der Pflicht und des Schicksals anzuwenden; er wird, ich verspreche es Ihnen, das ganze Gebäude der ästhetischen Kunst und der noch schwierigem Lebenskunst tragen. Aber dieser Satz ist auch nur in der Wissenschaft unerwartet; längst schon lebte und wirkte er in der Kunst

---

* Wenn man (um bei der neuem Welt stehen zu bleiben) die Wettrennen in London, die Stiergefechte in Madrid, die Spectacles in dem ehemaligen Paris, die Gondelrennen in Venedig, die Tierhatzen in Wien und das frohe schöne Leben des Corso in Rom gegeneinander hält, so kann es nicht schwer sein, den Geschmack dieser verschiedenen Völker gegeneinander zu nüancieren. Indessen zeigt sich unter den Volksspielen in diesen verschiedenen Ländern weit weniger Einförmigkeit als unter den Spielen der feineren Welt in eben diesen Ländern, welches leicht zu erklären ist.

und in dem Gefühle der Griechen, ihrer vornehmsten Meister; nur daß sie in den Olympus versetzten, was auf der Erde sollte ausgeführt werden. Von der Wahrheit desselben geleitet, ließen sie sowohl den Ernst und die Arbeit, welche die Wangen der Sterblichen furchen, als die nichtige Lust, die das leere Angesicht glättet, aus der Stirne der seligen Götter verschwinden, gaben die ewig Zufriedenen von den Fesseln jedes Zweckes, jeder Pflicht, jeder Sorge frei und machten den Müßiggang und die Gleichgültigkeit zum beneideten Lose des Götterstandes: ein bloß menschlicherer Name für das freieste und erhabenste Sein. Sowohl der materielle Zwang der Naturgesetze als der geistige Zwang der Sittengesetze verlor sich in ihrem höhern Begriff von Notwendigkeit, der beide Welten zugleich umfaßte, und aus der Einheit jener beiden Notwendigkeiten ging ihnen erst die wahre Freiheit hervor. Beseelt von diesem Geiste, löschten sie aus den Gesichtszügen ihres Ideals zugleich mit der Neigung auch alle Spuren des Willens aus, oder besser, sie machten beide unkenntlich, weil sie beide in dem innigsten Bund zu verknüpfen wußten. Es ist weder Anmut noch ist es Würde, was aus dem herrlichen Antlitz einer Juno Ludovisi zu uns spricht; es ist keines von beiden, weil es beides zugleich ist. Indem der weibliche Gott unsre Anbetung heischt, entzündet das gottgleiche Weib unsre Liebe; aber indem wir uns der himmlischen Holdseligkeit aufgelöst hingeben, schreckt die himmlische Selbstgenügsamkeit uns zurück. In sich selbst ruhet und wohnt die ganze Gestalt, eine völlig geschlossene Schöpfung, und als wenn sie jenseits des Raumes wäre, ohne Nachgeben, ohne Widerstand; da ist keine Kraft, die mit Kräften kämpfte, keine Blöße, wo die Zeitlichkeit einbrechen könnte. Durch jenes unwiderstehlich ergriffen und angezogen, durch dieses in der Ferne gehalten, befinden wir uns zugleich in dem Zustand der höchsten Ruhe und der höchsten Bewegung, und es entsteht jene wunderbare Rührung, für welche der Verstand keinen Begriff und die Sprache keinen Namen hat.

Ich nehme den Faden meiner Untersuchung wieder auf, den ich nur darum abgerissen habe, um von den aufgestellten Sätzen die Anwendung auf die ausübende Kunst und auf die Beurteilung ihrer Werke zu machen.

Der Übergang von dem leidenden Zustande des Empfindens zu dem tätigen des Denkens und Wollens geschieht also nicht anders als durch einen mittleren Zustand ästhetischer Freiheit, und obgleich dieser Zustand an sich selbst weder für unsere Einsichten noch Gesinnungen etwas entscheidet, mithin unsern intellektuellen und moralischen Wert ganz und gar problematisch läßt, so ist er doch die notwendige Bedingung, unter welcher allein wir zu einer Einsicht und zu einer Gesinnung gelangen können. Mit einem Wort: es gibt keinen andern Weg, den sinnlichen Menschen vernünftig zu machen, als daß man denselben zuvor ästhetisch macht.

Aber, möchten Sie mir einwenden, sollte diese Vermittlung durchaus unentbehrlich sein? Sollten Wahrheit und Pflicht nicht auch schon für sich allein und durch sich selbst bei dem sinnlichen Menschen Eingang finden können? Hierauf muß ich antworten: sie können nicht nur, sie sollen schlechterdings ihre bestimmende Kraft bloß sich selbst zu verdanken haben, und nichts würde meinen bisherigen Behauptungen widersprechender sein, als wenn sie das Ansehen hätten, die entgegengesetzte Meinung in Schutz zu nehmen. Es ist ausdrücklich bewiesen worden, daß die Schönheit kein Resultat weder für den Verstand noch den Willen gebe, daß sie sich in kein Geschäft weder des Denkens noch des Entschließens mische, daß sie zu beiden bloß das Vermögen erteile, aber über den wirklichen Gebrauch dieses Vermögens durchaus nichts bestimme. Bei diesem fällt alle fremde Hilfe hinweg, und die reine logische Form, der Begriff, muß unmittelbar zu dem Verstand – die reine moralische Form, das Gesetz, unmittelbar zu dem Willen reden.

Aber daß sie dieses überhaupt nur könne – daß es überhaupt

nur eine reine Form für den sinnlichen Menschen gebe, dies, behaupte ich, muß durch die ästhetische Stimmung des Gemüts erst möglich gemacht werden. Die Wahrheit ist nichts, was so wie die Wirklichkeit oder das sinnliche Dasein der Dinge von außen empfangen werden kann; sie ist etwas, das die Denkkraft selbsttätig und in ihrer Freiheit hervorbringt; und diese Selbsttätigkeit, diese Freiheit ist es ja eben, was wir bei dem sinnlichen Menschen vermissen. Der sinnliche Mensch ist schon (physisch) bestimmt und hat folglich keine freie Bestimmbarkeit mehr: diese verlorne Bestimmbarkeit muß er notwendig erst zurückerhalten, eh' er die leidende Bestimmung mit einer tätigen vertauschen kann. Er kann sie aber nicht anders zurückerhalten, als entweder indem er die passive Bestimmung verliert, die er hatte; oder indem er die aktive schon in sich enthält, zu welcher er übergehen soll. Verlöre er bloß die passive Bestimmung; so würde er zugleich mit derselben auch die Möglichkeit einer aktiven verlieren, weil der Gedanke einen Körper braucht und die Form nur an einem Stoffe realisiert werden kann. Er wird also die letztere schon in sich enthalten, er wird zugleich leidend und tätig bestimmt sein, das heißt, er wird ästhetisch werden müssen.

Durch die ästhetische Gemütsstimmung wird also die Selbsttätigkeit der Vernunft schon auf dem Felde der Sinnlichkeit eröffnet, die Macht der Empfindung schon innerhalb ihrer eigenen Grenzen gebrochen und der physische Mensch so weit veredelt, daß nunmehr der geistige sich nach Gesetzen der Freiheit aus demselben bloß zu entwickeln braucht. Der Schritt von dem ästhetischen Zustand zu dem logischen und moralischen (von der Schönheit zur Wahrheit und zur Pflicht) ist daher unendlich leichter, als der Schritt von dem physischen Zustande zu dem ästhetischen (von dem bloßen blinden Leben zur Form) war. Jenen Schritt kann der Mensch durch seine bloße Freiheit vollbringen, da er sich bloß zu nehmen, und nicht zu geben, bloß seine Natur zu vereinzeln, nicht zu erweitern braucht; der ästhetisch gestimmte Mensch wird allgemein gültig urteilen und allgemein gültig handeln, sobald er es wollen wird. Den Schritt von der rohen Materie zur Schönheit, wo eine ganz neue Tätigkeit in ihm eröffnet werden soll, muß die Natur ihm erleichtern, und sein Wille kann über eine Stimmung nichts gebieten, die ja dem Willen selbst erst das Dasein gibt. Um den ästhetischen Menschen zur Einsicht und großen Gesinnungen zu führen, darf man ihm weiter nichts als wichtige Anlässe geben; um von dem sinnlichen Menschen eben das zu erhalten, muß man erst seine Natur verändern. Bei jenem braucht es oft nichts als die Aufforderung einer erhabenen Situation (die am unmittelbarsten auf das Willensvermögen wirkt), um ihn zum Held und zum Weisen zu machen; diesen muß man erst unter einen andern Himmel versetzen.

Es gehört also zu den wichtigsten Aufgaben der Kultur, den Menschen auch schon in seinem bloß physischen Leben der Form zu unterwerfen und ihn, soweit das Reich der Schönheit nur immer reichen kann, ästhetisch zu machen, weil nur aus dem ästhetischen, nicht aber aus dem physischen Zustand der moralische sich entwickeln kann. Soll der Mensch in jedem einzelnen Fall das Vermögen besitzen, sein Urteil und seinen Willen zum Urteil der Gattung zu machen, soll er aus jedem beschränkten Dasein den Durchgang zu einem unendlichen finden, aus jedem abhängigen Zustand zur Selbständigkeit und Freiheit den Aufschwung nehmen können, so muß dafür gesorgt werden, daß er in keinem Momente bloß Individuum sei und bloß dem Naturgesetz diene. Soll er fähig und fertig sein, aus dem engen Kreis der Naturzwecke sich zu Vernunftzwecken zu erheben, so muß er sich schon innerhalb der erstern für die letztern geübt und schon seine physische Bestimmung mit einer gewissen Freiheit der Geister, das ist nach Gesetzen der Schönheit, ausgeführt haben.

Und zwar kann er dieses, ohne dadurch im geringsten seinem physischen Zweck zu widersprechen. Die Anforderungen der Natur an ihn gehen bloß auf das, *was* er wirkt, auf den Inhalt seines Handelns; über die Art, *wie* er wirkt, über die Form desselben, ist durch die Naturzwecke nichts bestimmt. Die Anforderungen der Vernunft hingegen sind streng auf die Form seiner Tätigkeit gerichtet. So notwendig es also für seine moralische Bestimmung ist, daß er rein moralisch sei, daß er eine absolute Selbsttätigkeit beweise, so gleichgültig ist es für seine physische Bestimmung, ob er rein physisch ist, ob er sich absolut leidend verhält. In Rücksicht auf diese letztere ist es also ganz in seine Willkür gestellt, ob er sie bloß als Sinnenwesen und als Naturkraft (als eine Kraft nämlich, welche nur wirkt, je nachdem sie erleidet), oder ob er sie zugleich als absolute Kraft, als Vernunftwesen ausführen will, und es dürfte wohl keine Frage sein, welches von beiden seiner Würde mehr entspricht. Vielmehr, so sehr es ihn erniedrigt und schändet, dasjenige aus sinnlichem Antriebe zu tun, wozu er sich aus reinen Motiven der Pflicht bestimmt haben sollte, so sehr ehrt und adelt es ihn, auch da nach Gesetzmäßigkeit, nach Harmonie, nach Unbeschränktheit zu streben, wo der gemeine Mensch nur sein erlaubtes Verlangen stillt*. Mit einem Wort: im Gebiete der Wahrheit und Moralität darf die Empfindung nichts zu bestimmen haben; aber im Bezirke der Glückseligkeit darf Form sein und darf der Spieltrieb gebieten.

* Diese geistreiche und ästhetisch freie Behandlung gemeiner Wirklichkeit ist, wo man sie auch antrifft, das Kennzeichen einer *edeln* Seele. Edel ist überhaupt ein Gemüt zu nennen, welches die Gabe besitzt, auch das beschränkteste Geschäft und den kleinlichsten Gegenstand durch die Behandlungsweise in ein Unendliches zu verwandeln. Edel heißt jede Form, welche dem, was seiner Natur nach bloß *dient* (bloßes Mittel ist), das Gepräge der Selbständigkeit aufdrückt. Ein edler Geist begnügt sich nicht damit, selbst frei zu sein; er muß alles andere um sich her, auch das Leblose in Freiheit setzen. Schönheit aber ist der einzig mögliche Ausdruck der Freiheit in der Erscheinung. Der vorherrschende Ausdruck des Verstandes in einem Gesicht, einem Kunstwerk und dergleichen kann daher niemals edel ausfallen, wie er denn auch niemals schön ist, weil er die Abhängigkeit (welche von der Zweckmäßigkeit nicht zu trennen ist) heraushebt, anstatt sie zu verbergen.
Der Moralphilosoph lehrt uns zwar, daß man nie *mehr* tun könne als seine Pflicht, und er hat vollkommen Recht, wenn er bloß die Beziehung meint, welche Handlungen auf das Moralgesetz haben. Aber bei Handlungen, welche sich bloß auf einen Zweck beziehen, *über diesen Zweck noch hin-*

Also hier schon, auf dem gleichgültigen Felde des physischen Lebens, muß der Mensch sein moralisches anfangen; noch in seinem Leiden muß er seine Selbsttätigkeit, noch innerhalb seiner sinnlichen Schranken seine Vernunftfreiheit beginnen. Schon seinen Neigungen muß er das Gesetz seines Willens auflegen; er muß, wenn Sie mir den Ausdruck verstatten wollen, den Krieg gegen die Materie in ihre eigene Grenze spielen, damit er es überhoben sei, auf dem heiligen Boden der Freiheit gegen diesen furchtbaren Feind zu fechten; er muß lernen *edler* begehren, damit er nicht nötig habe, *erhaben* zu wollen. Dieses wird geleistet durch ästhetische Kultur, welche alles das, worüber weder Na-

aus ins Übersinnliche gehen (welches hier nichts anders heißen kann als das Physische ästhetisch ausführen), heißt zugleich *über die Pflicht hinausgehen,* indem diese nur vorschreiben kann, daß der *Wille* heilig sei, nicht daß auch schon die *Natur* sich geheiligt habe. Es gibt also zwar kein moralisches, aber es gibt ein ästhetisches Übertreffen der Pflicht, und ein solches Betragen heißt edel. Eben deswegen aber, weil bei dem Edeln immer ein Überfluß wahrgenommen wird, indem dasjenige auch einen freien formalen Wert besitzt, was bloß einen materialen zu haben brauchte, oder mit dem innern Wert, den es haben soll, noch einen äußern, der ihm fehlen dürfte, vereinigt, so haben manche ästhetischen Überfluß mit einem moralischen verwechselt und, von der Erscheinung des Edeln verführt, eine Willkür und Zufälligkeit in die Moralität selbst hineingetragen, wodurch sie ganz würde aufgehoben werden.

Von einem edlen Betragen ist ein erhabenes zu unterscheiden. Das erste geht über die sittliche Verbindlichkeit noch hinaus, aber nicht so das letztere, obgleich wir es ungleich höher als jenes achten. Wir achten es aber nicht deswegen, weil es den Vernunftbegriff seines Objekts (des Moralgesetzes), sondern weil es den Erfahrungsbegriff seines Subjekts (unsre Kenntnisse menschlicher Willensgüte und Willensstärke) übertrifft; so schätzen wir umgekehrt ein edles Betragen nicht darum, weil es die Natur des Subjekts überschreitet, aus der es vielmehr völlig zwanglos hervorfließen muß, sondern weil es über die Natur seines Objekts (den physischen Zweck) hinaus in das Geisterreich schreitet. Dort, möchte man sagen, erstaunen wir über den Sieg, den der Gegenstand über den Menschen davonträgt; hier bewundern wir den Schwung, den der Mensch dem Gegenstande gibt.

turgesetze die menschliche Willkür binden noch Vernunftgesetze, Gesetzen der Schönheit unterwirft und in der Form, die sie
dem äußern Leben gibt, schon das innere eröffnet.

Sechsundzwanzigster Brief

Da die ästhetische Stimmung des Gemüts, wie ich in den vorhergehenden Briefen entwickelt habe, der Freiheit erst die Entste-
hung gibt, so ist leicht einzusehen, daß sie nicht aus derselben
entspringen und folglich keinen moralischen Ursprung haben
könne. Ein Geschenk der Natur muß sie sein; die Gunst der Zufälle allein kann die Fesseln des physischen Standes lösen und
den Wilden zur Schönheit führen.

Der Keim der letztern wird sich gleich wenig entwickeln, wo
eine karge Natur den Menschen jeder Erquickung beraubt, und
wo eine verschwenderische ihn von jeder eigenen Anstrengung
losspricht – wo die stumpfe Sinnlichkeit kein Bedürfnis fühlt,
und wo die heftige Begier keine Sättigung findet. Nicht da, wo
der Mensch sich troglodytisch in Höhlen birgt, ewig einzeln ist
und die Menschheit nie *außer sich* findet, auch nicht da, wo er
nomadisch in großen Heermassen zieht, ewig nur Zahl ist und
die Menschheit nie *in sich* findet – da allein, wo er in eigener
Hütte still mit sich selbst und, sobald er heraustritt, mit dem ganzen Geschlechte spricht, wird sich ihre liebliche Knospe entfalten. Da wo ein leichter Äther die Sinne jeder leisen Berührung eröffnet und den üppigen Stoff eine energische Wärme beseelt – wo
das Reich der blinden Masse schon in der leblosen Schöpfung gestürzt ist und die siegende Form auch die niedrigsten Naturen
veredelt – dort in den fröhlichen Verhältnissen und in der gesegneten Zone, wo nur die Tätigkeit zum Genusse und nur der Genuß zur Tätigkeit führt, wo aus dem Leben selbst die heilige
Ordnung quillt und aus dem Gesetz der Ordnung sich nur Leben entwickelt – wo die Einbildungskraft der Wirklichkeit ewig
entflieht und dennoch von der Einfalt der Natur nie verirret –

hier allein werden sich Sinne und Geist, empfangende und bildende Kraft in dem glücklichen Gleichmaß entwickeln, welches die Seele der Schönheit und die Bedingung der Menschheit ist.

Und was ist es für ein Phänomen, durch welches sich bei dem Wilden der Eintritt in die Menschheit verkündigt? Soweit wir auch die Geschichte befragen, es ist dasselbe bei allen Völkerstämmen, welche der Sklaverei des tierischen Standes entsprungen sind: die Freude am *Schein*, die Neigung zum *Putz* und zum *Spiele*.

Die höchste Stupidität und der höchste Verstand haben darin eine gewisse Affinität miteinander, daß beide nur das *Reelle* suchen und für den bloßen Schein gänzlich unempfindlich sind. Nur durch die unmittelbare Gegenwart eines Objekts in den Sinnen wird jene aus ihrer Ruhe gerissen, und nur durch Zurückführung seiner Begriffe auf Tatsachen der Erfahrung wird der letztere zur Ruhe gebracht; mit einem Wort, die Dummheit kann sich nicht über die Wirklichkeit erheben und der Verstand nicht unter der Wahrheit stehen bleiben. Insofern also das Bedürfnis der Realität und die Anhänglichkeit an das Wirkliche bloße Folgen des Mangels sind, ist die Gleichgültigkeit gegen Realität und das Interesse am Schein eine wahre Erweiterung der Menschheit und ein entschiedener Schritt zur Kultur. Fürs erste zeugt es von einer äußern Freiheit: denn solange die Not gebietet und das Bedürfnis drängt, ist die Einbildungskraft mit strengen Fesseln an das Wirkliche gebunden; erst wenn das Bedürfnis gestillt ist, entwickelt sie ihr ungebundenes Vermögen. Es zeugt aber auch von einer innern Freiheit, weil es uns eine Kraft sehen läßt, die unabhängig von einem äußern Stoffe sich durch sich selbst in Bewegung setzt, und die Energie genug besitzt, die andringende Materie von sich zu halten. Die Realität der Dinge ist ihr (der Dinge) Werk; der Schein der Dinge ist des Menschen Werk, und ein Gemüt, das sich am Scheine weidet, ergötzt sich schon nicht mehr an dem, was es empfängt, sondern an dem, was es tut.

Es versteht sich wohl von selbst, daß hier nur von dem ästhetischen Schein die Rede ist, den man von der Wirklichkeit und

Wahrheit unterscheidet, nicht von dem logischen, den man mit derselben verwechselt – den man folglich liebt, weil er Schein ist, und nicht, weil man ihn für etwas Besseres hält. Nur der erste ist Spiel, da der letzte bloß Betrug ist. Den Schein der ersten Art für etwas gelten lassen, kann der Wahrheit niemals Eintrag tun, weil man nie Gefahr läuft, ihn derselben unterzuschieben, was doch die einzige Art ist, wie der Wahrheit geschadet werden kann; ihn verachten, heißt alle schöne Kunst überhaupt verachten, deren Wesen der Schein ist. Indessen begegnet es dem Verstande zuweilen, seinen Eifer für Realität bis zu einer solchen Unduldsamkeit zu treiben und über die ganze Kunst des schönen Scheins, weil sie bloß Schein ist, ein wegwerfendes Urteil zu sprechen; dies begegnet aber dem Verstande nur alsdann, wenn er sich der obengedachten Affinität erinnert. Von den notwendigen Grenzen des schönen Scheins werde ich noch einmal insbesondere zu reden Veranlassung nehmen.

Die Natur selbst ist es, die den Menschen von der Realität zum Scheine emporhebt, indem sie ihn mit zwei Sinnen ausrüstete, die ihn bloß durch den Schein zur Erkenntnis des Wirklichen führen. In dem Auge und dem Ohr ist die andringende Materie schon hinweggewälzt von den Sinnen, und das Objekt entfernt sich von uns, das wir in den tierischen Sinnen unmittelbar berühren. Was wir durch das *Auge* sehen, ist von dem verschieden, was wir *empfinden*; denn der Verstand springt über das Licht hinaus zu den Gegenständen. Der Gegenstand des Takts ist eine Gewalt, die wir erleiden; der Gegenstand des Auges und des Ohrs ist eine Form, die wir erzeugen. Solange der Mensch noch ein Wilder ist, genießt er bloß mit den Sinnen des Gefühls, denen die Sinne des Scheins in dieser Periode bloß dienen. Er erhebt sich entweder gar nicht zum Sehen, oder er befriedigt sich doch nicht mit demselben. Sobald er anfängt, mit dem Auge zu genießen, und das Sehen für ihn einen selbständigen Wert erlangt, so ist er auch schon ästhetisch frei, und der Spieltrieb hat sich entfaltet.

Gleich, sowie der Spieltrieb sich regt, der am Scheine Gefallen findet, wird ihm auch der nachahmende Bildungstrieb folgen, der den Schein als etwas Selbständiges behandelt. Sobald der Mensch einmal soweit gekommen ist, den Schein von der Wirklichkeit, die Form von dem Körper zu unterscheiden, so ist er auch imstande, sie von ihm abzusondern; denn das hat er schon getan, indem er sie unterscheidet. Das Vermögen zur nachahmenden Kunst ist also mit dem Vergnügen zur Form überhaupt gegeben; der Drang zu derselben beruht auf einer andern Anlage, von der ich hier nicht zu handeln brauche. Wie frühe oder wie spät sich der ästhetische Kunsttrieb entwickeln soll, das wird bloß von dem Grade der Liebe abhängen, mit der der Mensch fähig ist, sich bei dem bloßen Schein zu verweilen.

Da alles wirkliche Dasein von der Natur, als einer fremden Macht, aller Schein aber ursprünglich von dem Menschen, als vorstellendem Subjekte, sich herschreibt, so bedient er sich bloß seines absoluten Eigentumsrechts, wenn er den Schein von dem Wesen zurücknimmt und mit demselben nach eignen Gesetzen schaltet. Mit ungebundener Freiheit kann er, was die Natur trennte, zusammenfügen, sobald er es nur irgend zusammendenken kann, und trennen, was die Natur verknüpfte, sobald er es nur in seinem Verstande absondern kann. Nichts darf ihm hier heilig sein als sein eigenes Gesetz, sobald er nur die Markung in Acht nimmt, welche *sein* Gebiet von dem Dasein der Dinge oder dem Naturgebiete scheidet.

Dieses menschliche Herrscherrecht übt er aus in der *Kunst des Scheins*, und je strenger er hier das Mein und Dein voneinander sondert, je sorgfältiger er die Gestalt von dem Wesen trennt, und je mehr Selbständigkeit er derselben zu geben weiß, desto mehr wird er nicht bloß das Reich der Schönheit erweitern, sondern selbst die Grenzen der Wahrheit bewahren; denn er kann den Schein nicht von der Wirklichkeit reinigen, ohne zugleich die Wirklichkeit von dem Schein freizumachen.

Aber er besitzt dieses souveräne Recht schlechterdings auch nur in der *Welt des Scheins,* in dem wesenlosen Reich der Einbildungskraft, und nur, solang' er sich im Theoretischen gewissenhaft enthält, Existenz davon auszusagen, und solang' er im Praktischen darauf Verzicht tut, Existenz dadurch zu erteilen. Sie sehen hieraus, daß der Dichter auf gleiche Weise aus seinen Grenzen tritt, wenn er seinem Ideal Existenz beilegt, und wenn er eine bestimmte Existenz damit bezweckt. Denn beides kann er nicht anders zustande bringen, als indem er entweder sein Dichterrecht überschreitet, durch das Ideal in das Gebiet der Erfahrung greift und durch die bloße Möglichkeit wirkliches Dasein zu bestimmen sich anmaßt, oder indem er sein Dichterrecht aufgibt, die Erfahrung in das Gebiet des Ideals greifen läßt und die Möglichkeit auf die Bedingungen der Wirklichkeit einschränkt.

Nur soweit er *aufrichtig* ist (sich von allem Anspruch auf Realität ausdrücklich lossagt), und nur soweit er *selbständig* ist (allen Beistand der Realität entbehrt), ist der Schein ästhetisch. Sobald er falsch ist und Realität heuchelt, und sobald er unrein und der Realität zu seiner Wirkung bedürftig ist, ist er nichts als ein niedriges Werkzeug zu materiellen Zwecken und kann nichts für die Freiheit des Geistes beweisen. Übrigens ist es gar nicht nötig, daß der Gegenstand, an dem wir den schönen Schein finden, ohne Realität sei, wenn nur unser Urteil darüber auf diese Realität keine Rücksicht nimmt; denn soweit es diese Rücksicht nimmt, ist es kein ästhetisches. Eine lebende weibliche Schönheit wird uns freilich ebensogut und noch ein wenig besser als eine ebenso schöne bloß gemalte gefallen; aber insoweit sie uns besser gefällt als die letztere, gefällt sie nicht mehr als selbständiger Schein, gefällt sie nicht mehr dem reinen ästhetischen Gefühl: diesem darf auch das Lebendige nur als Erscheinung, auch das Wirkliche nur als Idee gefallen; aber freilich erfordert es noch einen ungleich höheren Grad der schönen Kultur, in dem Lebendigen selbst nur den reinen Schein zu empfinden, als das Leben an dem Schein zu entbehren.

Bei welchem einzelnen Menschen oder ganzen Volk man den aufrichtigen und selbständigen Schein findet, da darf man auf Geist und Geschmack und jede damit verwandte Trefflichkeit schließen – da wird man das Ideal, das wirkliche Leben regieren, die Ehre über den Besitz, den Gedanken über den Genuß, den

Traum der Unsterblichkeit über die Existenz triumphieren sehen. Da wird die öffentliche Stimme das einzig Furchtbare sein, und ein Olivenkranz höher als ein Purpurkleid ehren. Zum falschen und bedürftigen Schein nimmt nur die Ohnmacht und die Verkehrtheit ihre Zuflucht, und einzelne Menschen sowohl als ganze Völker, welche entweder »der Realität durch den Schein oder dem (ästhetischen) Schein durch Realität nachhelfen« – beides ist gerne verbunden – beweisen zugleich ihren moralischen Unwert und ihr ästhetisches Unvermögen.

Auf die Frage: »*Inwieweit darf Schein in der moralischen* Welt *sein?*« ist also die Antwort so kurz als bündig diese: *Insoweit es ästhetischer Schein ist,* das heißt Schein, der weder Realität vertreten will, noch von derselben vertreten zu werden braucht. Der ästhetische Schein kann der Wahrheit der Sitten niemals gefährlich werden, und wo man es anders findet, da wird sich ohne Schwierigkeit zeigen lassen, daß der Schein nicht ästhetisch war. Nur ein Fremdling im schönen Umgang zum Beispiel wird Versicherungen der Höflichkeit, die eine allgemeine Form ist, als Merkmale persönlicher Zuneigung aufnehmen und, wenn er getäuscht wird, über Verstellung klagen. Aber auch nur ein Stümper im schönen Umgang wird, um höflich zu sein, die Falschheit zu Hilfe rufen und schmeicheln, um gefällig zu sein. Dem ersten fehlt noch der Sinn für den selbständigen Schein, daher kann er demselben nur durch die Wahrheit Bedeutung geben; dem zweiten fehlt es an Realität, und er möchte sie gern durch den Schein ersetzen.

Nichts ist gewöhnlicher, als von gewissen trivialen Kritikern des Zeitalters die Klage zu vernehmen, daß alle Solidität aus der Welt verschwunden sei und das Wesen über dem Schein vernachlässigt werde. Obgleich ich mich gar nicht berufen fühle, das Zeitalter gegen diesen Vorwurf zu rechtfertigen so geht doch schon aus der weiten Ausdehnung, welche diese strengen Sittenrichter ihrer Anklage geben, sattsam hervor, daß sie dem Zeitalter nicht bloß den falschen, sondern auch den aufrichtigen Schein verargen; und sogar die Ausnahmen, welche sie noch etwa zugunsten der Schönheit machen, gehen mehr auf den bedürftigen als auf den selbständigen Schein. Sie greifen nicht bloß die betrügerische Schminke an, welche die Wahrheit verbirgt, welche die Wirklichkeit zu vertreten sich anmaßt; sie ereifern sich auch gegen den wohltätigen Schein, der die Leerheit ausfüllt und die Armseligkeit zudeckt – auch gegen den idealischen, der eine gemeine Wirklichkeit veredelt. Die Falschheit der Sitten beleidigt mit Recht ihr strenges Wahrheitsgefühl; nur schade, daß sie zu dieser Falschheit auch schon die Höflichkeit rechnen. Es mißfällt ihnen, daß äußerer Flitterglanz so oft das wahre Verdienst verdunkelt; aber es verdrießt sie nicht weniger, daß man auch Schein vom Verdienste fordert und dem innern Gehalte die gefällige Form nicht erläßt. Sie vermissen das Herzliche, Kernhafte und Gediegene der vorigen Zeiten, aber sie möchten auch das Eckigte und Derbe der ersten Sitten, das Schwerfällige der alten Formen und den ehemaligen gotischen Überfluß wieder eingeführt sehen. Sie beweisen durch Urteile dieser Art dem Stoff an sich selbst eine Achtung, die der Menschheit nicht würdig ist, welche vielmehr das Materielle nur insoferne schätzen soll, als es Gestalt zu empfangen und das Reich der Ideen zu verbreiten imstande ist. Auf solche Stimmen braucht also der Geschmack des Jahrhunderts nicht sehr zu hören, wenn er nur sonst vor einer bessern Instanz besteht. Nicht daß wir einen Wert auf den ästhetischen Schein legen (wir tun dies noch lange nicht genug), sondern daß wir es noch nicht bis zu dem reinen Schein gebracht haben, daß wir das Dasein noch nicht genug von der Erscheinung geschieden und dadurch beider Grenzen auf ewig gesichert haben, dies ist es, was uns ein rigoristischer Richter der Schönheit zum Vorwurf machen kann. Diesen Vorwurf werden wir solang' verdienen, als wir das Schöne der lebendigen Natur nicht genießen können, ohne es zu begehren, das Schöne der nachahmenden Kunst nicht bewundern können, ohne nach einem Zwecke zu fragen – als wir der Einbildungskraft noch keine eigene absolute Gesetzgebung zugestehn und durch die Achtung, die wir ihren Werken erzeigen, sie auf ihre Würde hinweisen.

Fürchten Sie nichts für Realität und Wahrheit, wenn der hohe Begriff, den ich in dem vorhergehenden Briefe von dem ästhetischen Schein aufstellte, allgemein werden sollte. Er wird nicht allgemein werden, solange der Mensch noch ungebildet genug ist, um einen Mißbrauch davon machen zu können; und würde er allgemein, so könnte dies nur durch eine Kultur bewirkt werden, die zugleich jeden Mißbrauch unmöglich machte. Dem selbständigen Schein nachzustreben, erfordert mehr Abstraktionsvermögen, mehr Freiheit des Herzens, mehr Energie des Willens, als der Mensch nötig hat, um sich auf die Realität einzuschränken, und er muß diese schon hinter sich haben, wenn er bei jenem anlangen will. Wie übel würde er sich also raten, wenn er den Weg zum Ideale einschlagen wollte, um sich den Weg zur Wirklichkeit zu ersparen! Von dem Schein, so wie er hier genommen wird, möchten wir also für die Wirklichkeit nicht viel zu besorgen haben; desto mehr dürfte aber von der Wirklichkeit für den Schein zu befürchten sein. An das Materielle gefesselt, läßt der Mensch diesen lange Zeit bloß seinen Zwecken dienen, ehe er ihm in der Kunst des Ideals eine eigene Persönlichkeit zugesteht. Zu dem letztern bedarf es einer totalen Revolution in seiner ganzen Empfindungsweise, ohne welche er auch nicht einmal auf dem *Wege* zum Ideal sich befinden würde. Wo wir also Spuren einer uninteressierten freien Schätzung des reinen Scheins entdecken, da können wir auf eine solche Umwälzung seiner Natur und den eigentlichen Anfang der Menschheit in ihm schließen. Spuren dieser Art finden sich aber wirklich schon in den ersten rohen Versuchen, die er zur *Verschönerung* seines Daseins macht, selbst auf die Gefahr macht, daß er es dem sinnlichen Gehalt nach dadurch verschlechtern sollte. Sobald er überhaupt nur anfängt, dem Stoff die Gestalt vorzuziehen und an den Schein (den er aber dafür erkennen muß) Realität zu wagen, so ist sein tierischer Kreis aufgetan, und er befindet sich auf einer Bahn, die nicht endet.

Mit dem allein nicht zufrieden, was der Natur genügt und was das Bedürfnis fordert, verlangt er Überfluß; anfangs zwar bloß einen Überfluß *des Stoffes*, um der Begier ihre Schranken zu verbergen, um den Genuß über das gegenwärtige Bedürfnis hinaus zu versichern; bald aber einen Überfluß *an dem Stoffe*, eine ästhetische Zugabe, um auch dem Formtrieb genug zu tun, um den Genuß über jedes Bedürfnis hinaus zu erweitern. Indem er bloß für einen künftigen Gebrauch Vorräte sammelt und in der Einbildung dieselben vorausgenießt, so überschreitet er zwar den jetzigen Augenblick, aber ohne die Zeit überhaupt zu überschreiten; er genießt *mehr*, aber er genießt nicht *anders*. Indem er aber zugleich die Gestalt in seinen Genuß zieht und auf die Formen der Gegenstände merkt, die seine Begierden befriedigen, hat er seinen Genuß nicht bloß dem Umfang und dem Grad nach erhöht, sondern auch der Art nach veredelt.

Zwar hat die Natur auch schon dem Vernunftlosen über die Notdurft gegeben und in das dunkle tierische Leben einen Schimmer von Freiheit gestreut. Wenn den Löwen kein Hunger nagt und kein Raubtier zum Kampf herausfordert, so erschafft sich die müßige Stärke selbst einen Gegenstand; mit mutvollem Gebrüll erfüllt er die hallende Wüste, und in zwecklosem Aufwand genießt sich die üppige Kraft. Mit frohem Leben schwärmt das Insekt in dem Sonnenstrahl; auch ist es sicherlich nicht der Schrei der Begierde, den wir in dem melodischen Schlag des Singvogels hören. Unleugbar ist in diesen Bewegungen Freiheit, aber nicht Freiheit von dem Bedürfnis überhaupt, bloß von einem bestimmten, von einem äußern Bedürfnis. Das Tier *arbeitet*, wenn ein Mangel die Triebfeder seiner Tätigkeit ist, und es *spielt*, wenn der Reichtum der Kraft diese Triebfeder ist, wenn das überflüssige Leben sich selbst zur Tätigkeit stachelt. Selbst in der unbeseelten Natur zeigt sich ein solcher Luxus der Kräfte und eine Laxität der Bestimmung, die man in jenem materiellen Sinn gar wohl Spiel nennen könnte. Der Baum treibt unzählige Keime, die unentwickelt verderben, und streckt weit mehr Wurzeln, Zweige und Blätter nach Nahrung aus, als zur Erhaltung seines Individuums und seiner Gattung verwendet werden. Was er von seiner verschwenderischen Fülle ungebraucht und ungenossen dem Elementarreich zurückgibt, das darf das Lebendige in fröhlicher Bewegung verschwelgen. So gibt uns die Natur schon in ihrem materiellen Reich ein Vorspiel des Unbegrenzten und hebt hier schon zum Teil die Fesseln auf, deren sie sich im Reich der Form ganz und gar entledigt. Von dem Zwang des Bedürfnisses oder dem *physischen Ernste* nimmt sie durch den Zwang des Überflusses oder das physische Spiel den Übergang zum ästhetischen Spiele, und ehe sie sich in der hohen Freiheit des Schönen über die Fessel jedes Zweckes erhebt, nähert sie sich dieser Unabhängigkeit wenigstens von ferne schon in der *freien Bewegung*, die sich selbst Zweck und Mittel ist.

Wie die körperlichen Werkzeuge, so hat in dem Menschen auch die Einbildungskraft ihre freie Bewegung und ihr materielles Spiel, in welchem sie, ohne alle Beziehung auf Gestalt, bloß ihrer Eigenmacht und Fessellosigkeit sich freut. Insofern sich noch gar nichts von Form in diese Phantasiespiele mischt und eine ungezwungene Folge von Bildern den ganzen Reiz derselben ausmacht, gehören sie, obgleich sie dem Menschen allein zukommen können, bloß zu seinem animalischen Leben und beweisen bloß seine Befreiung von jedem äußern sinnlichen Zwang, ohne noch auf eine selbständige bildende Kraft in ihm schließen zu lassen*. Von diesem Spiel der *freien Ideenfolge*, wel-

---

* Die mehresten Spiele, welche im gemeinen Leben im Gange sind, beruhen entweder ganz und gar auf diesem Gefühle der freien Ideenfolge, oder entlehnen doch ihren größten Reiz von demselben. So wenig es aber auch an sich selbst für eine höhere Natur beweist, und so gerne sich gerade die schlaffesten Seelen diesem freien Bilderstrome zu überlassen pflegen, so ist doch eben diese Unabhängigkeit der Phantasie von äußern Eindrücken wenigstens die negative Bedingung ihres schöpferischen Vermögens. Nur indem sie sich von der Wirklichkeit losreißt, erhebt sich die bildende Kraft zum Ideale, und ehe die Imagination in ihrer produktiven Qualität nach eignen Gesetzen handeln kann, muß sie sich schon bei ihrem reproduktiven Verfahren von fremden Gesetzen freigemacht haben. Freilich ist von der bloßen Gesetzlosigkeit zu einer selbständigen innern Gesetzgebung

ches noch ganz materieller Art ist und aus bloßen Naturgesetzen sich erklärt, macht endlich die Einbildungskraft in dem Versuch einer *freien Form* den Sprung zum ästhetischen Spiele. Einen Sprung muß man es nennen, weil sich eine ganz neue Kraft hier in Handlung setzt; denn hier zum erstenmal mischt sich der gesetzgebende Geist in die Handlungen eines blinden Instinktes, unterwirft das willkürliche Verfahren der Einbildungskraft seiner unveränderlichen ewigen Einheit, legt seine Selbständigkeit in das Wandelbare und seine Unendlichkeit in das Sinnliche. Aber solange die rohe Natur noch zu mächtig ist, die kein anderes Gesetz kennt, als rastlos von Veränderung zu Veränderung fortzueilen, wird sie durch ihre unstete Willkür jener Notwendigkeit, durch ihre Unruhe jener Stetigkeit, durch ihre Bedürftigkeit jener Selbständigkeit, durch ihre Ungenügsamkeit jener erhabenen Einfalt entgegenstreben. Der ästhetische Spieltrieb wird also in seinen ersten Versuchen noch kaum zu erkennen sein, da der sinnliche mit seiner eigensinnigen Laune und seiner wilden Begierde unaufhörlich dazwischentritt. Daher sehen wir den rohen Geschmack das Neue und Überraschende, das Bunte, Abenteuerliche und Bizarre, das Heftige und Wilde zuerst ergreifen und vor nichts so sehr als vor der Einfalt und Ruhe fliehen. Er bildet groteske Gestalten, liebt rasche Übergänge, üppige Formen, grelle Kontraste, schreiende Lichter, einen pathetischen Gesang. Schön heißt ihm in dieser Epoche bloß, was ihn aufregt, was ihm Stoff gibt – aber aufregt zu einem selbsttätigen Widerstand, aber Stoff gibt für ein mögliches Bilden, denn sonst würde es selbst ihm nicht das Schöne sein. Mit der Form seiner Urteile ist also eine merkwürdige Veränderung vorgegangen; er sucht diese Gegenstände nicht, weil sie ihm etwas zu erleiden, sondern

noch ein sehr großer Schritt zu tun, und eine ganz neue Kraft, das Vermögen der Ideen, muß hier ins Spiel gemischt werden – aber diese Kraft kann sich nunmehr auch mit mehrerer Leichtigkeit entwickeln, da die Sinne ihr nicht entgegenwirken und das Unbestimmte wenigstens negativ an das Unendliche grenzt.

weil sie ihm zu handeln geben; sie gefallen ihm nicht, weil sie einem Bedürfnis begegnen, sondern weil sie einem Gesetze Genüge leisten, welches, obgleich noch leise, in seinem Busen spricht.

Bald ist er nicht mehr damit zufrieden, daß ihm die Dinge gefallen: er will selbst gefallen, anfangs zwar nur durch das, was *sein* ist, endlich durch das, was *er* ist. Was er besitzt, was er hervorbringt, darf nicht mehr bloß die Spuren der Dienstbarkeit, die ängstliche Form seines Zwecks an sich tragen; neben dem Dienst, zu dem es da ist, muß es zugleich den geistreichen Verstand, der es dachte, die liebende Hand, die es ausführte, den heitern und freien Geist, der es wählte und aufstellte, widerscheinen. Jetzt sucht sich der alte Germanier glänzendere Tierfelle, prächtigere Geweihe, zierlichere Trinkhörner aus, und der Kaledonier wählt die nettesten Muscheln für seine Feste. Selbst die Waffen dürfen jetzt nicht mehr bloß Gegenstände des Schreckens, sondern auch des Wohlgefallens sein, und das kunstreiche Wehrgehänge will nicht weniger bemerkt sein als des Schwertes tötende Schneide. Nicht zufrieden, einen ästhetischen Überfluß in das Notwendige zu bringen, reißt sich der freiere Spieltrieb endlich ganz von den Fesseln der Notdurft los, und das Schöne wird für sich allein ein Objekt seines Strebens. Er *schmückt* sich. Die freie Lust wird in die Zahl seiner Bedürfnisse aufgenommen, und das Unnötige ist bald der beste Teil seiner Freuden.

So wie sich ihm von außen her, in seiner Wohnung, seinem Hausgeräte, seiner Bekleidung allmählich die Form nähert, so fängt sie endlich an, von ihm selbst Besitz zu nehmen und anfangs bloß den äußern, zuletzt auch den innern Menschen zu verwandeln. Der gesetzlose Sprung der Freude wird zum Tanz, die ungestalte Geste zu einer anmutigen harmonischen Gebärdensprache; die verworrenen Laute der Empfindung entfalten sich, fangen an, dem Takt zu gehorchen und sich zum Gesange zu biegen. Wenn das trojanische Heer mit gellendem Geschrei gleich einem Zug von Kranichen ins Schlachtfeld heranstürmt, so nähert sich das griechische demselben still und mit edlem Schritt.

Dort sehen wir bloß den Übermut blinder Kräfte, hier den Sieg der Form und die simple Majestät des Gesetzes.

Eine schönere Notwendigkeit kettet jetzt die Geschlechter zusammen, und der Herzen Anteil hilft das Bündnis bewahren, das die Begierde nur launisch und wandelbar knüpft. Aus ihren düstern Fesseln entlassen, ergreift das ruhigere Auge die Gestalt, die Seele schaut in die Seele, und aus einem eigennützigen Tausche der Lust wird ein großmütiger Wechsel der Neigung. Die Begierde erweitert und erhebt sich zur Liebe, sowie die Menschheit in ihrem Gegenstand aufgeht, und der niedrige Vorteil über den Sinn wird verschmäht, um über den Willen einen edleren Sieg zu erkämpfen. Das Bedürfnis, zu gefallen, unterwirft den Mächtigen des Geschmackes zartem Gericht; die Lust kann er rauben, aber die Liebe muß eine Gabe sein. Um diesen höhern Preis kann er nur durch Form, nicht durch Materie ringen. Er muß aufhören, das Gefühl als Kraft zu berühren, und als Erscheinung dem Verstand gegenüberstehn; er muß Freiheit lassen, weil er der Freiheit gefallen will. Sowie die Schönheit den Streit der Naturen in seinem einfachsten und reinsten Exempel, in dem ewigen Gegensatz der Geschlechter löst, so löst sie ihn – oder zielt wenigstens dahin, ihn auch in dem verwickelten Ganzen der Gesellschaft zu lösen und nach dem Muster des freien Bundes, den sie dort zwischen der männlichen Kraft und der weiblichen Milde knüpft, alles Sanfte und Heftige in der moralischen Welt zu versöhnen. Jetzt wird die Schwäche heilig, und die nicht gebändigte Stärke entehrt; das Unrecht der Natur wird durch die Großmut ritterlicher Sitten verbessert. Den keine Gewalt erschrecken darf, entwaffnet die holde Röte der Scham, und Tränen ersticken eine Rache, die kein Blut löschen konnte. Selbst der Haß merkt auf der Ehre zarte Stimme, das Schwert des Überwinders verschont den entwaffneten Feind, und ein gastlicher Herd raucht dem Fremdling an der gefürchteten Küste, wo ihn sonst nur der Mord empfing.

Mitten in dem furchtbaren Reich der Kräfte und mitten in dem heiligen Reich der Gesetze baut der ästhetische Bildungstrieb unvermerkt an einem dritten, fröhlichen Reiche des Spiels und des Scheins, worin er dem Menschen die Fesseln aller Verhältnisse abnimmt und ihn von allem, was Zwang heißt, sowohl im Physischen als im Moralischen entbindet.

Wenn in dem *dynamischen* Staat der Rechte der Mensch dem Menschen als Kraft begegnet und sein Wirken beschränkt – wenn er sich ihm in dem *ethischen* Staat der Pflichten mit der Majestät des Gesetzes entgegenstellt und sein Wollen fesselt, so darf er ihm im Kreise des schönen Umgangs, in dem *ästhetischen* Staat, nur als Gestalt erscheinen, nur als Objekt des freien Spiels gegenüberstehen. *Freiheit zu geben durch Freiheit* ist das Grundgesetz dieses Reichs.

Der dynamische Staat kann die Gesellschaft bloß möglich machen, indem er die Natur durch Natur bezähmt; der ethische Staat kann sie bloß (moralisch) notwendig machen, indem er den einzelnen Willen dem allgemeinen unterwirft; der ästhetische Staat allein kann sie wirklich machen, weil er den Willen des Ganzen durch die Natur des Individuums vollzieht. Wenn schon das Bedürfnis den Menschen in die Gesellschaft nötigt und die Vernunft gesellige Grundsätze in ihm pflanzt, so kann die Schönheit allein ihm einen *geselligen Charakter* erteilen. Der Geschmack allein bringt Harmonie in die Gesellschaft, weil er Harmonie in dem Individuum stiftet. Alle andre Formen der Vorstellung trennen den Menschen, weil sie sich ausschließend entweder auf den sinnlichen oder auf den geistigen Teil seines Wesens gründen; nur die schöne Vorstellung macht ein Ganzes aus ihm, weil seine beiden Naturen dazu zusammenstimmen müssen. Alle andere Formen der Mitteilung trennen die Gesellschaft, weil sie sich ausschließend entweder auf die Privatempfänglichkeit oder auf die Privatfertigkeit der einzelnen Glieder, also auf das Unterscheidende zwischen Menschen und Menschen beziehen; nur die schöne Mitteilung vereinigt die Gesellschaft, weil sie sich auf das Gemeinsame aller bezieht. Die Freuden der Sinne genießen wir bloß als Individuen, ohne daß die Gattung, die in uns wohnt, daran Anteil nähme; wir können also unsre sinnlichen Freuden nicht zu allgemeinen erweitern, weil wir unser Individuum nicht allgemein machen können. Die Freuden der Erkenntnis genießen wir bloß als Gattung, und indem wir jede Spur des Individuums sorgfältig aus unserm Urteil entfernen; wir können also unsre Vernunftfreuden nicht allgemein machen, weil wir die Spuren des Individuums aus dem Urteile anderer nicht so wie aus dem unsrigen ausschließen können. Das Schöne allein genießen wir als Individuum und als Gattung zugleich, das heißt als *Repräsentanten* der Gattung. Das sinnliche Gute kann nur *einen* Glücklichen machen, da es sich auf Zuneigung gründet, welche immer eine Ausschließung mit sich führt; es kann diesen einen auch nur einseitig glücklich machen, weil die Persönlichkeit nicht daran teilnimmt. Das absolut Gute kann nur unter Bedingungen glücklich machen, die allgemein nicht vorauszusetzen sind; denn die Wahrheit ist nur der Preis der Verleugnung, und an den reinen Willen glaubt nur ein reines Herz. Die Schönheit allein beglückt alle Welt, und jedes Wesen vergißt seiner Schranken, solang' es ihren Zauber erfährt.

Kein Vorzug, keine Alleinherrschaft wird geduldet, soweit der Geschmack regiert und das Reich des schönen Scheins sich verbreitet. Dieses Reich erstreckt sich aufwärts, bis wo die Vernunft mit unbedingter Notwendigkeit herrscht und alle Materie aufhört; es erstreckt sich niederwärts, bis wo der Naturtrieb mit blinder Nötigung waltet und die Form noch nicht anfängt; ja selbst auf diesen äußersten Grenzen, wo die gesetzgebende Macht ihm genommen ist, läßt sich der Geschmack doch die vollziehende nicht entreißen. Die ungesellige Begierde muß ihrer Selbstsucht entsagen und das Angenehme, welches sonst nur die Sinne lockt, das Netz der Anmut auch über die Geister auswerfen. Der Notwendigkeit strenge Stimme, die Pflicht, muß ihre vorwerfende Formel verändern, die nur der Widerstand rechtfertigt, und die willige Natur durch ein edleres Zutrauen ehren. Aus den Mysterien der Wissenschaft führt der Geschmack die Erkenntnis unter den offenen Himmel des Gemeinsinns heraus und verwandelt das Eigentum der Schulen in ein Gemeingut der ganzen menschlichen Gesellschaft. In seinem Gebiete muß auch der mächtigste Genius sich seiner Hoheit begeben und zu dem Kindersinn vertraulich herniedersteigen. Die Kraft muß sich binden lassen durch die Huldgöttinnen, und der trotzige Löwe dem Zaum eines Amors gehorchen. Dafür breitet er über das physische Bedürfnis, das in seiner nackten Gestalt die Würde freier Geister beleidigt, seinen mildernden Schleier aus und verbirgt uns die entehrende Verwandtschaft mit dem Stoff in einem lieblichen Blendwerk von Freiheit. Beflügelt durch ihn entschwingt sich auch die kriechende Lohnkunst dem Staube, und die Fesseln der Leibeigenschaft fallen, von seinem Stabe berührt, von dem Leblosen wie von dem Lebendigen ab. In dem ästhetischen Staate ist alles – auch das dienende Werkzeug ein freier Bürger, der mit dem edelsten gleiche Rechte hat, und der Verstand, der die duldende Masse unter seine Zwecke gewalttätig beugt, muß sie hier um ihre Beistimmung fragen. Hier also, in dem Reiche des ästhetischen Scheins, wird das Ideal der Gleichheit erfüllt, welches der Schwärmer so gern auch dem Wesen nach realisiert sehen möchte; und wenn es wahr ist, daß der schöne Ton in der Nähe des Thrones am frühesten und am vollkommensten reift, so müßte man auch hier die gütige Schickung erkennen, die den Menschen oft nur deswegen in der Wirklichkeit einzuschränken scheint, um ihn in eine idealische Welt zu treiben.

Existiert aber auch ein solcher Staat des schönen Scheins, und wo ist er zu finden? Dem Bedürfnis nach existiert er in jeder feingestimmten Seele; der Tat nach möchte man ihn wohl nur, wie die reine Kirche und die reine Republik, in einigen wenigen auserlesenen Zirkeln finden, wo nicht die geistlose Nachahmung fremder Sitten, sondern eigne schöne Natur das Betragen lenkt, wo der Mensch durch die verwickeltsten Verhältnisse mit kühner Einfalt und ruhiger Unschuld geht und weder nötig hat, fremde Freiheit zu kränken, um die seinige zu behaupten, noch seine Würde wegzuwerfen, um Anmut zu zeigen.

FRIEDRICH SCHILLER

Über Anmut und Würde

Die griechische Fabel legt der Göttin der Schönheit einen Gürtel
bei, der die Kraft besitzt, dem, der ihn trägt, Anmut zu verleihen
und Liebe zu erwerben. Eben diese Gottheit wird von den Huldgöttinnen oder den Grazien begleitet.

Die Griechen unterschieden also die Anmut und die Grazien
noch von der Schönheit, da sie solche durch Attribute ausdrück-
ten, die von der Schönheitsgöttin zu trennen waren. Alle Anmut
ist schön, denn der Gürtel des Liebreizes ist ein Eigentum der
Göttin von Gnidus; aber nicht alles Schöne ist Anmut, denn auch
ohne diesen Gürtel bleibt Venus, was sie ist.

Nach eben dieser Allegorie ist es die Schönheitsgöttin allein,
die den Gürtel des Reizes trägt und verleiht. Juno, die herrliche
Göttin des Himmels, muß jenen Gürtel erst von der Venus entlehnen, wenn sie den Jupiter auf dem Ida bezaubern will. Hoheit
also, selbst wenn ein gewisser Grad von Schönheit sie schmückt
(den man der Gattin Jupiters keineswegs abspricht), ist ohne Anmut nicht sicher, zu gefallen; denn nicht von ihren eignen Reizen,
sondern von dem Gürtel der Venus erwartet die hohe Götterkö-
nigin den Sieg über Jupiters Herz.

Die Schönheitsgöttin kann aber doch ihren Gürtel entäußern
und seine Kraft auf das Minderschöne übertragen. Anmut ist
also kein ausschließendes Prärogativ des Schönen, sondern kann
auch, obgleich immer nur aus der Hand des Schönen, auf das
Minderschöne, ja selbst auf das Nichtschöne übergehen.

Die nämlichen Griechen empfahlen demjenigen, dem bei allen
übrigen Geistesvorzügen die Anmut, das Gefällige fehlte, den
Grazien zu opfern. Diese Göttinnen wurden also von ihnen
zwar als Begleiterinnen des schönen Geschlechts vorgestellt,
aber doch als solche, die auch dem Mann gewogen werden können und die ihm, wenn er gefallen will, unentbehrlich sind.

Was ist aber nun die Anmut, wenn sie sich mit dem Schönen zwar am liebsten, aber doch nicht ausschließend verbindet? Wenn sie zwar von dem Schönen herstammt, aber die Wirkungen desselben auch an dem Nichtschönen offenbart? Wenn die Schönheit zwar *ohne sie* bestehen, aber *durch sie* allein Neigung einflößen kann?

Das zarte Gefühl der Griechen unterschied frühe schon, was die Vernunft noch nicht zu verdeutlichen fähig war, und nach einem Ausdruck strebend erborgte es von der Einbildungskraft Bilder, da ihm der Verstand noch keine Begriffe darbieten konnte. Jener Mythus ist daher der Achtung des Philosophen wert, der sich ohnehin damit begnügen muß, zu den Anschauungen, in welchen der reine Natursinn seine Entdeckungen niederlegt, die Begriffe aufzusuchen, oder mit andern Worten, die Bilderschrift der Empfindungen zu erklären.

Entkleidet man die Vorstellung der Griechen von ihrer allegorischen Hülle, so scheint sie keinen andern als folgenden Sinn einzuschließen:

Anmut ist eine *bewegliche* Schönheit; eine Schönheit nämlich, die an ihrem Subjekte zufällig entstehen und ebenso aufhören kann. Dadurch unterscheidet sie sich von der *fixen* Schönheit, die mit dem Subjekte selbst notwendig gegeben ist. Ihren Gürtel kann Venus abnehmen und der Juno augenblicklich überlassen; ihre Schönheit würde sie nur mit ihrer Person weggeben können. Ohne ihren Gürtel ist sie nicht mehr die reizende Venus, ohne Schönheit ist sie nicht Venus mehr.

Dieser Gürtel, als das Symbol der beweglichen Schönheit, hat aber das ganz Besondre, daß er der Person, die damit geschmückt wird, die objektive Eigenschaft der Anmut verleiht, und unterscheidet sich dadurch von jedem andern Schmuck, der nicht die Person selbst, sondern bloß den Eindruck derselben subjektiv, in der Vorstellung eines andern, verändert. Es ist der ausdrückliche Sinn des griechischen Mythus, daß sich die Anmut in eine Eigenschaft der Person verwandle, und daß die Trägerin des Gürtels wirklich liebenswürdig *sei,* nicht bloß so *scheine.*

Ein Gürtel, der nicht mehr ist als ein zufälliger äußerlicher Schmuck, scheint allerdings kein passendes Bild zu sein, die *persönliche* Eigenschaft der Anmut zu bezeichnen; aber eine persönliche Eigenschaft, die zugleich als zertrennbar von dem Subjekte gedacht wird, konnte nicht wohl anders als durch eine zufällige Zierde versinnlicht werden, die sich unbeschadet der Person von ihr trennen läßt.

Der Gürtel des Reizes wirkt also nicht *natürlich*, weil er in diesem Fall an der Person selbst nichts verändern könnte, sondern er wirkt *magisch,* das ist, seine Kraft wird über alle Naturbedingungen erweitert. Durch diese Auskunft (die freilich nicht mehr ist als ein Behelf) sollte der Widerspruch gehoben werden, in den das Darstellungsvermögen sich jederzeit unvermeidlich verwickelt, wenn es für das, was außerhalb der Natur im Reiche der Freiheit liegt, in der Natur einen Ausdruck sucht.

Wenn nun der Gürtel des Reizes eine objektive Eigenschaft ausdrückt, die sich von ihrem Subjekte absondern läßt, ohne deswegen etwas an der Natur desselben zu verändern, so kann er nichts anders als Schönheit der Bewegung bezeichnen; denn Bewegung ist die einzige Veränderung, die mit einem Gegenstand vorgehen kann, ohne seine Identität aufzuheben.

[...]

Willkürliche Begegnungen allein kann also Anmut zukommen, aber auch unter diesen nur denjenigen, die ein Ausdruck *moralischer* Empfindungen sind. Bewegungen, welche keine andere Quelle als die Sinnlichkeit haben, gehören bei aller Willkürlichkeit doch nur der Natur an, die für sich allein sich nie bis zur Anmut erhebt. Könnte sich die Begierde mit Anmut, der Instinkt mit Grazie äußern, so würden Anmut und Grazie nicht mehr fähig und würdig sein, der Menschheit zu einem Ausdruck zu dienen.

Und doch ist es die Menschheit allein, in die der Grieche alle Schönheit und Vollkommenheit einschließt. Nie darf sich ihm die Sinnlichkeit ohne Seele zeigen, und seinem humanen Gefühle ist es gleich unmöglich, die rohe Tierheit und die Intelligenz zu vereinzeln. Wie er jeder Idee sogleich einen Leib auch das Geistigste zu verkörpern strebt, so fordert er von jeder Handlung des Instinkts an dem Menschen einen Ausdruck seiner sittlichen Bestimmung. Dem Griechen ist die Natur nie *bloß* Natur: darum darf er auch nicht erröten, sie zu ehren; ihm ist die Vernunft niemals *bloß* Vernunft: drum darf er auch nicht zittern, unter ihren Maßstab zu treten. Natur und Sittlichkeit, Materie und Geist, Erde und Himmel fließen wunderbar schön in seinen Dichtungen zusammen. Er führte die Freiheit, die nur im Olympus zu Hause ist, auch in die Geschäfte der Sinnlichkeit ein, und dafür wird man es ihm hingehen lassen, daß er die Sinnlichkeit in den Olympus versetzte.

Dieser zärtliche Sinn der Griechen nun, der das Materielle immer nur unter der Begleitung des Geistigen duldet, weiß von keiner willkürlichen Bewegung am Menschen, die nur der Sinnlichkeit allein angehörte, ohne zugleich ein Ausdruck des moralisch empfindenden Geistes zu sein. Daher ist ihm auch die Anmut nichts anders als ein solcher schöner Ausdruck der Seele in den willkürlichen Bewegungen. Wo also Anmut stattfindet, da ist die Seele das bewegende Prinzip und in *ihr* ist der von der Schönheit der Bewegung enthalten. Und so löst sich denn jene mythische Vorstellung in folgenden Gedanken auf: »Anmut ist eine Schönheit, die nicht von der Natur gegeben, sondern von dem Subjekte selbst hervorgebracht wird.«

[...]

Da es also [...] in Ansehung des sinnlichen Objektes ganz und gar zufällig ist, ob es eine Vernunft gibt, die mit der Vorstellung desselben eine ihrer Ideen verbindet, folglich die objektive Beschaffenheit des Gegenstandes von dieser Idee als völlig unabhängig muß betrachtet werden, so tut man ganz recht, das Schöne *objektiv* auf lauter Naturbedingungen einzuschränken und es für einen bloßen Effekt der Sinnenwelt zu erklären. Weil aber doch – auf der andern Seite – die Vernunft von diesem Effekt der bloßen Sinnenwelt einen transzendenten Gebrauch macht und ihm dadurch, daß sie ihm eine höhere Bedeutung leiht, gleichsam ihren Stempel aufdrückt, so hat man ebenfalls recht, das Schöne *subjektiv* in die intelligible Welt zu versetzen. Die Schönheit ist daher als die Bürgerin zweier Welten anzusehen, deren einer sie durch *Geburt*, der andern durch *Adoption* angehört; sie empfängt ihre Existenz in der sinnlichen Natur und erlangt in der Vernunftwelt das Bürgerrecht. Hieraus erklärt sich auch, wie es zugeht, daß der Geschmack, als ein Beurteilungsvermögen des Schönen, zwischen Geist und Sinnlichkeit in die Mitte tritt und diese einander verschmähenden Naturen zu einer glücklichen Eintracht verbindet – wie er dem *Materiellen* die Achtung der Vernunft, wie er dem *Rationalen* die Zuneigung der Sinne erwirbt – wie er Anschauungen zu Ideen adelt und selbst die Sinnenwelt gewissemaßen in ein Reich der Freiheit verwandelt.

[...]

Die Natur gab die Schönheit des Baues, die Seele gibt die Schönheit des Spiels. Und nun wissen wir auch, was wir unter Anmut und Grazie zu verstehen haben. Anmut ist die Schönheit der Gestalt unter dem Einfluß der Freiheit; die Schönheit derjenigen Erscheinungen, die die Person bestimmt. Die architektonische Schönheit macht dem Urheber der Natur, Anmut und Grazie machen ihrem Besitzer Ehre. Jene ist ein Talent, diese ein persönliches Verdienst.

[...]

Wenn sich der Mensch seiner reinen Selbständigkeit bewußt wird, so stößt er alles von sich, was sinnlich ist, und nur durch diese Absonderung von dem Stoffe gelangt er zum Gefühl seiner rationalen Freiheit. Dazu aber wird, weil die Sinnlichkeit hartnäckig und kraftvoll widersteht, von seiner Seite eine merkliche Gewalt und große Anstrengung erfordert, ohne welche es ihm unmöglich wäre, die Begierde von sich zu halten und den nachdrücklich sprechenden Instinkt zum Schweigen zu bringen. Der so gestimmte Geist läßt die von ihm abhängende Natur, sowohl da, wo sie im Dienst seines Willens handelt, als da, wo sie seinem Willen vorgreifen will, erfahren, daß er ihr Herr ist. Unter seiner strengen Zucht wird also die Sinnlichkeit unterdrückt erscheinen, und der innere Widerstand wird sich von außen durch Zwang verraten. Eine solche Verfassung des Gemüts kann also der Schönheit nicht günstig sein, welche die Natur nicht anders als in ihrer Freiheit hervorbringt, und es wird daher auch nicht Grazie sein können, wodurch die mit dem Stoffe kämpfende moralische Freiheit sich kenntlich macht.

Wenn hingegen der Mensch, unterjocht vom Bedürfnis, den Naturtrieb ungebunden über sich herrschen läßt, so verschwindet mit seiner innern Selbständigkeit auch jede Spur derselben in seiner Gestalt. Nur die Tierheit redet aus dem schwimmenden ersterbenden Auge, aus dem lüstern geöffneten Munde, aus der erstickten bebenden Stimme, aus dem kurzen geschwinden Atem, aus dem Zittern der Glieder, aus dem ganzen erschlaffenden Bau. Nachgelassen hat aller Widerstand der moralischen Kraft, und die Natur in ihm ist in volle Freiheit gesetzt. Aber eben dieser gänzliche Nachlaß der Selbsttätigkeit, der im Moment des sinnlichen Verlangens und noch mehr im Genuß zu erfolgen pflegt, setzt augenblicklich auch die rohe Materie in Freiheit, die durch das Gleichgewicht der tätigen und leidenden Kräfte bisher gebunden war. Die toten Naturkräfte fangen an, über die lebendigen der Organisation die Oberhand zu bekommen, die Form von der Masse, die Menschheit von gemeiner Natur unterdrückt zu werden. Das seelestrahlende Auge wird matt, oder quillt auch gläsern und stier aus seiner Höhlung hervor, der feine Inkarnat der Wangen verdickt sich zu einer groben und gleichförmigen Tüncherfarbe, der Mund wird zur bloßen Öffnung, denn seine Form ist nicht mehr Folge der wirkenden, sondern der nachlassenden Kräfte, die Stimme und der seufzende Atem sind nichts als Hauche, wodurch die beschwerte Brust sich erleichtern will, und die nun bloß ein mechanisches Bedürfnis, keine Seele verraten. Mit einem Worte: bei *der* Freiheit, welche die Sinnlichkeit sich selbst nimmt, ist an keine Schönheit zu denken. Die Freiheit der Formen, die der sittliche Wille bloß *eingeschränkt*

hatte, *überwältigt* der grobe Stoff, welcher stets so viel Feld gewinnt, als dem Willen entrissen wird.

Ein Mensch in diesem Zustand empört nicht bloß den *moralischen* Sinn, der den Ausdruck der Menschheit unnachlaßlich fordert; auch der *ästhetische* Sinn, der sich nicht mit dem bloßen
Stoffe befriedigt, sondern in der Form ein freies Vergnügen
sucht, wird sich mit Ekel von einem solchen Anblick abwenden,
bei welchem nur die Begierde ihre Rechnung finden kann.

Das erste dieser Verhältnisse zwischen beiden Naturen im
Menschen erinnert an eine Monarchie, wo die strenge Aufsicht
des Herrschers jede freie Regung im Zaum hält; das zweite an
eine wilde Ochlokratie, wo der Bürger durch Aufkündigung des
Gehorsams gegen den rechtmäßigen Oberherrn so wenig frei, als
die menschliche Bildung durch Unterdrückung der moralischen
Selbsttätigkeit schön wird, vielmehr nur dem brutaleren Despo-
tismus der untersten Klassen, wie hier die Form der Masse an-
heimfällt. So wie die Freiheit zwischen dem Druck und der Anarchie mitten inne liegt, so werden wir jetzt auch die Schönheit
zwischen der *Würde*, als Ausdruck des herrschenden Geistes,
und der *Wollust*, als dem Ausdruck des herrschenden Triebes, in
der Mitte finden.

[...]

Der Wille hat ohnehin einen unmittelbarern Zusammenhang
mit dem Vermögen der Empfindungen als dem der Erkenntnis,
und es wäre in manchen Fällen schlimm, wenn er sich bei der reinen Vernunft erst orientieren müßte. Es erweckt mir kein gutes
Vorurteil für einen Menschen, wenn er der Stimme des Triebes so
wenig trauen, darf, daß er gezwungen ist, ihn jedesmal erst vor
dem Grundsatze der Moral abzuhören; vielmehr achtet man ihn
hoch, wenn er sich demselben ohne Gefahr, durch ihn mißgelei-
tet zu werden, mit einer gewissen Sicherheit vertraut. Denn das
beweist, daß beide Prinzipien in ihm sich schon in derjenigen
Übereinstimmung befinden, welche das Siegel der vollendeten
Menschheit und dasjenige ist, was man unter einer *schönen Seele*
verstehet.

Eine schöne Seele nennt man es, wenn sich das sittliche Gefühl aller Empfindungen des Menschen endlich bis zu dem Grad versichert hat, daß es dem Affekt die Leitung des Willens ohne Scheu überlassen darf und nie Gefahr läuft, mit den Entscheidungen desselben im Widerspruch zu stehen. Daher sind bei einer schönen Seele die einzelnen Handlungen eigentlich nicht sittlich, sondern der ganze Charakter ist es. Man kann ihr auch keine einzige darunter zum Verdienst anrechnen, weil eine Befriedigung des Triebes nie verdienstlich heißen kann. Die schöne Seele hat kein andres Verdienst, als daß sie ist. [...]

Man wird, im ganzen, genommen die Anmut mehr bei dem weiblichen Geschlecht (die Schönheit vielleicht mehr bei dem männlichen) finden, wovon die Ursache weit zu suchen ist. Zur Anmut muß sowohl der körperliche Bau als der Charakter beitragen; jener durch seine Biegsamkeit, Eindrücke anzunehmen und ins Spiel gesetzt zu werden, dieser durch die sittliche Harmonie der Gefühle. In beidem war die Natur dem Weibe günstiger als dem Mannne.

Der zärtere weibliche Bau empfängt jeden Eindruck schneller und lässt ihn schneller wieder verschwinden. Feste Konstitutionen kommen nur durch einen Sturm in Bewegung, und wenn starke Muskeln angezogen werden, so können sie die Leichtigkeit nicht zeigen, die zur Grazie erfordert wird. Was in einem weiblichen Gesicht noch schöne Empfindsamkeit ist, würde in einem männlichen schon Leiden ausdrücken. Die zarte Fiber des Weibes neigt sich wie dünnes Schilfrohr unter dem leisesten Hauch des Affekts. In leichten und lieblichen Wellen gleitet die Seele über das sprechende Angesicht, das sich bald wieder zu einem ruhigen Spiegel ebnet.

[...]

In Affekten also, »wo die Natur (der Trieb) *zuerst* handelt und den Willen entweder ganz zu umgehen oder ihn gewaltsam auf ihre Seite zu ziehen strebt, kann sich die Sittlichkeit des Charakters nicht anders als durch Widerstand offenbaren und, daß der Trieb die Freiheit des Willens nicht einschränke, nur durch Einschränkung des Triebes verhindern«. Übereinstimmung mit dem Vernunftgesetz ist also im Affekte nicht anders möglich als durch einen Widerspruch mit den Forderungen der Natur. Und da die Natur ihre Forderungen aus sittlichen Gründen nie zurücknimmt, folglich auf ihrer Seite alles sich gleich bleibt, wie auch der Wille sich in Ansehung ihrer verhalten mag, so ist hier keine Zusammenstimmung zwischen Neigung und Pflicht, zwischen Vernunft und Sinnlichkeit möglich, so kann der Mensch hier nicht mit seiner ganzen harmonierenden Natur, sondern ausschließungsweise nur mit seiner vernünftigen handeln. Er handelt also in diesen Fällen auch nicht *moralisch schön*, weil an der Schönheit der Handlung auch die Neigung notwendig teilnehmen muß, die hier vielmehr widerstreitet. Er handelt aber *moralisch groß*, weil alles das, und das allein groß ist, was von einer Überlegenheit des höhern Vermögens über das sinnliche Zeugnis gibt.

Die *schöne* Seele muß sich also im Affekt in eine *erhabene* verwandeln und das ist der untrügliche Probierstein, wodurch man sie von dem guten Herzen oder der Temperamentstugend unterscheiden kann. Ist bei einem Menschen die Neigung nur darum auf seiten der Gerechtigkeit, weil die Gerechtigkeit sich glücklicherweise auf seiten der Neigung befindet, so wird der Naturtrieb im Affekt eine vollkommene Zwangsgewalt über den Willen ausüben, und wo ein Opfer nötig ist, so wird es die Sittlichkeit und nicht die Sinnlichkeit bringen. War es hingegen die Vernunft selbst, die, wie bei einem schönen Charakter der Fall ist, die Neigungen in Pflicht nahm und der Sinnlichkeit das Steuer nur anvertraute, so wird sie es in demselben Moment zurücknehmen, als der Trieb seine Vollmacht mißbrauchen will. Die Temperamentstugend sinkt also im Affekt zum bloßen Naturprodukt herab; die schöne Seele geht ins Heroische über und erhebt sich zur reinen Intelligenz.

Beherrschung der Triebe durch die moralische Kraft ist *Geistesfreiheit*, und *Würde h*eißt ihr Ausdruck in der Erscheinung.

[...]

Gesetzt, wir erblicken an einem Menschen Zeichen des qualvollsten Affekts aus der Klasse jener ersten ganz unwillkürlichen Bewegungen. Aber indem seine Adern auflaufen, seine Muskel krampfhaft angespannt werden, seine Stimme erstickt, seine Brust emporgetrieben, sein Unterleib einwärts gepreßt ist, sind seine willkürlichen Bewegungen sanft, seine Gesichtszüge frei, und es ist heiter um Aug' und Stirne. Wäre der Mensch bloß ein Sinnenwesen, so würden alle seine Züge, da sie dieselbe gemeinschaftliche Quelle hätten, miteinander übereinstimmend sein und also in dem gegenwärtigen Fall alle ohne Unterschied Leiden ausdrücken müssen. Da aber Züge der Ruhe unter die Züge des Schmerzens gemischt sind, einerlei Ursache aber nicht entgegengesetzte Wirkungen haben kann, so beweist dieser Widerspruch der Züge das Dasein und den Einfluß einer Kraft, die von dem Leiden unabhängig und den Eindrücken überlegen ist, unter denen wir das Sinnliche erliegen sehen. Und auf diese Art nun wird die *Ruhe im Leiden*, als worin die Würde eigentlich besteht, obgleich nur mittelbar durch einen Vernunftschluß, Darstellung der Intelligenz im Menschen und Ausdruck seiner moralischen Freiheit.*

Aber nicht bloß beim Leiden im engern Sinn, wo dieses Wort nur schmerzhafte Rührungen bedeutet, sondern überhaupt bei jedem starken Interesse des Begehrungsvermögens muß der Geist seine Freiheit beweisen, also Würde der Ausdruck sein. Der angenehme Affekt erfordert sie nicht weniger als der peinliche, weil die Natur in beiden Fällen gern den Meister spielen möchte und von dem Willen gezügelt werden soll. Die Würde bezieht sich auf die *Form* und nicht auf den Inhalt des Affekts, daher es geschehen kann, daß oft dem Inhalt nach lobenswürdige Affekte, wenn der Mensch sich ihnen blindlings überläßt, aus Mangel der Würde ins Gemeine und Niedrige fallen; daß hingegen nicht selten verwerfliche Affekte sich sogar dem Erhabenen

---

* In einer Untersuchung über pathetische Darstellungen ist im dritten Stück der Thalia umständlicher davon gehandelt worden.

nähern, sobald sie nur in ihrer Form Herrschaft des Geistes über seine Empfindungen zeigen.

Bei der Würde also führt sich der Geist in dem Körper als Herrscher auf, denn hier hat er seine Selbständigkeit gegen den gebieterischen Trieb zu behaupten, der ohne ihn zu Handlungen schreitet und sich seinem Joch gern entziehen möchte. Bei der Anmut hingegen regiert er mit Liberalität, weil *er* es hier ist, der die Natur in Handlung setzt und keinen Widerstand zu besiegen findet. Nachsicht verdient aber nur der Gehorsam, und Strenge kann nur die Widersetzung rechtfertigen.

Anmut liegt also in der Freiheit der willkürlichen Bewegungen; Würde in der Beherrschung der unwillkürlichen.

Johann Wolfgang Goethe

Einfache Nachahmung der Natur, Manier, Stil

Es scheint nicht überflüssig zu sein, genau anzuzeigen, was wir uns bei diesen Worten denken, welche wir öfters brauchen werden. Denn wenn man sich gleich auch derselben schon lange in Schriften bedient, wenn sie gleich durch theoretische Werke bestimmt zu sein scheinen, so braucht denn doch jeder sie meistens in einem eigenen Sinne und denkt sich mehr oder weniger dabei, je schärfer oder schwächer er den Begriff gefaßt hat, der dadurch ausgedrückt werden soll.

Einfache Nachahmung der Natur

Wenn ein Künstler, bei dem man das natürliche Talent voraussetzen muß, in der frühsten Zeit, nachdem er nur einigermaßen Auge und Hand an Mustern geübt, sich an die Gegenstände der Natur wendete, mit Treue und Fleiß ihre Gestalten, ihre Farben auf das genaueste nachahmte, sich gewissenhaft niemals von ihr entfernte, jedes Gemälde, das er zu fertigen hätte, wieder in ihrer Gegenwart anfinge und vollendete, ein solcher würde immer ein schätzenswerter Künstler sein; denn es könnte ihm nicht fehlen, daß er in einem unglaublichen Grade wahr würde, daß seine Arbeiten sicher, kräftig und reich sein müßten.

Wenn man diese Bedingungen genau überlegt, so sieht man leicht, daß eine zwar fähige, aber beschränkte Natur angenehme, aber beschränkte Gegenstände auf diese Weise behandlen könne.

Solche Gegenstände müssen leicht und immer zu haben sein; sie müssen bequem gesehen und ruhig nachgebildet werden können; das Gemüt, das sich mit einer solchen Arbeit beschäftigt, muß still, in sich gekehrt und in einem mäßigen Genuß genügsam sein.

Diese Art der Nachbildung würde also bei sogenannten toten oder stilliegenden Gegenständen von ruhigen, treuen, eingeschränkten Menschen in Ausübung gebracht werden. Sie schließt ihrer Natur nach eine hohe Vollkommenheit nicht aus.

Manier

Allein gewöhnlich wird dem Menschen eine solche Art, zu verfahren, zu ängstlich oder nicht hinreichend. Er sieht eine Übereinstimmung vieler Gegenstände, die er nur in ein Bild bringen kann, indem er das Einzelne aufopfert; es verdrießt ihn, der Natur ihre Buchstaben im Zeichnen nur gleichsam nachzubuchstabieren; er erfindet sich selbst eine Weise, macht sich selbst eine Sprache, um das, was er mit der Seele ergriffen, wieder nach seiner Art auszudrücken, einem Gegenstande, den er öfters wiederholt hat, eine eigne bezeichnende Form zu geben, ohne, wenn er ihn wiederholt, die Natur selbst vor sich zu haben, noch auch sich geradezu ihrer ganz lebhaft zu erinnern.

Nun wird es eine Sprache, in welcher sich der Geist des Sprechenden unmittelbar ausdrückt und bezeichnet. Und wie die Meinungen über sittliche Gegenstände sich in der Seele eines jeden, der selbst denkt, anders reihen und gestalten, so wird auch jeder Künstler dieser Art die Welt anders sehen, ergreifen und nachbilden, er wird ihre Erscheinungen bedächtiger oder leichter fassen, er wird sie gesetzter oder flüchtiger wieder hervorbringen.

Wir sehen, daß diese Art der Nachahmung am geschicktesten bei Gegenständen angewendet wird, welche in einem großen Ganzen viele kleine subordinierte Gegenstände enthalten. Diese letztere müssen aufgeopfert werden, wenn der allgemeine Ausdruck des großen Gegenstandes erreicht werden soll, wie zum Exempel bei Landschaften der Fall ist, wo man ganz die Absicht verfehlen würde, wenn man sich ängstlich beim Einzelnen aufhalten und den Begriff des Ganzen nicht vielmehr festhalten wollte.

Stil

Gelangt die Kunst durch Nachahmung der Natur, durch Bemü-
hung, sich eine allgemeine Sprache zu machen, durch genaues
und tiefes Studium der Gegenstände selbst endlich dahin, daß sie
die Eigenschaften der Dinge und die Art, wie sie bestehen, genau
und immer genauer kennen lernt, daß sie die Reihe der Gestalten
übersieht und die verschiedenen charakteristischen Formen nebeneinander zu stellen und nachzuahmen weiß, dann wird der
Stil der höchste Grad, wohin sie gelangen kann; der Grad, wo sie
sich den höchsten menschlichen Bemühungen gleichstellen darf.

Wie die einfache Nachahmung auf dem ruhigen Dasein und
einer liebevollen Gegenwart beruhet, die Manier eine Erscheinung mit einem leichten, fähigen Gemüt ergreift, so ruht der *Stil*
auf den tiefsten Grundfesten der Erkenntnis, auf dem Wesen der
Dinge, insofern uns erlaubt ist, es in sichtbaren und greiflichen
Gestalten zu erkennen.

Die Ausführung des oben Gesagten würde ganze Bände einnehmen; man kann auch schon manches darüber in Büchern finden;
der reine Begriff aber ist allein an der Natur und den Kunstwerken zu studieren. Wir fügen noch einige Betrachtungen hinzu
und werden, sooft von bildender Kunst die Rede ist, Gelegenheit
haben, uns dieser Blätter zu erinnern.

Es läßt sich leicht einsehen, daß diese drei hier voneinander
geteilten Arten, Kunstwerke hervorzubringen, genau miteinander verwandt sind, und daß eine in die andere sich zart verlaufen
kann.

Die einfache Nachahmung leicht faßlicher Gegenstände – wir
wollen hier zum Beispiel Blumen und Früchte nehmen – kann
schon auf einen hohen Grad gebracht werden. Es ist natürlich,
daß einer, der Rosen nachbildet, bald die schönsten und frische-
sten Rosen kennen und unterscheiden und unter Tausenden, die
ihm der Sommer anbietet, heraussuchen werde. Also tritt hier
schon die Wahl ein, ohne daß sich der Künstler einen allgemeinen
bestimmten Begriff von der Schönheit der Rose gemacht hätte.

Er hat mit faßlichen Formen zu tun; alles kommt auf die mannigfaltige Bestimmung und die Farbe der Oberfläche an. Die pelzige
Pfirsche, die fein bestaubte Pflaume, den glatten Apfel, die glänzende Kirsche, die blendende Rose, die mannigfaltigen Nelken,
die bunten Tulpen, alle wird er nach Wunsch im höchsten Grade
der Vollkommenheit ihrer Blüte und Reife in seinem stillen Ar-
beitszimmer vor sich haben; er wird ihnen die günstigste Beleuchtung geben; sein Auge wird sich an die Harmonie der glänzenden Farben, gleichsam spielend, gewöhnen; er wird alle Jahre
dieselben Gegenstände zu erneuern wieder imstande sein, und
durch eine ruhige nachahmende Betrachtung des simpeln Daseins die Eigenschaften dieser Gegenstände ohne mühsame Abstraktion erkennen und fassen: und so werden die Wunderwerke
eines Huysums, einer Rachel Ruysch entstehen, welche Künstler
sich gleichsam über das Mögliche hinüber gearbeitet haben. Es
ist offenbar, daß ein solcher Künstler nur desto größer und entschiedener werden muß, wenn er zu seinem Talente noch ein
unterrichteter Botaniker ist: wenn er, von der Wurzel an, den
Einfluß der verschiedenen Teile auf das Gedeihen und den
Wachstum der Pflanze, ihre Bestimmung und wechselseitige
Wirkungen erkennt; wenn er die sukzessive Entwicklung der
Blätter, Blumen, Befruchtung, Frucht und des neuen Keimes ein-
siehet und überdenkt. Er wird alsdenn nicht bloß durch die Wahl
aus den Erscheinungen seinen Geschmack zeigen, sondern er
wird uns auch durch eine richtige Darstellung der Eigenschaften
zugleich in Verwunderung setzen und belehren. In diesem Sinne
würde man sagen können, er habe sich einen Stil gebildet; da man
von der andern Seite leicht einsehen kann, wie ein solcher Meister, wenn er es nicht gar so genau nähme, wenn er nur das Auf-
fallende, Blendende leicht auszudrücken beflissen wäre, gar bald
in die Manier übergehen würde.

Die einfache Nachahmung arbeitet also gleichsam im Vorhofe
des Stils. Je treuer, sorgfältiger, reiner sie zu Werke gehet, je ruhiger sie das, was sie erblickt, empfindet, je gelassener sie es nachahmt, je mehr sie sich dabei zu denken gewöhnt, das heißt, je

mehr sie das Ähnliche zu vergleichen, das Unähnliche voneinander abzusondern und einzelne Gegenstände unter allgemeine Begriffe zu ordnen lernet, desto würdiger wird sie sich machen, die Schwelle des Heiligtums selbst zu betreten.

Wenn wir nun ferner die Manier betrachten, so sehen wir, daß sie im höchsten Sinne und in der reinsten Bedeutung des Worts ein Mittel zwischen der einfachen Nachahmung und dem Stil sein könne. Je mehr sie bei ihrer leichteren Methode sich der treuen Nachahmung nähert, je eifriger sie von der andern Seite das Charakteristische der Gegenstände zu ergreifen und faßlich auszudrücken sucht, je mehr sie beides durch eine reine, lebhafte, tätige Individualität verbindet, desto höher, größer und respektabler wird sie werden. Unterläßt ein solcher Künstler, sich an die Natur zu halten und an die Natur zu denken, so wird er sich immer mehr von der Grundfeste der Kunst entfernen, seine Manier wird immer leerer und unbedeutender werden, je weiter sie sich von der einfachen Nachahmung und von dem Stil entfernt.

Wir brauchen hier nicht zu wiederholen, daß wir das Wort Manier in einem hohen und respektablen Sinne nehmen, daß also die Künstler, deren Arbeiten nach unsrer Meinung in den Kreis der Manier fallen, sich über uns nicht zu beschweren haben. Es ist uns bloß angelegen, das Wort Stil in den höchsten Ehren zu halten, damit uns ein Ausdruck übrig bleibe, um den höchsten Grad zu bezeichnen, welchen die Kunst je erreicht hat und je erreichen kann. Diesen Grad auch nur zu erkennen, ist schon eine große Glückseligkeit, und davon sich mit Verständigen unterhalten, ein edles Vergnügen, das wir uns in der Folge zu verschaffen manche Gelegenheit finden werden.

Johann Wolfgang Goethe

Einleitung in die Propyläen

Der Jüngling, wenn Natur und Kunst ihn anziehen, glaubt mit einem lebhaften Streben bald in das innerste Heiligtum zu dringen; der Mann bemerkt, nach langem Umherwandeln, daß er sich noch immer in den Vorhöfen befinde.

Eine solche Betrachtung hat unsern Titel veranlaßt. Stufe, Tor, Eingang, Vorhalle, der Raum zwischen dem Innern und Äußern, zwischen dem Heiligen und Gemeinen kann nur die Stelle sein, auf der wir uns mit unsern Freunden gewöhnlich aufhalten werden.

Will jemand noch besonders bei dem Worte Propyläen sich jener Gebäude erinnern, durch die man zur atheniensischen Burg, zum Tempel der Minerva gelangte, so ist auch dies nicht gegen unsere Absicht; nur daß man uns nicht die Anmaßung zutraue, als gedächten wir ein solches Werk der Kunst und Pracht hier selbst aufzuführen. Unter dem Namen des Orts verstehe man das, was daselbst allenfalls hätte geschehen können: man erwarte Gespräche, Unterhaltungen, die vielleicht nicht unwürdig jenes Platzes gewesen wären.

Werden nicht Denker, Gelehrte, Künstler angelockt, sich in ihren besten Stunden in jene Gegenden zu versetzen, unter einem Volke wenigstens in der Einbildungskraft zu wohnen, dem eine Vollkommenheit, die wir wünschen und nie erreichen, natürlich war, bei dem in einer Folge von Zeit und Leben sich eine Bildung in schöner und steigender Reihe entwickelt, die bei uns nur als Stückwerk vorübergehend erscheint?

Welche neuere Nation verdankt nicht den Griechen ihre Kunstbildung? und, in gewissen Fächern, welche mehr als die deutsche?

So viel zur Entschuldigung des symbolischen Titels, wenn sie ja nötig sein sollte. Er stehe uns zur Erinnerung, daß wir uns so wenig als möglich vom klassischen Boden entfernen, er erleichtere durch seine Kürze und Bedeutsamkeit die Nachfrage der Kunstfreunde, die wir durch gegenwärtiges Werk zu interessieren gedenken, das Bemerkungen und Betrachtungen harmonisch verbundener Freunde über Natur und Kunst enthalten soll.

Derjenige, der zum Künstler berufen ist, wird auf alles um sich her lebhaft achtgeben, die Gegenstände und ihre Teile werden seine Aufmerksamkeit an sich ziehen, und indem er praktischen Gebrauch von solchen Erfahrungen macht, wird er sich nach und nach üben, immer schärfer zu bemerken, er wird in seiner frühern Zeit alles soviel möglich zu eignem Gebrauch verwenden, später wird er sich auch andern gerne mitteilen. So gedenken auch wir manches, was wir für nützlich und angenehm halten, was unter mancherlei Umständen von uns seit mehrern Jahren aufgezeichnet worden, unsern Lesern vorzulegen und zu erzählen.

Allein wer bescheidet sich nicht gern, daß reine Bemerkungen seltner sind, als man glaubt? Wir vermischen so schnell unsere Empfindungen, unsere Meinung, unser Urteil mit dem, was wir erfahren, daß wir in dem ruhigen Zustande des Beobachters nicht lange verharren, sondern bald Betrachtungen anstellen, auf die wir kein größer Gewicht legen dürfen, als insofern wir uns auf die Natur und Ausbildung unsers Geistes einigermaßen verlassen möchten.

Was uns hierin eine stärkere Zuversicht zu geben vermag, ist die Harmonie, in der wir mit mehreren stehen, ist die Erfahrung, daß wir nicht allein, sondern gemeinschaftlich denken und wirken. Die zweifelhafte Sorge, unsere Vorstellungsart möchte uns nur allein angehören, die uns so oft überfällt, wenn andere gerade das Gegenteil von unserer Überzeugung aussprechen, wird erst gemildert, ja aufgehoben, wenn wir uns in mehreren wiederfinden; dann fahren wir erst mit Sicherheit fort, uns in dem Besitze solcher Grundsätze zu erfreuen, die eine lange Erfahrung uns und andern nach und nach bewährt hat.

Wenn mehrere vereint auf diese Weise zusammenleben, daß

sie sich Freunde nennen dürfen, indem sie ein gleiches Interesse haben, sich fortschreitend auszubilden, und auf nahverwandte Zwecke losgehen, dann werden sie gewiß sein, daß sie sich auf den vielfachsten Wegen wieder begegnen und daß selbst eine Richtung, die sie voneinander zu entfernen schien, sie doch bald wieder glücklich zusammenführen wird.

Wer hat nicht erfahren, welche Vorteile in solchen Fällen das Gespräch gewährt! Allein es ist vorübergehend, und indem die Resultate einer wechselseitigen Ausbildung unauslöschlich bleiben, geht die Erinnerung der Mittel verloren, durch welche man dazu gelangt ist.

Ein Briefwechsel bewahrt schon besser die Stufen eines freundschaftlichen Fortschrittes: jeder Moment des Wachstums ist fixiert, und wenn das Erreichte uns eine beruhigende Empfindung gibt, so ist ein Blick rückwärts auf das Werden belehrend, indem er uns zugleich ein künftiges, unablässiges Fortschreiten hoffen läßt.

Kurze Aufsätze, in die man von Zeit zu Zeit seine Gedanken, seine Überzeugungen und Wünsche niederlegt, um sich nach einiger Zeit wieder mit sich selbst zu unterhalten, sind auch ein schönes Hülfsmittel eigner und fremder Bildung, deren keines versäumt werden darf, wenn man die Kürze der dem Leben zugemeßnen Zeit und die vielen Hindernisse bedenkt, die einer jeden Ausführung im Wege stehn.

Daß hier besonders von einem Ideenwechsel solcher Freunde die Rede sei, die sich im allgemeinern zu Künsten und Wissenschaften auszubilden streben, versteht sich von selbst, obgleich ein Welt- und Geschäftsleben auch eines solchen Vorteils nicht ermangeln sollte.

Bei Künsten und Wissenschaften aber ist nicht allein eine solche engere Verbindung, sondern auch das Verhältnis zu dem Publikum ebenso günstig, als es ein Bedürfnis wird. Was man irgend Allgemeines denkt oder leistet, gehört der Welt an, und das, was sie von den Bemühungen der einzelnen nutzen kann, bringt sie auch selbst zur Reife. Der Wunsch nach Beifall, welchen der

Schriftsteller fühlt, ist ein Trieb, den ihm die Natur eingepflanzt hat, um ihn zu etwas Höherem anzulocken; er glaubt den Kranz schon erreicht zu haben, und wird bald gewahr, daß eine mühsamere Ausbildung jeder angebornen Fähigkeit nötig ist, um die öffentliche Gunst festzuhalten, die wohl auch durch Glück und Zufall auf kurze Momente erlangt werden kann.

So bedeutend ist für den Schriftsteller in einer frühern Zeit sein Verhältnis zum Publikum, und selbst in spätern Tagen kann er es nicht entbehren. So wenig er auch bestimmt sein mag, andere zu belehren, so wünscht er doch, sich denen mitzuteilen, die er sich gleichgesinnt weiß, deren Anzahl aber in der Breite der Welt zerstreut ist; er wünscht sein Verhältnis zu den ältesten Freunden dadurch wieder anzuknüpfen, mit neuen es fortzusetzen und in der letzten Generation sich wieder andere für seine übrige Lebenszeit zu gewinnen. Er wünscht der Jugend die Umwege zu ersparen, auf denen er sich selbst verirrte, und, indem er die Vorteile der gegenwärtigen Zeit bemerkt und nützt, das Andenken verdienstlicher früherer Bemühungen zu erhalten.

In diesem ernsten Sinne verband sich eine kleine Gesellschaft; eine heitere Stimmung möge unsere Unternehmungen begleiten, und wohin wir gelangen, mag die Zeit lehren.

Die Aufsätze, welche wir vorzulegen gedenken, werden, ob sie gleich von mehrern verfaßt sind, in Hauptpunkten hoffentlich niemals miteinander in Widerspruch stehen, wenn auch die Denkart der Verfasser nicht völlig die gleiche sein sollte. Kein Mensch betrachtet die Welt ganz wie der andere, und verschiedene Charaktere werden oft den gleichen Grundsatz, den sie sämtlich anerkennen, verschieden anwenden. Ja, der Mensch ist sich in seinen Anschauungen und Urteilen nicht immer selbst gleich: frühere Überzeugungen müssen spätern weichen. Möge immerhin das Einzelne, was man denkt und äußert, nicht alle Proben aushalten, wenn man nur auf seinem Wege gegen sich selbst und gegen andre wahr bleibt!

So sehr nun auch die Verfasser untereinander und mit einem großen Teil des Publikums in Harmonie zu stehen wünschen und hoffen, so dürfen sie sich doch nicht verbergen, daß ihnen von verschiedenen Seiten mancher Mißton entgegenklingen wird. Sie haben dies um so mehr zu erwarten, als sie von den herrschenden Meinungen in mehr als *einem* Punkte abweichen. Weit entfernt, die Denkart irgendeines Dritten meistern oder verändern zu wollen, werden sie ihre eigne Meinung fest aussprechen und, wie es die Umstände geben, einer Fehde ausweichen oder sie aufnehmen; im ganzen aber immer auf einem Bekenntnisse halten und besonders diejenigen Bedingungen, die ihnen zu Bildung eines Künstlers unerläßlich scheinen, oft genug wiederholen. Wem um die Sache zu tun ist, der muß Partei zu nehmen wissen, sonst verdient er nirgends zu wirken.

Wenn wir nun Bemerkungen und Betrachtungen über Natur vorzulegen versprechen, so müssen wir zugleich anzeigen, daß es besonders solche sein werden, die sich zunächst auf bildende Kunst, so wie auf Kunst überhaupt, dann aber auch auf allgemeine Bildung des Künstlers beziehen.

Die vornehmste Forderung, die an den Künstler gemacht wird, bleibt immer die: daß er sich an die Natur halten, sie studieren, sie nachbilden, etwas, das ihren Erscheinungen ähnlich ist, hervorbringen solle.

Wie groß, ja wie ungeheuer diese Anforderung sei, wird nicht immer bedacht, und der wahre Künstler selbst erfährt es nur bei fortschreitender Bildung. Die Natur ist von der Kunst durch eine ungeheure Kluft getrennt, welche das Genie selbst, ohne äußere Hülfsmittel, zu überschreiten nicht vermag.

Alles, was wir um uns her gewahr werden, ist nur roher Stoff; und wenn sich das schon selten genug ereignet, daß ein Künstler durch Instinkt und Geschmack, durch Übung und Versuche dahin gelangt, daß er den Dingen ihre äußere schöne Seite abzugewinnen, aus dem vorhandenen Guten das Beste auszuwählen und wenigstens einen gefälligen Schein hervorzubringen lernt, so ist es, besonders in der neuem Zeit, noch viel seltner, daß ein Künstler sowohl in die Tiefe der Gegenstände als in die Tiefe seines eignen Gemüts zu dringen vermag, um in seinen Werken nicht bloß etwas leicht und oberflächlich Wirkendes, sondern, wetteifernd mit der Natur, etwas Geistig-Organisches hervorzubringen und seinem Kunstwerk einen solchen Gehalt, eine solche Form zu geben, wodurch es natürlich zugleich und übernatürlich erscheint.

Der Mensch ist der höchste, ja der eigentliche Gegenstand bildender Kunst! Um ihn zu verstehen, um sich aus dem Labyrinthe seines Baues herauszuwickeln, ist eine allgemeine Kenntnis der organischen Natur unerläßlich. Auch von den unorganischen Körpern, so wie von allgemeinen Naturwirkungen, besonders wenn sie, wie zum Beispiel Ton und Farbe, zum Kunstgebrauch anwendbar sind, sollte der Künstler sich theoretisch belehren; allein welchen weiten Umweg müßte er machen, wenn er sich aus der Schule des Zergliederers, des Naturbeschreibers, des Naturlehrers dasjenige mühsam aussuchen sollte, was zu seinem Zwecke dient; ja es ist die Frage, ob er dort gerade das, was ihm das Wichtigste sein muß, finden würde? Jene Männer haben ganz andere Bedürfnisse ihrer eigentlichen Schüler zu befriedigen, als daß sie an das eingeschränkte, besondere Bedürfnis des Künstlers denken sollten. Deshalb ist unsere Absicht, hier ins Mittel zu treten und, wenn wir gleich nicht voraussehen, die nötige Arbeit selbst vollenden zu können, dennoch teils im Ganzen eine Übersicht zu geben, teils im Einzelnen die Ausführung einzuleiten.

Die menschliche Gestalt kann nicht bloß durch das Beschauen ihrer Oberfläche begriffen werden; man muß ihr Inneres entblößen, ihre Teile sondern, die Verbindungen derselben bemerken, die Verschiedenheiten kennen, sich von Wirkung und Gegenwirkung unterrichten, das Verborgne, Ruhende, das Fundament der Erscheinung sich einprägen, wenn man dasjenige wirklich schauen und nachahmen will, was sich als ein schönes ungetrenntes Ganze in lebendigen Wellen vor unserm Auge bewegt. Der Blick auf die Oberfläche eines lebendigen Wesens verwirrt den Beobachter, und man darf wohl hier, wie in andern Fällen, den wahren Spruch anbringen: Was man weiß, sieht man erst! Denn wie derjenige, der ein kurzes Gesicht hat, einen Gegenstand besser sieht, von dem er sich wieder entfernt, als einen, dem er sich erst nähert, weil ihm das geistige Gesicht nunmehr zu Hülfe kommt, so liegt eigentlich in der Kenntnis die Vollendung des Anschauens.

Wie gut bildet ein Kenner der Naturgeschichte, der zugleich Zeichner ist, die Gegenstände nach, indem er das Wichtige und Bedeutende der Teile, woraus der Charakter des Ganzen entspringt, einsieht und den Nachdruck darauf legt.

So wie nun eine genauere Kenntnis der einzelnen Teile menschlicher Gestalt, die er zuletzt wieder als ein Ganzes betrachten muß, den Künstler äußerst fördert, so ist auch ein Überblick, ein Seitenblick über und auf verwandte Gegenstände höchst nützlich, vorausgesetzt, daß der Künstler fähig ist, sich zu Ideen zu erheben und die nahe Verwandtschaft entfernt scheinender Dinge zu fassen.

Die vergleichende Anatomie hat einen allgemeinen Begriff über organische Naturen vorbereitet: sie führt uns von Gestalt zu Gestalten, und indem wir nah oder fern verwandte Naturen betrachten, erheben wir uns über sie alle, um ihre Eigenschaften in einem idealen Bilde zu erblicken.

Halten wir dasselbe fest, so finden wir erst, daß unsere Aufmerksamkeit bei Beobachtung der Gegenstände eine bestimmte Richtung nimmt, daß abgesonderte Kenntnisse durch Vergleichung leichter gewonnen und festgehalten werden, und daß wir zuletzt beim Kunstgebrauche nur dann mit der Natur wetteifern können, wenn wir die Art, wie sie bei Bildung ihrer Werke verfährt, ihr wenigstens einigermaßen abgelernt haben.

Muntern wir ferner den Künstler auf, auch von unorganischen Naturen einige Kenntnis zu nehmen, so können wir es um so eher tun, als man sich gegenwärtig von dem Mineralreich bequem und schnell unterrichtet. Der Maler bedarf einige Kenntnis der Steine, um sie charakteristisch nachzuahmen, der Bildhauer und Baumeister, um sie zu nutzen; der Steinschneider kann eine Kenntnis der Edelsteine nicht entbehren, der Kenner und Liebhaber wird gleichfalls darnach streben.

Haben wir nun zuletzt dem Künstler geraten, sich von allgemeinen Naturwirkungen einen Begriff zu machen, um diejenigen kennen zu lernen, die ihn besonders interessieren, teils um sich nach mehr Seiten auszubilden, teils um das, was ihn betrifft, besser zu verstehen, so wollen wir auch über diesen bedeutenden Punkt noch einiges hinzufügen.

Bisher konnte der Maler die Lehre des Physikers von den Farben nur anstaunen, ohne daraus einigen Vorteil zu ziehen; das natürliche Gefühl des Künstlers aber, eine fortdauernde Übung, eine praktische Notwendigkeit führte ihn auf einen eignen Weg: er fühlte die lebhaften Gegensätze, durch deren Vereinigung die Harmonie der Farben entsteht, er bezeichnete gewisse Eigenschaften derselben durch annähernde Empfindungen, er hatte warme und kalte Farben, Farben, die eine Nähe, andere, die eine Ferne ausdrücken, und was dergleichen Bezeichnungen mehr sind, durch welche er diese Phänomene den allgemeinsten Naturgesetzen auf seine Weise näher brachte. Vielleicht bestätigt sich die Vermutung, daß die farbigen Naturwirkungen, so gut als die magnetischen, elektrischen und andere, auf einem Wechselverhältnis, einer Polarität, oder wie man die Erscheinungen des Zwiefachen, ja Mehrfachen in einer entschiedenen Einheit nennen mag, beruhen.

Diese Lehre umständlich und für den Künstler faßlich vorzulegen, werden wir uns zur Pflicht machen, und wir können um so mehr hoffen, hierin etwas zu tun, das ihm willkommen sei, als wir nur dasjenige, was er bisher aus Instinkt getan, auszulegen und auf Grundsätze zurückzuführen bemüht sein werden.

So viel von dem, was wir zuerst in Absicht auf Natur mitzuteilen hoffen [...].

[...]

Dem deutschen Künstler, so wie überhaupt jedem neuen und nordischen, ist es schwer, ja beinahe unmöglich, von dem Formlosen zur Gestalt überzugehen und, wenn er auch bis dahin durchgedrungen wäre, sich dabei zu erhalten.

Jeder Künstler, der eine Zeitlang in Italien gelebt hat, frage sich:

ob nicht die Gegenwart der besten Werke alter und neuer Kunst in ihm das unablässige Streben erregt habe, die menschliche Gestalt in ihren Proportionen, Formen, Charakteren zu studieren und nachzubilden, sich in der Ausführung allen Fleiß und Mühe zu geben, um sich jenen Kunstwerken, die ganz auf sich selbst ruhen, zu nähern, um ein Werk hervorzubringen, das, indem es das sinnliche Anschauen befriedigt, den Geist in seine höchsten Regionen erhebt. Er gestehe aber auch, daß er nach seiner Zurückkunft nach und nach von jenem Streben heruntersinken müsse, weil er wenig Personen findet, die das Gebildete eigentlich sehen, genießen und denken mögen, sondern meist nur solche, die ein Werk obenhin ansehen, dabei etwas Beliebiges denken und nach ihrer Art etwas dabei empfinden und genießen wollen.

Das schlechteste Bild kann zur Empfindung und zur Einbildungskraft sprechen, indem es sich in Bewegung setzt, los und frei macht und sich selbst überläßt; das beste Kunstwerk spricht auch zur Empfindung, aber eine höhere Sprache, die man freilich verstehen muß: es fesselt die Gefühle und die Einbildungskraft; es nimmt uns unsre Willkür: wir können mit dem Vollkommenen nicht schalten und walten, wie wir wollen, wir sind genötigt, uns ihm hinzugeben, um uns selbst von ihm, erhöht und verbessert, wieder zu erhalten.

[...]

Indem wir nun von diesem wichtigen Punkte ausgehen und oft wieder auf denselben zurückkehren werden, so finden wir noch andere, davon noch einiges zu erwähnen ist.

Eines der vorzüglichsten Kennzeichen des Verfalles der Kunst ist die Vermischung der verschiedenen Arten derselben.

Die Künste selbst, so wie ihre Arten, sind untereinander verwandt, sie haben eine gewisse Neigung, sich zu vereinigen, ja sich ineinander zu verlieren; aber eben darin besteht die Pflicht, das Verdienst, die Würde des echten Künstlers, daß er das Kunstfach, in welchem er arbeitet, von andern abzusondern, jede Kunst und Kunstart auf sich selbst zu stellen und sie aufs möglichste zu isolieren wisse.

Man hat bemerkt, daß alle bildende Kunst zur Malerei, alle Poesie zum Drama strebe, und es kann uns diese Erfahrung künftig zu wichtigen Betrachtungen Anlaß geben.

Der echte, gesetzgebende Künstler strebt nach Kunstwahrheit, der gesetzlose, der einem blinden Trieb folgt, nach Naturwirklichkeit; durch jenen wird die Kunst zum höchsten Gipfel, durch diesen auf ihre niedrigste Stufe gebracht.

So wie mit dem Allgemeinen der Kunst, ebenso verhält es sich auch mit den Arten derselben. Der Bildhauer muß anders denken und empfinden als der Maler, ja er muß anders zu Werke gehen, wenn er ein halberhobenes Werk, als wenn er ein rundes hervorbringen will. Indem man die flacherhobenen Werke immer höher und höher machte, dann Teile, dann Figuren ablöste, zuletzt Gebäude und Landschaften anbrachte und so halb Malerei, halb Puppenspiel darstellte, ging man immer abwärts in der wahren Kunst; und leider haben treffliche Künstler der neuem Zeit ihren Weg auf diese Weise genommen.

Wenn wir nun künftig solche Maximen, die wir für die rechten halten, aussprechen werden, wünschten wir, daß sie, wie sie aus den Kunstwerken gezogen sind, von dem Künstler praktisch geprüft werden. Wie selten kann man mit dem andern über einen Grundsatz theoretisch einig werden! Hingegen was anwendbar, was brauchbar sei, ist viel geschwinder entschieden. [...]

Gelten nun dergleichen Maximen zur Bildung des Künstlers, zur Leitung desselben in mancher Verlegenheit, so werden sie auch bei Entwicklung, Schätzung und Beurteilung alter und neuer Kunstwerke dienen und wieder wechselsweise aus der Betrachtung derselben entstehen. Ja, es ist um so nötiger, sich auch hier daran zu halten, weil, unerachtet der allgemein gepriesnen Vorzüge des Altertums, dennoch unter den Neuem sowohl einzelne Menschen als ganze Nationen oft eben das verkennen, worin der höchste Vorzug jener Werke liegt.

Eine genaue Prüfung derselben wird uns am meisten vor diesem Übel bewahren. Deshalb sei hier nur ein Beispiel aufgestellt, wie es dem Liebhaber in der plastischen Kunst zu gehen pflegt, damit etwa deutlich werde, wie notwendig eine genaue Kritik der ältern sowohl als der neuem Kunstwerke sei, wenn sie einigermaßen Nutzen bringen soll.

Auf jeden, der ein zwar ungeübtes, aber für das Schöne empfängliches Auge hat, wird ein stumpfer, unvollkommner Gipsabguß eines trefflichen alten Werks noch immer eine große Wirkung tun; denn in einer solchen Nachbildung bleibt doch immer die Idee, die Einfalt und Größe der Form, genug, das Allgemeinste noch übrig, so viel, als man mit schlechten Augen allenfalls in der Ferne gewahr werden könnte.

Man kann bemerken, daß oft eine lebhafte Neigung zur Kunst durch solche ganz unvollkommene Nachbildungen entzündet wird. Allein die Wirkung ist dem Gegenstande gleich: es wird mehr ein dunkles, unbestimmtes Gefühl erregt, als daß eigentlich der Gegenstand, in seinem Wert und in seiner Würde, solchen angehenden Kunstfreunden erscheinen sollte. Solche sind es, die gewöhnlich den Grundsatz äußern, daß eine allzu genaue kritische Untersuchung den Genuß zerstöre, solche sind es, die sich gegen eine Würdigung des Einzelnen zu sträuben und zu wehren pflegen.

Wenn ihnen aber nach und nach, bei weiterer Erfahrung und Übung, ein scharfer Abguß statt eines stumpfen, ein Original statt eines Abgusses vorgelegt wird, dann wächst mit der Einsicht auch das Vergnügen, und so steigt es, wenn Originale selbst, wenn vollkommene Originale ihnen endlich bekannt werden.

Gern läßt man sich in die Labyrinthe genauer Betrachtungen ein, wenn das Einzelne so wie das Ganze vollkommen ist, ja man lernt einsehen, daß man das Vortreffliche nur in dem Maße kennen lernt, insofern man das Mangelhafte einzusehen imstande ist. Die Restauration von den ursprünglichen Teilen, die Kopie von dem Original zu unterscheiden, in dem kleinsten Fragmente noch die zerstörte Herrlichkeit des Ganzen zu schauen, wird der Genuß des vollendeten Kenners; und es ist ein großer Unterschied, ein stumpfes Ganze mit dunklem Sinne oder ein vollendetes mit hellem Sinne zu beschauen und zu fassen.

Wer sich mit irgendeiner Kenntnis abgibt, soll nach dem Höchsten streben! Es ist mit der Einsicht viel anders als mit der Ausübung: denn im Praktischen muß sich jeder bald bescheiden, daß ihm nur ein gewisses Maß von Kräften zugeteilt sei; zur Kenntnis, zur Einsicht aber sind weit mehrere Menschen fähig, ja man kann wohl sagen, ein jeder, der sich selbst verleugnen, sich den Gegenständen unterordnen kann, der nicht mit einem starren, beschränkten Eigensinn sich und seine kleinliche Einseitigkeit in die höchsten Werke der Natur und Kunst überzutragen strebt.

Um von Kunstwerken eigentlich und mit wahrem Nutzen für sich und andere zu sprechen, sollte es freilich nur in Gegenwart derselben geschehen. Alles kommt aufs Anschauen an, es kommt darauf an, daß bei dem Wort, wodurch man ein Kunstwerk zu erläutern hofft, das Bestimmteste gedacht werde, weil sonst gar nichts gedacht wird.

Daher geschieht es so oft, daß derjenige, der über Kunstwerke schreibt, bloß im Allgemeinen verweilt, wodurch wohl Ideen und Empfindungen erregt werden, ja allen Lesern, nur demjenigen nicht genuggetan wird, der mit dem Buche in der Hand vor das Kunstwerk hintritt.

Aber eben deswegen werden wir in mehrern Abhandlungen vielleicht in dem Falle sein, das Verlangen der Leser mehr zu reizen als zu befriedigen; denn es ist nichts natürlicher, als daß sie ein vortreffliches Kunstwerk, das genau zergliedert wird, sogleich vor Augen zu haben wünschen, um das Ganze, von dem die Rede ist, zu genießen und, was die Teile betrifft, die Meinung, die sie vernehmen, ihrem Urteil zu unterwerfen.

Indem nun aber die Verfasser für diejenigen zu arbeiten denken, welche die Werke teils gesehen haben, teils künftig sehen werden, so hoffen sie für solche, die sich in keinem der beiden Fälle befinden, dennoch das Mögliche zu tun. Wir werden der Nachbildungen erwähnen, anzeigen, wo Abgüsse von alten Kunstwerken, alte Kunstwerke selbst besonders den Deutschen sich näher befinden, und so echter Liebhaberei und Kunstkenntnis, soviel an uns liegt, zu begegnen suchen.

Denn nur auf dem höchsten und genausten Begriff von Kunst kann eine Kunstgeschichte beruhen; nur wenn man das Vortrefflichste kennt, was der Mensch hervorzubringen imstande war, kann der psychologisch-chronologische Gang dargestellt werden, den man in der Kunst so wie in andern Fächern nahm, wo erst eine beschränkte Tätigkeit in einer trocknen, ja traurigen Nachahmung des Unbedeutenden so wie des Bedeutenden verweilte, sich darauf ein lieblicheres, gemütlicheres Gefühl gegen die Natur entwickelte, dann, begleitet von Kenntnis, Regelmäßigkeit, Ernst und Strenge, unter günstigen Umständen, die Kunst bis zum Höchsten hinaufstieg, wo es denn zuletzt dem glücklichen Genie, das sich von allen diesen Hülfsmitteln umgeben fand, möglich ward, das Reizende, Vollendete hervorzubringen.

[...]

Wenn uns nun die Erfahrung bei Betrachtung der alten und mittlern Kunstwerke gewisse Maximen bewährt hat, so bedürfen wir ihrer am meisten bei Beurteilung der neuen und neusten Arbeiten; denn da bei Würdigung lebender oder kurz verstorbener Künstler so leicht persönliche Verhältnisse, Liebe und Haß der Einzelnen, Neigung und Abneigung der Menge sich einmischen, so brauchen wir Grundsätze um so nötiger, um über unsere Zeitgenossen ein Urteil zu äußern. Die Untersuchung kann alsdann sogleich auf doppelte Weise angestellt werden. Der Einfluß der Willkür wird vermindert, die Frage vor einen höhern Gerichtshof gebracht. Man kann den Grundsatz selbst so wie dessen Anwendung prüfen, und wenn man sich auch nicht vereinigen sollte, so kann der strittige Punkt doch sicher und deutlich bezeichnet werden.

Besonders wünschten wir, daß der *lebende* Künstler, bei dessen Arbeiten wir vielleicht einiges zu erinnern fänden, unsere Urteile auf diese Weise bedächtig prüfte. Denn jeder, der diesen Namen verdient, ist zu unserer Zeit genötigt, sich aus Arbeit und eignem Nachdenken, wo nicht eine Theorie, doch einen gewissen Inbegriff theoretischer Hausmittel zu bilden, bei deren Gebrauch er sich in mancherlei Fällen ganz leidlich befindet; man wird aber oft bemerken, daß er auf diesem Wege sich solche Maximen als Gesetze aufstellt, die seinem Talent, seiner Neigung und Bequemlichkeit gemäß sind. Er unterliegt einem allgemeinen menschlichen Schicksal. Wie viele handeln nicht in andern Fächern auf eben diese Weise! Aber wir bilden uns nicht, wenn wir das, was in uns liegt, nur mit Leichtigkeit und Bequemlichkeit in Bewegung setzen. Jeder Künstler, wie jeder Mensch, ist nur ein einzelnes Wesen und wird nur immer auf *eine* Seite hängen. Deswegen hat der Mensch auch das, was seiner Natur entgegengesetzt ist, theoretisch und praktisch, insofern es ihm möglich wird, in sich aufzunehmen. Der Leichte sehe nach Ernst und Strenge sich um, der Strenge habe ein leichtes und bequemes Wesen vor Augen, der Starke die Lieblichkeit, der Liebliche die Stärke, und jeder wird seine eigne Natur nur desto mehr ausbilden, je mehr er sich von ihr zu entfernen scheint. Jede Kunst verlangt den ganzen Menschen, der höchstmögliche Grad derselben die ganze Menschheit.

[...]

Doch es wird Zeit, diese Einleitung zu schließen, damit sie nicht, anstatt dem Werke bloß voranzugehen, ihm vorlaufe und vorgreife. Wir haben bisher wenigstens den Punkt bezeichnet, von welchem wir auszugehen gedenken; wie weit wir uns verbreiten können und werden, muß sich erst nach und nach entwickeln. Theorie und Kritik der Dichtkunst wird uns hoffentlich bald beschäftigen; was uns das Leben überhaupt, was uns Reisen, ja was uns die Begebenheiten des Tags anbieten, soll nicht ausgeschlossen sein; und so sei denn noch zuletzt von einer wichtigen Angelegenheit des Augenblicks gesprochen.

Für die Bildung des Künstlers, für den Genuß des Kunstfreundes war es von jeher von der größten Bedeutung, an welchem Orte sich Kunstwerke befanden; es war eine Zeit, in der sie, geringere Dislokationen abgerechnet, meistens an Ort und Stelle blieben; nun aber hat sich eine große Veränderung zugetragen, welche für die Kunst im Ganzen sowohl als im Besondern wichtige Folgen haben wird.

Man hat vielleicht jetzo mehr Ursache als jemals, Italien als einen großen Kunstkörper zu betrachten, wie er vor kurzem noch bestand. Ist es möglich, davon eine Übersicht zu geben, so wird sich alsdann erst zeigen, was die Welt in diesem Augenblicke verliert, da so viele Teile von diesem großen und alten Ganzen abgerissen wurden.

Was in dem Akt des Abreißens selbst zugrunde gegangen, wird wohl ewig ein Geheimnis bleiben; allein eine Darstellung jenes neuen Kunstkörpers, der sich in Paris bildet, wird in einigen Jahren möglich werden; die Methode, wie ein Künstler und Kunstliebhaber Frankreich und Italien zu nutzen hat, wird sich angeben lassen, so wie dabei noch eine wichtige und schöne Frage zu erörtern ist: was andere Nationen, besonders Deutschland und England, tun sollten, um in dieser Zeit der Zerstreuung und des Verlustes mit einem wahren weltbürgerlichen Sinne, der vielleicht nirgends reiner als bei Künsten und Wissenschaften stattfinden kann, die mannigfaltigen Kunstschätze, die bei ihnen zerstreut niedergelegt sind, allgemein brauchbar zu machen und einen idealen Kunstkörper bilden zu helfen, der uns mit der Zeit für das, was uns der gegenwärtige Augenblick zerreißt, wo nicht entreißt, vielleicht glücklich zu entschädigen vermöchte.

So viel im allgemeinen von der Absicht eines Werkes, dem wir recht viel ernsthafte und wohlwollende Teilnehmer wünschen.

Über Wahrheit und Wahrscheinlichkeit der Kunstwerke

Ein Gespräch

Auf einem deutschen Theater ward ein ovales, gewissermaßen amphitheatralisches Gebäude vorgestellt, in dessen Logen viele Zuschauer gemalt sind, als wenn sie an dem, was unten vorgeht, teilnähmen. Manche wirkliche Zuschauer im Parterre und in den Logen waren damit unzufrieden, und wollten übelnehmen, daß man ihnen so etwas Unwahres und Unwahrscheinliches aufzubinden gedächte. Bei dieser Gelegenheit fiel ein Gespräch vor, dessen ungefährer Inhalt hier aufgezeichnet wird.

Der Anwalt des Künstlers. Lassen Sie uns sehen, ob wir uns nicht einander auf irgendeinem Wege nähern können.

Der Zuschauer. Ich begreife nicht, wie Sie eine solche Vorstellung entschuldigen wollen.

Anwalt. Nicht wahr, wenn Sie ins Theater gehen, so erwarten Sie nicht, daß alles, was Sie drinnen sehen werden, wahr und wirklich sein soll?

Zuschauer. Nein! ich verlange aber, daß mir wenigstens alles wahr und wirklich scheinen solle.

Anwalt. Verzeihen Sie, wenn ich in Ihre eigne Seele leugne, und behaupte: Sie verlangen das keinesweges.

Zuschauer. Das wäre doch sonderbar! Wenn ich es nicht verlangte, warum gäbe sich denn der Dekorateur die Mühe, alle Linien aufs genaueste nach den Regeln der Perspektiv zu ziehen, alle Gegenstände nach der vollkommensten Haltung zu malen? Warum studierte man aufs Kostüm? Warum ließe man sich es so viel kosten, ihm treu zu bleiben, um dadurch mich in jene Zeiten zu versetzen? Warum rühmt man den Schauspieler am meisten, der die Empfindungen am wahrsten ausdrückt, der in Rede, Stellung und Gebärden der Wahrheit am nächsten kommt, der mich täuscht, daß ich nicht eine Nachahmung, sondern die Sache selbst zu sehen glaube?

Anwalt. Sie drücken Ihre Empfindungen recht gut aus, nur ist es schwerer, als Sie vielleicht denken, recht deutlich einzusehen, was man empfindet. Was werden Sie sagen, wenn ich Ihnen einwende, daß Ihnen alle theatralische Darstellungen keineswegs wahr scheinen, daß sie vielmehr nur einen Schein des Wahren haben?

Zuschauer. Ich werde sagen, daß Sie eine Subtilität vorbringen, die wohl nur ein Wortspiel sein könnte.

Anwalt. Und ich darf Ihnen darauf versetzen, daß, wenn wir von Wirkungen unseres Geistes reden, keine Worte zart und subtil genug sind und daß Wortspiele dieser Art selbst ein Bedürfnis des Geistes anzeigen, der, da wir das, was in uns vorgeht, nicht geradezu ausdrücken können, durch Gegensätze zu operieren, die Frage von zwei Seiten zu beantworten und so gleichsam die Sache in die Mitte zu fassen sucht.

Zuschauer. Gut denn! Nur erklären Sie sich deutlicher und, wenn ich bitten darf, in Beispielen.

Anwalt. Die werde ich leicht zu meinem Vorteil aufbringen können. Z. B. also, wenn Sie in der Oper sind, empfinden Sie nicht ein lebhaftes vollständiges Vergnügen?

Zuschauer. Wenn alles wohl zusammenstimmt, eines der vollkommensten, deren ich mir bewußt bin.

Anwalt. Wenn aber die guten Leute da droben singend sich begegnen und bekomplimentieren, Billetts absingen, die sie erhalten, ihre Liebe, ihren Haß, alle ihre Leidenschaften singend darlegen, sich singend herumschlagen, und singend verscheiden, können Sie sagen, daß die ganze Vorstellung oder auch nur ein Teil derselben wahr scheine? ja ich darf sagen: auch nur einen Schein des Wahren habe?

Zuschauer. Fürwahr, wenn ich es überlege, so getraue ich mich das nicht zu sagen. Es kommt mir von allem dem freilich nichts wahr vor.

Anwalt. Und doch sind Sie dabei völlig vergnügt und zufrieden.

Zuschauer. Ohne Widerrede. Ich erinnre mich zwar noch wohl, wie man sonst die Oper, eben wegen ihrer groben Unwahrscheinlichkeit, lächerlich machen wollte, und wie ich von jeher demungeachtet das größte Vergnügen dabei empfand und immer mehr empfinde, je reicher und vollkommner sie geworden ist.

Anwalt. Und fühlen Sie sich nicht auch in der Oper vollkommen getäuscht?

Zuschauer. Getäuscht, das Wort möchte ich nicht brauchen – und doch ja – und doch nein!

Anwalt. Hier sind Sie ja auch in einem völligen Widerspruch, der noch viel schlimmer als ein Wortspiel zu sein scheint.

Zuschauer. Nur ruhig, wir wollen schon ins klare kommen.

Anwalt. Sobald wir im klaren sind, werden wir einig sein. Wollen Sie mir erlauben, auf dem Punkt, wo wir stehen, einige Fragen zu tun?

Zuschauer. Es ist Ihre Pflicht, da Sie mich in diese Verwirrung hineingefragt haben, mich auch wieder herauszufragen.

Anwalt. Sie möchten also die Empfindung, in welche Sie durch eine Oper versetzt werden, nicht gerne Täuschung nennen?

Zuschauer. Nicht gern, und doch ist es eine Art derselben, etwas, das ganz nahe mit ihr verwandt ist.

Anwalt. Nicht wahr, Sie vergessen beinah sich selbst?

Zuschauer. Nicht beinahe, sondern völlig, wenn das Ganze oder der Teil gut ist.

Anwalt. Sie sind entzückt?

Zuschauer. Es ist mir mehr als einmal geschehen.

Anwalt. Können Sie wohl sagen, unter welchen Umständen?

Zuschauer. Es sind so viele Fälle, daß es mir schwer sein würde, sie aufzuzählen.

Anwalt. Und doch haben Sie es schon gesagt; gewiß am meisten, wenn alles zusammenstimmte.

Zuschauer. Ohne Widerrede!

Anwalt. Stimmte eine solche vollkommne Aufführung mit sich selbst oder mit einem andern Naturprodukt zusammen?

Zuschauer. Wohl ohne Frage mit sich selbst.

Anwalt. Und die Übereinstimmung war doch wohl ein Werk der Kunst?

Zuschauer. Gewiß.

Anwalt. Wir sprachen vorher der Oper eine Art Wahrheit ab; wir behaupteten, daß sie keinesweges das, was sie nachahmt, wahrscheinlich darstelle; können wir ihr aber eine innere Wahrheit, die aus der Konsequenz eines Kunstwerks entspringt, ableugnen?

Zuschauer. Wenn die Oper gut ist, macht sie freilich eine kleine Welt für sich aus, in der alles nach gewissen Gesetzen vorgeht, die nach ihren eignen Gesetzen beurteilt, nach ihren eigenen Eigenschaften gefühlt sein will.

Anwalt. Sollte nun nicht daraus folgen, daß das Kunstwahre und das Naturwahre völlig verschieden sei, und daß der Künstler keinesweges streben solle noch dürfe, daß sein Werk eigentlich als ein Naturwerk erscheine?

Zuschauer. Aber es scheint uns doch so oft als ein Naturwerk.

Anwalt. Ich darf es nicht leugnen. Darf ich dagegen aber auch aufrichtig sein?

Zuschauer. Warum das nicht! Es ist ja doch unter uns diesmal nicht auf Komplimente angesehen.

Anwalt. So getraue ich mir zu sagen: Nur dem ganz ungebildeten Zuschauer kann ein Kunstwerk als ein Naturwerk erscheinen, und ein solcher ist dem Künstler auch lieb und wert, ob er gleich nur auf der untersten Stufe steht. Leider aber nur so lange, als der Künstler sich zu ihm herabläßt, wird jener zufrieden sein, niemals wird er sich mit dem echten Künstler erheben, wenn dieser den Flug, zu dem ihn das Genie treibt, beginnen, sein Werk im ganzen Umfang vollenden muß.

Zuschauer. Es ist sonderbar, doch läßt sich's hören.

Anwalt. Sie würden es nicht gern hören, wenn Sie nicht schon selbst eine höhere Stufe erstiegen hätten.

Zuschauer. Lassen Sie mich nun selbst einen Versuch machen, das Abgehandelte zu ordnen und weiter zu gehen, lassen Sie mich die Stelle des Fragenden einnehmen.

Anwalt. Desto lieber.

Zuschauer. Nur dem Ungebildeten, sagen Sie, könne ein Kunstwerk als ein Naturwerk erscheinen.

Anwalt. Gewiß! Erinnern Sie sich der Vögel, die nach des großen Meisters Kirschen flogen.

Zuschauer. Nun, beweist das nicht, daß diese Früchte fürtrefflich gemalt waren?

Anwalt. Keineswegs, vielmehr beweist mir's, daß diese Liebhaber echte Sperlinge waren.

Zuschauer. Ich kann mich doch deswegen nicht erwehren, ein solches Gemälde für fürtrefflich zu halten.

Anwalt. Soll ich Ihnen eine neuere Geschichte erzählen?

Zuschauer. Ich höre Geschichten meistens lieber als Räsonnement.

Anwalt. Ein großer Naturforscher besaß, unter seinen Haustieren, einen Affen, den er einst vermißte und nach langem Suchen in der Bibliothek fand. Dort saß das Tier an der Erde und hatte die Kupfer eines ungebundnen naturgeschichtlichen Werkes um sich her zerstreut. Erstaunt über dieses eifrige Studium des Hausfreundes, nahte sich der Herr, und sah zu seiner Verwunderung und zu seinem Verdruß, daß der genäschige Affe die sämtlichen Käfer, die er hie und da abgebildet gefunden, herausgespeist habe.

Zuschauer. Die Geschichte ist lustig genug.

Anwalt. Und passend, hoffe ich. Sie werden doch nicht diese illuminierten Kupfer dem Gemälde eines so großen Künstlers an die Seite setzen?

Zuschauer. Nicht leicht.

Anwalt. Aber den Affen doch unter die ungebildeten Liebhaber rechnen?

Zuschauer. Wohl, und unter die gierigen dazu. Sie erregen in mir einen sonderbaren Gedanken! Sollte der ungebildete Liebhaber nicht eben deswegen verlangen, daß ein Kunstwerk natürlich sei, um es nur auch auf eine natürliche, oft rohe und gemeine Weise genießen zu können?

Anwalt. Ich bin völlig dieser Meinung.

Zuschauer. Und Sie behaupteten daher, daß ein Künstler sich erniedrige, der auf diese Wirkung losarbeite?

Anwalt. Es ist meine feste Überzeugung.

Zuschauer. Ich fühle aber hier noch immer einen Widerspruch. Sie erzeigten mir vorhin und auch sonst schon die Ehre, mich wenigstens unter die halbgebildeten Liebhaber zu zählen.

Anwalt. Unter die Liebhaber, die auf dem Wege sind, Kenner zu werden.

Zuschauer. Nun, so sagen Sie mir: warum erscheint auch mir ein vollkommnes Kunstwerk als ein Naturwerk?

Anwalt. Weil es mit Ihrer bessern Natur übereinstimmt, weil es übernatürlich, aber nicht außernatürlich ist. Ein vollkommenes Kunstwerk ist ein Werk des menschlichen Geistes, und in diesem Sinne auch ein Werk der Natur. Aber indem die zerstreuten Gegenstände in eins gefaßt und selbst die gemeinsten in ihrer Bedeutung und Würde aufgenommen werden, so ist es über die Natur. Es will durch einen Geist, der harmonisch entsprungen und gebildet ist, aufgefaßt sein, und dieser findet das Fürtreffliche, das in sich Vollendete auch seiner Natur gemäß. Davon hat der gemeine Liebhaber keinen Begriff, er behandelt ein Kunstwerk wie einen Gegenstand, den er auf dem Markte antrifft; aber der wahre Liebhaber sieht nicht nur die Wahrheit des Nachgeahmten, sondern auch die Vorzüge des Ausgewählten, das Geistreiche der Zusammenstellung, das Überirdische der kleinen Kunstwelt; er fühlt, daß er sich zum Künstler erheben müsse, um das Werk zu genießen, er fühlt, daß er sich aus seinem zerstreuten Leben sammeln, mit dem Kunstwerke wohnen, es wiederholt anschauen und sich selbst dadurch eine höhere Existenz geben müsse.

Zuschauer. Gut, mein Freund, ich habe bei Gemälden, im Theater, bei andern Dichtungsarten wohl ähnliche Empfindungen gehabt, und das ungefähr geahnet, was Sie fordern. Ich will künftig noch besser auf mich und auf die Kunstwerke achtgeben; wenn ich mich aber recht besinne, sind wir sehr weit von dem Anlaß unsers Gesprächs abgekommen. Sie wollten mich überzeugen, daß ich die gemalten Zuschauer in unserer Oper zulässig finden solle; und noch sehe ich nicht, wenn ich bisher auch mit Ihnen einig geworden bin, wie Sie auch diese Lizenz verteidigen und unter welcher Rubrik Sie diese gemalten Teilnehmer bei mir einführen wollen.

Anwalt. Glücklicherweise wird die Oper heute wiederholt, und Sie werden sie doch nicht versäumen wollen?

Zuschauer. Keineswegs.

Anwalt. Und die gemalten Männer?

Zuschauer. Werden mich nicht verscheuchen, weil ich mich für etwas besser als einen Sperling halte.

Anwalt. Ich wünsche, daß ein beiderseitiges Interesse uns bald wieder zusammenführen möge.

Johann Wolfgang Goethe

Der Sammler und die Seinigen

Fünfter Brief

Die Heiterkeit Ihrer Antwort bürgt mir, daß Sie mein Brief in der besten Stimmung angetroffen und Ihnen diese herrliche Gabe des Himmels nicht verkümmert hat; auch mir waren Ihre Blätter ein angenehmes Geschenk in einem angenehmen Augenblick.

Wenn das Glück viel öfter allein und viel seltner in Gesellschaft kommt als das Unglück, so habe ich diesmal eine Ausnahme von der Regel erfahren; erwünschter und bedeutender hätten mir Ihre Blätter nicht kommen können, und Ihre Anmerkungen zu meinen wunderlichen Klassifikationen hätten nicht leicht geschwinder Frucht gebracht als eben in dem Augenblick, da sie, wie ein schon keimender Same, in ein fruchtbares Erdreich fielen. Lassen Sie mich also die Geschichte des gestrigen Tages erzählen, damit Sie erfahren, was für ein neuer Stern mir aufging, mit welchem das Gestirn Ihres Briefs in eine so glückliche Konjunktion tritt.

Gestern meldete sich bei uns ein Fremder an, dessen Name mir nicht unbekannt, der mir als ein guter Kenner gerühmt war. Ich freute mich bei seinem Eintritt, machte ihn mit meinen Besitzungen im allgemeinen bekannt, ließ ihn wählen und zeigte vor. Ich bemerkte bald ein sehr gebildetes Auge für Kunstwerke, besonders für die Geschichte derselben. Er erkannte die Meister so wie ihre Schüler, bei zweifelhaften Bildern wußte er die Ursachen seines Zweifels sehr gut anzugeben, und seine Unterhaltung erfreute mich sehr.

Vielleicht wäre ich hingerissen worden, mich gegen ihn lebhafter zu äußern, wenn nicht der Vorsatz, meinen Gast auszuhorchen, mir gleich beim Eintritt eine ruhigere Stimmung gegeben hätte. Viele seiner Urteile trafen mit den meinigen zusammen, bei manchen mußte ich sein scharfes und geübtes

Auge bewundern. Das erste, was mir an ihm besonders auffiel, war ein entschiedener Haß gegen alle Manieristen. Es tat mir für einige meiner Lieblingsbilder leid, und ich war um desto mehr aufgefordert, zu untersuchen, aus welcher Quelle eine solche Abneigung wohl fließen möchte.

Mein Gast war spät gekommen, und die Dämmerung verhinderte uns, weiter zu sehen, ich zog ihn zu einer kleinen Kollation, zu der unser Philosoph eingeladen war, denn dieser hat sich mir seit einiger Zeit genähert; wie das kommt, muß ich Ihnen im Vorbeigehen sagen.

Glücklicherweise hat der Himmel, der die Eigenheiten der Männer voraussah, ein Mittel bereitet, das sie ebenso oft verbindet als entzweit, mein Philosoph ward von Juliens Anmut, die er als Kind verlassen hatte, getroffen. Eine richtige Empfindung legte ihm auf, den Oheim so wie die Nichte zu unterhalten, und unser Gespräch verweilt nun gewöhnlich bei den Neigungen, bei den Leidenschaften des Menschen.

Ehe wir noch alle beisammen waren, ergriff ich die Gelegenheit, meine Manieristen gegen den Fremden in Schutz zu nehmen. Ich sprach von ihrem schönen Naturell, von der glücklichen Übung ihrer Hand und ihrer Anmut, doch setzte ich, um mich zu verwahren, hinzu: »Dies will ich alles nur sagen, um eine gewisse Duldung zu entschuldigen, wenn ich gleich zugebe, daß die hohe Schönheit, das höchste Prinzip und der höchste Zweck der Kunst freilich noch etwas ganz anders sei.«

Mit einem Lächeln, das mir nicht ganz gefiel, weil es eine besondere Gefälligkeit gegen sich selbst und eine Art Mitleiden gegen mich auszudrücken schien, erwiderte er darauf: »Sie sind denn also auch den hergebrachten Grundsätzen getreu, daß Schönheit das letzte Ziel der Kunst sei?«

»Mir ist kein höheres bekannt«, versetzte ich darauf.

»Können Sie mir sagen, was Schönheit sei?« rief er aus.

»Vielleicht nicht!« versetzte ich, »aber ich kann es Ihnen zeigen. Lassen Sie uns, auch allenfalls noch bei Licht, einen sehr schönen Gipsabguß des Apolls, einen sehr schönen Marmorkopf des Bacchus, den ich besitze, noch geschwind anblicken, und wir wollen sehen, ob wir uns nicht vereinigen können, daß sie schön seien.«

»Ehe wir an diese Untersuchung gehen«, versetzte er, »möchte es wohl nötig sein, daß wir das Wort Schönheit und seinen Ursprung näher betrachten. Schönheit kommt von Schein, sie ist ein Schein und kann als das höchste Ziel der Kunst nicht gelten, das vollkommen Charakteristische nur verdient schön genannt zu werden, ohne Charakter gibt es keine Schönheit.«

Betroffen über diese Art, sich auszudrücken, versetzte ich: »Zugegeben, aber nicht eingestanden, daß das Schöne charakteristisch sein müsse, so folgt doch nur daraus, daß das Charakteristische dem Schönen allenfalls zu Grunde liege, keineswegs aber, daß es eins mit dem Charakteristischen sei. Der Charakter verhält sich zum Schönen wie das Skelett zum lebendigen Menschen. Niemand wird leugnen, daß der Knochenbau zum Grunde aller hoch organisierten Gestalt liege, er begründet, er bestimmt die Gestalt, er ist aber nicht die Gestalt selbst, und noch weniger bewirkt er die letzte Erscheinung, die wir, als Inbegriff und Hülle eines organischen Ganzen, Schönheit nennen.«

»Auf Gleichnisse kann ich mich nicht einlassen«, versetzte der Gast, »und aus Ihren Worten selbst erhellet, daß die Schönheit etwas Unbegreifliches, oder die Wirkung von etwas Unbegreiflichem sei. Was man nicht begreifen kann, das ist nicht, was man mit Worten nicht klar machen kann, das ist Unsinn.«

Ich. Können Sie denn die Wirkung, die ein farbiger Körper auf Ihr Auge macht, mit Worten klar ausdrücken?

Er. Das ist wieder eine Instanz, auf die ich mich nicht einlassen kann. Genug, was Charakter sei, läßt sich nachweisen. Sie finden die Schönheit nie ohne Charakter, denn sonst würde sie leer und unbedeutend sein. Alles Schöne der Alten ist bloß charakteristisch, und bloß aus dieser Eigentümlichkeit entsteht die Schönheit.

Unser Philosoph war gekommen und hatte sich mit den Nichten unterhalten; als er uns eifrig sprechen hörte, trat er hinzu, und mein Gast, durch die Gegenwart eines neuen Zuhörers gleichsam angefeuert, fuhr fort.

»Das ist eben das Unglück, wenn gute Köpfe, wenn Leute von Verdienst solche falsche Grundsätze, die nur einen Schein von Wahrheit haben, immer allgemeiner machen, niemand spricht sie lieber nach, als wer den Gegenstand nicht kennt und versteht. So hat uns Lessing den Grundsatz aufgebunden, daß die Alten nur das Schöne gebildet, so hat uns Winckelmann mit der stillen Größe, der Einfalt und Ruhe eingeschläfert, anstatt daß die Kunst der Alten unter allen möglichen Formen erscheint; aber die Herren verweilen nur bei Jupiter und Juno, bei den Genien und Grazien und verhehlen die unedlen Körper und Schädel der Barbaren, die strippichten Haare, den schmutzigen Bart, die dürren Knochen, die runzlichte Haut des entstellten Alters, die vorliegenden Adern und die schlappen Brüste.«

»Um Gottes willen!« rief ich aus, »gibt es denn aus der guten Zeit der alten Kunst selbstständige Kunstwerke, die solche abscheuliche Gegenstände vollendet darstellen? oder sind es nicht vielmehr untergeordnete Werke, Werke der Gelegenheit, Werke der Kunst, die sich nach äußern Absichten bequemen muß, die im Sinken ist?«

Er. Ich gebe Ihnen ein Verzeichnis, und Sie mögen selbst untersuchen und urteilen. Aber daß Laokoon, daß Niobe, daß Dirce mit ihren Stiefsöhnen selbstständige Kunstwerke sind, werden Sie mir nicht leugnen. Treten Sie vor den Laokoon, und sehen Sie die Natur in voller Empörung und Verzweiflung, den letzten erstickenden Schmerz, krampfartige Spannung, wütende Zuckung, die Wirkung eines ätzenden Gifts, heftige Gärung, stockenden Umlauf, erstickende Pressung und paralytischen Tod.

Der Philosoph schien mich mit Verwunderung anzusehen, und ich versetzte: »Man schaudert, man erstarrt nur vor der bloßen Beschreibung. Fürwahr, wenn es sich mit der Gruppe Laokoons so verhält, was will aus der Anmut werden, die man sogar darin so wie in jedem echten Kunstwerke finden will! Doch ich will mich darein nicht mischen, machen Sie das mit den Verfassern der Propyläen aus, welche ganz der entgegengesetzten Meinung sind.«

»Das wird sich schon geben«, versetzte mein Gast, »das ganze Altertum spricht mir zu; denn wo wütet Schrecken und Tod entsetzlicher als bei den Darstellungen der Niobe?«

Ich erschrak über eine solche Assertion, denn ich hatte noch kurz vorher freilich nur die Kupfer im Fabroni gesehen, den ich sogleich herbeiholte und aufschlug. »Ich finde keine Spur vom wütenden Schrecken des Todes, vielmehr in den Statuen die höchste Subordination der tragischen Situation unter die höchsten Ideen von Würde, Hoheit, Schönheit, gemäßigtem Betragen. Ich sehe hier überall den Kunstzweck, die Glieder zierlich und anmutig erscheinen zu lassen. Der Charakter erscheint nur noch in den allgemeinsten Linien, welche durch die Werke, gleichsam wie ein geistiger Knochenbau, durchgezogen sind.«

Er. Lassen Sie uns zu den Basreliefen übergehen, die wir am Ende des Buches finden. –

Wir schlugen sie auf.

Ich. Von allem Entsetzlichen, aufrichtig gesagt, sehe ich auch hier nicht das mindeste. Wo wüten Schrecken und Tod? Hier sehe ich nur Figuren mit solcher Kunst durcheinander bewegt, so glücklich gegeneinander gestellt oder gestreckt, daß sie, indem sie mich an ein trauriges Schicksal erinnern, mir zugleich die angenehmste Empfindung geben. Alles Charakteristische ist gemäßigt, alles natürlich Gewaltsame ist aufgehoben, und so möchte ich sagen: Das Charakteristische liegt zum Grunde, auf ihm ruhen Einfalt und Würde, das höchste Ziel der Kunst ist Schönheit und ihre letzte Wirkung Gefühl der Anmut.

Das Anmutige, das gewiß nicht unmittelbar mit dem Charakteristischen verbunden werden kann, fällt besonders bei diesem Sarkophagen in die Augen. Sind die toten Töchter und Söhne der Niobe nicht hier als Zieraten geordnet? Es ist die höchste Schwelgerei der Kunst! sie verziert nicht mehr mit Blumen und

Früchten, sie verziert mit menschlichen Leichnamen, mit dem größten Elend, das einem Vater, das einer Mutter begegnen kann, eine blühende Familie auf einmal vor sich hingerafft zu sehen. Ja, der schöne Genius, der mit gesenkter Fackel bei dem Grabe steht, hat hier bei dem erfindenden, bei dem arbeitenden Künstler gestanden und ihm zu seiner irdischen Größe eine himmlische Anmut zugehaucht.

Mein Gast sah mich lächelnd an und zuckte die Achseln. »Leider«, sagte er, als ich geendigt hatte, »leider sehe ich wohl, daß wir nicht einig werden können. Wie schade, daß ein Mann von Ihren Kenntnissen, von Ihrem Geist nicht einsehen will, daß das alles nur leere Worte sind und daß Schönheit und Ideal einem Manne von Verstand als ein Traum erscheinen muß, den er freilich nicht in die Wirklichkeit versetzen mag, sondern vielmehr widerstrebend findet.«

Mein Philosoph schien während des letzten Teiles unsers Gespräches etwas unruhig zu werden, so gelassen und gleichgültig er den Anfang anzuhören schien, er rückte den Stuhl, bewegte ein paarmal die Lippen und fing, als es eine Pause gab, zu reden an.

Doch was er vorbrachte, mag er Ihnen selbst überliefern! Er ist diesen Morgen beizeiten wieder da, denn seine Teilnahme an dem gestrigen Gespräch hat auf einmal die Schalen unserer wechselseitigen Entfernung abgestoßen, und ein paar hübsche Pflanzen im Garten der Freundschaft zeigen sich.

Diesen Morgen geht noch eine Post, womit ich die gegenwärtigen Blätter abschicke, über denen ich schon einige Patienten versäumt habe, weshalb ich Verzeihung vom Apoll, insofern er sich um Ärzte und Künstler zugleich bekümmert, erwarten darf.

Diesen Nachmittag haben wir noch sonderbare Szenen zu erwarten. Unser Charakteristiker kommt wieder, zugleich haben sich noch ein halb Dutzend Fremde anmelden lassen, die Jahrszeit ist reizend und alles in Bewegung.

Gegen diese Gesellschaft haben wir einen Bund gemacht, Julie, der Philosoph und ich; es soll uns keine von ihren Eigenheiten entgehen.

Doch hören Sie erst den Schluß unserer gestrigen Disputation und empfangen nur noch einen lebhaftem Gruß von
Ihrem

> zwar diesmal eilfertigen, doch immer
> beständigen, treuen Freund und Diener.

Sechster Brief

Unser würdiger Freund läßt mich an seinem Schreibtisch niedersitzen, und ich danke ihm sowohl für dieses Vertrauen als für den Anlaß, den er mir gibt, mich mit Ihnen zu unterhalten. Er nennt mich den Philosophen, er würde mich den Schüler nennen, wenn er wüßte, wie sehr ich mich zu bilden, wie sehr ich zu lernen wünsche. Doch leider hat man schon vor den Menschen, wenn man sich nur auf gutem Wege glaubt, ein anmaßliches Ansehen.

Daß ich gestern abend mich in ein Gespräch über bildende Kunst lebhaft einmischte, da mir das Anschauen derselben fehlt und ich nur einige literarische Kenntnisse davon besitze, werden Sie mir verzeihen, wenn Sie meine Relation vernehmen und daraus ersehen, daß ich bloß im Allgemeinen geblieben bin, daß ich mein Befugnis, mitzureden, mehr auf einige Kenntnis der alten Poesie gegründet habe.

Ich will nicht leugnen, daß die Art, wie der Gegner mit meinem Freunde verfuhr, mich entrüstete. Ich bin noch jung, entrüste mich vielleicht zur Unzeit und verdiene um desto weniger den Titel eines Philosophen. Die Worte des Gegners griffen mich selbst an; denn wenn der Kenner, der Liebhaber der Kunst das Schöne nicht aufgeben darf, so muß der Schüler der Philosophie sich das Ideal nicht unter die Hirngespinste verweisen lassen.

Nun, soviel ich mich erinnere, wenigstens den Faden und den allgemeinen Inhalt des Gesprächs.

Ich. Erlauben Sie, daß ich auch ein Wort einrede!

Der Gast (etwas schnöde). Von Herzen gern, und wo möglich nichts von Luftbildern.

Ich. Von der Poesie der Alten kann ich einige Rechenschaft geben, von der bildenden Kunst habe ich wenige Kenntnis.

Der Gast. Das tut mir leid! so werden wir wohl schwerlich näher zusammenkommen.

Ich. Und doch sind die schönen Künste nahe verwandt, die Freunde der verschiedensten sollten sich nicht mißverstehn.

Oheim. Lassen Sie hören.

Ich. Die alten Tragödienschreiber verfuhren mit dem Stoff, den sie bearbeiteten, völlig wie die bildenden Künstler, wenn anders diese Kupfer, welche die Familie der Niobe vorstellen, nicht ganz vom Original abweichen.

Gast. Sie sind leidlich genug, sie geben nur einen unvollkommenen, nicht einen falschen Begriff.

Ich. Nun! dann können wir sie insofern zum Grunde legen.

Oheim. Was behaupten Sie von dem Verfahren der alten Tragödienschreiber?

Ich. Sie wählten sehr oft, besonders in der ersten Zeit, unerträgliche Gegenstände, unleidliche Begebenheiten.

Gast. Unerträglich wären die alten Fabeln?

Ich. Gewiß! Ungefähr wie Ihre Beschreibung des Laokoons.

Gast. Diese finden Sie also unerträglich?

Ich. Verzeihen Sie! nicht Ihre Beschreibung, sondern das Beschriebene.

Gast. Also das Kunstwerk?

Ich. Keinesweges! aber das, was Sie darin gesehen haben. Die Fabel, die Erzählung, das Skelett, das, was Sie charakteristisch nennen. Denn wenn Laokoon wirklich so vor unsern Augen stünde, wie Sie ihn beschreiben, so wäre er wert, daß er den Augenblick in Stücken geschlagen würde.

Gast. Sie drücken sich stark aus.

Ich. Das ist wohl einem wie dem andern erlaubt.

Oheim. Nun also zu dem Trauerspiele der Alten.

Gast. Zu den unerträglichen Gegenständen.

Ich. Ganz recht! aber auch zu der alles erträglich, leidlich, schön, anmutig machenden Behandlung.

Gast. Das geschähe denn also wohl durch Einfalt und stille Größe?

698

Ich. Wahrscheinlich.

Gast. Durch das mildernde Schönheitsprinzip?

Ich. Es wird wohl nicht anders sein.

Gast. Die alten Tragödien wären also nicht schrecklich?

Ich. Nicht leicht, soviel ich weiß, wenn man den Dichter selbst hört. Freilich, wenn man in der Poesie nur den Stoff erblickt, der dem Gedichteten zum Grund liegt, wenn man vom Kunstwerke spricht, als hätte man an seiner Statt die Begebenheiten in der Natur erfahren, dann lassen sich wohl sogar Sophokleische Tragödien als ekelhaft und abscheulich darstellen.

Gast. Ich will über Poesie nicht entscheiden.

Ich. Und ich nicht über bildende Kunst.

Gast. Ja, es ist wohl das beste, daß jeder in seinem Fache bleibt.

Ich. Und doch gibt es einen allgemeinen Punkt, in welchem die Wirkungen aller Kunst, redender sowohl als bildender, sich sammeln, aus welchem alle ihre Gesetze ausfließen.

Gast. Und dieser wäre?

Ich. Das menschliche Gemüt.

Gast. Ja! ja! es ist die Art der neuen Herren Philosophen, alle Dinge auf ihren eignen Grund und Boden zu spielen, und bequemer ist es freilich, die Welt nach der Idee zu modeln, als seine Vorstellungen den Dingen zu unterwerfen.

Ich. Es ist hier von keinem metaphysischen Streite die Rede.

Gast. Den ich mir auch verbitten wollte.

Ich. Die Natur, will ich einmal zugeben, lasse sich unabhängig von dem Menschen denken, die Kunst bezieht sich notwendig auf denselben: denn die Kunst ist nur durch den Menschen und für ihn.

Gast. Wozu soll das führen?

Ich. Sie selbst, indem Sie der Kunst das Charakteristische zum Ziel setzen, bestellen den Verstand, der das Charakteristische erkennt, zum Richter.

Gast. Allerdings tue ich das. Was ich mit dem Verstand nicht begreife, existiert mir nicht.

Ich. Aber der Mensch ist nicht bloß ein denkendes, er ist zugleich ein empfindendes Wesen. Er ist ein Ganzes, eine Einheit vielfacher, innig verbundner Kräfte, und zu diesem Ganzen des Menschen muß das Kunstwerk reden, es muß dieser reichen Einheit, dieser einigen Mannigfaltigkeit in ihm entsprechen.

Gast. Führen Sie mich nicht in diese Labyrinthe, denn wer vermöchte uns herauszuhelfen.

Ich. Da ist es denn freilich am besten, wir heben das Gespräch auf, und jeder behauptet seinen Platz.

Gast. Auf dem meinigen wenigstens stehe ich feste.

Ich. Vielleicht fände sich noch geschwind ein Mittel, daß einer den andern auf seinem Platze, wo nicht besuchen, doch wenigstens beobachten könnte.

Gast. Geben Sie es an.

Ich. Wir wollen uns die Kunst einen Augenblick im Entstehen denken.

Gast. Gut.

Ich. Wir wollen das Kunstwerk auf dem Wege zur Vollkommenheit begleiten.

Gast. Nur auf dem Wege der Erfahrung mag ich Ihnen folgen! Die steilen Pfade der Spekulation verbitte ich mir.

Ich. Sie erlauben, daß ich ganz von vorn anfange.

Gast. Recht gern.

Ich. Der Mensch fühlt eine Neigung zu irgendeinem Gegenstand. Sei es ein einzelnes, belebtes Wesen.

Gast. Also etwa zu diesem artigen Schoßhunde.

Julie. Komm, Bello! es ist keine geringe Ehre, als Beispiel zu einer solchen Abhandlung gebraucht zu werden.

Ich. Fürwahr, der Hund ist zierlich genug, und fühlte der Mann, den wir annehmen, einen Nachahmungstrieb, so würde er dieses Geschöpf auf irgendeine Weise darzustellen suchen. Lassen Sie aber auch seine Nachahmung recht gut geraten, so werden wir doch nicht sehr gefördert sein; denn wir haben nun allenfalls nur zwei Bellos für einen.

Gast. Ich will nicht einreden, sondern erwarten, was hieraus entstehen soll.

Ich. Nehmen Sie an, daß dieser Mann, den wir wegen seines Talents nun schon einen Künstler nennen, sich hierbei nicht beruhigte, daß ihm seine Neigung zu eng, zu beschränkt vorkäme, daß er sich nach mehr Individuen, nach Varietäten, nach Arten, nach Gattungen umtäte, dergestalt daß zuletzt nicht mehr das Geschöpf, sondern der Begriff des Geschöpfs vor ihm stünde, und er diesen endlich durch seine Kunst darzustellen vermöchte.

Gast. Bravo! Das würde mein Mann sein. Das Kunstwerk würde gewiß charakteristisch ausfallen.

Ich. Ohne Zweifel.

Gast. Und ich würde mich dabei beruhigen und nichts weiter fordern.

Ich. Wir andern aber steigen weiter.

Gast. Ich bleibe zurück.

Oheim. Zum Versuche gehe ich mit.

Ich. Durch jene Operation möchte allenfalls ein Kanon entstanden sein, musterhaft, wissenschaftlich schätzbar; aber nicht befriedigend fürs Gemüt.

Gast. Wie wollen Sie auch den wunderlichen Forderungen dieses lieben Gemüts genugtun?

Ich. Es ist nicht wunderlich, es läßt sich nur seine gerechten Ansprüche nicht nehmen. Eine alte Sage berichtet uns, daß die Elohim einst untereinander gesprochen: Lasset uns den Menschen machen, ein Bild, das uns gleich sei, und der Mensch sagt daher mit vollem Recht: Lasset uns Götter machen, Bilder, die uns gleich seien.

Gast. Wir kommen hier schon in eine sehr dunkle Region.

Ich. Es gibt nur *ein* Licht, uns hier zu leuchten.

Gast. Das wäre?

Ich. Die Vernunft.

Gast. Inwiefern sie ein Licht oder ein Irrlicht sei, ist schwer zu bestimmen.

Ich. Nennen wir sie nicht; aber fragen wir uns die Forderungen ab, die der Geist an ein Kunstwerk macht. Eine beschränkte Neigung soll nicht nur ausgefüllt, unsere Wißbegierde nicht etwa nur befriedigt, unsere Kenntnis nur geordnet und beruhigt werden; das Höhere, was in uns liegt, will erweckt sein, wir wollen verehren und uns selbst als verehrungswürdig fühlen.

Gast. Ich fange an, nichts mehr zu verstehen.

Oheim. Ich aber glaube einigermaßen folgen zu können. Wie weit ich mitgehe, will ich durch ein Beispiel zeigen. Nehmen wir an, daß jener Künstler einen Adler in Erz gebildet habe, der den Gattungsbegriff vollkommen ausdrückte; nun wollte er ihn aber auf den Szepter Jupiters setzen. Glauben Sie, daß er dahin vollkommen passen würde?

Gast. Es käme darauf an.

Oheim. Ich sage nein! Der Künstler müßte ihm vielmehr noch etwas geben.

Gast. Was denn?

Oheim. Das ist freilich schwer auszudrücken.

Gast. Ich vermute.

Ich. Und doch ließe sich vielleicht durch Annäherung etwas tun.

Gast. Nur immer zu.

Ich. Er müßte dem Adler geben, was er dem Jupiter gab, um diesen zu einem Gott zu machen.

Gast. Und das wäre?

Ich. Das Göttliche, das wir freilich nicht kennen würden, wenn es der Mensch nicht fühlte und selbst hervorbrächte.

Gast. Ich behaupte immer meinen Platz und lasse Sie in die Wolken steigen. Ich sehe recht wohl, Sie wollen den hohen Stil der griechischen Kunst bezeichnen, den ich aber auch nur insofern schätze, als er charakteristisch ist.

Ich. Für uns ist er noch etwas mehr, er befriedigt eine hohe Forderung, die aber doch noch nicht die höchste ist.

Gast. Sie scheinen sehr ungenügsam zu sein.

Ich. Dem, der viel erlangen kann, geziemt, viel zu fordern. Lassen Sie mich kurz sein! Der menschliche Geist befindet sich in einer herrlichen Lage, wenn er verehrt, wenn er anbetet, wenn er einen Gegenstand erhebt und von ihm erhoben wird; allein er mag in diesem Zustand nicht lange verharren, der Gattungsbegriff ließ ihn kalt, das Ideale erhob ihn über sich selbst; nun aber möchte er in sich selbst wieder zurückkehren, er möchte jene frühere Neigung, die er zum Individuo gehegt, wieder genießen, ohne in jene Beschränktheit zurückzukehren, und will auch das Bedeutende, das Geisterhebende nicht fahren lassen. Was würde aus ihm in diesem Zustande werden, wenn die Schönheit nicht einträte und das Rätsel glücklich löste! Sie gibt dem Wissenschaftlichen erst Leben und Wärme, und indem sie das Bedeutende, Hohe mildert und himmlischen Reiz darüber ausgießt, bringt sie es uns wieder näher. Ein schönes Kunstwerk hat den ganzen Kreis durchlaufen, es ist nun wieder eine Art Individuum, das wir mit Neigung umfassen, das wir uns zueignen können.

Gast. Sind Sie fertig?

Ich. Für diesmal! Der kleine Kreis ist geschlossen, wir sind wieder da, wo wir ausgegangen sind, das Gemüt hat gefordert, das Gemüt ist befriedigt, und ich habe weiter nichts zu sagen.

(Der gute Oheim ward zu einem Kranken dringend abgerufen.)

Gast. Es ist die Art der Herren Philosophen, daß sie sich hinter sonderbaren Worten, wie hinter einer Ägide, im Streite einherbewegen.

Ich. Diesmal kann ich wohl versichern, daß ich nicht als Philosoph gesprochen habe, es waren lauter Erfahrungssachen.

Gast. Das nennen Sie Erfahrung, wovon ein anderer nichts begreifen kann!

Ich. Zu jeder Erfahrung gehört ein Organ.

Gast. Wohl ein besonderes?

Ich. Kein besonderes, aber eine gewisse Eigenschaft muß es haben.

Gast. Und die wäre?

Ich. Es muß produzieren können.

Gast. Was produzieren?

Ich. Die Erfahrung! Es gibt keine Erfahrung, die nicht produziert, hervorgebracht, erschaffen wird.

Gast. Nun, das ist arg genug!

Ich. Besonders gilt es von dem Künstler.

Gast. Fürwahr, was wäre nicht ein Porträtmaler zu beneiden, was würde er nicht für Zulauf haben, wenn er seine sämtlichen Kunden produzieren könnte, ohne sie mit so mancher Sitzung zu inkommodieren!

Ich. Vor dieser Instanz fürchte ich mich gar nicht, ich bin vielmehr überzeugt: kein Porträt kann etwas taugen, als wenn es der Maler im eigentlichsten Sinne erschafft.

Gast (aufspringend). Das wird zu toll! Ich wollte, Sie hätten mich zum besten, und das alles wäre nur Spaß! Wie würde ich mich freuen, wenn das Rätsel sich dergestalt auflöste! Wie gern würde ich einem wackern Mann, wie Sie sind, die Hand reichen!

Ich. Leider ist es mein völliger Ernst! und ich kann mich weder anders finden noch fügen.

Gast. Nun, so dächte ich, wir reichten einander zum Abschied wenigstens die Hände; besonders da unser Herr Wirt sich entfernt hat, der doch noch allenfalls den Präsidenten bei unserer lebhaften Disputation machen konnte. Leben Sie wohl, Mademoiselle! Leben Sie wohl, mein Herr! Ich lasse morgen anfragen, ob ich wieder aufwarten darf.

So stürmte er zur Türe hinaus, und Julie hatte kaum Zeit, ihm die Magd, die sich mit der Laterne parat hielt, nachzuschicken. Ich blieb mit dem liebenswürdigen Kinde allein. Caroline hatte sich schon früher entfernt. Ich glaube, es war nicht lange hernach, als mein Gegner die reine Schönheit, ohne Charakter, für fade erklärt hatte.

»Sie haben es arg gemacht, mein Freund«, sagte Julie nach einer kurzen Pause. »Wenn er mir nicht ganz recht zu haben scheint, so kann ich Ihnen doch auch unmöglich durchaus Beifall geben; denn es war doch wohl bloß, um ihn zu necken, als Sie zuletzt behaupteten: der Porträtmaler müsse das Bildnis ganz eigentlich erschaffen.«

»Schöne Julie«, versetzte ich darauf, »wie sehr wünschte ich, mich Ihnen hierüber verständlich zu machen! Vielleicht gelingt es mir mit der Zeit! Aber Ihnen, deren lebhafter Geist sich in alle Regionen bewegt, die den Künstler nicht allein schätzt, sondern ihm gewissermaßen zuvoreilt und selbst das, was Sie nicht mit Augen gesehen, sich, als stünde es vor ihr, zu vergegenwärtigen weiß, Sie sollten am wenigsten stutzen, wenn vom Schaffen, vom Hervorbringen die Rede ist.«

Julie. Ich merke, Sie wollen mich bestechen. Es wird Ihnen leicht werden, denn ich höre Ihnen gern zu.

Ich. Lassen Sie uns vom Menschen würdig denken, und bekümmern wir uns nicht, ob es ein wenig bizarr klingt, was wir von ihm sagen. Gibt doch jedermann zu, daß der Poet geboren werden müsse! Schreibt nicht jedermann dem Genie eine schaffende Kraft zu? und niemand glaubt, dadurch eben etwas Paradoxes zu sagen. Wir leugnen es nicht von den Werken der Phantasie: aber wahrlich, der untätige, untaugende Mensch wird das Gute, das Edle, das Schöne weder an sich noch an andern gewahr werden! Wo käme es denn her, wenn es nicht aus uns selbst entspränge? Fragen Sie Ihr eigen Herz! ist nicht die Handelsweise zugleich mit dem Handeln ihm eingeboren? Ist es nicht die Fähigkeit zur guten Tat, die sich der guten Tat erfreut? Wer fühlt lebhaft ohne den Wunsch, das Gefühlte darzustellen? und was stellen wir denn eigentlich dar, was wir nicht erschaffen? und zwar nicht etwa nur ein für allemal, damit es da sei, sondern damit es wirke, immer wachse und wieder werde und wieder hervorbringe. Das ist ja eben die göttliche Kraft der Liebe, von der man nicht aufhört zu singen und zu sagen, daß sie in jedem Augenblick die herrlichen Eigenschaften des geliebten Gegenstandes neu hervorbringt, in den kleinsten Teilen ausbildet, im Ganzen umfaßt, bei Tage nicht rastet, bei Nacht nicht ruht, sich an ihrem eignen Werke entzückt, über ihre eigne rege Tätigkeit erstaunt, das Bekannte immer neu findet, weil es in jedem Augenblicke, in dem süßesten aller Geschäfte wieder neu erzeugt wird. Ja, das Bild der Geliebten kann nicht alt werden, denn jeder Moment ist seine Geburtsstunde.

Ich habe heute sehr gesündigt, ich handelte gegen meinen Vorsatz, indem ich über eine Materie sprach, die ich nicht ergründet habe, und in diesem Augenblick bin ich auf dem Wege, noch strafwürdiger zu fehlen. Schweigen gebührt dem Menschen, der sich nicht vollendet fühlt. Schweigen geziemt auch dem Liebenden, der nicht hoffen darf; glücklich zu sein. Lassen Sie mich von hinnen gehen, damit ich nicht doppelt scheltenswert sei.

Ich ergriff Juliens Hand, ich war sehr bewegt, sie hielt mich freundlich fest. Ich darf es sagen. Gebe der Himmel, daß ich mich nicht geirrt habe, daß ich mich nicht irre!

Doch ich fahre in meiner Erzählung fort. Der Oheim kam zurück. Er war freundlich genug, das an mir zu loben, was ich an mir tadelte, war zufrieden, daß meine Ideen über bildende Kunst mit den seinigen zusammenträfen. Er versprach mir, in kurzer Zeit, die Anschauung zu verschaffen, deren ich bedürfen könnte. Julie sagte mir scherzend auch ihren Unterricht zu, wenn ich gesprächiger, wenn ich mitteilender werden wollte – und ich fühle schon recht gut, daß sie alles aus mir machen kann, was sie will.

Die Magd kam zurück, die dem Fremden geleuchtet hatte, sie war sehr vergnügt über seine Freigebigkeit, denn er hatte ihr ein ansehnliches Trinkgeld gegeben; noch mehr aber lobte sie seine Artigkeit. Er hatte sie mit freundlichen Worten entlassen und sie obendrein *schönes Kind* genannt.

Ich war nun eben nicht im Humor, ihn zu schonen, und rief aus: »O ja! das kann einem leicht passieren, der das Ideal verleugnet, daß er das Gemeine für schön erklärt!«

Julie erinnerte mich scherzend, daß Gerechtigkeit und Billigkeit auch ein Ideal sei, wornach der Mensch zu streben habe.

Es war spät geworden, der Oheim bat mich um einen Dienst, durch den ich mir zugleich selbst dienen sollte, er gab mir eine Abschrift jenes Briefes an Sie, meine Herren, worin er die verschiedenen Liebhabereien zu bezeichnen suchte; er gab mir Ihre Antwort, verlangte, daß ich beides geschwind studieren, meine Gedanken darüber zusammenfassen und alsdann gegenwärtig sein möchte, wenn die angemeldeten Fremden sein Kabinett besuchten, um zu sehen, ob wir noch mehr Klassen entdecken und aufzeichnen könnten. Ich habe den Überrest der Nacht damit zugebracht und ein Schema aus dem Stegreif verfertigt, das, wo nicht gründlich, doch wenigstens lustig ist und das für mich einen großen Wert hat, weil Julie heute früh herzlich darüber lachen konnte.

Leben Sie recht wohl! Ich merke, daß dieser Brief mit dem Briefe des guten Oheims, der noch hier auf dem Schreibtische liegt, zugleich fort kann. Nur flüchtig habe ich das Geschriebene wieder überlesen dürfen. Wie manches wäre anders zu sagen, wie manches besser zu bestimmen gewesen! Ja, wenn ich meinem Gefühl nachginge, so sollten diese Blätter eher ins Feuer als auf die Post. Aber wenn nur das Vollendete mitgeteilt werden sollte, wie schlecht würde es überhaupt um Unterhaltung aussehen! Indessen soll unser Gast gesegnet sein, daß er mich in eine Leidenschaft versetzte, daß er mich in eine Aufwallung brachte, die mir diese Unterhaltung mit Ihnen verschaffte und zu neuen, schönen Verhältnissen Anlaß gab.

Quellenverzeichnis

1. Editionen, Werkausgaben

Johann Wolfgang Goethe (1749–1832):
Goethes Werke. Hamburger Ausgabe in 14 Bänden. Hrsg. von Erich Trunz, München, C.H. Beck 1981.
Goethes Werke. Herausgegeben im Auftrage der Großherzogin Sophie von Sachsen, Weimar 1887–1919 (Nachdruck: Deutscher Taschenbuch Verlag, München 1963).

Johann Gottfried von Herder (1744–1803):
Sämtliche Werke. Hrsg. von Bernhard Suphan, Berlin, Weidmann Verlag 1889 ff.

Friedrich Hölderlin (1770–1843):
Sämtliche Werke. Hrsg. von Friedrich Beißner, Frankfurt am Main, Büchergilde Gutenberg 1965.

Jean Paul (1763–1825):
Ein Lebensroman in Briefen mit geschichtlichen Verbindungen von Ernst Hartung, Ebenhausen bei München, Wilhelm Langewiesche-Brandt 1925.

Heinrich von Kleist (1777–1811):
Sämtliche Werke und Briefe. Hrsg. von Helmut Sembdner, München, Carl Hanser Verlag 1958.

Gotthold Ephraim Lessing (1729–1781):
Laokoon oder über die Grenzen der Malerei und Poesie. Hrsg. und mit einem Nachwort versehen von Kurt Wölfel, Frankfurt am Main, Insel Verlag 1984.

Karl Philipp Moritz (1756–1793):
Werke. Hrsg. von Horst Günther, Frankfurt am Main, Insel Verlag 1981.

Novalis (1772–1801):
Schriften. Die Werke Friedrich von Hardenbergs. Hrsg. von Paul Kluck-
hohn, Stuttgart, Kohlhammer 1960 ff.

Friedrich Schiller (1759–1805):
Sämtliche Werke. Auf Grund der Originaldrucke hrsg. von Gerhard Fricke
u. Herbert G. Göpfert, München, Carl Hanser Verlag 1958 ff.
Schillers Werke in zehn Bänden. Hrsg. von Ernst Jenny, Basel, Verlag Birk-
häuser 1945.
Briefwechsel zwischen Schiller und Körner. Hrsg. von Klaus L. Berghahn,
München, Artemis & Winkler 1973.
Der Briefwechsel zwischen Schiller und Goethe. Hrsg. von Emil Staiger,
Frankfurt am Main, Insel Verlag 1966.

Friedrich Schlegel (1772–1829):
Kritische Schriften. Hrsg. von Wolfdietrich Rasch, München, Carl Hanser
Verlag 1964.

Christoph Martin Wieland (1733–1813):
Werke. Hrsg. von Fritz Martini und Hans Werner Seiffert, München, Carl
Hanser Verlag 1965.

Johann Joachim Winckelmann (1717–1768):
Kleine Schriften, Vorreden, Entwürfe. Hrsg. von Walter Rehm, Berlin u.
New York, Walter de Gruyter 2002.

2. Bildnachweise

Apollo im Belvedere. Rom, Vatikan, aus: Hedwig Kenner: Der Apoll vom
Belvedere. Mit 18 Abbildungen, Wien 1972, S. 41.

Goethe und Schiller im Gespräch. Karikatur von Johann Christian Reinhart,
1804, aus: Albert Meier: Klassik – Romantik, Stuttgart 2008, S. 51.

Laokoon-Gruppe des Baccio Bandinelli. Florenz, Uffizien, aus: Georg Dal-
trop: Die Laokoon Gruppe im Vatikan. Ein Kapitel aus der römischen Mu-
seumsgeschichte und der Antiken erkundung, Konstanz 1982, S. 38.

Torso vom Belvedere. Rom, Vatikan, aus: Raimund Wünsche: Der Torso. Ruhm und Rätsel. Begleitbuch zu einer Ausstellung der Glypothek München in Zusammenarbeit mit den Vatikanischen Museen, Rom 21. Januar bis 29. März 1998, München 1998, S. 23.

Weiterführende Literatur

1. Gesamtdarstellungen

Dieter Borchmeyer: Weimarer Klassik – Portrait einer Epoche, Weinheim 1996.

Volker C. Dörr: Weimarer Klassik, Paderborn 2007 (= UTB Literaturwissenschaften elementar).

Stefan Greif: Arbeitsbuch Deutsche Klassik, Paderborn 2008.

Albert Meier: Klassik – Romantik, Stuttgart 2008.

2. Einzelaspekte: Aufsätze und Monographien

Theodor W. Adorno: Zum Klassizismus von Goethes Iphigenie. In: Ders.: Gesammelte Schriften, Bd. 11: Noten zur Literatur, Frankfurt a.M. 2003, S. 495–514.

Nicholas Boyle: Goethe. Der Dichter in seiner Zeit. Bd. 1: 1749–1790, München 1995; Bd. 2: 1791–1803, München 1999.

Heinz Drügh: Die Ambivalenz des Klassischen. Zu Schillers »Die Braut von Messina«. In: Amphibolie – Ambiguität – Ambivalenz. Hrsg. v. Frauke Berndt, Stephan Kammer, Martina Wagner-Egelhaaf, Würzburg 2009.

Walter Erhart: Drama der Anerkennung. Neue gesellschaftstheoretische Überlegungen zu Goethes Iphigenie auf Tauris. In: Jahrbuch der Deutschen Schillergesellschaft 51 (2007), S. 140–165.

Werner Frick: Schiller und die Antike. In: Schiller-Handbuch. Hrsg. v. Helmut Koopmann, Stuttgart 1998, S. 91–116.

Bernhard Greiner: »Mit meinen Augen hab ich es gesehn,/Das Urbild jeder Tugend jeder Schöne« – Das Schöne als Symbol des Klassischen Theaters: »Torquato Tasso«. In: Euphorion 86 (1992), S. 171–187.

Jochen Hörisch: Die andere Goethezeit. Poetische Mobilmachung des Subjekts um 1800, München 1992.

Hans Robert Jauß: Deutsche Klassik – Eine Pseudo-Epoche? In: Epochenschwelle und Epochenbewußtsein. Hrsg. v. Reinhart Herzog u. Reinhart Koselleck, München 1987, S. 581–587 (= Poetik und Hermeneutik. 12).

Friedrich A. Kittler: Über die Sozialisation Wilhelm Meisters. In: Ders. u. Gerhard Kaiser: Dichtung als Sozialisationsspiel. Studien zu Goethe und Gottfried Keller, Göttingen 1978, S. 13–124.

Burkhardt Lindner: Das Lachen im Tempel des Schönen. Zur Subversivität des Komischen in der Autonomieperiode. In: Deutsche Literatur zur Zeit der Klassik. Hrsg. v. Karl Otto Conrady, Stuttgart 1977, S. 267–282.

Gerhard Neumann: Ausnahmezustand. Antike und Moderne in Schillers Balladen. In: Schiller und die Antike. Hrsg. von Paolo Chiarini und Walter Hinderer, Würzburg 2008, S. 91–109.

Gerhard Neumann: Die Anfänge deutscher Novellistik. Schillers »Verbrecher aus verlorener Ehre« – Goethes »Unterhaltungen deutscher Ausgewanderten«. In: Unser Commercium. Goethes und Schillers Literaturpolitik. Hrsg. v. Wilfried Barner, Eberhard Lämmert, Norbert Oellers, Stuttgart 1984, S. 433–460.

Helmut Pfotenhauer: Frühklassizismus. Position und Opposition, Frankfurt a. M. 1995 (Bibliothek der Kunstliteratur).

Helmut Pfotenhauer: Klassik und Klassizismus, Frankfurt a. M. 1995 (Bibliothek der Kunstliteratur).

Helmut Pfotenhauer: Vorbilder. Antike Kunst, klassizistische Kunstliteratur und ›Weimarer Klassik‹. In: Klassik im Vergleich. Normativität und Historizität europäischer Klassiken. DFG-Symposium 1990. Hrsg. v. Wilhelm Voßkamp, Stuttgart 1993, S. 42–61.

Rüdiger Safranski: Friedrich Schiller oder Die Erfindung des Deutschen Idealismus, München 2004.

Sabine M. Schneider: Klassizismus und Romantik – Zwei Konfigurationen der einen ästhetischen Moderne. Konzeptuelle Überlegungen und neuere Forschungsperspektiven. In: Jahrbuch der Jean-Paul-Gesellschaft 37 (2002), S. 86–128.

Sabine M. Schneider: Die schwierige Sprache des Schönen. Moritz' und Schillers Semiotik der Sinnlichkeit, Würzburg 1998.

Wilhelm Voßkamp: Klassik als Epoche – Zur Typologie und Funktion der Weimarer Klassik. In: Epochenschwelle und Epochenbewußtsein. Hrsg. v. Reinhart Herzog u. Reinhart Koselleck, München 1987 (= Poetik und Hermeneutik. 12.), S. 493–514.

Wilhelm Voßkamp: Klassisch / Klassik / Klassizismus. In: Ästhetische Grundbegriffe – historisches Wörterbuch in sieben Bänden. Hrsg. v. Karlheinz Barck, Band 3, Stuttgart 2003, S. 289–305.

David Wellbery: Die Geburt der Kunst. Zur ästhetischen Affirmation. In: Ethik der Ästhetik. Hrsg. v. Christoph Wulf, Dietmar Kamper und Hans-Ulrich Gumbrecht, Berlin 1994, S. 23–36.

Daniel W. Wilson (Hrsg.): Goethes Weimar und die Französische Revolution. Dokumente der Krisenjahre, Köln, Weimar u. Wien 2004.

Bernd Witte: Goethe-Handbuch, 4 Bände, Stuttgart 1996–1999.

Johann Wolfgang Goethe
Italienische Reise
Band 90147

»Italiener sein, verflucht! / Ich hab' es oft und oft versucht / – es geht nicht.« Unsere ewige Italien-Sehnsucht, die der Dichter Robert Gernhardt in diesen Versen aufs Korn nimmt, fing nicht erst mit der »Toskana-Fraktion« an. Schon Johann Wolfgang Goethe trieb die Sehnsucht nach Freiheit und blühenden Zitronen aus Deutschland hinaus über die Alpen. Seine ›Italienische Reise‹ markiert nichts Geringeres als den Beginn der Weimarer Klassik und ist längst ein Klassiker der Reiseliteratur.

Das gesamte Programm von Fischer Klassik
finden Sie unter:
www.fischer-klassik.de

Fischer Taschenbuch Verlag

Friedrich Schiller
Don Carlos
Wilhelm Tell
Band 90159

Die spanische Schreckensherrschaft über die reformierten
Niederlande im 16. Jahrhundert. Was Frieden heißt, gleicht
der Ruhe eines Friedhofs. Kronprinz Don Carlos und sein
Freund Marquis von Posa unterwerfen sich nicht wider-
spruchslos. Für ihre revolutionären Ideen müssen sie jedoch
ihr eigenes Leben aufs Spiel setzen ... Durch ein Minenfeld
aus Intrigen bahnt sich die Vision von der »Gedanken-
freiheit« ihren Weg, aber sie hat einen gewaltigen Gegner:
den zynischen Pragmatismus der Macht. ›Don Carlos‹, wie
›Wilhelm Tell‹ eines der großen historischen Dramen, zählt
zu den Initialtexten der Weimarer Klassik.

Das gesamte Programm von Fischer Klassik
finden Sie unter:
www.fischer-klassik.de

Fischer Taschenbuch Verlag

Friedrich Hölderlin
Gesammelte Werke
Band 90054

Friedrich Hölderlin war ein Heimatloser, ein Revolutionär, der an der Enge des Alltags seiner Zeit erstickte und mit seinen kühnen Zukunftsträumen von Freiheit und Gleichheit als wahnsinnig abgestempelt wurde. Schließlich verbrachte er die zweite Hälfte seines Lebens abgeschieden in einem Tübinger Turm. Über 100 Jahre mussten vergehen, bis man die ganze Kühnheit seines Werkes erkannte und in seinen Gedichten eine einzigartige Schönheit entdeckte, die Romantik und Klassik unmittelbar mit uns verbindet:

> »Weh mir, wo nehm ich, wenn
> Es Winter ist, die Blumen, und wo
> Den Sonnenschein
> Und Schatten der Erde?
> Die Mauern stehn
> Sprachlos und kalt, im Winde
> Klirren die Fahnen.«

Das gesamte Programm von Fischer Klassik
finden Sie unter:
www.fischer-klassik.de

Fischer Taschenbuch Verlag

Christoph Martin Wieland
Das große Lesebuch
Band 90089

Christoph Martin Wieland ist nicht nur ein großer Aufklärer
und Vorläufer der Weimarer Klassik gewesen. Er ist über
seinen Klassikerstatus hinaus auch ein Zeitgenosse des
21. Jahrhunderts, den es unbedingt wiederzuentdecken gilt:
Seine menschenfreundliche Ironie, sein radikaler Kosmo-
politismus mitten in der Provinz, seine atemberaubende Fähigkeit zum Dialog – alles das macht seine Prosa zu einem bis
heute wirksamen Gegengift gegen jede Form des Fundamen-
talismus. ›Das große Lesebuch‹ bietet einen umfassenden
Überblick über Wielands beeindruckendes Gesamtwerk.

Das gesamte Programm von Fischer Klassik
finden Sie unter:
www.fischer-klassik.de

Fischer Taschenbuch Verlag

fi 90089 / 1